Klaus Lipinski (Hrsg.)

Lexikon der
Datenkommunikation

Markt&Technik Buch- und Software-Verlag GmbH

Die Deutsche Bibliothek – CIP-Einheitsaufnahme

Lipinski, Klaus:
Lexikon der Datenkommunikation : mit multimedialer CD-ROM / Klaus Lipinski. –
Haar bei München : Markt-und-Technik-Verl., 1994
   ISBN 3-87791-607-4
NE: HST

Die Informationen in diesem Produkt werden ohne Rücksicht auf einen
eventuellen Patentschutz veröffentlicht.
Warennamen werden ohne Gewährleistung der freien Verwendbarkeit benutzt.
Bei der Zusammenstellung von Texten und Abbildungen wurde mit größter
Sorgfalt vorgegangen.
Trotzdem können Fehler nicht vollständig ausgeschlossen werden.
Verlag, Herausgeber und Autoren können für fehlerhafte Angaben
und deren Folgen weder eine juristische Verantwortung noch
irgendeine Haftung übernehmen.
Für Verbesserungsvorschläge und Hinweise auf Fehler sind Verlag und
Herausgeber dankbar.

Alle Rechte vorbehalten, auch die der fotomechanischen Wiedergabe und der
Speicherung in elektronischen Medien.
Die gewerbliche Nutzung der in diesem Produkt gezeigten Modelle und Arbeiten
ist nicht zulässig.

Fast alle Hardware- und Softwarebezeichnungen, die in diesem Buch erwähnt
werden, sind gleichzeitig auch eingetragene Warenzeichen oder sollten als
solche betrachtet werden.

15 14 13 12 11 10 9 8 7 6 5 4 3 2 1

97 96 95 94

ISBN 3-87791-607-4

© 1994 by Markt&Technik Buch- und Software-Verlag GmbH,
Hans-Pinsel-Straße 9b, D-85540 Haar bei München/Germany
Alle Rechte vorbehalten
Einbandgestaltung: Grafikdesign Heinz H. Rauner, München
Druck: Paderborner Druck Centrum, Paderborn
Dieses Produkt wurde mit Desktop-Publishing-Programmen erstellt
und auf chlorfrei gebleichtem Papier gedruckt
Printed in Germany

Vorwort

Ich danke den Autoren des DATACOM-Verlages dafür, daß sie mich – z.T. in wörtlichen Zitaten – haben schöpfen lassen aus diesem großen Fundus an Wissen und Information.

Besonderer Dank gilt an dieser Stelle Dr. Franz-Joachim Kauffels, ohne dessen Fachkompetenz und Engagement das Buch in der vorliegenden Form nicht hätte erscheinen können.

Dem Buch beigelegt ist jetzt, erstmalig, eine CD-ROM: Schnelle Volltextrecherche und die multimediale, interaktive Einbindung von Grafiken, Fotos, Audio- und Video-Sequenzen sorgen darin für eine Informations- und Illustrationsdichte, die die Lektüre des Buches zugleich ergänzt und vertieft.

Ein Werk, das sich vornimmt, die sich »mit Hochgeschwindigkeit« ändernde Welt der Datenkommunikation begrifflich zu ordnen, ist zwangsläufig »work in progress«: Für Anregungen und Verbesserungsvorschläge aufmerksamer Leser sind wir also jederzeit dankbar.

Bergheim, Januar 1994
Klaus Lipinski

Abkürzungen der Datenkommunikation

A	address	Adresse
A	address field	Adressenfeld
a	atto	Präfix für 1 Trillionstel
A	hex 10	Ziffernsymbol für die Hexadezimalzahl 10 im Sedezimalsystem
Å	Ångström	alte Einheit der Lichtwellenlänge
A	address bit	Adreßbit
A	application	Anwendung
A-law	nonlinear digital quantization	Europäische Norm für Sprachquantisierung
A/B	single link between two devices	Umschaltmöglichkeit einer Leitung auf zwei Geräte
A/D	analog to digital conversion	Analog/Digitalwandler
AAC	airline administration communication	
AAE	automatic answering equipment	automatische Anrufbeantwortungseinrichtung
AAR	automatic alternative routing	automatische Wahl einer anderen Übertragungsstrecke bei Datenstau
ABEND	abnormal end	Abbruch, z.B. durch Programm- oder Bedienungsfehler
ABFN	adaptive beamforming network	
ABIST	autonomous built-in self test	automatischer Selbsttest
ABM	asynchronous balanced mode	gleichberechtigter Spontanbetrieb
ABR	answer bid ratio	
ABR	automatic baud rate detection	automatische Erkennung der Baudrate

A

ABS	absent subscriber / office closed	Teilnehmer nicht anwesend
AC	access control	Zugriffssteuerung
AC	address control	Adreßsteuerung
AC	address cycle	Adressenzugriffszyklus
AC	adaptive control	angepaßte Zugriffssteuerung
AC	authentification centre	Authentisierungszentrum
ACAU	automatic calling and answering unit	computergesteuerte Telefonvermittlung
ACB	access method control block	Steuerblock für die Zugriffsmethode
ACC	advanced computer communication	
ACCH	associated control channel	
ACDI	asynchronous communications device interface	
ACE	automatic calling equipment	automatische Rufeinrichtung
ACE	advanced communication engine	
ACF	advanced communication function	
	advanced communication facility	
ACF	access control field (DQDB)	Zugriffssteuerungsfeld
ACF/NCP	ACF/network control program	
ACF/VTAM	ACF/virtual tele-communication access method	
ACH	automatic clearing house	
ACI	Automation Center International	Schweizer Softwarehaus
ACIA	asynchronous communication interface adapter	Schnittstelle zwischen CPU und einem Übertragungskanal

A

ACIT	adaptive sub-band excited transform	anpassungsfähige (adaptive) Hilfsband Transformation
ACK	acknowledgement	positive Empfangsbestätigung, Rückmeldung
ACM	address complete message	
ACM	address control machine	
ACM	Association for Computer Machinery	
ACPM	association control protocol machine	Zuordnungskontrollprotokoll-maschine
ACS	asynchronous communication server	Server für Novell Netware
ACS	asynchronous connection server	
ACS	access control system	Zugriffssteuerungssystem
ACS	asynchronous channel splitter	
ACS	application customer service	Anwendungskundendienst
ACSE	association control service element	OSI-Dienstelement
ACSE	application control service element	Anwendungssteuerungsdienst-element
ACSE	access control and signalling element	Zugriffssteuerungs- und Meldeelement
ACSP	asynchronous connection server program	IBM-Serverprogramm
ACT	applied computerized telephony	
ACTCDRM	activate cross domain resource manager	
ACTDRM	activate cross domain resource	
ACTLU	activate logical unit	

A

ACTP	advanced computer technology project	
ACTPU	activate physical unit	
ACU	automatic calling unit	automatische Wähleinrichtung
ACU	address control unit	Adressensteuerungseinheit
ACU/AWD	automatic calling unit	automatische Wähleinrichtung für Datenverbindungen
ACUT	administration center & utilities	
ACX	administration center sinix	
AD	addendum document to an OSI-standard	
ADA		modulare höhere Programmiersprache
ADAM		automatische Datenmeßeinrichtung
ADC	analog digital converter	Analog-Digital-Wandler
ADCCP	advanced data communications control procedure	DFÜ-Protokoll aus USA
ADI	address incomplete signal	
ADI		Anwenderverband deutscher Informationsverarbeiter
ADLC	advanced data link controller	
ADM	asynchronous disconnect mode	unabhängiger Wartebetrieb
ADM		Deltamodulation, adaptive
ADM	administration system	
ADM	add/drop-multiplexer	Netzknoten mit eingeschränkten Funktionen
ADMD	administration management domain	

A

ADN	address complete, no charge	
ADP	automatic data processing	automatische Datenverarbeitung
ADPCM	adaptive differential pulse code modulation	adaptive Delta-Pulscodemodulation
ADPM	adaptive delta puls modulation	adaptive Delta-Pulsmodulation
ADPS	automatic data processing system	automatisches Datenverarbeitungssystem
ADR	applied data research	
ADR	automatic data retrieval	automatische Datenwiedergewinnung
ADRD	automatic data rate detection	automatische Erkennung der Datenrate
ADU	automatic dialling unit	automatische Wähleinrichtung
ADU		Analog-Digital-Umsetzer
ADV		automatische Datenverarbeitung
ADVA		automatische Datenverarbeitungsanlage
ADX	automatic data exchange	automatische Datenvermittlung
AE	application entity	Anwendungsdiensteinheit
AE		Ausschalteinheit
AED		Abfrageeinrichtung für Datenverkehr
AERM	alignment error rate monitor	Überwachung auf Synchronisationsfehler
AES	Audio Engineering Society	
AF	address field	Adressenfeld
AF	audio frequency	Tonfrequenz
AFC	automatic frequency control	automatische Frequenznachsteuerung

AFF	advanced function feature	erweiterte Funktionseinrichtung
AFI	authority and format identifier	
AFIPS	American Federation of Information Processing Societies	Dachverband Datenverarbeitung USA
AFN	address complete, no charge, subscriber free	
AFNOR		französisches Normungsinstitut (Mitglied von ISO)
AFOS	active fiber optic segment	Glasfaserleitungsstück nach (aktiver) Signalregenerierung
AFP	advanced function printer	
AFS	Andrew file system	verteiltes Dateisystem
AFSK	audio frequency shift keying	Übertragung von Digitalsignalen mit Tonfrequenz
AFX	address complete, coin box, subscriber free	
AGC	automatic gain control	automatische Verstärkungsregelung
AGCH	access grant channel	
AGCH	logical channel, D-net, common control channels, down link	
AGRU		automatische Ansage geänderter Rufnummern
AH	application protocol header	Anfangskennsatz Anwendungsprotokoll
AI	artificial intelligence	künstliche Intelligenz

A

AIA	application integration architecture	
AIS	alarm integrated signal	
AIX	advanced interactive executive	
AK		Art der Kurzwahl
AKTPDU	acknowledged TPDU	
ALERT	alerting	D-Kanal-Protokoll-Nachricht
ALGOL	algorithmic oriented language	Programmiersprache
ALL	adaptable log layout	
ALOHA		erstes Funkdatennetz
ALS	adjacent link station	
ALU	arithmetic logic unit	arithmetisch-logische Einheit
AM	amplitude modulation	Amplitudenmodulation
AM	access module	Zugriffsmodul
AM	accounting management	
AM-PSK AM/PSK	amplitude modulation, phase shift keying	Amplitudenmodulation mit Phasenänderung
AMD	advanced micro devices	
AMDS		AM-Radio-Daten-System
AME	asynchronous modem eliminator	
AMI	alternate mark inversion	
AMP	amplifier	Verstärker
AMPS	automatic message processing system	
AMPS	advanced mobile telephone system	
AMSS	Aeronautical Mobile Satellite Service	

A

AMUX	arithmetic logic unit multiplexer	
ANC	answer signal, charge	
AND	AND-gate	UND-Gatter
ANDMS	advanced network design and management	
ANMP	account network management program	
ANN	answer signal, no charge	
ANS	American National Standard	USA-Norm
ANSI	American National Standards Institute	Nationales Koordinierungsgremium für freiwillige Standardisierung
ANU	answer signal, unqualified	
AO	abort output	
AOC	airline operational control	
AOD	abort of dialling	Wahlabbruch
AOQ	average outgoing quality	durchschnittliche Qualität des herausgehenden Signals
AOZ	address complete	Adresse ohne Zusatzinformationen
AP	application process	Anwendungsprozess
APC	adaptive predictive coding	
APC	aircraft passenger communication	Kommunikation für den Flugpassagier
APC		Arbeitsplatzcomputer
APD	avalanche photo diode	Lawinenphotodiode
APDN	application data unit	
APDU	application protocol data unit	Dateneinheit des Anwendungsprotokolls
APE	all paths explorer frame	

A

API	application program interface	Interface des Anwendungsprogramms
API/CS	API communication services	API/Kommunikationsdienste
APL	a programming language	höhere Programmiersprache
APLG	APL graphic	
APMBS	associated packet mode bearer service	
APPC	advanced program-to-program communications	
APPL	application	Anwendung
APPN	advanced peer-to-peer networking	erweiterte (höhere) Partner-zu-Partner-Kommunikation
APR		Arbeitsplatzrechner
AQL	acceptable quality level	annehmbarer Qualitätszustand
AR		Abteilungsrechner
ARC	attached resource computer	Back-up Computer im Hot-stand-by
ARCNET	local area network / token passing	
AREAPDU	associate response enquiry APDU	
ARF	acknowledgement run flag	
ARI		Autofahrer-Rundfunk-Information
ARI/FCI	address recognized indicator/ frame copied indicator	
ARL	adjusted ring length	Einstellung der Ringlänge
ARM	asynchronous response mode	Spontanbetrieb
ARP	address resolution protocol	

A

ARP	address resolution route selection	
ARPA	advanced research projects agency	
ARPANET		ältestes Datennetz (DoD)
ARQ	automatic repeat request	automatische Wiederholaufforderung
ARQAPDU	associate request APDU	
ARR	automatic rerouting	Einrichtung eines anderen Datenweges bei Datenstau
ARR	asynchronous reply required	asynchrone Antwort erforderlich
ARR	automatic retransmission request	Anforderung einer automatischen Rückübertragung
ARRA	announced retransmission random access	
ARS	automatic route selection	automatische Wegwahl
ARTEMIS	automatic retrieval of test through european multipurpose information services	
ARU	audio response unit	
ARV		asynchrones Raumvielfach
ARV		Arbeitsgruppe Rundfunkversorgung
ARX	automatic retransmission exchange	Vermittlung mit automatischer Weiterschaltung
AS	anti-streamer	
AS		Autonomes System (OSPF)
AS		Automatisierungssystem
ASA	American Standards Association	amerikanisches Normungsgremium

A

ASAI	adjunct switch application interface	ISDN-Begriff
AsB		Anschlußbereich
AsBVSt		Anschlußbereichsvermittlungsstelle
ASC	American Standards Committee	amerikanisches Normungsgremium
ASC	automatic sequence control	automatische Steuerung der Reihenfolge der Daten
ASCII	American Standard Code for Information Interchange	amerikanischer Standardcode für Informationsaustausch
ASE	application service element	Anwendungsdienstelement
ASE/CCR	ASE/commitment, concurrency and recovery	
ASI	asynchronous/synchronous interface	
ASIC	application specific integrated circuits	kundenspezifische integrierte Schaltkreise
ASK	amplitude shift keying	Amplitudenumtastung
ASN.1	abstract syntax notation one	
ASP	abstract service primitive	abstrakte Dienstprimitive
ASP	abstract syntax processor	
ASR	answer seizure ratio	
ASR	automatic send/receive	automatisches Senden und Empfangen
ASU		Asynchron/Synchronumsetzer
ASZ		Aufschaltezeichen
AT	advanced technology	
AT-PC	advanced technology personal computer	
ATC	air traffic control	Luftverkehrsleitung
ATD	asynchronous transfer mode	

A

ATDM	asynchronous time division multiplexer	
ATE	automatic test equipment	automatische Testeinrichtung
ATM	asynchronous transfer mode	asynchrone Übertragung
ATME	automatic transmission, measuring and signalling test equipment	automatische Übertragungsmeßeinrichtung
ATN	augmented transition network	
ATS	abstract test suite	abstrakte Testeinheit
ATSC	Advanced Television Systems Committee, USA	
ATV	advanced television	
AU	access unit	Zugriffseinheit
AU	administrative unit	
AUI	attachment unit interface	Anschlußeinheit
AUSSAT	Australias National Satellite System	
AUTEX		automatische Telex- und Teletexauskunft der DBP
AUTH	authentication service	
AUTOPOLL		automatische Abfrage
AUX	auxiliary	Hilfsfunktion
AVD	alternate voice/data	abwechselnd Sprache und Daten
AVerzTxTtx		amtliches Verzeichnis der Teilnehmer am Telex- und Teletextdienst der DBP
AWD		automatische Wähleinrichtung für Datenverbindungen
AWG	american wire gauge	genormte amerikanische Drahtmaße

AXE		ISDN-Vermittlung und Protokoll-Analyzer von Ericsson
AYT	are you there ?	
B	hex 11	Ziffernsymbol für die Hexadezimalzahl 11 im Sedezimalsystem
B-CHANNEL		ISDN-Nutzkanal
B-ISDN	broadband ISDN	Breitband ISDN
B/W	bothway	zweiseitig
B8ZS	bipolar 8 zero substitution	Leitungscode
BA		Benutzeranteil
BABT	British Approvals Board for Telecommunications	
BAC	balanced asynchronous class	
BAC	binary asymmetric channel	
BAG	circuit group blocking acknowledgement message	
BALUN	balanced/unbalanced	Symmetrieglied
BAM	basic telecommunications access method	
BAPT		Bundesamt für Post und Telekommunikation
BAS	basic activity subset	
BASIC	beginners all purpose symbolic instruction code	Interpreter-Programmiersprache
BB	bracket bid	
BBC	British Broadcasting Corporation	
BBI	bracket bid indicator	

B

BBISDN		Breitband ISDN
BBN	Bolt, Beranek and Newman	
BBS	Bulletin Board System	
BC	binary code	Binärcode
BC	busy condition	Besetztzustand
BCAM	basic communication access method	
BCC	binary control characters	binäre Steuerzeichen
BCC	block check character	Blockprüfzeichen
BCCH	broadcast control channel	
BCD	binary coded decimal	binär codiertes Dezimalsystem
BCFSK	binary code frequency shift keying	
BCH	Bose-Chaudhuri-Hocquenghem-Code	
BCP	byte control protocol	zeichenorientiertes Steuerungsverfahren
BCS	basic combined subset	
BCS	block check sequence	Blockprüfzeichen
BCS	basic control system	
BCS	block control signal	Blockkontrollsignal
BCUG	bilateral closed user group	geschlossene Benutzergruppe mit Berechtigung des Verbindungsaufbaus
Bd	baud	Baud
BDOS	basic disc operating system	einfaches Betriebssystem für Diskettenstationen
BDSG		Bundesdatenschutzgesetz
BDT	Telecommunications Development Bureau	
BEB	binary exponential backoff	

B

BECN	backward explicit congestion notification	
BEL	bell	akustisches Signal
Bellcore	Bell communications research	Kommunikationsforschung der Firma Bell
BER	bit error rate	Bitfehlerrate
BERKOM		Berlin Kommunikation
BERT	bit error rate test	Test der Bitfehlerrate
BF	boundary functions	Begrenzungsfunktion
BFS	business file system	kommerzielles Dateisystem
BGNW		Benutzergruppe Netzwerke
BGP	border gateway protocol	
BGTB		bilaterale geschlossene Teilnehmerbetriebsklasse
BH	block header	Blockanfangskennsatz
BH	block handler	Blockbearbeitung
BH	busy hour	eine zusammenhängende Stunde mit der höchsten Verkehrsdichte des Tages
BHCA	busy hour call attempts	Anrufversuche während hoher Verkehrsdichte
BIB	bus interface board	Glasfaser/Koaxialkabel-Interface
BIB	backward indicator bit	Rückwärtsindikator
BIC	bus interface circuit	Computer/Netz Interface
BID		SNA-Befehl
BIGFERN		breitbandiges integriertes Glasfaser-Fernmeldenetz
BIGFON		breitbandiges integriertes Glasfaser-Fernmeldeortsnetz
BIND	bind session	

B

BIOS	basic input/output system	einfaches Eingabe/Ausgabe-System
BIS	bracket initiation stopped	
BISAM	basic indexed sequential access method	
BIST	built-in self test	eingebauter Selbsttest
BISYNC	binary synchronous communications	byteorientiertes Übertragungsprotokoll
BIT	binary digit	binäre Einheit
BIT/S	bits per second	Bit pro Sekunde
BITEL		Bild-Telefon
BIU	basic information unit	Nachrichteneinheit auf der Übertragungsebene von SNA (message)
BIU	bus interface unit	
BIX	binary information exchange	
BK		Breitbandkommunikation
BK		Breitbandkabel
BK		Bürokommunikation
BKSTS	British Kinematograph, Sound and Television Society	
BLA	blocking acknowledgement, signal/message	Sperrbestätigungskennzeichen
BLAST	blocked asynchronous transmission	blockierte asynchrone Übertragung
BLER	block error rate	Blockfehlerrate
BLERT	block error rate test	Blockfehlerratentest
BLG	circuit group blocking message	
BLO	blocking signal	Sperrkennzeichen
BLU	basic link unit	
BM	buffer module	Puffermodul

B

Bm	bearer mobile	
BMFT		Bundesministerium für Forschung und Technologie
BMPT		Bundesministerium für Post und Telekommunikation
BMS	basic management system	
BMUX	block multiplexer channel	Block-Multiplexer-Kanal
BN		Brücken-Nummer (source-routing)
BNC	bayonet nut coupling	Bajonetverschluß zum Anschluß eines Koaxialkabels
BNF	Backus-Naur-form	
BNS		Produkt von Banyan Systems
BOB	breakout box	
BOC	Bell Operating Company	
BOCS	Bell Operating Companies	
BOM	beginning of message	Nachrichtenanfangszeichen
BOOTP	bootstrap protocol	
BOP	bit oriented protocol	bitorientiertes Protokoll
BOS		Behörden und Organisationen mit Sicherheitsaufgaben
BOSP	business office systems planning	Büroautomatisierungsplanung
BPDU	bridge protocol data unit	Bridge mit Routingfunktionen
BPI	bits per inch	Bits pro Zoll
BPM		Bundespostministerium
BPON	broadband passive optical network	passives optisches Breitbandnetzwerk
BPS	bits per second	Bits pro Sekunde
BPSK	binary phase shift keying	
BR	break request	Anforderung einer Unterbrechung

B

BR	branch	Verzweigung
BRA	basic rate access	
BRAM	broadcast recognition access method	Sendeerkennungs-Zugriffsmethode beim Ethernet
BRAP	broadcast recognition with alternating priorities	Sendeerkennung mit wechselnden Prioritäten
BRI	basic rate interface	
BRK	break	Abbruch
BROUTER		Bridge mit Routing-Funktion
BRS	break request signal	Abbruchanforderungssignal
BS	base station	Mobilfunkbasisstation
BS	backspace	Rückwärtsschritt
BS		Betriebssystem
BSAM	basic sequential access method	sequentielles Zugriffsverfahren
BSC	binary synchronous communications	byteorientiertes Übertragungsprotokoll
BSC	base station controller	
BSC/BISYNC	binary synchronous communications	zeichenorientiertes synchrones Halb-Duplex Kommunikationsprotokoll von IBM
BSD	Berkeley Software Distribution	
BSGL	branch systems general license	
BSI	British Standards Institution	Britisches Normungsinstitut
BSI		Bundesamt für Sicherheit in der Informationstechnik
BSM	backward set-up message	Verbindungsaufbau-Rückmeldung

BSN	backward sequence number	Rückwärtsfolgenummer
BSNR	backward sequence number received	empfangene Rückwärtsfolgenummer
BSNT	backward sequence number of next to be transmitted	
BSP	business systems planning	
BSS	basic synchronized subset	
BSS	Broadcasting Satellite Service	
BSS	Business Satellite Service	
BT	British Telecom	
BT	busy tone	Besetztzeichen
BTAM	basic telecommunications access method	Basiszugriffsverfahren
BTNR	British Telecom Network Requirements	
BTRL	British Telecom Research Laboratories	
BTS	base transceiver station	
BTU	basic transmission unit	
BTV	business TV	
Btx		Bildschirmtext
BYTE	byte	Sinneinheit aus acht zusammengehörenden Einzelbits
BZT		Bundesamt für Zulassungen in der Telekommunikation
C	programming language	Programmiersprache
C		C-Netz Mobilfunk
C	frame copied bit	Kopierbestätigung im Token Ring
C		Rücksetzbestätigungsbit

C

C	hp open view	Kommunikationsprofil bei Open View von Hewlett Packard
C	combined functions	Kombinierte Funktionen
C	hex 12	Ziffernsymbol für die Hexadezimalzahl 12 im Sedezimalsystem
C	control	Steuerleitung bei X.21
C	control field	Steuerfeld
C 21 nvc		verketteter Container C21
C-PODA	contention priority oriented demand assignment	
C/R	command/response	Bit unter X.25 zur Unterscheidung zwischen Befehl und Meldung
C/S	cycles per second	Schwingungen pro Sekunde
CA	common applications	gemeinsame Anwendungen (IBM-SAA)
CA	channel adapter	Kanaladapter
CAC	call accepted	akzeptierter Anruf
CAC	computer aided consulting	Beratung mit Computerunterstützung
CAD	computer aided design	Zeichnungen und Entwürfe mit Computerhilfe
CADN	cellular access digital network	
CAE	computer aided engineering	Computerunterstützung bei Ingenieurarbeiten
CAFS	content addressable file store	
CAI	computer aided instruction	Computerlernprogramme
CAI	common air interface	De-facto-Standard für schnurlose Telefone

C

CAIRS	computer-assisted information retrieval system		kurze Hilfsprogramme zur Auffrischung vergessener Details
CAL	computer aided learning		Computerunterstützung beim Lernen
CAM	computer aided manufacturing		computerunterstützte Fabrikation
CAM	communication access method		
CAM	content addressable memory		nach dem Speicherinhalt adressierter Speicher
CAMA	centralized automatic message accounting		zentralisierte automatische Nachrichtenbuchung
CAMAC	computer aided measurement and control		Messen und Steuern mit Computerunterstützung
CAN	cancel		annullieren
CAO	computer aided office		Verwaltungsaufgaben mit dem Computer
CAP	cable access point		Kabelanschlußpunkt
CAP	computer aided planning		Planung mit Computerunterstützung
CAP	computer aided publishing		Publizieren mit Computerunterstützung
CAQ	computer aided quality assurance		computerunterstützte Qualitätssicherung
CAR	channel address register		Kanaladressenregister
CaRe	call reference		Verbindungskennung
CARR	carrier (unmodulated RF)		Trägerfrequenz (unmodulierte Hochfrequenz)
CAS	code activated switch		
CAS	computer aided selling		Verkaufen mit Computerunterstützung

C

CASE	common application service element	
CASE	common aided service element	
CASE	computer aided software engineering	Softwareengineering mit Computerunterstützung
CAT	cable analyzer/tester	Analyse- und Testgerät für Leitungen und Kabel
CATV	common antenna television	Kabelfernsehen
CATV	cable television	Kabelfernsehen
CATV	coaxial community antenna television	
CAU	controlled access unit	Einheit für den gesteuerten Zugriff
CAW	channel address word	
CB	central battery	Zentralbatterie
CB	citizens band (radio)	allgemeines Sprechfunkband
CBA	changeback acknowledgement signal	
CBC	cipher block chaining	
CBD	changeback declaration signal	
CBEMA	computer business equipment manufacturers association	Vereinigung der Hersteller für kommerzielle Computerausrüstung
CBK	clearback signal	Schlußzeichen
CBMS	computer based message systems	Nachrichtensysteme auf Computerbasis
CBS	Columbia Broadcasting Systems Inc., USA	
CBX	computerized branch exchange	digitale computergestützte Nebenstellenanlage
CC	code converter	Codekonverter

C

CC	country code	Landescode
CC	connection confirm	Verbindungsbestätigung
CC	call control	
CC	control character	
CCB	channel command block	Kanalbefehlsblock
CCBS	completion of call to a busy subscriber	automatischer Rückruf bei »Besetzt«
CCC	TCP-security field	Geheimverschlüsselung bei TCP/IP
CCCH	common control channels	Kanäle mit gemeinsamer Steuerung
CCD	continuity check outgoing	abgehende Durchgangsprüfung
CCD	charge coupled devices	ladungsgekoppelte Speicherelemente
CCDN	corporate consolidated data network	übergeordnetes Unternehmensdatennetz
CCETT	Centre Commune d'Etudes de Télévision et de Télécommunications, Rennes	
CCF	continuity-failure signal	Durchgangsfehler-Signal
CCH	common channels	gemeinsame Kanäle
CCI	continuity check incoming	ankommende Durchschalteprüfung
CCIA	computer and communication industry association	Vereinigung der Computer- und Kommunikationsindustrie
CCIR	comité consultatif international des radiocommunications	
CCIRN	coordinating committee for international research networking	Koordinationskomitee für Forschung an internationalen Netzwerken

C

CCIS	common channel interoffice signalling	Büro-Zentralkanalzeichengabe
CCITT	comité consultatif international télégraphique et téléphonique	
CCITT 7	CCITT signalling system number 7	
CCL	common command language	gemeinsame Befehlssprache
CCM	circuit supervision message	Schaltungsüberwachungs-Nachricht
CCM	ComConsult communications manager	Produkt der Firma ComConsult
CCN	cluster control nodes	peripherer Knoten Typ 2 im IBM-Netz
CCO	call connected	Anrufverbindung geschaltet
CCP	communication control program	
CCP	central communication processor	zentraler Kommunikationsprozessor
CCR	commitment, concurrency and recovery	
CCR	continuity check request	Durchgangsprüfungsanfrage
CCR	customer controlled reconfiguration	kundengesteuerte Rekonfiguration
CCS	hundred call seconds	100 Sprechsekunden, Maß für die Nachrichtenverkehrs-Intensität (36 CCS = 1 Erlang)
CCS	common channel signal	zentrales Kanalzeichen
CCS	common communication support	gemeinsame Kommunikationsunterstützung
CCS	calculus of communication systems	abstrakte Programmiersprache für Rechnernetze

C

CCS 7	common channel signaling system 7	
CCSA	common-control switching arrangement	
CCSS	common channel signaling system	gemeinsames Kanalsignalsystem
CCTS	coordinating committee on satellite communications	koordinierendes Komitee für Satellitenkommunikation
CCU	central control unit	zentrale Steuereinheit
CCW	channel command word	Kanalkommandowort
CD	collision detection	Kollisionserkennung
CD	called	angerufen
CD	carrier detect	Trägererkennung
CD	compact disc	
CD-WO	compact disc-write once	nur einmal beschreibbare CD
CDDI	copper distributed data interface	
CDI	change direction indicator	
CDINIT	cross domain initiate	
CDLC	cellular data link control	zellulare Datenverbindungs-Steuerung (Mobilfunk)
CDM	colour division multiplexing	Multiplexing auf Glasfaserleitungen durch Verwendung verschiedener Farbfrequenzen
CDMA	call division multiple access	
CDMA	code division multiple access	
CDMR	command reject	Befehlsverweigerung
CDPD	cellular digital packet data	
CDR	call detail record	
CDROM	compact disc read only memory	Nur-Lese-Speicher auf einer Compact-Disc
CDT	connectionless data transm.	verbindungslose Datenübertr.

C

CDTERM	cross domain terminate	
CDUJ	command document user information	
CEC	Commission of the European Communities	
CECC	CENELEC Electronic Components Committee	
CECUA		Vereinigung der europäischen Computeranwender
CEEFAX	BBC teletext	Teletextsystem von BBC
CEI	Commission Electrotechnique Internationale	
CEMA	Canadian Electrical Manufacturers Association	Vereinigung kanadischer Elektrohersteller
CEN	Comité Européen de Normalisation	Europäisches Normungsgremium
CENCER	European Committee for Standardization Certification	Urkundenbehörde von CEN
CENELEC	Comité Européen de Normalisation Electrotechnique	Europäisches Normungs-gremium für Elektrotechnik
CEOC	Colloque Européenne des Organisations de Controle	Harmonisierungsgremium für praktische Normen
CEPT	Conférence Européenne des Administrations des Postes et Télécommunications	
CER	character error rate	Zeichenfehlerrate
CESA	Canadian Engineering Standards Association	Kanadische Vereinigung für technische Normen
CF	copy flag	Kopierflag
CFB	cipher feedback	
CFL	call failure signal	Anruffehlersignal

C

CFL	control flags	Steuerflags
CFM	please confirm/I confirm	bitte bestätigen/ich bestätige
CFM	configuration management	Konfigurationsmanagement
CFM/MON	capacity management facility/monitor	
CFR	cambridge fast ring	Ring-Netzwerk (Uni Cambridge)
CFR	code of federal regulations	Code der Bundesvorschriften der USA
CG	calling	anrufend
CGB	convert Gray to binary	Umsetzen des Gray-Codes in den Binärcode
CGC	circuit group congestion	Schaltungsgruppenüberlastung
CGI	computer graphics interface	Normentwurf für graphische Kommunikationsschnittstelle
CGM	circuit group supervision message	Schaltungsgruppen-Überwachungsnachricht
CGM	computer graphics metafile	Definition für das Format einer Bilddatei
CGMIF	computer graphics metafile interchange format	Computergrafik-Metadatei-Austausch-Format
CGW	customer gateway (DQDB)	Kundengateway
CHASE		SNA-Befehl
CHECKER		öffentlicher Betriebsfunk auf der Basis von Bündelfunk (Telecom)
CHG	charging message	Gebührennachricht
CHILL	CCITT high level language	CCITT-Hochsprache
CHM	changeover and changeback messages	
CHNL	channel	Kanal
CHPS	characters per second	Zeichen pro Sekunde

C

CI	call indicator	Anruf-Anzeige
CI	computer inquiry	Computerabfrage
CI	conversation impossible	Gespräch nicht möglich
CIA	channel interface adapter	Kanal-Interface-Adapter
CIA	Computer Industry Association	Vereinigung der Computerindustrie
CIC	circuit identification code	Schaltungskennungscode
CICS	customer information control system	Kundeninformations-Steuerungssystem
CID	connection identification	Verbindungskennung
CIDa	connection identification, source	Verbindungskennung, Ursprung
CIDb	connection identification, destination	Verbindungskennung, Ziel
CIM	communications interface module	Kommunikations-Schnittstellenmodul
CIM	computer integrated manufacturing	rechnerintegrierte Fertigung
CINIT	control initiate	SNA-Befehl
CIO	central input/output multiplexer	Umwandlung von mehreren langsamen Datenverbindungen in eine schnelle
CIOCS	communication input/output control system	Echtzeitsteuerungssystem für Eingabe und Ausgabe
CIOSYS		Treiber für den file-server von 3 COM
CIR	calling line identity request signal	Anschlußkennungs-Abfrage-signal
CIR	reject indication	Ablehnungssignal
CIR	committed information rate	
CISC	complex instruction set computer architecture	komplexe Computer-Befehlssatz-Architektur

C

CISPER	Comité International Spécial de Pétulsation Radioelectriques	
CISPR	International Special committee on Radio Interference	
CIT	computer integrated telephoning	computerintegriertes Telefonieren
CITEL	Conferencia interamericana de Telecommunicaciones (span.)	
CITYRUF		drahtloser Übertragungsdienst der DBP-Telekom
CK	checkbit	Prüfbit
CKDIG	check digit	Prüfziffer
CL	connectionless	verbindungslos
CLC	clear confirmation	Löschbestätigung
CLC	CENELEC	
CLF	clear forward line	
CLI	calling line identity	Anschlußkennung
CLI	clear indication	Löschanzeige
CLIST	command list	Befehlsliste
CLK	clock	Takt
CLNP	connectionless mode network protocol	Netzwerk-Protokoll für verbindungslosen Betrieb
CLNS	connectionless network service	Netzwerkdienst für verbindungslosen Betrieb
CLQ	clear request	Löschanforderung
CLR	clear	löschen
CLSS	comten language support system	
CLTS	connectionless transport service	verbindungsloser Transportdienst

C

CLU	calling line identity unavailable signal	
CM	configuration management	Konfigurationsmanagement
CMA	communication managers association	Vereinigung der Kommunikationsmanager
CMC	communication management configuration	Kommunikationsmanagement-Konfiguration
CMDR	command reject	Befehlsverweigerung
CME	circuit multiplication equipment	
CMF/PDB	capacity management facility/performance data base	
CMI	coded mark inversion	
CMIP	common management information protocol	
CMIS	common management information services	
CMISE	common management information service element	allgemeines Management-Informationsdienstelement
CMOL	CMIP over logical link	
CMOS	complementary metal-oxide semiconductor	komplementärer Metall-Oxyd-Siliziumtransistor
CMOT	CMIP over TCP/IP	
CMR	common mode rejection	Gleichtaktunterdrückung
CMS	conversational monitor system	
CMS		IBM-Betriebssystem
CMT	connection management mechanism	Verbindungsmanagement für Lichtwellenleiter
CNA	communications network architecture	Netzwerkarchitektur
CNC	computerized numerical control	numerische Steuerung von Werkzeugmaschinen

C

CNCL	cancel	annullieren
CNET	Centre Nationale d'Etudes des Télécommunications (frz.)	
CNL	cancel	annullieren
CNLS	connectionless	verbindungslos
CNM	communications network manager	Kommunikationsnetzmanager
CNM	computer network management	Netzwerkmanagement im Token Ring
CNMA	communications network for manufacturing application	Kommunikationsnetz für Fabrikanwendungen
CNMI	communication network management interface	Kommunikationsnetz-Management-Interface
CNOS	change number of sessions	Änderung der Anzahl der Sitzungen in SNA
CNP	connection not possible	Verbindung nicht möglich
CNS	communication network system	Nachrichtennetz
CNS	connection not successful signal	
CNTL CNTRL	control	Steuerung
CO	connection-oriented	verbindungsorientiert
CO	central office	Vermittlungsamt
COA	changeover acknowledgement signal	Umschaltbestätigungssignal
COAM	customer owned and maintained	Eigentum des Kunden und vom Kunden betreut
COAX	coaxial cable	Koaxialkabel
COBOL	common business-oriented language	Programmiersprache
CODASYL	Conference for Data Systems Languages	

C

CODEC	coder/decoder	
CODIC	computer directed communications	
COFDM	coded orthogonal frequency division multiplex	digitales Modulationsverfahren
COL	collation please/I collate	bitte Text vergleichen/ich vergleiche
COM	commercial organizations	kommerzielle Organisation
COM	call connected	Verbindung hergestellt
COMBAS		Programmsprache
COMPUSEC	computer security	Computersicherheit
COMSAT	communication satellite corporation	
COMSEC	communication security	Kommunikationssicherheit
COMVIK		schwedisches Mobilfunknetz
CONN	connected	Verbindung hergestellt
CONN ACK	connection acknowledgement	Verbindungsbestätigung
CONS	connection oriented network service	verbindungsorientierter Netzdienst
CONS	console	Konsole
COP	character-oriented protocol	zeichenorientiertes Protokoll
COP	byte count-oriented protocol	bytezählungsorientiertes Protokoll
CORMES	communication oriented message system	
CorNet	corporate ISDN-network	ISDN-Netz eines Unternehmens
COS	corporation for open systems	
COS	class of service	Dienstgüte
COS	communication operating system	Kommunikationsbetriebssystem

C

COST	European Cooperation in the field of Scientific and Technical Research	
COT	class of traffic character	Verkehrsklassenzeichen
COT	continuity signal	Durchgangsmeldung
COTC	Canadian Overseas Telecommunication Corporation	
COTS	connection oriented transport service	verbindungsorientierter Transportdienst
CP	control point	Kontrollpunkt
CP	critical path	kritischer Pfad
CP	co-processor	Co-Prozessor
CP	clock pulse	Taktimpuls
CP	communication processor	Kommunikationsrechner
CP	control program	Steuerprogramm
CP	convergence protocol	
CP/M	control program for microprocessors	Betriebssystem für Personalcomputer
CPA	critical path analysis	Analyse des kritischen Pfades
CPAX	computerized private automatic exchange	computergesteuerte automatische Nebenstellenanlage
CPBX	computerized private branch exchange	computergesteuerte Nebenstellenanlage
CPC	call processing control	
CPE	customer premises equipment	Geräte auf dem Grundstück des Kunden
CPE	convergence protocol entity	
CPFSK	continuous phase frequency shift keying	kontinuierliche Phasenfrequenzumtastung

C

CPI	common programming interface	Anwenderunterstützung (IBM)
CPI	computer PABX interface	Computer-PABX-Schnittstelle
CPI	characters per inch	Zeichen pro Zoll
CPM	control program for microprocessors	Betriebssystem für Personalcomputer
CPM	connection point manager	
CPMS	control point management services	Managementdienste der Steuerzentrale
CPODA	contention priority oriented demand assignment	
CPRB	connectivity programming request block	
CPS	characters per second	Zeichen pro Sekunde
CPS	cycles per second	Schwingungen pro Sekunde
CPS	cooperative processing support	
CPT	colour picture tube	Farbbildröhre
CPU	central processing unit	Zentraleinheit
CPY	copy	kopieren
CR	connection request	Verbindungsanforderung
CR	carriage return	Wagenrücklauf
CRAM	card random access memory	Magnetkartenspeicher
CRBE	conversational remote batch entry	
CRC	cyclic redundancy check	zyklische Blockprüfung
CRC	cyclic redundancy checksum	zyklische Blockprüfsumme
CRE	corrected reference equivalent	
CREN	Consortium for Research and Education Network	
CREP	connection refused	Verbindung abgelehnt

C

CRI	continuity recheck incoming	ankommende erneute Durchgangsprüfung
CRJE	conversational remote job entry	Jobverarbeitung im Dialog
CRLF	carriage return, line feed	Wagenrücklauf und Zeilenvorschub
CRN	cellular radio network	Mobilfunknetzwerk
CRO	continuity recheck outgoing	herausgehende erneute Durchgangsprüfung
CROM	control read only memory	Steuer-ROM
CRQ	closed user group selection & validation request message	
CRQ	call request	
CRS	closed user group selection & validation response message	Anrufanforderung
CRS	configuration report server	
CRT	cathode ray tube	Kathodenstrahlröhre
CRT	computer response time	Antwortzeit des Computers
CRV	cryptography verification	Kryptographische Bestätigung
CRV	coding rule violation	Verletzung der Codierungsregeln
CS	connection switching	Leitungsvermittlung
CS	channel status	Kanalstatus
CS	communication support	
CS	communication software	
CS-NET	computer science network	Computer-Wissenschaftsnetz
CSA	client server agent	CSA
CSA	cooperating/cooperative systems architecture	
CSA	Canadian Standards Association	
CSC	control signal code	Steuerzeichen zur Zeichengabe

C

CSDN	circuit switched data network	leitungsvermitteltes Datennetz
CSELT	centro studi e laboratorie telecommunicazioni SpA (CSELT) (ital.)	
CSI	control signal indicator	Einleitungszeichen für Steuerfolge
CSM	call supervision message	
CSMA	carrier sense multiple access	Vielfachzugriff mit Trägererkennung
CSMA/CA	carrier sense multiple access/ collision avoidance	Vielfachzugriff mit Leitungsabfrage und Kollisionsvermeidung
CSMA/CD	carrier sense multiple access/ collision detection	Vielfachzugriff mit Leitungsabfrage und Kollisionserkennung
CSNET	computer science network	Computer-Wissenschaftsnetz
CSNP	complete sequence numbers PDU	
CSP	cross system product	Programmgenerator (IBM-SAA)
CSPDN	circuit switched public data network	leitungsvermitteltes öffentliches Netz
CSS	connection successful signal	
CSU	channel service unit	
CSU	channel switching unit	
CSU/DSU	customer service unit/data service unit	Kunden-/Datendiensteinheit
CSV	comma separated value	
CSW	channel status word	Kanalstatus-Wort
CT	cordless telephone	schnurloses Telefon
CTC	channel-to-channel	von Kanal-zu-Kanal
CTCA	channel-to-channel adapter	Kanal-zu-Kanal-Adapter

C D

CTE	channel translating equipment	
CTERM	command terminal protocol	
CTL	complementary transistor logic	Logikschaltung mit komplementären Transistoren
CTM	command terminal module	
CTNE	Compania Telefonica National de Espana	
CTRL	control	Steuerung
CTS	conformance testing services	Konformitäts-Testdienst der Europäischen Gemeinschaft
CTS	clear to send	Sendebereitschaft
CTS-WAN	conformance testing services for wide area networks	Konformitäts-Testdienst für Datenfernnetze
CU	call UNIX (remote session)	UNIX-Aufruf
CUA	common user access	gemeinsamer Benutzerzugriff
CUCN	communication controller subarea node	Datenfernverarbeitungs-Steuereinheit (IBM Typ 4)
CUG	closed user group	geschlossene Benutzergruppe
CUT	control unit terminal	
CUT	cluster unit terminal	
CVSD	continuous variable slope delta modulation	
CW	carrier wave	Trägerfrequenz
CWD	change working directory	Wechsel des Arbeitsverzeichnisses
CWP	current window pointer	Zeiger auf das aktuelle Fenster
D		D-Netz (Mobilfunk)
D	hex 13	Ziffernsymbol für die Hexadezimalzahl 13 im Sedezimalsystem

D

D		Datenleitung V.24
D		Datenbestätigung im X.25
D	D-latch	D-flip-flop
D		Drucker
D-CHANNEL	ISDN-out of band signalling channel	ISDN-Meldekanal
D/A	digital-to-analogue converter	Digital/Analog-Umsetzer
D/A		Digital/Analog
DA	destination address	Zieladresse
DA	draft addendum	Zusatz zu einem Normentwurf
DA	direct access	direkter Speicherzugriff
DAA	data access arrangement	
DAB	digital audio broadcasting	
DAC	digital/analogue converter	Digital/Analog-Umsetzer
DAC	dual attachment concentrator	
DAC	data acquisition and control system	
DACTCDRM	deactivate cross domain resource manager	
DACTLU	deactivate logical unit	logische Einheit deaktivieren
DACTPU	deactivate physical unit	physikalische Einheit deaktivieren
DACU	device attachment control unit	
DAEDR	delimitation, alignment, error detection (reception)	
DAEDT	delimitation, alignment, error detection (transmitting)	
DAF	destination address field	Zieladressenfeld
DAG		Direktrufnetzabschlußgerät
DAGA		Deutsche Arbeitsgemeinschaft für Akustik

46

D

DAGt		Datenanschlußgerät
DAL	data administration language	Datenverwaltungssprache
DAM	direct access method	direkte Zugriffsmethode
DAM	data acquisition and monitoring	
DaNzKo		Datennetzkoordinator
DAO	data offset	Datenoffsetfeld im TCP/IP
DAP	data access protocol	Datenzugriffsprotokoll
DAP	directory access point	
DAR	dynamic alternative routing	
DAR	data access register	
DARPA	Defense Advanced Research Project Agency	
DAS	double attached station	Stationen mit Doppellichtwellenleiter
DAS	directory access service	Verzeichniszugangsdienst
DASAT		Satellitendienst der Telekom
DASD	direct access storage device	Direktzugriffsspeicher
DASE	directory access service element	
DASS	digital access signalling system	
DAST		Datenaustauschsteuerung
DAT	digital audio tape	digitales Magnettonaufzeichnungssystem (bei R-DAT mit rotierenden Aufzeichnungs- bzw. Wiedergabeköpfen)
DATEL	data telecommunications	Datentelekommunikation
DATEX-L		leitungsvermitteltes Datennetz der DBP

D

DATEX-P		paketvermitteltes Datennetz der DBP
DATR	digital audio tape recorder	
DATV	digitally assisted television	
DAU		Digital-Analog-Umsetzer
DAV	data above voice	
DAV	data valid	gültige Daten
DAVID		direkter Anschluß zur Verteilung von Informationen im Datensektor
dB	decibel	Dezibel
DB		designierte Brücke
DB		Datenbank
DBA		Datenbankadministrator
dBm		Dezibel Milliwatt
DBMS	database management system	Datenbank-Management-System
DBOMP	data base organisation and maintenance processor	Datenbankverwaltungssystem
DBP		Deutsche Bundespost
DBPT		Deutsche Bundespost Telekom
dBrn	decibels above reference noise	Dezibel über Bezugs-Geräuschpegel
DBS	direct broadcast satellites	Satelliten zum direkten Rundfunkempfang
DBTG	data base task group	
DBVS		Datenbankverwaltungssystem
dBW	decibel watt	Dezibel Watt
DBX	digital branch exchange	digitale Nebenstellenanlage
DC	disconnect confirm	Verbindungsabbruch-bestätigung
DC	data communication	Datenkommunikation

D

DC	device control	Gerätesteuerung
DCA	document contents architecture	
DCA	distributed communications architecture	Architektur verteilter Systeme
DCA	defense communications agency	Dienststelle des amerikanischen Verteidigungsministeriums
DCAM	data communications access method	
DCATS	data communication management system	Datenübertragungs-Management-System
DCB	data control block	Dateisteuerblock
DCBX	distributed computerized branch exchange	verteilte computerunterstützte Nebenstellenanlage
DCC	data country code	
DCC	data collection centre	
DCC	digital compact cassette	
DCCH	dedicated control channels	Steuerkanäle im Mobilfunk
DCCU	data communication control unit	
DCD	data carrier detect	Datenträgersignalerkennung
DCE	data circuit terminating equipment	Datenübertragungs-Endeinrichtung
DCE	distributed computing environment	Umgebung für verteilte Datenverarbeitung
DCF	data communication function	
DCF	data count field	Datenzählerfeld (IBM-SNA)
DCF	discounted cash flow	
DCH	dedicated channels	zugeordnete Kanäle im Mobilfunk
DCL	device clear	Gerät im Grundzustand

D

DCM	data communication methods	
DCME	digital circuit multiplication equipment	Datenkonzentrator für optisches Transatlantikkabel
DCMS	data communication management system	Datenübertragungs-Management-System
DCN	data communication network	
DCP	domain control point	
DCP	device control protocol	Gerätesteuerungsprotokoll, Port im TCP/IP
DCP	distributed communication processor	Rechner für verteilte Kommunikation
DCR	divided clock receiver	
DCS	distributed communications system	verteiltes Kommunikationssystem
DCS	digital cross connect system	digitales Querverbindungssystem
DCS	digital cellular system	
DCT	divided clock transmitter	
DCT	discrete cosine transform	
DCTL	direct-coupled transistor logic	direkt gekoppelte Transistorlogik
DCUTL	direct-coupled unipolar transistor logic	direkt gekoppelte Feldeffekttransistorlogik
DCV	digital coded voice	digital codierte Sprache
DDC	direct digital control	direkte numerische Steuerung von Werkzeugmaschinen
DDCMP	digital data communications message protocol	
DDD	direct distance dialling	Selbstwählferndienst
DDE	dynamic data exchange	nachrichtenorientiertes Kommunikationsprotokoll
DDI	direct dialling in	Direktwahl

D

DDLCN	distributed double loop computer network	
DDM	distributed data management	verteiltes Datenmanagement
DDN	defense data network	
DDP	distributed data processing	verteilte Systeme
DDP	digital data processor	
DDS	digital data system	
DDS	digital data services	Digitaldatendienst
DDS	dataphone digital services	
DDV		Datendirektverbindung
DE	discard eligibility	
DEB	data event block	Datenblock zum Erkennen von unregelmäßigen Ereignissen
DEC	Digital Equipment Corporation	
DECNET	Digital Equipment Corporations proprietary NETwork architecture	
DECT	digital european cordless telephone	europäisches digitales schnurloses Telefon
DED	dynamical established data	
DEE	data terminal equipment	Datenendeinrichtung, Datenendgerät
DEF	destination element address field	Zieladressenfeld
DEGt		Datenendgerät
DEKITZ		Deutsche Koordinationsstelle für IT-Normenkonformitäts- prüfung und -zertifizierung
DEL	delay	Verzögerung
DEL	delete	tilgen, entfernen

D

DELNI	Digital Equipment local network transceiver	
DEM	demodulator	Demodulator
DEMF	display exception monitoring facility	
DEMOD	demodulator	Demodulator
DEMUX	demultiplexer	Demultiplexer
DEN	distribution element name	Verteilungselement-Name
DES	data encryption standard	Datenverschlüsselungsnorm
DEST	destination	Zieladresse
DET	detach	D-Kanal-Protokollnachricht
DETAB	decision table	Entscheidungstabelle
DETLP	duett error and trace logging process	
DEU	data exchange unit	Datenvermittlungseinrichtung
DF	you are in communication with the call suscriber	
DF	don't fragment	Verhinderung der Fragmentierung bei TCP/IP
DF		Datenfilter
DF	data flag	Datenflag
DFB	distributed feedback	
DFC	data flow control	Datenflußkontrolle
DFG		Deutsche Forschungsgemeinschaft
DFGt		Datenfernschaltgerät
DFN		Deutsches Forschungsnetz
DFR	document filing and retrieval	
DFS	distributed file system	
DFS		Deutscher Fernmeldesatellit
DFSG		Datenfernschaltgerät
DFT	distribution function terminal	

D

DFT	diagnostic function test	
DFÜ		Datenfernübertragung
DFV		Datenfernverarbeitung
DGN	distribution group name	Verteilungsgruppenname
DGT	digit	Ziffer
DH	double heterostructure	
DHE	data handling equipment	
DI	device interface	
DIA	document interchange architecture	
DIANE	direct information access network for europe	
DIB	directory information base	
DIB	data input bus	
DIBIT		aus zwei zusammenhängenden Bits bestehende Informationseinheit
DID	direct inward dialling	Direktwahl
DIF	data interchange format	
DIL	dual-in-line	
DIN		Deutsches Institut für Normung
DIN		Deutsche Industrienorm
DIP	dual-in-line package	
DIR	diagnose responder	
DIS	draft international standard	Entwurf einer internationalen Norm
DISC	disconnect	D-Kanal-Protokoll-Nachricht (abbrechen, auslösen)
DISSOS	distributed office support system	Bürounterstützungsverbund-System

D

DIT	directory information tree	
DIU	document interchange unit	Dokomentenaustauscheinheit
DIV		Digitales Vermittlungssystem
DIVA		Direktverbindung von Telefonanschlüssen
DIVF		digitale Vermittlungstechnik für den Ferndienst
DIVO		digitale Vermittlungstechnik für den Ortsdienst
DIX	Digital Equipment, Intel, Xerox	
DK-PTT	Statens Teletjeneste Telelaboratoriet, Dänemark	
DKE		Deutsche Kommission für Elektrotechnik im DIN und VDE
DKM		DV-Strom Kontrollmodul
DKZ		Datenkonzentrator
DKZ-N		digitales Kennzeichen für den Nebenanschluß
DKZE		D-Kanal-Protokoll im ISDN
DL	data link	Datenverbindung
DL	delay line	Verzögerungsleitung
DL	distribution list	Verteilerliste
DLC	data link control	Datenverbindungssteuerung
DLC	signalling data link connection order signal	
DLCI	data link connection identifier (frame relay)	
DLCLMS	data link control local management services	Bericht über Verbindungsstörungen am IBM-SNA

D

DLCN	distributed loop computer network	
DLD	dark line defect	
DLE	data link escape	
DLL	dial long lines	Fernwahl
DLL	dynamic link library	
DLM	data line monitor	
DLM	signalling data link connection order message	
DLM	data link mapping	
DLR		Deutsche Forschungsanstalt für Luft- und Raumfahrt
DLS	distributed load sharing	
DLS	directory location service	
DLSAP	destination link service access point	
DLT	decision logic table	logische Entscheidungstabelle
DLU	destination logical unit	
DM	disconnect mode	
DM		Dienstmerkmal
DM	distribution manager	
DM	delta modulation	Delta-Modulation
DM	data management	Daten-Management
Dm	data mobile	
DMA	direct memory access	direkter Speicherzugriff
DME	digital multiplex equipment	
DME	distributed management environment	
DMF	distributed management facility	
DMI	digital multiplexed interface	digitale Multiplexschnittstelle

D

DMI	definition of management information	Definition der Management-informationen
DMP	diagnostic and monitoring protocol	
DMS	digital multiplex switching system	
DMSS	DM send state	
DN	distinguished name	
DN	directory number	Verzeichnisnummer
DNA	digital network architecture	
DNA	data network address	Datennetzadresse
DNA		Datennetzabschlußgerät
DNA		Deutscher Normenausschuß
DNAE		Datennetzabschlußeinrichtung
DNC	direct numerical control	Einrichtung für numerisch gesteuerte Werkzeugmaschinen
DNG		Datennetzabschlußgerät
DNHR	dynamic non-hierarchical routing	
DNI	data network identification	
DNIC	data network identification code	
DNKZ		Datennetzkontrollzentrum
DNS	domain name system	
DO	digital output	
DoC	Department of Communications	Informationsministerium, USA
DoD	Department of Defense	
DOE	Department of Energy	
DOMAIN	domain name system	

D

DOR	digital optical recording	digitale optische Aufzeichnung, Bildplatte
DOS	disc operating system	
DOV	data over voice	gleichzeitige Übertragung von Sprache und Daten
DP	destination port	
DP	draft proposal	Normvorschlag
DP	data processing	
DPC	destination point code	
DPCM	differential pulse code modulation	differentielle Pulscode-Modulation
DPDU	data link protocol data unit	
DPE	data processing equipment	Datenverarbeitungssystem
DPM	data processing machine	
DPN	data packet network	
DPNSS	digital private network signalling system	
DPPX	distributed processing programming executive	
DPPX/PDA	DPPX program determination aid	
DPPX/PT	DPPX performance tool	
DPS	data presentation service	
DPSK	differential phase shift keying	Phasendifferenzmodulation
DQ	directory enquiry	
DQB	distributed queueing protocol	
DQDB	distributed queue dual bus	
DQP	distributed queue protocol	
DR	disconnect request	Verbindungsabbruch-Anforderung

D

DR	draft recommendation	Empfehlung für einen Normentwurf
DR		Danmarks Radio, Dänemark
DRAM	dynamic random access memory	dynamisches RAM
DRAW	direct read after write	unmittelbares Lesen nach dem Schreiben bei optischen digitalen Discs
DRC	data access control system return code	
DRCS	dynamically redefinable character set	
DRF	data run flag	
DRI	definite response indicator	
DRI	defense research internet	
DRS	data retrieval system	
DRS		Digitales Richtfunksystem
DRS	document recognition system	Aktenerkennungssystem
DS	distributed services	
DS	directory service	Verzeichnisdienst
DS		Digitalsignal
DS 1	digital line system 1,544 Mbit/s	digitales Leitungssystem 1,544 Mbit/s
DS 3	digital line system 45 Mbit/s	digitales Leitungssystem 45 Mbit/s
DS/MCP	data switch/message control program	
DSA	distributed systems architecture	
DSA	directory service agent	
DSAB	Distributed Systems Architecture Board	

D

DSAF	destination subarea address field	
DSAP	destination service access point	Zieladresse im IBM-SNA
DSB	double side band transmission	Zweiseitenbandmodulation
DSC	data stream compatibiliy	Druckermodus im Rahmen von IBM-SNA
DSE	distributed systems environment	
DSE	data switching exchange	
DSI	digital speech interpolation	
DSI	distributed system internetworking unit	
DSN	distributed systems network	
DSNX	distributed system node executive	Knotenausführungsprogramm verteilter Systeme
DSP	data stream profile	
DSP	directory system protocol	Verzeichnissystemprotokoll
DSP	display support protocol any private printer server	
DSP	domain specific part	
DSPU	downstream physical unit	
DSR	data send ready	Betriebsbereitschaft
DSR		Datenstationsrechner
DSR	digital satellite radio	digitaler Satellitenhörrundfunk
DSS	disconnect send state	
DSSE	directory system service element	
DST		Datenstation
DSU	distribution services unit	Verteilungsdiensteinheit
DSU	data service units	
DSU	data switching unit	

D

DSV		Digitalsignalverbindung
DSV 2		Datenverbindung für 2 Mbit/s-Signale
DSW	device status word	
DSX	distributed system executive	Ausführungsprogramm eines verteilten Systems
DT	data link layer trailer	
DT	data transmission	Datenübertragung
DT		Dateitransfer
DT	distributed transaction processing	
DT 1	data form class 1	
DTC	data test center	Datentestzentrum
DTE	data terminal equipment	Datenendeinrichtung
DTI	Department of Trade and Industry	
DTL	diode transistor logic	Dioden-Transistor-Logik
DTMF	dual tone multi frequency	Tonfrequenzwählsystem
DTP	data transfer process	
DTP	datagram transport protocol	
DTP	data transmission process	Datenübertragungsprozeß
DTP	distributed transaction processing	
DTR	data terminal ready	Datenendeinrichtung betriebsbereit
DTS	data transmission system	
DTS	digital termination systems	
dTTb	digital Television for Terrestrial broadcasting	
DTU	data transmission unit	Datenübertragungseinheit

D

DU	data unit (FTAM)	Dateneinheit
DUA	directory user agent	Verzeichnisbenutzereinheit
DUART	dual universal asynchronous receiver/transmitter	Doppel UART
DÜ		Datenübertragung
DÜE		Datenübertragungseinrichtung
DÜST		Datenübertragungssteuerung
DÜVO		Datenübertragungs-Vermittlungsverordnung
DUP	data user part	Datenbenutzer-Teil
DUP	duplicate	verdoppeln
DUS		Datenübertragungssystem
DUST		Datenumsetzerstelle
DV		Datenverarbeitung
DVA		Datenverarbeitungsanlage
DVA	distance vector algorithm	
DVE-P		Datenvermittlungseinrichtung mit Paketvermittlung
DVM	digital volt meter	Digitalvoltmeter
DVMRP	distance vector multicast routing protocol	
DVR		Datenübertragungsvorrechner
DVS		Datenvermittlungssystem
DVS		Digitalsignalverbindung
DVST		Datenvermittlungsstelle
DVST-L		Datenvermittlungsstelle mit Leitungsvermittlung
DVST-P		Datenvermittlungsstelle mit Paketvermittlung
DX	duplex	Duplex
DX	data exchange	Datenvermittlung

DXI	data eXchange interface (SMDS)	
DX-L		Datex-L-Netz
DX-P		Datex-P-Netz
DXC	data exchange control	
DXC 4/0		Digitaler Crossconnect 4/0 = Schaltebenen VC 4, VC 32, VC 21, VC 12, 64 kbit/s
DXC 4/4		Digitaler Crossconnect 4/4 = Schaltebene VC 4
DXG		Datexnetzabschlußgerät
DXMT		
DXT	data extract	LAN-Treiber für Token Ring

E	Erlang	Maß für die Verkehrsdichte auf Datenleitungen
E	hex 14	Ziffernsymbol für die Hexadezimalzahl 14 im Sedezimalsystem
E	Exa	Präfix für 1 Trillion
E	essential (user facility)	
E	error bit	Fehlerbit
E 1		digitales Übertragungssystem mit 2048 Mbit/s
E 163	numbering plan for international telephone service	Anschlußnummernplan für den internationalen Telefondienst
E 164	extension of E 163	Erweiterung von E 163
E-Mail	electronic mail	elektronische Post

E

EA	address field extension bit	
EA	effective address	
EA	extended address (Frame Relay)	
EACK	extended acknowledgement	
EAM	extended answer message indication	
EAPD	electro absorption photo diode	Gallium-Arsenid Lawinen-Photodiode
EAPROM	electrically alterable programmable read only memory	elektrisch veränderbares programmierbares ROM
EARN	european academic and research network	Europäisches Hochschul- und Forschungsnetz
EAROM	electrically alterable read only memory	elektrisch veränderbares ROM
EAX	electronic automatic exchange	elektronische automatische Vermittlung
EAZ		Endgeräteauswahlziffer
EBCDIC	extended binary coded decimal interchange code	erweiterter 8-Bit-Code für binär codierte Dezimalzahlen
EBU	European Broadcasting Union	
EC	erase character	Löschzeichen
ECA	emergency changeover acknowledgement signal	
ECB	event control block	
ECB	electronic code book	
ECC	error correcting code	fehlerkorrigierender Code
ECF	enhanced connectivity facility	
ECITC	European Committee for IT Certification	

E

ECL	emitter coupled logic	emittergekoppelte Logik (sehr hohe Schaltgeschwindigkeit)
ECM	emergency changeover message	
ECM	entity coordination management	
ECMA	European Computer Manufacturers Association	
ECO	emergency changeover order signal	
ECREEA	European Conference of Radio and Electronic Equipment Association	
ECS	European Communications Satellite System	Satellitenraumfahrtprogramm der Europäischen Raumfahrtagentur
ECS	Ether connect system	
ECSA	exchange carrier standards association	
ECTEL		ECREEA + EUCATEL
ECU	european current unit	
ED	ending delimiter	Endbegrenzer
EDC	error detecting code	fehlererkennender Code
EDDC	extended distance data cable	Spezialkabel zur Verlängerung der Entfernung einer RS 232 C-Schnittstelle
EDH	european digital hierarchy	
EDI	enciphered data indicator	Kryptographie im IBM-SNA
EDI	electronic data interchange	elektronischer Datenaustausch
EDI-MS	EDI message	
EDI-UA	EDI user agent	

E

EDIFACT	electronic data interchange for administration, commerce and transport	elektronischer Datenaustausch für Verwaltung, Wirtschaft und Verkehr
EDIM	EDI message	
EDIME	EDI message environment	
EDIMG	EDI messaging	
EDIMS	EDI messaging system	
EDIN	EDI notification	
EDP	electronic data processing	elektronische Datenverarbeitung
EDPS	electronic data processing system	Datenverarbeitungssystem
EDS	electronic data switching system	elektronisches Datenvermittlungssystem
EDS	ENDEC data separator (FNS 7090)	
EDV		elektronische Datenverarbeitung
EDX	electronic data exchange	elektronische Datenvermittlung
EE		Endeinrichtung
EEC	European Economic Community	
EEHLLAPI	OS/2 extended edition high level language application programming	
EEPROM	electrically erasable programmable read only memory	elektrisch löschbares, programmierbares ROM
EEROM	electrically erasable read only memory	elektrisch löschbares ROM

E

EET	equipment engaged tone	Netzüberlastungsbesetzt-zeichen
EF	expedited flow	
EFI	external file interface	externes Dateninterface
EFI	error free interval	bitfehlerfreie Intervalle
EFS	error free seconds	
EFS	extended file system	
EFS	end of frame sequence (ED+FS)	
EFT	electronic funds transfer	
EG		Europäische Gemeinschaft
EGP	exterior gateway protocol	
EGW	edge gateway	
EHF	extremely high frequency	
EHKP		einheitliche höhere Kommunikationsprotokolle
EHZ		Einhängezeichen
EI	error increments	
EIA	Electronic Industries Association	
EIAJ	Electronic Industries Association of Japan	
EIES	electronic information exchange system	
EIN	european informatics network	
EIR	equipment identification register	
EIS	electronic information security	
EISA	extended industry standard architecture	
EIT	encoded information type	
EKT		envelope Kanalteiler

E

EL	erase line	
ELED	edge-emitting light emitting diode	lichtemittierende Diode für Glasfaserkabel
ELF	extremely low frequency	Frequenzen unter 100 Hz
ELM	extended LAN-manager	
ELS	entry level solution	
EM	event management	Ereignismanagement
EM	end of medium	Ende des Mediums
EMA	enterprise management architecture	Unternehmensmanagement-architektur
EMA	extended memory area	
EMBB	electronic mail building block	
EMC	electromagnetic compatibility	elektromagnetische Verträglichkeit
EMF		elektromagnetisches Feld
EMI	electromagnetic interference	elektromagnetische Interferenzen
EMI/RFI	electromagnetic interference and radio frequency interference	elektromagnetische Rundfunkwelleninterferenzen
EMMS	electronic mail and message system	
EMS	expanded memory specification	
EMS	electronic message system	elektronisches Mitteilungssystem
EMS	enterprise management system	Datenmanagementsystem eines Unternehmens
EMUG	European MAP user group	
EMV		elektromagnetische Verträglichkeit
EN		europäische Norm

E

EN	exchange number	
ENA	extended network addressing	
ENDEC	encoder/decoder	Coder/Decoder
ENQ	enquiry	Stationsaufforderung
ENV		europäischer Normvorschlag
ENVM	environmental monitor card	
EO	end office	Ortsvermittlungsstelle
EOA	end of address	Ende der Adresse
EOB	end of block	Ende des Blocks
EOC	end of contents	Ende des Inhalts
EOD	end of data	Datenende
EOF	end of file	Dateiende
EOI	end of inquiry	Ende der Anforderung
EOI	end of identify	Ende der Identifizierung
EOJ	end of job	Ende des Jobs
EOL	end of line	Ende der Zeile
EOM	end of message	Ende der Botschaft
EON	end of number	Ende der Zahl
EOR	end of reel	Ende der Spule
EOR	end of record	Ende des Datensatzes
EOR	end of run	Ende des Programmlaufes
EOT	end of transmission	Ende der Sendung
EOTC	European Organization for Testing and Certification	
EOV	end of volume	Ende des Kapitels
EP	emulation program	Emulationsprogramm
EP	error protocol	Fehlerprotokoll
EPA	enhanced performance architecture	
EPBX	electronic private branch exchange	elektronische programm-gesteuerte Nebenstellenanlage

E

EPHOS	European Procurement Handbook on Open Systems	
EPL	eden programming language	
EPLD	electrically programmable logic device	elektrisch programmierbares logisches Gerät
EPROM	erasable and programmable read only memory	lösch- und programmierbares ROM
EPSS	experimental packet-switched system	experimentelles Paketnetz
EQTV	enhanced quality television	
ER	explicit route	
ER	error recovery	Wiederaufsetzen nach Fehler
ER		externer Rechner
ERC	explicit route control	
EREP	environment recording event program	
ERI	exception response indicator	
ERIP	extended routing information protocol	
ERMES	European Radio Message Services	
ERN	explicit route number	
ERNA		elektronisch-rechnergesteuerte Nachrichten-Vermittlungsanlage
ERP	error recovery procedure	Wiederaufsetzprozedur
ERP	effective radiated power	unter Einbeziehung des Antennengewinns äquivalente Strahlungsleistung eines Senders
ERR	error	Fehler

E

ERWIN		Ausdehnung des Wissenschaftsnetzes WIN auf die fünf neuen Bundesländer
ES	echo suppressor	Echo-Unterdrückung
ES	extended services	
ES	end system	
ES-IS	end system to intermediate system protocol	
ESA	European Space Agency	
ESB		Einseitenbandmodulation
ESC	escape character	Code-Umschaltung
ESDI	enhanced small device interface	
ESDS	entry sequenced data set	
ESF	extended superframe	
ESI	ethernet serial interface	
ESPRIT	European Strategic Program for Research and Development in Information Technology	
ESS	electronic switching system	elektronisches Wählsystem
ET	exchange termination	
ET	engaged tone	Besetztzeichen
ETACS	extended total excess communication system	
ETB	end of transmission block	
ETCG	elapsed time code generator	
ETCOM	European Testing and Certification for Office and Manufacturing Protocol	
ETIM	elapsed time	bisher abgelaufene Zeit
ETS	executable test suite	ausführbare Testeinheit

E F

ETS	electronic tandem switch	
ETS	European telecommunication standard	
ETSI	European Telecommunications Standards Institute	
ETV		Etagenverteiler
ETX	end of text	Textende
EU	end user	Endbenutzer
EUCATEL	European Conference of Associations of Telecommunication Industries	
EUROLAB		Testlabor, Wiesbaden
EUTELSAT		europäischer Telekommunikationssatellit
EV		Etagenverteiler
EVCB	event control block	Speicherbereich zur Aufnahme zufällig auftretender Ereignisse
EWOS	European Workshop in Open Systems	
EWS		elektronisches Wählsystem
EWSD		ISDN-Vermittlungssystem von Siemens
EXTN	extension	Erweiterung
EXTRN	external reference	äußerer Bezug
EZ		Entwicklungszentrum
F	flag	Flag
f	femto	Präfix für 1 Billiardstel

F

F	hex 15	Ziffernsymbol für die Hexadezimalzahl 15 im Sedezimalsystem
f		Frequenz
F	final	Schlußzeichen
F		Frame-Typ-Bit im Token Ring
F-Bit	final bit	Ende-Anzeige im X.25 (P/F-Bit)
F-PODA	fixed PODA	
f/e	full/empty Bit	Datentransportbereitschaft im Cambridge-Ring
F/E		Forschung und Entwicklung
FA	frequency agility	
FA	final address	
FA		Fernmeldeamt
FAC	facility	
FACCH	fast ACCH	
FACD	facility accepted message	
FACKACK	facility acknowledge	
FACREG	facility register	
FACREJ	facility reject	
FADU	file access data unit	Dateizugriffsdateneinheit
FAG		Fernmeldeanlagengesetz
FAI	function address indicator	
FAL	file access listener	
FAM	frequency agile modem	
FAM	file access method	
FAM	forward address message	
FAN.1	frame analyzing notation one	
FAN.1	frame analyzing detection zone	
FAP	file access protocol	

F

FAP/MS	formats and protocols/ management services	
FAR	failure analysis report	Fehleranalysebericht
FARNET	Federation of Academic Research Networks	
FASTLAN		Verkabelungssystem
FAT	file allocation table	Dateizuordnungstabelle
FAT	flexible access termination	amtsseitiger Abschluß des FMUX
FAX	facsimile	Facsimile
FBC	fully buffered channel	
FBE		Fernbetriebseinheit
FBS	fallback switch	
FC	frame control	Zugriffskontrollfeld
FCB	file control block	
FCC	Federal Communications Commission	
FCCH	frequency correction channel	Frequenzkorrekturkanal
FCCSET	Federal Coordinating Committee for Science, Engineering and Technology	
FCFS	frame check forward sequence	
FCM	signalling traffic flow control messages	
FCP	file control processor	
FCS	frame checking sequence	Blockprüfzeichenfolge
FCT	file control table	Dateitabelle
FD	full duplex	voll duplex
FD	forward direction	
FDDI	fiber distributed data interface	

F

FDDI/CDDI		Kombination von Glasfasern und Kupferleitungen im Datennetz
FDE	facility deactivated message	
FDF	fiber distribution frame	Anschlußeinrichtung für Lichtwellenleiter
FDM	frequency division multiplexing	
FDMA	frequency-division multiple access	Vielfachzugriff mit Frequenzteilung
FDT	formal description technique	
FDVDI	fiber distributed video/voice and data interface	Lichtwellenleiterinterface für Bild, Ton und Daten
FDX	full duplex	vollduplex
FE	format effector	Formatsteuerzeichen
Fe		Fernsprechen
Fe-Netz		Fernmeldenetz
FeAsl		Fernsprechanschlußleitung
FEC	forward error correction	vorwärts gerichtete Fehlerkorrektur
FECN	forward explicit congestion notification	
FED		Fernsprechhauptanschluß für Direktruf
FEFO	first ended, first out	Warteschlangenverwaltung
FELA		Fernsehleitungsausschuß
FEP	front end processor	Kommunikationsrechner
FER	forward error reporting	
FERS	facility error-recording system	
FET	field effect transistor	Feldeffekttransistor
FEXT	far end cross talk	Übersprechen am entfernten Ende der Leitung

F

FF	flip flop	bistabile Schaltung
FF	form feed	Seitenvorschub
FFOL	FDDI follow-on LAN	
FFM	fixed frequency modem	Festfrequenzmodem
FFMDDCA	final form mixed data DCA	
FFSK	fast frequency shift keying	schnelle Frequenzumtastung
FFT	final form text	
FFT	fast fourier transform	
FFTDCA	final form text DCA	
FG	functional group	
FG		Fernstreckengateway
FGt		Fernschaltgerät
FGW		Ferngruppenwähler
FH	function header	Anfangskennsatz NAU-Dienst in SNA
FhG		Fraunhofer Gesellschaft
FHS-D		Formatsteuerung zur Dezentralisierung des Formataufbaus
FHS/VTSV	format handling system/virtual terminal support	
FI		Forschungsinstitut der DBPT beim FTZ
FIB	forward indicator bit	Vorwärtsindikator
FID		Formatidentifikationsfeld
FIFO	first in, first out	Schieberegister
FIGS	figures shift	Umschaltfunktion Groß-/Kleinschrift, Fernschreiber
FILO	first in, last out	Stackspeicher
FIN	facility information message	
FIN	end of byte stream	Ende des Bytestromes
FIP	factory instrumentation protocol	Feldbusnormungsvorschlag

F

FIPS	federal information processing standard	Bundesstandard für Informationsverarbeitung (USA)
FIS	first in segment	
FISU	filling in signal unit	
FKTG		Fernseh- und Kinotechnische Gesellschaft
FKZ		Fernkennzeichen
FLASH	function library for ASN.1 syntax handlers	
FLOF	full level on features	englisches Verfahren zur Vergrößerung der Gestaltungsmöglichkeiten von Fernsehtext
FLOP	floating point operation	Fließkommaoperationen
FLOPS	floating point operations per second	Fließkommaoperationen pro Sekunde
FM	frequency modulation	Frequenzmodulation
FM	fault management	Fehlerbehandlung
FM	function management	
FMD	function management data	
FMDS	function management data services	
FMH	function management header	
FMP	file maintenance protocol	
FMS	file management system	
FMT	format error	Formatfehler
FMUX		flexibler Multiplexer
FN	forwarded notification	
FN		Fernmeldenetz
FNA	free network architecture	
FNA		Fachnormenausschuß
FNC	Federal Networking Council	

F

FNI		Fachnormenausschuß Informationsverarbeitung
FNL		fünf neue Bundesländer
FNS		FDDI-Netzwerksystem
FO	fragment offset	
FO	fiber optics	Lichtwellenleiter
FO		Fernmeldeordnung der deutschen Bundespost
FOB	free on board	
FOC	fiber-optic communications	Kommunikation über Lichtwellenleiter
FODMAU	fiber optic DTE medium attachment unit	Endgeräte-Lichtwellenleiter-Anschlußkabel
FOIRL	fiber optic inter-repeater link	
FOLAN	fiber optic LAN	LAN mit Lichtwellenleiter
FOMAU	fiber optic medium attachment unit	Lichtwellenleiter-Anschlußkabel
FORMAC	fiber optic ring media access controller	
FOT	forward transfer signal	
FOTS	fiber optic transmission system	Lichtwellenleiter-Übertragungssystem
FOX	fiber optic transceiver	Sender/Empfänger für Glasfaserkabel
FP	fast poll	
FPGA	field programmable gate array	
FPLMTS	future public land mobile telephone system	
FPODA	fixed priority oriented demand assignment	
FPS	fast packet switching	

F

FPU	floating point unit	Ko-Prozessor für Gleitkommarechnungen
FR	frame relay	
FRAD	frame relay access device	
FRD		Fernmelderechnungsdienst
FRICC	Federal Research Internet Coordinating Committee	
FRJ	facility rejected message	
FRL	forced release signal	
FRMR	frame reject	
FRQ	facility request message	Leistungsmerkmal-Anforderungssignal
FS	frame status	
FS		Fernschreiben
FS	file separator	
FS		Fernsehen
FSK	frequency shift keying	Frequenzumtastung
FSM	frequency shift modulation	
FSM	forward setup message	
FSM	finite state machine	
FSMA		Lichtleiterstecker
FSN	forward sequence number	
FSP	frequency shift pulsing	
FSP	full screen package	
FSS	frame send state	
FSS	fixed satellite services	fester Satellitendienst
FSS	frame reject send state	
FSU	final signal unit	
FT	file transfer	Dateitransfer
FTAM	file transfer, access and management	
FTC	full rate traffic channel	

F G

FTDM	fixed time division multiplexing	
FTET	full time equivalent terminals	
FTP	file transfer protocol	Dateiübertragungsprotokoll
FTS	file transfer special	
FTS	Federal Telecommunication System	
FTTH	fiber to the home	Lichtwellenleiter bis in die Wohnung
FTZ		Fernmeldetechnisches Zentralamt
FuBk		Funkbetriebskommission (DBP/ARD/ZDF/ Hochschulen/Industrie)
FVSat		Festverbindung über Satellit
FVst		Fernvermittlungsstelle
FVV		feste virtuelle Verbindung
FW		Fernsprechwählnetz
FWEE		Fernwirkendeinrichtung
FWEG		Fernwirkendgeräte
FWHM	full spectral width half maximum	
FWLST		Fernwirkleitstelle
FX	foreign exchange	Auslandsvermittlung
FYI	for your information	zu Ihrer Information
FZA		Fernmeldezeugamt
G	giga	Giga
G	ground	Masse, Erdung
G 4		Telefax Gruppe 4

G

G 113	recommendations about quantization distortion	Empfehlungen zur Vermeidung von Quantisierungsverzerrungen
G 180	recommendations about connection accessibility	Empfehlungen zum Verbindungszugang
G 711		CCITT-Empfehlung zu den Eigenschaften von Codierern und Decodierern
G 712		CCITT-Empfehlung zu Dämpfung, Frequenzversatz, Kanalrauschen, Gesamtverzerrung, Pegel-Abhängigkeit der Verstärkung, Neben- und Übersprechen
G 732		CCITT-Empfehlung zu den Rahmentests und Testen von Alarmsignalen
GA	go ahead	Aufforderung
Ga		DEE-Rückleiter
GA	go ahead	Umschaltsignal bei Halbduplex
GaAs		Gallium-Arsenid
GAN	global area network	weltweites Netzwerk
GAO	general accounting office	
GAP	Groupe d'Analyse et Prognose	
GAP		Blocklücke
GAP		Flughöhe (Magnetkopf)
GAT		gemischter Ausschuß Technik
GATT	general agreement on tarrifs and trade	
GB	gigabyte	Gigabyte
GB/s	gigabyte per second	Gigabyte pro Sekunde

G

GBG		geschlossene Benutzergruppe
Gbit	gigabit	Gigabit
Gbps	gigabits per second	Gigabit pro Sekunde
GBV		Gebäudeverteiler
GBYTE	gigabyte	Gigabyte
GCE	ground control equipment	
GCP	global control point	
GCR	group coded recording	Gruppencodierung
GCS	group control system	
GD		Gebietsdirektion DBP
GDDM	graphical data display manager	IBM Grafiksoftwaredriver
GDF	group distribution frame	
GDMI	generic definition of management information	generische Definition der Managementinformation
GDS	general data stream	allgemeiner Datenfluß
GDT	global descriptor table	virtueller Speicher im 80 386
GDÜ/GDN		Gleichstromübertragungsgerät
GE		Geräteanschlußeinheit
GEDAN		Gerät zur dezentralen Anrufweiterschaltung
GEG		gemischte Expertengruppe (Arbeitsgruppe des GAT)
GENALERT	generate alert	Alarmsignal erzeugen
GFI	general format identifier	Anfangskennsatz im X.25
GfK		Glasfaserkabellinie
GFLOPS	giga floating point operations per second	Milliarden Fließkommazahlenoperationen pro Sekunde
GGP	gateway to gateway protocol	
GHz	gigahertz	Gigahertz

G

GI	graded index	Gradientenindex (Lichtwellenleiter)
GIGA		1 Milliarde
GKS	graphic kernal system	
GKS		Gerätekanalsteuerung
GLV		Geländeverteiler
GM	General Motors	
GMD		Gesellschaft für Mathematik und Datenverarbeitung
GMDSS	Global Maritime Distress and Safety Systems	
GMF	generalized monitoring facility	
GMSK	Gaussian minimum shift keying	
GND	ground	Masse, Erdung
GNH		globaler Netzheader
GNP	gross national product	
GNS		globale Netzwerkunterebene
GOS	grade of service	
GOS	global observing system	
GOSIP UK	government open systems interconnection profile United Kingdom	
GOSIP US	government open systems interconnection profile United States	
GOV	city state and federal government agencies	
GPD	general purpose discipline	einfache Start/Stop-Prozedur
GPIA	general purpose interface adapter	Interface zum IEEE 488

G

GPIB	general purpose interface bus	Mehrzweckbus (ursprünglich von Hewlett Packard)
GPO	general post office	
GPS	global positioning system	
GRINDER	graphical interactive network designer	
GRND	ground	Masse, Erdung
GRP	group reference pilot	
GS	group separator	Gruppentrennzeichen
GSA	general service administration	
GSA	GSM systems area	
GSB		geschlossene Benutzergruppe
GSC	group switching centre	
GSM	Groupe Spéciale-Mobiles	
GSM	global system mobile	
GSM-MoU	GSM-Memorandum of understanding	
GSO	geostationary satellite orbit	Synchronsatelliten-Umlaufbahn
GT	graphic terminal	
GTB GTBK		geschlossene Teilnehmer-Betriebsklasse
GTE	group translating equipment	
GTF	general trace facility	
GTMOSI	general telecommunications manager for open systems interconnection	
GTN	government telecommunications network	
GTS	global telecommunication system	

GUI	graphical user interface	
GUIDE	guidance for users of integrated data processing	Benutzergruppe für integrierte Datenverarbeitungsgeräte
GV		Gebäudeverteiler
GVV		gewählte virtuelle Verbindung
H		Halt
H_0		ISDN-Kanal
H_1	heading code	
H_{11} H_{12}		ISDN-Kanäle
HAs		Hauptanschluß
HASP	houston automatic spooling procedure	
HBA	hardware failure oriented group blocking acknowledgement message	
HC	hyperchannel	
HCF	host command facility	Netzwerkmanagement-Programm
HCI	host communications interface	
HD	half duplex	Halbduplex
HD		Harmonisierungsdokument
HD-MAC	high definition MAC	analoges HDTV-Übertragungsverfahren
HDB	high density bipolar	Bipolarcode hoher Dichte
HDF	host data facility	
HDH	HDLC distant host	
HDLC	high level data link control	
HDLC LAP B	high level data link control line access protocol balanced	
HDPCM		hybride DPCM

H

HDR	header	Anfangskennsatz
HDTV	high definition television	Fernsehen mit hoher Auflösung
HDX	half duplex	Halbduplex
HDX-CONT	half duplex contention	
HDX-FF	half duplex flip flop	
HEMS	high level entity management system	
HEX		Hexadezimal
HF	high frequency	Hochfrequenz
HFC	host command facility	
HfD		Hauptanschluß für Direktruf
HGB HGU	hardware failure oriented group blocking message	
HHH	handling restrictions	Benutzerrestriktionen
HHI		Heinrich-Hertz-Institut für Nachrichtentechnik
HHS	Health and Human Services agency	
HIC	highest incoming channel	
HIC	high number incoming calls	
HLL	high level language	Programmierhochsprache
HLLAPI	high level language application programming interface	
HLR	home location register	Standortverzeichnis Mobilfunk
HMCD	message discrimination	Meldungsunterscheidung
HMDT	message distribution	Meldungsverteilung
HMP	host monitoring protocol	
HOC	highest outgoing channel	
HOC	high number of outgoing calls	

H

HP	Hewlett Packard	
HP-IB	Hewlett Packard interface bus	
HPAD	host packet assembly/disassembly	
HPF	highest possible frequency	höchstmögliche Frequenz
HPFS	high performance file system	
HPI	host processor interface	Schnittstelle zur Zentraleinheit
HIPPI	high performance parallel interface	
HPX	high order path crossconnection	
HRC	horizontal redundancy check	horizontale Blockparität
HRC	hybrid ring control	
HS	hand-set	
HSLAN	high speed local area network	lokales Hochgeschwindigkeitsnetz
HSX		800 Mbit/s Datenkanal im CRAY
HT		Horizontaltabulation
HTC	highest two-way channel	
HTC	half rate traffic channel	
HTE	hypergroup translating equipment	
HTTL	high speed transistor-transistor logic	schnelle Transistor-Transistor-logik
HU	high usage	
HUA	hardware failure oriented group unblocking acknowledgement message	
HVQ	hierarchical vector quantization	
HVSt		Hauptvermittlungsstelle

H
I

HW	hardware	
HW/SW	hardware/software	
HYPERNET	Hyper-Network	
Hz	Hertz	Schwingungen pro Sekunde

I	information frame	
I	information field	Datenfeld
I	initiating	
I	info frame	Datenblock
I		I-Leitung X.21
I	intermediate bit	Zwischenbit
I	indication	Steuerleitung X.21
I	I-recommendations	I-Empfehlung der CCITT
I	ISDN	ISDN
I	idle	Leerlauf
I-Block		Datenblock
I-MAC	isochronous MAC	
I-PAL	improved PAL	
I/G	individual/group address	individuelle oder Gruppenadresse
I/O	input/output	Eingabe/Ausgabe
I/OP	input/output processor	Eingabe/Ausgabe-Prozessor
I/OU	input/output unit	Eingabe/Ausgabe-Einheit
IA	incoming access	Zugriff, ankommender
IA 5	international alphabet No. 5	internationales Alphabet
IAB	Internet Activities Board	
IAC	interprete as command	
IAC	initial alignment control	Synchronisationssteuerzeichen
IAM	initial address message	
IASU	International Association of Satellites Users	

I

IB	information base	Informations-Basis (OSI)
IBA	Independent Broadcast Authority, U.K. (jetzt NTL)	
IBC	integrated broadband communications	integrierte Breitbandkommunikation
IBCN	integrated broadband communications network	integriertes Breitband-Fernmeldenetz
IBFN		integriertes Breitband-Fernmeldenetz
IBM	International Business Machines Corporation	
IBS	international business service	Punkt-zu-Punkt Mikrowellenverbindung mit 2 Mbit/s
IC	integrated circuit	integrierte Schaltung
ICA	integrated communications adapter	
ICA	International Communications Association	
ICA	intelligent communication adapter	
ICB	incoming call barred	ankommender Zugang verhindert
ICCB	Internet Control and Configuration Board	
ICDM	interactive communication data management	
ICI	interface control information	
ICM	in call modification	
ICMP	internet control message protocol	
ICR	intelligent character recognition	intelligente Zeichenerkennung

I

ICR	intuitive character recognition	intuitive Zeichenerkennung
ICS	information channel selection	
ID	identification card	Kennungskarte
ID	identifier	Identifikator
IDA	integrated digital access	
IDCMA	Interdependent Data Communications Manufacturers Association	
IDCT	inverse discrete cosine transform	
IDDD	international direct distance dialling	internationaler Selbstwählferndienst
IDE		Identifizieren Ende
IDF	intermediate distribution frame	
IDF	identify	identifizieren
IDI	initial domain identifier	
IDN	integrated digital network	integriertes Digitalnetz
IDNX	integrated digital network exchange	Vermittlung im integrierten Digitalnetz
IDP	interdigit pause	
IDP	internetwork datagram protocol	Datagrammprotokoll im Lokalen Netz
IDP	initial domain part	
IDR	intermediate data rate	mittlere Datenrate (1,5 - 2 Mbit/s)
IDRP	interdomain routing protocol	
IDSE	integrated data switching equipment	Internetwork Datenschalteinrichtung
IDU	idle signal unit	Leerlaufsignaleinheit
IDU	interface data unit	Schnittstellendateneinheit

I

IEC	International Electronic Conference	
IEC	interexchange carrier	
IEC	International Electrotechnical Commission	internationale elektrotechnische Kommission
IEC-Bus		vom IEEE genormter GPIB-Bus
IECQA	International Electrotechnical Commission Qualification Accessment	
IEEE	Institute of Electrical and Electronical Engineers	
IEEE 488	parallel bus for system-to-system communication	
IEEE 583	(CAMAC) hardware/software specification	
IEN	internet engineering notes	
IESG	internet engineering steering group	
IETF	internet engineering task force	
IF	intermediate frequency	Zwischenfrequenz
IFIP	International Federation for Information Processing	
IFM	interface machine	
IFRB	International Frequency Registration Board	weltweite Frequenzvergabestelle
IFVV		internationale feste virtuelle Verbindung
IGES	international graphic exchange specification	
IGMP	internet group management protocol	

I

IGNORE		nicht beachten
IGP	interior gateway protocol	
IGRP	interior gateway routing protocol	
IHL	internet header length	
IHU	I hear you	ich höre Sie
IIA	information interchange architecture	
IIV		individuelle Informationsverarbeitung
IKZ		Impulskennzeichen
ILD	injection laser diode	
ILI	intelligent link interface	
ILMI	interim local management interface	
IM	initialization mode	
IM	intensity modulation	
IM	item mark	
IM	inhouse modem	Modem für den Gebrauch innerhalb eines Gebäudes
IMD	intermodulation distortion	Intermodulationsverzerrungen
IML	initial memory load	erstmaliges Laden des Speichers
IMN	intermediate node	Transitknoten
IMO	International Maritime Organisation	
IMP	interface message processor	
IMPLET	packet switching nodes	Paketvermittlungsknoten im CYPRESS-Netz
IMS	information management system	Informationsverwaltungs-System von IBM

I

IMSI	International Mobile Station Identity	
IMT	isochronous management	
IN	intelligent network	
INC	incoming call	ankommender Ruf
INCV	inter user communications vehicle	
INF	information message	Übertragungszeichenfolge
INF	subscriber temporarily unobtainable, call the information service	Teilnehmer zeitweise nicht erreichbar
INFO		Information (D-Kanal-Protokoll-Nachricht)
INIT		Initialisierung
INMARSAT	International Maritime Satellite Organization	
INOC	internet network operations center	
INP	internetwork nodal processor	
INS	integrated network system	integriertes Übertragungssystem
INT	interrupt	Unterbrechung
INT	international organizations	
INTELSAT	International Telecommunications Satellite Organization	
INTER-SPUTNIK		internationale Satellitenorganisation
INTF	interface	Schnittstelle
INTS	ISDN network test system	ISDN Netzwerktestsystem
INTUG	international telecommunications user group	

I

INV	invalid facility	ungültiges Leistungsmerkmal
INWG	internet working group	
IOC	inter office channel	
IOCS	input/output control system	Eingabe/Ausgabe Steuerungssystem
IOM-Interface		ISDN orientiertes modulares Interface
IOS	input output system	Eingabe/Ausgabesystem
IP	internet protocol	
IP	interrupt processor	
IP	information provider	
IP	intelligent peripherals	
IPA	integrated protocol architecture	
IP-CMPRS	compressing TCP/IP headers	Anfangskennsatzkompression beim TCP/IP
IP-DVMRP	IP distance vector multicast routing	
IPC	interprocess communications and synchronization	
IPDS	intelligent printer data stream support	IBM Druckerdatenstrom
IPL	initial program load	
IPM		interpersonelle Mitteilungen
IPMS	interpersonal messaging system	
IPPC	internet pluribus packet core	
IPPS	international packet switching service	
IPR	intellectual property rights	

I

IPS	instructions per second	
IPU		ISDN-DATEX P-Umsetzer
IPUC	internet packet core utility unassigned	
IPX		Schnittstelle für schnelle PC-Kommunikation
IPX	internet packet exchange	Novell-Protokoll für Netware und Advanced Netware
IPX/SPX	internet packet switching protocol/sequenced packet exchange protocol	Protokoll von Novell für Netware
IR	information retrieval	
IR	infrared	Infrarot
IR	instruction register	Befehlsregister
IRC	international record carrier	
IRED		infrarot emittierende Diode
IRL	inter repeater link	Verbindungskabel (evtl. Glasfaser) zwischen zwei Remote-Repeater-Hälften
IRM	information request message	Übertragungsanforderung
IRPA	International Radiation Protection Association	
IRQ	interrupt request	Unterbrechungsanforderung
IRS	intermediate reference system	
IRSG	internet research stering group	
IRTF	internet research task force	
IRTP	internet reliable transaction protocol	
IS	international standard	internationale Norm
IS	intermediate system network	
IS	information separator	Informationstrennzeichen
IS		integrierte Schaltung

I

IS-IS	intermediate system to intermediate system protocol	
ISA	International Federation of the National Standardization Association	Vorgänger der ISO
ISAM	index-sequential access method	index-sequentieller Zugriff
ISCF	inter system control facility	Intersystemsteuerungseinrichtung
ISCF/PC	inter system control facility/PC	
ISDN	integrated services digital network	diensteintegrierendes Digitalnetz
ISDNUP	ISDN user part	Anwenderteil für ISDN-Zwecke
ISIS	international switching interface system	
ISL	intersatellite link	Übertragung von Satellit zu Satellit
ISLAN	integrated services LAN	diensteintegrierende lokale Netze
ISM	ISDN subscriber module	ISDN-Teilnehmermodul
ISN	initial sequence number	Anfangsnummer
ISN	information system network	
ISO	International Standardization Organization	
ISODE		development environment für OSI-Standards
ISONET	international organization for standardization network	Datennetz der ISO
ISP	intermediate service part	
ISP	international signalling point	

I

ISPBX	integrated services private branch exchange	von der EG-Kommission festgelegte Bezeichnung für ISDN-Nebenstellenanlagen
ISPF	interactive system productivity facility	
ISR	interactive session relay	
ISRC	International Standard Recording Code	
IST	integrated switching and transmission network	integrierte Leitungsvermittlung
ISUP	ISDN user part	ISDN-Benutzeranschluß
ISX	integrated switching exchange	integrierte Leitungsvermittlung
IT	information technology	Informationstechnologie
IT/WG	IT working group	
ITA	interactive terminal interface	
ITA		internationales Telegraphenalphabet
ITA EGC	information technology ad hoc expert group on certification	
ITA EGS	information technology ad hoc expert group on standardization	
ITC	international teletraffic congress	
ITCA	Independent Television Companies Association Ltd., U.K. (jetzt ITV)	
ITF	internet task force	
ITF	interactive terminal facility	
ITG		Informationstechnische Gesellschaft

I

ITL	I transmit later	
ITP	internet transport protocol	
ITS	invitation to send	
ITSTC	information technology steering committee	
ITT	international telephone and telegraphs	
ITU	international telecommunication union	
ITV	Independent Television Association, U.K. (vormals ITCA)	
IU	integer unit	
IuK		Informations- und Kommunikationssystem
IUP	interactive user productivity	
IUT	implementation under test	
IUVC	inter user communications vehicle	
IV		Informationsverarbeitung
IV/DT	integrated voice/data terminal	Terminal für Sprach/Daten-Integration
IVD	integrated voice and data	Sprache und Daten integriert
IVN	intervening node	Vermittlungsknoten
IVR		integrierter Vorrechner
IVS		IBM-Verkabelungssystem
IWP	Interim Working Party (des CCIR)	
IWU	internetworking unit	
IXF	integration exchange format	
IXI	international X.25 interconnect	

J	code violation bit	Codeverletzungsbit beim Token Ring
JACK		Stecker
JANET	Joint Academic Network	
JCL	job control language	Kommandosprache, Steuersprache
JCP	job control program	Job-Kontrollprogramm
JDL	job description language	
JES	job entry subsystem	Jobeingabe-Subsystem
JFCB	job file control block	
JIT	just in time	
JIWP	Joint Interim Working Party (des CCIR)	
JPEG	joint photographics expert group	
JTM	job transfer and manipulation	Job-Übertragung und Handhabung
JTME	job transfer and manipulation application entity	Job-Übertragung und Handhabung der Anwendung
K		in der Computertechnik Präfix für 1024
k	kilo	Präfix für 1000
k	window size	Fenstergröße Schicht 2
K	code violation bit	Codeverletzungsbit im Token Ring
K		Anzahl der unbestätigten Rahmen zu einem bestimmten Zeitpunkt
KAP		kommunikativer Arbeitsplatz
kB	kilobyte	Kilobyte

kBaud	kilobaud	Eintausend Baud
KBD	keyboard subsystem	Tastenfeldsystem
kBd	kilobaud	Eintausend Baud
kbit	kilobit	Eintausend Bit
kbps	kilobits per second	Kilobit pro Sekunde
kByte	kilobyte	Eintausend Byte
kc	kilocycle	Kilohertz
KDCS		kompatible Daten-Kommunikationsschnittstelle
kHz	kilohertz	Kilohertz
KI		künstliche Intelligenz
KR		Kommunikationsrechner
KRI		kurzer Impuls
KSR	keyboard send/receive	
KTK		Kommission für den Ausbau der technischen Kommunikationsmedien
KVSt		Knotenvermittlungsstelle
KW		Kurzwelle
KZU		Kennzeichenumsetzer

λ (Lambda)	wavelength	Wellenlänge
LABC	line and Token Ring attachment base	
LAC	transmission link available control	
LADT	local area data transport	
LAG	listen address group	Gruppe von Empfangsadressen
LAN	local area network	Lokales Netzwerk

L

LANCE	local area network controller for Ethernet	LAN-Steuerung für Ethernet
LANIOM	LAN input output management	
LAN MAN		LAN-Manager
LAP	link access procedure	
LAP B	link access procedure balanced	
LAP D	link access procedure D	
LAP Dm	link access protocol Dm	
LAP X	LAP B adapted to half duplex	
LAS		Leitungsanschlußeinheit
LASER	light amplification by stimulated emission of radiation	
LAT	local area transport	
LATA	local access and transport area	
LBS		stellenlokales Betriebssystem, Knoten BS
LBS	LAN bridge server	
LBV		Leitungsbedarfsvorhersage
LC	link control	Verbindungssteuerung
LCD	liquid crystal display	Flüssigkeitskristallanzeige
LCGN	logical channel and group number	logische Kanal- und Gruppennummer
LCI	local channel identifier	Teil des X.25-Paketes
LCID	local character set identification	
LCL	local	örtlich
LCN	logical channel number	logische Kanalnummer im X.25

L

LCR	least cost routing	Route mit den geringsten Kosten
LCV	logical connection verification	
LD	loop disconnect	
LD	laser diode	Laserdiode
LDDI	logical distributed data interface	
LDM	limited distance modem	
LDM	network logical data monitor	
LDMI	local data management interface	
LDP	loader debugger protocol	
LDR	light dependent resistor	lichtabhängiger Widerstand
LDRI	low data rate input	
LDT	local descriptor table	virtueller Speicher im 80 386
LDX	long distance XEROX	
LE	layer entity	
LE	local exchange	Ortsvermittlung
LE		Leitungsanschlußeinheit
LE		Leitungsendeinrichtung
LEC	local exchange carrier	
LED	light emitting diode	lichtaussendende Diode
LEGBAC	Limited Explanatory Group on Broadcasting and Aeronautical Compatibility	
LEN	low entry networking	
LES		Landerdfunkstelle
LEX	software-tool	
LF	low frequency	
LF	line feed	Zeilenvorschub
LGN	logical group number	Teil des X.25-Pakets

L

LH	link header	Anfangskennsatz Datensicherungsschicht
LHOTS	long-haul optical transmission set	
LI	length identifier	Längenerkennung
LI	level indicator	Pegelanzeige
LIB	linear incremental backoff	
LIB	line interface base	
LIC	lowest incoming channel	
LIC	low number incoming calls	
LIDB	line information data base	
LIFO	last in, first out	Stackspeicher
LIKOM		Lichtbus-Koppelmodul
LILO	last in, last out	Schieberegister
LIPS	logical inferences per second	logische Schlußfolgerungen pro Sekunde
LIS	last in segment	
LISP	list processing language (artificial intelligence)	Programmiersprache (künstliche Intelligenz)
LL	logical link	logische Verbindung
LLC	logical link control	
LLCDU	logical link control data unit	
LLH	logical link header	Anfangskennsatz für die logische Verbindung
LLID	logical link identifier	
LLSC	logical link set control	
LM	LAN manager	
Lm	low mobile	
LM/X	LAN MAN for UNIX	
LME	layer management entity	Schichtenmanagementeinheit
LMI	layer management interface	

L

LMMP	LAN/MAN management protocol	
LMMS	LAN/MAN management service	
LMMU	LAN/MAN management user	
LMS	local management services	lokale Verwaltungsdienstfunktion
LMSS	land mobile satellite services	
LMU	line monitor units	
LNA	local network adapter	Adapter zwischen Rechner und Netz
LNI	local network interface	
LOC	lowest outgoing channel	
LOC	low number outgoing calls	
LOS	line out of service signal	
LOS	loss of signal	Signalverlust
LOS	line of sight	Sichtverbindung
LOTOS	language for temporal ordering specification	
LP	line printer	Zeilendrucker
LP	linear programming	lineare Programmierung
LPC	linear predictive coding	
LPC	longitudinal parity check	longitudinale Paritätsprüfung
LPDA	link problem determination aid	
LPDU	LLC protocol data unit	
LPI	layer protocol implementation	Implementation der Schichtprotokolle
LPM	lines per minute	Zeilen pro Minute
LPX	low order path crossconnection	
LR	loudness rating	

L

LR		lokale Referenz
LRa		lokale Referenznummer der Übermittlungsstelle
LRb		lokale Referenznummer der Zielvermittlungsstelle
LRC	longitudinal redundancy check	Längsparitätsprüfung
LRE	low rate encoding	
LRI		langer Rückimpuls
LRM	LAN reporting mechanism	
LRU	last recently used algorithm	zuletzt verwendeter Algorithmus
LRZ		Leibniz-Rechenzentrum München
LS	link station	Leitungssystem
LSA	link state algorithm	
LSAC	signalling link activity control	
LSAP	link service access point	
LSB	least significant bit	geringwertigstes Bit
LSB		stellenlokales Betriebssystem, Knoten BS
LSC	link state control	Verbindungszustandskontrolle
LSC	least significant character	geringstwertiges Zeichen
LSD	least significant digit	geringstwertige Ziffer
LSDA	signalling data link allocation	
LSDS	stand-by data link selection	
LSDU	link service data unit	
LSI	large scale integration	integrierte Schaltung mit hoher Schaltelementedichte
LSL	link support layer	
LSLA	signalling link activation	
LSLD	signalling link deactivation	
LSLR	signalling link restoration	

LSN		Lokales Datennetz
LSP	link state protocol	
LSSCP		lokales SSCP
LSSU	link status signal units	
LSTA	signalling terminal allocation	
LSTTL	low power Schottky transistor-transistor-logic	Schottky-Transistor-Transistor-Logik mit niedrigem Stromverbrauch
LT	link trailer	Schlußkennsatz Daten-Verbindungssicherungsschicht
LT	line termination	Leitungsabschluß
LTC	lowest two-way channel	
LTC	low number two-way calls	
LTE	line terminating equipment	Leitungsendeinrichtung
LTH	length field (source routing)	
LTM	LAN traffic monitor	LAN-Monitor für den Datenverkehr
LTTL	low power TTL	Transistor-Transistor-Logik mit niedrigem Stromverbrauch
LTU	line terminating unit	Leitungsendeinrichtung
LU	logical unit	logische Einheit
LULMS	logical unit local management services	
LW		Langwelle
LwL	optical fiber	Lichtwellenleiter
LXC		lokaler crossconnect
M	modifier function bit	
M	more data bit	
M		Meldeleitung V.24
M	mega	Mega

M

m	milli	Milli
µ	micro	Mikro
M	monitor bit	Monitor Bit
M	management	Management
M-IT	memorandum for information technology	
µ-Law	speech signal quantization level	USA-Norm für Sprachquantisierung
M/S	mark to space	0/1-Übergänge eines Digitalsignals
m:n		Ersatzschaltekonzept, bei dem für m Nutzwege n Ersatzwege im Netz verfügbar sind. Kapazität m > n mit ereignisbezogener Zuteilung.
MA	open management architecture	
MAC	message authentication code	
MAC	medium access control	
MAC	multiplexed analog components	Übertragungsverfahren für Videosignale in analoger Zeitmultiplextechnik
MACF	multiple application control function	
MACF	multiple association controlling function	
MADS	multiple access data systems	Datensystem mit Mehrfachzugriff
MADU	medium access data unit	
MAF	multiple access facility	
MAL	management application layer	

M

MAN	metropolitan area network	Netzwerk im städtischen Bereich
MAP	mobile application part	
MAP	manufactoring automation protocol	Protokoll für die Produktionsautomatisierung
MAP/EAP	MAP enhanced performance architecture	
MAPDU	MAP data unit	
MAPRO	management application processor	
MAR	memory address register	
MARS	military affiliate radio systems	
MAS	multiple access system	System mit Mehrfachzugriff
MASE	message administration service element	Nachrichtenverwaltungs-Dienstelement
MATV	master antenna television system	
MAU	medium attachment unit	Medium-Zugriffseinheit (z.B. Transceiver)
MAU	medium access unit	Medienzugriffseinheit
MAZ		Videomagnetaufzeichnung
MB	megabyte	Megabyte
MBA	maintenance oriented group blocking acknowledgement message	
Mbit	megabit	Megabit
Mbps	megabits per second	Megabit pro Sekunde
MBR	memory buffer register	Pufferspeicherregister
MBS		schwedischer Mobilfunkcode
MBYTE	megabyte	Megabyte
MC	microchannel	Mikrokanal
MCA	micro channel architecture	

M

MCB	message control block	
MCB	message command block	Nachrichtensteuerblock
MCI	malicious call identification	
MCI	Microwave Communication Inc.	
MCN	micro cellular network	
MCTE	multiple console terminal eliminator	
MD	management domain	
MD	more data	Aufforderung, mehr Daten zu senden
MDE		mobile Datenerfassung
MDI	medium dependent interface	
MDM		Modemmodul
MDNS	managed data network service	
MDPSK	modified differential phase shift keying	modifizierte, differentielle Phasenumtastung
MDSE	message delivery service element	Dienstelement für Nachrichtenübergabe
MDT	mean down time	mittlere Ausfallzeit durch Computerfehler
MDT		mittlere Datentechnik
ME	management entity	
MEC	manchester encoding chip	Chip für Manchester-Codierung
MEC	multiport ethernet controller	
MEFT	monitor of electronic file transfer	
MEGA	mega	Mega
METRAN	Managed European Transmission Network	europäisches DS-Netz 2-155 Mbit/s, das in nationale SDH-Netze eingelagert wird

M

MF	more fragment	Befehlsfeld für weitere Fragmente im X.25
MF	multi frequency	Multifrequenz-Telefonwählsignal
MF 4	multifrequency 4	Telefonwählsystem mit Tonfrequenzen
MFC	multicommodity flow	
MFC	multi frequency code	Mehrfrequenzcode
MFE-NSP	MFE network service protocol	
MFLOP	million floating point	Millionen Fließkommazahlen
MFLOPS	million floating point operations per second	Millionen Fließkomma-Operationen pro Sekunde
MFM	modified frequency modulation	abgewandelte Frequenzmodulation
MFN		mobile Funknetze
MFS		Mehrfachsteuerung
MFSK	multiple frequency shift keying	
MFSS	multiple frequency signalling system	
Mft		Mobilfunktechnologien
MFTN		Mobilfunktelefonnetz
MFV		Mehrfrequenzwahlverfahren
MGB	maintenance oriented group blocking message	
MGMT	management system	Verwaltungssystem
MGT		Management
MGU	maintenance oriented group unblocking message	
MH	message handling	
MHS	message handling system	
MHz	megahertz	Megahertz

M

MIB	management information base	Managementinformationsbasis
MIC	media interface connector	
MICS	MVS integrated control system	
MIDAS	modular integrated direct access system	
MIF	minimum internetworking functionality	
MIKRO		Mikro
MIL	military	
MIL/STD	military standard	
MILLI	milli	Milli
MILNET	military network	
MIM	modem interface module	
MIMD	multiple instruction stream, multiple data stream	
MIND	modular interactive network designer	
MINDS	MS-DOS internal network driver scheme	
MIPS	million instructions per second	Millionen Anweisungen pro Sekunde
MIR	micro instruction register	
MIR	management information repository	objektorientierte Konfigurationsdatenbank
MIRLAN	mid-range LAN	LAN mittlerer Leistung
MIS	management and information services	Management- und Informationsdienste
MIS	middle in segment	
MISD	multiple instruction stream, single data stream	

M

MIT	memorandum for information technology	
MIT	management information tree	
MITL	management information transport layer	
MITS	management information transfer services	
ML	multilink	
MLA	multileaving adapter	
MLC	multilink control field	Steuerfeld des Mehrfachblockes
MLC	multiline controller	
MLI	multileaving interface	
MLIPS	millions of logical inferences per second	Millionen logischer Entscheidungen pro Sekunde
MLMA	multi-level multi-access protocol	
MLP	multilink procedure	Mehrfachübermittlungs-Verfahren
MLS	multi level security	
MM	mixed mode	gemischter Betrieb
MM	mobility management	
MME	mobile management entity	
MMF	multimode fiber	Glasfaserleitung für Multimodebetrieb
MMFS	manufacturing message format standard	
MMI	man machine interface	
MML	man machine language	
MMMVDS	millimetric microwave videodistribution system	

M

MMPM	manufacturing messaging protocol machine	
MMS	manufacturing message specification	
MMS	mail messaging system	
MMU	memory management unit	Unterstützung für virtuelle Speicher beim Motorola 68 020
MN (S)	multilink sequence number	
MND	multiple network design	
MNP	microcom networking protocol	Fehlerkorrekturprotokoll für Modems
MO	managed object	
MO:DCA	mixed object document content	
MOAC	message origin authentication check	
MOD-TAP		Verkabelungssystem
MODACOM		mobile Datenkommunikation
MODEM	modulator/demodulator	Modulator/Demodulator
MON	monitor	Monitor
MOP	maintenance operations protocol (Digital)	
MOPS	million operations per second	Millionen Operationen pro Sekunde
MOTIF	message oriented transfer integrated file	
MOTIS	message oriented text interchange system	nachrichtenorientiertes Textaustauschsystem
MP	multi-processor	Multiprozessor
MP/M	multiprogramming control program for microprocessors	Mikro-Steuerungsprogramm für Multiprogrammierung

M

MPC	microprogram counter	Mikroprogramm-Befehlszähler
MPC	Mercury Personal Communication	
MPCC	multiprotocol communications controller	
MPDL	management processing layer	
MPDU	management protocol data units	
MPEG	motion picture expert group	Komprimierungsverfahren für Digitalvideo und begleitenden Ton
MPS		massiv parallele Systeme
MPSR	medium presentation space recovery	
MPT	message transfer part	
MPT	Ministry of Post and Telecommunication	Ministerium für Post und Telekommunikation
MPX	multiplex	Multiplex
MPXER	multiplexer	Multiplexer
MRSE	message retrieval service element	Dienstelement für die Wiederauffindung von Nachrichten
MRT	message routing	
MRVT	MTP routing verification test	
MS	message switching	
ms	milliseconds	Millisekunden
MS	message store	Nachrichtenspeicher
MS	Microsoft	
MS	mobile station	Mobilstation
MSA	management services architecture	

M

MSAP	mini slotted alternating priorities	
MSAPI	management SAP interface	
MSB	most significant bit	Bit mit der höchsten Wertigkeit
MSC	mobile switching centre	Mobilfunkvermittlung
MSC	most significant character	höchstwertiges Zeichen
MSC	main switching centre	Vermittlungsamt
MSD	most significant digit	Zeichen mit der höchsten Wertigkeit
MS-DOS	Microsoft Disc Operating System	Betriebssystem für Personal Computer
MSE	management service elements	
MSG	message	Nachricht
MSI	medium scale integration	Chip mit mittlerer Schaltelementedichte
MSISDN	mobile station ISDN	mobile ISDN-Station
MSK	minimum shift keying	
MSL		maximale Segment-Lebenszeit
MSN	multiple systems networks	
MSNF	multi-system network facility	
MSO	multiple system operator	
MSP	mobile application part	
MSRN	mobile station roaming number	
MSS	maximum segment size	maximale Segmentgröße
MSSE	message submission service element	
MST	multiple slot and token	
MSU	message signal unit	
MSU	modem showing unit	
MSV		Multisynchronverkehr

M

MSV	multiple virtual store	virtueller Vielfachspeicher
MT	message transfer	Nachrichtenübertragung
MTA	message transfer agent	
MTAE	message transfer agent entity	
MTBF	meantime between failures	durchschnittliche Zeit zwischen zwei Fehlern
MTBM	meantime between malfunctions	durchschnittliche Zeit zwischen Fehlfunktionen
MTBM	meantime between maintenance	duchschnittliche Zeit zwischen zwei Wartungsterminen
MTBO	meantime between outages	durchschnittliche Zeit bis zum Veralten eines Produkts
MTD	meantime down	durchschnittliche Zeit ohne Betriebsbereitschaft
MTDE		Schnittstellenvervielfacher
MTF	message transfer	
MTL	message transfer layer	
MTOR	meantime of repair	durchschnittliche Reparaturzeit
MTP	message transfer part	
MTP	mail transfer protocol	Protokoll für die Übertragung der elektronischen Post
MTPL	management presentation layer	
MTR	multiple token ring	Mehrfach-Token-Ring
MTS	message transfer system	
MTSE	message transfer service element	
MTSO	meantime to switch over	
MTSR	meantime to system restoration	

M

MTTD	meantime to diagnosis	durchschnittliche Zeit, eine Diagnose zu erstellen
MTTF	meantime to failure	mittlere Zeit bis zum Auftreten eines Fehlers
MTTR	meantime to repair	mittlere Reparaturdauer
MTU	maximum tranfer unit	größtmögliche Datenmenge, die über ein gegebenes Netzwerk übertragen werden kann
MTX	mobile telephone exchange	Mobilfunkvermittlung
MUA	maintenance oriented group unblocking acknowledgement message	
MUP	mobile user part	
MUSICAM	Masking-pattern adapted Universal Sub-band Integrated Coding And Multiplexing	digitales Codierverfahren für Tonsignale
MUT	mutilated	verstümmelt
MUX	multiplexer	Multiplexer
MV (R)	multilink receive state variable	
MV (S)	multilink send state variable	
MV (T)	transmitted multilink frame acknowledgement variable	
MVI	multivendor interaction	
MVID	major vector identification	
MVS	multiple virtual systems	
MVS	multiple virtual storage	multivirtueller Speicher
MVS/ESA	multiple virtual storage/ enterprise systems architecture	
MVS/XA	MVS/extended architecture	erweiterte MVS-Architektur
MW	multilink window size	

MW		Mittelwelle
MX	receive MLP window guard	
MZ		Bereich abnormaler Mehrfach-Sendefolgenummern
N	negative flag	Flag zur Anzeige einer negativen Zahl
n	nano	Präfix für 1 Milliardstel
N 1		maximale Bitzahl für einen I-Rahmen
N 2		maximale Wiederholungs-Anzahl nach Ablauf der Zeitüberwachung vor Einleitung einer Fehlerroutine
N(R)	transmitter receive, sequence number	Empfangsfolgenummer
N(S)	transmitter send, sequence number	Sendefolgenummer
N/C	numerical control	numerische Steuerung
NA	numerical aperture	
NA	correspondence with this subscriber is not admitted	
NA	access barred (no access)	Zugang verhindert
NAK	negative acknowledgement	negative Rückmeldung
NAMTS	Nippon Automatic Mobile Telephone System	
NANA		nationale Nachricht
NANBA	North American National Broadcasters Authority	
NAND	NOT AND logical gate	logisches NICHT/UND-Gatter
NAP	network access point	Netzzugangspunkt
NAP	network access protocol	Netzwerkzugriffsprotokoll

N

NAP	network layer access point	
NAPLS	north american presentation level protocol syntax	
NAS	network application support	Netzwerkzugangs-Unterstützung
NASA	National Aeronautics and Space Administration	
NASORD	not in sequential order	nicht in der richtigen Reihenfolge
NAU	network addressable unit	adressierbares Netzwerkelement
NAUN	next addressable upstream neighbour	
NBFM	narrow band frequency modulation	Schmalbandfrequenz-Modulation
NBL		neue Bundesländer
NBM	national backward message	
NBN		Nixdorf Breitbandnetz
NBS	National Bureau of Standards	
NC	numeric control	numerische Steuerung
NC	network congestion	Datenstau im Netzwerk
NC	network control	Netzwerksteuerung
NC	no circuits	
NC	normally closed	Ruhekontakt eines Relais
NC	network connection	
NCA	network configuration application	
NCAG		Nixdorf Computer AG
NCB	node control block	
NCB	network control block	Netzwerksteuerblock
NCC	network control centre	Netzkontrollzentrum
NCC	national computing centre	nationales Computerzentrum

N

NCCF	network communications control facility	
NCF	network command facility	Netzwerkmanagement-Programm
NCH	subscriber's number has been changed	die Teilnehmernummer hat sich geändert
NCI	non-coded information	nicht codierte Information
NCL	network command language	Netzwerkbefehlssprache
NCL	network control language	Netzwerksteuerungssprache
NCOP	network code of practice	
NCP	network control program	Netzwerksteuerprogramm
NCP	network control point	
NCP	netware core protocol	
NCR	National Cash Register	
NCS	network computing system	
NCTE	network channel terminating equipment	
ND	network disc	Netzwerkplattenspeicher für discless workstations
NDIS	network driver interface specification	
NDM	normal disconnect mode	abhängiger Wartezustand
NDMS	network design and management system	
NdN	non-delivery notification	
NDR	non destructive read	nichtzerstörendes Lesen
NDRO	non destructive read out	nichtzerstörendes Lesen
NE		Netzwerkelement
NE		Nutzerelement
NEA		Netzarchitektur Transdata
NEC	national electric code	Verkabelungsnorm
NEF	network element function	

N

NEMA		Netzmanagement
NEMF	network error management facility	
NEMP	network error management protocol	
NEMP		nuklearer elektromagnetischer Puls
NERN	National Education and Research Net	
NET	Network Equipment Technologies Inc.	
NET	Norme Europeénne de Telecommunication	
NET	major network support centers	
NETBEUI	NetBIOS extended user interface	erweiterte Benutzerschnittstelle
NETBIOS	Network Basic Input Output System	
NETBLT	network block transfer	
NetCI	network command interpreter (open view)	
NETEX	network executive	
NetIPC	network interprocess communication	Netzwerk-Zwischenrechner-Kommunikation
NETIX	network unix	Netzwerk UNIX
NEXT	near end crosstalk	Übersprechen am nahen Ende der Leitung
NF	normal flow	
NFAR	network file access routines	
NFM	national forward message	
NFS	network file system	
NFT	network file transfer utility	

N

NFU	natural forecast unit	
NG		Netzwerk-Gateway
NH	network layer header	Anfangskennsatz der Netzwerkebene
NHK	Nippon Hoso Kyokai	japanische Rundfunkorganisation
NI	no line identification available	
NIA	network interface adapter	
NIA	network installation aids	Netzwerkinstallationshilfen
NIBBLE	four bit word	aus vier zusammenhängenden Bits bestehende Informationseinheit
NIC	network interface controller	Netzwerk-Interface-Steuereinheit
NIC	Network Information Centre	
NIC	near instanteous	
NIC	network interface card	
NICE	network information and control exchange	Netzwerk-Informations- und Steuerungsvermittlung
NIFTP	network independent file transfer protocol	netzwerkunabhängiges Datentransferprotokoll
NILS	network internal layer service	
NIM		Nutzen- und Investitionsmanagement
NIS	network information service network information system	Netzwerk-Informationsdienst
NIST	National Institute of Standards and Technology (früher NBS)	früherer Name: NBS = National Bureau of Standards
NIT	japanese digital code	
NIU	network interface unit	Netzwerkschnittstelleneinheit
NK		Nutzkanal
NKS		Netzwerkkontrollserver

N

NKÜ		Netzknoten der Übertragungs-Technik (NKÜ 2000)
NkzV		Netz kürzester Verbindungen
NL	new line	neue Zeile
NLDM	network logical data manager	
NLM	netware loadable module	in die Serversoftware einbindbare Zusatzprodukte für Novell-Netware
NLST	name list	
NM	network monitor	Netzwerkmonitor
NM	network manager	Netzwerkmanager
nm	nanometer	Nanometer
NMA	network management architecture	
NMAPI	netware management application programming interface	
NMC	network management centre	Netzwerk-Management-Zentrum
NMC	network manager console	
NMCC	network management control centre	Netzwerkmanagement-Steuerzentrum
NMDB	network management data base	
NMOS	n-type metal oxide semiconductor	Metalloxydhalbleiter vom N-Typ
NMP	name management protocol	
NMP	network management protocol	
NMPF	network management productivity facility	
NMS	network management system	Netzwerkverwaltungssystem
NMS	network management station	

N

NMT	Nordic Mobile Telephone System	
NMVT	network management vector table	Netzwerkmanagement-Vektortabelle
NN	national number	nationale Datenrufnummer
NNC	national network congestion signal	
NNI	network network interface	
NNSC	NFSNet network service centre	
NNT	NCCF to NCCF task (NCCF=Netview)	
NNT	National Network Testbed	
NNTP	network news transfer protocol	
NO	normally open	Arbeitskontakt eines Relais
NOC	network operations center	Netzwerkbetriebszentrum
NOR	NOT OR logical gate	logisches NICHT ODER-Gatter
NOS	network operating system	Netzwerkbetriebssytem
NOSFER	Nouveau Système Fondamental pour la détermination des Equivalents de Reference	
NOT	inverter	logisches NICHT-Glied
NP	network performance	Leistungsfähigkeit des Netzwerks
NP	not obtainable	nicht erreichbar
Np	Neper	Neper (Dämpfungsmaß)
NP	the called party is not, or is no longer, a subscriber	
NP		nicht paketorientiert
NPA	network performance analyzer	

N

NPA	numbering plan area	
NPA	numbering plan of America	Rufnummernvorwahlplan von Amerika
NPA		nicht paketorientiert, asynchron
NPAI	network protocol address information	
NPCI	layer n protocol control information	Protokollsteuerinformationen einer OSI-Schicht
NPDA	network problem determination application	
NPDU	network protocol data unit	Protokolldateneinheit einer OSI-Schicht
NPM	network performance monitor	
NPS		nicht im Pilotprojekt und erster Serie
NPS		nicht paketorientiert, synchron
NPSI	network packet switching interface	
NPV	net present value	Wert der Netzverfügbarkeit
NR	signal to noise ratio	Störspannungsabstand
NR	indicate your call number/my call number is ...	
NREN	National Research and Education Network	
NRM	normal response mode	Aufforderungsbetrieb
NRR	no reply required	keine Antwort erforderlich
NRT	network response time	Reaktionszeit des Netzwerks
NRT	non real time	keine Echtzeitverarbeitung
NRZ	non return to zero	
NRZ(M)	non return to zero mark	
NRZI	non return to zero inverted	

N

NRZL	non return to zero level	keine Rückkehr zum Nullpegel
NRZM	non return to zero mark recording	Wechselschrift
ns	nanoseconds	Nanosekunden
NS	network services	Netzwerkdienste
NS	new sync	neue Synchronisation
NSAP	network service access point	Netzwerkdienstzugangspunkt
NSAP	network service application protocol	Anwendungsdienst des Netzwerkdienstes
NSC	network switching centre	Netzwerkschaltzentrale
NSD	network statistics database	Datenbank für Netzwerkstatistik
NSDU	network service data unit	Netzwerk-Dienstdateneinheit
NSF	network specific facilities	
NSFNET	National Science Foundation Network	
NSI	non SNA interconnection	
NSI	NASA science internet	NASA Wissenschaftsnetz
NSMS	network systems management software	
NSN	NASA science network	NASA Wissenschaftsnetzwerk
NSP	name server protocol	
NSP	network services protocol	Netzwerkdienstprotokoll
NSP	national signalling point	
NSPE	network services procedure error	
NSRU	network services request unit	
NSS	nodal switching system	Knotenvermittlungssystem innerhalb eines LANs
NSt		Nebenstelle
NStAnl		Nebenstellenanlage
NSTL		unabhängiges Testinstitut

N

NT	network termination	Netzwerkabschluß
nT		nutzungszeitabhängige Tarifierung
NT	Northern Telecom	
NT 1	ISDN network termination 1	
NT 2	ISDN network termination 2	
NT 12	ISDN network termination 12	
NTG		Nachrichtentechnische Gesellschaft
NTH	National Institute of Health	
NTIA	network telecommunications and information agency	
NTIS	National Technical Information Service	
NTL	National Transcommunications Limited, U.K.	vormals IBA
NTN	national terminal number	nationale Rufnummer des Anschlusses
NTO	network terminal option	
NTP	network termination point	Netzwerkendstelle
NTP	network time protocol	
NTRI	NCP Token Ring interface	
NTSC	National Television System Committee	
NTT	Nippon Telephone and Telegraph Company, Japan	
NTU	network terminating unit	Netzwerkabschlußeinheit
NTV	Nippon Television Network Corporation, Japan	
NUA	network user address	
NUA	network user association	

NUB	national unsuccessful backward set-up information message	
NÜ		Netzübergang
NUI	network user identifier	Teilnehmerkennung
NUI	network user identification	Teilnehmerkennung im DATEX-P
NUL	zero	Null
NVM	non volatile memory	nichtflüchtiger Speicher
NVP	network voice protocol	Sprachübertragungsprotokoll des Netzwerks
NVROM	non volatile random access memory	nichtflüchtiger Speicher mit wahlfreiem Zugriff
NVT	network virtual terminal	virtuelles Netzwerkterminal
NWG	network working group	Arbeitsgruppe für Netzwerke
NWI	new work item	
NWK		ISDN-Netzwerkknoten
NZ	negative & zero flag	flag für negative Beträge und Null
NzmF		Netz möglicher Funkfelder
O	objects	
O&M	operation and maintenance	Bedienen und Verwalten
O/DP	originating point/ destination point	Ursprungs-/Ziel- Zeichengabestelle
O/R	originator/recipient	Absender/Empfänger
O/S	operating system	Betriebssystem
OA	outgoing access	
OA	office automation	Büro-Automation
OAF	origin address field	
OCA	open contents architecture	

O

OCA	object contents architecture	
OCAL	online cryptanalytic aid language	
OCB	outgoing calls barred	abgehende Rufe gesperrt
OCC	other common carrier	anderer öffentlicher Betreiber
OCC	subscriber is engaged (occupied)	Teilnehmer ist besetzt
OCCAM		prozedurale Programmiersprache für verteilte Systeme
OCCF	operator communication control facility	
Ocis	office communications & information services	Bürokommunikations- und Informationsdienst
OCR	optical character recognition	optische Zeichenerkennung
OCRE	overall corrected reference equivalent	
ODA	office document architecture	
ODA/ODIF	open document architecture/ open document interchange facility	
ODgVSt		Ortsdurchgangsvermittlungsstelle
ODI	open data link interface	
ODIF	office document interchange format	
ODL	office document language	
ODLI	open dataline interface	
ODV	open distance vector	
OEM	original equipment manufacturer	
OF	optical fiber	Glasfaserkabel (Lichtwellenleiter)

O

OFB	output feedback	
OFDM	orthogonal frequency division multiplex	digitales Modulationsverfahren
OFTEL	office of telecommunications	
OFTF	optical fiber transfer function	Glasfaser-Übertragungsfunktion
OGM	outgoing message	
OIRT	Organisation Internationale de Radiodiffusion et Television	Verband von Rundfunkorganisationen osteuropäischer und anderer Länder
OIS	office information system	
OIS	only in segment	
OIW	OSI implementors workshop (NIST)	
OK	agreed/do you agree	
OL	on line	
OLN	Openbaar Ladelijk mobilofoon-Net	
OLR	online reference manual	
OLRT	on-line real-time operation	Echtzeitverarbeitung im Netz
OLTP	online transaction processing system	
OLTS	online test system	
OLU	origin logical unit	
OMA	open management architecture	Managementsystem von 3Com
OMA	object method architecture	
OMAP	operation and maintenance application part	
OMC	operation and maintenance center	Betriebs- und Wartungszentrum Mobilfunk
ON		Ortsnetz

O

ONA	open network architecture	
ONKZ		Ortsnetzkennzahl
ONP	open network provision	
OP	operating procedure	
OPAL		optische Anschlußleitung
OP AMP	operational amplifier	Operationsverstärker
OPC	originated point code	Ursprungspunkterkennung
OPD		Oberpostdirektion
OPI	organizition planning	
OPM	operations per minute	Operationen pro Minute
OPT	options	Auswahlmöglichkeit
OQPSK	offset quadrature phase shift keying	
OR	optical repeater	optischer Repeater
OR	or-gate	ODER-Gatter
ORACLE	broadcast information service of the Independent Broadcasting Authority	
ORBIT	on-line real-time branch information	
ORE	overall reference equivalent	
ORG	organizations	
ORZ		Organisations- und Rechenzentrum
OS	operating system	Betriebssystem
OS/2	operating system/2	
OS/2 EE	OS/2 extended edition	OS/2 erweiterte Ausgabe
OS/VMS	IBM-Betriebssystem	
OSA	open systems architecture	
OSAF	origin subarea address field	
OSCA		Verkabelungssystem der British Telecom

O

OSD	optimal subnet design	
OSDM	optical space division multiplexing	
OSF	Open Software Foundation	
OSF	operations system function	
OSF MOTIF		UNIX-Oberfläche der Open Software Foundation
OSI	open systems interconnection	
OSI TP	OSI transport protocol	OSI Transportprotokoll
OSI/CS	OSI communication subsystem	OSI Kommunikationssystem
OSIE	open systems environment	
OSITOP		europäische TOP user group
OSMA/CD	optical sense multiple access with collision detection	
OSMAE	open systems management application entity	
OSMAP	open systems management application process	
OSML	operating system machine level	
OSNS	open systems network support	
OSPF	open shortest path first	
OST	operator station task	
OSTC	Open Systems Testing Consortium	
OT		optischer Transceiver
OTC	Overseas Telecommunications Commission (Australia)	
OTD	optical time domain	
OTDR	optical time domain reflectometer	optisches Reflektometer

131

OTF	Open Token Foundation	
OTM	Office of Telecommunications Management	
OTP	Office of Telecommunications Policy	
OTS	orbital test satellite	
OTSS	open systems transport/session support	
OV	office vision	
OV	overflow	Datenüberlauf
OVL		Ortsverbindungslinie(n)
OVst		Ortsvermittlungsstelle
OWF	optimum working frequency	optimale Arbeitsfrequenz
OWG	optical waveguide	Lichtwellenleiter
P	presentation layer	Präsentationsschicht
P	priority bit	Prioritätsbit
P	primary station	Primärstation
P		Postmodem
p	pico	Präfix für 1 Billionstel
P	Peta	Präfix für 1 Billiarde
P	for figure O, repeated stop your transmission	
P		paketorientiert
P 1	message transfer protocol	
P 2	interpersonal messaging protocol	
P 3	MTS access protocol	
P 7	MS access protocol	
P(R)	packet receive sequence number	Paketempfangsfolgenummer

P

P(S)	packet send sequence number	Paketsendefolgenummer
P-	provider	Anbieter
P-BIT	poll bit	Abruf-Bit
P/F	poll bit/final bit	Bit-Markierung zum Sendeaufruf (P) oder zur Beendigung (F)
P/P	peak to peak	Spitze-Spitze-Spannung
PA	public address	
PA		Präambel-frame
PABX	private automatic branch exchange	private Nebenstellenanlage
PAC	program address counter	Programmadressenzähler
PACE	paging access control equipment	
PAD	packet assembler/disassembler	Paketier- bzw. Depaketiereinrichtung
PAD	padding bits	Füll-Bits
PAL	phase alternate line	Farbfernsehsystem mit zeilenweiser Phasenänderung zur Kompensation von Phasenfehlern
PAM	pulse amplitude modulation	Pulsamplitudenmodulation
PANDA	Prestel Advanced Network Design Architecture	
PAP		Projekt für automatisierte Produktionssysteme
PAR	positive acknowledgement with retransmission	
PAR	parity check	Paritätsprüfung
PAR	parameter	Parameter
PAR ?	parameter request	Parameterabfrage
PARC	palo alto research center	XEROX-Forschungszentrum

P

PASCAL		Programmiersprache
PATS	parametrized abstract test suite	parametrisierte abstrakte Testeinrichtung
PAU	pause message	
PAX	private automatic exchange	
PB	peripheral buffer	Pufferspeicher im Eingabe-/Ausgabebereich
PBC	peripheral board controller	
PBF	proportionate bidding facility	Routenaufteilung je nach Auslastung
PBS	personal business services	
PBX	private branch eXchange	digitale Nebenstellenanlage
PC	path control	Pfadsteuerung
PC	personal computer	Personalcomputer
PC	subarea path control	
pc	peripheral path control	
PC	program counter	Programmschrittzähler
PC	printed circuit	gedruckte Schaltung
PCA	percentage of calls answered	
PCB	printed circuit board	Platte mit gedruckten Leiterbahnen
PCC	protocol communications controller	
PCDOS	personal computer disc operating system	Diskettenbetriebssystem für Personal Computer
PCF	packet control facility	
PCI	protocol control information	Protokollsteuerinformationen
PCI	PABX computer interface	Computerinterface einer Nebenstellenanlage
PCI	pattern correspondence index	
PCI	programmable communication interface	programmierbares Kommunikationsinterface

P

PCLANP		IBM-PC-LAN Programm
PCLP		PC-LAN-Programm
PCM	puls code modulation	Pulscodemodulation
PCM	plug compatible mainframe	steckerkompatibler Großrechner
PCM	physical connection management	
PCM 30		Pulscodemodulation, 30 Kanäle
PCMCIA	personal computer memory card international association	Standard für Scheckkarten-große PC-Erweiterungen
PCMLMS	path control manager local management services	
PCN	personal communications network	
PCN	personal computer network	Netzwerk für Personalcomputer
PCNP		PC-Netzwerkprogramm
PCO	point of control and observation	Steuer- und Überwachungszentrale
PCP	plug compatible peripherals	
PCR	preventive cyclic retransmission	präventive wiederkehrende Rückübertragung
PCS	personal communication systems	
PCSA	personal computing systems architecture	
PD	photo detector	Photodetektor
PD	physical delivery	
PD	problem determination	Problembestimmung
PDA	problem determination aid	

P

PDAU	physical delivery access unit	
PDC	program delivery control	
PDD	post dialling delay	Verzögerungszeit zwischen dem Ende des Wählvorgangs und dem Eintreffen der Rückmeldung
PDG	packet data group	
PDH		plesiochrone digitale Hierarchie
PDIF	product definition interchange format	
PDM	phase difference modulation	Phasendifferenzmodulation
PDM	pulse duration modulation	Pulsdauermodulation
PDN	public data network	öffentliches Datennetz
PDS	physical delivery service	
PDU	protocol data unit	
PDV		Prozeßdatenverarbeitung
PDV-BUS		Prozeßdatenverarbeitungsbus
PDX	private digital eXchange	private digitale Nebenstellenanlage
PE		Prozeßeinheit
Pedi	protocol for electronic data interchange	
PEIK		Planung und Einführung integrierter Informations- und Kommunikationssysteme
PEP	partitional emulation program	
Peripheral	peripheral device or equipment	Peripheriegerät
Pert	project evaluation and review technique	
PF	pulse frequency	Impulsfrequenz

P

PFM	pulse frequency modulation	Pulsfrequenzmodulation
PFOS	passive fiber optic segment	Leitungsstück einer passiv betriebenen Glasfaserleitung
PG		Prozesor-Gateway
PGI	parameter group identifier	
PH	packet header	Anfangskennsatz eines Paketes
PH	presentation header	Anfangskennsatz der Präsentationsschicht
PHSAP	physical service access point	physikalischer Dienstzugriffspunkt
PHY	physical layer protocol	Protokoll der physikalischen Ebene
PI	protocol interpreter	
PI	procedure interface	
PI	parameter identifier	
PI		PI-Photodiode
PIA	peripheral interface adapter	Peripherer Interface Adapter
PICS	protocol implementation conformance statement	
PICTEL	picture telephone	Bildtelefon
PICU	priority interrupt control unit	
PID	peripheral interface device	
PIFÜ		Planungsstelle für Fernmeldetechnische Inneneinrichtungen
PIM	pulse interval modulation	
PIN	personal identification number	
PIN	positive intrinsic negative	
PING	packet internet groper	
PIO	parallel input output	paralleler Eingang/Ausgang
PIT	programmable interval timer	
PIU	path control information unit	Pfadsteuerungsinformationseinheit

PIU	programmable interface unit	
PIXIT	protocol extra information for testing	
PK		Protokollkonverter
PKI		Philips Kommunikationsindustrie
PKPAD		Protokollkonverter/PAD
PL		IZ-Prozeß (lokaler bzw. aktiver Prozeß)
PL/1	programming language 1	Programmiersprache
PL/M	programming language for microprocessors	Programmiersprache für Mikroprozessoren
PLA	programmable logic array	programmierbare logische Anordnung
PLAN	personal local area network	persönliches LAN
PLANET		Planung des Netzes (IV-System)
PLATO	programmed logic for automated teaching operations	
PLCP	physical layer convergence procedure	
PLD	programmable logic device	
PLD	program load device	
PlG		Planungsgebiet
PLL˙	phase locked loop	
PLM	phase length modulation	Impulslängenmodulation
PLMN	public land mobile network	
PLO	phase locked oscillator	
PLP	packet layer protocol	
PLP	presentation level protocol	Protokoll der Präsentationsschicht
PLS	physical signalling	

PLS	physical layer signalling	
PM	performance management	Leistungsmanagement
PM	presentation manager	
pm	picometer	Pikometer
PM	phase modulation	Phasenmodulation
PM	pulse modulation	Impulsmodulation
PM	post mortem	Analyse eines Ereignisses nach seiner Ausführung
PM	processable mode	
PM.1	processable mode.1	
PMA	physical medium attachment	physikalischer Medienzugang
PMBX	private manual branch eXchange	handbediente private Vermittlung mit Zugang zum öffentlichen Netz
PMC	personal mobile communications	persönliche Mobilfunkkommunikation
PMD	physical medium dependent	
PMD	post mortem dump	Speicherauszug zur Diagnose und Fehlerbehebung
PMOS	p-type metal-oxide semiconductor	Metalloxyd-Halbleiter vom p-Typ
PMR	private mobile radio	privater Mobilfunk
PMS	public message service	
PMUX	primary multiplexer	
PN	paging network	
PN	positive notification	
PNA	project network analysis	
PNA	parallel network architecture	
PNCP	peripheral node control point	Steuerzentrale für periphere Knoten
PNT	project networks technique	
PO	post office	Postamt

P

POAC	probe origin authentication check	
POC	processor outage control	
POCSAG	Post Office Code Standardization Advisory Group	
PODA	priority oriented demand assignment	
POF	plastic optical fiber	Lichtwellenleiter aus Plastik
POH	path overhead	
POI	programmed operator interface	
POP	post office protocol	
POP	point-of-presence	
POS	point of sales	
POSIX		Betriebssystem
POTS	plain old telephone service	der gute alte Telefondienst
PP	peripheral processor	peripherer Prozessor
PPC	parallel poll configure	Einrichtung der parallelen Abfrage
PPDU	presentational protocol data unit	Protokolldateneinheit der Präsentationsschicht
PPI	programmable peripheral interface adapter	programmierbarer peripherer Interfaceadapter
PPM	puls phase modulation	Pulsphasenmodulation
PPP	point-to-point-protocol (TCP/IP)	
pps	pulses per second	Impulse pro Sekunde
PPS	parallel processing system	
PPS	production planning system	Produktionsplanungssystem
PPT	primary POI task	

P

PPX	private packet switching exchange	privates Paketvermittlungssystem
PPX	parallel packet express	
Pr.Gw		Prüfgruppenwähler
Pr.Lw		Prüfleitungswähler
PRA	primary rate access	
PRBS	pseudo random binary sequence	binäre Zufallsfolge
PREAMP	preamplifier	Vorverstärker
PRESTEL	U.K. and Australian videotex standard	
PRF	pulse repetition frequency	Impulswiederholungsfrequenz
PRI	primary rate interface	
PRID	procedure related identifier	
PRIMITIVE		Protokoll der logischen Abfolge von Meldungen und Befehlen
PRLMS	physical resources local management	
PRM	packet radio measurement	
PRMD	private management domain	privater Verwaltungsbereich
PRNET	packet radio network	
PROFS	professional office system	
PROM	programmable read only memory	programmierbarer Nur-Lese-Speicher
PROP	programmable operating for virtual machines	
PROSA	programming system with symbolic addresses	Programmiersprache
PROT	protocol	Protokoll
Proway	process dataway	Proway Prozessdatenbus
PRPF	parameter profile	

PRR	pulse repetition rate	Impulswiederholungsrate
Prt 59		Prüftisch 59
PRV		Partial-Response-Verfahren
PS		Paketvermittlung
PS	presentation service	Dienste der Präsentationsschicht
ps	picoseconds	Pikosekunden
PS	programmable switch	
PSAP	presentation service access point	Dienstzugriffspunkt der Präsentationsschicht
PSC	public service commission	
PSD	post sending delay	Verzögerungszeit zwischen dem Ende des Wählvorganges und dem Eintreffen eines Bestätigungssignals
PSDN	packet switched data network	paketvermitteltes Datennetz
PSDU	presentation service data unit	Dienstdateneinheit der Präsentationsschicht
PSE	packet switching exchange	Datenpaketvermittlung
psec	pico seconds	Pikosekunden
PSH	push	
PSI	packet net system interface (DEC)	Paketnetz-Systemschnittstelle
PSK	phase shift keying	
PSN	packet switching node	Paketvermittlungsknoten
PSN	public switched network	Vermittlung im öffentlichen Netzwerk
PSNP	partial sequence numbers PDU	
PSP	packet switching processor	Paketvermittlungsprozessor
PSPDN	packet switched public data network	

P

PSS	packet switching system	Datenpaketvermittlungssystem
PSTN	public switched telephone network	Vermittlung im öffentlichen Telefonnetz
PSW	processor status word	eine Reihe von flags, die den letzten Zustand des Prozessors festhalten
PSW	program status word	Programmstatuswort
PT	personal telecommunication	
PT		Protokolltester
PTB		Physikalisch Technische Bundesanstalt, Braunschweig
PTF	program temporary fixes	
PTI	packet type identifier	Pakettypidentifikation
PTM	pulse time modulation	Pulsdauermodulation
PTO	public telecommunications operator	
PTS	proceed to send	
PTS	proceed to select	Fortgang der Wahl
PTT	post, telegraph and telephone administration	
PTV		programmierbare Textverarbeitung
PU	physical unit	physikalische Einheit
PUC	public utility commission	
PUCP	physical unit control point	
PUMS	physical unit management services	Managementdienstfunktionen der physikalischen Einheit
PUP	PARC universal packet (XEROX datagram internet)	grundlegende Übertragungseinheit im XEROX-Netz
PV	packetized voice	paketvermittelte Sprache
PV	parameter value	Parameterwert

PVC	permanent virtual circuit	permanente virtuelle Verbindung
PVC	poly venyl chlorid	Polyvinylchlorid
PVP	packet video protocol	
PW	pulse width	Impulsbreite
PWM	pulse width modulation	Pulsbreitenmodulation
PX	private exchange	Privatvermittlung
PXP	packet exchange protocol	Paketvermittlungsprotokoll
Q	queue	Warteschlange
Q	Q-recommendation (ISDN)	Q-Empfehlung im ISDN
Q		Q-Funktion im OSI-Standard
Q	quiet	leise, ruhig
QAM	quadrature amplitude modulation	Quadraturamplituden-Modulation
QAM	queued access method	
Q-bit	qualifier bit	Merkmal für Datenpakete im X.25 (Unterscheidungsbit)
QC	quiesce complete	
QCB	queue control block	Warteschlangen-Steuerungsblock
QCM	quantitative computer measurement	
qdu	quantization distortion unit	
QEC	Quiesce at End of Chain	
QIL	quad in line	
QISAM	queued indexed sequential access method	
QL/1	query language one	Abfragesprache 1
QLLC	qualified logical link control	

QMA		Qualitätssicherung von Managementsystemen
QMF	query management facility	
QMS	queue management system	
QoS	quality of service	Dienstgüte
QPR	quadrature partial response	
QPSK	quadrature phase shift keying	4-PSK-Verfahren
QPSX	queued packet and synchronous switch exchange	
QRI	queued response indicator	
QSAM	queued sequential access method	
QTAM	queued telecommunication access method	
QUIP	quad-in-line-package	
QZF		Quasizufallsfolge
R	R-reference point ISDN	R-Bezugspunkt im ISDN
R	relay function OSI	Relais-Funktionen für Stationen zwischen zwei Endsystemen
R	recommendation	Normempfehlung
R	reservation bits	reservierte Bits
R	received	empfangen
R		Rücksetzanforderungsbit
R & D	research and development	Forschung und Entwicklung
R/W	read/write	Lesen/Schreiben
RA		Rechenanlage
RACCH	random access channel	
RACE	research in advanced communications in Europe	europäische Forschung auf dem Gebiet der höheren Kommunikation

R

RACF	resource access control facility	
RADA	random access discrete address	besonders ausgewählter Platz im RAM
RALU	register and arithmetic logic unit	
RAM	random access memory	Speicher mit wahlfreiem Zugriff
RAMIS	random access management information system	
RAN	reanswer signal	
RAN	radio area networks	
RAP	I shall call you back	ich rufe zurück
RARE	Reseaux Associés pour la Recherche Européenne	
RARP	reverse address resolution protocol	
RASP	remote access switching and patching	
RATP	reliable asynchronous transfer protocol	
RAX	rural automatic exchange	automatische Vermittlung in dünnbesiedelten Gebieten
RAX	remote access	Fernzugriff
RB	return to bias	Rückkehr zum Ausgangszustand
RBE	remote batch entry	
RBOC	regional Bell operating company	
RBS	remote batch system	
RC	reception control	Empfangssteuerung
RC	request counter	Anforderungszähler

R

RC	route control field	
RCC	routing control center	Routing-Steuerungszentrum
RCO	registration confirmation packet	Steuerpaket im X.25
RCP	routing and control processor	Steuerungsprozessor
RCP	remote communication processor	
RCRE	receive corrected reference elements	
RCS	remote computing system	ferngelegenes Rechnersystem
RCUP	remote control user part	
RCV	receive	empfangen
RCVR	receiver	Empfänger
RD	request disconnect	Verbindungsauflösungsanforderung
RD	route destination	Routenbestimmung
RD	request memory read	Speicherleseanforderung
RD	research and development	Forschung und Entwicklung
RD	receive data	Datenempfang
RD	route designator field	
RDA	remote database access	
RDE	remote disc environment	
RDF	repeater distribution frame	
RDN	relative distinguished name	
RDOS	real time disc operating system	Echtzeit DOS
RDP	reliable datagram protocol	
RDR	request data with reply	
RDR	receive data register	Empfangsdatenregister
RDS		Radio-Daten-System
RDS	remote device system	
RDSS	radiodetermination satellite service	

147

R

RDT	remote data transmitter	örtlich entfernter Datensender
RDY	ready	fertig
RE	reference equivalent	
READ	real time electronic access and display	elektronischer Zugriff und Anzeige in Echtzeit
REBELL		rechnergestützte Betriebs-Lenkung leitergebundener Übertragungsanlagen
RECFMS	record formatted maintenance statistics	
RECMS	record maintenance statistics	
REED	restricted edge emitting diode	
REG ACK	register acknowledgement	
REG IND	register indication	
REGEN	regenerative repeater	Repeater mit Impulsregenerationseigenschaften
REJ	reject	Zurückweisung
REL	release	D-Kanal-Protokollnachricht
REL ACK	release acknowledgement	D-Kanal-Protokollnachricht
RELP	residual excited linear predictive coding	spezielle Sprachquantisierungsmethode (Mobilfunk)
RELQ	release quiesce	
REM	ring error monitor	
REN	remote enable	Fernbedienung ermöglichen
REQ	request	Anfrage
RER	reverse error reporting	Fehlerbehebungsverfahren bei Satellitenübertragungen
RER		Restfehlerrate
RERN	reverse explicit route number	
RES	resume	D-Kanalprotokollnachricht
RES ACK	resume acknowledgement	D-Kanalprotokollnachricht

R

RESET	resetting	Rücksetzen
RETD	Red Especial de Transmission de Datos (Spanish PTT)	
REXX	restructed extended execute (language)	Prozedursprache
RF	radio frequency	Hochfrequenz
RF/ZF		Hoch-/Zwischenfrequenz
RFA	remote file access	Dateifernzugriff
RFC	request for comments	TCP/IP Standard-Dokument
RFC	request for connection	Verbindungsanforderung
RFC	requirements for compliance	
RFI	request for information	Anfordern einer Information
RFI	radio frequency interference	Hochfrequenzstörungen
RFM	radio frequency modem	RF-Modem
RFNM	ready for next message	bereit für das nächste Datenpaket
RFNM	request for next message	Anfrage nach der nächsten Nachricht
RFQ	request for quotation	
RFS	remote file sharing	gemeinsamer Fernzugriff auf Dateien
RFS	remote file system	
RFTDCA	revisable form text document content architecture	
RG		Rechner Gateway
RGA	reset circuit group acknowledgement message	
RGN	routing group name	Pfadsteuerungselement-Name
RH	request/response header	Anfangskennsatz für Antwort/Anfrage
RI	ring indicator	
RI	ring input	Ringeingang

R

RI	radio interference	Rundfunkstörungen
RI	reliability index	Verläßlichkeitsindex
RI	routing information	
RIC	radio identity code	Identitätscode im Mobilfunk
RII	routing information indicator	
RIM	request initialisation mode	
RIP	routing information protocol	Protokoll über die Wegleitung der Information
RIPL	remote initial program loaded	
RIRT	Russian Institute of Radionavigation and Time	
RISC	reduced instruction set computer	Computer mit vermindertem Befehlssatz
RIT	receiver incremental tuning	
RJE	remote job entry	Jobferneingabe
RJEP	remote job entry protocol	Protokoll der Jobferneingabe
RLC	release complete	
RLG	release guard signal	Abschaltungsüberwachungs-Signal
RLP	requirements language processor	
RLP	resource location protocol	
RLR	receive loudness ratings	
RLSD	released message	
RLV		Ringleitungsverteiler
RM	reference model	Referenzmodell
RM	receive machine	
RMF	resource management facility	
RMM	read mostly memory	Speicher, der hauptsächlich gelesen wird
RMS	record management service	

R

RMS	recovery management support	Unterstützung beim Wiederaufsetzen nach Fehlern
rms	root mean square	Quadratwurzel
RMT	ring management	
RMU	remote multiplexer unit	Fernmultiplexer
RMW	read-modify-write	Auffrischzyklus beim dynamischen RAM
RN		Rechnernetz
RN	ring number (source routing)	
RND	random	zufällig
RND	RAD network devices	
RNR	receive not ready	nicht empfangsbereit
RO	router	Router
RO	ring output	Ringausgang
RO	receive only	nur Empfang
RO	read only	nur Lesen
ROAC	report origin authentication check	
ROCF	remote operator console facility	
ROLAND		Realisierung offener Kommunikationssysteme nach europäischen Normen und Testverfahren
ROM	read only memory	Nur-Lese-Speicher
ROS	remote operation system	
ROSE	remote operation service element	
RP	route port	
RPC	remote procedure call	

R

RPC	root path cost	
RPE	remote procedure error	Ablauffehler der Gegenseite
RPI	recursive program interface	
RPL	remote program load	Dienst des NetBIOS
RPOA	recognized private operating agency	
RPP	remote pointing protocol	
RPS	ring parameter server	
RPT	repeat/repeat	
RQD	definite response request	
RQE	exception response request	
RQN	no response request	
RQR	request recovery	
RR	receive ready	empfangsbereit
RR	radio recource (management)	
RRE	receive reference equivalent	
RRM	regenerative repeater machine	
RRQ	registration request packet	Registrationsanfragepaket im X.25
RRU	request response unit	Anfrage/Antwort-Einheit
RS	resource sharing	gemeinsame Nutzung von Hilfsmitteln
RS	recommended standard	empfohlene Norm
RS	related EIA-standard	auf die EIA-Norm bezogen
RS	record separator	Untergruppentrennzeichen
RS	reset	Rücksetzen
RS 1	radiophone manual system 1	
RS 232 C	standard of serial data communication	genormte serielle Schnittstelle
RS 449	enhanced capabilities of RS 232 C	Erweiterung von RS 232 C
RSA	Rivest-Shamir-Adleman	Kryptographie

R

RSC	reset circuit signal	
RSCS	remote spooling communications subsystem	
RSET	reset	Reset
RSG	reset circuit group message	
RSM	remote system manager (DECnet)	
RSM	signalling route set test message	
RSO	remote spooling option	
RSOH	regenerator section overhead	
RSP	reliable stream protocol	
RSP	response	Antwort
RSRT	signalling route set test control	
RSS	reject send state	Protokoll zur Wiederherstellung der richtigen Reihenfolge der Datenpakete im X. 25
RST	signalling route test signal	
RST	reset	Rücksetzen
RT	remote terminal	örtlich vom Computer entferntes Terminal
RT	real time	Echtzeit
RT	radio telephone	Funktelefon
RT	routing type	
RTAC	transfer allowed control	
RTAM	remote telecommunication access method	
RTB	remote token bridge	Token-Ring-Verbindungen über weite Entfernungen
RTB	retransmission buffer	Puffer für die Wiederholübertragung

R

RTBM	real time bit-mapping	
RTC	real time clock	
RTD	round trip delay	
RTE	response time estimator	
RTE	remote terminal emulator	
RTE	real time executive	Echtzeitausführung
RTF	radio telephone	Funktelefon
RTG	routing table generator	Leitwegtabellen-Generator
RTL	resistor-transistor logic	Widerstands-Transistor Logik
RTM	response time monitor	Antwortzeitüberwachung
RTM	remote terminal unit	Fernbedienungsterminal
RTMP	routing table maintenance protocol	
RTOS	real time operating system	
RTPC	transfer prohibited control	
RTPM	real time performance management	
RTR	ready to receive	empfangsbereit
RTS	reliable transfer service	
RTS	request to send	Sendeaufforderung
RTSE	reliable transfer service element	
RTT	Régie des Télégraphes et des Téléphones (PTT Belgium)	
RTT	round trip time	Hin- und Rückübertragungs-Zeit zwischen zwei Hosts
RTTY	radio teletypewriter	Funkfernschreiber
RTU	remote terminal unit	Fernbedienungsterminal
RU	request/response unit	
RUA	remote user agent	
RV		Raumvielfach
RVD	remote virtual disc protocol	

RVI	reverse interrupt	Unterbrechungssignal vom Empfänger an den Sender
RWC	real time working counter	
RX	receiver	Empfänger
RxD	receive data	Datenempfang
RY	relay	Relais
RZ	return-to-zero	Rückkehr nach Null
RZ		Rechenzentrum

S	supervisory function bit	
S	secondary station	Sekundärstation
S		S-Referenzbit im ISDN
S		S-Funktion im OSI
S		S-Block
S		S-Folge-Prüfoptionsbit
S		Telex
S	supervisor	
S		Steuerleitung V.24 Schnittstelle
s		Sekunde
S-	session	auf die Sitzungsschicht bezogen
S-Block		Steuerblock mit Folgenummer
s/c	short circuit	Kurzschluß
S/H	sample and hold	
S/N	signal to noise ratio	Störspannungsabstand
S/NNC	system network control center	
S/T	ISDN interface	Referenzpunkte im ISDN
S2MFV		private Schnittstelle für Festverbindungen 2 Mbit/s
SA	source address	Adresse der Quelle

S

SAA	systems application architecture	Systemanwendungsarchitektur
SABM	set asynchronous balanced mode	Beginn des gleichberechtigten Spontanbetriebs
SABME	set asynchronous balanced mode extended	erweitertes SABM
SABRE	semi-automatic business-related environment	
SAC	single attachment concentrator	
SACCH	slow ACCH	
SACF	specific application controlling function	
SACK	selective acknowledgement	Bestätigung von Datenpaketen, die zwar in falscher Reihenfolge, aber im selben »sliding window« sind
SAGE	semi-automatic ground environment	
SAM	subsequent address message	
SAMON	SNA application monitor	SNA Anwendungsmonitor
SAO	subsequent address message with one signal	
SAP	service access point	Dienstzugangspunkt
SAP	service advertising protocol (Novell NetWare)	
SAPI	service access point identifier	
SAR	segmentation and reassembly	
SARM	set asynchronous response mode	
SARME	set asynchronous response mode extended	

S

SAS	single attached stations	einzeln angeschlossene Stationen
SAS	statistical analysis system	statistisches Analysesystem
SASE	specific application service element	besondere Anwendungsdienstelemente
SAT	service access termination	
SATIN	system automatic teletypewriter interface	
SATNET	Atlantic packet satellite network	
SAVE		Satellitenverteildienst
SAW	surface acoustic wave	akustische Oberflächenwelle
SB	subnegotiation begin	
SBI	stop bracket initiation	
SBM	successful backward set up information message	
SBM		stellenlokale Basismaschine, Knoten
SBS	satellite business systems	
SC	session control	
SC	subcommittee	Unterkomitee
SC	sectional centre	
SCAC	service creation and accounting center	Dienstanbieter- und Abrechnungszentrum
SCAI	switch to computer API	
SCB	string control byte	
SCCP	signalling connection control part	Steuerteil für Zeichengabetransaktionen
SCEG	speech coder expert group	Expertengruppe für Sprachcoder
SCG	secondary command group	Gruppe sekundärer Kommandos

S

SCH	synchronization channel	Synchronisationskanal
SCLAN	super computer local area network	LAN für Supercomputer mit bis zu 1 Gigabit pro Sekunde
SCP	service control point	Dienstekontrollpunkt
SCPC	single channel per carrier	
SCS	SNA character string	
SCS	SNA character stream	SNA-Zeichenstrom
SD	starting delimiter	Anfangsbyte eines MAC-Frames
SDCCH	stand-alone dedicated control channel	einzelner zugewiesener Steuerkanal
SDE	submission and delivery entity	
SDF	supergroup distribution frame	
SDH	synchronous digital hierarching	
SDH	synchronous data hierarchy	
SDL	specification description language	Z-Empfehlung des CCITT
SDL	system description language	Systembeschreibungssprache
SDLC	synchronous data link control	synchrone Datenübertragungssteuerung
SDM	space division multiplexing	
SDMS	switch data management system	
SDN	software defined network	durch die Software definiertes Netzwerk
SDN	send data with no acknowledge	Daten ohne Bestätigung senden
SDR	special drawing rights	
SDT	start data traffic	Beginn des Datenverkehrs
SDU	service data unit	Dienstdateneinheit

S

SE	slotted ethernet	slotted Ethernet
SE	subnegation end	
SE		Speichereinheit
SEAB	serial bus	serieller Bus
SEAC	statistics and extended access control	
SEAL	simple and efficient adaption layer	
SEC	switching equipment congestion signal	
SEC	security's exchange commission	
SECAM	Système en Couleurs avec memoire	
SEF	source explicit forwarding	
SEG	security experts group	Sicherheitsexpertengruppe
SELFOC	self focussing optical	
SEND		Datagramm senden
SEP	sequential exchange protocol	
SEQ	sequence number	Reihenfolgenummer
SERMON	service error monitor	Dienstfehler-Monitor
SERPI	serve requester programmers interface	Programmierschnittstelle im Rahmen von ECF
SES	Societé Européenne des Satellites, Luxembourg	
SET	set of parameters	Parametersatz
SETUP	setup	D-Kanal-Protokollnachricht
SETUP ACK	setup acknowledgement	D-Kanal-Protokollnachricht
SF	structured field	
SF	status field	Statusfeld

S

SF	skip flag	
SF	shift forward	vorwärts schieben
SF	signal frequency	Signalfrequenz
SFD	start frame delimiter	Frame-Anfangs-Kennzeichnung
SFR	single frame ring	einzelner Token Ring
SFS	start of frame sequence	Anfangskennsatz und Zugriffskontrollfeld der Rahmenfolge im Token Ring
SFT	simple file transfer	
SFT	system fault tolerant	
SG	single ground	
SGML	standard generalized markup language	
SGMP	simple gateway monitoring protocol	einfaches Gateway-Überwachungsprotokoll
SH	session layer header	Anfangskennsatz der Sitzungsschicht
SH	shift	verschieben
SHF	super high frequency	Frequenz zwischen 3 und 30 Gigahertz
SHI	short hold indicator	
SHM	short hold mode	
SHORT	short circuit	Kurzschluß
SHSI	short hold status indicator	
SHUT C	shutdown complete	SNA-Befehl
SHUT D	shutdown	SNA-Befehl
SI	SPDU identifier	SPDU-Kennung
SI	serial input	serieller Eingang
SI	shift in	
SI	service indicator	Diensteanzeiger
SIB	scale, index, base	

S

SIDH	session identifier high	
SIDL	session identifier low	
SIE	status indication emergency terminal status	
SIF	signal information field	
SIG	signal	Signal
SIL	single in line	Bauelementeanschlüsse in einer Reihe
SILS	site initiated line switching	
SIM	set initialisation mode	
SIM	subscriber identify module	Teilnehmererkennungsmodul
SIMD	single instruction stream, multiple data stream	einfacher Informationsstrom, vielfacher Datenstrom
SIMP	satellite interface message processor	
SIN	status indication »normal terminal status«	
SINAD	signal to noise and distortion	
SIO	service information octett	
SIO	serial input/output	serieller Ein- und Ausgang
SIOS	status indication »out of service«	
SIP	single in line package	Bauelement mit Anschlüssen in einer Reihe
SIP	SMDS interface protocol	
SIPO	status indication »processor outage«	
SIPO	serial in, parallel out	Serien-/Parallelwandler
SIS	satellite information services	Satelliteninformationssystem
SISA	supervisory and information system for local and remote areas	

161

S

SISD	single instruction stream, single data stream	einfacher Informationsstrom, einfacher Datenstrom
SITA	Société Internationale de Télécommunications Aéronautiques	
SK 12		Synchronknoten
SL-AL	slotted aloha	
SLA	satellite link adapter	Adapter für Satellitenverbindungen
SLA		Synchrone Leitungsausrüstung: SLA-4: 622 Mbit/s; SLA-16: 2,5 Gbit/s
SLAs	service level agreements	
SLC	signalling link code	Zeichengabeabschnittcode
SLD		Superlumineszenzdiode
SLED	surface-emitting light emitting diode	Oberflächenemissions-Leuchtdiode
SLIC	subscriber line interface circuit	Teilnehmerschnittstelle
SLIP	serial line interface protocol	
SLM	signalling link management	Abschnittsverwaltung
SLP	single link procedure	Verfahren des Einfach-Übermittlungsabschnitts
SLR	service level reporter	Servicegraderfassungsgerät
SLR	send loudness ratings	
SLR		synchrone Leitungsausrüstung Regenerator
SLS	signalling link selection	
SLSAP	source link service access point	

S

SLTC	signalling link test control	
SLTM	signalling link test message	
SLU	secondary logical unit	
SLV		Stichleitungsverlängerung
SLX		synchrone Leitungsausrüstung Leitungsmultiplexer
SM	security management	
SM	system management	System-Management
SMAE	system management application entities	Anwendungsinstanz des Systemmanagements
SMAP	system management application process	
SMB	server message block	
SMDR	station message detail recording	
SMDS	switched multimegabit data service	Vermittlungsdienst für hohe Datenraten
SME	station management entity	
SME	society of manufacturing engineering	
SMF	system management facility	
SMF	system measurement facility record	Verzeichnis der Systemverwaltungsfunktionen
SMF	single mode fiber	Monomode-Lichtwellenleiter
SMFA	specific management functional areas	spezifische Managementfunktionsbereiche
SMH	signalling message handling	Meldungsabwicklung
SMI	structure of management information	Struktur der Management-Information
SMI	station management interface	
SMIP	specific management information protocol	spezifisches Management-Informationsprotokoll

163

S

SMIS	specific management information services	spezifische Management-Informationsdienste
SMISE	specific management information service element	allgemeines Management-Informationsdienstelement
SMP	session management protect	
SMPDU	service management protocol data unit	
SMR	specialized mobile radio	Mobilfunksystem
SMS	service management system	
SMT	station management	
SMT		synchroner Multiplexer in Terminalfunktion (155 Mbit/s-Anschluß)
SMTP	simple mail transfer protocol (ARPA)	
SN	subnetwork	Subnetz
SNA	systems network architecture	
SNA/SHOT	systems network analysis program/simulated host overview technique	
SNACNM	SNA computernetwork management	
SNADS	SNA distributed service	
SNAP	simplified numerical automatic program	
SNAP	subnetwork access protocol	Protokoll für den Zugriff auf ein Unternetzwerk
SNCP	single node control point	einzelnes Knotensteuer-Zentrum
SNCP	system node control point	System-Knotensteuerzentrum
SNF	sequence number field	Folgenummernfeld in SNA
SNG	satellite news gathering	

S

SNI	system network interconnection	
SNI	SNA interconnection	
SNL	subnetwork/network sublayer	
SNMP	simple network management protocol	einfaches Netzwerk-Managementprotokoll
SNP	subnetwork protocol	
SNR	signal to noise ratio	Störspannungsabstand
SNRM	set normal response mode	
SNRME	set normal response mode extended	
SNS	session network services	
SO	shift out	Dauerumschaltung
SOAR	small talk on a risc	
SOB	start of block	Blockanfang
SOFV		private Schnittstelle für Festverbindungen 2 x 64 kbit/s
SOGITS		Gruppe hoher Beamter für IT-Technologien in der EG-Kommission
SOGT	senior official group for telecommunication	
SOH	start of heading	Beginn des Anfangskennsatzes
SOH	section overhead	
SOM	start of message	Mitteilungsanfang
SONET	synchronous optical network	
SONIC	systems oriented network interface controller (TM National Semiconductor)	
SOP	standard operating procedure	Anfangskennsatz eines Datenpakets im Cambridge-Ring

S

SP	signalling point	
SP	source port	Quellen-Anschluß
SP	space	Leertaste
SP	stack pointer	
SP	sequenced packet protocol	XEROX-Transportverbindung
SPA	spanning tree algorithm	
SPADE	single channel per carrier PCM multiple access demand equipment assignment	
SPAG	Standards Promotion and Application Group	
SPAN	simple protocol for ATM network signalling	
SPAN	space physics analysis network	
SPARC	scalable processor architecture	
SPBM	set private balanced mode	
SPC	stored program control	
SPC	signalling point code	
SPCa		Zeichenabgabecode der Ursprungsvermittlungsstelle
SPDU	session layer protocol data unit	Protokolldateneinheit der Sitzungsschicht
SPEC	specification	Spezifikation
SPF	shortest path first	kürzester Pfad zuerst
SPI	server protocol interpreter	
SPM	session protocol machine	
SPOOL	simultaneous peripheral operations online	
SPP	sequenced packet protocol	Paketfolgeprotokoll
SPRC	signalling procedure control	
SPS	session presentation services	

S

SPU	signalling point unknown message	
SPUR	symbolic processing using RISC	
SPX	sequenced packet eXchange protocol	
SQ	signal quality detect	
SQA	system queue area	Systemspeicherbereich für Warteschlangen
SQE	signal quality error	
SQL	structured query language	
SQL/DS	structured query language/ data system	
SR	send receive	
SR	shift register	Schieberegister
SR	SR-latch	SR-flip-flop
SR	source routing	
SR-TB	source routing-transparent bridging	
SRAM	static random access memory	statisches RAM
SRB	source routing bridge	
SRC	source port	Quellenanschluß
SRE	send reference equivalent	
SREJ	selective reject	selektive Zurückweisung
SREM	system requirements engineering methodology	
SRF	send receive function	
SRF	specific routed frame	
SRI	security and routing interface	
SRL	structural return loss	strukturell bedingte Kabelverluste durch Reflexionen

S

SRM	signalling route management	Leitwegverwaltung
SRPI	server requester programming interface	
SRR	synchronous reply required	
SRT	source routing transparent	
SRV		synchrones Raumvielfach
SRVT	SCCP routing verification test	
SSAP	session service access point	
SSAP	source service access point	
SSB	single sideband	Einseitenband
SSB	subscriber busy signal (electrical)	Teilnehmerbesetztsignal
SSCP	system services control point	Systemdienst-Steuerzentrale
SSDU	session service data unit	Dienstdateneinheit der Sitzungsschicht
SSF	subservice field	
SSI	subsystem interface	Subsystemschnittstelle
SSI	small scale integration	integrierte Schaltung mit niedriger Bauteildichte
SSN	subservice number	
SSP	service switching point	
SSR	solid state relay	Halbleiterrelais
SSS	SABM send state	
SSS	switching subsystem	
SSSS	change of alphabet	Änderung des Alphabets
SST	send special information tone signal	
SST	single sideband transmission	Einseitenbandübertragung
ST	stream protocol	
ST	signalling terminal	
ST	stream	Datenstrom
ST	end of pulsing signal	

S

STA	spanning tree algorithm	
STAR	side trunk analysis routine	
STAT	status	Status
STATt ?	status request	Statusabfrage
STATMON	station monitor	Stationsmonitor
STD	synchronous time division	
STD	subscriber trunk dialling	
STD	standard	Norm
STDM	synchronous time division multiplexing	statistischer Multiplexer
STE	supergroup translation equipment	
STE	packet network signalling terminal	
STE	signalling terminal	
STE	spanning tree explorer	
STI		Steuerinformation
STL	Schottky transistor logic	Schottky-Transistorlogik
STM	signalling traffic management	Verwaltung des Zeichengabeverkehrs
STM	synchronous transfer mode	synchrone Übertragung
STM	station manager	Stationsmanager
STM-1		synchrones Transportmodul
STP	signalling transfer point	Zeichengabetransferstelle
STP	shielded twisted pair	abgeschirmte verdrillte Kabel
STP	service transfer print	
STR	single token ring	einzelner Token Ring
STR	synchronous transmit/receive	synchrones Senden und Empfangen
STR	secure transmitter/receiver	
STS	secure teletypewriter system	

169

S

STSN	set and test sequence number	Setzen und Prüfen der Reihenfolgenummer
STTL	Schottky transistor transistor logic	
STX	start of text	Textanfang
SU	signal unit	Zeichengabe-Einheit
SUB	substitute character	Ersatzzeichen
SUERM	signal unit error rate monitor	
SUSP	suspend	
SUSP ACK	suspend acknowledgement	Aufhebung der Bestätigung
SUT	system under test	System im Test
SV	status vector	
SVC	switched virtual circuit	vermittelte virtuelle Verbindung
SVC	supervisor call	Ruf nach der Aufsicht
SVC	switched virtual call	gewählte virtuelle Verbindung
SVC	switched virtual circuit	verbindungsorientierter virtueller Schaltkreis
SVID	subvector identifier	
SVV		Schnittstellenvervielfacher
SVZ		Schlüsselverteilzentrale
SW	software	Software
SWFD		Selbstwählferndienst
SWIFT	Society for Worldwide Interbank Financial Telecommunication	
SWR	standing wave ratio	Stehwellenverhältnis
SX	simplex	Simplex
SYN	synchronization byte pattern	Synchronisationsbitmuster
SYN	synchronization	Synchronisation
SYN	synchronization signal unit	Synchronisationssignal-Einheit

SYN	synchronous idle character	synchrones Leerlaufzeichen
SYN	synchronizing pulses	Synchronimpulse
SYN	synchronize sequence numbers	
SYNET		synchrones Netz
SYSGEN	system generation	
SYSLOG	system log	
SYSPLEX	system complex	Systemkomplex
SZGMT		semipermanente Zeichengabe-Transaktion
SZV		synchrones Zeitvielfach

T	terminal	
T	T-reference point	T-Bezugspunkt
T	transmit	Sende-Leitung der X.21-Schnittstelle
T	token bit	Token Bit
T		Telematikanwendungen
T	terminating	beenden
T	subscriber	Teilnehmer
T 1		Zeitverzögerung bis zur Wiederholung eines Rahmens
T-	transport-	Transport
T...	recommendations	Empfehlungen
TA	terminal adapter	Endgeräteanpassung
TA	technical advisories	
TAC	terminal access controller	Anpassung von Terminals ans Internet
TAC	Telex data Acquisition and Control	

T

TACS	total access communications system	Mobilfunksystem (cellular radio)
TAE	test access equipment	Testanschlußgerät
TAE		Telekommunikations-Anschlußeinheit
TAF		Terminalanschlußfunktion
TAG		Teilnehmeranschlußgerät
TAM	telecommunication access method	
TAM		Teilnehmeranschlußmodul
TAP	terminal access point	Endgerätezugangspunkt
TAR	temporary alternative re-routing	
TARA	threshold analysis and remote access	Schwellenanalyse und Fernzugriff
TAS		Teilnehmer besetzt, Auslösen durch supervision point
TASI	time assigned speech interpolation systems	
TAT	transatlantic cable	Transatlantikkabel
TAV		Technische Planungs- und Ausführungsvorschriften
TB	transmission buffer	Sendepuffer
TB	transparent bridging	
TBMT	transmitter buffer empty	Sendepuffer leer
Tbps	terabits per second	Terabit pro Sekunde
TBx		Telebox
TC	transmission control	Sendesteuerung
TC	transaction capabilities	Transaktionsfähigkeiten
TC	toll centre	Ortsvermittlung

T

TC	technical committee	Technisches Komitee
TC	transmitter clock	Sendetakt
TC		Transportverbindung
TC	transmission clock	Schrittakt
TC		Trellis-Codierung
TCAM	telecommunication access method	
TCAP	transaction capabilities application part	
TCB	transmission control block	
TCBC	transmission changeback control	
TCBM	time consistent busy hour	ununterbrochene 60 Minuten eines Tages mit dem höchsten Telekommunikationsverkehr
TCC	transmission control code	Übertragungssteuerungscode
TCCS	telex computer communication service	
TCEP		Transportkommunikations-Endpunkt
TCF	transparent computing facility	
TCM	terminal communication modul	
TCM	terminal to computer multiplexer	
TCM	time compressing multiplexing	Multiplexer mit Zeitkompression
TCOC	transmission changeover protocol	
TCP	transmission control protocol	
TCP	transmission control program	Sendesteuerungsprogramm
TCP	transport control protocol	Transportsteuerungsprotokoll

T

TCP/IP	transmission control protocol/ internet protocol	
TCPLDP	TCP extensions for long delay path	
TCR	transport connection request	
TCR	translation control register	Übersetzungssteuerregister
TCRC	transmission controlled re-routing control	
TCS	terminal control system	
TCU	terminal control unit	
TCU	transmission control unit	Datenfernverarbeitungssteuereinheit
TD	transmitted data	Sendedaten
TD	total delay	totale Verzögerung
TD	transmitter distributor	
TD	time division	Zeitteilung
TDHS	time domain harmonic scaling	
TDM	time division multiplex	Zeitmultiplex
TDMA	time division multiple access	Vielfachzugriff mit Zeitteilung
TDMATT	time division multiple access traffic terminal	
TDR	time domain reflectometer	
TDR	transmit data register	Sendedatenregister
TE	terminal equipment	Endgerät
TEI	terminal endpoint identifier	
TEKO		Technische Kommission
TELEBOX	electronic mail	elektronische Post
TELECOMM	telecommunication	Telekommunikation
TELENET	packet switched network	
TELESEC	telecommunication security	DES-3 Kryptoverfahren
TELETEX		Nachfolger von TELEX
TELEX	teleprinter exchange	Telex

TELNET	telecommunication network (ARPAnet virtual terminal protocol)	
TEMEX	telemetry exchange	
TERA		1 Billion
TEST		Schleifentest auf LLC-links
TEST MSG	please send a test message	
TF		Transportfunktionsteil
TF		Trägerfrequenz
TFA	transfer allowed signal	
TFC	transfer controlled message	
TFM	tamed frequency modulation	
TFRC	transfer forced re-routing control	
TFTP	trivial file transfer protocol (TCP/IP)	
TG	transmission group	
TG	task group	
TG	technical group	
TGC	transmission group control	
TGSN	TG sequence number	
TH	transmission header	Anfangskennung einer Sendung
TH	transport header	Anfangskennsatz der Transportschicht
THRU	»you are in communication with a telex position«	»Sie kommunizieren mit einer Telexstelle«
THT	token holding time	Nutzungsdauer im Token Ring
THZ		TEMEX-Hauptzentrale
TIA	Telecommunications Industries Association	

T

TIAM	terminal interactive access method	
TIC	token ring interface coupler	
TILS	terminal initiated line switching	
TIM	token interface module	Token-Schnittstellenmodul
TIM	time ordered data	
TIMS	transmission impairment measuring set	
TIP	terminal interface processor	
TK		Telekommunikation
TKO		Telekommunikationsordnung
TKO	trunk offering	
TKV		Telekommunikations-Verordnung
TL	transmission line	Übertragungsleitung
TLAC	link availability control	
TLB	translation look-aside buffer	Puffer für die Umwandlung von logischen in physikalische Adressen
TLI	transport library interface	
TLI	transport level interface (AT & T)	
TLMA	telematic agent	
Tln		Teilnehmer
TLSI	terminal line sharing interface	
TLU	table look up	
TM	transmit machine	
TM	transparent mode	
TM	terminal management	
TMC	traffic message channel	

TMN	telecommunications management network	
TMR	triplicated modular redundancy	
TMS	transmission measuring set	Übertragungsweg-Meßplatz
TMSI	temporary mobile station identity	
TMUX	transmultiplexer	Transmultiplexer
TN	terminal node	Endgeräte-Knoten (IBM Typ 1)
TN	transport network	Transportnetzwerk
TNA		TEMEX-Netzabschluß
TNAS	telcon network administration system	
TNC	threaded-nut coupling	Stecker für Koaxialkabel
TNEP	total noise equivalent power	
TNR		technisch-naturwissenschaftlicher Rechner
TNS	transaction network service	
TOP	Technical and Office Protocol	
TOP	table of pages	
TOPS	this consists of one piece of software	
TOS	type of service	Dienstleistungstyp
TP	throughput	Durchsatz
TP	twisted pair	
TP	toll point	Ortsvermittlungsstelle
TP	teleprocessing	Datenfernverarbeitung
TP	transmission priority	Sendevorrang
TP	transaction processing	
TP 4	transport protocol class 4	Transportprotokoll Klasse 4

T

TPDU	transport protocol data unit	
TPF	transmission priority flag	Sende-Prioritätsflag
TPI	tracks per inch	Spuren pro Zoll
TPNS	teleprocessing network	
TPON	telephony passive optical network	
TPR	token passing ring	Token-Passing-Ring
TPR	teleprinter	Fernschreiber
TPSE	transaction processing service element	
TPW	twisted pair wiring	verdrillte Leitungspaare
TR	token ring	Token Ring
TR	technical references	technische Bezugsgrößen
TR	transmit/receive	senden/empfangen
TRA	token ring adapter	Anschlußeinheit für den Token Ring
TRAC	technical recommendations application committee	
TRANS-CEIVER	transmitter/receiver	Sender/Empfänger
TRANS-PONDER	transmitter/responder	Sender/Beantworter
TRASOM	transdata software monitor	
TRE	token ring extender	Token-Ring-Erweiterung
TRIPLE X		die CCITT-Empfehlungen X.3, X.28 und X.29
TRLR	trailer	Schlußkennung eines Datensatzes
TRNW	token ring network	Token-Ring-Netzwerk
TROLI	token ring optimized line interface	

T

TRT	token rotation time	Umlaufzeit eines Tokens
TRX		Sender/Empfänger
TS	transaction service	Transaktionsdienst
TS	transmission subsystem	
TS	terminal server	
TS	termination system	
TS	transport service	Transportdienst
TSAF	transparent services access facilities	
TSAP	transport service access point	Transportdienst-Zugriffspunkt
TSAP-ID	transport service access point identifier	
TSC	transmitter start code	Code für den Sendebeginn
TSD	transmission system dependent layer (SMDS, DQDB)	
TSDU	transport service data unit	Transport-Dienstdateneinheit
TSF	transparent spanning frame	
TSFC	signalling traffic flow control	Flußsteuerung des Zeichengabeverkehrs
TSG	TPNS script generator	
TSI	time slot interchange	
TSMT	transmit	senden
TSO	time sharing option	
TSPS	traffic service position system	
TSR	terminate and stay resident	
TSRC	transmission routing control	Routensteuerung der Aussendung
TSS	time sharing system	
TSS		TEMEX-Schnittstelle
TST	time space time	

TTC	Telecommunication Technology Committee of Japan	
TTCN	tree and tabular combined notation	
TTD	temporary text delay	vorübergehende Verzögerung des Textes
TTL	time to live	Lebenszeit eines Datagramms im TCP/IP
TTL	transistor-transistor-logic	Transistor-Transistor-Logik
TTRT	target token rotation time	
TTS	transaction tracking system	
TTS	teletypesetting	
TTS	trouble ticket system	Fehlerberichtssystem
TTU		Teletex-Telex-Umsetzer
Ttx		Teletex
TTXAU	teletex access unit	Teletex-Zugriffseinheit
TTY	teletype terminal	Fernschreibgerät
TU	transmission unit	Sendeeinheit
TU	tributary unit	
TU		Technische Universität
TUFA		Telex-Umsetzer für Fernsprechnebenstellen-Anlagen am ISDN
TUG	tributary unit group	
TUP	telephone user part	Fernsprech-Benutzerteil
TUP+	enhanced telephone user part	
TV	television	Fernsehen
TVSt		digitale Teilnehmervermittlungsstelle
TVX	valid transmission timer	
TWA	two way alternate	

T U

TWX	teletypewriter exchange	Fernschreibvermittlung
TX	transmitter	Sender
TX	telex	TELEX
TX	teleprinter exchange service	TELEX
TXC	transmission control	Sendesteuerung
TxD	transmit data	Datenübertragung
TYMNET		Datennetz aus dem Jahr 1975
TZ		TEMEX-Zentrale
TZGT		temporäre Zeichengabe

U	ISDN reference point	ISDN-Bezugspunkt
U-	user-	Benutzer-
U-Block		Steuerblock ohne Folgenummer
U-Format	unnumbered format	nicht numeriertes Format
U-Frame	unnumbered frame	nicht numerierter Frame
U/L	globally/locally administered address	gesamte/örtliche Verwaltungsadresse
UA	user agent	
UA	unnumbered acknowledgement	Bestätigung ohne Folgenummer
UAC	unbalanced operation, asynchronous response, class	
UAE	user agent entity	
UAG	circuit group unblocking acknowledgement	
UAL	user agent layer	

U

UART	universal asynchronous receiver transmitter	
UBG	circuit group unblocking message	
UBL	unblocking signal message	
UBM	unsuccessful backward set up information message	
UC	user class of service	Benutzerklasse
UC	universal controller	
UCC	user class character	Betriebsklassen-Zeichen
UDF	unkinkable domestic flex	Anschlußkabeltyp
UDLC	universal data link control	
UDLT	universal data link transceiver	universeller Sender/ Empfänger für Datenübermittlung
UDP	user datagram protocol	
UE	user entity	Benutzer-Arbeitseinheit
UE	user element	Benutzer-Element
Ü-Netz		Übertragungsnetz
Ü-Weg		Übertragungsweg
UEP	unequal error protection	
UER		Union der europäischen Rundfunkorganisationen (engl. EBU)
ÜSE		Übertragungssteuereinheit
UG	universal gateway	Universal-Gateway
UHF	ultra high frequency	Ultrahohe Frequenz zwischen 300 und 3000 MHz
UI	unnumbered information	nichtnumerierte Information
UIM	user information message	

U

UIMS	user interface management system	
UIT	Union Internationale des Telecommunication	internationale Fernmeldeunion
UKW		Ultrakurzwelle
ULA	upper layer structure	Architektur der höheren Schichten
ULP	upper layer protocol	Protokoll der höheren Schichten
ULSI	ultra large scale integration	integrierte Schaltung mit außerordentlich hoher Bauteiledichte
ULTRANET		Hochgeschwindigkeitsnetz mit 1 Gbit/s
UMCS	unattended mode control system	
UMD	unscrambled mode delimiter	
UMPDU	user message protocol data unit	
UMTS	universal mobile telecommunications service	
UNBIND	unbind session	
UNC	unbalanced operation, normal response mode, class	
UNIX		Betriebssystem
UNMA	unified network management architecture	vereinheitlichte Netzwerk-Managementarchitektur
UNN	unallocated national number signal	
UNR	unbalanced normal response	HDLC-Betriebsart

U

UNRM	unbalanced normal response mode	
UNRT	user network response time	Reaktionszeit des Benutzer-Netzwerks
UNSM	united nations standard message	
UNSM	universal standard messages	
UNTDI	united nations/ trade data interchange	
UP	unnumbered poll	nichtnumerierte Abfrage
UP	user part	Benutzerteil
UP	user program	Benutzerprogramm
UPC	universal product code	
UPI	user protocol interpreter	
UPS	uninterruptible power supply	nicht unterbrechbare Stromversorgung
UPT	universal portable telephone	universelles tragbares Telefon
UPU	universal postal union	
URG	urgent pointer field	
URSI	Union Radio-Scientifique Internationale	
URT	user response time	Antwortzeit des Benutzers
USART	universal synchronous/asynchronous receiver transmitter	
USAS	United States of America Standards association	
USASI	United States of America Standard institute	
USERID	user identification	
USG	unix support group	Unterstützungsgruppe für UNIX

U V

USITA	United States Independent Telephone Association	
USRT	universal synchronous receiver transmitter	
USTA	United States Telephone Association	
USV		unterbrechungsfreie Stromversorgung
UT	upper tester	
UTC	generalized time	
UTC	Utilities Telecommunications Council	
UTE	Union Technique de l'Electricité	
UTM	universal transaction monitor	
UTP	unshielded twisted pair	unabgeschirmtes verdrilltes Leitungspaar
UTP	user transfer process	
UUCP	unix to unix copy	Kopieren von UNIX zu UNIX
UUTO	unix to unix	von UNIX zu UNIX
UUX	Unix Unix execute	
UV	ultraviolet	Ultraviolet
V	V-reference point	V-Bezugspunkt
V	V recommendations	V-Empfehlungen
V		Gültigkeitsfolgebit
V		Datenkommunikation im Fernsprechnetz
V. 24		Standard-Schnittstelle, ähnlich RS 232 C
V. 35		Schnittstellenempfehlung für hohe Datenraten

V

V(R)	receive state variable	
V(S)	send state variable	
V...		CCITT-Empfehlung der V-Serie
VACC	value added common carrier	Anbieter von zusätzlichen Diensten auf Netzwerken
VAD	value added drive	
VADD	value added disc drivers	
VADIS	Video/Audio Digital Interactive System	
VADS	value added and data services	
VAN	value added network	Netzwerk mit zusätzlichen Optionen
VANS	value added network services	Netzwerk mit zusätzlich angebotenen Dienstleistungen
VAP	value added process	
VAR		Verarbeitungsrechner
VAS	value added service	
VAX		Digital-Equipment Computer
VBN		vermittelndes Breitbandnetz
VC	virtual circuit	virtuelle Verbindung
VC		virtueller Container
VC	virtual channel	
VC 4		virtueller Container: 4: 140 Mbit/s
VC12		virtueller Container: 12: 2 Mbit/s
VC 21		virtueller Container: 45 Mbit/s
VC 32		virtueller Container: 6 Mbit/s
VCI	virtual channel identifiers	

V

VCS	virtual circuit switch	virtuelle Leitungsvermittlung
VDE		Verein deutscher Elektrotechniker
VDE		Vorschriftenwerk deutscher Elektrotechniker
VDH	very distant host	sehr weit entfernter Host
VDI	virtual device interface	
VDI		Verein Deutscher Ingenieure
VDRAM	video DRAM	
VERS	version	Version
VF	virtual filestore	
VF		Videofrequenz
VFM	variable frequency modem	Modem mit veränderbarer Frequenz
VFN	vendor feature node	
VFS	virtual file system	
VFS	virtual file store	
VGA	video graphics array	
VHF	very high frequency	sehr hohe Frequenz, 30 MHz bis 300 MHz
VHP	very high performance	
VHSD	very high speed data	Höchstgeschwindigkeitsdaten
VHSIC	very high speed integrated circuits	
VIA	versatile interface adapter	
VIBTX	videotex interworking & Btx	Videotex und Bildschirmtext
VIF	visual index file	
VINES	virtual network system	
VISYON		Variables Intelligentes Synchrones Optisches Netz
VL		verbindungsloser Transportdienst

V

VLAN	very local area network	Netzwerk innerhalb eines Rechners
VLC	variable length code	Codierung mit variabler Wortlänge (Entropiecodierung)
VLCBX	very large computerized branch exchange	
VLF	very low frequency	sehr niedrige Frequenz: 3 bis 30 kHz
VLR	visiting location register	Besucherregister im Mobilfunk
VLSI	very large scale integration	integrierte Schaltung mit sehr hoher Bauteiledichte
VM	virtual machine	IBM-Betriebssystem
VM	virtual memory	virtueller Speicher
VM/SP	virtual machine/ system product	
VMAAP	visual maintenance and administration panel	visuelle Wartungs- und Verwaltungstafel
VME	versa module europe	Bussystemprotokoll
VME	virtual memory environment	
VMS		DEC-Betriebssystem
VMTP	versatile message transaction protocol	
VNCA	VTAM node control application	VTAM-Knotensteuerungsanwendung
VNET	virtual net	virtuelles Netz
VNL	via net loss	
VO		verbindungsorientierter Transportdienst

V

VoFunk		Vollzugsordnung für den Funkdienst
VOM	volt ohm milliammeter	Volt-Ohm-Milliampéremeter
VP	virtual path	
VPDN	virtual private data network	
VPI	virtual path identifier	
VPN	virtual private network	privates virtuelles Netzwerk
VQL	variable quantum level coding	
VR	virtual route	virtueller Leitweg
VRC	vertical redundancy check	Querprüfung
VRC	virtual route control	
VRID	virtual route identifier	Kennung für die virtuelle Route
VRN	virtual route number	virtuelle Leitwegnummer
VRPRQ	virtual route pacing request	
VrSt		Verstärkerstelle
VRU	voice response unit	
VS	virtual storage	virtuelles Speichern
VS		verteilte Systeme
VSAM	virtual sequential access method	
VSAM	virtual storage access method	virtuelle Speicherzugriffsmethode
VSAM	variable sequence access method	
VSAT	very small aperture terminal	
VSB	VME subsystem bus	
VSE	virtual storage extended	erweiterte virtuelle Speicherung
VSE		IBM-Betriebssystem
VSE/AF	VSE advanced function	VSE höhere Funktion
VSP	virtual switching point	

VSPC	virtual storage personal computing	
Vst		Vermittlungsstelle
VT	virtual terminal	virtuelles Endgerät
VTAM	virtual telecommunication access method	virtuelle Datenfernübertragungs-Zugriffsmethode
VTP	virtual terminal protocol	Protokoll für virtuelle Endgeräte
VTS	virtual terminal service	
W		Fenstergröße Schicht 3
W	word	Wort
WAC	wide area center	
WACK	wait for acknowledgement before transmit	vor dem Senden auf Bestätigung warten
WADS	wide area data service	
WAK	waiting acknowledgement	Wartebestätigung
WAN	wide area network	Weitverkehrsnetz
WARC	World Administrative Radio Council	
WATS	wide area telephone service	Fernsprechfernverkehr
WBC	wide band channel	Breitbandkanal
WD	working draft	Arbeitsentwurf
WDAD	working draft addendum	
WDM	wavelength division multiplexing	Wellenlängenmultiplex
WEI		wählende IKZ 50
WG	working group	Arbeitsgruppe
WGC	workgroup computing	
WIM	window invalid mask	

WIMP	windows, icons, mouse and pull down menues	Fenster, Piktogramme, Maus und Abrollmenüs
WIN		Deutsches Wissenschaftsnetz
WKS	workstation	
WNDW	window	
WNU		Wirtschaftlichkeits- und Nutzenuntersuchung
WORM	write once, read many	einmal Schreiben, mehrfach Lesen
WPM	words per minute	Worte pro Minute
WR	write	Schreiben
WRU	»who are you«	»wer sind Sie«
WS	workspecification	Arbeitsauftrag
WS	working storage	Arbeitsspeicher
WS	workstation	
WSF	workstation function	
WST	world system teletext	
WV		Wellenlängenvielfach
WYSIWYG	what you see is what you get	Druckausgabe gleicht der Bildschirmausgabe
X	X recommendation	X-Empfehlung
X	window size	Fenstergröße
X...		CCITT-Empfehlung der X-Serie
X.25	CCITT recommendations	CCITT-Empfehlungen
X/OPEN		Gremium zur Normung von UNIX
XDR	external data representation	
XEM	X/OPEN event manager	
XID	exchange station identification	Austausch der Stationsidentifikation

XIO	execute input/output	
XMT	transmit	senden
XMTR	transmitter	Sender
XNS	Xerox network systems	XEROX-Netzwerk
XREF	cross reference table	Kreuzverweistabelle
XRF	extended recovery facility	erweiterte Datenwiederherstellungs-Einrichtung
XSIS	Xerox system integration standard	
XTAL	crystal	Kristall (z.B. Schwingquarz zur Frequenzkonstanthaltung)
XTI	X/OPEN transport level interface	

Y	y-function	y-Funktion
YACC	yet another compiler compiler	
YP	yellow pages	gelbe Seiten

Z	condition	Zustand
Z		Kontrollbit
Z.101 bis Z.104		CCITT-Empfehlungen zu den Diagrammen der System Description Language
Z/SEC		Zeichen pro Sekunde
ZBTSI	zero byte time slot interchange	
ZF		Zwischenfrequenz
ZfCH		Zentralstelle für das Chiffrierwesen
ZFe		Zentrum für Fernmeldebetrieb

Z

ZFmb		zentraler Fernmeldebaubetrieb
ZFu		Zentrum für Funkdienste
ZFV		Zentrum für Funkdienste im FI der DBPT
ZGS		Zeichengabesystem
ZI		Zusatzinformation(en)
ZIG		Zählimpulsgeber
ZIL	zig-zag in line	Anordnung der elektrischen Anschlüsse in Zick-Zack-Linie
ZIP	zig-zag in line package	Chipgehäuseform
ZIP		Zählimpuls
ZM		Zeitmultiplex
ZM		Zentralamt für Mobilfunk
ZSI		Zentralstelle für die Sicherheit in der Informationstechnik
ZT		Zentrum für Telekommunikation
ZUSY		Zugangssystem
ZV		Zeitvielfach
ZVEH		Zentralverband des Elektrohandwerks e.V.
ZVEI		Zentralverband der elektrotechnischen Industrie
ZVSt		Zentralvermittlungsstelle
ZZF		Zentralamt für Zulassungen im Fernmeldewesen
ZZK		zentraler Zeichenkanal

Begriffe
der
Datenkommunikation

A

Ein Verfahren, das in den meisten Übertragungseinrichtungen nach T1-Norm benutzt wird. Dabei werden Bits von jedem der Hilfskanäle zur *Übertragung* von Wähl- und Steuerelementen der *Übertragungsprozedur* benutzt. Es handelt sich um eine "in band"-Signalisierung in der T1-Übertragung.

A und B Signalgabe
A and B signalling

Verfahren zur *Digitalisierung* von analogen Signalen, z.B. Sprache. Die *Amplitude* eines analogen Signals wird in regelmäßigen Zeitabständen abgetastet (sampling), dann jeweils in 256 Stufen unterteilt (*Quantisierung*) und in eine digitale 8-Bit-Kombination (1 *Byte*) (*Codierung*) umgewandelt. Das A-law-Verfahren wird hauptsächlich in Europa verwendet, in den USA ein geringfügig in den Quantisierungsstufen abweichendes, µ-law genanntes Verfahren.

A-law

Erstes Mobilfunktelefonnetz in der Bundesrepublik Deutschland ab 1958. Es wurde im 150-MHz-Bereich mit 50 kHz Kanalabstand und 16 handvermittelten Kanälen betrieben. Das zuletzt mit ca. 10 000 Teilnehmern betriebene Netz wurde 1977 geschlossen.

A-Netz

Die Bezeichnung A/B-Schalter hängt mit der chronologischen Bezeichnung der Schaltkontakte in alphabetischer Reihenfolge zusammen. Es handelt sich hierbei um einen einfachen Schalter, der entweder zu A oder zu B hin verbindet. A/B-Schalter gibt es in mechanischen und elektromechanischen Ausführungen, wobei die elektromechanischen bistabile Relais verwenden, um bei Stromausfall eine definierte Schaltstellung beizubehalten. Ein A/B-Fallback-Schalter, die einfachste Form, dient beispielsweise dazu, zwei Terminals an ein *Modem* anzuschalten oder einen Rechner wahlweise an zwei Modems anzuschließen.

A/B-Schalter
A/B-switch

Einheiten oder Bausteine zur Umwandlung von analogen in digitale Signale werden A/D-Wandler genannt. Sie arbeiten nach unterschiedlichen Wandlungsverfahren, die sich in der Wandlungsgeschwindigkeit, der *Quantisierung*, der *Codierung* und der Auflösung, mit der sie analoge Signale *digital* nachbilden, unterscheiden.

A/D-Wandler
A/D converter

A

Abbildung Das Gleichsetzen von Quelldaten und Feldern in einer *Datei*, die
mapping fortgeschrieben oder erstellt wird.

Abbruch Beendigung eines Programms in geordneter Weise und Rückgabe der
abort Kontrolle an das *Betriebssystem*.

Abbruchtaste Taste zur vorzeitigen Beendigung einer Computeraktivität, wobei
escape key wesentliche *Daten*, vor allem auch Steuerinformationen, vor dem *Abbruch* abgespeichert werden, so daß ein problemloser Neustart des gleichen oder eines anderen Programms gewährleistet ist.

Abfall In jedem *Netzwerk*, Computer oder *Knoten* werden bei der Bearbei-
garbage tung *Daten* erzeugt und gespeichert, die nach Erledigung einer Aufgabe nicht mehr benötigt werden, also Abfall geworden sind. Um wertvollen Speicherraum für die nächste Aufgabe freizumachen, veranstaltet fast jedes *Betriebssystem* eines Computers in den Phasen des Leerlaufs (idle state) eine Aufräum- aktion, garbage collection genannt.

Abfrage Anfrage und Abruf von gespeicherten *Daten* (z.B. Informationen über
query, polling Umsatz und Bestandshöhe) mit Hilfe von Abfragestationen, z.B. Sichtgeräten.

Abfragesprache Einfache Verständigungssprache, Formulierungen zur allgemeinver-
query language ständlichen, der Umgangssprache angepaßten *Abfrage* von Inhalten einer *Datenbank*, ohne besonderere Programmierkenntnisse.

Abgehender Ruf Ein Zustandswechsel innerhalb des Verbindungssteuerungsverfah-
call request rens, bei dem eine DEE anzeigt, daß eine *Datenverbindung* aufgebaut werden soll (*DIN* 44 302).

Ablaufdiagramm Grafische Darstellung zur Verfolgung eines Ablaufs, z.B. eines Pro-
functional flowchart gramms oder einer bestimmten *Anwendung*. Als grafische Symbole werden genormte Sinnbilder verwendet (*DIN* 66 001), die um entsprechende textliche Erläuterungen ergänzt werden.

A

Stapelkommandodatei zur schrittweisen sequentiellen Abarbeitung von sinnfällig aufeinander folgenden Aufrufen und Befehlen. Eine solche *Datei* enthebt einen Benutzer der Mühe, immer wiederkehrende Abläufe einzeln eingeben zu müssen. Auch logische Verknüpfungen in Abhängigkeit von Ereignissen sowie Unterprogramme und Schleifen sind möglich.

Ablaufsteuerung
sequential control

Schrittweises Verfolgen eines Programmablaufes, bei dem nach jedem *Schritt* das *Programm* anhält und die Möglichkeit eröffnet, den Inhalt von Registern, Programm- oder Datenspeicherplätzen zu überprüfen und bei Bedarf zu ändern. Die Ablaufverfolgung dient vor allem der Fehlersuche und -behebung (*debugging*).

Ablaufverfolgung
trace

Bestätigung des Empfängers an den Sender über die Ankunft einer Mitteilung im Rahmen eines message handling systems (*MHS*). Dieses *Signal* ist keine Empfangsbestätigung; es sagt also nichts darüber aus, ob der Adressat die Mitteilung objektiv angenommen hat, sondern nur, daß sie am Empfangsort angekommen ist.

**Ablieferungs-
bestätigung**
delivery notification

Bei Lokalen Netzen handelt es sich um eine Betriebsart, die in der LLC-Schicht (logical link control, Schicht 2) benutzt wird. Geräte, die an ein *LAN* angeschlossen sind, können mittels ABM unabhängig voneinander Verbindungsbefehle senden und Antworten auslösen. Bei bitorientierten Steuerungsverfahren bezeichnet ABM eine Betriebsart, in der Hybridstationen in einer *Punkt-zu-Punkt-Verbindung* arbeiten. Beide Hybridstationen können unaufgefordert DÜ-Blöcke senden. Die Freigabe dieser Betriebsart erfolgt durch einen *Steuerblock*; sie bezieht sich auf Übertragungseinrichtungen. Von einer Hybridstation eingeleitete *Wiederherstellungsverfahren* können für eine oder beide Übertragungseinrichtungen gültig sein. Gleichberechtigter Übertragungsmodus bei MDLC und abgeleiteten Verfahren jede Seite darf eine *Verbindung* initiieren und terminieren.

ABM
asynchronous balanced mode

Prüftätigkeit der DBP Telekom, wenn private Endstelleneinrichtungen an Anschlüsse des öffentlichen Telekommunikationsnetzes oder private Fernmeldeeinrichtungen an posteigene Stromwege angeschal

Abnahme
acceptance

tet werden sollen. Je nach Erfordernis wird die Abnahme bei der Endstelle oder bei der privaten Fernmeldeeinrichtung durchgeführt, oder sie beschränkt sich auf die Prüfung von Erklärungen, die der Teilnehmer vorlegt. Die Abnahme durch die DBP Telekom schließt die Prüf- und Meßtätigkeiten, die anläßlich der betriebsfähigen Bereitstellung, Änderung oder *Instandhaltung* der privaten Endstelleneinrichtung erforderlich sind, nicht ein.

abort delimiter Teil eines Paketes im *Token* Ring, wird bei Erkennung eines falschen Tokens oder eigener fehlerhafter Arbeitsweise von einer Station erzeugt.

Abrufbetrieb
request mode

Betriebsweise der Datenübertragung, bei der von einer *Datenstation* gespeicherte *Daten* erst an die zum Empfang bestimmte Station gesendet werden, sobald diese anruft. Handelt es sich bei der Empfangsstation um eine *Datenverarbeitungsanlage*, können von dort mehrere Datenstationen in vereinbarter Reihenfolge abgerufen werden. Der Abrufbetrieb ermöglicht die Datenübertragung ohne Beaufsichtigung durch Personal, so daß vor allem nachts günstige Übertragungstarife genutzt werden können.

Abrufverzögerung
polling delay

Das spezifizierte *Verzögerungsintervall*, nach dem die Nebenstation durch die Master-Station gepollt wurde.

abrupt release Begriff im Rahmen der Schicht 5 des OSI-Referenzmodells, auch *Kommunikationssteuerungsschicht* oder Sitzungsschicht (session layer) genannt. Aufgaben der *Kommunikationssteuerungsschicht* sind u.a. Aufbau, Durchführung und Abbau der *Verbindung*. Normalerweise wird die *Verbindung* erst ordnungsgemäß aufgelöst nachdem der Datenverkehr beendet ist (orderly release oder graceful release), d.h., der Auflösungsbefehl wird solange nicht beachtet, solange noch *Daten* unterwegs sind.
Ein abrupt release führt in der Regel zu unwiederbringlichem Datenverlust und möglicherweise zu schwerwiegenden Störungen der anschließend aufzubauenden Verbindungen.

Elektrisch leitende Schutzummantelung, die ein *Übertragungsmedium* umgibt. Die Abschirmung reduziert elektromagnetische Einstreuungen und Interferenzen auf den (oder die) signalführenden Leiter und Wirkungen der Ströme im Leiter auf die Umwelt.

Abschirmung
shielding

Absorption ist das Verhältnis des von einem *Lichtwellenleiter* zurückgehaltenen zum in den *Lichtwellenleiter* eingespeisten Lichtstrom. Für die Absorption des Lichtes beim Durchgang durch ein schwächendes *Medium* gilt im allgemeinen das Lambert-Beersche Gesetz.

Absorption
absorption

Siehe ASN 1.

abstract syntax notation 1

Halbleiterstrahlungsquellen, die *Licht* in *Lichtwellenleiter* abgeben sollen, haben zu diesem Zweck eine Abstrahlfläche. Für die im Infrarotbereich verwendeten Strahlungsquellen, lichtemittierende Dioden (*LED*) und Laserdioden, ist der Durchmesser dieser Abstrahlflächen 50-100 µm bei der *LED* und ca. 5 µm bei der Laserdiode.

Abstrahlfläche

In einem *Lichtwellenleiter* ist nicht nur der eigentliche Kern *transparent*, sondern auch die erste ihn umhüllende Schicht, die Mantel genannt wird. Infrarotstrahlung in den *Lichtwellenleiter* eingespeist, so trifft die Strahlung nicht nur den Kern, sondern auch den Mantel. Obwohl diese Mantelmoden den Betrieb kaum stören, da sie schon nach etwa 15 - 30 m durch die relativ hohe *Dämpfung* im Mantel und durch Austritt aus dem Mantel verlorengehen, stören sie Messungen an Lichtwellenleiterkabeln empfindlich. Dafür werden Mantelmoden-Abstreifkabel verwendet.

Abstreifkabel
wiper cable

A

Abtast- und Halteglied
sample and hold device

Eine Schaltungsanordnung, die zum Zeitpunkt der *Abtastung* die Eingangsspannung an den Ausgang weiterreicht und dort bis zum nächsten Abtastzeitpunkt speichert. Ein sample-and-hold-Glied ist wichtig als Vorschaltgerät für einen Analog/Digitalwandler, da beim Quantisierungsprozeß nur dann die *Digitalisierung* der Spannungswerte gelingt, wenn während der *Digitalisierung* eines samples die Eingangsspannung konstant bleibt.

Abtasttheorem
sampling theorem

Das Abtasttheorem sagt aus, daß eine Zeitfunktion f(t), deren Frequenzspektrum im *Frequenzband* 0 *Hz* bis B *Hz* liegt, durch ihre Ordinaten an äquidistanten Punkten eindeutig besimmt ist, sofern diese Punkte nicht weiter als 1/2B Sekunden voneinander entfernt sind.

Um aus den abgetasteten Spannungswerten das ursprüngliche *Signal* wieder reproduzieren zu können, muß also die Abtastfrequenz mindestens doppelt so hoch sein wie die des abgetasteten Signals. Das Abtasttheorem ist für die *Anwendung* der *Informationstheorie* auf kontinuierliche Signale fundamental, weil es die Darstellung eines kontinuierlichen Signals endlicher Dauer durch eine endliche Anzahl von Freiheitsgraden, also auch als *Binärsignal*, gestattet.

Abtastung
sampling

Erfassung der Werte eines Signalparameters eines zeitkontinuierlichen analogen Signals in bestimmten Zeitabständen, die durch das *Abtasttheorem* begrenzt sind, zwecks Erstellung eines zeitdiskreten Signals.

Accounting-Informationen

Accounting-Informationen zwischen Intermediate Systemen (IS) sind Informationen, die sich auf sogenannte "Kosten" einer *Verbindung* beziehen (Anzahl der zwischen zwei Endsystemen liegenden IS, Dauer der *Verbindung*, Kapazität der benutzten Leitungen etc.).

ACF
advanced communicatio facility

ACF bezeichnet eine Erweiterung einer Zugriffsmethode auf die Möglichkeiten des SNA-Netzwerkes.
Als erweiterte Teleprocessing-Zugriffsmethode ist ACF/*VTAM* (virtual telecommunications access method) zu nennen, sowie die erweiterten NCP-Funktionen für die Communications *Controller* Node.

A

Die Abkürzung *ACF*, access control field, wird in verschiedenen Netzttypen verwendet. In *Token* Ring-LANs hat das Zugriffkontrollfeld *ACF*, das sich im *MAC-Frame* befindet, zwei Funktionen: Es kommt in einem *Token* vor, aber auch in einem *Frame*. Außerdem wird es vom *Token* Ring-Monitor zu Kontrollzwecken genutzt. Neben diesen *Token* Ring-Funktionalitäten wird *ACF* auch im DQDB-Header benutzt; es regelt die Zugriffsberechtigung auf den Bus.

ACF
access control field

Exzentrizität zweier *Lichtwellenleiter* in einer Steckverbindung. Erzeugt *Dämpfung* des Signals durch den *Lichtwellenleiter* in Abhängigkeit von der Größe des Versatzes bis zu 0,5 *dB*. Besonders kritisch bei kleinen Kernen.

Achsenversatz

Integrierte Schaltung von Motorola zur Umwandlung von bitparallelen Signalen in einen seriellen *Datenstrom* und von seriellen Datenströmen in bitparallele Signale. Das Bauelement kann also serielle Signale sowohl senden als auch empfangen.

ACIA
asynchronous communication interface adapter

Rückmeldung Kontrollcode oder Bezeichnung für eine positive Empfangsbestätigung. Das ACK-Signal wird vom *Empfänger* zum Sender gesandt, wodurch angezeigt wird, daß die *Übertragung* korrekt empfangen wurde.

ACK
acknowledgement

Der Datagramm-Dienst (datagram service) ist ein Datenübertragungsverfahren, das verbindungslos (connectionless) arbeitet. Normalerweise wird der Empfang der *Nachricht* nicht bestätigt; diesen Betrieb nennt man "nichtbestätigter verbindungsloser *Dienst*" (unacknowledged connectionless service). Das *LLC*, logical link control, bietet außerdem einen "bestätigten verbindungslosen *Dienst*" (acknowledged datagram service).

acknowledged datagram service

In der *Sicherungsschicht* (data link layer) des OSI-Referenzmodells werden dem in der *Bitübertragungsschicht* (physical layer) fließenden Bitstrom die Grenzen der Datenframes gesetzt. Nach der ordnungsgemäßen *Übertragung* einer Reihe von Datenframes schickt der *Empfänger* dem Absender eine Empfangsbestätigung: das acknowledgement frame, sofern dieser Betriebsmodus vereinbart wurde.

acknowledgement frames

203

A

acquisition Bereitstellung eines Sendekanals für eine Mobilstation im *Bündelfunk*.

ACSE
association control service element
ACSE gehört zu den Anwendungs-Dienstelementen der Schicht 7 des OSI-Schichtenmodells. Grundsätzlich greift ein Anwendungsprozeß über ein Benutzerelement auf ein Anwendungs-Dienstelement zu. Dieses enthält eine bestimmte Anzahl von Funktionen zur Ausführung von Diensten. Das association control service element, ACSE, stellt die Grundfunktionen für den Auf- und Abbau sowie für die Kontrolle der *Verbindung* zwischen zwei Anwendungs-Arbeitseinheiten zur Verfügung.

Ada Höhere *Programmiersprache*. Die Entwicklung dieser Programmiersprache wurde vom amerikanischen Verteidigungsministerium gefördert. Der Name wurde zu Ehren von Auguste Ada Byron, Countess of Lovelace, Mitarbeiterin von Charles Babbage, vergeben, die als erste Programmiererin gilt. Ada ist eine objektorientierte *Programmiersprache* mit sehr vielen Alternativen zur Definition von Objekten und generischen Objekten. Die *Kommunikation* von Prozessen wird durch das sog. Rendez-Vous-Konzept gesteuert. Nebenläufige Prozesse können mit einer umfangreichen Taste-Steuerung beeinflußt werden. Ada ist für hochparallele Feldrechner und als Betriebssystem-Beschreibungssprache geeignet.

Adapter
adapter
Anpassungselement, Vorrichtung zur *Verbindung* von Geräten mit nicht aufeinander abgestimmter Arbeitsweise.

adaptive algorithm Wenn sich die Daten-sendende Station und die Daten-empfangende Station in verschiedenen Netzen befinden, und möglicherweise dazwischen noch weitere Netze von den *Daten* durchquert werden müssen, spricht man von *Internetworking*. Die Weiterleitung der *Daten* übernehmen *Router*. Die Wegfindung durch die Netze wird durch sogenannte Routingalgorithmen bestimmt. Im Gegensatz zu den nicht-adaptiven Algorithmen, die starr einen bestimmten Weg durch die Netze vorschreiben, passen die adaptive algorithm den Weg in Abhängigkeit von der Verkehrsdichte, Stauungen oder ausgefallenen *Knoten* an.

Siehe dynamisches *Routing*.	**adaptives Routing**
Von *ANSI* modifizierte Form des in IBMs *SNA* verwendeten Datenverbindungsprotokolls *SDLC*. Das *SDLC* ist in ebenfalls modifizierter Form als *HDLC* von *ISO* übernommen worden und als *LAP* bzw. *LAP B* von *CCITT* für *X*.25.	**ADCCP** *advanced data communication control*
Einzelner Draht einer *Leitung*. Hat die *Leitung* zwei zusammengehörende Drähte, spricht man von einem Adernpaar.	**Ader** *wire*
Siehe Deltamodulation, adaptive.	**ADM**
Um die Verwaltung eines weltweiten message handling systems zu ermöglichen, wird ein solches System in kleinere Einheiten zerlegt. Zu diesem Zweck hat *X*.400 sog. management domains definiert. Für private management domains (PRMD) sind private Organisationen verantwortlich, für öffentliche management domains, die sog. ADMDs, die Postverwaltungen.	**ADMD** *administrative domains*
Ein Verfahren zur *Kompression* von Sprache/Musik um mindestens 50 %, normalerweise auf 32 kbit/s. Nach dem neuen CCITT-Standard, G 722, für breitbandige Sprachübertragung, bei dem ein *Frequenzbereich* von 50 *Hz* bis 7 kHz zugrundegelegt wird - dieser würde bei normaler PCM-Technik 128 kbit/s zur Folge haben - , wird eine *Kompression* auf 64 kbit/s erzielt. Eine normale Sprachübertragung erfolgt mit 32 kbit/s. Die *Abtastung* erfolgt mit 8 kHz.	**ADPCM** *adaptive delta pulse code modulation*
Wie lernt ein *Router* oder ein *Endsystem*, welche Netzwerkadresse zu welcher MAC-Adresse gehört? Ein *Protokoll*, daß diese Aufgabe bewältigt, ist das address resolution protocol, das dort, wo es implementiert ist, sogenannte Mapping-Tabellen anlegt, die eine Zuordnung zwischen Netzwerkadressen und MAC-Adressen vornehmen.	**address resolution protocol**
Ein bestimmtes Wort zur Kennzeichnung eines Speicherplatzes, eines zusammenhängenden Speicherbereiches oder einer Funktionseinheit. Bei der *Datenübermittlung* eine Folge von *Zeichen* zur Bestimmung der *Datenstation*. In der *Datenkommunikation* eine Bitsequenz, ein	**Adresse** *address*

A

Zeichen oder eine Zeichengruppe, die eine Empfangsstation, einen Benutzer oder eine Applikation kennzeichnet.

Adreßfeld
address field

Das Adreßfeld enthält die Identifizierung der *Datenstation*, in der die *Folgesteuerung* bei der *Datenübermittlung* ausgeführt wird.

Adressierung
addressing

Kennzeichnung eines Befehls mit der *Adresse* eines Speicherplatzes, auf dem *Daten* geschrieben oder von dort gelesen werden sollen. Die Adressierung kann mit absoluten (tatsächlichen) oder symbolischen (frei wählbaren, von einem Übersetzungsprogramm zu errechnenden) Adressen erfolgen. Kommunizieren mehr als zwei Datenstationen miteinander, so sind geeignete Verfahren für die Stationsadressierung notwendig. Bei den zeichenorientierten Verfahren kennt man die Adressen für die *Steuereinheit* (*Cluster Controller*) und die Peripherieeinheit (Device), bei den bitorientierten Verfahren dient das *Adreßfeld* zur Selektion. Für die Adressierung von Teilnehmern, die an ein öffentliches *Wählnetz* angeschlossen sind, wird ein *Adreßfeld* in der Schicht 3 benötigt.

AFI
authority and format identifier

Headerfeld für OSI-Adress-Schemata. Wegen der weltweit nicht einheitlichen *Adressierung* und der damit verbundenen mehrfachen Vergabe von Adressen werden in der *Vermittlungsschicht* in den NSAPs (network service access point) drei Felder verwendet: Das erste ist der authority and format identifier (AFI) und gibt den Betreiber an die anderen beiden, initial domain identifier (IDI) und domain specific part (DSP), die spezielle *Adresse*.

Akustikkoppler
acoustic coupler

Ein *Modem*, bei dem die Datenübertragung akustisch über ein Telefon verläuft. Als Sendegerät werden die Signale des sendenden Computers moduliert, dann als akustische Signale mittels eines Telefonhörers bzw. Akustikkopplers übertragen, von diesem demoduliert und von einem zweiten Computer empfangen. In der Regel verlaufen Senden und Empfangen in einem Arbeits-

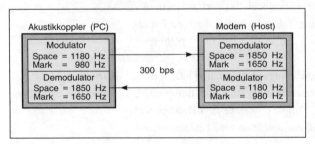

A

gang. Bei der Verwendung von Akustikkopplern im öffentlichen *Fernsprechnetz* müssen eine Reihe von Bedingungen erfüllt werden, die in CCITT-Empfehlungen V.15 festgelegt sind.

Der maximale Einfallswinkel, in dem *Licht* von einer externen Strahlungsquelle oder einem *Medium* aufgenommen werden kann. Dieser Einfallswinkel, der auch als Akzeptanzwinkel bezeichnet wird, ist für die Lichtwellenreflexion an den Grenzschichten zwischen Kern und Mantel und somit für die Lichtwellenübertragung entscheidend. Den Sinus des Akzeptanzwinkels bezeichnet man auch als numerische Apertur.

Akzeptanzwinkel
acceptance angle

Diese höhere *Programmiersprache* wird in mathematischen und technisch-wissenschaftlichen Anwendungen eingesetzt.

ALGOL
algorithmic language

Allgemein nachvollziehbare eindeutige Beschreibung einer Folge von Aktionen zur Lösung eines, meist mathematischen, Problems. Der Begriff war schon in alten Kulturen (Griechen, Römer...) bekannt. Der bekannteste ist der Euklidische Algorithmus. Mit dem Aufkommen von Rechenanlagen wurden Algorithmen formalisiert und zu Problemlösungen herangezogen. Jedes *Programm* ist sozusagen die "*Implementierung*" eines Algorithmus.

Algorithmus
algorithm

Terminalverbindungssystem über Radiokanäle. Erstes, von der Universität Hawaii entwickeltes HF-Kommunikationsnetz auf HF-Träger-Basis. Praktische Umsetzung des Aloha-Verfahrens über HF-Strecken (wer zuerst die *Trägerfrequenz* besetzt, kann senden).

Alohanet

Ein in vereinbarter Reihenfolge geordneter *Zeichenvorrat*, z.B. Buchstaben oder Ziffern.

Alphabet
alphabet

Grafiksystem im *Teletext*. Dabei wird der *Bildschirm* in 24 Zeilen zu je 40 *Zeichen* unterteilt.
Jeder Zeichenplatz kann entweder ein ASCII-Zeichen, ein grafisches Symbol oder ein "Mosaik" für grafische Darstellungen enthalten. Die Auflösung ist gering.

alphamosaic

Alphanumerisch
alphanumeric
Ein Gattungsbegriff für die Möglichkeit Buchstaben, Ziffern und *Zeichen* maschinell zu verarbeiten.

Alternativleitweg
alternate routing
In einem *Rechnernetz* oder bei mehreren zusammengeschalteten Rechnernetzen wird der Weg von einer Informationsquelle zu einem Ziel durch ein Wegleitverfahren (*Routing*) bestimmt. Es gibt bei bestimmten Routing-Verfahren die Möglichkeit, außer dem hauptsächlich im Rahmen bestimmter Optimierungskriterien festgelegten Hauptleitweg auch Alternativleitwege berechnen zu lassen, sofern das Netz die betreffenden Ausweichmöglichkeiten anbietet. Sie werden genutzt, wenn der Hauptleitweg wegen Ausfall von Leitungen oder Änderungen bei Optimierungsparametern (z.B. Verzögerung) nicht mehr den ursprünglichen Anforderungen entspricht.

AM-PSK
amplitude modulation phase shift keying
Amplitude modulation phase shift keying ist eine Kombination von Amplituden- und diskreter *Phasenmodulation* zwecks *Codierung* mehrerer binärer Informationen in einem Signalelement der Trägerschwingung.

AMI
alternate mark inversion
Pseudoternärer *Code*, der sich aus dem NRZ-Code entwickelt, wenn man das Vorzeichen wechselt. Eine logische "Eins" eines binären Bitstroms wird abwechselnd mit positiver und negativer *Amplitude* abgebildet, wodurch ein gleichspannungsfreies Digitalsignal entsteht.

Amplitude
amplitude
Eine charakterisierende Größe für eine Schwingung. Es ist die Auslenkung einer physikalischen Größe, z.B. einer elektrischen Spannung aus ihrer Ruhelage (0-Punkt) bis zu einem positiven oder negativen Wert. Die Amplitude wird in einer physikalischen Größe angegeben, beispielsweise als Spannung, Strom, Temperatur u.s.w. und hat mehrere Kriterien zur Bewertung (Spitzenamplitude, Spitzen-Spitzen-Amplitude u.a.).

Amplitudenmodulation
amplitude modulation
Übertragungsmethode, bei der die Informationssignale auf einer Trägerwelle durch Variieren der *Amplitude* kodiert werden. Die *Amplitude* der Trägerschwingung schwankt also in Abhängigkeit von dem Pegel und der *Frequenz* des Modulationssignals.

Amerikanisches *Mobilfunksystem* im 800 MHz-Band. Das System wird auch außerhalb der USA eingesetzt. Eine durchgängige *Verbindung* ist selbst in den USA nicht gegeben; die einzelnen Systeme versorgen nur bestimmte Distrikte und können nicht so ohne weiteres miteinander verbunden werden.

AMPS
advanced mobile phone system

Mobilfunkdienst über Satelliten; vorwiegend für Flugzeuge, aber auch für andere *Dienste*. Wichtigster Vorzug ist die Möglichkeit, Sprechfunk und Datenverkehr zwischen allen Bodenstationen und Luftfahrzeugen rund um die Erde zu realisieren.

AMSS
aeronautical mobile satellite service

Ein *Kanal*, der das Teilnehmergerät mit dem Leitungsabschlußgerät im Hauptvermittlungsamt verbindet.

Amtsleitung
subscriber line

In der Analogtechnik werden der Wert einer physikalischen Größe, so z.B. Strom oder Spannung, und ihr zeitlicher Verlauf erfaßt, übertragen und ausgewertet; eine Größe kann also beliebig viele Werte in einem bestimmten Zeitbereich annehmen (vgl. *DIN* 44300).

Analogtechnik
analog technique

Ein Gerät, das ein System überwacht und dabei *Daten* erfaßt und abspeichert, die im Fehlerfall nützlich sind. Ebenso werden Analysatoren dafür eingesetzt, Probleme in einem *Datennetz* zu erfassen, z.B. die Verkehrsdichte, Staus (*congestion*), u.a. Die in der *Datenkommunikation* benutzten Analysatoren sind in aller Regel der Gruppe der Protokollanalysatoren zuzurechnen.

Analysator
analyzer

Vergewisserung einer sendewilligen *Datenstation* darüber, ob das *Übertragungsmedium* frei ist. Z.B. das Abhören des Busses vor Sendebeginn beim *Ethernet* oder das Erkennen eines Frei-Tokens beim *Token* Ring. Bei dieser Zugriffstechnik richten sendewillige Stationen die Bitte um Kanalzuteilung an die Zentrale. Dieser Bitte wird dann gemäß verschiedener Kriterien Rechnung getragen. Da bei Ausfall einer einzelnen Station je nach Protokollversion der Gesamtausfall nicht zwingend ist, werden also immer dezentrale Techniken bevorzugt. Sie entsprechen auch eher dem den Lokalen Netzen zugrunde liegenden Gedanken der verteilten Bearbeitung von Problemen.

Anfragetechnik

A

ANIDA Dieser *Dienst* der DBP Telkom steht für »Akquisition und Beratung von Kunden bei Anwendernetzen mit internationalem Text- und Datenverkehr«. Neben Beratung und *Information* bietet man Unterstützung bei der Planung und Verwirklichung des Netzdesigns sowie die Verhandlungen mit ausländischen Betriebsgesellschaften. Der Arbeitsbereich umfaßt internationale Mietleitungen, Wählverbindungen über Telefonnetz, *Datex-P* und *Datex-L/ISDN* sowie die *Dienste* Telebox, *Teletex*, *Telex* und Telefax.

Anisochron
anisynchron
Übertragungsart für Digitalsignale, bei der der Abstand zwischen zwei Zustandswechseln nicht immer ganzzahlige Vielfache der nominellen Schrittlänge sind.

Ankommender Ruf
incoming call
Ein Zustand innerhalb eines Verbindungssteuerungsverfahrens, in dem die *DÜE* anzeigt, daß eine *Datenverbindung* aufgebaut oder einer *DÜE Information* zugestellt werden soll (*DIN* 44 302).

Anmeldestelle
logon-point
Dienststelle beim *Fernmeldeamt*, die den Auftrag der Postkunden für das betriebsfähige Bereitstellen, Ändern oder Kündigen von Telekommunikationseinrichtungen entgegennimmt und bearbeitet. Sie erstellt einen Bauauftrag (Arbeitsauftrag), der die anderen Dienststellen der DBP Telekom veranlaßt, die notwendigen Arbeiten auszuführen.

announced
retransmission
random access
Begriff aus der Satellitendatenkommunikation. Wegen der außerordentlich großen Laufzeiten von etwa 270 ms bei Satellitendatenverbindungen ist die *Anwendung* der Prinzipien der terrestrischen *Datenkommunikation* problematisch. Insbesondere werden Kollisionen auf den Datenverbindungen nicht schnell genug gemeldet. Um dem abzuhelfen, wurden Rückkanalreservierungen eingerichtet, damit nicht weitere Datenströme in die *Kollision* einbezogen werden. Auf diese Weise wird die Effektivität eines Satellitendatennetzes erhöht.

Anpassungs-
einrichtung
Funktionseinheit am Netzrand, die Anpassungsfunktionen übernimmt, beispielsweise die Paketierung ankommender Zeichenfolgen, Code- und Prozedurumsetzung.

A

Das Aussenden von Wählzeichen und/oder Rufzeichen mit dem Ziel, eine *Datenverbindung* aufzubauen. Diese Prozedur kann auch automatisch erfolgen, wenn eine automatische Wähleinrichtung, beispielweise eines Terminals, eine *Verbindung* mit einer automatischen Wähleinrichtung der DBP Telekom aufbaut.

Anruf
calling

Eine Einrichtung, durch die eine gerufene *Datenendeinrichtung* (DEE) automatisch auf das Rufsignal antwortet. Diese *Verbindung* kann aufgebaut werden, unabhängig davon, ob die gerufene *Datenendeinrichtung* betriebsbereit ist oder nicht.

Anruf-Beantwortungseinrichtung
automatic answering equipment

Der Begriff Anschalteeinrichtung hat mehrere Bedeutungen: 1. Die technische Einrichtung von Anschlüssen zur Anschaltung der Endstelle. 2. Abzweigleitungen zur Anschaltung der Endstelle bzw. der privaten, nicht zum öffentlichen Telekommunikationsnetz gehörenden Fernmeldeanlage. 3. Posteigene Stromwege zur Anschaltung der privaten Fernmeldeeinrichtung. Die Anschalteeinrichtung kann einen oder mehrere Anschaltepunkte enthalten und je nach Art des Anschlusses oder der Abzweigleitung mit oder ohne Netzabschlußfunktion ausgestattet sein. Eine Anschalteeinrichtung ohne Netzabschlußfunktion ist eine Anschlußdose (ADo) oder eine Telekommunikationsanschlußeinheit (*TAE*). Sie kommt bei Anschlüssen mit analogen Anschaltepunkten zum Einsatz. Bei Anschlüssen mit digitalen Anschaltepunkten hat die Anschalteeinrichtung eine Netzabschlußfunktion (z.B. *Datennetzabschlußgerät*). In diesem Fall dient die ADo oder *TAE* als "Steckdose" für die Anschalteeinrichtung; sie ist selbst keine Anschalteeinrichtung.

Anschalteeinrichtung

Der Teil der *Anschalteeinrichtung*, an den die Endstelle, die nicht zum öffentlichen Telekommunikationsnetz gehörende Fernmeldeanlage oder die private Fernmeldeeinrichtung angeschaltet wird. Anschaltepunkte sind technisch entweder für analoge oder für digitale Übertragungsverfahren gestaltet.

Anschaltepunkt
attachment point

1. Allgemein: Realisierung des Überganges von einem Gerät oder System zum anderen. 2. Der Anschluß verbindet die Endeinrichtung beim Teilnehmer mit einem *Netzknoten* der DBP Telekom. Der An-

Anschluß
adapter

A

schluß endet bei der Ersteinrichtung mit einer *Anschalteeinrichtung* der DBP Telekom. Je nach Nutzungsart unterscheidet man Wählanschlüsse, Festanschlüsse, Universalanschlüsse, Temexanschlüsse und Verteilanschlüsse. Anschlüsse werden an den zuständigen *Netzknoten* angeschaltet (Regelanschaltung).

Anschlußbereich — Der geographische Bereich des öffentlichen Telekommunikationsnetzes, für den ein *Netzknoten*, an den Anschlüsse angeschaltet sind, zuständig ist.

Anschlußbox — Bisherige Bezeichnung für ein Gerät, das am Bildschirmtextanschluß eingesetzt wird. Es stellt automatisch die *Verbindung* über das Telefonnetz zur *Btx-Zentrale* her und sendet die *Identifikation* des Anschlusses. Außerdem enthält es den *Modem*. Neue Bezeichnung: *Anpassungseinrichtung* zur Teilnahme am Bildschirmtextdienst.

**Anschluß-
genehmigung**
attachment approved
— Genehmigung zum *Anschluß* von zugelassenen privaten Geräten an Einrichtungen der DBP Telekom.

Anschlußkennung
attachment identification
— Innerhalb des Verbindungssteuerungsverfahrens eine Folge von *Zeichen*, die einer rufenden Station zur Kennzeichnung des gerufenen Anschlusses dient.

ANSI
American National Standards Institute
— Eine Organisation, die Standards entwickelt und publiziert, um Produkte untereinander *kompatibel* (austauschbar oder miteinander kombinierbar) zu machen. ANSI ist nicht gewinnorientiert, regierungsunabhängig und wird von mehr als 1000 Gewerbeorganisationen, Berufsvereinigungen und Firmen unterstützt. ANSI ist Mitglied der *ISO*. Vergleichbar mit *DIN* in der Bundesrepublik. ANSI ist der amerikanische Vertreter und stimmberechtigtes Mitglied bei *ISO*. Die Mitglieder, Hersteller, Forschungsgruppen, andere Standardisierungsgremien und sonstige zahlende Interessenten sind ähnlich wie *ISO* organisiert. Mit den Informationssystemen ist das X3-Komitee befaßt.

Antwort
response
— Eine Antwort (response) einer *Datenstation* auf eine Anfrage (request). In IBMs SNA-Netzwerken ist beispielsweise die Antwort die

A

Kontrollinformation, die von einer Sekundärstation zu einer Primärstation im Rahmen des SDLC-Protokolls gesandt wird.

Die Fähigkeit eines Gerätes (Terminal, *Modem*, Computer o.ä.), auf einen eingehenden Ruf hin die *Verbindung* von seiten des Angerufenen aus automatisch aufzulösen und eine neue *Verbindung* zum Anrufenden hin aufzubauen.

Antwort automatische
auto answer

Zeitspanne zwischen Aktion und korrellierender Reaktion in einem gekoppelten System einschließlich aller Lauf-, Bearbeitungs- und Reaktionszeiten, z.B. die abgelaufene Zeit zwischen einer Nachrichtengenerierung bei einem Terminal und dem Empfang einer *Antwort* im Falle einer *Abfrage* oder dem Empfang einer *Nachricht* durch den *Empfänger*.

Antwortzeit
response time

Arbeitsvorschrift eines Programms an eine *Datenverarbeitungsanlage* zur Ausführung eines oder mehrerer Befehle in symbolischer Form.

Anweisung
statement

Gesamtheit der *Fernmeldewege*, Datenübertragungs- und Datenendeinrichtungen für das Datenfernverarbeitungssystem eines Kunden oder einer Gruppe von Kunden.

Anwenderdatennetz

Einzelne oder mehrere Aktivitäten in *Verbindung* zu Funktionen innerhalb einer Unternehmung. Die in Schicht 7 des OSI-Modells bereitgestellten Services unterstützen direkt die Anwendungsaufgaben durch Anpassung von Formaten, *Daten* und Aktionen für den Programmtransfer, Datenzugriff und Verwaltungsaspekte. Deshalb heißen sie auch anwendungsunterstützende Grunddienste.

Anwendung
application

Die Anwendungs-Instanz oder Anwendunbgs-Arbeitseinheit (application *entity*, AE) ist in Schicht 7 (application layer) angesiedelt und stellt die Gesamtheit aus Benutzerelement, Anwendungs-Dienstelement des OSI-Modells und Kontrollfunktionen für einfache Zuordnungen dar. Eine *Instanz* (entity) ist ein aktives Element innerhalb der *Implementierung* einer OSI-Schicht, die eine einzelne konkrete *Anwendung* beinhaltet. Eine Schicht eines Endsystems kann mehrere Instanzen haben. Korrespondierende Instanzen derselben Schicht in

Anwendungs-Instanz
application entities

A

verschiedenen End- oder Transitsystemen werden Partnerinstanzen (peer-to-peer entities) genannt. Über das Benutzerelement hat ein Anwendungsprozeß Zugriff auf eine oder mehrere Anwedungsinstanzen.

Anwendungsschicht
application layer

Aufgabe der Anwendungsschicht (Schicht 7 im *OSI-Modell*) ist die Bereitstellung von anwendungsorientierten Grunddiensten mit entsprechenden Datenstrukturen und Protokollen. Bei der Entwicklung der Standards wurden zunächst zwei Richtungen verfolgt. Zum einen die Bereitstellung von anwendungsorientierten Grunddiensten für Standardanwendungen wie Dateitransfer, elektronische Post und Auftragstransfer. Zum anderen die Bereitstellung von Grundfunktionen innerhalb der Anwendungsschicht, die von speziellen Anwendungen genutzt werden können. Daher gibt es zwei Klassen von Dienstelementen innerhalb der Anwendungsschicht. Allgemein verwendbare Dienstelemente (*CASE* - common application service elements) und anwendungsspezifische Elemente (SASE - specific application service elements). Dienstelemente von SASE sind *FTAM* (file transfer access and manipulation) und VTS (virtual terminal service). Beispiel einer CCITT-Empfehlung ist *MHS* (message handling system).

Bei der Strukturierung der Anwendungsschicht hat sich jedoch herausgestellt, daß die Trennung zwischen *CASE* und SASE nicht immer zweckmäßig durchführbar ist, da jeder anwendungsorientierte Grunddienst nicht nur seine eigene Datenstruktur für die Schicht 6, sondern auch z.B. eine spezifische Verzeichnis- und Management-Struktur impliziert. Daher verzichtet man auf die Trennung und spricht hier allgemein von ASE (application service elements), zeichnet aber bei diesen das *ACSE* und das user element aus. Eine sogenannte SACF (singel association controlling function) überwacht das Zusammenwirken von *ACSE* und den lokalen ASE, während die MACF (multiple association controlling functi-

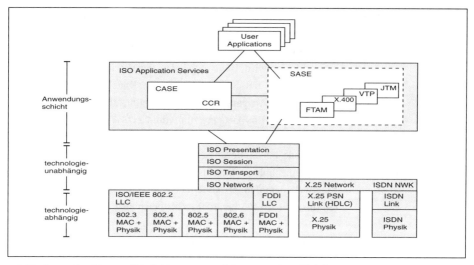

on) für das systemübergreifende Zusammenwirken verantwortlich ist. Weitere Komponenten betreffen das Netzwerk- und System-Management. Die DIN-Spezifikation für die Anwendungsschicht lautet:"In der Anwendungsschicht, als der höchsten Schicht des Referenzmodells, manifestiert sich die Funktion der Informationsverarbeitung in einer *Kommunikation*. Kommunizierende Anwendungsinstanzen bilden verteilte Anwendungen".

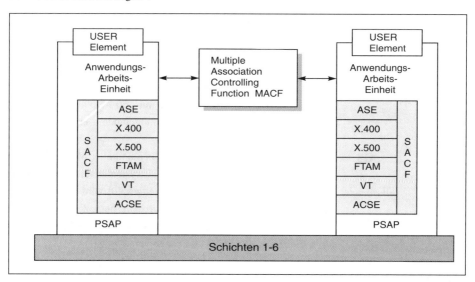

A

Anzapfung Bauteil aus der CATV-Technik zur Herstellung von Abgriffen an
tap Koaxialkabeln. Beim Basisband-Ethernet oder *IEEE* 802.3 bezeichnet man mit tap das Bauteil mit dem ein *Transceiver* an das *Kabel* angeschlossen wird. Bei Breitbandsystemen wird ein passives Gerät, das einen Teil der Signalleistung vom Kabelzweig abnimmt und dieses an die Ausgangsleistung weitergibt, als tap bezeichnet. Es bildet hier den Ein/Ausgang zum/vom Netz.

APD Photodiode, bei der durch Lawinen-Trägervervielfachung (avalanche
avalanche photo effect) eine höhere Empfindlichkeit erzielt wird, als bei anderen
diode Lichtwellenempfänger. Außerdem kann sie erheblich höhere Datenraten (bis zu 1 Gbit/s) verarbeiten als beispielsweise die PIN-Diode.

APDU Protokoll-Dateneinheit der *Anwendungsschicht*. Die Protokolldaten-
application protocol einheit besteht aus Protokoll-Steuerinformation und ggf. Benutzerda-
data unit ten bzw. Dienstdateneinheiten.
Wie die Benutzerdaten, werden die Protokoll-Dateneinheiten nur in der Datentransferphase ausgetauscht. Es sind die *Daten*, die an die untergeordnete Schicht zum Transport an die korrespondierende Schicht übergeben werden, oder von dieser korrespondierenden Schicht empfangen werden.

APF *Lichtwellenleiter* aus Plastik. Der Hauptunterschied zum *Lichtwellen-*
all plastic fiber *leiter* aus Glas ist die relativ hohe *Dämpfung*.
Daher eignen sich Plastiklichtwellenleiter nur für kurze Entfernungen, vorwiegend im Endgerätebereich. Dort herrschen allerdings noch die billigeren UTP-Kupferkabel (unshielded twisted pair) vor. Der Kern der Plastiklichtwellenleiter ist mit 250 - 1000 µm erheblich dicker als beispielsweise der der Glasmonomodefaser mit 5 - 10 µm.

API *Schnittstelle* mit Befehlen, ggf. Routinen und/oder Macros, die von
application program einem *Betriebssystem* oder einer Betriebssystemerweiterung (z.B. für
interface die Benutzung eines Netzwerkes) bereitgestellt wird. Anwendungsprogramme können dann diese *Schnittstelle* benutzen, um das *Betriebssystem* zur Ausführung der dieser *Schnittstelle* verborgenen und durch sie bereitgestellten Aktionen zu veranlassen.

APL ist eine höhere, anwendungsorientierte *Programmiersprache*, die für mathematische und logische Berechnungen verwendet wird.

APL
a programming language

APPC ist eine Transaktionsschnittstelle zwischen gleichgestellten Arbeitseinheiten meist innerhalb eines SNA-Netzes. Die *Schnittstelle* wird in einem solchen Netz durch einen Programmcode implementiert, der innerhalb der SNA-Terminologie als LU6.2 (logical unit vom Typ 6.2) bezeichnet wird. Dieser Programmcode wird unterstützt von physical units des Typs 2.1 (PU2.1). Ein APPC-Knoten kann sich in einm *Netzwerk* selbst steuern und Verbindungen zu anderen *Knoten* gleichen Typs selbst initiieren, durchführen und terminieren. Der LU6.2-Code wird auch in Analogie zum system services control point *SSCP* im hierarchischen SNA-Netze als SNCP (system node control point) bezeichnet.
APPC ist aber eine allgemeine *Schnittstelle* und kann durchaus völlig anders implementiert werden. IBM möchte gerne, daß APPC im Rahmen der OSI Schicht 7 zum anwendungsorientierten Grunddienst für verteilte Transaktionsverarbeitung wird. Mangels Alternativen könnte es sogar dazu kommen. APPC ist heute eine ideale *Schnittstelle* für die *Kommunikation* aus der PC-Welt zu einem *Host*.

APPC
advanced program to program communication

Menge von Kommunikationsprotokollen und anwendungsorientierten Grunddiensten für den Apple Macintosh. Die Protokolle orientierten sich am OSI-Referenzmodell und ermöglichten so den Zugriff und die Erweiterung auf alternative Protokolle. AppleTalk unterstützt *Ethernet*, *Token* Ring und Arcnet und kann im *Verbund* mit NetBios, TCP/*IP*, NFS und *DECnet* in einem *Netzwerk* gefahren werden. Fast alle MACintosh-Rechner und -Drucker haben eine *Schnittstelle* zu LocalTalk, dem Verkabelungssystem von Apple.

AppleTalk

APPN ist der Weg IBMs zu dezentralisiertem *Routing*. In einem klassischen SNA-Netz werden alle Wege durch die system services control points der einzelnen Subareas berechnet. Ein Weg beschreibt überwiegend einen Pfad von einem *Endgerät* (Terminal) zu einer *Anwendung* im *Host*. APPC bereitet die Verteilung von *Information* und Operationen im Systemverbund vor. Darüber hinaus unterstützen immer mehr IBM-Systeme die dezentrale oder verteilte *Datenverar-*

APPN
advanced peer-to-peer networking

217

A

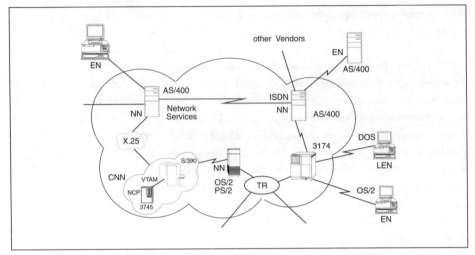

beitung, hier vor allem das System /6000. APPN stellt eine Möglichkeit dar, Wege und Pfade zwischen verbundenen Maschinen auch ohne die Beteiligung eines *SSCP*, also auch ohne *Host*, zu bestimmen. Dies kann nicht nur für Wege zwischen Endgeräten und Rechnern, sondern auch z.B. für den *Verbund* von Multiprotokollroutern genutzt werden. Ein mit APPN eng verbundener Begriff ist *LEN*/low entry networking.

Aramidgarn Zugentlastungsmaterial zum Schutz von Lichtwellenleiterbündeln. Wegen des außerordentlich geringen Durchmessers, z.B. einer *Monomodefaser*, werden *Lichtwellenleiter* im allgemeinen in Bündeln zusammengefaßt. Mehrere *Lichtwellenleiter*, jeder umgeben von einer lichtundurchlässigen Aderhülle, werden um einen mechanisch stabilen, voll dielektrischen, dicken Kern gruppiert und anschließend, bevor die äußere Umhüllung aufgebracht wird, mit einem Geflecht von Kevlar-Aramid-Fasern umgarnt.

A

Für den neuen Arbeitsplatz innerhalb der integrierten Bürokommunikationssysteme verwendet man manchmal die Abkürzung KAP, kommunikativer Arbeitsplatz. Integriert sind nicht nur Textcomputer und Rechnernetze, sondern auch digitale Kanäle zur Übermittlung von Sprache.

Arbeitsplatz kommunikativer

Beschränkt verfügbare Ressourcen, z.B. Geräte, Leitungen, Benutzungszeiten, werden durch Arbitration möglichst gerecht zugeteilt.

Arbitration
arbitration

Beschreibung des Erscheinungsbildes eines Systems, z.B. eines Betriebssystems oder eines Netzwerksystems. Sie umfaßt alle Funktions- und Leistungsmerkmale zur Beurteilung von deren Funktionalität und Nutzbarkeit. Besondere Kriterien sind Systembelastbarkeit und Anschluß- bzw. Kommunikationsfähigkeit mit anderen Systemen.

Architektur
architecture

ARCnet ist eine LAN-Technologie mit 2,5 Mbit/s *Übertragungsgeschwindigkeit* und *Token* Passing-Zugriff. Das von Datapoint entwickelte, nichtstandardisierte ARCnet ist für kleine Netze mit weniger als 100 Anschlüssen konzipiert, die meist über RG 62A/U-Koaxialkabel miteinander verbunden sind. ARCnet-Installationen werden in verteilter Sterntopologie aufgebaut und können über die *Kaskadierung* von sogenannten Hubs leicht erweitert werden. In den USA gibt es eine starke ARCnet-Gemeinde, die auch einen "*Standard*" für ein 20 Mbit/s ARCnet entwickelt hat. In Europa ist das System weniger verbreitet.

ARCnet

Die gebräuchlichste Methode, um Internet-Adressen in Ethernet-Adressen umzuwandeln, ist die ARP-Methode, welche das address resolution protocol verwendet. Vor der *Übertragung* von *Daten* über das *Ethernet* fragt *IP* bei ARP nach der Ethernet-Adresse der zugehörigen Ziel-Internet-Adresse an. ARP vergleicht seine Adreßtabellen (auch ARP-Tabellen oder *Internet* nach *Ethernet* Translation Tabellen genannt) mit der Anfrage. Hat ARP keinen Eintrag in seiner Tabelle, so wird über eine Anfrage an alle *Netzknoten* (broadcast) die Ethernet-Adresse der zugehörigen Internet-Adresse erfragt. Nur *Netzknoten* mit einem Eintrag zu dieser Internet-Adresse antworten auf die Anfrage.

ARP-Methode
address resolution protocol method

A

Die *Antwort* auf den ARP-Broadcast wird in der ARP-Adreßtabelle gespeichert.

ARPA Forschungsinstitution des amerikanischen Verteidigungsministeriums. ARPA steht für advanced research projects agency.

ARPA-Dienste Die ARPA-Dienste unterstützen die wichtigsten Anwendungen auf der Grundlage der TCP/IP-Protokolle. Sie sind in den Schichten 5 bis 7 angesiedelt und gelten sowohl für das *TCP*- als auch für das UDP-Protokoll. Auf das transmission control protocol (*TCP*) setzen die Anwendungsprotokolle für virtuellen Terminalverkehr (*telnet*), für Dateitransfer (file transfer protocol, *FTP*) und für Electronic Mail (simple mail transfer protocol, *SMTP*) auf; außerdem X-Windows. Das Datagramm-Protokoll *UDP* unterstützt das trivial file transfer protocol, TFTP sowie das simple network management protocol, *SNMP*.

ISO/OSI	DoD-Protokollfamilie			
7	**Telnet**	**FTP**	**SMTP**	**NSP**
6	inter-aktiver Terminal-verkehr	File Transfer Protocol	Simple Mail Transfer Protocol	Name Server Protocol
5				
4	TCP Transmission Control Protocol		UDP User Datagram Protocol	
3	IP Internet Protocol			

ARPA-Internet Das ARPA-Internet umfaßt eine Reihe von Netzen unter dem TCP/IP-Protokoll.
Die Bestandteile sind Subnetze mit gemeinsamem Adressraum und gemeinsamer Namenverwaltung. Die einzelnen Subnetze sind meist durch Gateways verbunden.

ARPAnet Ältestes paketvermittelndes Netz auf TCP/IP-Basis, zunächst auf Mietleitungen.
Es wurde 1969 unter der Federführung des amerikanischen Verteidigungsministeriums von BBN (Bolt, Beranek and Newman) erbaut und implementiert. Seiner Struktur wegen könnte man es als erstes Backbone-Netz bezeichnen, allerdings nur mit einer Datenübertragungsrate von 56 kbit/s.

Alle Protokolle, die Bestätigungen für ordnungsgemäß abgelieferte Dateneinheiten kennen, fordern im Falle des Nichteintreffens der Datenpakete eine automatische *Wiederholung* der Sendung an. Die *Wiederholung* wird nicht nur beim totalen Ausbleiben von Datenpaketen gefordert, sondern auch, wenn Datenpakete durch Störungen auf den Leitungen verstümmelt worden sind.

ARQ
automatic repeat request

Siehe announced retransmission random access.

ARRA

Standardisierter *Code* zur Darstellung von Groß- und Kleinbuchstaben, Ziffern, Sonder- und *Steuerzeichen*. Jedes *Zeichen* besteht aus 7 Bit, wodurch insgesamt 128 verschiedene *Zeichen* darstellbar sind. Dazu gehören Groß- und Kleinbuchstaben, Ziffern und Sonderzeichen. Als achtes Bit wird ein Parity-Bit übertragen. Die deutsche Version enthält auch *Zeichen* für Umlaute (*DIN* 66 0023).
Der 7-Bit-Code wurde von *ANSI* eingeführt, um *Kompatibilität* zwischen Datendiensten zu erreichen. Andere Bezeichnungen für diesen *Code* lauten: ISO-7-Bit-Code; USASCII-Code; CCITT-Code Nr.5.

ASCII
american standard code for informationinterchange

Kundenspezifischer integrierter Schaltkreis mit hoher Integrationsdichte. ASICs, die auch custom circuits genannt werden, sind in ihrer Funktion starr festgelegt, so daß in den meisten Fällen Mikrocomputerlösungen vorgezogen werden. Sie sind nur in den Fällen sinnvoll, in denen Funktionsabläufe durch Normen endgültig festgelegt sind und hohe Stückzahlen gebraucht werden.

ASIC
application specified integrated circuit

Eine abstrakte Syntax der Schicht 6 beschreibt bzw. definiert die Menge und Art der Datentypen, die von der *Anwendungsschicht* in Form von APDUs (application protocol data unit) an die *Darstellungsschicht* übergeben werden, damit diese die APDUs an das korrespondierende *Endsystem* weiterleitet.
Im ISO-Standard 8824 wird eine Notation beschrieben, mit der es möglich ist, abstrakte Syntaxen zu definieren. Diese Sprache wird ASN.1 (abstract syntax notation 1) genannt.
Mit ASN.1 lassen sich relativ einfache hierarchisch strukturierte Datentypen beschreiben. ASN.1 bietet eine Verständigungsmöglichkeit zweier Kommunikationspartner im Rahmen der Schicht 6 (pre-

ASN.1
abstract syntax notation one

sentation layer). Beim Datentransfer wandelt jeder Kommunikationspartner seine lokale Darstellung in eine gemeinsame um.

Assembler *Programmiersprache* auf Maschinenebene. Alle Computer werden letztlich durch binäre Bitkombinationen gesteuert. Wenn diese Bitkombinationen lang sind, sind sie schlecht memorierbar. Als Abhilfe hat man das *Hexadezimalsystem* eingeführt, das immer vier Binärzahlen zu einer Hexzahl zusammenfaßt. Trotzdem bleibt der Nachteil, jede Einzelheit programmieren zu müssen. Auf dieser Basis haben sich alle höheren Programmiersprachen entwickelt. Einen Vorteil allerdings hat die Assemblersprache: Sie ist von allen Programmiersprachen die Schnellste. Bei zeitkritischen Anwendungen wird sie stets verwendet. Bei den Hochsprachen erreicht nur die *Programmiersprache "C"* annähernd diese Geschwindigkeit.

assigned numbers Das RFC-Dokument, das die Zahlenwerte festlegt, die von TCP/IP-Protokollen benutzt werden.

asynchron Ein System arbeitet asynchron, wenn die zeitliche Folge der einzelnen *asynchronous* Operationen nicht durch einen zentralen Takt gesteuert wird. Bei der Datenübertragung spricht man auch von einem Start-Stop-Betrieb: Jedes *Zeichen* beginnt mit einem Startbit und endet mit einem oder mehreren Stopbits.

Asynchrones Format Hier wird jedes Informationszeichen für sich getrennt und zu beliebi-
asynchronous format gen Zeitpunkten übertragen. Zu der entsprechenden Bitfolge aus der Codetabelle wird vor das *Zeichen* ein Startbit gesetzt, für die Übertragungssicherung gegebenenfalls ein *Paritätsbit* hinzugefügt und dahinter noch 1 bis 2 Stopbits gesetzt. Die Synchronisierung wird hier für jedes *Zeichen* neu gestartet.

Diese Form der Datenübertragung ist weit verbreitet, weil sie mit geringem Aufwand zu realisieren ist. Diese Übertragungsform ist relativ uneffektiv: für die 7 Datenbits werden zusätzlich bis zu 4 Steuerbits benötigt; das entspricht einem *Overhead* von nahezu 60 %, auf die Nutzinformation bezo-

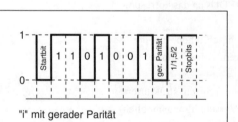

"i" mit gerader Parität

gen. Rechnet man vom gesamten Zeichenrahmen aus, dann beträgt der Ballast immerhin noch 36 % (4 von 11 Bits). Diese Tatsache erklärt die hohen Kompressionsraten, die bei asynchroner *Übertragung* möglich sind.

Die dramatische Zunahme an Leistungsfähigkeit moderner EDV-Systeme hat zur Folge, daß Computer-Netzwerke mit Übertragungsbandbreiten in der *Ethernet*/Token-Ring-Größenordnung von

ATM
asynchronous transfer mode

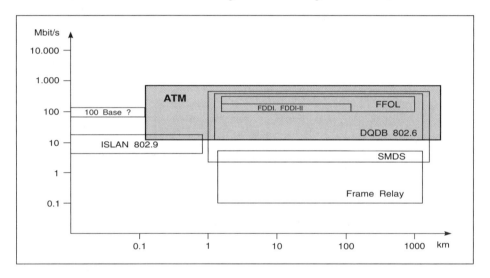

10 Mbit/s für viele Anwendungen, z.B. bei interaktiven Grafik- oder Multimedia-Anwendungen nicht mehr ausreichend sind. Viele Anzeichen deuten darauf hin, daß der neue Transportmechanismus in der *Datenkommunikation* ATM (asynchroner transport modus) heißen wird. ATM ist ein weltweit anerkannter *Standard*, der sich gleichermaßen für die Datenübertragung in Weitverkehrsnetzen als auch in LANs eignet. Die Informationseinheiten fester Größe (53 Bytes Zellen) auf der

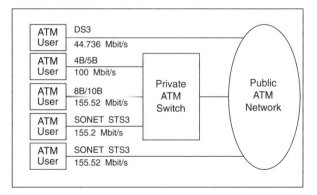

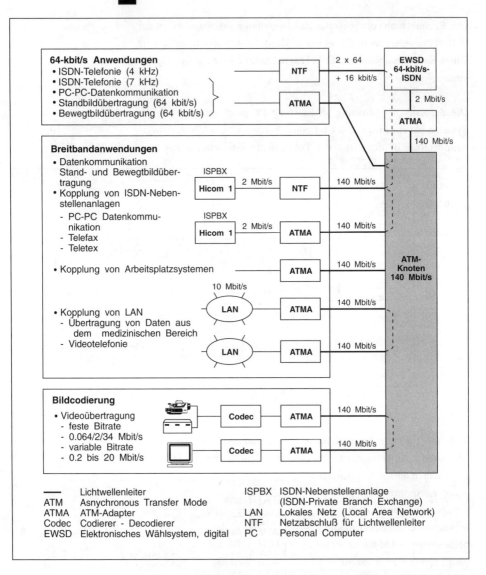

ATM aufbaut, ermöglichen massiv parallele Kommunikationsarchitekturen und die Realisierung von Netzwerken mit Übertragungsraten im Gigabitbereich. Mit Hilfe dieser Hochgeschwindigkeitsnetzwerke wird es möglich, die großen Datenmengen, die von modernen Anwendungen erzeugt werden, kostengünstig und in Echtzeit zu übertragen

(Videomail, interaktives Fernsehen, Virtual-Reality, Simulation physikalischer und chemischer Vorgänge, usw.).

ATM eröffnet aufgrund seiner *Architektur* die Möglichkeit Übertragungsgeschwindigkeiten bis an die physikalischen Grenzen zu realisieren. Im Fall der *Übertragung* über Glasfasermedien steht dabei die enorme *Übertragungsbandbreite* von etwa 30 THz (10^{12} *Hz*) zur Verfügung. In Forschungslabors wurden schon ATM-Schalteinheiten mit Verarbeitungsgeschwindigkeiten bis zu 1 Tbit/s realisiert.

Mit ATM könnte also bereits der ultimative Transportmechanismus der *Datenkommunikation* gefunden worden sein. ATM ist eine Datenübertragungstechnik, die zur Familie der zellenvermittelnden Systeme (cell relay) gehört. Im Gegensatz zu paketvermittelnden Systemen wie *X*.25, in denen Datenpakete variabler Länge über eine Leitungsschnittstelle gemultiplext werden, ist die Länge der Cell-Relay-Datenpakete fest - es sind eben Zellen. ATM repräsentiert nun eine bestimmte Implementation von Cell-Relay, und zwar diejenige, die für die Spezifikation des B-ISDN-Standards ausgewählt wurde. ATM ist also ein Teil der CCITT-Spezifikation für *B-ISDN*.

ATM-Forum

Das ATM-Forum wurde im September 1991 von den Unternehmen Cisco-Systems, NET/Adaptive, Northern Telecom und US-Sprint gegründet. In der Zwischenzeit gehören dem ATM-Forum mehr als dreihundert stimmberechtigte Mitglieder an. Ziel des ATM-Forums ist es, die Standardisierung von *ATM* nicht mehr alleine dem *CCITT* zu überlassen, sondern über eine enge Zusammenarbeit mit den offiziellen Standardisierungsgremien Vorschläge der Industrie in die Gestaltung der Standards einfließen zu lassen. Desweiteren sollen für jene Bereiche, in denen noch keine Standards definiert sind, durch Spezifikationen des ATM-Forums Industriestandards geschaffen werden. Dies ermöglicht den Unternehmen die rasche Entwicklung von Produkten, aufbauend auf einem Quasistandard. Eine der ersten Aktivitäten des ATM-Forum war die Entwicklung von UNI 2.0, einer erweiterten Spezifikation des CCITT-UNI-Standards im Juni 1992.

Das *CCITT* hatte als physikalisches Übertragungsverfahren für *ATM* zunächst lediglich SDH-basierende Übertragungsschnittstellen definiert. In UNI 2.0 wurden die entsprechenden Empfehlungen für die

A

Übertragung von ATM-Zellen auf bestehende PDH-Leitungen (45 Mbit/s, 34 Mbit/s usw.) erweitert, sowie die 100 Mbit/s TAXI-Schnittstelle für den LAN-Bereich definiert. Derzeit ist das technische Kommittee des ATM-Forums in neun Arbeitsgruppen unterteilt: ATM-Signalisierung, broadband-intercarrier-interface (B-ICI), data exchange interface (DXI), Netzlast-Management, UTP-3 (*ATM* auf unshielded twisted pair kategory 3), Netzwerk-Management, *Interoperabilität* von Vermittlungsanlagen, Service-Aspekte von *ATM*, Test von ATM-Netzwerken.

1993 wurde angelehnt an das ATM-Forum eine ATM-user-interest-group, der sogenannte enterprise network users roundtable gegründet. Das Ziel dieser Gruppe ist es, auch Universitäten sowie Anwender in den Prozess der Entwicklung von Standards einzubeziehen.

attenuation	Siehe *Dämpfung*.
Aufbereitung *editing*	Eine von der Paketierungs-/Depaketierungseinrichtung zur Verfügung gestellte Funktion, die es dem Start/Stop-DEE-Benutzer ermöglicht, die zur Paketierungs-/Depaketierungseinrichtung geschickten *Zeichen* aufzubereiten, bevor diese Einrichtung sich der *Zeichen* annimmt und/oder diese weitergeleitet werden.
Aufforderungs-betrieb	Bei bitorientierten Steuerungsverfahren eine Betriebsart, in der die Folgestation nur nach Aufforderung durch die Leitstation DÜ-Blöcke senden kann.
Aufruf, virtueller *virtual call*	Ein Leistungsmerkmal, bei dem ein Rufvorbereitungsverfahren einen Datenübermittlungszeitraum zwischen zwei DEEs festlegt, währenddessen die *Daten* des Benutzers im *Datennetz* durch Datenpaketvermittlung übertragen werden. Alle *Daten* des Benutzers werden vom *Datennetz* in der gleichen Reihenfolge ausgeliefert, in der sie vom *Datennetz* empfangen wurden.
Aufsetzzeit *setup time*	Zeit, die vergeht, bis, z.B. nach einer Störung, der normale Betriebszustand wieder erreicht ist.

Vorwiegend bei Software, aber auch bei Geräten, werden immer wieder verbesserte Versionen herausgebracht, die zum Teil zusätzliche Eigenschaften aufweisen. Man spricht von Aufwärtskompatibilität, wenn die neue Version alle Eigenschaften der Vorversion besitzt.

Aufwärtskompatibel
upward compatible

Magnetische Aufzeichnungen im Rahmen der *Datenverarbeitung* werden heute im wesentlichen auf Festplatten gemacht. Für Initialisierungen (booten) spielt auch die Floppy Disk eine Rolle, vorwiegend in der 3,5"-Version, aber auch noch in der 5,25"-Version. Die wichtigsten Aufzeichnungsverfahren auf diesen magnetischen Trägern sind: die return-to-zero (RZ), die non-return-to-zero (*NRZ*) und die *Manchester-Codierung*.

Aufzeichnungsverfahren
recording modes

Das AUI dient der *Verbindung* von PLS, physical signalling, in der *DTE* und *MAU*, medium attachment unit, und besteht aus dem *Kabel*, den Steckverbindungen und den notwendigen Leitungstreibern. Das AUI repräsentiert die *Schnittstelle* zwischen dem PLS des *DTE* (data

AUI
attachment unit interface

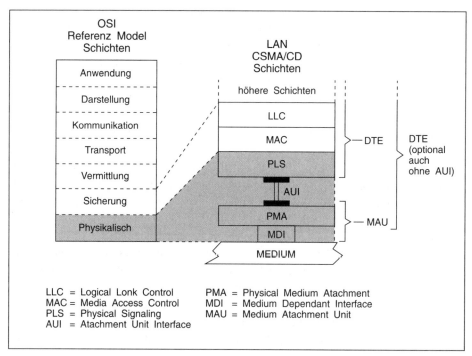

A

terminal equipment, *Endgerät*) und dem *MAU* (medium access unit), sofern das *MAU* nicht DTE-integriert ist. Es bietet dem *DTE* eine einheitliche, medienunabhängige Sicht der *MAU* an, d.h. LLC-, MAC- und PLS-Protokolle können ohne Änderung zusammen mit Basisband-Koax-, Breitband-Koax- und Basisband-Glasfaser-MAUs eingesetzt werden.

Die AUI abstrahiert also von den physikalischen Eigenschaften des Übertragungsmediums und der Übertragungstechnik und stellt dem *Controller* eine einheitliche *Schnittstelle* zur Verfügung. Die Länge des AUI-Transceiverkabels (Entfernung zwischen *DTE* und *MAU*) z.B. kann bei *Ethernet* maximal 50 m betragen.

Auseinandersetzung
contention

Auseinandersetzung bezeichnet in der *Datenkommunikation* eine Situation, bei der mehrere Endgeräte einen gemeinsamen *Kanal* gleichzeitig benutzen wollen (*Konkurrenzbetrieb*).

Ausfallzeit
downtime

Damit ist die Zeit gemeint, während der ein Computer oder ein *Netzwerk* für den Benutzer wegen eines Fehlers nicht zur Verfügung steht. Die Verfügbarkeit wird bestimmt durch die Faktoren *MTBF* (meantime between failure: Mittlere Zeitspanne, die zwischen dem Auftreten zweier Fehler verrinnt) und MTTR (meantime to repair: Dauer der Störungsbeseitigung). Eine hohe Verfügbarkeit resultiert aus einer möglichst großen *MTBF* und einer möglichst kleinen MTTR.

Ausgabegeräte
output devices

Einrichtung zur Datenausgabe aus einer *Datenverarbeitungsanlage*.

Auslöschung durch Interferenz
destructive interference

Ein vor allem an metallischen Leitungen, insbesondere Koaxialkabeln, beobachtbares Phänomen. Wenn z.B. an einem Ende des Kabels kein Abschlußwiderstand vorhanden ist, werden die Signale am Ende des Kabels reflektiert und interferieren mit den entgegenkommenden *Signal*. Dabei kann es zur Verstümmelung bis zur Unkenntlichkeit oder zur zeitweisen totalen Auslöschung des Signals kommen. Das gleiche geschieht bei einem Kurzschluß im *Kabel*, wenn auch unter anderen Phasenbedingungen.

Dies ist der Grund dafür, daß Ethernet-Koaxialkabelsegmente an beiden Seiten mit einem solchen Abschlußwiderstand versehen werden müssen, der hier "Terminator" heißt. Grundsätzlich bezeichnet

A

man bei Leitungen den für die Vermeidung reflektierter Wellenzüge erforderlichen Abschlußwiderstand auch als Abschlußimpedanz. Diese *Impedanz* ist ein wichtiger Wert für das gesamte *Übertragungssystem* und wird in Ohm angegeben. Typische Impedanzen sind 50 Ohm oder 75 Ohm für *Koaxialkabel*, 100 Ohm oder 120 Ohm für UTP und 150 Ohm für STP-Kabel. Schließt man eine Übertragungseinrichtung mit falscher *Impedanz* an ein *Kabel* an, so wird die Leistung des gesamten System wesentlich schlechter als bei impedanzrichtigem Abschluß.

Innerhalb des Verbindungssteuerungsverfahrens ein Vorgang, durch den eine *Datenverbindung* getrennt und der Zustand "Bereit" hergestellt wird.

Auslösung
clearing

Kabel, deren Spezifikationen so ausgelegt sind, daß alle Anforderungen, die eine Außenverlegung mit sich bringt, erfüllt werden. Dies sind u.a. Feuchtigkeitsbeständigkeit, mechanische Stabilität, Resistenz gegen Nagetierfraß u.a.

Außenkabel
outdoor cable

Die Echtheit, Zuverlässigkeit, Glaubwürdigkeit einer Mitteilung. Sie ist in vielen Fällen nach heutiger Rechtsauffassung nur bei originaler Mitteilung, z.B. Direktkommunikation oder als Schriftgut mit originaler Unterschrift der zur Abgabe von schriftlichen Willenserklärungen autorisierten Personen, gewährleistet; in einigen Fällen schreibt das Gesetz zur Sicherung der Authentizität notarielle Beglaubigung, Beurteilung oder Beurkundung vor.

Authentizität
authenticity

Siehe *AFI*.

authority and format identification

Teil des Gebietes der Namenshierarchie, für den ein einzelner name server zuständig ist.

authority zone

Einstellung an einem Rechner oder Netzzugang, der sich automatisch (oder halbautomatisch: z.B. bei Unix-Rechnern durch Durchprobieren mehrerer Möglichkeiten) auf die am Terminal eingestellte Geschwindigkeit (Baudrate) einstellt.

Autobaud

A

Autonomes System
autonomous system

Eine Ansammlung von Gateways und Netzwerken, die einer einzigen *Instanz* unterstehen und eng zusammenarbeiten, um Erreichbarkeit und Routing-Informationen unter ihnen zu fördern, indem sie ein internes Gateway-Protokoll ihrer Wahl benutzen. Gateways innerhalb eines autonomen Systems haben einen hohen Grad von Verläßlichkeit. Bevor zwei autonome Systeme kommunizieren können, sendet ein *Gateway* in jedem System Erreichbarkeitsinformationen zu einem *Gateway* in dem anderen System.

autoparity

Einstellung an einem Rechner oder Netzzugang, der sich automatisch (oder halbautomatisch: z.B. bei Unix-Rechnern durch Durchprobieren mehrerer Möglichkeiten) auf die am Terminal eingestellte *Parität* (parity) einstellt.

AVD
alternate voice/data

Auf AVD-Leitungen können Sprach- und Datensignale übertragen werden. Zunächst werden dazu Leitungen benutzt, die für analoge *Übertragung* mit einer Geschwindigkeit von 9600 bit/s konzipiert wurden.

Danach wurden auch Satellitenstrecken mit 56 kbit/s in Betrieb genommen. Ein einheitliches System wird mit *ISDN* erwartet.

AVL

Automatische Ortung von Fahrzeugen vom Satelliten aus. AVL steht für automatic vehicle location.

AWD
auto call device

Die automatische Wähleinrichtung ist eine Funktionseinheit der *Datenübertragungseinrichtung*. Sie dient zur Annahme und Weitergabe der Wählzeichenfolge. Sie stellt automatisch eine *Wählverbindung* der Gruppe 1 oder 3 her, wenn die *Datenendeinrichtung* (DEE) sie über die entsprechende zusätzliche *Schnittstelle* anstößt und die Rufnummer liefert (CCITT-Empfehlung V.25).

In neueren Modems ist häufig eine automatische Wähleinrichtung nach CCITT-Empfehlung V.25bis fest integriert. In diesem Fall ist keine zusätzliche *Schnittstelle* erforderlich, der Verbindungsaufbau wird über die Datenschnittstelle gesteuert.

AWG
american wire gauge

Amerikanisches Eichmaß für *Kabel*.

AX.25 Von Radioamateuren entwickeltes Paket-Radio-Netzwerk. Das System wurde von der ARRL (American Radio Relay League) genormt und bezieht sich auf das *X*.25-Protokoll der *CCITT*.

B

B-ISDN
broadband ISDN

Breitband-ISDN ist der großangelegte Versuch, anstelle der Vielzahl von existierenden Netzwerken ein weltweit einheitlich aufgebautes *Hochgeschwindigkeitsnetz*, für die verschiedenen Anwendungen zu schaffen. Dieses neu zu schaffende, universelle *Netzwerk* soll in der Lage sein, zum einen die Funktionen der heute existierenden Sprach- Daten- und Fernsehnetzwerke zu übernehmen, und zum anderen

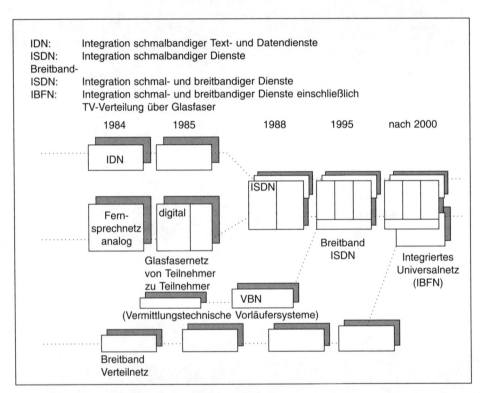

genügend Spielraum für die Umsetzung zukünftiger Kommunikationstechnologien zur Verfügung zu stellen. Dabei wird an eine Vielzahl von Breitbanddiensten gedacht; u.a an Bildfernsprechen, Arbeitsplatz- und Studio-Bildkonferenzen, Multimediatechnik, Fernsehprogrammverteilung und Breitband-Kabeltext. Das Breitband-ISDN hat Übertragungsgeschwindigkeiten bis 140 Mbit/s.

Die Standardisierung für dieses universelle *Netzwerk* der Zukunft wurde vom *CCITT* 1990 unter der Bezeichnung B-ISDN begonnen.

B

Weltweit sind in der Zwischenzeit großangelegte Pilotversuche angelaufen, und alles deutet darauf hin, daß mit B-ISDN in wenigen Jahren durch die Realisierung eines universellen und außerordentlich leistungsfähigen Netzwerkes ein neuer Abschnitt des Informationszeitalters beginnen wird.
Eine der wesentlichen Übertragungstechniken für B-ISDN ist *ATM*.

B-Netz

Zweites Mobilfunktelefonnetz in der Bundesrepublik Deutschland ab 1972. Ebenso wie das *A-Netz* wird das B-Netz im 160 MHz-Bereich betrieben. Im Gegensatz zum *A-Netz* werden die Verbindungen im Selbstwählverkehr hergestellt. Im B-Netz waren 39 Duplex-Kanäle mit einem Kanalabstand von 20 kHz verfügbar. Die Signalisierung als auch die Sprachübertragung sind analog. Das B-Netz ist nicht zellular aufgebaut; ein hand-over, wie in modernen zellulären Mobilfunknetzen, war im B-Netz noch nicht möglich, d.h., der Anrufer, der eine Mobilstation erreichen wollte, mußte wissen, wo sich der Teilnehmer befand. Wegen der 1980 vorgenommenen Änderungen wurde das B-Netz ab 1980 B1-Netz genannt. Im Jahre 1980 wurde das B-Netz um weitere Sprachkanäle auf insgesamt 76 Duplex-Kanäle erweitert. Das neue Mobiltelefonnetz führt die Bezeichnung B2-Netz.

Backbone

Bei größeren Vernetzungen mit mehreren gleichen oder unterschiedlichen Netzstrukturen ist unter Umständen eine gesonderte Infrastruktur zum Informationsaustausch zwischen den Netzen und Systemen zu schaffen. Das Backbone-Netz bildet eine solche Infrastruktur. Es ist ein Hochleistungsnetz magistralen Charakters (Hauptnetz), das den Anschluss einer Vielzahl von territorial verteilten Endgeräten, Endgeräte-Clustern oder lokalen Subnetzen erlaubt, wie Lokalen Netzen, Nebenstellenanlagen und Terminalnetzen, und diese Netze und Systeme untereinander verbindet. Bedingt durch die vielen Kombinationsmöglichkeiten, die die Grundstruktur zuläßt, kristallisieren sich in der Backbone-Technologie verschiedene Einsatzgebiete im Inhouse-Bereich, bei den Paketvermittlungsnetzen, im regionalen Bereich (*MAN*) sowie im Weitverkehrsbereich heraus.
Ein Backbone hat üblicherweise eine höhere Übertragungskapazität als die an ihm angeschlossenen Netze. Ein Backbone sollte in der Lage sein, isochrone und anisochrone Informationsübertragung zu realisie-

B

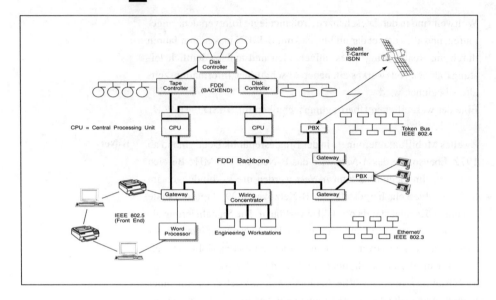

ren, um keinen Verkersstrom zu benachteiligen. Wichtige Backbones im Lokalen Bereich sind der 16 Mbit/s *Token* Ring, *FDDI* oder IBM's Orbit sowie lokales *ATM*. Im Fernbereich ist ebenfalls *ATM* ideal. Die Leistungsfähigkeit eines Backbones wird insbesondere von den Zugangsrechnern und deren Protokollumsetzung mitbestimmt.

Backplane Bezeichnung für den internen Bus einer Rechenanlage, der die Möglichkeit freizügiger Konfiguration mit einsteckbaren Zusatzmodulen bietet. Im Rahmen der Kommunikationstechnik vor allem bei großen Hubs, Routern oder Super Servern verwendet. Ein Hub-Backplane implementiert die logische und physische Zusammenschaltung der Einsteckmodule, die ihrerseits Segmente oder Subsysteme eines spezifischen LAN-Typs bilden. Man unterscheidet zwischen speziellen Backplanes und Backplanes in Systembustechnik.

Ein multifunktionaler unternehmensweiter *Hub* implementiert auch unterschiedliche Netzwerktechnologien. Ein Backplane muß demnach gegebenenfalls unter verschiedenen Aspekten aufgeteilt werden. Die aufwendigste Lösung ist, für jede der implementierten Technologien einen eigenen Backplane vorzusehen. Bei Super Servern verteilt der Backplane die vielfältigen ankommenden Service-Anfragen auf die Menge der Anwendungs- und Datei-Server.

B

Backup

Um sich gegen den zufälligen Verlust einer *Datei* auf einem magnetischen Träger, z.B. Festplatte, Floppy Disk oder Band abzusichern, werden Kopien entweder auf der gleichen Art Träger oder auf anderen angefertigt. Während bei Disketten die 1:1-Kopie auf eine andere üblich ist, werden möglicherweise Festplatteninhalte auf Band, einen sogenannten streamer, übernommen.

backward learning

Begriff aus den Routingverfahren. Bei den vielen verschiedenen Routingverfahren unterscheidet man adaptive und nicht-adaptive. Die nicht-adaptiven geben starr einen *Leitweg* vor, ohne Rücksicht auf Verkehrsdichte, Staus oder Störungen. Das backward learning gehört zu den adaptiven, den isoliert adaptiven Routing-Algorithmen, allerdings zu den einfachsten. Die Informationen über die Verkehrslage werden nicht direkt gewonnen, sondern durch Auswertung der Erfahrungen des rückfließenden Verkehrs.

Balun
balanced/unbalanced

Balun ist ein Kunstwort aus balanced und unbalanced. Baluns werden im *IBM-Verkabelungssystem* (IVS) eingesetzt und dienen der Anpassung von Datenstationen, die noch für andere Übertragungsmedien ausgelegt sind, an *Token* Ring-Netze. Baluns beinhalten in der Regel einfache Kleinsttransformatoren, die die Umsetzung von symmetrischen auf unsymmetrische *Kabel* erlauben. Die Baluns sind farbig codiert; ein roter Balun dient beispielsweise zur Anpassung von 3270-Terminals, ein grüner auf 5520-Endgeräte.

Bandbreite
bandwidth

Der Frequenzbereich, in dem elektrische Signale mit einem Amplitudenabfall von bis zu 3 *dB* übertragen werden. Je größer die Bandbreite, desto mehr Informationen können theoretisch in einer Zeiteinheit übertragen werden. In der Kommunikationstechnik wird mit der Bandbreite angegeben, welcher Frequenzbereich auf einem Übertragungsweg übertragen werden kann. Bei der Datenübertragung hängt die erreichbare Übertragungskapazität von der Bandbreite des Netzwerkes der verwendeten *Codierung* und weiteren Bedingungen ab.

Bandbreiten-Längenprodukt
bandwidth length

Im Gegensatz zu anderen Übertragungsmedien ist bei einem *Lichtwellenleiter* die *Bandbreite* in linearem Maße umgekehrt proportional zu seiner Länge, d.h., das Produkt aus *Bandbreite* und Länge ist konstant.

B

bandsplitter — Ein *Multiplexer*, der die verfügbare *Bandbreite* eines Kanals in verschiedene, voneinander unabhängige Teilbereiche aufteilt.

BASIC
beginners all-purpose symbolic instructi — Die am weitesten verbreitete, einfach erlernbare, höhere *Programmiersprache*, mit der nahezu alle Personal Computer arbeiten können. BASIC ist zwar auch compilierbar, aber vom Konzept her im Gegensatz zu den meisten Computerhochsprachen eine der wenigen Interpretersprachen. Das bedeutet, daß jeder einzelne *Befehl* einzeln in eine Reihe von Assembler-Befehlen umgewandelt wird, auch wenn das nicht sinnvoll ist. Dadurch wird die Verarbeitung sehr langsam und ist für größere Programme nicht geeignet. BASIC hat eine Unzahl von "Dialekten", also gegenseitig voneinander abweichende Befehlssätze, was die Portabiliät (Übertragbarkeit) mitunter schwierig macht. BASIC wurde ursprünglich 1965 am Dartmouth College als Lehr- und Lernsprache konzipiert, was seine leichte Änderbarkeit und Erweiterbarkeit erklärt.

Basisanschluß
basic access — Siehe *ISDN-Schnittstellen*.

Basisband
baseband — Basisbandsysteme bieten nur einen *Kanal* an, der logisch auf die verschiedenen Bedarfe zugeschnitten weden muß. Die digitalen Signale werden direkt in Form von Impulsen in das *Kabel* eingespeist und belegen die gesamte *Bandbreite* des Kabels, oder einen Teil davon, wobei der andere Teil nicht mehr für andere *Dienste* nutzbar ist. Gegensatz: Breitband.

Basisbandgerät
baseband equipment — Datenübertragungsgerät, das die Datensignale umcodiert, jedoch nicht, wie bei Modems üblich, auf eine *Trägerfrequenz* moduliert. Zum Einsatz kommen Basisbandgeräte vorwiegend bei digitalen Anschlüssen im öffentlichen Telekommunikationsnetz und auf kurzen Leitungen im Haus oder auf dem Grundstück.

Basisbandnetz
baseband LAN — Das Basisbandnetz ist heute der dominierende Netztyp. Dank der immer billiger werdenden Basisband-Hochgeschwindigkeitstechnologie haben Breitbandnetze kaum Bedeutung mehr. Lokale Netze wie *Ethernet*, *Token* Ring, *Token* Bus oder *FDDI* basieren auf Basisbandtechnik. Die Übertragungsgeschwindigkeiten reichen von 1, 5,

10 und 20 Mbit/s auf *Koaxialkabel* in Bustopologie mit *CSMA*/CD-Zugriff inzwischen bis 100 Mbit/s auf *UTP*, am Beispiel von *FDDI* und 100Base-VG.

Basisfestanschluß

Festanschluß mit digitalem *Anschaltepunkt* für digitale Festverbindungen der Gruppe 2.

Basiszugriffs-verfahren

Siehe *BTAM*.

Batch-Betrieb
batch processing

Die Datenübertragung ist richtungsorientiert, sie wird als Punkt-zu-Punkt-Übertragung bezeichnet. Größere Datenmengen werden von einer *Datenstation Block* für *Block* zu einer anderen transferiert. Typische Anwendungen dafür sind Datei-Transfer und remote-job-entry-Betrieb (*RJE*).

Baud
baud

Die Einheit der *Schrittgeschwindigkeit* bei der Datenübertragung. Unter einem *Schritt* versteht man dabei ein *Signal* von festgelegter Dauer, z.B. 1 Bit, 1 *Zeichen*. Die Geschwindigkeit ist die Anzahl der diskreten Zustände oder Signalereignisse pro Sekunde. Wenn jedes Signalereignis nur ein einziges Bit repräsentiert, ist die Baudrate gleich der Anzahl Bit pro Sekunde (bps oder bit/s).

Baudot-Code
baudot code

Datenübertragungscode, bei dem jeweils fünf Bit ein *Zeichen* repräsentieren. Durch die Möglichkeit der Buchstaben-/Ziffer-Umschaltung können 64 alphanumerische *Zeichen* dargestellt werden. Manche Systeme fügen ein Start- oder *Stopbit* hinzu. Der *Code* wurde 1871 von Baudot entwickelt und wird heute noch bei *Telex* verwendet.

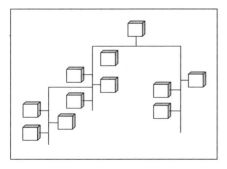

Baumstruktur
tree

Die Baumstruktur ist dadurch gekennzeichnet, daß ausgehend von einer *Wurzel* eine Menge von Verzweigungen zu weiteren *Knoten* existiert, die bis auf die letzte Stufe ("Blätter") wiederum die gleiche

B

grundsätzliche Struktur mit weiteren Verzweigungen aufbauen. Die Baumstruktur ist wegen der strukturellen Äquivalenz ihrer Teile und der Rekursivität der Gesamtstruktur in der Informationsübertragung besonders beliebt, z.B. für die Organisation von größeren diskreten Mengen. In der Kommunikationstechnik gibt es sowohl logische Baumstrukturen (Spanning Tree *Algorithmus*) als auch physikalische. Frühere Breitbandnetze hatten eine Baumstruuktur, weil man an der *Wurzel* einen zentralen Umsetzer/Verstärker anbringen konnte. Modulare moderne Netze, basierend auf einer strukturierten Verkabelung mit einer Hub-Hierarchie, haben ebenfalls eine Baumstruktur.

BCC
block check character

Kontrollzeichen, das an Datenblöcke von zeichenorientierten Protokollen angehängt wird. Damit wird festgestellt, ob der übertragene *Datenblock* fehlerhaft ist. BCC wird für die zyklische Blockprüfung verwendet.

BCD
binary coded decimal

Das binär codierte Dezimalsystem arbeitet mit 4 Bit, wodurch ein Zahlenbereich von 0 bis 15 darstellbar ist. (Zur Darstellung der Basis 10 des Dezimalsystems). Erweiterter BCD-Code: EBCDIC.

BCPL

Vorgängerin der häufig mit *Unix* zusammen verwendeten *Programmiersprache "C"*. BCLP steht für binary coded programming language.

bearer service

Besonders in bezug auf *ISDN* können verschiedene Bitraten oder Bandbreiten zwischen den Endpunkten einer *Verbindung* vereinbart werden, "bearer service" genannt.

BEB

Siehe binary exponential backoff.

Befehl
command

Ein Befehl ist der elementarste Teil eines Programms, der von technischem Gerät oder System erfaßt und selbsttätig in genau festgelegte maschinelle Vorgänge umgesetzt wird.

Nach *DIN* 44 300 ist ein Befehl eine auf eine Funktionseinheit bezogene, elementare *Anweisung*, die von dieser Funktionseinheit unmittelbar oder nach ihrer *Codierung* und Speicherung mittelbar ausgeführt werden kann.

B

Begrenzer
delimiter

Ein Flag oder *Zeichen*, das benutzt wird, um einzelne *Daten* aus organisatorischen Gründen voneinander zu trennen. Die wohl am häufigsten vorkommende *Anwendung* von Begrenzern ist die bei frames im connectionless service, bei dem ein start *delimiter* den Beginn einer Dateneinheit signalisiert und ein end *delimiter* den Abschluß. Ebenso beim Token-Verfahren (*Token* Ring und *Token* Bus), bei dem *Zieladresse*, Quelladresse, *Daten* und die *Prüfsumme* von start- und enddelimiter eingeschlossen sind. Gelegentlich folgt dem end *delimiter* noch ein zur Dateneinheit gehörendes *Byte*, z.B. der frame status (*Token* Ring), oder dem startdelimiter gehen Synchronisierimpulse in Form von abwechselnden binären Nullen und Einsen, die Präambel, vorauf (*Ethernet*).

Begrenzer sind außerdem elektronische Schaltungen, die Amplituden abschneiden, die eine bestimmte Höhe überschreiten. Hauptanwendungsfälle sind der Schutz von Geräteeingängen vor zu hohen Spannungen und die Begrenzung von FM-Signalen zur Vermeidung von AM-Komponenten.

Benchmark

Maßstab zum Vergleich der Leistungsfähigkeit verschiedener Datenverarbeitungsanlagen.

Um ihre Vergleichbarkeit nicht auf die Gegenüberstellung rein technischer Leistungsangaben zu beschränken, wird durch Benchmark-Verfahren die Durchlaufzeit von mehreren Jobs, speziell in der Simultanverarbeitung, gemessen und beurteilt. Unter Benchmark-Tests versteht man Vergleichstests, mit denen die Leistung von Geräten unter Anwendungs- und Grenzbedingungen mit Hilfe eines Bewertungsprogramms getestet werden.

Benutzer-Netz-schnittstelle
user network interface

Standardisierte *Schnittstelle* zwischen einer *ISDN-Endeinrichtung* bzw. Endgeräteanpassung und dem Netzanschluß. Sie kann sowohl am S- als auch am T-Bezugspunkt der (ISDN-)*Bezugskonfiguration* realisiert sein.

Benutzer-Protokoll
user protocol

Das Benutzer-Protokoll enthält alle Regeln und Vorschriften, die eine zwischen zwei oder mehr Benutzern vereinbarte Prozedur beschreiben. Die Beschreibung bezieht sich vornehmlich auf die Benutzerschnittstelle.

B

Benutzergruppe geschlossene
closed user group

Eine Gruppe von bestimmten Ports, von denen jeder zu einem anderen Port innerhalb derselben Gruppe eine *Verbindung* herstellen kann. Die Ports einer geschlossenen Benutzergruppe sind von keinem anderen Port her zugänglich.

Benutzerklasse
user class of service

Festlegung der Eigenschaften eine *Datenverbindung* nach Übertragungsart, -geschwindigkeit und *Steuerzeichen* durch das *CCITT*. Nach der CCITT-Empfehlung X.1 werden elf Benutzerklassen für *Dienste* in öffentlichen Datennetzen unterschieden deren Schnittstellen genormt sind. Eine *Kommunikation* zwischen Teilnehmern unterschiedlicher Benutzerklassen ist durch entsprechende Einrichtungen des Netzes für bestimmte Benutzerklassen möglich.

Im Zusammenhang mit Netzen kommt es darauf an, die durch das Netz bzw. die *Server* bereitgestellten Funktionen und logischen Geräte möglichst komfortabel nutzen zu können. Davon werden sie in die Oberflächen integriert, was besonders bei objektorientierten Oberflächen wie sie z.B. in OS/2 oder *Unix* vorkommen, besonders elegant ist. Die sogenannte X-Windows Oberfläche (*X*.11) im Unix-Bereich virtualisiert die Netzwerk-Betriebsmittel vollständig. Andere, im PC-Bereich verwendete Oberflächen, tun dies nur teilweise.

Benutzeroberfläche
user surface

Art und Weise, wie Befehle und *Daten* in den Computer, bzw. über den Computer in das Netz eingegeben werden können. Während früher die Bedienung durch Eingabe von Tastenkombinationen erfolgte, die entweder mühsam gelernt, oder aus langen Tabellen abgelesen werden mußten, wird heute die Auswahl von Befehlen aus Abrollmenüs (roll down menues) von der Titelleiste her oder durch Zeigen mit dem Abrollgerät (Maus) auf Piktogramme, die in Fenstern angeordnet sein können, durchgeführt. Die heutigen Benutzeroberflächen so gestaltet, daß situationsbedingt unsinnige Befehle nicht ausgeführt werden, bzw. gar nicht erst angeboten werden.

Benutzerrechte
user rights

Privilegien, die vergeben bzw. nicht vergeben werden, um die Art und Weise exakt festzulegen, in der ein Anwender ein System benutzt.

Benutzungserlaubnis

Genehmigung der DBP Telekom, eine bestimmte Telekommunikationsdienstleistung zu nutzen und gegebenenfalls die erforderlichen privaten Einrichtungen anzuschließen; frühere Bezeichnung: Anschließungsgenehmigung.

BER
bit error rate

Siehe *Bitfehlerrate*.

Ein Bezug zu einer nicht genormten Broadcast-Adresse, bei der im Host-Bereich alle Einsen durch Nullen ersetzt sind. Der Name für diese Technik entstand wegen der Einführung und Ausbreitung durch Berkeleys BSD *Unix*.

Berkeley broadcast

Berkom ist ein Glasfasernetz in Berlin zur Entwicklung von Breitbandanwendungen und zur Unterstützung des vermittelnden Breitbandnetzes *VBN*. In dem Berliner Kommunikatiionsprojekt werden auch die ersten Vermittlungseinrichtungen in ATM-Technik getestet, die für das zukünftige Breitband-ISDN eine wichtige Funktion übernehmen.

BERKOM

BERT
bit error rate test

Siehe Bitfehlerratentest.

Die auf der Oberfläche des transparenten Mantels einer *Glasfaser* direkt aufgebrachte Kunststoffschicht.

Beschichtung
coating

Bezeichnung für Netzwerktechnologien, die keine Datensicherungsmechanismen in der Schicht 2 haben. Wörtlich übersetzt heißt best effort delivery Auslieferung nach bestem Bemühen. In TCP/IP-Internets funktioniert diese Technik trotzdem zufriedenstellend, weil das *Internet Protokoll* (*IP*) davon ausgeht, daß das zugrundeliegende Netz eine nicht gesicherte *Verbindung* verbindungslos zur Verfügung stellt. Das *Internet-Protokoll* (*IP*) zusammen mit dem user datagram protocol (*UDP*) stellt einen best effort delivery service für Anwenderprogramme bereit.

best effort delivery

Nicht alle Kommunikationsanforderungen müssen bestätigt sein, vor allem dann nicht, wenn eine *Datenverbindung* bereits besteht oder abgebaut werden soll: in diesen Fällen genügen Anforderung (*request*) und Anzeige (indicaton). Man spricht dann von einer unbestätigten Anforderung (unconfirmed).

bestätigt/unbestätigt
confirmed/unconfirmed

241

B

Bestätigung Die Bestätigung gehört zu den Dienstelementen, auch Dienst-Primi-
confirmation tive genannt, der Schichten des OSI-Referenzmodells. Zum Aufbau

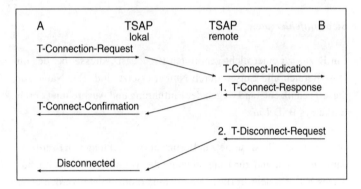

einer Datenkommunikationsverbindung ist zunächst eine Anforderung (*request*) vonnöten. Diese wird dem Zielteilnehmer angezeigt (indication). Der antwortet darauf mit Zustimmung oder Ablehnung (response) und gibt daraufhin eine Bestätigung (confirm).

Betriebsbereitschaft Ein *Kontrollsignal*, das die Betriebsbereitschaft des TAP-Ports an-
data set ready zeigt.

Betriebsfunk Einseitige Funkkommunikation (simplex) für Handel, Industrie und Behörden innerhalb des nichtöffentlichen mobilen Landfunks (nömL).

Betriebssystem Ein Betriebssystem ist eine Menge von systemnahen Programmen
operating system oder Modulen, die es erst ermöglichen, eine Rechenanlage in komfortabler Weise zu benutzen. Ein modernes Betriebssystem ist modular aufgebaut und in Schichten strukturiert. Die unterste Schicht ist eine Menge von Anpassungsmodulen für die *Hardware* und wird oft als hardware abstraction layer (HAL) bezeichnet. Auf die HAL setzt bei modernen Betriebssystemen der sogenannte Kern auf, der

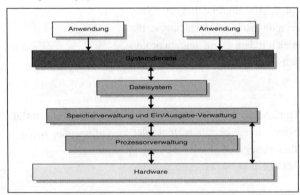

die Grundfunktionen des Betriebssystems realisiert, wie z.B. eine grundsätzliche Prozessorverwaltung, Speicherverwaltung usf. Der Kern ist meist in Assemblersprache abgefaßt. Auf den Funktionen des Kerns setzen dann Module für die *Implementierung* der anwendungsorientierten *Dienste* auf. Sie stellen komfortable Schnittstellen (APIs) für die nächste Schicht bereit. So wird z.b. das Multicasting, die virtuelle Speicherverwaltung samt Paging und sonstigen Verfahren und die logische Steuerung der peripheren Geräte einschließlich Netzwerk-Adapter und Protokollstacks hier implementiert. Die äußere Schicht des Betriebssystems bilden die sogenanten Benutzermodule bzw. Systemdienste wie die Betriebssystem-Oberfläche oder die Module mit Laufzeitumgebungen für Anwendungsprogramme. Die saubersten Konstruktionen für Betriebssysteme findet man heute bei UnixWare sowie bei Windows NT. Ein modernes Betriebssystem bietet:

- Mehrprogrammbetrieb (*Multitasking*),
- Mehrbenutzerbetrieb (Multi-User),
- Virtualisierung aller Ressourcen,
- virtuelle Speicherverwaltung,
- graphische *Benutzeroberfläche* und
- integrierte Netzwerkdienste.

Für verteilte Betriebssysteme ist immer ein *Rechnernetz* Voraussetzung. Im Gegensatz zu Netzbetriebssystemen, die auf dem Vorhandensein von Betriebssystemen in jedem am Netz angeschlossenen Computer aufbauen, gibt es für Computer und Netze nur ein *Betriebssystem*, das für alle Abläufe zuständig ist. Dabei ist das System für den Benutzer *transparent*. Er weiß nicht, daß die von ihm in Anspruch genommenen *Dienste* über mehrere Computer verteilt sind; er weiß auch nicht, welcher *Dienst* auf welchem Computer abläuft. Selbstverständlich muß ein Betriebssystemkern in jedem *Knoten* vorhanden sein, der die Dialogfahigkeit mit dem Benutzer und den Netzzugriff sichert.

Betriebssystem verteiltes

Für die physikalische Anordnung von Datenverbindungen und den logischen Informationsfluß darüber, bestehen in Abhängigkeit von den Übertragungssystemen und den gewünschten Anwendungen ver-

Betriebsverfahren
operating method

schiedene Betriebsweisen, aus denen sich folgende Konfigurationsmöglichkeiten ableiten lassen: simplex, halbduplex, echoplex und duplex.

Bei simplex können *Daten* nur in einer Richtung übertragen werden. Ein typisches Beispiel dafür ist die elektronisch gesteuerte Anzeigentafel.

Bei halbduplex können *Daten* nur abwechselnd in den beiden Richtungen übertragen werden. Zu einem bestimmten Zeitpunkt laufen Informationen entweder von der Daten-Quelle zur -Senke oder umgekehrt.

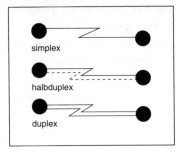

Echoplex bezeichnet die Betriebsweise der asynchronen Übertragungsverfahren. *Daten* werden von der Empfangsstation (meist dem zentralen Rechner) an die Sendestation zurückgespiegelt (Eingabeterminal), wodurch eine einfache Kontrolle der fehlerfreien *Übertragung* möglich ist. Ein eingegebenes *Zeichen* wird also erst dann auf dem *Bildschirm* dargestellt, wenn es vom *Host* gespiegelt worden ist. *Echoplex* ist eine Spezialform des Duplex-Betriebes.

Bei duplex können *Daten* gleichzeitig in beide Richtungen übertragen werden. Duplex-Betrieb ist nur mit dafür geeigneten Übertragungsprotokollen möglich, z.B. mit *HDLC*.

Beugung
difraction

Nach dem Huygensschen Prinzip (1690) wird jedes von einer Wellenbewegung ergriffene Massenteilchen der Ausgangspunkt einer neuen Kugelwelle. Deren *Überlagerung* (*Interferenz*) ergibt entweder die normale geradlinige Wellenausbreitung oder hinter einer Öffnung oder einem Hindernis die Erscheinung der Beugung.

Bewehrung
amoring

Kabelschutz gegen harte mechanische Beanspruchung. Bei elektrischen Kabeln besteht dieser Schutz häufig aus Stahldrähten. Obwohl dies auch bei Lichtwellenleiterkabeln möglich ist, verzichtet man zugunsten von Kunststoffbewehrungen darauf, um auch vor jeglichen elektrischen Alterationen sicher zu sein.

B

Symbolischer Name, zur Bezeichnung einer *Adresse*.

Bezeichner
identifier

Eine international festgelegte Zusammenfassung von Funktionen zu Funktionsgruppen mit dazwischenliegenden Bezugspunkten, die der Beschreibung dienen.

Bezugskonfiguration
reference configuration

Ein definierter Punkt, der zwei Funktionsgruppen gegeneinander abgrenzt. Am benutzerseitigen Ende der Anschlußleitung sind (beim ISDN-Anschluß) die Bezugspunkte R, S und T festgelegt. Am Ort eines Bezugspunktes kann eine *Schnittstelle* festgelegt sein.

Bezugspunkt
reference point

Siehe bikonischer Taperkoppler.

Bi-Taper
bitaper

In dieser Betriebsart können bei der Datenübertragung Signale in beiden Richtungen fließen. Ein Teilnehmer kann also sowohl Sender als auch *Empfänger* sein.

bidirektional

Wegen der Reflektionen und der unterschiedlichen Brechzahl zwischen Lichtwellenleiterkern und dessen (transparentem) Mantel, können bei einem gebogenen *Lichtwellenleiter* nach Entfernen der *Beschichtung* Strahlen zentrifugal austreten oder aufgefangen werden. Soll die Auskopplung permanent erfolgen, wird die zu biegende Faser und die Anschlußfaser bis auf den Kern abgeschliffen und miteinander verklebt. Auf die gleiche Weise ist auch eine Einkopplung möglich. Dadurch wird die Meinung, Glasfaserleitungen seien resistent gegen passive Angriffe zumindest stark relativiert.

Biegekoppler

Beim adaptiven Routing kann es zur Beschleunigung des Datentransports sinnvoll sein, zwei verschiedene Leitwege zu bestimmen, über die die Datenpakete *parallel* transportiert werden. Da die einzelnen Datenpakete Folgenummern (sequence numbers) tragen, ist das Zusammenfügen am Empfangsort unproblematisch, auch wenn sie in unterschiedlicher Reihenfolge dort eintreffen.

bifurcated routing

Ein *Format* für die *Übertragung* oder Speicherung binärer *Daten*, in denen das höchstwertige *Byte* (Bit) (most significant byte (bit)/ MSB) an erster Stelle kommt. Die Byteanordnung im normalen TCP/IP-Netzwerk ist big endian. Gegensatz: little endian.

big endian

B

BIGFERN — Bigfern war ein Arbeitsbegriff innerhalb der DBP. In den Jahren zwischen 1982 und 1986 wurden die in sieben Städten der Bundesrepublik Deutschland laufenden Pilotprojekte von Bigfon über Bigfern miteinander verbunden. Inzwischen werden Fernleitungen grundsätzlich glasfaserverkabelt.

BIGFON — Bigfon war ein Systemversuch der DBP. Damit wurden die neuen Möglichkeiten geprüft, die durch die Einführung der *Glasfaserkabel* im Telekommunikationsbereich entstanden sind: die integrierte Nutzung von Telefon, Text- und Datenübertragung, Ton-, Standbild- und Bewegtbildübertragung.

Bikonische Führung — Lichtwellenleitersteckertechnik, die durch konische Führung *Achsenversatz* durch *Exzentrizität* und damit hohe Dämpfungsverluste vermeidet.

Bikonischer Taperkoppler
fused coupler — Zwei Glasfasern werden einige Windungen umeinander gewickelt, dieser Teil wird dann bis fast zur Schmelztemperatur erwärmt und dabei etwas gestreckt. Dieses Verfahren ist auch mit mehr als zwei Glasfasern möglich.

Bildkommunikation
image communication — Bei der Bildkommunikation unterscheidet man zwischen Festbild- und Bewegtbildkommunikation. Mit Festbildkommunikation bezeichnet man die nachrichtentechnische *Übertragung* feststehender Bildvorlagen.

Kennzeichnend für die Festbildkommunikation ist die Auflösung einer Vorlage in Einzelbildpunkte im Sendegerät und die Generierung einer *Abbildung* von der ursprünglichen Vorlage im Empfangsgerät. Der Bildinhalt wird dabei von der Struktur der Bildpunkte bestimmt und liegt als uncodierte *Nachricht* vor, z.B. Telefax.

Bei der Bewegtbildübertragung liegen die Signale oft in analoger Form vor. Je nach Übertragungsmodalität und -weg können die Signale direkt analog übertragen werden oder sie werden zuerst in Digitalsignale gewandelt und anschließend übertragen. Die *Übertragung* erfordert, bedingt durch die ernormen Datenmengen, Breitbandkommunikationssysteme.

B

Optische Anzeige eines Sichtgerätes, um Informationen kurzzeitig sichtbar zu machen. Auf dem Bildschirm lassen sich nicht nur *Zeichen* aus einem vorgegebenen *Zeichenvorrat* (Standard-Zeichensatz), sondern auch aus individuellen Symbolen (grafische *Zeichen*) abbilden. Die Darstellung in Farbe ist möglich. Einzelne *Zeichen* können durch besondere Leuchtkraft, Negativdarstellung (invers) oder durch Blinken betont werden. Der Bildschirm ist meist mit einer Tastatur gekoppelt. Für die direkte Eingabe von Bildschirmanzeigen können Lichtstifte verwendet werden, die durch Berührungen des Bildschirms entsprechende Eingaben auslösen. Die Kopie des gesamten Bildschirminhalts (engl. hardcopy) ist möglich, wenn ein geeignetes Druckaggregat angeschlossen ist. Ein Bildschirm eignet sich besonders für den unmittelbaren *Dialog* zwischen Mensch und Computer. An einen Bildschirm, der an einem Arbeitsplatz eingesetzt wird (Bildschirmarbeitsplatz), sind besondere ergonomische Anforderungen zu stellen, z.B. Blendfreiheit, Flimmerfreiheit und Beweglichkeit (Schwenk- und Neigbarkeit).

Bildschirm
display

Siehe *Btx*.

Bildschirmtext

Binär oder zweiwertig bedeutet, daß ein System jeweils einen von zwei möglichen Zuständen annehmen kann, z.B. ja/nein, Strom/kein Strom, Null/Eins, high/low.

Binär
binary

Ein *Code*, bei dem jedes *Codewort* aus Binärzeichen besteht. Häufig werden Dezimalziffern binärcodiert (sogenannter BCD-Code). Dabei handelt es sich um eine Vorschrift für die Zuordnung von Dezimalziffern zu vierstelligen binären Codewörtern. Ein häufig eingesetzter *Code* ist der ASCII-Code für die Darstellung alphanumerischer *Zeichen*. Beispiele: Dezimalzahl 5 entspricht im BCD-Code einer 0101, Dezimalzahl 12 entspricht im BCD-Code 1100.

Binärcode
binary code

Beispiel: (Binärcode)

Symbolfolge	1	0	1	1	0	0	1	0
Elektrisches Signal								
Symboldauer	T_1	T_0	T_1	T_1	T_0	T_0	T_1	T_0

B

Binärsignal *binary signal*	Ein *Signal*, dessen *Signalparameter* eine *Nachricht* oder *Daten* darstellen, die nur aus Binärzeichen besteht.
Binärsystem *binary system*	Logisches System zur *Codierung* von Zusammenhängen durch Verwendung von nur zwei Unterscheidungsmerkmalen. Das Binärsystem hat fundamentale Bedeutung für die digitale *Datenverarbeitung*: 1. im logischen Bereich als Grundlage für binäre Codes und *Zahlensysteme*, 2. im technischen Bereich als Grundlage für Schaltungen und Speicher.
binary exponential backoff	Stauauflösungsmechanismus im *Ethernet IEEE* 802.3. Bevor im *Ethernet* eine sendewillige Station zu senden beginnt, hört sie das *Kabel* ab, ob nicht gerade eine andere Station Datenverkehr betreibt. Ist das nicht der Fall, beginnt sie zu senden, anderenfalls wartet sie ab, bis das *Kabel* wieder frei ist, und beginnt dann, ihre *Daten* zu übermitteln. Wegen der endlichen Ausbreitungszeit der *Daten* auf dem *Kabel* kann es vorkommen, daß just im selben Moment eine weit entfernte andere Station ebenfalls versucht zu senden. Das wird von beiden Stationen als *Kollision* erkannt, und beide Stationen beenden daraufhin sofort ihre Sendung. Sie versuchen dann ihre Sendung erneut zu beginnen und tun das entweder sofort, oder nach einer slot-time von 51,2 µs (die slot-time errechnet sich aus den im *Ethernet* zugelassenen Maximalkonditionen: 2,5 km Ausdehnung und vier *Repeater*). Dabei kann es wieder zu einer *Kollision* kommen, wenn beide Stationen zufällig die gleiche Wahl treffen. Beim nächsten Versuch wird nun jede der beiden Stationen wieder per Zufallsentscheidung einen neuen Starttermin auswählen, diesmal aber aus vier Möglichkeiten: 0, 1, 2 oder 3 slot-times, also $2^2=4$. Bei einer erneuten *Kollision* sind es dann $2^3=8$ Möglichkeiten, dann 16, 32, 64, 128, 256, 512 und schließlich 1024. Bei jeder Erhöhung der Anzahl der Möglichkeiten sinkt die Wahrscheinlichkeit einer *Kollision*. Nach 1024 wird die Zahl der Möglichkeiten dann nicht mehr erhöht. Nach insgesamt 16 Übertragungsversuchen mit *Kollision* wird mit einer Fehlermeldung abgebrochen.
Bipolarverfahren	Bei diesem im *Basisband* benutzten Übertragunsverfahren wird der zu übertragenden Repräsentation der logischen "0" die Sendeamplitude "0" zugeordnet und der logischen "1" alternierend die Sendeamplitu-

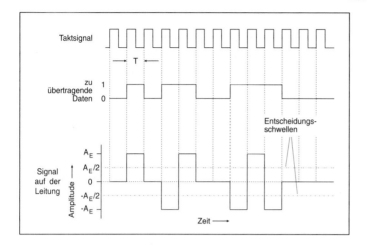

de "+A" und "-A". Zur Rückgewinnung der *Information* im *Empfänger* müssen bei einem Empfangssignal mit den Amplituden 0 bzw. ±A die Entscheidungsschwellen auf dem Wert ±A/2 geregelt werden. Dieses Verfahren beseitigt die Nachteile des Einfachstrom- und des Doppelstromverfahrens bei der *Übertragung* langer "0" bzw. "1"-Folgen.

Ein IBM-Verbindungsprotokoll, das eine definierte Folge von *Steuerzeichen* für die synchronisierte *Übertragung* von binär codierten

Bisync/BSC
binary synchronous communication

B

Daten zwischen Stationen eines Kommunikationssystems benutzt. Die *Daten* werden blockweise (zeichen- oder byteweise) zusammengefaßt, mit Steuer- und Prüfzeichen versehen und im Halbduplex-Betrieb übertragen. In den 60er und 70er Jahren war diese Kommunikationsform der *Standard* der meisten großen IBM-Computer.

bit mode protocol   Zu den bit-orientierten Protokollen gehören u.a. *SDLC, HDLC, LAP B, ADCCP*.

Bit-Füllung   Das bitstuffing ist in Bit-orientierten Protokollen ein Prozeß, bei dem
bit stuffing   beispielsweise ein String von "Einer"-Bits durch ein eingefügtes

```
Zu übertragende Information vor dem Bit-Stuffing
| 0111 1110 | 1000 0000 | 0111 1111 | 0111 1110 | 1001 1000 11111111 | 0111 1110 |
  Start-FLAG   Adresse    Steuerfeld  Datenfeld         FCS             Ende-Flag
                         Bereich des Bit-Stuffing

Zu übertragende Information nach dem Bit-Stuffing
| 0111 1110 | 1000 0000 | 0111 11⁰11 | 0111 11⁰10 | 1001 1000 11111⁰111 | 0111 1110 |
  Start-FLAG   Adresse    Steuerfeld   Datenfeld          FCS              Ende-Flag
```

"Null"-Bit unterbrochen wird, die Sender-Angabe angefügt und die Empfänger-Angabe entfernt wird. Das Hinzufügen von "Null"-Bits wird vorgenommen, um Benutzerdaten zu schützen, die eine Reihe von "Einer"-Bits enthalten und daher als Kontroll-Flag interpretiert werden könnten.

bit-orientiert   Bit-oriented beschreibt eine Eigenschaft eines Kommunikationspro-
bit-oriented   tokolles oder einer *Übertragungsprozedur*, bei der die Kontrollinformation in Feldern von einem oder mehreren Bits codiert sind. Diese Protokolle haben weniger *Overhead* und sind daher effizienter als Zeichen- oder Byte-orientierte Protokolle.

Bitdauer   Die Bitdauer ist die Zeit, die ein Bit benötigt, um einen beliebigen
bit duration   Punkt auf dem *Übertragungsmedium* zu durchlaufen. Bei serieller *Kommunikation* versteht man darunter eine relative Einheit der Zeitmessung, die für den Vergleich von Laufzeitenverwendet wird.

B

Verfälschung eines binären Signalelementes bei der *Übertragung*. Die Wahrscheinlichkeit für diese Verfälschung kann dabei vom ursprünglichen Signalzustand abhängen, d.h., für die Verfälschung von "0" nach "1" kann sie anders sein als für die von "1" nach "0". Ursache für Bitfehler sind z.b. Störungen des übertragenen Signals und zu große Streckendämpfung. Die Auswirkungen dieser Ursachen hängen u.a. vom verwendeten *Code* ab; bei manchen Codes kann ein Codefehler mehrere Bitfehler zur Folge haben.
Bei der Datenübertragung wird durch einen Bitfehler ein *Zeichen* gestört. Um diese Störungen feststellen zu können, werden im allgemeinen Blöcke bestimmter Länge übertragen. Mit Hilfe einer mitübertragenen *Prüfsumme* prüft der *Empfänger* die Richtigkeit der übertragenen *Daten* und kann bei Fehlern die nochmalige *Übertragung* des Blockes anfordern.

Bitfehler
bit error

Verhältnis der Anzahl der binären Signalelemente, die bei der *Übertragung* verfälscht wurden, zur Gesamtzahl der ausgesendeten binären Signalelemente. Eine Bitfehlerhäufigkeit von 1 bedeutet, daß jedes Bit falsch ist. Eine *Fehlerrate* von 6×10^{-6} bedeutet, daß durchschnittlich 6 Bits falsch sein können, wenn 1 Million Bits übertragen werden.

Bitfehlerrate
bit error rate

Ein langsames, billiges *Netzwerk*, das an der New Yorker Universität seinen Ursprung hatte und Verbindungen zu einer Vielzahl von Universitäten hatte, bevor es mit *CSNET* vereinigt wurde, das *CREN* hervorbrachte. BITNET ist in Europa an *EARN* angebunden. Technologisch besteht das Netz hauptsächlich aus IBM-Mainframes, die über 9600 bit/s-Mietleitungen miteinander verbunden sind. Charakteristisch für dieses Netz ist die Verwendung des remote job entry (*RJE*).

BITNET
Because It's Time NETwork

Die Bits eines Zeichens werden gleichzeitig (*parallel*) über verschiedene Leitungen übertragen.

Bitparallel
bit parallel

Eine Folge von Ziffern, die ein *Zeichen* repräsentieren. 1000001 ist zum Beispiel der Bitrahmen für den Buchstaben "a" im *EBCDIC-Code*.

Bitrahmen
bit frame

251

B

Bitrate Die Bitrate wird auch als *Übertragungsgeschwindigkeit*, *Übertra-*
bit rate *gungsrate* oder *Datenrate* bezeichnet. Es handelt sich um die Anzahl der Bits die pro Zeiteinheit (in der Regel 1 Sekunde) übertragen werden. Die Bitrate wird in bit/s (Bits pro Sekunde), bzw. in den entsprechenden Zehnerpotenzen als kbit/s, Mbit/s, Gbit/s angegeben. In der amerikanischen Schreibweise wird die Abkürzung bps benutzt.

Bitseriell Wenn die Bits eines Zeichens zeitlich nacheinander übertragen wer-
bit serial den, spricht man von bitserieller *Übertragung*.

Bitübertragungs- Schicht 1 im *ISO*/OSI-Schichtenmodell. Sie legt die elektronischen,
schicht funktionalen und prozeduralen Parameter und Hilfsmittel für die
physical layer physikalische *Verbindung* zwischen Einheiten an einem Netz fest. Als Funktion steht die Aufrechterhaltung einer physikalischen *Verbindung* im Vordergrund. Es werden insbesondere die Struktur der Bits, die Bedeutung der Bits und die Methoden zur übertragung einzelner Bits festgelegt. Die für PC-LANs relevanten Standards umfassen auch *Kabel*, *Stecker*, Verstärkerpegel usw. Die Spezifikation nach *DIN* lautet:"Die Bitübertragungsschicht stellt ungesicherte Systemverbindungen zwischen Systemen für die *Übertragung* von Bits zur Verfügung".

[Diagramm: OSI-Schichtenmodell mit Schichten von oben nach unten:
Anwendungsschicht / Application Layer
Darstellungsschicht / Presentation Layer
Kommunikationssteuerungsschicht / Session Layer
Transportschicht / Transport Layer
Vermittlungsschicht / Network Layer
Sicherungsschicht / Link Layer
Bitübertragungsschicht / Physical Layer (hervorgehoben)]

Block Ein Block ist ein in sich geschlossener, ganzer *Datensatz*, der durch
block seine Länge festgelegt ist. Der Block hat eigene Start- und Endbegrenzungen und gewöhnlich auch Kontroll-, Wegwahl- und Fehlerprüfzeichen-Informationen. Primär in Bisync-Anwendungen wird dieser Teil der *Nachricht* von einem EOB- (end of block) oder ETB-Zeichen (end

of transmissionblock) beendet. Handelt es sich um den letzten Block einer *Nachricht*, wird das EOT- (end of transmission) oder ETX-Zeichen (end of text) benutzt.

Ein parallel-strukturierter IBM-Ein/Ausgangskanal (I/O), der das Durchschießen von Datenblöcken erlaubt.

Block-Multiplexer-Kanal

Ein *Zeichen*, das am Ende jedes Nachrichtenblocks vom Sender übertragen wird. Dieses *Zeichen* wird zur *Fehlererkennung* mit dem vom *Empfänger* berechneten Block-Test-Zeichen verglichen.

Block-Test-Zeichen

Anweisung, einen teilweise übertragenen DÜ-Block nicht auszuwerten.

Blockabbruch
abort

DÜ-Blöcke beginnen und enden mit der Blockbegrenzung. Die im Übermittlungsabschnitt liegenden Fernbetriebseinheiten der *Datenendeinrichtung* überprüfen fortwährend die empfangenen Signale auf das Erscheinen der Blockbegrenzung. Damit dient die Blockbegrenzung auch zur Synchronisation. Eine einzige Blockbegrenzung kann den Abschluß eines DÜ-Blocks und gleichzeitig den Anfang des unmittelbar folgenden DÜ-Blocks kennzeichnen.

Blockbegrenzung
flag sequence

Für den optimalen Betrieb eines Übertragungssystems ist die Aufteilung der Nachrichtenmenge in einzelne Datenblöcke mit einer definierten maximalen Länge erforderlich. Die gewählte Blocklänge ist im wesentlichen von zwei Parametern abhängig: von der *Übertragungsgeschwindigkeit* und der Qualität des Übertragungsweges. Die Blockbildung schließt die Kennzeichnung von Blockanfang und -ende mit ein. Bei der synchronen Datenübertragung sind Beginn und Ende eines Datenblocks zu kennzeichnen, wie z.B. mit den *Steuerzeichen* STX und ETX bei zeichenorientierten Protokollen und den Flags bei bitorientierten Protokollen.

Blockbildung

Ein Blockfehler liegt dann vor, wenn ein oder mehrere Bits in eine-*Block* falsch sind. Um Blockfehler erkennen zu können, müssen zusätzliche Informationen übertragen werden, nämlich das *Paritätsbit* oder die *Prüfsumme* (*CRC*).

Blockfehler
block error

B

Blockfehlerrate Die Blockfehlerrate BLER gibt das Verhältnis der fehlerhaft empfan-
block error rate genen Datenblöcke zur Gesamtzahl aller gesendeten Datenblöcke an.

Blockformat Unter Blockformaten versteht man die Struktur der einzelnen Daten-
block format übertragungsblöcke. Allen gemeinsam sind die Anfangskennzeich-

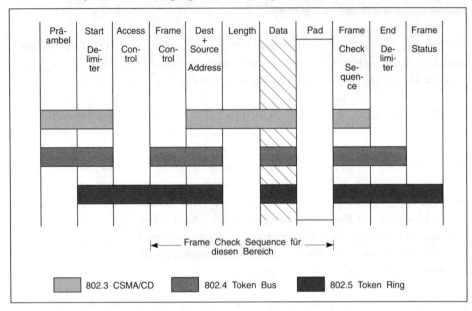

nung eines Blockes (start *delimiter*), die Ziel- und die Quelladresse (destination & source address), natürlich die *Daten* selbst und ein Fehlererkennungsmechanismus (frame check sequence). In Details unterscheiden sich die Verfahren etwas voneinander. Während die Token-Verfahren, *Token* Ring und *Token* Bus, ein Steuerfeld (frame control) benötigen, der *Token* Ring darüber hinaus noch ein Zugriffskontrollfeld (access control), fehlen diese Felder beim *Ethernet*. Das Datenblockende wird bei den Token-Verfahren durch end *delimiter* gekennzeichnet, der beim *Ethernet* fehlt. Beim *Ethernet* wird das Datenblockende durch eine Längenangabe (length) gekennzeichnet. Der *Datenblock* darf beim *Ethernet* nicht beliebig kurz sein, und muß bei zu geringer Datenmenge auf eine Mindestzahl von Bytes aufgefüllt werden (pad). Beim *Token* Ring folgt dem end *delimiter* noch ein Frame-Status-Feld.

B

Blockierung
blocking

Bei einem Vermittlungssystem (insbesondere einer Fernsprechnebenstellenanlage) tritt eine Blockierung ein, wenn der Aufbau einer neuen *Verbindung* unmöglich ist, weil entweder kein Weg durch die Vermittlungsanlage mehr frei ist (bei *Zeitmultiplex*: keine freie Zeitlage verfügbar) oder alle Abnehmerleitungen belegt sind. Der erste Fall wird als vermittlerinterne Blockierung, der zweite als Abnehmer-Blockierung bezeichnet.

Blockmultiplexkanal
block multiplexer channel

Anschlußverbindung, die die Vorteile von *Multiplexkanal* und *Selektorkanal* vereinigt, indem Ein- und Ausgabebefehle, die zwischen der Zentraleinheit und Peripheriegeräten einer *Datenverarbeitungsanlage* ausgetauscht werden, simultan und mit sehr hoher *Übertragungsgeschwindigkeit* bearbeitet werden.

Blocknumerierung

Es geht nicht nur darum, Informationen fehlerfrei zu übertragen, sondern auch darum, diese auch vollständig zu übermitteln. Durch die Vergabe von fortlaufenden Blocknummern verhindert man die Duplizierung von Nachrichten und kann damit auch fehlgeleitete oder verlorengegangene Nachrichten ermitteln. Für die vollständige Datenübertragung ist eine fortlaufende Numerierung der einzelnen Datenblöcke erforderlich. Dadurch können nicht empfangene Blöcke erneut angefordert werden. Die Funktion ist meistens in der Schicht 4 realisiert, sie kann aber auch auf jeder anderen höheren Ebene angesiedelt werden.

Blockprüfung zyklisch
cyclic redundancy check

Prüfsumme, die durch polynominelle Division ausgehend von einem Generatorpolynom aus einer zu übertragenden *Nachricht* erzeugt wird. Als *Prüfsumme* wird nicht das Ergebnis, sondern der Rest der Division übertragen. Ein *Empfänger* führt die gleiche *Operation* aus und vergleicht den Rest, den er berechnet, mit der *Prüfsumme*. Bei geschickter Wahl des Polynoms ist es äußerst unwahrscheinlich, daß eine *Prüfsumme* und ein Rest aus einer während der *Übertragung* verfälschten *Nachricht* übereinstimmen.

Blockprüfzeichen
block check character

Das Ergebnis eines Übertragungs-Prüfalgorithmus, das in der *Übertragung* beinhaltet ist und normalerweise am Ende angehängt wird (*CRC*, LRC). Das Blockprüfzeichen ist ein dem DÜ-Block hinzugefügtes n-Bit-Zeichen, das bei der Übermittlung codegebundener Zeichenfolgen zum Erkennen von Fehlern dient. Bei der Bildung des Blockprüfzeichens werden Verfahren entsprechend der Bestimmung von Paritätsbits angewandt.

Blockprüf-zeichenfolge
block check sequence

Eine dem *Datenübertragungsblock* hinzugefügte Binärzeichenfolge, die bei codetransparenter *Datenübermittlung* oder codeunabhängiger *Datenübermittlung* zum Erkennen von Fehlern dient. Bei der Bildung der Blockprüfzeichenfolge wird z.B. das Verfahren der zyklischen Blockprüfung angewendet.

Blocksummen-Check

Hierbei wird eine Folge von zu übertragenden Bytes als *Block*, sozusagen als Matrix, aufgefaßt. Die Parity-Bits werden nicht nur über die Zeilen, sondern auch über die Spalten bestimmt. Durch die Kombination des Zeilen- und Spaltenchecks werden die meisten Fehler erkannt.

BNC
baby-N-connector

Bei der BNC-Steckverbindung handelt es sich um einen Bajonett-Verschluß zum Verbinden zweier Koaxial-Kabel. Eine BNC-Verbindung ist konzentrisch aufgebaut mit gestecktem Innenleiter und Bajonett-verriegelter Außenschirmung. BNC zeichnet sich durch gute HF-Eigenschaften aus und kann für Übertragungsfrequenzen bis in den UHF-Bereich eingesetzt werden.

Bodenstation
ground station

Eine Kommunikationseinrichtung, bestehend aus Empfangsgeräten, Sendegeräten und Antennen zum Empfangen und normalerweise auch zum Senden von Signalen von und zum Kommunikationssatelliten.

booking

Im Mobilfunk wird es als booking bezeichnet, wenn ein Fahrzeug beim Übergang in den Bereich einer anderen *Basisstation* dieses der bisherigen *Basisstation* mitteilt.

B

In IBMs SNA-Netzwerken ist dies ein Subarea Node, der eine spezielle Protokollunterstützung für benachbarte Subarea-Nodes bietet. Diese Unterstützung beinhaltet das Umwandeln von Netzwerkadressen in lokale Adressen und umgekehrt sowie das Abarbeiten der Sitzungsschicht und die *Flußkontrolle* von weniger intelligenten peripheren Nodes.

Boundary node

Laufen bei SNA-Netzen Nachrichten zwischen zwei LUs im Rahmen einer Transaktion über einen Weg, so können diese Nachrichten zu größeren Bündeln zusammengefaßt werden, auch wenn sie sonst nichts miteinander zu tun haben. Diesen Vorgang nennt man Bracketing.

Bracketing

In Breitbandnetzen nach *IEEE* 802.4 handelt es sich um den Kabelabzweig zum Node, der über passive Elemente (Tap) die Empfangsstation an das *Backbone* anbindet.

Branch

Zwischenschaltgerät zum Manipulieren von Interfaceleitungen und -signalen. Damit können Interfacesignale den Erfordernissen entsprechend aktiviert, deaktiviert, zusammengeschaltet oder überkreuzt werden. Dadurch können nicht-genormte Geräte einer Standardumgebung angepaßt werden oder z.B. zwei *DTE* oder DCE miteinander kommunizieren. Eine der häufigsten Anwendungen ist die Überkreuzung der Anschlüsse 2 und 3 des RS-232-Interfaces, um den Datenverkehr zweier DTEs zu ermöglichen, indem ihre TX-Leitungen auf die jeweils andere RX-Leitung geschaltet wird.

breakout box

Mit Brechung bezeichnet man die Richtungsänderung, die ein Strahl (Welle) erfährt, wenn er aus einem Stoff in einen anderen übergeht und die Brechzahlen der beiden Stoffe verschieden groß sind oder sich die Brechzahl innerhalb eines Stoffes kontinuierlich als Funktion des Ortes ändert (Gradientenprofil). Durch das Brechungsgesetz kann der Winkel des einfallenden und gebrochenen Strahls bestimmt werden.

Brechung
refraction

Den Fußpunkt (Kern) eines Breitbandsystems bildet die sogenannte *Head-End-Station*. Von ihr ausgehend kann ein verzweigtes, hierarchisch organisiertes Kabelsystem aufgebaut werden, das aus einem

Breitband-Topologie
broadband topology

B

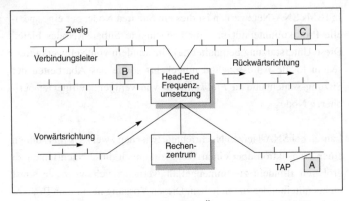

oder mehreren Hauptsträngen (trunk), Ästen (feeder) und Zweigen (drop lines) besteht. Die Endpunkte (outlet) der Zweige bilden die Anschlußpunkte für die Benutzergeräte. Neben systematisch strukturierten Topologien wie Baum oder Stern sind beliebig unregelmäßige Strukturen denkbar. Da auf einem physikalischen Breitbandsystem mehrere logisch unabhängige Netze in getrennten Kanälen implementiert werden können, ist die parallele Existenz unterschiedlicher Medienzugangsverfahren auf demselben *Übertragungsmedium* möglich.

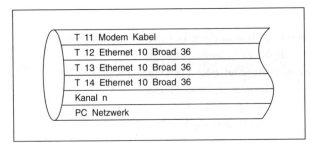

Breitbandkabel
broadband cable

Unter Breitbandkabel versteht man in der lokalen Vernetzung *Kabel*, die eine hohe *Bandbreite* unterstützen können. In der Regel handelt es sich um *Koaxialkabel* mit 75 Ohm *Impedanz* (*IEEE*) und einer *Bandbreite* von über 500 MHz.

**Breitband-
kommunikation**
*broadband
communication*

Form der *Kommunikation*, bei der eine große *Bandbreite* (üblicherweise im Megahertz-Bereich) benötigt wird. Beispiele: Bildfernsprechen, *Videokonferenz*, Kabelfernsehen. Im übertragenen Sinne spricht man auch bei digitaler *Übertragung* von Breitbandkommunikation und meint dabei eine hohe *Bitrate* (Megabit-Bereich), z.B. für die digitale Bewegtbildübertragung.

Bei der Breitbandübertragung wird die *Bandbreite* des Übertragungsmediums in beliebig viele Frequenzbänder unterteilt. Den einzelnen Frequenzbändern können bestimmte Aufgaben (Senden oder Empfangen) oder Kommunikationsarten zugeordnet werden, die sowohl analog (Video, Sprache) als auch *digital* sein können. Die Signalgrundfrequenzen müssen durch *Modulation* in das entsprechende *Frequenzband* transformiert werden. Dadurch ist eine simultane *Übertragung* von vielen, voneinander unabhängigen Signalen über ein und dieselbe *Leitung* im Frequenzmultiplexverfahren möglich.

In Breitbandsystemen werden die Signale nur in einer Richtung übertragen, da die in der Breitbandtechnik erforderlichen Verstärker unidirektional arbeiten. Es gibt auch reine unidirektionale Netze, bei denen die Informationen von der *Head-End-Station* in das Netz eingespeist werden (z.B. Gemeinschaftsantennenanlage). In bidirektionalen Netzen können alle Stationen Sendestationen sein. Um trotz der gerichteten Übertragungsweise eine *Kommunikation* zwischen allen angeschlossenen Stationen zu ermöglichen, erfolgt die Signalübertragung in festgelegten Frequenzbändern zunächst in sogenannter Rückwärtsrichtung vom *Datenendgerät* zur *Head-End-Station*. Dort werden die Signale in die für die Vorwärtsübertragung festgelegten Frequenzbänder transformiert und danach von der *Head-End-Station* in Vorwärtsrichtung zu den Empfangsstationen gesandt.

Man unterscheidet von der Realisierung her Einkabel- und Zweikabelsysteme und von der Bandbreitenzuordnung für die Vorwärts- und Rückwärtsübertragung her die *Subsplit-*, *Midsplit-* und *Highsplit-*Verfahren.

Breitbandübertragung
broadband transmission

Nach einer Definition des *CCITT* (SG XVIII Draft I.113 Jan. 1990) sind jene Anwendungen als Breitbandanwendungen zu bezeichnen, zu deren *Übertragung* Datenraten, die über die Primärmultiplexrate hinausgehen, notwendig sind.

Die Primärmultiplexrate (primary rate) ist jene erste Hierarchiestufe, die Anfang der 70er Jahre geschaffen wurde, um 64-kbit/s-Sprachkanäle effizient übertragen zu können. Nach der Umwandlung der analogen Sprachsignale in 64-kbit/s-Strömen, werden diese in Bündeln zu je 24-Kanälen in Nordamerika bzw. 30+2 Kanälen in Europa (30 Nutzkanäle und zwei Overheadkanäle) zu einem Primärmultiplexka-

Breitbandübertragungssysteme
broadband transmission system

nal zusammengefaßt. Dies resultiert in einer Gesamtübertragungsrate von 1,544 Mbit/s bzw. 2,048 Mbit/s - der Primärmultiplexdatenrate. Systeme mit Datenraten die unter der Primärmultiplexrate liegen, werden als Schmalbandsysteme (narrowband systems) bezeichnet. Für das untere Ende des Breitbandbereiches von 2 Mbit/s bis 45 Mbit/s wird gelegentlich auch die Bezeichnung Weitband (wideband) verwendet.

Broadcast
broadcast

Um in einem Lokalen Netz bestimmte Klassen von Empfängern oder alle angeschlossenen Stationen gleichzeitig anzusprechen, besteht die Möglichkeit des *Multicast* oder des Broadcast (Rundruf) -Betriebs. Ethernet-LANs besitzen auf der Schicht 2 diese Möglichkeit der Broadcast-Adressierung, des Versendens eines Datenpakets an alle im *LAN* angeschlossenen Teilnehmer.

Broadcast-Routing

Algorithmus zur Leitwegbestimmung an viele Stationen. Das Verteilen von Datenpaketen über das Netz hinweg hat meistens organisatorische Gründe. So kann es sich hier um die Aktualisierung von verteilten Datenbanken handeln oder um den Versuch, die Abarbeitung eines Programms auf einen anderen Computer auszulagern, der dafür auch geeignet ist und Rechenkapazität frei hat. Mehrere Verfahren stehen dafür zur Verfügung. Man kann das Netz mit Datenpaketen einfach überfluten (flooding). Die ungeheure Verschwendung von Netzkapazität und *Bandbreite* wird durch subtilere Verfahren abgemildert. Zur Auswahl stehen das multidestination routing, der spanning tree-Algorithmus und das reverse path forwarding.

Broadcast-Medium

Eine Klasse von Übertragungsmedien, die allen angeschlossenen Stationen den Empfang (nach dem Rundfunkprinzip) eines von irgendeiner anderen Station ausgesendeten Signals ermöglicht.

Brouter

Das Wort Brouter ist ein Kunstwort, das sich aus den Anfangsbuchstaben der Bridge und den Endbuchstaben des Routers zusammensetzt. Von der Funktionalität her sind Brouter oberhalb von Brücken anzusiedeln. Sie besitzen Routing-Funktionalitäten als spanning-tree-Algorithmen und damit die Möglichkeit, redundante Strukturen zu realisieren, Lastverteilungs-Algorithmen und Filtermechanismen.

Anstelle des Begriffes Brouter werden diese Geräte auch als "Routing Bridge" bezeichnet.

Eine alternative Hierarchiedarstellung ergibt sich aus der unterschiedlichen Interpretation des Brouter-Begriffs: Aus der Learning Bridge entwickelte sich die Learning *Filter* Bridge und die Routing Bridge, während sich *parallel* dazu aus dem *Router* der Multiprotokoll-Router und der "Brouter" entwickelten. "Brouter" meint hier nicht eine *Brücke* mit erweiterter Funktionalität, sondern den hybriden *Router*, der mehrere Protokolle routet und die restlichen Pakete im Brückenbetrieb handhabt. Generell ist zur Zeit die Tendenz zu beobachten, daß Brücken- und Router-Varianten der verschiedenen Produktlinien sich aneinander angleichen, um die Vorteile beider Systeme möglichst weitgehend zu verbinden. Das Angebot an "reinen" Brücken und an "reinen" Routern wird zunehmend geringer, insbesondere im Multiprotokoll-Router-Bereich, da diese Geräte speziell dafür ausgelegt sind, möglichst alle Protokolle eines Netzes *parallel* bearbeiten zu können - was bedeutet, daß die nicht routbaren Protokolle in diesen Koppelelementen mittels zusätzlicher Brückenfunktionalität handhabbar gemacht werden müssen.

Brücken verbinden gemäß ihrer OSI-Definition Subnetze protokollmäßig auf der Schicht 2 (*LLC*, *IEEE* 802.2) oder 2a (*MAC* layer) des

Brücke
bridge

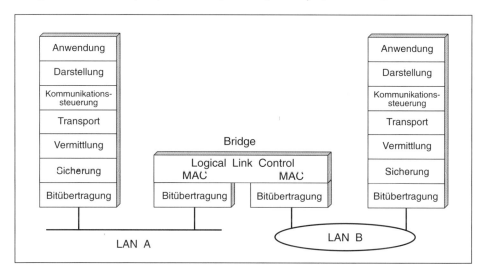

OSI-Modells. Die meisten Produkte, insbesondere im Ethernet-Bereich, realisieren keine LLC-Funktionalität, sondern eine *Verbindung*, die sich mit der LAC-Schicht begnügt. Durch eine solche Kopplung wird Unabhängigkeit vom physikalischen *Übertragungsmedium* und von der MAC-Schicht erreicht. In *Token* Ring-Umgebungen braucht eine Brücke oft etwas mehr Intelligenz und realisiert daher LLC-Funktionalität.

Brücken sind in der Lage, die Grenzen eines Netzwerkes hinsichtlich der Stationszahl und der Längenausdehnung zu erweitern. Wird ein *Netzwerk* durch eine Brückenkopplung in zwei Subnetze strukturiert, so kann jedes Subnetz wieder die volle Stationszahl und Längenaus-

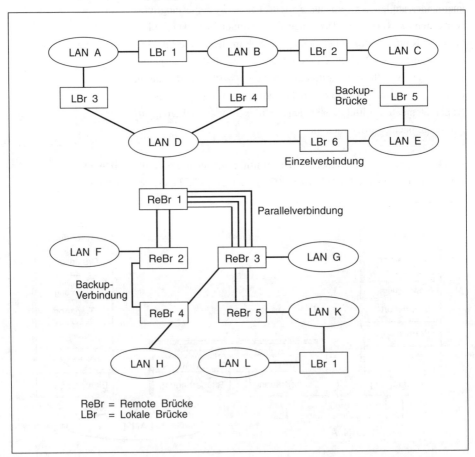

B

dehnung entsprechend des definierten Standards (z.B. *Ethernet, Token* Ring etc.) erhalten. Darüber hinaus leisten Brücken eine einfache Fehlerbegrenzungsfunktionalität. Fehlerhafte Layer 2-Pakete werden nicht transportiert. Außerdem schaffen Brücken eine Begrenzung des lokalen Verkehrs auf das Subnetz seines Entstehens; d.h. wenn ein *Paket* an eine Station im Subnetz des Absenders geschickt wird, transportiert die Brücke dieses *Paket* nicht.

Dieses Merkmal trägt entscheidend zur Lastreduktion in großen Netzen bei. Die Arbeitsweise von Brücken wird durch den Informationsinhalt der Schicht 2 geprägt. Dabei ist die zentrale *Information* der Schicht 2 die physikalische *Adresse*, auch MAC-Adresse genannt.

Mit Hilfe der MAC-Adressen wird der *Datenstrom* durch die Brücken gesteuert. Da MAC-Adressen in allen IEEE- und ISO-Normen identisch aufgebaut sind, sind Brücken flexible Koppelelemente auch zwischen Subnetzen unterschiedlichen Typs. Zentrales Wesensmerkmal von Brücken ist die transparente Netzwerkkopplung bezogen auf höhere Protokolle. Das bedeutet für den Anwendungsfall, daß sämtliche Protokolle, die auf einer bestimmten MAC- oder LLC-Schicht aufsetzen, *transparent*, d.h. uninterpretiert von der Brücke weitergeleitet werden. So wird durch ein einziges Koppelelement die *Verbindung* der verschiedenen höheren Protokollwelten sichergestellt (z.B. *AppleTalk, DECnet*, LAT, IPX, *TCP/IP*, OSI, *XNS* etc.).

Die Kopplung wird ohne spezielle Konfiguration in den Endgeräten der angebundenen Subnetze durchgeführt. Wenn auch die grundsätzliche Funktionalität (Kopplung auf Ebene 2) bei allen Brücken identisch ist, so gibt es doch verschiedene Ausprägungen dieser Art von Koppelelementen, die unterschiedliche Eigenarten haben. Man unterscheidet Lokale Brücken, *Remote* Brücken und Multiport-Brücken.

Siehe Bisync. **BSC**

Eines der ersten Host-residenten Steuerungsprogramme von IBM für das Managen entfernter Kommunikationsschnittstellen für Host-Anwendungen.

BTAM
basic telecommunications access method

Der Dateldienst, *Bildschirmtext*, der in der Bundesrepublik Deutschland laut Staatsvertrag folgende Aufgabe hat: *Bildschirmtext* ist ein für

Btx
videotex

263

jeden als Teilnehmer und als Anbieter zur inhaltlichen Nutzung bestimmtes Informations- und Kommunikationssystem, bei dem Informationen und andere *Dienste* für alle Teilnehmer oder Teilnehmergruppen (Angebote) und Einzelmitteilungen elektronisch zum Abruf gespeichert, unter Benutzung des öffentlichen Fernmeldenetzes und von Bildschirmtext-Vermittlungsstellen oder vergleichbaren technischen Vermittlungseinrichtungen individuell abgerufen und typischer-

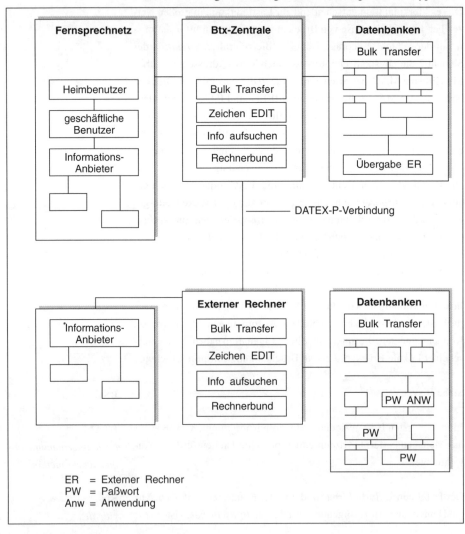

weise auf dem *Bildschirm* sichtbar gemacht werden. Hierzu gehört nicht die Bewegtbildübertragung (Art.1 Btx-StV).

Btx ist ein Informationssystem der Deutschen Bundespost Telekom, das über das Darstellungsmedium *Bildschirm* verschiedene Nutzungsmöglichkeiten bietet. Zur Übermittlung von Informationen werden das *Fernsprechnetz* und das Datex-P-Netz benutzt. Die *Übertragungsgeschwindigkeit* von der *Btx-Zentrale* zum *Endgerät* beträgt bei Nutzung des Fernsprechnetzes 1200 bit/s; in umgekehrter Richtung nur 75 bit/s (optional 1200 bit/s). Der internationale Normungsausschuß (*CCITT*) hat Ende 1978 den Oberbegriff videotex empfohlen. Er wird unterteilt in interactive videotex (*Bildschirmtext*, DBP) und broadcast videotex (Videotext, Rundfunk- und Fernsehanstalten). *Bildschirmtext* ermöglicht die Dialogführung mit einem Computer bzw. einer *Btx-Zentrale*. Über die Fernsprechleitung ist der Teilnehmer mit der *Btx-Zentrale* direkt verbunden und kann sich Bildschirminhalte "seitenweise" mit Hilfe der Eingabetastatur, unterstützt durch eine "Suchbaumstruktur" oder ein "Schlagwortverzeichnis", auswählen und auf seinem Farbfernsehgerät anzeigen lassen.

Der Zugriff auf die *Dienste* erfolgt über Modems. Die *Kommunikation* der Endgeräte findet mit den Bildschirmtext-Zentralen statt. Das Angebot reicht von der *Abfrage* von Datenbanken bis hin zu Banktransaktionen und Katalogbestellungen. Im Gegensatz zu *Bildschirmtext* ist bei Videotext kein *Dialog* möglich. Es ist ein System, bei dem die Informationen (codierte Textinformationen und einfache Grafiken) über Fernsehsender ausgestrahlt werden.

Btx-Benutzergruppe, geschlossene
GBG

Jeder Informationsanbieter kann den Zugriff auf sein Informationsangebot ganz oder teilweise beschränken, indem er den Zugang nur einem ausgewählten Benutzerkreis gestattet.

Btx-Decoder

Der Btx-Decoder wandelt die digitalen Signale des Modems in stehende Fernsehbilder für die Darstellung auf dem *Bildschirm* um. Der *Decoder* kann im *Endgerät* eingebaut oder ein externes Gerät sein. Neben der Decodierung speichert er Informationsinhalte aus der Btx-Vermittlungsstelle bis zur Umwandlung in Fernsehbilder und er steuert den Datentransfer der Endgerätekonfiguration (Tastatur, Drucker, Speicher).

B

Btx-Endgeräte
videotex terminal

Die Endgeräte unterscheiden sich nach der Nutzung (privat oder kommerziell) und der Beteiligung am *Dienst* (Teilnehmer oder Anbieter): Beim Heimterminal handelt es sich um ein handelsübliches Haushalts-Fernsehgerät zusätzlich mit Gerätesteuerung und *Decoder*. Beim Büroterminal ist aus ergonomischen Gründen mehr Wert auf Flimmerfreiheit, Kontrast und Schirmhelligkeit gelegt worden. Für die Lokalfunktionen sind Drucker, Magnetbandkassettengeräte und Floppy-Disk-Laufwerke anschließbar.

Btx-Informationsanbieter
information provider

Anbieter sind alle juristischen oder natürlichen Personen, die Informationen für den Abruf aus den öffentlichen Btx-Zentralen oder externen Rechnern zur Verfügung stellen.

Btx-Modem
videotex modem

Zur Datenübertragung auf der Fernsprechleitung ist ein *Modem* notwendig, der die Datensignale an die Leitungseigenschaften anpaßt. Die *Anschlußbox* wandelt aus dem Netz ankommende analoge Signale in digitale zurück. Im *Modem* ist auch die elfstellige Teilnehmerzahl verschlüsselt, die beim Verbindungsaufbau zur *Zugangsberechtigung* herangezogen wird.

Btx-Rechnerverbund
videotex computer network

Im Btx-Netz ist der *Anschluß* von externen Rechnern über das Datex-P-Netz vorgesehen. Damit erhält der Btx-Teilnehmer auch Zugang zu privaten Datenverarbeitungsanlagen. Die Protokolle für den Btx-Rechnerverbund basieren auf dem ISO-Referenzmodell für offene Systeme. Die Schichten 1 bis 3 sind in der CCITT-Empfehlung *X.25* festgelegt. Für die weiteren Schichten 4 bis 7 ist eine internationale Einigung noch nicht erreicht. Deshalb gelten zunächst nationale Absprachen im Rahmen von *EHKP* (einheitliche höhere Kommunikations-Protokolle).

Die Realisierung und Einsatzvorbereitung ist noch nicht abgeschlossen. Durch diese Entwicklung ist erstmalig eine *Kommunikation* über herstellerunabhängige Protokolle zwischen beliebigen Rechnern möglich.

Btx-Seite

Die Informationsmenge, die auf einem *Bildschirm* darstellbar ist. Sie besteht aus 24 Zeilen zu je 40 *Zeichen* oder aus 20 Zeilen zu je 40 Zeichen (*CEPT*-Standard).

B

Nach langwierigen Verhandlungen wurde im Mai 1981 von der *CEPT* ein einheitlicher *Bildschirmtext(Btx)*-Standard für Europa festgelegt. Er ist ein Kompromiß, hervorgegangen aus dem britischen Prestel, dem französischen Antiope und deutschen Vorschlägen.

Btx-Standard

Die Btx-Zentrale ist ein Prozeßrechner und hat die Funktion eines Vermittlungssystems zur Bearbeitung der Anfragen von Btx-Anrufen. Sie ermöglicht den Informationsabruf aus der eigenen *Datenbank*, die *Verbindung* zu anderen Btx-Zentralen und externen Rechnern.

Btx-Zentrale
videotex center

Lose in einer Plastikumhüllung liegende Glasfasern. Die Bündelader wird auch *Hohlader* genannt.

Bündelader
multifiber loose buffer

Da sich Trägerfrequenzen nicht beliebig vermehren lassen und der *Betriebsfunk* hoffnungslos überlastet ist, werden aus Gründen des sparsamen Umgangs mit den vorhandenen Frequenzen im Bündelfunk dem Benutzer eine Vielzahl von Frequenzen (ein Frequenzbündel) zur Verfügung gestellt, die er alternativ mit anderen nutzen kann. Dadurch wird die Funkverkehrsbelastung gleichmäßiger verteilt und die vorhandenen Frequenzen effektiver ausgenutzt.
In Abgrenzung zu den klassischen Mobilfunknetzen ist das wesentliche Merkmal von Bündelfunknetzen die Bereitstellung von Kommunikationsdienstleistungen innerhalb einer oder mehrerer geschlossener Benutzergruppen. Die technische Basis der neuen Bündelfunknetze ist mit wenigen Ausnahmen der *Standard* des britischen Ministry of Post and Telecommunication - MPT 1327. Die bereitgestellten Bündelfunkfrequenzen liegen im Bereich von 410 MHz bis 430 MHz mit Kanalbreiten von 12,5 kHz für die *Übertragung* von Sprache und *Daten*.

Bündelfunk
trunking

Sammelbegriff für die im Bürobereich vorkommenden Kommunikationsdienste, beispielsweise Daten-, Text- und Bild- verarbeitung, *Teletex*, Telefax, *Btx*, Grafikverarbeitung. Der Einsatz neuer Technologien wird zwar die traditionellen Wege der Bürokommunikation nicht überflüssig machen, soll aber die Möglichkeit schaffen, alle Kommunikationskomponenten an einem Arbeitsplatz sowohl im Haus als auch national und international verfügbar zu machen.

Bürokommunikation
office communication

Burst — Unregelmäßig auftretendes *Signal* oder nicht gleichmäßig über die Zeit verteilter Schwingungsstoß.

Bus-Struktur
bus architecture

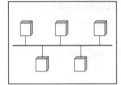

Bei der Bus-Struktur sind alle Teilnehmerstationen an ein gemeinsames *Medium* zur *Übertragung* angeschlossen. Stationen können beliebig hinzugefügt oder weggenommen werden. Die Übertragungen erfolgen bei dieser *Topologie* direkt von der *Quelle* zum Ziel. Die Stationen müssen eine Regelung bzgl. des Zugangs zum *Medium* erfahren, da das *Medium* nur wechselseitig ausgeschlossen exklusiv benutzbar ist. Bei dezentralisiert realisierter Kontrolle treten sie typischerweise in einen *Wettbewerb*. Es können dabei Kollisionen auftreten, die einer besonderen Regelung bedürfen. Für Bussysteme gibt es die interessantesten Protokolle.

Die Vorteile der Bus-Struktur liegen in der leichten Erweiterbarkeit, in der Modularität, der einfachen *Implementierung* und der dezentralen Kontrolle. Nachteilig sind die Anfälligkeit gegenüber Ausfall des Mediums, die Abhörsicherheit und eventuelle unvorhersehbare Wartezeiten. Bussysteme gehen von dem Gedanken eines Mediums aus, ds in gewiisen Abständen angezapft wird. Die *Nachricht*, die eine Station aussendet, wandert dann - wie beim Radio - mit dem *Medium* Luft in alle Richtungen über das *Kabel*. Diese Broadcasting-Technik ist zwar eine nachrichtentechnische Geradeauslösung, hat sich aber stark am Markt durchgesetzt.

Der Bus ist leicht erweiterbar, indem man einfach eine weitere *Anzapfung* zu den bereits bestehenden baut. *Koaxialkabel* sind das historische Standard-Medium für Bus-LANs; heute baut man Bus-LANs jedoch auch als Zusammenschaltung von Sternen. Busse, Sterne und Stern-Busse sowie alle anderen denkbaren schleifenfreien Topologien sind sogenannte Diffusionsnetze.

Busabschluß
bus terminator

Da das *Übertragungsmedium* der Busstruktur immer eine begrenzte Ausdehnung hat, muß der Bus mit dem Wellenwiderstand (*Impedanz*) des Kabels an beiden Enden abgeschlossen werden. Der wellenwiderstandsrichtige Abschluß (bei Koaxialkabeln wie RG 58 A/U z.B. mit 50 Ohm) ist erforderlich, da sonst durch Reflexionen am Kabelende Stehwellen auf der *Leitung* auftreten. Ist keine Abschlußimpedanz vorhanden, werden bei der Datenübertragung die transportierten *Da-*

B

ten an den Enden des Kabels reflektiert und interferieren dort mit den vorlaufenden *Daten*. Das führt in der Regel zu Verstümmelungen des Datenstroms bis zur völligen Auslöschung.

Parallelweg für die Informationsübertragung. Im Fehlerfall wird dieser Parallelweg zur Umgehung der fehlerhaften Einheit eingeschaltet. **Bypass**

Eine Reihe binärer Elemente, die eine logische Einheit bilden. Ein Byte besteht, wenn nicht anders spezifiziert, aus 8 Bit. Dies ermöglicht die Darstellung von 256 verschiedenen *Zeichen* (z.B. Ziffern, Buchstaben, Sonderzeichen). Die verbreitetsten Codes sind *ASCII* und *EBCDIC*. **Byte**

Ein *parallel* strukturierter Eingangs-/Ausgangskanal von IBM-Mainframes, der das Durchschießen oder Multiplexen von Byte-orientierten *Daten* ermöglicht. **Byte-Multiplexer-Kanal**
byte multiplexer channel

Siehe *ZZF*. **BZT**

C

C Derzeit gängigste imperative *Programmiersprache*. C hat den großen Vorteil, maschinennah und damit sehr schnell zu sein, ohne dabei auf höhere Konzepte, z.B. Strukturierbarkeit, zu verzichten. Der Befehlssatz ist auf elementare Befehle eingeschränkt, was der Verarbeitungsgeschwindigkeit zugute kommt. Komplexe Befehle müssen zusammengesetzt werden. Diese Eigenschaft hat dazu geführt, daß ganze Betriebssysteme bis auf einen kleinen Assembler-Kern in C geschrieben werden. U.a. ist das *Betriebssystem Unix* auf diese Weise entstanden. Ein weiterer Vorteil von C ist die relativ leichte Übertragbarkeit (Portabilität) auf andere Rechner. Nachteilig wird von manchen die erschwerte Lesbarkeit (write only language) der Programm-Listings empfunden. Die Sprache C ist aus der Sprache B und diese wiederum aus der Sprache *BCPL* hervorgegangen, und wurde erstmalig von Dennis Ritchie in den Bell Laboratorien für das Unix-Betriebssystem auf einer DEC PDP-11 implementiert.

C-Band *Frequenzband* im Mikrowellenbereich zwischen 4 GHz und 6 GHz, das bevorzugt für die Satellitenkommunikation benutzt wird.

C-Netz Das C-Netz ist, genau wie das *A-Netz* und das *B-Netz*, ein analoges Netz, allerdings schon mit digitaler Signalisierung (Wählvermittlung). Erst im *D-Netz* ist auch die Sprache digitalisiert. Das C-Netz wird im 450-MHz-Bereich betrieben und ist ein zellulares Netz mit automatischem Hand-over, d.h. mit Weiterschaltung der *Verbindung*, wenn ein Fahrzeug vom Versorgungsgebiet eines Basissenders in das des nächsten überwechselt. Die Teilnehmerkapazität wurde durch Vermindern des Kanalrasterabstandes von 20 kHz auf 12,5 kHz erheblich erweitert.

C-PODA Siehe PODA.

cache Sehr schneller Speicher mit verhältnismäßig kleiner Speicher-kapazität, der als *Puffer* zwischen den anderen Speichermedien, vor allem dem residenten Speicher und der *CPU*, angeordnet ist. Der Sinn dieses Speichers, der für den Benutzer *transparent* ist, besteht darin, den Zugriff auf häufig benutzte Programmteile und *Daten* zu beschleunigen. Abspeichern und Lesen geschieht vollautomatisch, indem die

Zugriffshäufigkeit der einzelnen Speicherbereiche überwacht wird und die am seltensten benutzten Bereiche als erste überschrieben werden.

Netzarchitektur von AT&T (Bell) für den mobilen Zugang zum ISDN-Netz. CADN steht für cellular access digital network. **CADN**

Begriff aus dem *X.21*. Trifft zum gleichen Zeitpunkt der Herstellung eines abgehenden Gespräches ein anderes Gespräch ein, so wird das eintreffende Gespräch abgewiesen und das abgehende weitergeschaltet. **call collision**

Siehe Rufzeichen. **call sign**

Siehe Fangschaltung. **call tracing**

Von der Cambridge-Universität entwickeltes, 1974 installiertes Lokales Netz. Ziel dieses LANs war es, an bestehenden Betriebssystemen möglichst verschiedenartige *Knoten* anschließen zu können, ohne umfangreiche Änderungen durchführen zu müssen. Die Struktur des Netzes ist ein Ring, an den die Stationen, bestehend aus *Repeater* und Stationseinheit, angeschlossen werden. Über eine Zugriffsbox wird die *Verbindung* zwischen Ring und Gerät hergestellt. Eine Station fungiert als Monitor und übernimmt Aufgaben wie *Initialisierung* der Paketstruktur, Aufräumung beschädigter Pakete und *Daten* für Fehler- und Leistungsstatistiken.
Der Cambridge Ring arbeitet mit 10 Mbit/s, wobei die verfügbare **Cambridge Ring**

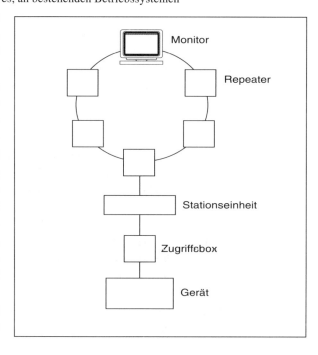

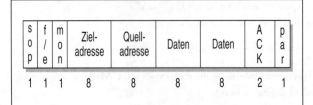

Bandbreite in Slots aufgeteilt wird. Daher auch die Bezeichnung Slotted Ring. Diese Slots, auch als Minipakete bezeichnet, umlaufen den Ring kontinuierlich. Sie sind entweder bereit zur Datenaufnahme oder transpotieren gerade *Daten*.

Die transportierten Datenpakete haben mit einer Länge von nur 16 Datenbits Kleinformat, was in den höheren Ebenen zu Protokollproblemen führt. Trotz dieser Nachteile besticht das Konzept durch seine Einfachheit. Als *Übertragungsmedium* werden vier verdrillte Leitungen verwendet.

carrier   Gesellschaft zum Betrieb von Kommunikationseinrichtungen, insbesondere *Datenkommunikation* in den USA. Eine solche Betreibergesellschaft in Deutschland ist z.B. die Deutsche Bundespost Telekom, in anderen Ländern die Postverwaltungen.

CASE
common application service elements
   Servicefunktion innerhalb des application layer des OSI-Referenzmodells (*Anwendungsschicht*, Schicht 7), die die Koordination anderer Subprotokolle mit dem Anwenderprogramm, unabhängig von spezifischen Anwenderfunktionen, sicherstellt.

CATV
common antenna television
   Kabelnetzwerk für den Fernsehempfang. CATV ist die logische *Schleife* eines Koaxkabelsystems zum Übertragen von Fernseh- oder anderen Signalen an angeschlossene Teilnehmer. Die *Übertragung* geht von einem einzelnen logischen Punkt im Kabelsystem, dem Kabelkopf (Head-End), aus. Dieses Konzept stand für die Konstruktion von Breitbans-LANs Pate.

CBMS
computer based message system
   Elektronisches Mitteilungssystem, wobei die *Kommunikation* zwischen Endgeräten durch einen oder mehrere Rechner, die elektronische Briefkästen enthalten, gesteuert wird.

CBX   Digitale, computergestützte *Nebenstellenanlage*. CBX steht für computer branch exchange.

C

Eine ständige Einrichtung der Internationalen Fernmeldeunion, die sich mit dem Funkdienst befaßt. CCIR steht für comité consultatif international des radiocommunications.

CCIR

Eine internationale Gruppe, die bei der Koordination der Zusammenarbeit in Forschung und Entwicklung des *Internetworking* behilflich ist. CCIRN steht für coordinating committee for internationalresearch networking.

CCIRN
coordinating committee for internationalresearch networking

Ein ständiges, beratendes Organ der Internationalen Fernmeldeunion (*ITU*), das u.a. für internationale Empfehlungen und Standardisierungen im Fernmeldewesen zuständig ist.
In diesem international beratenden Ausschuß für Telegrafen-, Fernsprech- und Telekommunikationsdienste erarbeiten die Fernmeldeverwaltungen und Hersteller die sogenannten CCITT-Empfehlungen. Sie dienen als Richtlinien für die Beschaffung von Ausrüstungen, für die Fernmeldedienste und für die *Zulassung* von Endgeräten, die diese *Dienste* nutzen möchten. Allgemein bekannt sind die Empfehlungen der V.- und X.-Serien für Schnittstellen und seit 1984 die I.-Serie für *ISDN*.

CCITT
Comité Consultatif International Télégraphique et Téléphonique

Dienstelement der OSI-Anwendungsschicht; dieses wird verwendet, um eine absolut verläßliche Datenübertragung zu gewährleisten, z.B. bei der Überweisung von Geldern. Das Service Element bietet Grunddienste für die Erhaltung der Datenkonsistenz in einer verteilten OSI-Umgebung.
Es erlaubt Anwendungen, Sequenzen von Lese- und Update-Operationen durchzuführen, die einen konsistenten Systemzustand in einen neuen Zustand überführen. CCR berücksichtigt ob gleichzeitig andere Lese- oder Update-Operationen auf den selben Objekten ausgeführt werden, oder ob Systeme bzw. Kommunikationswege ausgefallen sind.

CCR
commitment, concurrency and recovery

Zeitmultiplexsystem im Gleichkanalbetrieb im Frequenzbereich von 860 MHz bis 960 MHz. Die *Kommunikation* der Feststationen und der Mobilstationen geschieht im *Zeitmultiplex* auf derselben *Trägerfrequenz*.

CD 900

C

CDDI
copper distributed data interface

CDDI ist die *Implementierung* der FDDI-Übertragungstechnik mit verdrillten Vierdraht-Kupferleitungen. Diese Technik bietet sich als kostengünstige Alternative zu der erheblich teureren Lichtwellenleiterverkabelung im Front-End-Bereich an. Es können sowohl geschirmte Vierdrahtleitungen (shielded twisted pair, *STP*) in Typ-1A-Qualität nach dem *IBM-Verkabelungssystem* IVS benutzt werden, als auch ungeschirmte *Kabel* (unshielded twisted pair, *UTP*) nach *EIA/TIA 586 cathegory/level 5*.

Mit den STP-Kabeln können Entfernungen von bis zu 150 m bis zum FDDI-Knoten überbrückt werden; mit UTP-Kabeln bis zu 50 m. *ANSI* hat eine Working-Group eingesetzt, um die Möglichkeiten des Einsatzes derartiger "Lowcost"-Medien zu untersuchen.

CDMA
code division multiple access

Oberbegriff für spread spectrum-Techniken, die der Geheimhaltung der zu übertragenden *Daten* dienen. Zu den spread spectrum-Verfahren gehören u.a. das frequency hopping, der pseudo noise und direct sequence. Frequency hopping z.B. beruht darauf, daß Datenpakete gleicher Länge nacheinander auf verschiedenen Frequenzen nach einer Pseudozufallsfolge gesendet werden.

Dem *Empfänger* ist die Formel für die Pseudozufallsfolge bekannt, alle anderen haben kaum eine Chance, die *Nachricht* für sich auszuwerten, zumal die Sprünge (hops) pro Sekunde bis zu mehreren tausend betragen können.

Cell Relay

Cell Relay und *Frame Relay s*ind Übertragungstechniken aus dem Bereich des Fast Packet Switching, der schnellen *Paketvermittlung*. *CCITT* definiert für Cell Relay einen Übertragungsblock mit fester Länge auf der *Bitübertragungsschicht* (physical layer) des *OSI-Referenzmodells*. Durch Delimiter sind die einzelnen Blöcke erkennbar. Unter Vorgabe von sehr schnellen Übertragungswegen im Mbit/s-Bereich (>33 Mbit/s) will Cell Relay fest definierte Paketgrößen in definierten Abständen zur Verfügung stellen, so wie bei TDM (time division multiplexing)-Systemen und im LAN-Bereich (*Token* Bus- oder -Ring-Systeme).

Auch bei Frame-Relay-Paketen wird einem ATM-Paket jeweils eine routing-fähige *Zieladresse* vorausgesetzt. So werden die "Zeitschlitze" eines klassischen TDM-Systems durch "Zellen" ersetzt, die *Ziel-*

adresse hinzugefügt und damit die Vorteile eines TDM-Systems mit denen von Paketvermittlern vereint. Die Paketgröße beträgt dabei 53 Bytes, die sich aus 48 Bytes *Daten* und 5 Bytes Zusatzinformation zusammensetzen.

Durch die umgesetzte TDM-Technik ist Cell Relay sowohl für sehr schnelle LAN-LAN-Verbindungen (z.b. *FDDI*) und Host-Host-Kopplungen, als auch für die Echtzeit-Übertragung von Sprache und Bild geeignet. Die Routingfähigkeit durch eingefügte Adressen macht Endeinrichtungen Multipoint-fähig bzw. Ersatzweg-fähig. Nachteilig für den "Echtzeit"-Betrieb sind die zeitlichen Verzögerungen durch den *PAD* (packet assembly-disassembly-Prozeß), so daß Geschwindigkeiten unter 2,048 Mbit/s für Cell Relay aufgrund der resultierenden Übertragungsverzögerung nicht geeignet erscheinen. Wie *Frame Relay* wird auch Cell Relay noch nicht von öffentlichen Netzbetreibern angeboten, ein Angebot von geeigneten Breitbanddiensten scheint auch nicht vor 1995 realistisch zu sein.

Wichtig zu beachten ist, daß die von der *CCITT* definierten Breitband-ISDN-Dienste einen ATM-basierenden Service erst ab Geschwindigkeiten von 33 Mbit/s berücksichtigen (H.21 mit 33 Mbit/s, H.22 mit 45 Mbit/s, H4x mit 140 Mbit/s). Cell Relay ist eine asynchrone Übertragungstechnik. Standards, die auf der Cell-Relay-Technik basieren, sind *IEEE* 802.6 *DQDB* für MANs und asynchronous transfer mode/ *ATM* für B-ISDN.

Drahtloses Kommunikationssystem, welches zur Begrenzung von Sendeleistung und *Empfängerempfindlichkeit* die zu versorgende Fläche in - meist sechseckigen - Zellen (Waben) unterteilt, die jeweils die Grenze für die betreffenden Sende/Empfangseinrichtungen charakterisieren.

cellular radio

Soll eine *Verbindung* über eine oder mehrere Waben hiweg geführt werden, so wird dies durch vermittelnde Relay-Stationen, die etwa in der Mitte eines jeden Feldes liegen, realisiert.

CEN ist das europäische Normungsinstitut, in dem alle nationalen Normungsinstitute Mitglied sind. Die Interessen von CEN sind im Sinne einer weltweiten Normung darauf gerichtet, möglichst die Normen von *ISO/IEC* zu übernehmen. CENELEC ist das europäische

CEN/CENELEC
Comité Européen de NormalisationEléctrotechnique

C

Komitee für elektrotechnische Normung und Drehscheibe für Normungsarbeiten in der EG, wobei die Informationstechnik in letzter Zeit stark an Bedeutung gewonnen hat. Die Kommission Informationstechnik (KIT) des *DIN* arbeitet als deutscher Vertreter in dieser Organisation mit.

Centronics-Schnittstelle
centronics parallel input

Die Centronics-Schnittstelle ist eine Steckverbindung zur 8-Bit-parallelen Datenübertragung zwischen verschiedenen Geräten, in der Regel für den *Anschluß* eines Druckers. Druckeranschlüsse erfolgen über 36-polige Steckverbindungen. Der Druckerbetrieb wird im Handshake-Verfahren betrieben.

CEPT
Conférence Européenne des Administrationdes Postes

CEPT ist die europäische Konferenz der Post- und Fernmeldeverwaltungen, in der postspezifische Normungsarbeit für *Dienste* und Netze geleistet wird. CEPT hat sich bei der Standardisierung von Videotext und *ISDN* besondere Verdienste erworben.

character

Englischer Begriff für die Informationselemente Buchstaben, Ziffern und *Zeichen*.

character stuffing

Als *character* stuffing bezeichnet man das Einfügen von zusätzlichen *Steuerzeichen* um Fehl-Interpretationen durch übertragene *Daten* zu vermeiden. Zu diesem Zweck werden die DLE-Sequenzen (data link escape) jeweils durch Einfügen (stuffing) eines weiteren DLEs verdoppelt. Dadurch werden mit hoher Wahrscheinlichkeit Fehler vermieden, die hauptsächlich bei der *Übertragung* von Binärdaten entstehen. Die enge Bindung an den Byte-Modus und die ASCII-Zeichen lassen diese Methode mit sich weiter entwickelnder Netzwerktechnik jedoch fragwürdig erscheinen, so daß mehr und mehr das Bit-Stuffing eingesetzt wird.

Cheapernet

Das unter dem Namen Cheapernet bekannt gewordene *CSMA*/CD-Netz stellt ein preiswertes Ethernet-Derivat dar. Es unterscheidet sich vom Standard-Ethernet lediglich durch die kürzere Ausdehnung der Koaxialkabelsegmente. Die *Übertragungsrate* (10 Mbit/s) und das MAC-Protokoll bleiben gleich. Der Einsatz von Cheapernet ist vor allem in der lokalen Vernetzung von PCs, Workstations und Terminals

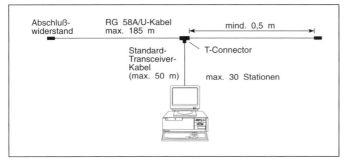

zu sehen, da als Kabelsystem das preiswerte *Koaxialkabel* RG 58-A/U benutzt wird und als Verbindungselemente BNC-Komponenten.

Cheapernet ist standardisiert als IEEE-Standard 802.3 10Base-2, wodurch die Segmentausdehnung mit 185 m (Base2) spezifziert ist. In einem Segment sind max. 30 Anschlüsse im Abstand  von 0,5 m möglich. Mit Repeatern kann eine Gesamtausdehnung von 925 m für ein reines Cheapernet erzielt werden.

Siehe *Prüfsumme*.

checksum

Für die mobile *Datenkommunikation* in einem begrenzten Gebiet von ca. 15 km Durchmesser eignet sich die Technik des Bündelfunks. Unter der Dienstbezeichnung CHEKKER bietet die DBP Telekom Bündelfunkdienste in Deutschland in Konkurrenz zu Privatunternehmen an.

CHEKKER

Ein *Datenpaket*, das derartige Mißbildungen aufweist, daß das gesamte Empfangssystem abstürzt, wird Tschernobilogramm genannt. Bei dem betroffenen System spricht man bildlich von "Kernschmelze" (meltdown).

Chernobylogramm

Wenn eine *Nachricht* zu Geheimhaltungszwecken verschlüsselt werden muß, liegt sie zunächst als Klartext vor. Wenn Sie dann nach einem vorgegebenen Schlüssel chiffriert wird, heißt die Aneinanderreihung von sinnlos erscheinenden *Zeichen* Chiffretext. Die beiden

Chiffretext
cipher text

C

gebräuchlichsten, aber auch leicht zu brechenden Verfahren, sind das Substitutionsverfahren, mit welchem *Zeichen* nach einer Zeichenliste umcodiert werden und das Transpositionsverfahren, in dem Buchstaben eines Klartextes nach einem bestimmten Schema umgestellt werden.

CHILL — Eine von *CCITT* definierte höhere *Programmiersprache* für Vermittlungssysteme. CHILL steht für CCITT high level language.

choke packet — Maßnahme gegen Netzüberlastungen. Der Datenverkehr auf den Leitungen zwischen den Knotenrechnern (interface message processors, IMPs) eines Datennetzes ist in der Regel nicht stetig, sondern starken zeitlichen Schwankungen unterworfen. Dabei kann es zu Engpässen und Staus kommen, wenn die Pufferspeicherkapazität der einzelnen *Knotenrechner* dem Ansturm nicht gewachsen ist. Im äußersten Fall kann es zu einem sogenannten *deadlock* kommen, d.h., nichts geht mehr. Da die Auflösung eines solchen Falles schwierig ist, versucht man, ihn von vornherein zu verhindern. Dafür gibt es mehrere Verfahren, von denen die meisten aber auch bei schwachem Verkehr greifen und damit den *Durchsatz* (throughput) vermindern. Im Gegensatz zu diesen wird das choke-packet-Verfahren erst von einer bestimmten Verkehrsobergrenze an wirksam.

Technisch wird das so gelöst, daß ein *IMP*, der die Überlastung erkennt, ein choke-packet mit der *Zieladresse* des Paketes an den Quell-Host zurückschickt, der daraufhin seine Datenübertragungsrate senkt. Nach Abwarten einer bestimmten Zeit wird die Lage erneut überprüft und führt entweder zu einer weiteren Absenkung der Geschwindigkeit oder aber zu einem Wiederanstieg der *Datenrate*.

Chromatische Dispersion
chromatic dispersion

Die Ausbreitungsgeschwindigkeit einer Welle, ob Lichtwelle oder Infrarotwelle, ist abhängig von ihrer *Frequenz*. Monochromatische Strahler gibt es in diesem Bereich nicht. *Dispersion* tritt auf, wenn z.B. bei Krümmungen der *Glasfaser* Strahlung auf die Grenze zweier unterschiedlich brechender Medien, beispielsweise Kern und Mantel, treffen, wobei die *Dispersion* unter Verwendung einer Lumineszenzdiode (*LED*) wegen der höheren Spektralbreite erheblich größer ist als beim Einsatz einer Laserdiode.

C

Ein generell einsetzbares Kommunikationssystem im SNA-Umfeld, das transaktionsorientiert arbeitet.

Siehe leitungsvermittelt.

Computer mit normalem, ausführlichem Befehlssatz, im Gegensatz zu RISC-Computern, die mit einem reduzierten Befehlssatz arbeiten und dadurch erheblich schneller sein können.

Einseitige Rufeinrichtung im 470 MHz-Bereich. Von einem Basissender aus können bis zu vier Meldungen, die aber vorher vereinbart sein müssen, optisch und akustisch angezeigt werden, außerdem 15 numerische und bis zu 80 alphanumerische *Zeichen*.

Unter "clear collision" versteht man den gleichzeitigen SVC-Verbindungsaufbau durch DCE und *DTE* auf dem selben logischen *Kanal*. Bei *X*.25 gibt es bei der Auflösung einer *Verbindung* zunächst eine Auflösungsanforderung (clear *request*) und danach eine Auflösungsbestätigung (clear *confirmation*). Das *X*.25 geht davon aus, daß der Auflösungswunsch nur von einem der beiden Teilnehmer kommt. Geht nun der Auflösungswunsch von beiden gleichzeitig aus, gibt es eine clear collision, die jedoch ohne Folgen bleibt, da das *X*.25 darauf eingerichtet ist.

Werkzeug zum Schneiden von Glasfasern. Glas schneidet man durch Anritzen und Brechen. Nur, daß im Falle der *Lichtwellenleiter* der Bruch, den man am besten unter dem Mikroskop kontrolliert, außerordentlich glatt sein muß. Obgleich das auch von Hand möglich ist, gibt es hierfür spezielle Werkzeuge, "cleaver" genannt.

PC-Netze sind in den meisten Fällen dadurch gekennzeichnet, daß sie zwei Arten von Endgeräten beinhalten: Clients und *Server*. Die Clients sind die Arbeitsplatzrechner und nutzen die von den Servern angebotenen Dienstleistungen. Dazu besitzen sie eine requester-Komponente, die mit dem Netzwerk-Betriebssystem auf den Servern kooperiert. In der modernen Version der Client-Betriebssysteme sind die requester für die wichtigsten PC-LAN-Betriebssysteme bereits ent-

CICS
customer information control system

circuit switching

CISC
complex instruction set computer

Cityruf

clear collision

cleaver

Client

halten. So hat *DOS* ab 5.0 einen *NetWare* requester und einen *LAN* manager requester. Der oder die *Server* können zur Organisation des Netzes über die Kontrolle der logischen Betriebmittel herangezogen werden. Im Gegensatz zu Client/Server-Netzen stehen *peer-to-peer-Netze*, bei denen die Betriebsmittel von der Gesamtheit der Benutzer bereitgestellt und kontolliert werden. In ihnen gibt es keinen *Server*.

Client-Server Der Client-Server, der in der Regel ein *File-Server* ist, versorgt die Clients im Netz mit den notwendigen *Daten*. Jeder *Client* kann beim *Server Daten* anfordern (*request*) und der *Server* wird sie ihm liefern (reply). Das hat einerseits den Vorteil, daß die aufwendigen Massenspeicher nur einmal vorhanden zu sein brauchen; der noch größere Vorteil ist aber bei update-bedürftigen Datenbeständen zu sehen. Alle von den Clients benutzten *Daten* sind auf dem gleichen Aktualitätsstand.

Client-Server-Architektur
client server architecture

Das Client-Server-Computing (CS) steht in engem Zusammenhang mit *Downsizing* bzw. *Rightsizing* und stellt mindestens eine Ergänzung, manchmal auch eine Abwendung von den zentralistischen Mainframe-Strukturen dar. CS-Architekturen orientieren sich an dem Prinzip der verteilten Datenhaltung. Im Regelfall werden PCs als

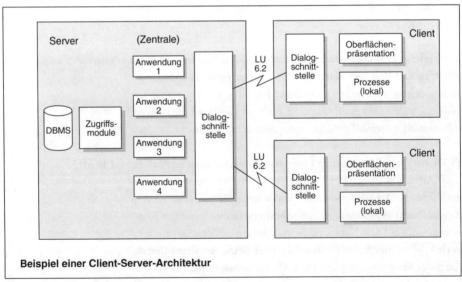

Beispiel einer Client-Server-Architektur

Frontend-Geräte (Clients) und Workstations als Backends (*Server*) eingesetzt. Den Clients kommt dabei die Bedeutung zu, *Daten* für den Verarbeitungsprozeß auf dem *Server* einschließlich der Speicherung und Verwaltung zur Verfügung zu stellen. Auch die Steuerung des Datenzugriffs sowie die Sicherungsmaßnahmen obliegt dem *Server*. Notwendig ist allerdings, daß er über ein multitaskingfähiges *Betriebssystem* (*Unix*, OS/2, VMS oder *MVS*) verfügt. Für Clients kann hingegen MS-DOS als *Betriebssystem* ausreichend sein. Das Client-Server-Computing stützt sich demnach nicht auf Hardware-Fragen, weshalb beispielsweise Rechner ganz unterschiedlicher Plattformen die Server-Funktionen übernehmen können.

Vielmehr handelt es sich dabei um eine Software-Architektur und das Ziel, Anwendungen so weit in Bausteine zu zergliedern, daß *Client* und *Server* selbständig werden und daß mehrfach verwendbare Funktionen (z.B. die Datenbankverwaltung, Verarbeitungs- und Kommunikationsfunktionen) nur einmal in Form des Servers realisiert werden müssen. Zu den wesentlichen Vorteilen von CS-Strategien gehören Wirtschaftlichkeitsaspekte mit deutlichen Kostenvorteilen, der flexible Ausbau der Systemlandschaft, die schnellere Realisierung von Benutzeranforderungen, umfangreichere Angebote an Standardanwendungen im Markt, eine größere Herstellerabhängigkeit sowie die grafische Bedieneroberfläche. Marktanalysen gehen weitgehend übereinstimmend davon aus, daß sich das CS-Computing in gewaltigen Wachstumsschüben durchsetzen wird. Offen ist derzeit noch die Frage der Betriebssysteme.

Damit Client-Server-Architekturen die in sie gesetzten Hoffnungen erfüllen, müssen die zugrundliegenden Netze modular konstruiert sein, da sonst die Netzwerk-Betriebskosten mögliche Einsparungen vertilgen können. Des weiteren müssen die auf den Servern liegenden Betriebssysteme hohen Anforderungen an Sicherheit, Funktionalität, Skalierbarkeit und Modularität genügen. Es gibt grundsätzlich die Alternative zwischen speziellen Netzwerk-Betriebssystemen und General-Purpose-Systemen (GP).

Die erste Gruppe wird geführt von Novells Netware, Alternativen wären Banyan *Vines* und der Advanced *Server* (mit Windows NT) von Microsoft. Bei den GP-Systemen ist *Unix* führend, vor allem in seinen Ausführungen UnixWare (Novell) und Solaris (Sun). Auf der Client-

C

Seite ist neben *DOS* und Windows vor allem DBMs OSI 2 2.*X* ein wichtiges System.

clock — Siehe Taktsignal.

clock recovery — Siehe Taktwiederherstellung.

Cluster — Zentraleinheit eines Mehrplatzsystems, das im Deutschen mit "Gruppensteuerung" oder "Mehrfachsteuerung" bezeichnet wird.

Cluster-Controller — Ein Cluster-Controller ist eine Einheit, die die entfernte Kommunikationssteuerung von mehreren - in aller Regel sogenannter unintelligenter - Terminals oder Arbeitsstationen übernimmt. Häufig ist damit ein *Controller* der IBM 3270 Familie, beispielsweise der IBM 3274 oder ein kompatibler, gemeint.

Der Cluster-Controller seinerseits ist über eine Datenleitung mit einem Front End Processor verbunden, der den Datenverkehr zwischen dem Cluster-Controller und dem *Mainframe* regelt. Daneben gibt es Cluster-Controller mit erweiterter Funktionalität, Advanced *Cluster Controller*, die sog. Subhosts. Advanced *Cluster Controller* verfügen über ein *Betriebssystem* und sind frei programmierbar, sie ermöglichen die *Kommunikation* und unterstützen Anwendungsprogramme.

CMIP
common management information protocol

CMIP ist das Basisprotokoll zum Nachrichtenaustausch zwischen Managementeinrichtungen im ISO-OSI-Netzwerkmanagement. Es ist klar, daß heute wesentlich mehr Produkte *SNMP* unterstützen als CMIP. Die Frage stellt sich demnach nicht nach der heutigen Substitution, sondern nach der mittelfristigen Entwicklung.

Immmerhin ist CMIP Element der internationalen Standardisierung und wird im Laufe der Zeit ebenfallls viele Implementierungen nach sich ziehen. CMIP findet in einer hierarchisch orientierten baumartigen Managementstruktur seinen Wirkungsbereich. Eine derartige Struktur ist nicht nur aus ideologischen, sondern auch aus praktischen Erwägungen ab einer gewissen Größe und Komplexität des Netzes eindeutig vorzuziehen. Beide, *SNMP* und CMIP, sind in *ASN.1* definiert.

C

Die gemeinsamen Managementdienste CMIS und *CMIP* sind das Pendant zu den funktionalen Elementen *CASE*/common appliocation service elements für das Management. Sie sind die Grundlage aller Managementfunktionen und unterstützen den Austausch von Informationen und Kommandos für Zwecke des Netzwerkmanagements zwischen zwei gleichberechtigten Anwendungen auf gleicher Ebene. Neben CMIS und *CMIP* werden von den funktionalen Standards noch *ACSE*/association control service element *ISO* 8650 und ROSE/remote operation service element *ISO* 9072 der *Anwendungsschicht* benutzt. *ACSE* und ROSE sind nicht Bestandteil der OSI-NM-Spezifikationen, bilden aber die Grundlage für die Basisfunktionalität des Nachrichtenaustausches.

CMIS
common management information services

SNMP, das TCP/IP-basierte simple network management protocol, ist nicht der einzige wesentliche *Standard* für das LAN-Management. *IEEE* 802.1B genehmigte die Protokollspezifikation CMOL (*CMIP* over logical link control), die es ermöglicht, das OSI *CMIP* common mnagement information protocol unmittelbar über die von den meisten LANs benutzte data link layer nach IEEEE 802 laufen zu lassen. Diese dabei entstehende »collapsed architecture«, bei der die zwischen den Schichten 2 und 7 entstehende funktionale Lücke durch ein Konvergenzprotokoll geschlossen wird, ist nach heutigem Kenntnisstand wohl die einzige Möglichkeit, *CMIP* effektiv auf LANs zu implementieren, da die *Implementierung* eines OSI full stacks in LAN-Stationen fragwürdig und leistungsverzehrend ist.

Die Benutzung eines Konvergenzprotokolls anstelle der mittleren Schichten für die *Kommunikation* zwischen Managementsystem und verwaltetem *Knoten* wird es ermöglichen, eine CMOL-Agenten auf ca. 20 kByte zu bringen, was jede *Workstation* auch unter *DOS* oder OS/2 vertragen kann. SNMP-Agent bringt es heute auf ca.70 bis 80 KByte RAM. Ein full stack *CMIP* würde mehrere Hundert KByte verschlingen.

CMOL unterstützt alle Funktionen, die im Rahmen von *CMIP* definiert wurden; insbesondere wird hierdurch ein detailierter Informationsfluß als bei *SNMP* realisiert. Das Konvergenzprotokoll läuft über die *LLC* Typ 1. *LLC* Typ 1 ist nicht verbindungsorientiert und wenig aufwendig. Das Konvergenzprotokoll erlaubt die Versendung von

CMOL
CMIP over logical link control

OSI protocol data units der Schicht 7 direkt über *LLC*.
Durch die Benutzung des OSI-Managements in LANs wird eine bessere Bandbreitenausnutzung als bei *SNMP* erwartet. CMIP-Agenten generieren Alarme, ohne vom Managementsystem dazu aufgefordert werden zu müssen, während SNMP-Managementsysteme alle Agenten etwa im Abstand von 10 Sekunden anpollen müssen.
CMIP-Systeme pollen nur dann, wenn sie Performance-Information aufnehmen wollen; dies ist aber nur in größeren Intervallen der Fall. Bei *CMIP*/CMOL wird das *LAN* also nur dann belastet, wenn sich wirklich wichtige Änderungen in den Variablen ergeben. Da CMOL den kompletten CMIP-Variablenbereich unterstützt, können *CMIP* full stack und CMOL-Systeme zusammenarbeiten. Wegen der Collapsed Architecture ist CMOL nicht routbar. In Routern müssen also Umsetzer zwischen collapsed und full stack vorliegen.

CMOL Managed Objects
In heutigen Debatten haben viele Benutzer die Befürchtung, daß die Generierung von OSI managed objects, abstrakten Objekten zur Beschreibung der physischen und logischen Betriebsmittel im Netz, zu aufwendig sein könnte. Es ist wohl Teil des Erfolges von *SNMP*, daß entsprechende SNMP-Objekte direkt mitgeliefert werden (MIB-Spezifikationen). Um diese Befürchtungen zu zerstreuen, haben sich innerhalb des 802-Gremiums Gruppen gebildet, die die Objektdefinition, die mit *CMOL* benutzt werden, ebenfalls standardisieren. Damit kann *CMOL* viel schneller und sicherer eingesetzt werden. Alle diese Arbeiten basieren auf den *ISO* guidelines for the definitions of managed objects/GDMO, die beschreiben, wie man OSI-NM-Framework-konsistente Objekte erzeugt.
Alle Definitionen werden selbstverständlich in ASN.1, der OSI-Beschreibungssprache für abstrakte Objekte in Transferumgebungen, niedergelegt. Die Definition durch die IEEE-Gremien vermeidet den »Wildwuchs« privater Objektdefinitionen. Die abstrakten *CMIP*/CMOL-Objekte können beliebig oft inkarniert werden, während SNMP-Beschreibungen nur jeweils einmal zu brauchen sind. Die Granularität der *CMIP*/CMOL-Objekte ist höher; so kann z.B. ein CMIP-Agent eine einzelne *Adresse* aus der Routing-Tafel eines Routers auslesen und an die Netzwerkmanagement-Station schicken.

C

CMR

Siehe *Gleichtaktunterdrückung*. CMR steht für common mode rejection.

CMRR

Siehe *Gleichtaktunterdrückungsverhältnis*. CMRR steht für common mode rejection ratio.

CNMA
communication network for manufacturing application

CNMA ist ein ESPRIT-Projekt der Europäischen Gemeinschaft, an dem europäische Hersteller und Anwender im CIM (computer integrated manufacturing)-Bereich zusammenarbeiten. Auch CNMA erarbeitet "implementation guides". Im wesentlichen übernimmt man dabei die *MAP* 3.0-Spezifikationen. Im Rahmen des CNMA-Projekts wurden bereits zwei MAP-Installationen in den Produktionsbetrieb eingeführt.

coaxial cable

Siehe *Koaxialkabel*.

COBOL

Programmiersprache für allgemeine geschäftliche Anwendungen. COBOL steht für common business oriented language.

Code

Nach *DIN* 43 000 eine Vorschrift für die eindeutige Zuordnung von *Zeichen* eines Zeichenvorrats zu denjenigen eines anderen Zeichenvorrats. Der Code mit dem kleinstmöglichen *Zeichenvorrat* ist der *Binärcode* mit den zwei *Zeichen* "0" und "1". Für die synchrone Datenübertragung werden am häufigsten der *ASCII-Code* und der *EBCDIC* eingesetzt.

Code, fehlererkennender
error detecting code

Durch Hinzufügen zusätzlicher Bits ist es möglich, Bitübertragungsfehler am Ende einer Strecke zu erkennen. Schon ein zusätzliches Bit bietet einen Fehlererkennungsmechanismus, indem dieses zur Dateneinheit hinzugefügte Bit die Gesamtzahl der Bits auf eine gerade (even) oder ungerade (odd) Anzahl von Bits ergänzt.
Das zusätzliche Bit wird als redundant bezeichnet, die Auswertung heißt *Paritätsprüfung*. Die Methode versagt aber bereits, wenn mehr als ein *Bitfehler* auftritt und die Anzahl der Fehler geradzahlig ist. Durch Einfügen weiterer Prüfbits kann die *Redundanz* erhöht und die Methode verfeinert werden.

C

Code fehlerkorrigierender
error correcting code
Während bei einfachen fehlererkennenden Codes eine Abhilfe bei Auftreten von Störungen nur dadurch erfolgen kann, daß der Sender gebeten wird, die gestörten Dateneinheiten zu wiederholen, kann bei erhöhter *Redundanz* eine Korrektur der beschädigten *Daten* nach dem Wahrscheinlichkeitsprinzip vorgenommen werden. Dazu wird am Empfangsort das beschädigte *Zeichen* mit gültigen *Zeichen* verglichen und angenommen, daß das *Zeichen* mit den wenigsten Abweichungen vom beschädigten *Zeichen* das richtige ist.

Code-Umwandlung
code conversion
Unter Code-Umwandlung versteht man das Verfahren, bei dem Bitgruppen, die bestimmte *Zeichen* eines Codes repräsentieren, umgewandelt werden in korrespondierende Bitgruppen, die die *Zeichen* eines anderen Codes repräsentieren.

Codec
encoder/decoder
Eine Einrichtung zur Umwandlung (*Codierung*) analoger Signale (z.B. Sprache) in digitale und Decodierung digitaler Signale in analoge.

Codewort
codeword
Zur *Fehlererkennung* und Fehlerbehebung werden an die Nutzdaten redundante Bits angehängt. Nutzdaten plus redundante Bits bilden die "codeword" genannte Datenübertragungseinheit.

Codieren
encoding
Übertragen jedes einzelnen Zeichens eines Zeichenvorrats in das entsprechende *Zeichen* eines anderen Zeichenvorrats.

Codierung
coding
Digitale Computerdaten müssen, wenn sie auf einem physikalischen Leitungsmedium übertragen werden, in Signale umgewandelt werden (Codierung) und anschließend wieder in Einheiten umgeformt werden, die für den Computer lesbar sind. Jedem Signalelement können dabei verschiedene Werte oder Zustände zugeordnet werden. Außer der Zustandsdefinition können den Signalen auch Spannungswerte bestimmter Zeitdauer zugeordnet werden. Die zu übertragenden Informationen sind in binäre Zeichenfolgen umzuwandeln, so daß sie mit Hilfe der Datenblöcke transportiert werden können. Dazu existieren eine Reihe von Codetabellen.

coherence length
Siehe *Kohärenzlänge*.

Der Collapsed *Backbone* ist ein geschrumpfter (collapsed, zusammengebrochen) *Backbone*, der auf die Größe des *Backplane* eines Routers zusammengeschrumpft ist. Der Collapsed *Backbone* benutzt unternehmensweite Hubs zum *Anschluß* abteilungsweiter LANs an einen zentralen Hochgeschwindigkeitsrouter. Die im *Backplane* des Routers zusammengefaßten internen Busse dienen als Backbone-Netz für

Collapsed Backbone

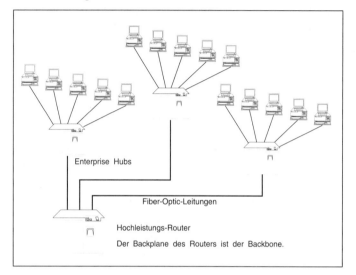

alle angeschlossenen LANs. Daher nennt man den Collapsed *Backbone* auch "*Router Backbone*" oder "Backbone-in-a-box".

Im Gegensatz zu dem Collapsed *Backbone* bestehen konventionelle Backbones aus Brücken/Routern mit oder ohne nachgelagerten Netzen oder Multiplexern. Die *Multiplexer* teilen die zur Verfügung stehende *Bandbreite* unter den LANs und anderen Rechnern sowie den Terminal-Subsystemen auf.

Der Collapsed *Backbone* hat folgende generelle Vorzüge: Er verbessert die Gesamtleistung; erleichtert den Übergang zwischen Netzformen von LANs und WANs; er vereinfacht das *Netzwerkmanagement* und die Wartung; er erhöht die Sicherheit und die Zuverlässigkeit und sichert die Investitionen.

Durch die modulare Technik ist man für Neuentwicklungen besser gerüstet. So beispielsweise für die ATM-Technik (z.B. für die *Verbindung* der Hubs oder *Router* untereinander). Der Unterschied zwischen

C

einem Collapsed *Backbone* und einem *Backbone* mit verteilten Brükkern oder TDMs läßt sich einfach auf den Punkt bringen: Verteilte Brücken oder TDMs zerschlagen das Netz in einzelne, getrennte Segmente und vermitteln zwischen diesen; ein Collapsed *Backbone* führt letzlich zu einem relativ einheitlichen Gesamtnetz. Die Leistung von Collapsed Backbones orientieren sich an der *Datenrate* der Backplanes großer *Router*, die derzeit zwischen 320 Mbit/s bis 1 Gbit/s liegen.

collision detection Siehe *Kollisionserkennung*.

combiner Sogenannte combiner werden in Breibandnetzen eingesetzt und dienen der Aufteilung der Signale auf die einzelnen Translatoren. Sie sind in ihrer Funktionsweise Splittern vergleichbar. Handelsübliche combiner besitzen 8 Anschlüsse. Durch die Verwendung von combinern ist es möglich, neue Transverter für die Umsetzung zusätzlicher Kanäle in die *Head-End-Station* einzuführen, ohne die Signalpegel am Ausgang der *Head-End-Station* neu justieren zu müssen. Für größere Netze, die die Umsetzung von mehr als acht Kanalblöcken erforderlich machen, können durch die Vorschaltung eines Splitters mehrere combiner angeschlossen werden. Auf diese Weise können zusätzliche Kanäle problemlos integriert werden.

common carrier Firmen in den USA, die öffentliche Kommunikationsdienste anbieten.

common mode rejection Siehe *Gleichtaktunterdrückung*.

common mode rejection ratio Siehe *Gleichtaktunterdrückungsverhältnis*.

communication Siehe *Kommunikation*.

communication channel Siehe *Kommunikationskanal*.

communication link Siehe Kommunikationsverbindung.

companding Der Prozeß, ein *Signal* vor dem Sender zu komprimieren und nach dem Empfang wieder zu expandieren, um zu ermöglichen, daß Signale mit einem großen Dynamikbereich über eine *Verbindung* mit vergleichsweise begrenztem Bereich geschickt werden können.

Siehe *Komparator*. **comparator**

Siehe *Kompatibilität*. **compatability**

Ein Compiler ist eine Einrichtung, die ein in einer Computerhochsprache geschriebenes *Programm* in den Maschinencode des jeweiligen Prozessors umsetzt. **Compiler**

Begriff aus der elektronischen Post (E-mail), MOTIS/X.400. E-Mail-Systeme verlangen am Anfang die *Adresse* des Empfängers. Der Grunddienst "composition" ermöglicht beispielsweise bei einem Antwortbrief, die Empfängeradresse aus dem Absender eines E-Mail-Briefes an der dafür vorgesehenen Stelle einzusetzen. **composition**

Vor allem in den USA gebräuchlicher Ausdruck. Zusammenziehung der Wörter "Computer" und "Communications". **Compunications**

Nur wenige Teilgebiete der Informatik und Rechnertechnik haben in den letzten Jahren eine derart drastische Entwicklung vollzogen wie die Techniken des Rechner- und Systemverbundes. Das Zusammenwirken von *Information*, *Telekommunikation* und Nachrichtentechnik ermöglicht völlig neue Formen der *Kommunikation* zwischen Geräten der digitalen Informationsverarbeitung. Ein Extrem kann durch die Satellitenübertragungstechnik, das andere durch die Lokalen Netze gekennzeichnet werden. Beide Extreme eröffnen für die *Anwendung* von Datenkommunikationssystemen neue Perspektiven. Gleichermaßen muß die System- und Softwareentwicklung versuchen, mit den neuen technischen Gegebenheiten *Schritt* zu halten. **Computer-Netzwerk**
computer network

Die klassischen Aufgaben von Rechnernetzen sind in vreschiedensten Verbundfunktionalitäten charakterisiert: *Datenverbund*, *Verfügbarkeitsverbund*, *Funktionsverbund*, *Leistungsverbund* und *Lastverbund*.
Eine übliche Einteilung von Computer-Netzwerken erfolgt nach Entfernungsklassen, wobei sich die Ausdehnung von einigen Zentimetern beim *VLAN* (very local area network), über Gebäude- und Campusnet-

C

ze (*LAN*), über kommunale Netze (*MAN*) und Weitverkehrsnetze (*WAN*) bis hin zu den weltumspannenden globalen Netzen (*GAN*) erstrecken kann.

COMSAT Private US-Satellitengesellschaft. 1962 durch den Congress gegründet, hat COMSAT Koordinations- und Konstruktionsaufgaben für Satellitenkommunikation sowie für deren Einrichtungen und die internationale Sprach- und *Datenkommunikation*.

concurrent Das Auftreten zweier oder mehrerer Ereignisse oder Aktivitäten innerhalb des gleichen Zeitintervalls.

confirmation Siehe *Bestätigung*.
**confirmed/
uncofirmed** Siehe bestätigt/unbestätigt.

congestion Überlastungen eines Datennetzes können auftreten, wenn ganz allgemein das Verkehrsaufkommen sehr hoch ist. Aber auch dann, wenn die Warteschlangenpufferkapazität in den IMPs für das Verkehrsaufkommen nicht ausreicht oder die IMPs mit ihren Verwaltungsaufgaben nicht nachkommen. Es gibt eine ganze Reihe von Verfahren, Staus aufzulösen oder sogar von vornherein zu vermeiden.

connection oriented service Siehe verbindungsorientierter *Dienst*.

connectionless service Siehe verbindungsloser *Dienst*.

connectivity Eigenschaft von Geräten im Netz, auf möglichst viele verschiedene Netzarten, sowohl hard- wie softwaremäßig, eingerichtet zu sein. Ebenso spielen Technologie, *Topologie* und Protokolle eine Rolle.

connector Ein *Stecker* ist eine mechanische Einheit, die auf der physikalischen Ebene eine *Verbindung* realisiert. *Stecker* sind durch die Anzahl, Form und Beschaffenheit der elektrisch leitenden Stifte sowie der mechanischen Abmessungen und Verriegelungsmöglichkeiten gekennzeichnet. Man unterscheidet Steckverbindungen geschlechtlich: männlich (male, *Stecker*), weiblich (female, Buchse) und sexless (hermaphroditisch, *Stecker* und Buchse sind identisch). Desweiteren gibt es Unterscheidungsmöglichkeiten hinsichtlich des Aufbaus, der Poligkeit und der Dichtigkeit.

contention
Der Konflikt, der aufkommt, wenn zwei oder mehr Datenquellen versuchen, auf ein und dasselbe physikalische *Medium* zuzugreifen. Das führt zum Verlust aller *Daten*, wenn nicht Maßnahmen getroffen werden, dem entgegenzuwirken, z.B. mit dem binary exponential backoff im *Ethernet*.

contention ring
Ringsystem, bei dem das Senderecht im *Wettbewerb* erlangt wird.

Controller
Controller sind intelligente Steuereinheiten (Rechner), die in allen Netzkonfigurationen Transportfunktionen übernehmen. Sie entlasten durch ihre hohe Eigenintelligenz den Stationsrechner von der Bearbeitung der Transportaufgaben. Der Controller hat die Protokollsoftware des Transportsystems implementiert.

conversational
Zeitabhängige Datenübertragung, während der der Bedienende, bevor er die *Übertragung* auslöst, zuerst auf die *Antwort* des Empfängers wartet.

conversion
Die logische *Verbindung* zwischen zwei Transaktionsprogrammen, die darin besteht, daß sie eine LU6.2-Sitzung teilen.

core
Siehe Kern.

core diameter
Siehe *Kerndurchmesser*.

Corporate Network
Mit dem Begriff Corporate Networks wird die Strategie bezeichnet, bisher separate - und für den jeweiligen Einsatz in Forschung, Entwicklung, Fertigung, Service, Ausbildung und Verwaltung optimierte - Netzwerke zu einer heterogenen Landschaft zusammenzufügen. Rechtzeitig zum Start des europäischen Binnenmarktes am 1.1.1993 trat das vom Bundesminister für Post und *Telekommunikation* erarbeitete Genehmigungskonzept für Corporate Networks in Kraft. Aufatmen dürfen nun all die Unternehmen, die sich im vergangenen Jahr

C

vergeblich um eine Genehmigung von Konzernnetzen (Unternehmensverbund) für die optimale Abwicklungen ihrer Telekommunikationsanforderungen bemüht haben. Auch die Anbieter von Mehrwertdiensten können mit der seit Jahresbeginn gültigen Neuregelungen zufrieden sein: Sie dürfen ab sofort Leistungen für den Telefondienst und die Vermittlung von Sprache für andere erbringen. Die technischen Möglichkeiten von Corporate Networks indes gehen über diese rechtlich und politisch "abgesegneten" Regulative weit hinaus, sie berücksichtigen die fortschreitende Entwicklung der Computer- und Video-Technologien sowie die damit in Zusammenhang stehenden Multimedia-Anwendungen.

COS
Cooperation for Open Systems

Dieser Zusammenschluß von führenden Herstellern der Computer- und Kommunikationsindustrie sowie Anwendervereinigungen konzentriert sich auf die Entwicklung von OSI-kompatiblen Produkten. Die Mitgliedschaft ist allen Organisationen weltweit möglich, die Mitgliederzahl beträgt heute weit über 200.

coupler

Siehe *Koppler*.

coupling element

Siehe Koppelelement.

CPU
central processing unit

Die Komponenten eines Computers, die den Datentransfer sowie die logischen und arithmetischen Kalkulationen ausführen. Die CPU besteht aus einem Leitwerk für die Steuerung und Überwachung der auszuführenden Befehle und einem Rechenwerk für die rechnerische Behandlung und logischen Verknüpfung von *Daten*. In enger *Verbindung* zu Leitwerk und Rechenwerk stehen der Hauptspeicher (interner Speicher) für die Aufnahme der verwendeten Befehle und *Daten* und die Eingabe- und Ausgabekanäle für die *Übertragung* von *Daten* zwischen internem Speicher und externem Speicher und umgekehrt.

CRC
cyclic redundancy checksum

CRC bezeichnet ein Prüfverfahren, bei dem auf der Basis von Binärzahlen (CRC polynominal) Prüfzeichen durch die Summenbildung der Datengruppen vor ihrer *Übertragung* gebildet werden. Die zu überwachenden Bits werden nacheinander in ein rückgekoppeltes Schieberegister geschoben. Die Länge wie auch die Anzahl und Lage

C

der Rückkoppelungsanzapfungen sind je nach Verfahren angegeben; so nennt man ein Prüfsummenverfahren mit vierstelligem Register CRC-4. Das Prüfsummenverfahren (CRC-n) erkennt Einzelfehler zuverlässig, mehrere Fehler mit großer Wahrscheinlichkeit. Der *Empfänger* prüft den CRC-Wert eines jeden empfangenen Paketes und entfernt die Prüf-Funktion vor der Freigabe des Paketes an die Empfangsstation.

Für jedes zu übertragende Bitmuster werden entweder 16 oder 32, manchmal auch 64 Prüfbits berechnet und hinter dem Informationsteil des frames als CRC oder frame check sequence/FCS übertragen.

Der Name einer Organisation, die bei der Vereinigung von *BITNET* und *CSNET* gegründet wurde. CREN steht für Consortium for Research and EducationNetwork .	**CREN**
Einführen von z.B. mehreren Kupferdrähten in eine metallische Hülse, die dann anschließend verformt wird, um eine feste *Verbindung* der Kupferdrähte zu gewährleisten.	**crimpen** *crimp*
Akronymische Abkürzung für "*Bildschirm*". Der Name ist nach dem physikalischen Prinzip der Bildröhre benannt, die allenthalben in Datensichtgeräten (Monitoren), aber auch in Fernsehgeräten oder Kathodenstrahloszillographen (oscilloscopes) verwendet wird.	**CRT** *cathode ray tube*
Eine technische *Leitungsvermittlung*, die mehreren Netzstationen gleichzeitig den Zugriff auf einen *Kanal* erlaubt. CSMA ist eine Abkürzung für *carrier* sense multiple access, was bedeutet, daß sich die Stationen dadurch synchronisieren, daß eine sendewillige Station zunächst den *Kanal* abhört (*carrier* sensing), bevor sie sendet.Beim *CSMA/CD* (CD für collision detection)-Verfahren darf eine Station nur dann senden, wenn das *Medium* nicht schon durch eine andere Station belegt ist. Ist das *Medium* belegt, wartet die Station so lange, bis das *Medium* frei ist und sie senden kann.	**CSMA** *carrier sense multiple access*

Aufschluß über den Zustand des Mediums bekommt die Station durch das Abhören. Das *CSMA/CA* (CA für collision avoidance) vermeidet unnötige zusätzliche Kollisionen dadurch, daß die Abarbeitung konfliktbehafteter Sendeanforderungen nicht zufällig, sondern prioritätsgesteuert erfolgt und somit ein deterministisches Verhalten, ähnlich dem *Token* Ring-Steuerungsverfahren, erzielt wird. Leider ist CSMA/CA nur bei bestimmten Produkten realisiert und nicht Bestandteil der internationalen Standardisierung. Deshalb ist es für die meisten Anwender nicht weiter von Interesse.

CSMA/CA
carrier sense multiple access with collision avoidance

Vielfachzugriff mit Leitungsabfrage und Kollisionsvermeidung. Das CSMA-Verfahren ist eine Zugriffsmethode beim *Ethernet*, genormt durch *ECMA* und *IEEE*. Beim Ethernet-Verfahren werden allerdings Kollisionen in Kauf genommen, weshalb in der Regel eine Einrichtung zur *Kollisionserkennung* vorgesehen wird (collision detection, also *CSMA*/CD). *CSMA*/CA vermeidet Kollisionen durch Verwendung eines Prioritätenschemas.

CSMA/CD
carrier sense multiple access with collision detection

Vielfachzugriff mit Leitungsabfrage und *Kollisionserkennung* (listen while talking). Eine random access-Zugriffsmethode, die bei Lokalen Netzen mit Busstruktur mehreren Netzstationen den Zugriff auf den *Kanal* regelt. Unter den möglichen CSMA-Varianten legt der *Standard* das 1-persistent-Protokoll fest. Dieses regelt die Kanalzuteilung wie folgt: Die sendewillige Station überwacht den *Kanal* (*carrier sensing, listen before talking*). Ist der *Kanal* frei, wird die *Übertragung* begonnen, jedoch frühestens 9,6 ms (interframe *gap*) nach

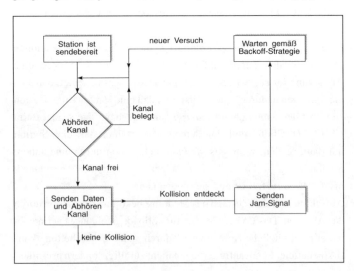

C

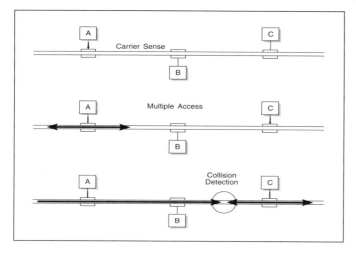

Freiwerden des Mediums. Ist der *Kanal* belegt, wird der *Kanal* weiter überwacht, bis er nicht mehr als belegt erkannt wird. Dann wird sofort mit der *Übertragung* begonnen.

Während der *Übertragung* wird der *Kanal* weiter abgehört (listen while talking). Wird eine *Kollision* entdeckt, wird die *Übertragung* sofort abgebrochen und eine spezielles *Störsignal* (jamming signal) auf den *Kanal* geschickt. Nach Aussenden des Störsignals wird eine bestimmte Zeit (backoff) gewartet und die CSMA-Übertragung, beginnend mit dem ersten *Schritt* (dem *carrier* sensing), neu versucht.

CSNET

Netz für Forschung und Hochschulen in den USA mit internationalen Anbindungen. Der einzige angebotene *Dienst* ist electronic mail. CSNET steht für computer science network.

CTIA

Mobilfunkverband in den USA. Die Abkürzung steht für Cellular Telecommunications Industry Association. CTIA steht für Cellular Telecommunications Industry Association.

CTS
conformance testing services

Konformitätsprüfdienst im Rahmen der Europäischen Gemeinschaft (EG). Bei der Gründung 1985 wurden zunächst folgende Ziele verfolgt: Schaffung der Grundlage für Prüfungen im gesamten OSI- und Telekommunikationsbereich und Verbesserung bereits bestehender Prüfungen und deren Abstimmung auf die Politik der EG.

C

current loop   Siehe Stromschleife.

cursor   Arbeitspositionsanzeiger auf dem *Bildschirm*, der je nach *Anwendung* verschieden geformt sein kann, häufig auch blinkend. Die Bewegung des cursors wird hauptsächlich hervorgerufen durch die Betätigung der Cursortasten oder durch Bewegen der Maus.

CVSD
continuously variable slope delta modulation
    Eine Art der Deltamodulation, bei der die Schrittweite des approximierten Signals fortschreitend erhöht oder vermindert wird, um das approximierte *Signal* besser an das analoge Eingangssignal anzupassen.

cyclic redundancy checksum   Siehe *CRC*.

D

D-Bit
delivery confirmation bit

Im *X*.25-Paket wird das D-Bit für die Ende-zu-Ende-Bestätigung benutzt. Die *DTE* zeigt damit an, ob sie den Empfang einer Ende-zu-Ende-Bestätigung wünscht. Das D-Bit wird in Daten- und CALL-Paketen angewendet, in allen anderen Paketarten ist das D-Bit = 0.

D-Kanal
D-channel

Anschlußkanal im *ISDN*, der hauptsächlich für die Zeichengabe bestimmt ist. Der D-Kanal hat eine *Übertragungsgeschwindigkeit* von 16 kbit/s im *Basisanschluß* und 64 kbit/s im *Primärmultiplexanschluß*. Obgleich D-Kanal "Daten-Kanal" heißt, werden über diesen *Kanal* fast nur Steuerinformationen (signalling) übertragen.

Das *Protokoll* des D-Kanals ist in den unteren drei Schichten des OSI-Referenzmodells abgebildet: In der Schicht 1 findet die physikalische Bitübertragung statt (16 kbit/s oder 64 kbit/s), in der Schicht 2 unquittierte und quittierte Nachrichtenübermittlung mit Paketen, TEI-Vergabe (terminal endpoint identifier) und -Rücknahme. Die Prozedur in dieser Schicht: *LAP* D (link access procedure Typ D). Schließlich werden in der Schicht 3 Netzsteuerinformationen (Zeichengabe), Protokollkennung und Referenzverwaltung (call reference) durchgeführt.

Der D-Kanal wird in zwei quantitativ verschiedenen Kombinationen mit B-Kanälen (B für bearer bzw. Betreiber) benutzt: Der basic rate und der primary rate. Die basic rate hat zwei B-Kanäle mit je 64 kbit/s für digitale *PCM* zur *Übertragung* von *Daten* oder quantisierter Sprache, plus einen D-Kanal (2B + 1D), die primary rate 23 B-Kanäle plus einen D-Kanal (23B + 1D) in den USA und Japan, in Europa sogar 30 B-Kanäle plus einen *Kanal* (30B + 1D).

D-Netz

Zellulares Mobilfunknetz der vierten Generation. Vorwiegend für den Einsatz zwischen Feststationen und Kraftfahrzeugen bestimmt. Voll *digital*, sowohl, was die Wählvermittlung (signalling) anlangt, als auch für *Daten* und Sprache. Letztere werden quantisiert, digitalisiert und PCM-moduliert, wodurch sie störungsarm und regenerierbar sind und somit auch unter schwierigen Bedingungen übertragen werden können.

Besonderes *Kennzeichen* dieses Netzes ist das automatische Weiterschalten von bestehenden Verbindungen beim Übergang von einem Sendebereich in einen anderen (automatic *handover*) und das automa-

D

tische Auffinden von Teilnehmern, deren Standort nicht bekannt ist, selbst dann, wenn derzeit kein Gespräch geführt wird und keine *Datenverbindung* besteht.

Die *Übertragung* findet im 900 MHz-Bereich statt, und zwar in den Teilbereichen 890 MHz bis 915 MHz und 935 MHz bis 960 MHz. Der untere Frequenzbereich wird für die *Übertragung* vom Mobilfunk-Sende/*Empfänger* zur Basisstation benutzt (uplink), der obere für die entgegengesetzte Richtung (*downlink*). Die jeweils 25 MHz breiten Frequenzbereiche sind in 124 Kanäle unterteilt, von denen jeder 200 kHz breit ist. Für das D-Netz gibt es zwei Betreiber: Die Deutsche Bundespost Telekom mit dem *D1-Netz* und ein privates Betreiberkonsortium unter Mannesmann mit dem *D2-Netz*. Da beide Netze nach dem GSM-Standard betrieben werden, gibt es technisch kaum Unterschiede.

D/A-Wandler
digital analog converter

Einrichtung zur Rückwandlung einer *digital* codierten Größe in einen analogen Strom- und Spannungsverlauf. Elektronische Bausteine, die im allgemeinen als integrierte Schaltkreise vorliegen, werden vor allem dazu benötigt, *digital* codierte Sprache in Analogsignale umzuwandeln. Wichtige Parameter von A/D-Wandlern sind u.a. die Wandlungsgeschwindigkeit und die Wandlungszeit.

D1-Netz

Digitales Mobilfunknetz unter der Verwaltung der DBP Telekom basierend auf dem *GSM*-Standard. Das D1-Netz beinhaltet ebenso wie das *D2-Netz* die Möglichkeit individueller Verkehrsleitdienste, die als *Mehrwertdienste* per Mobiltelefon von den Service-Providern angeboten werden. Siehe auch *D-Netz*.

D2-Netz

Privates Mobilfunknetz, das vom Mannesmann-Konsortium betrieben wird. Das D2-Netz gehört ebenso wie das *D1-Netz* zu den Realisierungen der Phase I, der *GSM*-Netze. Zu Einzelheiten siehe *D-Netz*.

Dämonprozeß
daemon process

Bezeichnung für einen nach dem Start autonomen Hintergrundprozeß im Betriebssytem *Unix*, wird aber auch in anderem Zusammenhang benutzt. Ein bekanntes Anwendungsbeispiel ist die Realisierung von Datenübertragungsverfahren im USENET. Im USENET werden Datenübertragungen durch Wählverbindungen realisiert. Da Wählverbindungen nicht jederzeit zustande kommen können (Besetztzustand, Leitungsüberlastung), werden die notwendigen Datenübertragungen durch einen "Dämonprozeß" automatisiert. Das *Programm* baut automatisch die notwendigen Datenverbindungen auf, überwacht die *Übertragung* und baut die Verbindungen anschließend wieder ab - im allgemeinen mehrere zu verschiedenen Zielen nacheinander. Der *Datennetzkoordinator* bestimmt, zu welchen Zeiten und wie oft täglich dies geschieht.

Ganz allgemein ist Dämpfung die Minderung der übertragenen Energie eines Signals im Verlauf einer Übertragungsstrecke. Die Dämpfung wird in *Dezibel* (*dB*) angegeben. Bei Spannungen (U1 und U2) definiert man 1 dB = 20 lg (U1/U2), bei Leistungen (P1/P2) ist 1 dB =

Dämpfung
attenuation

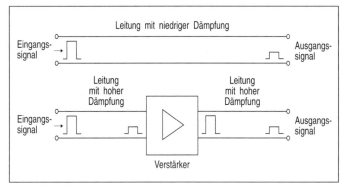

10 lg (P1/P2), wobei U1 bzw. P1 am Anfang und U2 bzw. P2 am Ende der *Leitung* gemessen werden. Die Dämpfung einer *Leitung* hat verschiedene Ursachen und wird von unterschiedlichen Parametern beeinflußt.

Die Dämpfung einer metallischen *Leitung* hängt z.B. von deren Länge, dem Material und der Bauform ab. Sie ist aufgrund der kapazitiven Mitkopplung der beiden Leiter (die Leiter verhalten sich wie die linearistischen Platten eines Kondensators) und

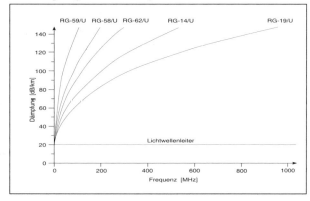

der Induktivität des Leiters an sich frequenzabhängig, in diesem Fall werden Ströme höherer Frequenzen stärker gedämpft als solche niedrigerer Frequenzen.

Die in der Datenübertragung benutzten *Koaxialkabel* weisen daher unterschiedliche Dämpfungswerte in Abhängigkeit von der *Frequenz* auf. Eine andere wesentliche Form der Dämpfung entsteht durch elektromagnetische Wechselwirkungen eines metallischen Leiters mit seiner Umwelt, also z.B. benachbarten Leitern. Man spricht hier von Nebensprechen (für die Ursache) und Nebensprechdämpfung (für die Wirkung).

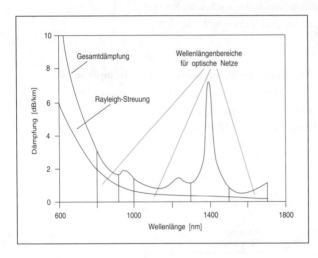

Der praktische Wert eines Leiters wird eben nicht nur durch seine theoretische Dämpfung, sondern durch die Kombination von Signal- und Nebensprechdämpfung bestimmt. So hat z.B ein *Lichtwellenleiter* ein völlig anderes Dämpfungsverhalten, welches über das Frequenzspektrum in keiner Weise regelmäßig ist, sondern ausgeprägte Minima und Maxima in der Signaldämpfung aufweist. Dafür ist die Nebensprechdämpfung eines Lichtwellenleiters äußerst gering.

Dämpfungsbudget   Im Rahmen eines Lichtwellenleiterübertragungssystems ist das Dämpfungsbudget die Summe aller zwischen *Quelle* und Senke auftretenden Verluste in *dB*. Die Erstellung eines Dämpfungsbudgets ist wichtig, um am *Empfänger* eine ausreichende Versorgung zu gewährleisten.

Dazu ist es notwendig, alle auf der Strecke auftretenden Verluste zu addieren, und notfalls einen *Repeater* auf der Strecke zu installieren. Es müssen insbesondere berücksichtigt werden: die Einkoppelverluste der Laserdiode, die aufaddierte *Dämpfung* sämtlicher verwendeter *Kabel* sowie die Dämpfungen aller Steckverbindungen und Spleiße.

D

daisy chaining

Hintereinanderschalten mehrerer Endgeräte (Terminals, Drucker etc.) an einer Datenleitung in Form einer Kette, so daß der Ausgang eines Gerätes mit dem *Eingang* des nächsten Gerätes verbunden ist. Das hat den Vorteil der Kostenersparnis. Außerdem wird eine Vielzahl von Steckern an einem Gerät dann auf mehrere verteilt.

Der Nachteil einer solchen Anordnung allerdings besteht darin, daß beim Ausfall eines Gerätes meist auch alle dahinter liegenden Geräte funktionsuntüchtig werden. In abstrahierter Auffassung wird der Begriff daisy chaining auch für Steuerungstechniken zur Auswahl eines Sendeberechtigten aus einer Menge von Stationen, die gleichzeitig Zugriff auf ein wechselseitig angeschlossen benutzbares *Übertragungssystem* wie einen internen Rechnerbus oder ein Bus-CAN haben können, benutzt. Üblicherweise definiert man eine reale oder virtuelle Signalleitung, auf der ein *Signal*, welches das Senderecht repräsentiert, von Station zu Station gereicht wird. Eine Station, die das *Signal* erhält, wird dadurch z.B. zum sogenannten Bus-Master und darf einen Nachrichtentransfer initiieren. Hat diese Station nichts zu senden, gibt sie das Recht sofort weiter.

Daisy chaining basiert auf der physischen Anordnung der Stationen, im Gegensatz zu *Token* Passing-Verfahren, die strukturell äquivalent sind, aber von der physischen Anordnung unabhängig gemacht werden können. Der Vorteil von daisy chaining ist die leichte Implementierbarkeit, Nachteile sind die Einführung eines starren Prioritätenschemas, Verzögerungen durch die Auswahlsignale, Verletzbarkeit, Unfairneß, Möglichkeit der Monopolisierung durch einen Benutzer. Ein entfernter Verwandter von daisy chaining ist das demand priority Verfahren aus dem *IEEE* 802.3 100Base-VG-Standard.

Darstellungsschicht
presentation layer

Aufgabe der Darstellungsschicht - sie bildet Schicht 6 im ISO-Modell - ist die *Codierung* und Darstellung der Informationen, die zwischen offenen Systemen ausgetauscht werden. Instanzen der *Anwendungsschicht* vereinbaren zunächst, wie die *Daten*, die ausgetauscht werden sollen, zu strukturieren sind und welche Datentypen und -werte benutzt werden.

Diese Vereinbarung wird abstrakte Transfersyntax genannt. Eine entsprechende Beschreibungssprache ist ASN.1 (abstract syntax notation one), ein Normenvorschlag der *ISO*. Die Darstellungsschicht hat

D

die Aufgabe, die Dateieinheiten unter Erhaltung ihres Informationsgehalts zu übertragen. Die Instanzen der Darstellungsschicht treffen Vereinbarungen über eine konkrete Transfersyntax. Die Zuordnung zwischen abstrakter und konkreter Transfersyntax wird als Darstellungskontext bezeichnet. Beispiele für realisierte Protokolle der Darstellungsschicht sind die Dokumentarchitektur T.73 von *CCITT* und *EHKP*-6 für *Bildschirmtext*.

Die Beschreibung für die Darstellungsschicht lautet nach *DIN*: Darstellungsschicht stellt Ausdrucksmittel (z.B. *Zeichenvorrat*, Attribute) zur Verfügung, die es den Anwendungsinstanzen ermöglichen, Begriffe eindeutig zu benennen, und legt im Darstellungsprotokoll die Regeln fest, wie die in der gemeinsamen Sprache dargestellte *Information* auszutauschen ist".

DASAT DASAT-Verbindungen werden mit Übertragungsraten zwischen 64 kbit/s und 1,92 Mbit/s als Punkt-zu-Punkt oder Punkt-zu-Mehrpunkt innerhalb Deutschlands angeboten. Beide Arten sind als *Wählverbindung* oder Reservierungsverbindung (Mindestverbindungsdauer 5 Minuten) verfügbar. Als zusätzliche Leistungsmerkmale werden z.B. Benutzergruppe und Gebührenübernahme angeboten; der befristete Betriebsversuch ging bis zum 31.12.1992.

data encryption standard Der data encrytion standard (DES) ist ein vom amerikanischen National Bureau of Standards (*NBS*) entwickelter, kryptographischer *Algorithmus* (d.h. ein abgeschlossener Verschlüsselungsrechenvorgang mit einer *zyklisch* sich wiederholenden Gesetzmäßigkeit) für die Ver- und Entschlüsselung von *Daten*. Der DES-Algorithmus wurde 1977 entwickelt und benutzt einen 64-Bit-Schlüssel, welcher Kombinationen von Daten-Substitutionen, -Transformationen und Exklusiv-Oder-Funktionen ermöglicht. Der Data Encryption *Standard*, das bekannteste und bewährteste symmetrische Verschlüsselungsverfahren, wurde 1974 veröffentlicht und in den USA als ANSI-Standard normiert (*ANSI* X3.92-1981). Er wird seit vielen Jahren insbesondere in Finanz-Applikationen eingesetzt und kann als internationaler Quasi-Standard bezeichnet werden.

Bei dem DES-Algorithmus handelt es sich um eine sogenannte Produktverschlüsselung, bei der als elementare Verschlüsselungen Substitutionen und Transpositionen verwendet werden. Bei Substitutionen werden Bitgruppen durch andere Bitgruppen ersetzt, bei Transpositionen wird die Reihenfolge der Bits und Bitgruppen verändert.Der *Algorithmus* wird in mehreren Runden durchlaufen, wobei bei jedem Durchlauf ein anderer Arbeitsschlüssel zur Steuerung angewendet wird, der mit einer bestimmten Funktion aus dem eigentlichen Schlüssel ausgewählt wird. Dabei geht der Trend dahin, die Schlüssellänge und die Anzahl der Runden variabel zu halten. Das im Laufe der Zeit zunehmende Risiko, daß der *Algorithmus* durch Steigerung der Rechenkapazität kompromittiert werden könnte, kann durch Heraufset-

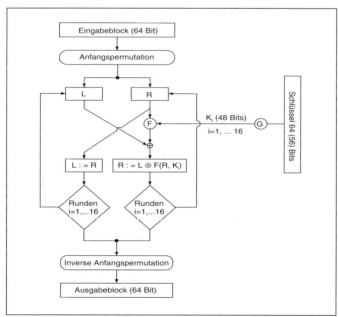

zen der Schlüssellänge und/oder der Rundenanzahl wieder reduziert werden.

Der DES-Algorithmus ist ein Blockalgorithmus, der 64 Bits Klartext in 64 Bits Schlüsseltext und umgekehrt überführt. Die Schlüssellänge beträgt 64 Bits, von denen jedoch nur 56 Bits signifikant sind, während die restlichen 8 Bits die Funktion von Paritätsbits haben (je 7 Bits werden mit ungerader *Parität* versehen). DES-Chips sind von europäischen und deutschen Firmen problemlos erhältlich, aus den USA nur mit Schwierigkeiten. Produkte, die den *DES-Algorithmus* oder einen anderen *Algorithmus* zur *Verschlüsselung* enthalten, benötigen grundsätzlich eine Ausfuhrgenehmigung. Dabei spielt es keine Rolle, ob der *Algorithmus* hardware- oder softwaremäßig implementiert wurde.Der schnellste, zur Zeit kommerziell verfügbare DES-Chip leistet laut Datenblatt eine Verschlüsselungsrate von 12 MByte/s, also fast 100 Mbit/s .In Software-Implementationen werden Verschlüsselungsraten von mehr als 250 kbit/s auf einem IBM AT 386 mit 25 MHz erreicht. Auf einem 486er mit 50 MHz beträgt die Verschlüsselungsrate je nach Implementationsstrategie bis zu 800 kbit/s .

Der DES-Algorithmus ist heute bereits standardmäßig in vielen Chipkarten enthalten.

data link   Mit "data link" werden die Datenübertragungseinrichtungen und des sie verbindenden Leitungsnetzes bezeichnet, in der eine *Übermittlungsvorschrift* vereinbart wurde, die den Austausch von *Daten* über das gleiche physische *Medium* zwischen zwei Datenendeinrichtungen ermöglicht (Sicherungsdienst).

data terminal equipment   Siehe *Datenendeinrichtung*.

data token   Hilfsmittel der OSI-Schicht 5, der *Kommunikationssteuerungsschicht*, auch Sitzungsschicht (session layer) genannt. Normalerweise sind alle OSI-Datenverbindungen vollduplex. Es gibt aber Fälle, in denen das nicht sinnvoll ist, z.B. bei der *Kommunikation* mit Datenbanken jeder Art. Um in diesen Fällen einen *Dialog* führen zu können, wird halbduplex gefahren, mit einem "data token" als Hilfsmittel, um zu zeigen, wer an der Reihe ist.

D

Datagramm
datagram

Dienstart eines paketübertragungsorientierten Netzwerkes mit wenig Protokollaufwand. Das *Netzwerk* sorgt zwar für die Beförderung des Pakets, nicht jedoch für die korrekte Reihenfolge mehrerer Pakete. Das *Paket* enthält neben den *Daten* die komplette Empfängeranschrift, die vom Absender und nicht vom *Netzwerk* angegeben wird. Ein Datagramm könnte man auch als Daten-Telegramm interpretieren.

Datagrammdienst
datagram service

Der Datagrammdienst befördert Datenpakete, die Start- und Zielangaben enthalten, sowie eine Reihenfolgenummer. Der Transport erfolgt über ein ständig mit allen potentiellen Absendern und Empfängern verbundenes *Datennetz*, d.h. es muß vorab keine *Verbindung* geschaltet werden. Das Netz ist meist komplex vermascht, so daß es im allgemeinen mehrere Wege vom Absender zum *Empfänger* gibt. Auf die Wegleitung haben weder der Absender noch der Empänger noch gar das *Paket* selbst Einfluß; das bestimmen einzig und allein die interface message processors (IMPs) in Abhängigkeit von der Verkehrslage. Daher kann es vorkommen, daß die Pakete in unregelmäßiger Reihenfolge am Zielort ankommen.
Die Reihenfolgenummer macht es dem *Empfänger* möglich, den *Datenstrom* wieder richtig zusammenzusetzen. Sollten einzelne Pakete unterwegs verlorengehen, kann der *Empfänger* diese beim Absender nachfordern. Sollten auf diese Weise mehr als ein *Paket* mit derselben Folgenummer eintreffen, werden die anderen bis auf eines verworfen. Bei all den Vorteilen dieses Systems ist ein Nachteil nicht zu übersehen: Aufgrund der vielen Informationen, die jedes *Paket* mit sich herumtragen muß, entsteht ein beträchtlicher *Overhead*, der den *Durchsatz* empfindlich mindern kann.

Datei
file

Eine Sammlung von gleichen oder ähnlichen Informationen (Texten, numerischen *Daten* oder einer Kombination). Unabhängig davon, ob eine Datei lang oder kurz ist, wird sie bei der Speicherung als Einheit betrachtet. Informationen werden auf einem Datenträger in Form von Dateien abgelegt. Über den Dateinamen können sie jederzeit wieder aufgerufen und bearbeitet werden. Laut *DIN* ist eine Datei eine Zusammenfassung digitaler *Daten* zu einer sachbezogenen Einheit von einem oder mehreren Datensätzen (-satzgruppen).

D

Dateiname
file name
Eine Zeichenfolge (Buchstaben und Ziffern) zur anwenderorientierten Kennzeichnung einer *Datei*. Der Dateiname wird vom *Betriebssystem* des Computers erkannt, das die *Datei* bei Bedarf wieder auf den *Bildschirm* holt und dem Anwender die weitere Bearbeitung ermöglicht.

Dateizugriff
file access
Damit ist die Art des Zugriffs zu Dateien auf elektronischen Speichern zum Lesen und/oder Schreiben von *Daten* gemeint. Der Dateizugriff hängt insbesondere bei externen Speichern sehr stark vom physikalischen Aufbau eines Speichers ab.

Dateldienste
datel services
Dieser international übliche Begriff wurde von "data telecommunications" abgeleitet und bezeichnet die Postdienste, die *Fernmeldewege* für die Datenübertragung verwenden.

Es ist ein Sammelbegriff für alle Datenübermittlungsdienste der Deutschen Bundespost Telekom. Für die *Datenübermittlung* werden *Dienste* im öffentlichen *Fernsprechnetz*, im integrierten Text- und *Datennetz* (*IDN*), auf Standleitungen und in den Datex-Netzen angeboten. Die Sondernutzung des Fernsprechnetzes bietet den Vorteil der weiten Verbreitung von Fernsprechanschlüssen mit dem Nachteil einer geringeren Qualität hinsichtlich maximaler *Übertragungsgeschwindigkeit* und Fehlersicherheit.

Daten
data
Informationen zum Zwecke der Verarbeitung. Man unterscheidet zwischen digitalen und analogen Daten. In diesem Zusammenhang hat man es vor allem mit Nachrichten zu tun, die nicht durch menschliche Sinne aufgenommen, sondern datenverarbeitenden Anlagen zur automatischen Verarbeitung zugeführt werden oder von diesen herrühren. Daten sind Informationen, die in Dateien für die Verarbeitung durch den Computer gespeichert sind.

Bei den Daten kann es sich um Buchstaben, Zahlen oder Symbole handeln. Daten werden als Arbeitsgrundlage für Anwendungsprogramme in den Computer eingegeben. Nach *DIN* 44300 sind Daten als *Zeichen* oder kontinuierliche Funktionen definiert, die aufgrund von bekannten oder unterstellten Abmachungen dem Zwecke der Verarbeitung dienen.

D

Datenaustausch
data interchange

Übertragung von *Daten*, insbesondere von Verarbeitungsergebnissen, zwischen Datenverarbeitungssystemen; in der Regel in beiden Richtungen.

Datenbank
database

Elektronisches Archiv mit raschem Zugriff und platzsparender Aufbewahrung großer Datenmengen für viele Anwender oder Programme. *Daten* oder Nachrichten können nach variablem Ordnungsschema einzeln oder verknüpft sowohl in Dialog- als auch im *Stapelbetrieb* ausgelegt bzw. abgerufen werden (nach *DIN* 44300 für die Verwaltung der enthaltenen *Daten* bzw. Dateien).
Eine Datenbank kann von mehreren Anwenderprogrammen gemeinsam genutzt werden. Man unterscheidet die Anordnung der *Daten* unter Beachtung der optimalen Speichernutzung und die logische Struktur, d.h. die Berücksichtigung der Beziehungen zwischen zusammengehörigen *Daten*. Dadurch werden *Daten* unabhängig von den Anforderungen an ihre jeweilige Verwendung (*Anwendung*) nach einheitlichen Gesichtspunkten verwaltet.

Datenbank öffentliche
public data base

Ein öffentlicher Informationsdienst, der durch Mitgliedschaft zugänglich wird. Auf diese *Dienste* greift man über das Fernsprech-Wählnetz zu. Das Dienstleistungsangebot reicht von Nachrichten, dem elektronischen "Schwarzen Brett", Informationsverarbeitung und vielen anderen Diensten bis hin zur Unterhaltung.

Datenblock
data block

Auch *Datenübertragungsblock* genannt. Er beschreibt die Größe und Struktur einer zu übertragenden physischen Dateneinheit. Man sagt hierzu auch *Frame* oder Rahmen.

Datendienst
data exchange service

Aus dem Begriff "data exchange service" abgeleitete Bezeichnung für Datenübertragungsdienste im Text- und *Datennetz*. Dateldienste, *Datex-P*, *Datex-L*.

Datendirektverbindung

Die Hauptanschlüsse mit digitalen Anschaltepunkten, die für den eigenen Bedarf zur *Übertragung* beliebiger Kommunikationsformen genutzt werden können, sind über festgeschaltete Leitungen miteinander verbunden. Früher hießen diese Verbindungen *HfD*, was für *Hauptanschluß* für Direktruf steht. Das Angebot bei den Direktrufan-

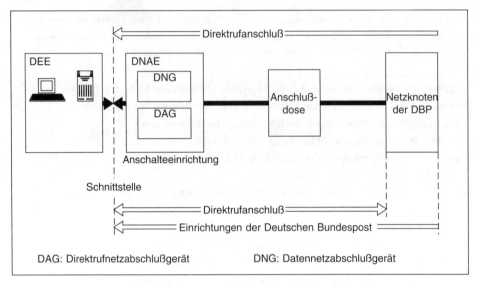

DAG: Direktrufnetzabschlußgerät   DNG: Datennetzabschlußgerät

schlüssen der Gruppe A umfaßt Übertragungsgeschwindigkeiten von 50 bit/s bis 1,92 Mbit/s.

Die *Übertragung* erfolgt bis 300 bit/s nach dem Start-Stop-Verfahren, bei höheren Geschwindigkeiten im allgemeinen nach dem Synchron-Verfahren. Anschlüsse der Gruppe B mit nicht standardisierter *Schnittstelle* und ohne aktive Netzkomponenten werden für den Einsatz im Ortsnetzbereich angeboten. Für den Bereich der internationalen Festverbindungen ist zu bemerken, daß seit dem 1. Juli 1991 die benutzungsrechtlich bedingte Unterscheidung zwischen internationaler *Mietleitung* und *Festverbindung* entfällt.

Datenendeinrichtung
data terminal equipment

Einrichtungen zum Senden und/oder Empfangen von *Daten*. Sammelbezeichnung für *Datenendgerät*, *Datenkonzentrator* und Datenverarbeitungsanlagen.

Datenendgerät
data terminal

Periphere *Datenendeinrichtung*, die nur einem Fernmeldeweg angeschlossen ist (letzte *Datenquelle* oder -senke).

Datenendstation
terminal

Datenendeinrichtung, heute meist in Form eines Bildschirmgerätes mit Tastatur ausgeführt. Man unterscheidet zwischen "unintelligenten" (dumb) und "intelligenten" Terminals. Während erstere lediglich

D

einzelne *Zeichen* senden und empfangen, können letztere gewisse Funktionen (wie Textbearbeitung) vor Ort ohne Eingreifen einer zentralen Rechenanlage ausführen. Man unterscheidet Dialog- und Stapelstationen. Nach *DIN* setzt sich eine *Datenstation* aus DEE und DÜE zusammen.

Umsetzen von *Daten* in maschinell lesbare Form zur Eingabe in eine *Datenverarbeitungsanlage*. Dabei werden Hilfsmittel zur Aufbewahrung der *Daten* eingesetzt. Wenn das Erfassungsgerät mit einer *Datenverarbeitungsanlage* direkt verbunden ist (On-Line-Betrieb), ist die Datenerfassung zugleich Dateneingabe. Mit der Datenerfassung sind in der Regel Prüfverfahren auf formale Richtigkeit verbunden.

Datenerfassung
data aquisition

Die zu übermittelnden *Daten* dürfen aus einer beliebigen Bitfolge bestehen. Zweckmäßigerweise wird die Zeichenstruktur des angewendeten Codes zugrunde gelegt. Die Bitfolge kann aber völlig unabhängig von einer festen Zeichenstruktur aufgebaut sein.

Datenfeld
information field

Gerät für den *Anschluß* von Datenendeinrichtungen an ein digitales, synchron arbeitendes *Datennetz*, vorzugsweise an das *IDN*.

Datenfernschaltgerät
data circuit-terminating equipment

Datenübertragung von einer *Datenverarbeitungsanlage* zu einer anderen über Datenleitungen. Eine *Datenverarbeitungsanlage* sendet ihre *Daten* über eine *Schnittstelle* (*Interface*) zu einem DFÜ-Gerät, wo die *Daten* aufbereitet und über eine Datenendleitung dem DFÜ-Gerät der empfangenden *Datenverarbeitungsanlage* übermittelt werden, das die Signale wieder für die empfangende Station anpaßt.

Datenfernübertragung
data transfer

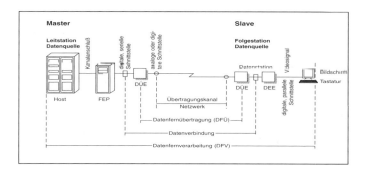

309

D

Datenfern-
verarbeitung
remote data proces-
sing, teleprocessing

Spezielle Form der *Datenverarbeitung*; schließt die Verarbeitung und *Übertragung* von *Daten* ein und ermöglicht die Nutzung eines Datenverarbeitungssystems über beliebige räumliche Entfernungen (vgl. *DIN* 44 302). Man unterscheidet *Stapelverarbeitung*, bei der *Daten* in getrennten Arbeitsschritten übertragen, verarbeitet und rückübertragen werden und Echtzeitverarbeitung, bei der alle für die Verarbeitung von *Daten* notwendigen Arbeiten einschließlich der *Übertragung* direkt ausgeführt werden. In Deutschland sind für die Datenfernverarbeitung die Datel-Dienste vorgesehen.

Datenformat
data format

Für die Datenübertragung werden grundsätzlich die beiden Datenformate *asynchron* und synchron eingesetzt. Diese Formate bedienen sich unterschiedlicher Mechanismen zur Synchronisation von *Datenquelle* und *Datensenke*. Bei beiden Formaten erfolgt jedoch die Darstellung eines Bits, z. B. durch einen festgelegten Spannungspegel über eine bestimmte Zeitspanne. Durch dieses Zeitintervall wird die *Übertragungsgeschwindigkeit* (bit/s) bestimmt. Im Regelfall arbeiten *Datenquelle* und *Datensenke* mit derselben Geschwindigkeit.

Eine allgemein bekannte Ausnahme stellt die paketvermittelte Datenübertragung nach *X*.25 (*DATEX-P*) dar, bei welcher auf Grund der speichervermittelten *Übertragung* auch Datenendgeräte mit verschiedenen Übertragungsgeschwindigkeiten miteinander kommunizieren können. Die Anpassung der unterschiedlichen Datenraten erfolgt automatisch durch das *Netzwerk*. Bei der asynchronen *Übertragung* wird jedes *Zeichen* für sich einzeln synchronisiert und kein gemeinsamer Takt an der *Schnittstelle* benutzt. Als Hilfsmittel dafür dienen die Start- und Stopbits.

Die synchrone *Übertragung* bedient sich eines gemeinsamen Taktes an der *Schnittstelle*, wobei jedes *Zeichen* innerhalb eines festen Zeitrasters - der *Übertragungsgeschwindigkeit* - übertragen wird. Die zeichenorientierten Verfahren benutzen zur Übertragungssteuerung die dafür festgelegten *Steuerzeichen*, während bei den bitorientierten Verfahren ein definierter transparenter Datenrahmen und separate Steuerblöcke vorgegeben sind.

Datenintegrität
data integrity

Die Datenintegrität umfaßt die Menge der Maßnahmen in einem Rechensystem, die dafür sorgen, daß *Daten* während der Verarbeitung nicht beschädigt werden können. Ein einfaches Beispiel wäre die Bildung einer Kopie eines zu übertragenden Datenpaketes in der *Datenquelle*. Erst bei Eintreffen einer positiven Empfangsbestätigung von der *Datensenke* (dem Ziel) darf die Kopie vernichtet werden. Datenintegrität, *Datenschutz* und *Datensicherung* bilden die Eckpfeiler der verläßlichen Informationsverarbeitung.

Austausch von Datenströmen zum Zwecke der Übermittlung binärer *Daten* und der *Kommunikation* von Computersystemen.

Datenkommunikation
data communication

Unter Verwendung genormter Übertragungsverfahren und Schnittstellen bieten die Postautoritäten der einzelnen Länder auf ihren Übertragungsnetzen anwendungsorientierte *Dienste* zur Nachrichtenübertragung bzw. *Kommunikation* an. Die *Dienste* unterscheiden sich im wesentlichen durch die Merkmale Vermittlungstechnik und *Kompatibilität* des Netzzuganges. Die Vermittlungstechnik stützt sich auf zwei Verfahren. Bei der Durchschaltvermittlung wird zwischen zwei Teilnehmern eine physikalische *Verbindung* bereitgestellt, die den verbundenen Teilnehmern exclusiv zur Verfügung steht. Bei der Teilstreckenvermittlung dagegen besteht zwischen zwei Teilnehmern keine physikalische *Verbindung* mehr, sondern nur noch eine logische oder virtuelle *Verbindung*.

Datenkommunikationsdienste
data communication services

Die Telekom bietet historisch gesehen verschiedene Netze zur *Datenkommunikation* an:
- *Fernsprechnetz*,
- *Telexnetz*,
- *Datexnetz*.

Die *Dienste* umfassen alle nötigen Vorkehrungen von der Bereitstellung des Netzes und eventuell der Endgeräte bis zur Logistik (wie Teilnehmerverzeichnis und Gebührenabrechnung).

Das Prinzip der *Kompression* beruht auf der Eliminierung redundanter Zeichen vor der *Übertragung* bzw. einer dynamischen Zuordnung von Datenbits in Abhängigkeit der Häufigkeit eines Zeichens (*character*). Ausgefeilte Kompressionsalgorithmen ermöglichen die *Kompression* von beliebigen Datenströmen, auch wenn es sich um Computerprogramme oder Zufallsfolgen handelt. Spitzengeräte garantieren einen

Datenkompression
data compression

D

Kompressionsfaktor von 4:1, auch für synchrone Prozeduren.
Ziel der Datenkompression ist es, Dateien in ihrem Umfang zu reduzieren, um dadurch einen schnelleren Datendurchsatz zu erreichen und mit weniger Speicherbedarf auszukommen.
In der Datenkompression unterscheidet man Verfahren mit echter und verlustbehafteter *Kompression*. Die Verfahren setzen auf unterschiedlichen Algorithmen auf und erfassen häufig nur Zustandsänderungen gegenüber dem vorherigen Zustand. Besondere Bedeutung finden die Kompressionsverfahren bei der Komprimierung von statischen Bildern (Grafiken, Fotos) sowie bei Bewegtbildern (Video). Die bekanntesten Verfahren zur Datenkompression bei Bildern sind das JPEG und das MPEG.

Datenkonzentrator
data concentrator

Datenendeinrichtung, die mehrere *Fernmeldewege* zu wenigen zusammenfaßt, z.B. *Schnittstellenvervielfacher* und *Multiplexer*.

Datennetz
data network

Die Gesamtheit der Einrichtungen, mit denen ausschließlich Datenverbindungen zwischen Datenendeinrichtungen hergestellt werden. Datennetze können auf unterschiedliche Art und Weise und mit Hilfe verschiedener Kriterien klassifiziert werden. Nach der generellen Organisationsform unterscheidet man zwischen öffentlichen und privaten Datennetzen. Nach der physikalischen Ausdehnung unterscheidet man z.B. Lokale Netze (local area network) *LAN*, Bereichsnetze (metropolitan area network) *MAN* und Weitverkehrsnetze (wide area network) *WAN* und globale Netze (global area network) *GAN*.
Nach der Versorgungsstruktur unterscheidet man Front-End-Backbone- und Back-End-Netze die Endgeräte (auf Nutzerseite) bzw. Front-End-Netze bzw. Back-End-Systeme (wie z.B. *Server* und mosts) untereinander und mit anderen Netzen oder Systemen verbinden. Es gibt physikalische Datennetze und logische Datennetze die auf physikalischen Datennetzen aufbauen und eine autonome logische Struktkur besitzen. Es gibt nach der Geschwindigkeit langsame und "High Speed" Datennetze. Jedes real existierende Netz hat gleichzeitig eine Reihe von Eigenschaften und Betriebsformen. Die öffentlichen Datennetze in der Bundesrepublik Deutschland werden je nach Vermittlungsprinzip in *Datex-L-Netz*, *Datex-P-Netz* und Direktrufnetz unterteilt. In ihnen werden die Datel-Dienste abgewickelt.

Öffentlich betriebene Datennetze sind meist international genormt. Sie werden von den nationalen Postverwaltungen, die dieses Vermittlungssystem bereitstellen, als Dienstleistung angeboten (z.B. *Datex-L-Netz, Datex-P-Netz*). Das öffentliche *Fernsprechnetz* der Bundesrepublik Deutschland dient der *Übertragung* von analogen Signalen (Sprachübertragung). Daneben werden von den nationalen Postverwaltungen öffentliche Netze zur *Übertragung* von digitalen *Daten* bereitgestellt, die PDNs (public data networks). Im internationalen Bereich gibt es zahlreiche, auch private Datennetze, die sich teilweise auf öffentliche Datennetze stützen.

DIN 44 302 definiert ein *Datennetz* als die Gesamtheit der Einrichtungen, mit denen Datenverbindungen zwischen DEEs hergestellt werden. Seit Einführung der *Telekommunikationsordnung* (TKO) sind alle bisher bestehenden Netze unter dem benutzungsrechtlichen Oberbegriff »Öffentliches Telekommunikationsnetz« zusammengefaßt.

Datennetz öffentliches
public data network

Datenübertragungsgerät, das sowohl an digitalen Wählanschlüssen der Gruppe L und der Gruppe P als auch am Direktrufanschluß zum Einsatz kommt.

Datennetzabschlußgerät
data network termination adapter

Fachmann für den *Datenübermittlungsdienst* bei den Fernmeldeämtern der Deutschen Bundespost Telekom, der postintern den Aufbau der Anwenderdatennetze koordiniert und die Kunden seines Bereiches über die Dienstleistungsangebote der Post im *Datenübermittlungsdienst* beraten soll. Er ist telefonisch über die Dienststelle "Datenentstörung" (DE) oder "Technischer Kundendienst" (TK) beim zuständigen *Fernmeldeamt* zu erreichen.

Datennetzkoordinator
data network coordinator

Eine im Rahmen eines Datennetzes definierte Anordnung von *Zeichen*, die als Einheit bei Übertragungsdiensten mit *Paketvermittlung*

Datenpaket
data packet

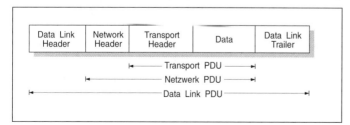

behandelt wird und Steuerbefehle zur Übermittlung enthält. Ist in jedem Datenpaket die vollständige *Zieladresse* enthalten, spricht man von einem *Datagramm*. Dagegen enthält bei einer virtuellen *Verbindung* nur das erste Datenpaket die vollständige *Adresse*, während in den folgenden eine Zuordnung zur jeweiligen *Verbindung* vermerkt ist. Vielfach treten bei Datenpaketen neben Quell-, Ziel- und Netzinformationen noch Synchronisations- und Prüfinformationen wie die *CRC* hinzu.

Datenpaket-Folgesteuerung
data packet sequencing

Ein Steuerungsvorgang, der sicherstellt, daß die Datenpakete der empfangenden *Datenendeinrichtung* in der gleichen Reihenfolge angeliefert werden, in der sie vom *Datennetz* von der sendenden DEE empfangen wurden.

Datenpaket-Netz
data packet-switched network

In solchen Übertragungsnetzen werden digitale *Daten*, ohne Rücksicht auf die inhaltliche Gliederung, zu Paketen fester Länge zusammengestellt (wirtschaftliche Nutzung). Der entsprechende *Dienst* der Bundespost heißt *Datex-P* mit Schnittstellen nach *CCITT X.25*.

Datenpaket-Vermittlung
data packet switching

Die Datenpaketvermittlung ist in der CCITT-Empfehlung *X.25* beschrieben und stellt eine wirtschaftliche Lösung für den internationalen Austausch von *Daten* dar. Wie sehr sich dieses Prinzip durchgesetzt hat, beweisen die weltweit über 170 Paketvermittlungsnetze, die von der Bundesrepublik erreichbar sind.

Neben dem öffentlichen *Datennetz Datex-P* der Deutschen Bundespost Telekom können multinationale Unternehmen auch unternehmenseigene private Paketvermittlungsnetze implementieren. Die Datenpaketvermittlungstechnik beruht auf dem Prinzip der Speichervermittlung. Hierbei werden die zu übertragenden *Daten* zunächst an den lokalen *Netzknoten* übermittelt, dort kurzzeitig zwischengespeichert und dann gegebenenfalls über andere *Knoten* der *Zieladresse* zugeleitet.

Der Transport von beliebigen *Daten* und Texten erfolgt dabei in Paketen mit definierter Länge (z. B. 128 Bytes), die mit zusätzlichen Routing- und Steuerinformationen versehen werden. Beim *Empfänger* werden die einzelnen Datenpakete wieder zum ursprünglichen *Datenstrom* zusammengefügt.

D

Dem Übertragungsnetzwerk kann durch Vermaschung eine hohe *Redundanz* verliehen werden, so daß bei Ausfall oder Überlastung einer Übertragungsstrecke alternative Wege benutzt werden können. Zum Unterschied zur *Leitungsvermittlung* werden bei der *Paketvermittlung* die *Übertragungswege* nicht exklusiv genutzt; deswegen spricht man hier von virtuellen Verbindungen. Ferner lassen sich über einen physikalischen Netzwerkanschluß gleichzeitig mehrere logische Verbindungen führen.

Datenquelle
data source

Ursprungsort der Daten-Sendestelle. Der Teil einer *Datenendeinrichtung*, der *Daten* an einen Übermittlungsabschnitt liefert oder liefern soll.

Datenrate
data rate

Anzahl der binären *Daten*, die pro Sekunde übertragen werden können. Die Datenrate wird in bit/s angegeben, bzw. mit Präfixen *k*(kilo), M(Mega) oder G(*Giga*) versehen.
In der englischen Literatur wird die Datenrate in bps (bits per second) angegeben.

Datensatz
data record

Ein Datensatz ist die Zusammenfassung mehrerer logisch zusammengehöriger *Daten*. Eine *Datei* besteht aus einer Reihe von Datensätzen. Bei einer Adreßkartei besteht ein Datensatz z.B. aus Name, Vorname, Straße, Hausnummer, Postleitzahl und Ort.

Datenschutz
data security,
data protection

Gesetzliche Regelungen und technische Maßnahmen, durch die die unberechtigte Speicherung, Verarbeitung und Weitergabe schutzwürdiger *Daten* verhindert werden soll. Ziel ist es, die Persönlichkeitsrechte des Menschen vor den Folgen der Erfassung seiner Individualdaten bei der manuellen und automatischen *Datenverarbeitung* zu schützen.
Datenschutz, *Datenintegrität* und *Datensicherung* bilden die verläßliche Informationsverarbeitung.

Datensenke
data sink

Bestimmungsort der *Daten*, Empfangsstelle. Der Teil einer *Datenendeinrichtung*, der *Daten* von einem Übermittlungsabschnitt aufnimmt oder aufnehmen soll.

D

Datensicherung Organisatorische und technische Maßnahmen gegen Beschädigung,
data protection Verfälschung, Verlust, Diebstahl von *Daten* und Datenträgern.

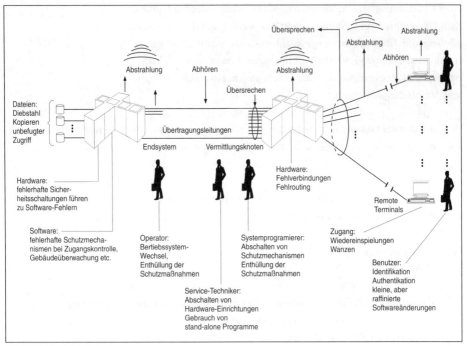

**Daten-
sicherungsschicht** Siehe *Sicherungsschicht*.

Datenstation Eine Station *DTE* oder DEE (*Datenendeinrichtung*), die Nachrichten
data terminal equip- von einer *Datenverbindung* sendet oder empfängt. Eingeschlossen
ment sind Netzwerkknoten und Benutzergeräte.

Datenstecker Die Datenstecker in LANs lassen sich unterteilen in *Stecker* für
connector koaxiale *Kabel* symmetrische *Kabel* und *Lichtwellenleiter*. Die *Stecker* für *Koaxialkabel* sind koaxial aufgebaut mit Innenleiter und Außenleiter. Letzterer dient als Schirmung und sorgt gleichzeitig für eine stabile mechanische *Verbindung*. Typische Vertreter dieser Gruppe sind BNC- und *N-Stecker*. Neben diesen für *Koaxialkabel* geeigneten Steckverbindungen gibt es noch solche für *Twinax-Kabel*, den sog. *Twinax-Stecker* und andere für symmetrisch verdrillte Leitungen der

Typen *STP* und *UTP*. Der im Zusammenhang mit Niederfrequenzkabeln bei LANs wohl bekannteste *Stecker* ist der hermaphroditische *Stecker* des IBM-Verkabelungssystems. Dieser relativ große Datenstecker bietet vier Kontakte erster Güte und ist extrem stabil aufgebaut. Er kann gleichzeitig als *Stecker* und als Buchse verwendet werden.

Das genaue Gegenteil zum Hermaphroditen ist der RJ 45-Stecker (Western Plug). Dieser *Stecker* ist äußerst winzig und an fast jedem Telefon für die *Verbindung* zwischen Hörer und Apparat zu finden, meist aus durchsichtigem Kunststoff gefertigt. Man kann durchaus geschirmte *Stecker* bauen, auf dem Markt sind sie aber selten. Der RJ 45-Stecker steht in unmittelbarem Zusammenhang mit UTP-Kabeln niedriger bis mittlerer Qualität. Für die *Übertragung* auf *Lichtwellenleiter* gibt es in LANs die Steckertypen F-SMA, ST und Biconic.

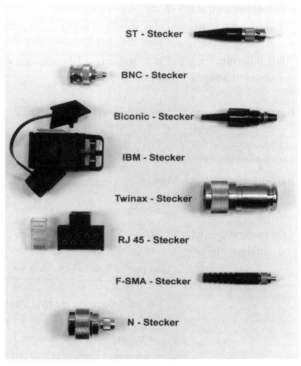

Ein bitserieller Datenstrom, der interpretationsfrei über ein beliebiges *Übertragungsmedium* oder einen logischen *Kanal* geführt wird.

Datenstrom
data stream

Übermitteln von *Daten* einer *Datenquelle* an eine *Datensenke* über einen oder mehrere Übermittlungsabschnitte nach bestimmten Vorschriften.
Ein *Datenübermittlungssystem* besteht aus der sendenden und der empfangenden *Datenstation*, sowie der dazwischenliegenden Übertragungsleitung: letztere kann auch über Vermittlungseinrichtungen geführt sein.

Datenübermittlung
data communication

D

Datenübermittlung code-transparente
Nach *DIN* 44 302/2.9 ein Verfahren zum Übermitteln einer beliebigen Folge von Binärzeichen, z.B. Zeichenfolgen beliebiger Binärcodes.

Datenübermittlung, code-unabhängige
Ein Verfahren zur Übermittlung von Zeichenfolgen beliebiger Codes gleicher Binärzahl.

Datenübermittlungsdienst
data transmission service
Sammelbegriff für das Dienstleistungsangebot der Telekom zum Übertragen von *Daten* im öffentlichen Telekommunikationsnetz (*Dateldienste*).

Datenübermittlungssystem
Gesamtheit einer Anordnung aus Datenstationen, Übertragungswegen und *Netzknoten*; auch Datenfernverarbeitungssystem genannt.

Datenübertragung, analoge/digitale
analog/digital transmission
Übertragen von *Daten* zwischen Datenendeinrichtungen über Datenverbindungen. unter Datenübertragung ist die zweckgerichtete, ein- oder zweiseitige *Übertragung* von *Zeichen* oder *Daten* zwischen einer Person und einer Endeinrichtung (bzw. System) oder zwischen zwei Endeinrichtungen (z.B. zwei Datenstationen oder zwei Kommunikationssystemen) untereinander zu verstehen. Bei der analogen Datenübertragung wird ein analoges *Signal*, dessen *Signalparameter* eine *Information* in kontinuierlich-variablen physikalischen Einheiten (z.B. Ströme Spannungen, Längen) darstellt, über die Übertragungseinrichtung übertragen. Das *Signal* ist in seinem zeitlichen Verlauf nirgends unterbrochen, also zeitkontinuierlich.
Computer und Prozeßrechner arbeiten *digital*, d.h. ziffern- oder zeichenweise. Bei der Digitalübertragung werden diese *Signalparameter*, die die Informationen darstellen und aus *Zeichen* bestehen, übertragen. Dabei entspricht bestimmten Wertebereichen des Signalparameters jeweils genau ein *Zeichen* (*Pulscodemodulation*). Die einzelnen *Zeichen* werden durch endliche Intervalle voneinander getrennt. A/D- und D/A-Wandler ermöglichen die Umwandlung der Signalarten.

Datenübertragungsblock
data block
Eine in sich abgeschlossene Dateneinheit, die über Netze transportiert wird und mit Anfangs- und Endekennzeichnungen (*delimiter*) versehen ist. In seinem Inneren enthält der Datenübertragungsblock außer den Nutzdaten Informationen zu Synchronisation, Quell- und Ziel-

D

adresse, Datensicherung, Anzahl der Nutzdatenbytes, Folgenummern, sowie Verwaltungsinformationen.

Allgemeine Bezeichnung für die Einrichtung, die die Datensignale zwischen *Datenendeinrichtung* und Übertragungsweg anpaßt. Sie besteht meist aus Signalumsetzer, Anschalteinheit und gegebenenfalls Fehlerüberwachungseinheit und *Synchronisiereinheit.* Jede dieser Einheiten kann wiederum aus Sende-, Empfangs- und Schaltteil bestehen. Der Signalumsetzer (signal converter) bringt die von der DEE angelieferten Datensignale in eine für die *Übertragung* geeignete Form und/oder bringt die von der Übertragungsleitung empfangenen Datensignale in die für die *Schnittstelle* vorgeschriebene Form.

Datenübertragungseinrichtung
data circuit terminating equipment

Die Datenübertragungsgeschwindigkeit ist die Anzahl der je Zeiteinheit übertragenen Bits. Diese Geschwindigkeit wird in bit/s gemessen. Sie ist außer bei bitserieller binärer *Übertragung* verschieden von der *Schrittgeschwindigkeit.* Bei zeichenserieller bitparalleler *Übertragung* ist die *Übertragungsgeschwindigkeit* größer als die *Schrittgeschwindigkeit,* da mit jedem *Schritt* mehrere Bits übertragen werden.

Datenübertragungsgeschwindigkeit
data rate

Siehe *Datenübertragungsblock.*

Datenübertragungsrahmen

Dieses Übertragungssteuerzeichen leitet eine Zeichenfolge ein, die eine außerhalb des Codes liegende Übertragungsfunktion darstellt. In einer solchen Zeichenfolge dürfen nur Binärkombinationen vorkommen, die in den Code-Tabellen mit Schriftzeichen oder Übertragungssteuerzeichen belegt sind.

Datenübertragungsumschaltung
data link escape

Automatische Verarbeitung von Informationen in Form von *Daten* (automatische Datenverarbeitung) durch elektronisch gesteuerte Datenverarbeitungsanlagen. Die dafür notwendigen Geräte bezeichnet man als *Hardware,* die zu ihrem Betrieb notwendigen Anweisungen, Vorschriften und Regeln als Software. Die Verarbeitung von *Daten* erfolgt in den Phasen Eingabe, Verarbeitung, Ausgabe (EVA-Prinzip)! In der Eingabephase werden *Daten* so verschlüsselt und der Zentraleinheit einer *Datenverarbeitungsanlage* zur Verfügung gestellt, daß sie weiterverarbeitet werden können. In der Verarbei-

Datenverarbeitung
electronic data processing

D

tungsphase werden *Daten* untereinander zugeordnet, miteinander verglichen, umgewandelt oder gegebenenfalls neue *Daten* errechnet. In der Ausgabephase werden *Daten* für eine weitere Verarbeitung gespeichert oder entschlüsselt und ausgegeben, so daß sie wieder lesbar sind. Diese Vorgänge müssen nicht in einzelnen, zeitlich voneinander getrennten Arbeitsgängen ablaufen.

Im *Dialogbetrieb* ist es möglich, mit einer *Datenverarbeitungsanlage* direkt zu kommunizieren, so daß die Abfolge einzelner Arbeitsschritte nicht mehr erkennbar ist und sich zeitlich auf Sekunden reduziert. Die EDV erhält zusätzliche Bedeutung dadurch, daß sie außer für die Verarbeitung von *Daten* auch für die Verarbeitung von *Text*, Bild und Sprache eingesetzt wird.

Datenverarbeitungsanlage
data processing equipment

Elektronisches System, bestehend aus Zentraleinheit und peripheren Geräten, das *Daten* annimmt, speichert, verarbeitet und abgibt, d.h. *Datenverarbeitung* selbsttätig durchführt. Man unterscheidet heute große von mittleren und kleinen Datenverarbeitungsanlagen. Die kleinen Anlagen sind praktisch intelligente Datenendeinrichtungen (DEE) für einen Arbeitsplatz; sie werden als Bürocomputer, Personalcomputer, Mikrocomputer usw. bezeichnet. Erhält eine derartige kleine DEE eine Übertragungseinrichtung, dann wird aus ihr eine intelligente *Datenstation* (Terminal). Nach *DIN* 44 300 ist die Datenverarbeitungsanlage als Gesamtheit der Baueinheiten definiert, aus denen ein Rechenzentrum aufgebaut ist.

Datenverbindung
data circuit

Die Gesamtheit von Datenübertragungseinrichtungen und Übertragungsleitung, die im Richtungs-, Wechsel- oder *Gegenbetrieb* die

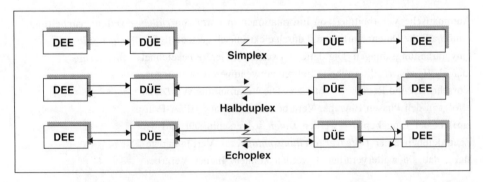

320

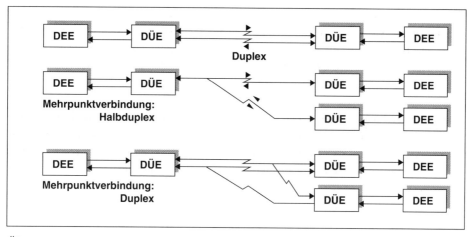

Übertragung von Datensignalen ermöglicht.

Unter Datenverbund versteht man die Möglichkeit des Zugriffs verschiedener Terminals oder sonstiger Endgeräte und Rechner auf geographisch verteilte Datenbanken oder *Server*, die logische Kopplung von räumlich getrennten Datenbeständen zum Zwecke der Zusammenarbeit, unterstützt durch eine entsprechende nachrichtentechnische Übertragungsmöglichkeit und höheren (Betriebs-) Systemkonstrukten zur Sicherung von Konsistenz und Aktualität. Das Ziel des Datenverbundes ist elementar und kann als Grundlage einer jeden verteilten *Datenverarbeitung* angesehen werden.

Datenverbund

Elektronische Geräte in einem vermaschten *Weitverkehrsnetz*, Computer also, die für die Herstellung der Verbindungen für den Transport und die Weiterleitung der Datenströme zuständig sind. In ARPAnet-Terminologie heißen diese Geräte *IMP* (interface message processor). Auch Bezeichnungen wie Transitsystem (intermediate system) oder Paketvermittlungsknoten (packet switch node) sind gebräuchlich.

Datenvermittlungsstelle
data switching exchange

Ermöglicht die *Übertragung* von Informationen von einer *Datenstation* an wechselnde andere Stationen. Die Vermittlung kann durch Zuordnung einer abgehenden zu einer ankommenden *Leitung* (*Leitungsvermittlung*, elektronisches Datenvermittlungssystem) oder über die Auswertung von Adreßinformation in Datenblöcken erfolgen.

Datenvermittlungssystem
data switching system

D

Datenvermittlungssystem, elektronisches
electronic data switching system

EDS ist ein programmgesteuertes, vollelektronisches Vermittlungssystem für die Text- und Datentechnik. Es löste Ende der 70er Jahre die bis dahin bestehende Fernschreibvermittlung ab und ermöglichte die Integration der Text- und Datendienste im integrierten Text- und Datennetz (*IDN*).

Datenverschlüsselungsgerät
data encryption cipher unit

Zum Schutz gegen unbefugtes Eindringen oder Mithören in Datennetzen, Datenbanken und Rechnern werden Verschlüsselungsgeräte zwischen die Endgeräte und Übertragungseinrichtungen geschaltet. Damit wird die Preisgabe von Informationen an unberechtigte Benutzer sowie das nichtautorisierte Verändern, Löschen oder Einfügen von Daten verhindert.

Für die drei Basisverfahren in der Kryptographie link-by-link, node-by-node und end-to-end werden unterschiedliche Verschlüsselungsmethoden angewandt: Transformation, Substitution, Codebuch, DES-Algorithmus sowie öffentliche Schlüsselsysteme wie z.B. *RSA*.

Im Rahmen der schnell voranschreitenden internationalen Standardisierungsarbeiten wurde ein Normungssekretariat der *ISO* bei der GMD in Bonn eingerichtet. Seit Januar 1991 kümmert sich das Bundesamt für Sicherheit in der Informationstechnik (BSI) in Bonn um das Aufspüren von Gefahrenquellen für Rechnersysteme.

Datenvolumen
data volume

Siehe Datenmenge.

Datex-Dienst
datex service

Dienste zur Übermittlung von *Daten* in einem besonderen, öffentlichen *Wählnetz*; *Datex-L* für circuit switching (*Leitungsvermittlung*), *Datex-P* für packet switching (*Paketvermittlung*) und *Datex-S* für den Satellitendienst.

Datex-J

Um die *Btx* Plattform für andere Nutzungen zu öffnen führte die BP Telekom den Datex-J-Dienst ein. Die Hauptnutzung dieses Dienstes besteht in der Zubringerfunktion für den Auskunfts- und Informationsdienst *Btx*, aber man kann Datex-J ebenfalls im Dialogverkehr von einem *PC* zu einem anderen *PC* nutzen. Man kann an dieser Stelle nach dem besonderen Nutzen von Datex-J zwischen den beiden Telefonnetzen fragen, denn bisher konnten zwei Modems ebenfalls auf direktem Wege über das Telefonnetz kommunizieren. Aber in der bisherigen

Form waren nur Modems des gleichen Typs, der gleichen Geschwindigkeit umd mit gleichen Protokollen in der Lage, miteinander *Verbindung* aufzunehmen. Ebenso gab es bisher Probleme z.b. bei einer Halbduplex-Vollduplex-Verbindung. Damit wird das erste neue Merkmal der Datex-J-Vermittlungsknoten verdeutlicht: Zukünftig können alle Modem- und Protokollvariante miteinander verbunden werden.

Ein weiterer Vorteil ist die einheitliche Telefon-Zugangsrufnummer für den Btx-Dienst: 01910 Wenn man eine neue und preiswerte Variante der Kommunikationstechnik durch Datex-J öffnet, liegt es nahe, diese Plattform den übrigen Datennetze ebenfalls zu öffnen. *Datex-L* ist obsolet und wird zukünftig durch *ISDN* vom Markt verdrängt werden, auch besitzt *Teletex* keine Zukunftschancen. Aus diesem Grund wurde vorläufig nur *Datex-P* für Datex-J geöffnet.

Ein weiterer Vorteil bedeutet also die problemlose Zugrriffsmöglichkeit zum Datex-P-Netz. Die vielen neuen und interessanten Merkmale und der kostengünstige Zugang zum professionellen Datex-P-Netz könnten den Durchbruch bedeuten:
- jedes *Modem* hat Zugang zum *Btx*,
- jeder *PC* kommuniziert mit jedem *PC*,
- jeder *PC* hat *Verbindung* zum *Datex-P-Netz*.

Die DBP Telekom bietet sogar den *Anschluß* von einfachen ASCII-Terminals an Datex-J (geplant ist eine *Verbindung* an SNA-3270-Terminals). Mit Chipkarten läßt sich die Datex-J-Plattform für Electronic Banking nutzen.

Das Datex-L-Netz ist ein öffentliches *Wählnetz* zum ausschließlichen Zweck der Datenübertragung mit *Leitungsvermittlung* (L). Bei leitungsvermittelten Verbindungen besteht für die Dauer der *Verbindung* eine festgeschaltete *Leitung* zwischen den Datenendgeräten. Gegenüber dem *Fernsprechnetz* liegen die wesentlichen Vorteile in der kürzeren Verbindungsaufbauzeit (1 s) und der besseren Übertragungsqualität (*Bitfehlerrate* 10^{-6}).

Datex-L ist speziell für die *Datenkommunikation* konzipiert und kann für Wählverbindungen der Gruppe 3 benutzt werden, über 5 Benutzerklassen werden Übertragungsgeschwindigkeiten von 300 bit/s bis 64 kbit/s (Probebetrieb mit 4 x 64 kbit/s) angeboten. Die beiden miteinander verbundenen Datenendeinrichtungen müssen mit der gleichen

Datex-L
data circuit switching network

D

Übertragungsgeschwindigkeit arbeiten. Bis auf die *Benutzerklasse* 1 Datex-L300, in der das *Alphabet* CCITT-Nr. 5 vorgeschrieben ist, sind die Verbindungen *transparent* für die *Übertragungsprozedur*.
Für den *Anschluß* von Endgeräten können folgende Schnittstellen benutzt werden: *X.20* und *X.20bis* für asynchrone Anschlüsse, *X.21* und *X.21bis* für synchrone Anschlüsse und eine Multiplexschnittstelle *X.22* für Datex-L64000. Der Zugang zu *Datex-P* ist möglich, ebenso der Zugang zu einigen wenigen ausländischen leitungsvermittelten Netzwerken in Europa, USA und Japan.

Datex-M Datex-M ist das SMDS-Produkt der DBP Telekom. Das »M« steht hier für Multimegabit/s und Multimediafähigkeit der dafür eingesetzten MAN-Technologie.
Das Datex-M-Netz mit den Charakteristiken »connectionless«, »paket oriented« und »broadcast/multicast« bei hoher *Bandbreite* ist ein standortübergreifendes öffentliches Netz, das in erster Linie LANs verbindet. Dafür werden Anschlüsse mit Übertragungsraten von 2 Mit/s bis 140 Mbit/s und optional synchrone Kanäle (G.703) mit n x 64 kbit/s bis 2 Mbit/s bereitgestellt. Schnittstellen für den direkten *Anschluß* von *Ethernet*, *Token* Ring und *FDDI* werden ebenfalls angeboten. Datex-M arbeitet zellorientiert nach dem internationalen *Standard DQDB* (*IEEE* 802.6) und kann auch für die Sprach- und Videokommunikation eingesetzt werden. Der *Dienst* wird bedarfsorientiert in wirtschaftlichen Ballungszentren zu individuellen Tarifen offeriert. Die Migration zu *ATM* ist vorgesehen.

Datex-Netz Sammelbegriff für Datenübertragungsnetze. Je nach Vermittlungs-
datex network prinzip unterscheidet man in der Bundesrepublik Deutschland zwischen Datex-L-Netz, bei leitungsvermittelten Netzen, und Datex-P-Netz, bei paketvermittelten Netzen. Aus benutzungsrechtlicher Sicht ist dieses Netz in das öffentliche Telekommunikationsnetz übergegangen.

Datex-Netzabschluß- Datenübertragungsgerät an digitalen Wählanschlüssen der Gruppe L
gerät oder der Gruppe P. Es setzt die digitalen Signale der *Datenendeinrichtung* so um, daß sie über Fernmeldeleitungen übertragen werden können (und umgekehrt). Für Wählanschlüsse der Gruppe L gibt es

auch Datex-Netzabschlußgeräte, die ein Tastenfeld für die Eingabe der Rufnummer und gegebenenfalls ein Anzeigefeld für Dienstsignale besitzen (Schnittstellen X.20bis und X.21bis).

Datenübertragungsnetz mit *Datenpaket-Vermittlung*, das von der DBP Telekom betrieben wird. Die *Paketvermittlung* verlangt für die Übertagung ein festes *Format* und eine definierte Länge (128 *Byte* oder

Datex-P
datex packet switching network

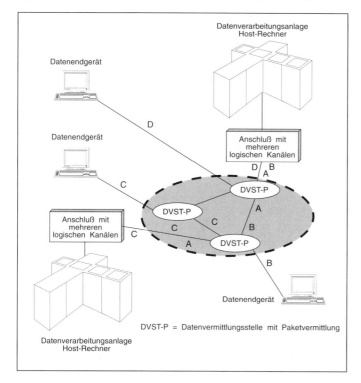

Oktett). Eine *Nachricht* wird entsprechend ihrer Länge auf mehrere Einzelpakete verteilt. Jedes *Paket* besteht aus einem Adreßteil und einem Datenteil. Die physikalischen Leitungen können durch zeitliche Verschachtelung der Datenpakete mehrfach genutzt werden (Multiplexing). Das Netz bietet Übertragungsgeschwindigkeiten zwischen 110 bit/s und 64 kbit/s. Der *Datenaustausch* an der Netzschnittstelle erfolgt nach der X.25-Empfehlung. Die festen oder gewählten Verbindungen sind nur logisch durchgeschaltet. Der Basisdienst Datex-P10

erlaubt den *Anschluß* von paketorientierten Endgeräten mit einer *Schnittstelle* nach *CCITT X.25*.
Neben dem Basisdienst wird die Dienstleistung Datex-P20 für den direkten *Anschluß* von asynchronen Endeinrichtungen angeboten. Der Zugang vom öffentlichen *Fernsprechnetz* sowie Datex-L-Netz ist möglich, ebenso der Zugang von und zu Paketnetzen im Ausland (zur Zeit über 130 Netze erreichbar!) und dem *ISDN* mit Hilfe eines speziellen Überganges.

Datex-S
datex satellite service

Unter diesem neuen Begriff plant die DBP Telekom, geschäftliche Kommunikationsdienste über Satelliten anzubieten. Dafür sind Anwendungen wie Filetransfer, bildunterstützte *Bürokommunikation*, CAD/CAM-Anwendungen, LAN-Kopplung und Backup-Services vorgesehen. Auf der CeBIT '93 wurde dazu das Dienstangebot MCS (metered channel system) vorgestellt. Es offeriert europaweite transparente Wählverbindungen mit Datenraten von 64 kbit/s bis 2 Mbit/s. Datex-S wird besonders interessant für die LAN-Kopplung von mehreren Standorten über *Router*. Der Anwender benötigt an jedem relevanten Standort eine von der Telekom installierte Kundenstation NAT (network access terminal).
Mit Datex-S können Firmen demnächst auch in Osteuropa, wo noch keine Netzinfrastruktur vorhanden ist, Niederlassungen an das Unternehmensnetz anbinden. Datex-S ergänzt das bisherige Dienstangebot der DBP Telekom über Satelliten: - DAVID (*Datenverbindung* für interaktiven Datenverkehr), der VSAT-Dienst der DBP Telekom. - FVSAT (Festverbindungen über Satellit), digitale nationale und internationale Festverbindungen über Satellit von 64 kbit/s bis 2 Mbit/s. - DELOS (Deutscher Telefonanschluß in Osteuropa) ist für die *Übertragung* von Sprache, *Daten* und *Fax* geeignet. Hier wird ein *Hauptanschluß* in einem deutschen Ortsnetz über Satellit nach Osteuropa verlängert.

DAVID

Satellitenverteildienst mit Datenraten zwischen 300 bit/s und 64 kbit/s, basierend auf VSAT. DAVID ist die Abkürzung für: "Direkter *Anschluß* zur Verteilung von Nachrichten im Datensektor". Dieser VSAT-Service eignet sich besonders zur Versorgung von Filialunternehmen, die regional verteilt sind. Über DAVID können *Daten* gesammelt, verteilt und ausgetauscht werden. Den Anwendern wird von der DBP Telekom ein individuelles Angebot für diesen *Dienst* offeriert. VSAT-Dienste unterliegen nicht dem Monopolbereich und können deshalb von lizenzierten Unternehmen im *Wettbewerb* ebenfalls angeboten werden.

Siehe *Dezibel*.	**dB**
Leistungspegel in *Dezibel*, bezogen auf 1mW.	**dBm**
Regeln im Rahmen der IBM systems network architecture *SNA*, die angeben, wie man Form und Inhalt von Dokumenten darstellt, die verschiedene Bürosysteme austauschen können; bestehend aus Textdokumenten in endgültiger und in revidierbarer Form.	**DCA** *document content architecture*
Ein Byte-orientiertes, synchrones *Protokoll*, das von Digital Equipment Corporation entwickelt wurde. Es unterstützt Modi in Halb- oder Voll-Duplex zwischen Punkt-zu-Punkt- oder Mehrpunkt-Leitungen in einem DNA-Netzwerk (*digital* network architecture).	**DDCMP** *digital data communications message protocol*
Das DDLCN ist ein *Zugangsverfahren*, das auf einer Weiterentwicklung des *DLCN* beruht. Es gründet sich auf das Register-Insertion-Verfahren. Zwei Ringe mit gegenläufiger Übertragungsrichtung und Pufferspeichern im Ring sorgen dafür, daß jeweils der kürzeste Weg zwischen zwei kommunizierenden Stationen benutzt wird. Außerdem kann bei Teilausfällen des Systems durch geschickte Ausnutzung der verbleibenden Ressourcen immer noch eine *Kommunikation* aufrecht erhalten werden. Jedes DDLCN Ring *Interface* hat vier Anschlüsse an die Ringe: je zwei Ein- und Ausgänge.	**DDLCN** *distributed double loop computer network*

Nachrichten, die nicht für die aktuelle Station bestimmt sind, werden in der bei *DLCN* besprochenen Weise nach Zwischenspeicherung auf dem Ring weitergegeben. Wenn eine Station selbst ein *Paket* zu senden hat, so muß sie entscheiden, auf welchem Ring, also letzlich in welcher Richtung dies zu geschehen hat. Zweckmäßigerweise fällt man diese Entscheidung in Abhängigkeit von der Entfernung des Kommunikationsparameters, bezogen auf die Richtung und unter Beobachtung des Gesamtverkehrs auf dem entsprechenden Ring.

D

DDM DDM ist eine IBM-definierte *Architektur*, die für einen transparenten
distributed data Zugriff auf Anwendungsdaten in einem SNA-Netzwerk sorgt.
management

DDN *Datennetz* des amerikanischen Verteidigungsministeriums.
defense data network

de-facto Der Ausdruck de-facto stammt aus dem Lateinischen und bedeutet: eigenmächtig. Diese Eigenmächtigkeit ist in der *Datenkommunikation* offensichtlich notwendig, da weltweit etwa 50 *Normungsgremien*, davon mehr als die Hälfte in Europa, bestrebt sind, für alle Gegebenheiten der Datenkommunikationstechnik gültige und allgemeinverbindliche Normen aufzustellen. Durch praktische Bewährung stellen sich dann doch im Laufe der Zeit bestimmte Verfahren als die geeignetsten heraus und werden dann zu De-facto-Standards erklärt, die dann meistens später auch genormt werden. Um nur zwei Beispiele von vielen zu nennen: Das *Ethernet* und das TCP/IP-Protokoll waren solche De-facto-Standards.

deadlock Eine Situation, bei der zwei Softwaresyteme versuchen, auf eine Ressource zuzugreifen, wobei die beiden Systeme der Ressourcensteuerung widerstreitende Anweisungen geben, so daß diese blockiert. Das führt dann zu einer Situation, die durch keinerlei Maßnahmen mehr verlassen werden kann. Einzige Möglichkeit: Reset oder Ausschalten, mit den dann fälligen Datenverlusten.

debugging Fehlersuche und -beseitigung, vor allem in Programmen und Datenbeständen.

decay time Die Zeit, in der ein Spannungs- oder Strompuls auf ein Zehntel seines Maximalwertes abgeklungen ist. Die Abklingzeit ist der Zeitkonstante des Schaltkreises proportional.

DECnet DECnet ist die Bezeichnung der Netzwerkarchitektur von Digital Equipment Corporation (DEC). Die Entwicklung begann 1975 und umfaßt bisher fünf Phasen. Jede Phase erweitert die *Dienste* der vorhergehenden, wobei die Produkte der verschiedenen Phasen kompatibel sind. Auffalendste Merkmale der Phase III sind die X.25-Schnittstelle und die erweiterten Routing-Mechanismen, während bei

Phase IV das IBM-SNA-Gateway und die Integration des *Ethernet* in Basisband- und Breitbandversion besonders auffallen. Phase V soll die Integration von *DNA* und OSI erreichen. Dabei sollen OSI- und DECnet-Protokolle gleichberechtigt nebeneinanderstehen. Bislang ist Phase V jedoch lediglich ein Plan, so daß hier zunächst auf Phase-IV-Netze eingegangen wird.

Ein DECnet der Phase IV kann bis zu 64 000 *Knoten* umfassen (Phase II bis zu 255), wobei größere Netze in areas von jeweils bis zu 1023 *Knoten* unterteilt werden. Der Begriff "*Knoten*" dient hier als Sammelbegriff für alle netzwerkadressierbaren Komponenten, die Netzwerkinformationen senden, empfangen und verarbeiten können. Dazu gehören DECnet, *Router*, *Server*, DECnet/SNA-Gateway sowie verschiedene Digital-Rechner unter beliebigen Betriebssystemen zusammen mit den jeweils erforderlichen Netzwerkkomponenten.

Neben DEC-Anlagen können auch PCs mit der entsprechenden Software *Knoten* im DECnet werden.

Die Fremdsystem-Öffnung von *DNA*/DECnet geht in den nächsten Jahren noch erheblich weiter in Richtung ISO-OSI. Die neuere PC-Einbindung im DECnet heißt PCSA und orientiert sich funktional am

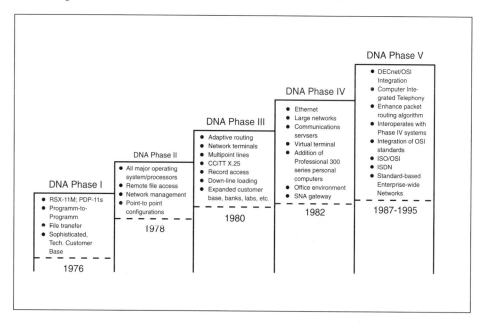

LAN-Manager von Microsoft. Eine weitere Kommunikationsalternative stellen die TCP/IP-Protokolle dar, die in Phase V ebenfalls integriert werden sollen.

Die DECnet-Software ist funktional entsprechend folgenden Schichten angeordnet.

- **User layer**: Diese Schicht umfaßt Benutzer-geschriebene Programme, Benutzer-Level-Services, die auf das *Netzwerk* zugreifen, Netzwerk-Services, die unmittelbar Benutzer- und Anwendungs-Aufgaben unterstützen sowie das globale System-Management.
- **Network management layer**: Diese Schicht umfaßt die Funktionen, die von Netzwerk-Managern und Operateuren zur Planung, Kontrolle und Wartung eines Netzwerks benutzt werden.
- **Network application layer**: Hier werden *Dienste* für die beiden höheren Schichten bereitgestellt. Die wichtigsten DECnet-Funktionen, die momentan für diese Schicht realisiert sind, sind: remote file access, file transfer, remote terminal capability, Zugriff zu X.25-Verbindungen unter Benutzung des paketnet system interface PSI oder des *X.25/X.29*-Ergänzungspaketes sowie der Zugriff zu SNA-Gateways.
- **Session control layer**: Diese Schicht definiert systemabhängige Aspekte der Prozeß-Prozeß-Kommunikation. End-to-end-communication layer: Die hier ansässige Software behandelt die systemunabhängigen Aspekte der *Kommunikation*.
- **Routing layer**: Diese Schicht definiert Software, die in der Lage ist, einen optimalen Weg zwischen zwei *Knoten* unter Berücksichtigung gewisser Randbedingungen zu bestimmen.
- **Data link layer**: Module in dieser Schicht definieren einen Mechanismus für die Errichtung von möglichst fehlerfreien Kommunikationswegen zwischen zusammenhängenden *Knoten*, wobei diese durch eine *X*.25-Verbindung oder eine *digital* data communications message protocol (*DDCMP*)-Verbindung miteinander kommunizieren können.
- **Physical layer**: Sie definiert die Art und Weise, in der Gerätetreiber und Kommunikationshardware implementiert werden sollten, um *Daten* über ein *Übertragungsmedium* zu schaffen.

D

Nach *DIN* 44 300 ist ein Decoder ein Code-Umsetzer und damit eine Funktionseinheit, die den *Zeichen* eines Zeichenvorrats eindeutig die *Zeichen* eines anderen zuordnet. Schaltungstechnisch ist ein Decoder eine Einrichtung, die eine *Codierung* rückgängig macht, also decodiert.

Decoder
decoder

Ein von der Europäischen Gemeinschaft unterstützter europäischer *Standard* für schnurlose Telefone.

DECT
digital european cordless telephone

Mit diesem Wort werden Geräte, Programme oder Prozeduren bezeichnet, die speziell einer Aufgabe zugeordnet werden oder für sie reserviert sind.
Ein sehr prägnantes Beispiel sind die *Server* im Netz. Je kleiner der *Server* und je größer und komplexer das Netz, desto eher wird ein solcher *Server* mit Netzverwaltungsaufgaben voll ausgelastet sein und kann keine anderen Aufgaben mehr übernehmen. Er ist dann ein "dedicated" *Server*. Anderenfalls kann er, wie alle anderen am Netz angeschlossenen Computer, auch zusätzlich zu normalen Arbeiten herangezogen werden. Er ist dann ein "non-dedicated" *Server*. Wie weit die auf diesem Computer ausgeführten anderen Arbeiten die Netzfunktionen stören, ist eine andere Frage.

dedicated

Eine konkrete oder abstrakte Einheit in einer Abhandlung (*CCITT*) wird als *entity* bezeichnet. Im *OSI-Modell* bezeichnet *entity* das konzeptionelle Objekt, das die notwendigen Funktionen in einer der beiden Schichten bereitstellt.

Definitionseinheit
entity

Siehe *Datenendgerät*.

DEGt

Ein Codeumsetzer mit mehreren Ein- und Ausgängen. Jede spezifische Kombination von Eingangssignalen wird immer nur von einem bestimmten Ausgang als *Signal* weitergegeben.

Dekodierer
decoder

Siehe *Laufzeit*.

delay

Zerstören, z.B. eines Datenbestandes.

delete

D

delimiter — Dateneinheiten oder Datenblöcke werden durch delimiter eingegrenzt. In der Regel geht dem *Datenblock* ein start delimiter voran und er wird durch einen end delimiter beendet. Ein delimiter besteht aus einer bestimmten Zeichenkombination, die in den Nutzdaten natürlich nicht vorkommen darf, auch nicht zufällig; ansonsten würde der *Block* in Teile zerlegt, die vom Absender nicht vorgesehen waren. Es sind daher Vorsichts- maßnahmen notwendig, um das zu verhindern. Zu näheren Einzelheiten siehe *character* stuffing und bit stuffing.

Deltamodulation adaptive
adaptive delta modulation
Digitales Modulationsverfahren nach dem Komparator-Prinzip. Die Differenz zwischen dem Analogsignal und einem geschätzten Vergleichssignal wird dem *Komparator* zugeführt. Der Vorteil liegt in der höheren Dynamik, die dieses Verfahren bei gleicher Digitalauflösung gegenüber bekannten A/D-Wandler-Verfahren bietet. Die Stufenhöhe paßt sich adaptiv dem Signalverlauf an.

Demodulation
demodulation
Der Vorgang der Rückgewinnung von modulierten Schwingungen.

Demultiplex
demultiplex
Obgleich der Begriff Demultiplex allgemeingültig ist und die Aufspaltung der Signale von einem *Eingang* auf mehrere Ausgänge bedeutet, kann der Begriff doch in verschiedener Weise verwendet werden. Ein Hardware-Demultiplexer beispielsweise erlaubt die Aufteilung von mehreren unterschiedlichen Signalen, die im Frequenz- oder *Zeitmultiplex* über ein einziges *Kabel* oder einen Datenkanal laufen. Der Begriff Demultiplex wird aber auch im Softwarebereich angewendet. In der TCP/IP-Welt werden mehrere einlaufende Datagramme den entsprechenden höheren Schichten des OSI-Protokollstacks oder den entsprechenden Anwendungen zugeordnet und damit auch ge-demultiplexed.

Depaketierung
depacketizing
Umformatieren eines über eine Datenleitung hereingekommenen Datenpaketes, indem alle für die Übermittlung erforderlichen Teile des Pakets - Adressaten- und Absenderangaben, Synchronisier- und Datenverwaltungsteile und auch die *Begrenzer* entfernt werden - so daß nur die Nutzdaten übrigbleiben. Selbstverständlich müssen die header der einzelnen OSI-Schichten sowie auch der trailer erhalten bleiben; deren Entfernung erfolgt erst bei der weiteren Bearbeitung.

D

DES
Siehe *data encryption standard*.

DESA
data encryption standard algorithm
Über einen acht *Byte* langen Eingabeblock wird mit einem 64 Bit langen Schlüssel ein Ausgabeblock erzeugt, der dieselbe Länge hat und mit dem letzten Ausgabeblock logisch verknüpft werden kann, bevor er verschlüsselt wird. Dadurch, daß der Schlüssel beliebig ausgetauscht werden kann, ergeben sich 2^{64} Möglichkeiten der *Verschlüsselung*, das sind etwa 18 Trillionen verschiedene Kombinationen, ein wahrscheinlich ausreichendes Maß an Sicherheit.

Deutsches Forschungsnetz, DFN
Ein auf die Anforderungen der Universitäten ausgerichtetes *Datennetz* unter Verwendung der Datexdienste. Als *Dienste* werden angeboten: *MHS*, *X.400*, file transfer, *RJE*. Es gibt auch internationale Verbindungen zu anderen Netzen wie *BITNET*, *EARN* und *UUCP*. Seit 1990 gibt es für DFN-Mitglieder ein *X.25*-Wissenschaftsnetz für Forschung und Lehre. Trägerverein ist der "Kreis zur Förderung der *DFN* (DFN-Kreis) mit Sitz im Hahn-Meitner-Institut (HMI) in Berlin-Wannsee. Mitglieder sind außer HMI selbst und der Institute der Technischen Universität (TU) und der Freien Universität (FU) u.a. GMD, *DIN*, CERN und DESY sowie eine Reihe von Industriebetrieben.

device
Ein mechanisches, elektrisches, elektro-mechanisches oder elektronisches Gerät. Device kann jedes Gerät im Netz sein. Anfänglich wurden so die unmittelbaren Peripheriegeräte, z.B. außenliegende floppy disk drives oder Drucker bezeichnet. Für die ordnungsgemäße Funktion dieser Geräte enthalten Computer jeweils einen sogenannten Geräte-Treiber (device driver).

device object
Begriff aus dem Bereich der virtuellen Terminals. Terminals als Ein- und *Ausgabegeräte* gibt es schon sehr lange, so daß sich unterschiedliche Bauformen mit unterschiedlichen Ansteuerungen entwickelt haben, die natürlich alle nicht zueinander passen, also inkompatibel sind. Ein *device* object ist also eine Einrichtung, die für jeden Teil des Terminals gesondert, also für Tastatur, *Bildschirm*, Drucker etc., hardwie softwaremäßig die Anpassung eigentlich miteinander unverträglicher Geräte vornimmt.

D

Dezentrales Polling
decentralized polling
Beim dezentralen *Polling* werden die Zugriffsrechte ohne Einschaltung einer Zentrale reihum von Station zu Station weitergereicht unter Angabe der *Adresse* des nächsten Sendeberechtigten oder durch Erhöhung eines Zählerstandes nach Abschluß der vorigen *Übertragung*.

Dezibel
Eine Maßeinheit, die ursprünglich zum Vergleich der Leistungen am Ein- und Ausgang einer *Leitung* gedacht war. Das Maß ist dimensionslos, also ein reines Zahlenverhältnis. Da in der Nachrichten- und Kommunikationstechnik Schwingungsweiten (Amplituden), also Spannungen eher eine Rolle spielen, wird das Dämpfungsmaß a definiert als $a = 20 \lg (U1/U2)$ wobei U1 und U2 die Eingangs- bzw. Ausgangsspannung ist. Als praktische Beispiele seien genannt: Ein Unterschied von 6 *dB* zwischen *Eingang* und Ausgang entspricht einem Amplitudenabfall auf die Hälfte, 2o *dB* auf ein Zehntel.

Dezimalsystem binärcodiertes
Siehe *BCD*.

DFGt
Siehe *Datenfernschaltgerät*.

DFN
Siehe Deutsches Forschungsnetz.

DFS
german communications satellite system
Geostationärer Nachrichtensatellit für *Fernsprechen* und Datenübertragung. Der Kommunikationsbereich ist Europa und Nordamerika. Die Datenraten sind 64 kbit/s und 1,92 Mbit/s.

DFT
distributed function terminal
Die Möglichkeit, fünf logische Verbindungen über eine physikalische Koaxialleitung aufzubauen.

DFÜ
Siehe *Datenfernübertragung*.

DFV
Siehe *Datenfernverarbeitung*.

DIA
document interchange architecture
Ein IBM-Dokument, durch das Regeln für den Informationsaustausch definiert werden, damit Dokumente verteilt, empfangen, angefordert, archiviert, gesucht, wiederaufgefunden und wiedergegeben werden können.

D

Ein virtueller oder physikalisch ausgebildeter Port, über den das Gerät einerseits konfiguriert werden kann und über den andererseits statistische *Daten* für die Netzwerküberwachung und -optimierung abgefragt werden können.

Diagnoseport
diagnostic port

Software, die zur Erkennung der Fehlerursache und des Fehlerorts verwendet wird.

Diagnoseprogramm
diagnostics

Damit wird der Vorgang benannt, mit dem eine *Verbindung* über ein leitungsvermitteltes Netz aufgebaut wird.

Dial-up
dial-up

Gleichberechtigter *Datenaustausch* zwischen zwei Partnern, wobei einer der beiden Partner u.U. eine Maschine sein kann.

Dialog
dialogue

Betriebsart, bei der Benutzer mit einem Datenverarbeitungssystem wechselseitig Mitteilungen austauschen (*Dialog*). Technische Voraussetzung ist ein Ein-/Ausgabegerät, das mit einer *Datenverarbeitungsanlage* im *Online-Betrieb* verbunden ist (interaktiv). Anwendungsbeispiele sind Buchungssysteme im Geld-, Reise- und Warenverkehr. (Gegensatz: *Stapelverarbeitung*).

Dialogbetrieb
conversational mode

Ein *Dienst*, den die *Kommunikationssteuerungsschicht* (session layer) anbieten kann, wenn unter gewissen Umständen der normalerweise vollduplex ablaufende Betrieb nur halbduplex sein soll. In diesem Fall übernimmt die Dialogverwaltung die Richtungsumsteuerung.

Dialogverwaltung
dialogue management

Europäisches Informationssystem, auf das über Netze direkt zugegriffen werden kann. DIANE wird durch den Zusammenschluß einer Vielzahl europäischer Datenbanken gebildet, beinhaltet Informationen vor allem für Wirtschaft und Wissenschaft. Erreichbar über EURONET.

DIANE
direct information access network foreurope

Eine zusammengehörende Gruppe von zwei Bit zu Steuerungs- zwecken, mit der vier Zustände repräsentiert werden können, nämlich 00, 01, 10 und 11. Diese Steuersignale werden z.B. gebraucht, um die Phasen bei der Quadraturmodulation (phase shift keying) umzutasten.

Dibit
dibit

D

dichotomisch Dichotomische Zerlegung liegt dann vor, wenn eine Grundmenge in
dichotomizing zwei gleich mächtige Untermengen aufgeteilt wird. Dieses Verfahren wird z.B. bei Datenbanken angewendet, um Suchvorgänge zu beschleunigen.

Dichroitischer Filter *Lichtwellenleiter* können gleichzeitig Strahlung unterschiedlicher *Wellenlänge* transportieren. Bei sichtbarem *Licht* würde man von verschiedenen Farben sprechen. Diese Infrarotstrahlungen unterschiedlicher *Frequenz*, die auch durchaus auf einem *Lichtwellenleiter* gegeneinander laufen können, werden mit dichroitischen Filtern voneinander getrennt. Technisch gesehen ist das eine sehr dünne Schicht, die auf ein Glassubstrat aufgedampft ist und die die eine der beiden Frequenzen durchläßt und die andere reflektiert.

Dielektrikum Substanz zwischen dem Außenleiter (Schirmung) und dem Innenleiter
dialectric (Kabelseele) eines Koaxialkabels, durch die die Eigenschaften des Kabels bestimmt werden.

Dienst Ein Dienst ist eine besondere Fähigkeit oder Funktionensammlung
service einer Schicht, die diese einer übergeordneten Schicht am sogenannten *Dienstzugangspunkt* (service access point)anbietet. Ein Dienst wird immer der direkt übergeordneten Schicht angeboten. Die *Dienste* der einzelnen Schichten werden von den unterschiedlichen Aufgaben dieser Schichten geprägt.

Dienst-Daten- Dies sind *Daten*, die von einer übergeordneten Schicht am *Dienstzu-*
einheiten *gangspunkt* der nächstuntergeordneten Schicht übergeben werden
service data units und die von der zu dieser korrespondierenden Schicht in unveränderter Form an die korrespondierende übergeordnete Schicht übergeben werden. Es sind *Daten*, deren Kennzeichnung von einem Ende einer Schichtenverbindung zum anderen Ende erhalten bleibt.

Dienst-Primitiv- Die *Kommunikation* zwischen *Dienstbenutzer* und *Diensterbringer*
Elemente erfolgt mit Hilfe der Dienst-Primitiv-Elemente, die über den *Dienst-*
abstract service *zugangspunkt* zwischen den direkt benachbarten Schichten ausge-
primitiv tauscht werden. Die Dienst-Primitiv-Elemente unterscheiden hierbei nicht zwischen der *Kommunikation* zwischen Partnerinstanzen und

D

der *Kommunikation*, die auf die direkt benachbarten Schichten beschränkt ist. Sie beschreiben alles, was an der Grenze der *Schnittstelle* zwischen den Schichten an *Information* ausgetauscht wird.

Der Dienstbenutzer ist immer die übergeordnete Schicht, die die *Dienste* der untergeordneten Schicht (des Dienstbringers) zur Erledigung der eigenen Aufgaben benutzt. Die einzige Schicht, die auf keine ihr untergeordnete Schicht zugreifen kann, ist die *Bitübertragungsschicht*. Sie ist als einzige nur *Diensterbringer* und bildet die Basis des 7-Schichtenmodells, auf der alle anderen Schichten aufbauen.

Dienstbenutzer
service user

Angebot von Serviceleistungen für einen Benutzer von Einrichtungen zur *Telekommunikation*. Das können öffentliche (Übertragungsdienste) oder private Dienste (*VAN*) sein.

Dienste
services

Der Diensterbringer ist immer die untergeordnete Schicht, die der übergeordneten Schicht ihren *Dienst* zur Verfügung stellt. Die einzige Schicht, die einer übergeordneten Schicht keinen *Dienst* erbringt bzw. zur Verfügung stellt, ist die *Anwendungsschicht*. Sie ist als einzige nur *Dienstbenutzer* der ihr untergeordneten Schicht.

Diensterbringer
service provider

Mit dem Verbindungsaufbau wird die Liste der Dienstgüteparameter vereinbart. Es wird von der initialisierenden Transportinstanz eine Liste vorgeschlagen, die entweder von der gerufenen Transportinstanz akzeptiert oder verändert wird. Mögliche Dienstgütemerkmale sind:
Verbindungsaufbauverzug, Störungswahrscheinlichkeit des Aufbaus, *Durchsatz*, Transitverzug, Restfehlerrate, Störungswahrscheinlichkeit des Transfers, Abbauverzug, Störungswahrscheinlichkeit des Abbaus, Schutz der Transportverbindung, *Priorität* von Transportverbindungen, Rücksprung aus einer Transportverbindung.

Dienstgüte
quality of service

Merkmal zur Beschreibung von Fernmeldediensten. Ein *Dienst* wird durch die Gesamtheit seiner Dienstmerkmale beschrieben, von denen bestimmte unverzichtbar sind.

Dienstmerkmal
service attribute

D

Dienstmodell
services model

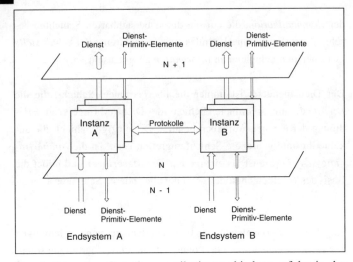

Der Aufbau einer Datenkommunikationsverbindung erfolgt in der Regel nach dem Dienstmodell: Wenn ein *Dienstbenutzer* A mit dem *Dienstbenutzer* B kommunizieren möchte, schickt er eine Anforderung (*request*) an den *Diensterbringer*. Dieser wiederum teilt B mit (indication), daß A mit ihm kommunizieren möchte. B schickt nun eine *Antwort* (response), die positiv oder negativ sein kann. Im Fall einer positiven *Antwort* gibt der *Diensterbringer* dem *Dienstbenutzer* A eine *Bestätigung* (confirm), daß die *Verbindung* aufgebaut werden kann. Dieses Modell wird auch als "two-way-handshake" bezeichnet.

Dienstsignal
call progress signal

Innerhalb des Verbindungssteuerungsverfahrens die Meldung über den Zustand des Verbindungsaufbaus im *Datennetz*.

Dienstübergang
service interworking

Funktion, die den Übergang zwischen zwei unterschiedlichen Fernmeldediensten oder zwischen gleichartigen Fernmeldediensten mit unterschiedlichen Dienstmerkmalen ermöglicht.

Dienstzugangspunkt
service access point

Der Dienstzugangspunkt ist jeweils der Punkt, an dem eine Schicht der direkt übergeordneten Schicht ihren *Dienst* zur Verfügung stellt. Die gesamte *Kommunikation*, d.h. der gesamte Informationsaustausch zwischen zwei benachbarten Schichten, erfolgt über diesen Dienstzugangspunkt. Er ist die *Schnittstelle* zwischen der untergeordneten und der übergeordneten Schicht.

D

Siehe Deltamodulation. **Differentielle Pulscodemodulation**

Bauelement zum Zusammenführen oder Aufteilen der Strahlung in Lichtwellenleitern. Im Gegensatz zu bikonischen Taperkopplern und Biegekopplern sind die Verluste (*Dämpfung*) beim diffundierten *Koppler* sehr klein. Hergestellt werden diffundierte *Koppler* durch Eindiffundieren von Rinnen in ein Glassubstrat, in denen dann die *Moden* geführt werden. **Diffundierter Koppler** *diffused coupler*

Netz, in dem Nachrichten gleichmäßig über ein *Übertragungsmedium* ausgebreitet werden. Eine *Nachricht* kann dadurch viele Teilnehmer gleichzeitig erreichen, im Extremfall alle. Beispiele für Diffusionsnetze sind alle Radiosysteme mit dem *Medium* "Luft" und alle LANs mit der Bus-Topologie. Da eine Sendung sozusagen in einem Arbeitsgang alle Teilnehmer (Stationen) erreichen kann, spricht man bei Diffusionsnetzen auch von Broadcast-Netzen. **Diffusionsnetz** *diffusion network*

Sollen nur ein oder einige wenige Adressaten erreicht werden, müssen sie selbst anhand der *Adressierung* entscheiden, ob sie eine *Nachricht* weiterverarbeiten wollen oder nicht. Da alle immer alles hören können, müssen vertrauliche Nachrichten immer verschlüsselt werden, bevor sie auf ein Diffusionsnetz geschickt werden können. Das Gegenteil zu einem Diffusionsnetz ist ein Teilstreckennetz. Ein Problem bei Diffusionsnetzen ist die Regelung des wechselseitigen Ausschlusses von Sendern, da i.a. immer zu einer Zeit eine Station senden darf.

Jedes Ziffernsymbol, das kleiner ist als die Zahlensystembasis; im Dezimalsystem also die Zahlzeichen von 0 bis 9, im Oktalsystem die Ziffern 0 bis 7, Hexadezimal (Sedezimal) die Symbole 0 bis F und schließlich im *Binärsystem* die digits 0 oder 1. **digit**

Darstellungsart von *Daten* durch einzelne physikalische Größen; voneinander abgrenzbare *Zeichen* (vgl. *DIN* 44 300), z.B. Ziffern eines Zahlensystems. **digital**

Ein Begriff aus dem *ISDN*. Die Philosophie des *ISDN* geht dahin, sämtliche angebotenen *Dienste* wie Telefon, Datentransfer, Telefax, Btx und andere *Dienste* als Bitstrom wie durch eine Rohrleitung **digital bit pipe**

D

(Pipeline) zu schicken. Dabei ist *Transparenz* und Folgerichtigkeit gewährleistet, d.h., die *Daten* werden unterwegs nicht verändert und sie erreichen ihr Ziel in der gleichen Reihenfolge, in der sie abgeschickt wurden.

Digital/ Analog-Wandler

Siehe D/A-Wandler.

Digital-Multiplex- Schnittstelle
digital multiplexed interface

Die Digital-Multiplex-Schnittstelle (DMI) ist eine ISDN-nahe *Schnittstelle*, die in der Bundesrepublik Deutschland auf einer *PCM* 32-Multiplexverbindung mit 2,048 Mbit/s basiert. Damit stehen 30 Kanäle mit je einer Nutzdaten-Übertragungsrate von max. 64 kbit/s zum *Anschluß* an ein DMI-Rechner-System zur Verfügung. Die verbleibenden zwei Kanäle werden für Signalisierungs- und Synchronzwekke verwendet.

Digitale Nebenstellenanlage
private digital exchange

Fernsprecheinrichtung mit Zentrale (Vermittlung) und mehreren Haustelefonen in Firmen, Behörden usw., die vollständig *digital* arbeitet (von Computern gesteuert und geschaltet).

Digitaler Mobilfunk
digital mobil communication

Als ein digitales Mobilfunknetz wird nur ein solches bezeichnet, bei dem sämtliche Signale, also Steuer- und Nutzsignale, *digital* übertragen werden. Diese Voraussetzung erfüllen derzeit nur die beiden Mobilfunknetze D1 und D2. Beim *C-Netz* waren immerhin schon die Steuer- und Wählsignale (signalling) *digital*, die Sprachübertragung hingegen analog. Das B- und das *A-Netz* waren voll analog, das *A-Netz* sogar handvermittelt.

Digitalisierung
digitizing

Die Umwandlung von in elektrischer Analogform vorliegenden beliebigen Signalen in die zweiwertige, codierte Binärform. Die zu digitalisierenden Signale können praktisch beliebiger Herkunft sein, z.B. *Daten*, Sprache, Grafiken, Texte, Bilder. Ebenso können Informationen, die in irgendeiner physikalischen Form, beispielsweise in mechanischer oder thermischer vorliegenden, nach Umwandlung in ihr elektrisches Äquivalent digitalisiert werden. In einigen Fällen sind Vorbereitungen zur Digitalisierung zu treffen, die Sprache z.B. muß zunaächst quantisiert werden; zu Bildern und Grafiken sind Steuerinformationen zur Positionierung erforderlich.

D

Digitalnetz integriertes

Fernmeldenetz, in dem die *Übertragung* der Nachrichtensignale auf der *Leitung* und in den Vermittlungseinrichtungen in digitaler Form geschieht.

Digitaltechnik
digital technique

In der Digitaltechnik wird eine Größe durch Werte, die selbst nur zwei Zustände annehmen können, repräsentiert. Diese Zustände können sein: "0" oder "1", "ein" oder "aus", und werden als Bits bezeichnet (binary digits, zweiwertige Ziffern).

Digramme
digrams

Kombinationen von je zwei Buchstaben, die in der Kryptographie insofern eine Rolle spielen, als die statistische Wahrscheinlichkeit des Vorkommens von Buchstabenkombinationen in einer Sprache einen Ansatzpunkt zum Aufbrechen eines Geheimcodes bietet. Auch Kombinationen von drei Buchstaben spielen in dieser Hinsicht eine Rolle. Sie werden Trigramme genannt.

DIN
German standards Institution

Das Deutsche Institut für Normung e.V. legt auch die Normen für die *Datenkommunikation* fest. Da aber bereits ein großer Teil in den USA von der International Standardization Organization (*ISO*) genormt worden ist, hat das Deutsche Institut für Normung e.V. dankenswerterweise einen Teil der ISO-Normen unverändert übernommen und als DIN-ISO-Normen herausgebracht. Dadurch ist internationale Konsistenz gegeben und Expertengespräche auf internationaler Basis haben eine tragfähige Grundlage.

Als gemeinnütziger Verein erarbeitet DIN deutsche Normen (DIN-Normen) zum Nutzen der Allgemeinheit, die im Deutschen Normenwerk zusammengefaßt sind. DIN ist von der Bundesregierung als die zuständige Normenorganisation für das gesamte Bundesgebiet anerkannt. Die fachliche Arbeit wird in Arbeitsausschüssen, die in Normenausschüssen zusammengefaßt sind, von ehrenamtlichen Mitarbeitern geleistet. Diese sind Fachleute aus interessierten Kreisen, wie Anwender, Behörden, Berufsgenossenschaften, Berufs-, Fach- und Hochschulen, Handel, Handwerk, Industrie, Prüfinstitute, Sachversicherer, Sachverständige, Technische Überwacher, Verbraucher und Wissenschaftler. Der für die *Datenverarbeitung* zuständige Normenausschuß Informationsverarbeitung (NI) arbeitet aktiv bei *ISO* mit.

D

direct store-and-forward lockup Diese auch als direkte Teilstreckenblockierung bekannte Situation ist die einfachste einer Reihe von Totalblockaden (deadlocks oder deadly embraces). Sie entsteht, wenn die *Warteschlange (queue)* eines IMPs (interface message processor) voll ist und der Prozessor sie an den unmittelbar benachbarten nicht abgeben kann, weil dessen *Warteschlange* ebenfalls voll ist mit *Daten*, die ihm zugedacht sind. Die Auflösung von deadlocks ist ausgesprochen schwierig und immer mit Verlusten verbunden. Es gibt aber eine Reihe von Verfahren, sie von vornherein gar nicht erst entstehen zu lassen.

direct trunk call *Verbindung* einer Telekommunikationseinrichtung mit der zuständigen Vermittlungsstelle. Im Falle des Telefons entsteht diese *Verbindung* mit dem Abheben des Hörers.

directed broadcast address Ein Begriff aus der *TCP/IP*-Welt. Es handelt sich hier um eine *IP-Adresse*, die an alle Hosts eines bestimmten Netzes gerichtet ist. Eine einzige Kopie eines directed broadcast wird dem bezeichneten *Netzwerk* zugeleitet und dort auf alle Maschinen des Netzwerks verteilt.

directional coupling Ein Begriff aus *Fibernet* II. Die seit einiger Zeit verwendeten Hochgeschwindigkeitsglasfasernetze mit über 100 Mbit/s und ca. 200 km Ausdehnung folgen der *IEEE* 802-Norm, also auch *CSMA*/CD. Das Problem auf Glasfasernetzen ist die *Kollisionserkennung*. In *CSMA*/CD-Netzen auf Koaxialkabelbasis wird das eigene *Signal* einer sendenden Station mit dem *Signal* auf dem *Kabel* verglichen, stimmen beide nicht überein, hat eine *Kollision* stattgefunden. Dieses Verfahren ist bei Glasfasern nicht anwendbar. Eine der Möglichkeiten, Kollisionen auch auf Glasfasern zu erkennen, ist das directional coupling. Dabei wird das *Signal* der sendenden Station optisch ausgeblendet, so daß das Empfangssystem der sendenden Station kein Eingangssignal vorfindet. Wenn dennoch ein *Signal* vorhanden ist, kann es sich nur um eine *Kollision* handeln und die aus *CSMA*/CD bekannten und erforderlichen Schritte werden eingeleitet.

directory Inhaltsverzeichnis eines magnetischen Speichermediums, wie z.B. einer floppy disk. Directories, die gelegentlich früher auch als catalogue bezeichnet wurden, sind nicht nur reine Inhaltsverzeichnisse, sondern liefern auf Wunsch auch noch eine Reihe von anderen Informationen, u.a. die Dateigröße in Bytes, die Anzahl der Unterdateien, den Pfad, auf dem sie aufgerufen wurden, Datum und Uhrzeit der Erstellung oder Änderung und die Art der *Datei* (z.B. Programmdatei, Textdatei, Stapel (batch)-Datei, Befehlsdatei oder Systemdatei).

Ein Directory- oder Verzeichnisdienst dient der Verwaltung von Informationen zu Objekten wie Systeme, Netzkomponenten, Benutzer. Wird häufig im Zusammenhang mit Mailadressen, z.B. *X.400*-Adressen betrachtet. Stellt Funktionen wie das Lesen von Informationen eines spezifizierten Objektes bei bekanntem Namen ("weiße Seiten") oder das Suchen von Objekten mit vorgegebenen Eigenschaften ("gelbe Seiten") bereit. Beispiele herstellerübergreifender Directory-Dienste sind CDS (cell *directory* service) und *GDS* (global *directory* service) aus *OSF*/DCE, *DNS* (domain name system), *YP* (yellow pages) und Implementierungen des internationalen Standards *X.500*.

Directory-Dienst
directory services

Siehe *Datendirektverbindung*.

Direktrufanschluss

Datenübertragungsgerät an Direktrufanschlüssen. Es setzt die digitalen Signale der *Datenendeinrichtung* um, so daß sie über Fernmeldeleitungen übertragen werden können (und umgekehrt). Das DAG arbeitet im allgemeinen als *Basisbandgerät*.

Direktrufnetzabschlußgerät

Direktwahl bedeutet, daß bei Weitverkehrsgesprächen über die Landesvorwahl, die Ortsvorwahl, die Rufnummer im Ort und eventuell die Hausapparatnummer einer *Nebenstellenanlage* voll durchgewählt werden kann.

Direktwahl
automatic dialling

Eine vorläufige *Norm* oder eine Normempfehlung der International Standardization Organization *(ISO)*. Diese Normempfehlungen beruhen auf Vorschlägen, den draft proposals (DPs), und werden in den technical committees (TCs), den sub-committees (SCs) und den Arbeitsgruppen (working groups WGs) bearbeitet. Reift eine Normempfehlung endgültig zur *Norm* heran, wird sie "international standard" (IS).

DIS
draft international standard

D

discovery frame Wenn eine *Datenstation* beginnt, eine *Datenkommunikation* in einem Paketnetz in Gang zu setzen, ist in einem größeren vermaschten *Weitverkehrsnetz* zunächst nicht bekannt, wo das Ziel liegt und welcher Weg dorthin auch unter Berücksichtigung des Verkehrsaufkommens der günstigste ist.

Aus diesem Grunde schwärmen Suchrahmen über das Netz aus, die beim Durchlaufen der *Knoten* die Kennungen der *Knoten* aufnehmen und nach Erreichen des Ziels zur *Quelle* zurückkehren. Kehren mehrere Suchrahmen zur *Quelle* zurück, so wird trotzdem der Weg des ersten zurückgekehrten Suchrahmens verbindlich, denn wer den Weg zum Ziel und zurück am schnellsten zurückgelegt hat, hat offenbar den optimalen Weg gefunden. Suchrahmen, die nicht fündig geworden sind, werden nach einer vorbestimmten Zeit verworfen und verschwinden wieder vom Netz. Es ist nicht zu übersehen, daß das Netz durch die Vielzahl der Suchrahmen, die in den einzelnen *Knoten* mit der Anzahl der Ausgangsleitungen vervielfältigt werden, für kurze Zeit ganz außerordentlich belastet wird.

Disk-Server Ein *Knoten* in einem Lokalen *Netzwerk*, der allen berechtigten Anwendern des Netzwerkes von ihren eigenen Terminals aus den Zugriff auf Speicherplatz eines Plattenstapels erlaubt. Man arbeitet mit einem oder mehreren Plattenlaufwerken, einer intelligenten Steuerung und mit der *Verbindung* zum *Netzwerk*. Ein *Mainframe* wird zum Disk-Server für den *PC*, indem der *PC* die Platten des *Mainframe* als virtuelle *Diskette* oder Festplatte nutzt. Die großen Platten des Mainframes sind nach wie vor ein sicherer Speichermedium.
disk server

Diskette Auswechselbarer, scheibenförmiger magnetischer Datenträger aus relativ weichem, rundem Material, z.B. Polyester. Zum Schutz gegen Staub und andere Verunreinigungen laufen die Scheiben entweder in Papierhüllen mit Innenvlies (5 1/4"-Diskette) oder in einem Hardcover mit einer durch Federkraft zugehaltenen Lese- und Schreiböffnung, die beim Einschieben in das Laufwerk automatisch geöffnet wird (3 1/2"-Diskette). Die Aufzeichnung auf diesen Datenträgern erfolgt in konzentrischen Kreisen, den sogenannten Spuren (tracks), die in Sektoren unterteilt sind.
floppy disk

D

diskless workstation

In allen Fällen, in denen ein konsistenter Datenbestand mit genau gleicher Aktualität vonnöten ist, werden im allgemeinen Computer verwendet, die keine eigenen magnetischen Medien, also Festplatten- oder Diskettenlaufwerke haben, also diskless workstations. Sie werden mit den notwendigen *Daten* über ein Netz von einem *Server* versorgt, von dem sie die *Daten* abrufen können, auf dem sie aber auch eigene Arbeitsergebnisse abspeichern können.

Dispersion
dispersion

Die Dispersion ist die *Streuung* der Signallaufzeit in einem *Lichtwellenleiter* (*LwL*). Sie setzt sich aus verschiedenen Anteilen zusammen: *Modendispersion*, Materialdispersion, Manteldispersion, *Wellenleiterdispersion*.

Display

Jede Art von optischer Anzeige. Hauptsächlich angewandt dem *Bildschirm* eines Monitors, aber auch für numerische oder alphanumerische *Zeichen* auf einer Sieben-Segment-Anzeige, sei es nun eine Leuchtdioden- oder Flüssigkeitskristallanzeige.

DISSOS
distributed office support system

Ein Programmprodukt mit der Aufgabe, das Verteilen und das Teilen von Informationen unter IBM-Büroprodukten zu finden. Hauptdienste innerhalb von DISSOS sind Bibliotheksdienste, Verteilungsdienste, Dokumentenaustausch und Hostdienste.

distance vector algorithm

Für einen distance vector-algorithm ist der beste Weg der kürzeste Weg, d.h. als Metrik wird die Entfernung zugrundegelegt, in der Regel nach der Anzahl der Hops gemessen (der Weg mit den wenigsten Hopsern über dazwischenliegende *Router* ist für ein *Paket* der kürzeste). *Bandbreite* oder Verzögerung wären als Metrik theorethisch auch möglich, sind aber praktisch kaum implementiert. Dabei werden grundsätzlich alle *Router* als gleichwertig betrachtet und nicht hinsichtlich ihrer Position im Gesamtnetzwerk unterschieden. Die zugrundegelegte Router-Topologie hat eine völlig flache Struktur. Der *DVA*, auch nach dem Entwickler eines solchen Verfahrens Bellman-Ford-Algorithmus genannt, benutzt eine verteilte Berechnung, wobei jeder *Router* bei einer bemerkten Änderung und/oder in Intervallen seine komplette Tabelle an alle anderen *Router* sendet.

D

DIU
document interchange unit

Innerhalb von *DIA* definiert, ist DIU eine Serie von Befehlen, Parametern und Texten/Dokumenten mit der Aufgabe sicherzustellen, daß die Botschaft/die Dokumente an die richtige Stelle gelangt.

diversion

Möglichkeit im *Bündelfunk*, Anrufe an andere Stellen weiterzuleiten.

DIX-Standard

1980 hatten die Firmen Digital Equipment Corporation, Intel und Xerox (DIX) die Ergebnisse eines gemeinsamen Projektes über ein Ethernet-Design als *Ethernet* V1.0 bezeichnet. Gegenüber dem Experimental-Ethernet wurde die *Übertragungsrate* des Meduims von 3 Mbit/s auf 10 Mbit/s angehoben; die Spezifikation wurde vervollständigt und präzisiert mit dem erklärten Ziel, bzgl. der spezifizierten Schichten die *Kompatibilität* heterogener Systeme als Netzteilnehmer zu erreichen.

Diese Spezifikation wurde eingebracht in das Local Network Standards Comittee des *IEEE* und im wesentlichen unverändert neben den anderen Normungsansätzen im ersten zusammenhängenden Status-Report des *IEEE* project 802 als Draft B im Oktober 1981 veröffentlicht. Fast gleichzeitig nahm die *ECMA* ihre LAN-Standardisierungsbemühungen auf. Die DIX-Gruppe arbeitete ebenfalls an der Vervollständigung der Ethernet-Festlegungen weiter. Als Ergebnis der Bemühungen, die Version V1.0 an die IEEE-Entwürfe anzupassen, wurde 1982 die Spezifikation DIX *Ethernet* V2.0 veröffentlicht.

DLCN
distributed loop computer network

Ringsystem, das die Nachrichten durch Registerinsertion transportiert. Das distributed loop computer network ermöglicht das gleichzeitige Senden von Nachrichten variabler Länge ohne die Zuhilfenahme einer zentralen Kontrolle. Es wird hier also ein System mit vollständiger Verteiltheit realisiert, bei dem alle Stationen wirklich gleichberechtigt sind und es keiner ausgezeichneten Station bedarf. Jede Station besitzt in ihrem Ring-Interface einen FIFO-Puffer, in den ankommende Nachrichten geschoben werden, sofern sie nicht für die betreffende Station selbst gedacht sind. Am Kopf des FIFO-Puffers werden dann die Nachrichten wieder entnommen und gehen zur nächsten Station, es sei denn, die aktuelle Station will selbst eine *Nachricht* aussenden. Dann nämlich hat diese, solange der *Puffer* nicht voll ist, Vorrang und kommt zuerst auf den Ring.

D

Ein Abgrenzungszeichen, das vor und nach Steuerinformationen, die in einem *Datenstrom* enthalten sind, gesetzt wird, um sie von den Nutzdaten zu unterscheiden.

DLE
data link escape

Das *Protokoll* gibt Diagnose- und Statusinformationen über alle am Netz angeschlossenen Stationen.

DMP
diagnostic and monitoring protocol

Die bei Digital Equipment Corporation (DEC) allgemein geltenden Spezifikationen für Netzwerke. Siehe *DECnet*.

DNA
digital network architecture

Siehe *Datennetzabschlußgerät*.

DNG

Internationale Datennetz-Kennzahl (vierstellig), die ersten drei Ziffern geben das jeweilige Land an.

DNIC
data network identification code

Ein Online verteiltes Datenbanksystem, das in der Lage ist, von Menschen lesbare Maschinennamen in IP-Adressen aufzulisten. Durch das ganze zusammengeschaltete *Internet* bieten DNS-Server einen hierarchisch geordneten Namensraum, um Firmen die Möglichkeit zu geben, Maschinennamen und Adressen selbst zu bestimmen. DNS unterstützt auch verschiedene Verzeichnislisten zwischen der elektronischen Post (E-mail) und IP-Adressen.

DNS
domain name system

Das amerikanische Verteidigungsministerium (Department of Defen-

DoD-Protokollfamilie
DoD internet protocol

ISO-OSI	DoD-Protokollfamilie			
7	Telnet	FTP	SMTP	NSP
6	inter-	File	Simple	Name
	aktiver	Transfer	Mail	Server
	Terminal-	Protocol	Transfer	Protocol
5	verkehr		Protocol	
4	TCP Transmission Control Protocol			UDP User Datagram
3	IP Internet Protocol			
2	Netz als Datentransportressourcen, wie X.25-Wide Area Network, LAN nach IEEE 802 oder anderes LAN, Nebenstellenanlage oder privates Datenleitungsnetz (nicht im Sichtbereich der DoD-Protokolle)			
1				

D

se, DoD) hatte 1980 mangels standardisierter Protokolle eine Protokollfamilie für die offene *Kommunikation* ins Leben gerufen, die sogenannte DoD-Protokollfamilie. Die bekanntesten Protokolle dieser Familie sind das in Ebene 3 angesiedelte internet protocol (*IP*) und das in der Schicht 4 angesiedelte Transport-Protokoll TCP (transmission control protocol). Daneben gibt es das quittungslose Datagramm-Transportprotokoll *UDP* (user datagram protocol). Als *Dienste* gehören der DoD-Protokollfamilie der Filetransfer zwischen entfernten Systemen (*FTP*) und der Terminalbetrieb (Telnet) und *SMTP* für die elektronische Post an. Die DoD-Standards sind netzunabhängig. Ein weiterer korrelierter *Standard* ist *SNMP* (simple network management protocol).

Dokument
document
Ein in sachlicher Hinsicht zu einem bestimmten Thema gehörender *Text*, der zum Zwecke einer eventuellen Weiterbearbeitung unter einem bestimmten Namen in einem logisch zusammenhängenden Speicherbereich abgelegt ist, und unter dem ihm gegebenen Namen wieder aufgerufen werden kann.

Dokumentablage
filing
Abspeichern eines Dokuments (file) unter einem bestimmten Namen auf einem magnetischen *Medium*.

Domäne
domain
Der Begriff Domäne wird in IBM-Netzwerken für die Bezeichnung eines Teils des SNA-Netzwerkes verwendet, das aus Zentraleinheit(en), DFV-Steuereinheit(en) und Datenstationen besteht. Die Kontrolle und Steuerung des Netzwerkes und der Sitzungen (sessions) erfolgt u.a. durch die DFV-Zugriffsmethoden *VTAM* oder TCAM. Prozessoren in einem Node, deren Funktion und Kontrolle außerhalb der "domain" des Netzwerk-Managers sind, gehören nicht zum *Netzwerk* (z.B. via Gateways).

Doppelstromverfahren
Übertragungsverfahren in Basisbandsystemen. Bei diesem Verfahren werden, im Gegensatz zum *Einfachstromverfahren*, den übertragenen Digitalsignalen zwei Spannungspegel zugeordnet. Die logische »1« ist durch eine positive Spannung gekennzeichnet, die logische »0« durch eine negative Spannung. Die Entscheidungsschwelle ist bei diesem Verfahren der Nulldurchgang. Das Doppelstromverfahren

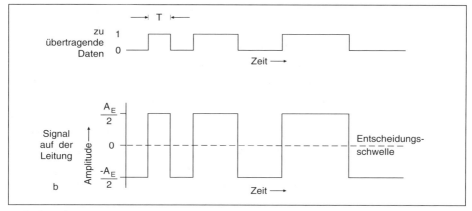

stellt die *Information* durch positive und negative Spannungen dar, so daß die Entscheidungsschwelle bei 0 liegt. Nachteilig bei diesem Verfahren ist, daß lange 0- oder 1-Folgen als Gleichstromanteil mit übertragen werden müssen, was in der Praxis zu Schwierigkeiten führt.

DOS
disk operating system

DOS ist ein *Betriebssystem* für PCs. Ein *Betriebssystem* besteht aus einer Menge von Programmen, die einen Rechner überhaupt erst benutzbar machen. Kernpunkt bei der Entwicklung eines PC-Betriebssystems war die möglichst komfortable Bedienung und Organisation von Datenspeichermedien, also Disketten und Platten. DOS etabliert auf einem flachen Datenraum eine baumförmige Verzeichnisstruktur, die sehr stark dem entspricht, was man auch außerhalb der PCs machen würde, um irgendwelche größeren Bestände sinnvoll zu organisieren.

Darüber hinaus bietet DOS einem Anwendungsprogramm eine einfache Menge von Befehlen (APIs application programming interface) an, mit denen es ablaufen kann. Eng mit DOS hängt das BIOS zusammen, das basic input *output* system, welches Ein- und Ausgabefunktionen implementiert. Ab der Version DOS 3.1 gibt es das sogenannte *NetBIOS* (network bios), welches Ein-/Ausgabe über Netzwerkadapterkarten erlaubt und die Grundlage für die Eingliederung von PCs in Netze darstellt. DOS hatte lange Zeit eine etwas kryptische *Benutzeroberfläche* mit Kommandozeilen. Mittlerweile (ab Version 5.0) gibt es auch eine graphische Oberfläche. DOS wurde von Micro-

D

soft entwickelt. Diese Versionen heißen MS-DOS. Daneben gibt es leicht modifizierte Varianten von IBM (PC-DOS) und erhebliche Weiterentwicklungen von Digital Research (DR-DOS).

Da Digital Research von Novell übernommen wurde, gibt es hier eigene Versionen (Novell DOS). DOS kennt nur einen Benutzer (single user) und zu einer Zeit auch nur einen Anwendungsprozeß (single tasking), letzteres ist besonders hinderlich für das Arbeiten im Netz. Daher gibt es in MS- oder PC-DOS ab 3.1 einen Hintergrundprozeß. Novell DOS 7 endlich ist ein Multitasking-System. Ab MS-DOS 5.0 sind LAN-Requester für *NetWare* und *LAN-Manager* integriert, ab MS-DOS 6.0 gibt es einen Virenschutz. DOS wird heute gerne durch die Betriebssystemerweiterung Windows ergänzt. Ab Windows 4.0 ist jedoch kein DOS mehr nötig, so daß seine Tage gezählt scheinen.

dottted decimal notation Begriff aus der *TCP/IP*-Welt. Es handelt sich hier um die syntaktische Repräsentation für eine 32-Bit Ganzzahl, die aus vier 8-Bit Zahlen besteht und im Dezimalsystem geschrieben ist und durch Punkte unterteilt ist. Viele TCP/IP-Anwendungsprogramme akzeptieren die " dotted decimal notation" anstatt des Namens der Zielmaschine.

downlink Begriff aus der Mobilfunktechnik und der Satellitentechnik. Unter "downlink" ist im Gegensatz zu "uplink" jeweils die Verkehrsrichtung vom Sender zum Benutzer hin zu verstehen, also bei der Satellitentechnik die Ausstrahlung vom Satelliten in Richtung Erde und beim Mobilfunk die von der Basisstation zu den Mobiltelefonen.

download Der Transfer von *Daten*, die in einem größeren Computer gespeichert sind, zu einer Speichereinheit in einem kleineren Mikrocomputer.

Downsizing In der Vergangenheit dominierte die Großrechnertechnologie. Augrund der raschen Leistungssteigerung der PCs bzw. Workstations und Netze sind technische Alternativen entstanden, die infolge des harten Preiswettbewerbs im PC-Markt zudem Kostenvorteile bieten. Dadurch gewannen seit Anfang der 90er Jahre Client-Server-Architekturen an Bedeutung. Ein weiterer Impuls für diese Entwicklung lag in den Organisationsveränderungen der Anwenderunternehmen. Sie flachen zunehmend ihre hierarchische Struktur ab und bilden dezentrale, eigenständig agierende Geschäftseinheiten, deren spezifische DV-Anforderungen sich jedoch nur noch unzureichend in zentralen Anwendungen abbilden lassen. Downsizing meint begrifflich eine vollständige Ablösung der Großrechnersysteme, die in der Praxis jedoch vorläufig noch zu den Ausnahmen gehören. Vielmehr setzen sich kooperative Strukturen durch, bei denen die Mainframes übergreifende Funktionen wie etwa das Datenbank-, Informations-, Ressourcen- und Sicherheitsmanagement übernehmen. Insofern besteht in dem Begriff *Rightsizing* eine adäquate Beschreibung der Sachverhalte solcher Strategien.

Siehe *DIS*.

DP
draft proposal

Verwaltungssystem für die Übersicht über die Netztopologie und für die Durchführung von Querprüfungen zwischen AM-NAS und NM-NAS.

DPN-NAS
data packet network

DQDB wurde von *IEEE* 802.6 im Rahmen der MAN-(metropolitan area network)-Aktivitäten standardisiert und kann als *Backbone* im Entfernungsbereich bis 100 km und weiter eingesetzt werden. Vom Konzept her handelt es sich hier um zwei Lichtwellenleiterbusse, die unidirektional gegenläufig betrieben werden.
Als Topologien sind Busse und Ringe möglich. DQDB basierende metropolitan area networks wurden von Beginn an für hohe Datenraten wie 34/45 Mbit/s ausgelegt, und zwar mit dem Ziel, über diese Hochgeschwindigkeitsstrecken leistungsfähige Inter-LAN-Verbindungen zu schaffen. Die europäische CBDS- und die nordamerikanische

DQDB
distributed queue dual bus

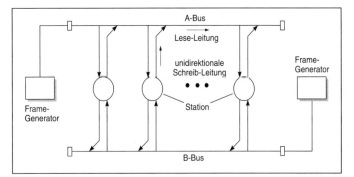

D

SMDS-DQDB-MAN-Version unterscheiden sich dabei zwar erheblich in den Bezeichnungen, die tatsächlichen Implementationen weisen jedoch lediglich minimale Unterschiede auf. Sowohl CBDS-MANs (Europa) als auch SMDS-MANs (Nordamerika) benutzen als Übertragungsmethode die *IEEE* 802.6 DQDB (dual *queue* dual bus) Spezifikation.

Die *Daten* werden dabei als 53 *Byte* lange Zellen (48 Bytes *Information*, 5 Bytes *Header*) in 125µs langen Datenrahmen übertragen. Jeder Rahmen besteht aus einem *Header*, aus N Zellen und nach Bedarf aus Füllbits. Wieviele Zellen nun ein solcher Datenrahmen enthält, ist von der *Bitrate* des *MAN* abhängig. Derzeit werden die Übertragungsraten 1,5 Mbit/s, 2,048 Mbit/s, 34 Mbit/s, 45 Mbit/s sowie 140 Mbit/s unterstützt. Das DQDB-MAN hat das Stadium der Pilotversuche verlassen und wird in einigen europäischen Ländern von den jeweiligen Postverwaltungen beziehungsweise in Nordamerika von privaten Netzwerkbetreibern als regulärer *Dienst* angeboten. (USA: Pacific Bell, US-West, Bell Atlantic, Europa: Deutschland, Italien, UK). Die stärkste Wachstumsphase wird den DQDB-MANs für die Jahre 1995 bis 1997 vorausgesagt, danach wird - so die Marktstudien - durch das rasche Anwachsen von B-ISDN-Implementationen das Wachstum abflachen. Die *Topologie* des DQDB ist ein Doppelbus, der aus zwei unidirektionalen Bussen zusammengestzt ist. Jeder *Knoten* hat Verbindungen zu beiden Bussen, und zwar je eine Leseverbindung und eine unidirektionale (zur Richtung des jeweiligen Busses passende) Schreibverbindung. Jeder *Knoten* kann mit jedem anderen *Knoten* dadurch kommunizieren, daß er ihm Informationen auf einem der beiden Busse zusendet (Auswahl des Busses passend zur angestrebten Kommunikationsrichtung) und *Information* auf dem anderen Bus zurückerhält. Der Doppelbus unterstützt also im Gegensatz zu allen anderen LAN-Topologien schon auf der untersten Ebene eine Vollduplex-Verbindung zwischen zwei Kommunikationspartnern.

drop cable Siehe *Verbindungskabel*.

DSAB
Distributed Systems Architecture Board
Eine Gruppe von ungefähr 12 Forschern, die sich mit Verteilten Systemen befaßt hat. 1989 ging nach einer Reorganisation die DSAB in der *IAB* auf.

D

Andere Bezeichnung für interface message processor (*IMP*). DSE steht für "data switching exchange".	**DSE**
Digitaler Kurzwellenfunk, Forschungsprojekt von *ETSI*. DSRR steht für "*digital* short range radio".	**DSRR**
Siehe *Datenendeinrichtung*.	**DTE**
Tonfrequenzwählsystem. DTMF steht für dual tone multi frequency.	**DTMF**
DTP erlaubt einen unquittierten *Datenaustausch* zwischen zwei entities (Stationen) im Netz oder Broadcast-Nachrichten. Als *Protokoll* wird *UDP* und *DMP* benutzt.	**DTP** *datagram transport protocol*
Ein *Kontrollsignal*, das vom angeschlossenen Terminal her dessen *Betriebsbereitschaft* anzeigt.	**DTR** *data terminal ready*
Zahlensystem zur Basis 2 mit nur zwei Elementen, der 0 und der 1.	**Dualsystem** *binary system*
Siehe *Datenübertragungseinrichtung*.	**DÜE**
»Unintelligentes« Terminal; ein Begriff aus der IBM-Welt. Als unintelligent oder dumb Terminals werden diejenigen bezeichnet, die keinen eigenen Prozessor haben.	**dumb terminal**

Die IBM-Philosophie der frühen Jahre war, die eingegebenen *Daten* mehrerer »dummer« Terminals in einem *Cluster-Controller* zu sammeln und auf eine mehr oder weniger lange *Leitung* zu einem Großcomputer (mainframe) zu schicken. Dem Großcomputer war noch ein weiterer Rechner vorgeschaltet, der sich um das Einsammeln der *Daten* und das spätere Verteilen der Arbeitsergebnisse kümmerte, der Front-End-Processor (*FEP*). Diese Konzeption war eigentlich kein richtiges *Datennetz*. Wenn es überhaupt Verbindungen zu Nachbardomänen gab, dann auf Front-End-Prozessor-Ebene. Mit dem Aufkommen »intelligenter« Terminals, also Personal Computern und Workstations und echten Datennetzen, hat sich die Landschaft grundlegend verändert.

D

dummy Funktionslose Einrichtung jeder Art. Im Hardwarebereich kann ein Dummy z.B. ein Lastwiderstand am Ausgang eines Mobilfunksenders sein, wenn dieser zum Einmessen oder zu einer Reparatur in Betrieb genommen wird und eine Ausstrahlung nicht erwünscht ist. Im Softwarebereich, und speziell bei Datennetzen, sind dummys meist Füllzeichen jeglicher Art, die aus logischen oder formalen Gründen eingefügt werden müssen. So ist beim *Ethernet* das Auffüllen von zu kurzen Datenblöcken (pad) und das Einfügen von Bits oder *Zeichen* (bit-stuffing/character-stuffing) in anderen Datenpaketblöcken, ein Beispiel für die *Anwendung* von dummys.

Duplex
duplex
Übertragungsrichtung bei der Datenübertragung, bei der gleichberechtigte Datenstationen senden und empfangen können. Es sind grundsätzlich drei Arten der Nutzung einer Übertragungsstrecke möglich: Richtungsverkehr (*Simplex*, d.h. Informationen laufen nur in eine Richtung, z.B. Richtfunk), Wechselverkehr (*Halbduplex*, d.h. Übertragung auf derselben Strecke abwechselnd in eine Richtung, z.B. Fernschreibnetz) und Gegenverkehr (Duplex bzw. *Vollduplex*, d.h. gleichzeitige *Übertragung* in beide Richtungen, ohne daß eine neue *Verbindung* hergestellt werden muß). In dieser Betriebsart wird an der *Schnittstelle* gleichzeitig Sende- und Empfangsbetrieb durchgeführt (*DIN* 44 302).

Durchsatz
throughput
Maß für die Leistungsfähigkeit eines DV-Systems. Gemessen werden die insgesamt verarbeiteten oder übertragenen materiellen Nachrichten innerhalb einer bestimmten Zeitspanne. Ausgedrückt wird es z.B. in bit/s oder *Paket*/s.

Durchschaltbetrieb
existing-call handling status
Durchschalten bedeutet, Signale auf Leitungen zu schalten. Bei Kommunikationssystemen unterscheidet man den Durchschaltbetrieb und den Speicherbetrieb, je nachdem, ob der *Netzknoten* die an- und abgehenden Signale durchschalten muß oder aufgrund eines Speichers zwischenspeichern kann oder muß.

DUST Abkürzung für Datenumsetzerstelle; DUST-U in der unteren Netzebene, DUST-D am Sitz einer *DVST*.

D

Siehe *Datenverarbeitungsanlage*. **DVA**

Siehe *Datenvermittlungsstelle*. **DVST**

Siehe Datex-L-Netz. **Dx-L**

Siehe Datex-P-Netz. **Dx-P**

Siehe Datexnetzabschlußgerät. **DXG**

Ein wesentlicher Vorteil von Routern ist die Möglichkeit, Routen dynamisch, d.h. bei laufendem Netzbetrieb je nach Netzerweiterung neu einzurichten oder je nach Lastsituation zu ändern. Diese Verfahren werden auch adaptives Routing genannt, da die Wegwahl an die aktuelle Netzsituation "adaptiert" werden kann. Die optimale Wegwahl wird nach einer anfänglichen Parametersetzung allein durch das Routing-Protokoll bestimmt und ist so für den Benutzer *transparent*. Solche dynamischen *Routing-Protokolle* realisieren eine zentrale Funktion des Netzwerkes und berücksichtigen im Vergleich zum statischen Routing zusätzliche Faktoren:

Dynamisches Routing
dynamic routing

- Leitungs- und Knotenausfall; hier können Redundanzkonzepte mit alternativen Routen zum Tragen kommen.
- Kenntnis alternativer Wege, um bestimmte Netzteile zu umgehen, z.B. bei Hochlastsituationen in Form von
- Leitungsüberlastung oder
- Überlastung der Verarbeitungswarteschlange (des Interfaces) im *Router*.

Ein dynamisches Verfahren besticht durch seine Flexibilität. Aber: Um die Flexibilität zu erreichen, müssen die beteiligten *Router* ständig Kontrollinformationen über die aktuell verfügbare Konfiguration und *Topologie* austauschen. Dies bedeutet zusätzlichen *Overhead*, der sich direkt als zusätzliche Netzlast niederschlägt - insbesondere bei remote Leitungen, aber auch bei entsprechender Intensität in LANs ein nicht zu vernachlässigender Faktor.

E

E-Mail E-Mail ist die Abkürzung für electronic mail, also für elektronische Post. Briefe, Memos oder andere Texte werden einem Terminal eingegeben und an ein Empfängerterminal weitergegeben, wo die *Nachricht* auf einem *Bildschirm* nach Auswahl des Benutzers oder zu einer vorher vereinbarten Zeit abgebildet werden kann. Der wichtigste *Standard* für E-Mail ist die CCITT-Empfehlung *X*.400 für interpersonelle Mitteilungssysteme. Die Integration von Applikationen und Telekommunikationdienstleistungen ist bei elektronischer Post auf Basis von *X*.400 ein wichtiges Element des Konzeptes und muß im Gegensatz zu anderen Diensten nicht mit Hilfe technischer Tricks erst nachträglich geschaffen werden. Es ergeben sich vielfältige Nutzungsmöglichkeiten von electronic mail.

E/O-Wandler Einrichtung zur Umwandlung eines elektrischen Signals, das die zu übertragende *Nachricht* enthält, in eine modulierte Infrarotstrahlung zur Einkopplung in *Lichtwellenleiter*. Derzeit sind zwei Ausführungsformen im Einsatz, lichtemittierende Dioden (*LED*) und Laserdioden. Während die lichtemittierende Diode nur bis zu 1 mW Leistung mit einer *Bandbreite* von unter 200 MHz in das *Glasfaserkabel* einbringen kann, dafür aber äußerst preiswert ist, liefert eine Laserdiode mehrere mW mit mehr als 1 GHz *Bandbreite*.

E1-Netz Geplantes zellulares Mobilfunknetz der fünften Generation. Technisch nach *GSM*-Standard aufgebaut und damit dem D1- und dem *D2-Netz* vergleichbar, liegen doch die Übertragungsfrequenzen im 1800 MHz-Bereich. Die Planung ist weiter gefaßt und beinhaltet, im Rahmen von PCN (personal *communication* network) den DCS 1800-Standard einzuführen. Die wesentlichen Anforderungen an diesen *Standard* sind neben einer kostengünstigen Realisierung die Erreichung hoher Verkehrsdichten von 500 *Erlang*/km^2 und niedrige Sendeleistungen von 250 mW bis 2 W sowie die Verwendung des GSM-Halbratencodes.

Durch die physikalisch bedingte erheblich kleinere Reichweite von Frequenzen im 1800 MHz-Bereich gegenüber dem 900 MHz-Bereich muß auch die Zellengröße neu definiert werden. Gegenüber den D-Netzen mit einer Reichweite von bis zu 50 km ist diese beim DCS 1800 (*digital* cellular system) in freien, wenig bebauten Gebieten auf max.

E

8 km eingeschränkt. Im dicht bebauten Stadtgebiet geht dann die Reichweite auf unter 1 km zurück. Da die Reichweite über die Sendeleistung leicht zu steuern ist, kann die Zellengröße dezidiert den Anforderungen angepaßt werden. Zellen mit einer Größe über 150 m werden Mikrozellen genannt, unter 150 m Picozellen, vorwiegend für die Verwendung im Hausbereich. Die 8 km großen Zellen (Makrozellen) auf dem Land eignen sich gut zum Aufbau eines drahtlosen Ortsnetzes.

Computernetz für Universitäten und Forschungsanlagen. 1988 waren global ca. sechs- bis zehntausend Systeme vernetzt, von denen sich 600 *Knoten* in Europa (davon wiederum ein Drittel in Deutschland) befinden. Über den Zentralknoten bei der GMD, Gesellschaft für Mathematik und *Datenverarbeitung*, in Bonn laufen derzeit ca. 5 Milliarden Bytes im Monat. EARN verbindet die Rechner mit Standleitungen (teilweise 64 kbit/s-Leitungen). Eine vergleichbare Einrichtung in Deutschland ist das *DFN*.

EARN
european academic and research network

Ein auf 8 Bit erweiterter BCD-Code, der von IBM entwickelt wurde und in vielen PCs als interner Verarbeitungscode angewendet wird. Er kann deshalb ohne Codeumsetzung (z.B. in den genormten ASCII-Code) für die Datenübertragung eingesetzt werden, so daß sich ein Zeitvorteil ergibt. Es handelt sich um einen 8-Bit-Code mit Coderedundanz: Es sind nicht alle der $2^8 = 256$ Möglichkeiten belegt.

EBCDIC-Code
extended binary coded decimalinterchange code

Eine von IBM entworfene Menge von Protokollen für das unmittelbare Zusammenwirken von Anwendungsprogrammen auf gleichen oder voneinander entfernten Rechnern auf einer Auftraggeber/Auftragnehmer-Basis. Untermenge von *APPC*.

ECF
enhanced connectivity facility

Das Echokompensationsverfahren - auch Zeitgleichlageverfahren genannt - besteht darin, daß die zu erwartenden Echos vom gesendeten *Signal* möglichst genau nachgebildet und vom empfangenen *Signal* subtrahiert werden. Für diese Zwecke wird an den beiden Sieten ein adaptiver Echokompensator implementiert. Seine Aufgabe ist es, die ankommenden Echos in deren gesamtem Zeitverlauf genau nachzubilden. Weil die Echos von Leitungseigenschaften abhängig sind, muß

Echokompensation
echo suppressor

E

sich der Echokompensator an die momentanen Leitungseigenschaften adaptiv anpassen. Ein solcher Echokompensator wird in Form einer hochintegrierten Schaltung realisiert.

Echoplex
echoplex

Eine Prozedur, bei der die Empfangsstation automatisch jedes übermittelte *Zeichen* zurücksendet, so daß der Sender die Richtigkeit der *Übertragung* erkennen kann. Es ist eine Betriebsweise der asynchronen Übertragungsverfahren. *Daten* werden von der Empfangsstation (meist dem zentralen Rechner) an die Sendestation zurückgespiegelt (Eingabeterminal), wodurch eine einfache Kontrolle der fehlerfreien *Übertragung* möglich ist. Ein eingegebenes *Zeichen* wird also erst dann auf dem *Bildschirm* dargestellt, wenn es vom *Host* gespiegelt worden ist. Echoplex ist eine Spezialform des Duplex-Betriebes.

Echtzeitdaten-
verarbeitung
real time data
processing

Bei sehr schnell ablaufenden Prozessen muß die Verarbeitungsgeschwindigkeit des Rechners erheblich über der des zu kontrollierenden Prozesses liegen, wenn die Steuerung noch greifen soll. Während das für die normale *Bürokommunikation* wie Textverabeitung u.ä. ohne Belang ist, spielt es bei der Steuerung von Flugzeugen, Raketen u.ä. durchaus eine Rolle.

Echtzeitsystem
real time system

Ein System, bei dem die Verarbeitung der *Daten* gleichzeitig mit ihrem Entstehen erfolgt, wobei die Ergebnisse der *Datenverarbeitung* auch gleich wieder verwendet werden, meist an demselben Gerät oder derselben Einrichtung aus dem/der die Eingangsdaten stammen.

ECMA
European Computer
Manufacturers
Association

Ein Gremium, in dem die europäischen Computerhersteller zusammengeschlossen sind, um Entwürfe für Industrienormen der *Datenverarbeitung* auszuarbeiten. Diese Entwürfe werden von der ECMA an die nationalen *Normungsgremien* zur Verabschiedung weitergegeben. ECMA hat viele der bestehenden ISO-Standards maßgeblich mitentwickelt. Die Mitglieder setzen sich aus europäischen Computerherstellern zusammen. Es werden Standards für datenverarbeitende Systeme und Kommunikationsprotokolle entwickelt. Die von ECMA verabschiedeten Standards werden vielfach in IEC- und ISO-Normen sowie CCITT-Empfehlungen übernommen. Damit übt ECMA einen erheblichen Einfluß auf die internationale Normung aus.

E

Firmenkonsortium, bestehend aus den Firmen AEG, Alcatel/SEL und Nokia, zur Entwicklung eines paneuropäischen Mobilfunknetzes.

ECR 900
European Consortium Cellular Radio 900

Von der ESA verwirklichte Satellitenprojekte im Rahmen des europäischen Nachrichtensatelliten-Systems.

ECS
european communication satellite system

Editieren ist der Vorgang der Überprüfung und Korrektur von Texten oder Programmen in einem Computer, bevor sie ihrer endgültigen Verwendung zugeführt werden.

Editieren
editing

Protokoll zum Austausch von Routerinformationen in IP-Netzwerken. Siehe exterior gateway protocol.

EGP
exterior gateway protocol

Genormte Protokolle für die *Kommunikation* innerhalb der Schichten 4 bis 6 der ISO-OSI-Protokollarchitektur. Da die internationale Normung dieser Protokolle zu dem Zeitpunkt, als die Protokolle EHKP entwickelt wurden, noch in der Diskussion stand, wurden in der BRD nationale Festlegungen getroffen. Ursprünglich war es ein vom Bundesminister des Inneren eingeleitetes Normungsverfahren für die öffentliche Verwaltung. EHKP (einheitliche höhere Kommunikationsprotokolle) lehnen sich an das 7-Schichtenmodell des ISO-Referenzmodells an. Realisiert wurden bislang von der Deutschen Bundespost EHKP 4 bis EHKP 6 (transport, session, presentation) im Rahmen des Bildschirmtext-Netzes.

EHKP
uniform communication protocol

US-amerikanischer Dachverband für die Hersteller elektronischer Geräte und Anlagen. Der Verband ist zuständig für die Entwicklung und Einhaltung der Industriestandards für Schnittstellen zwischen Datenverarbeitungsgeräten und Datenkommunikationsanlagen. Mitglieder sind die Vertreter der Industrie, die ein Interesse daran haben, Standards als gemeinsame Basis für Produkte zwischen den Herstellern und Anwendern zu erarbeiten.

EIA
Electronics Industries Association

Im Bereich der offenen *Kommunikation* hat sich EIA intensiv mit den beiden untersten Schichten des Referenzmodells beschäftigt. Bekannt sind die diversen RS-Standards für Schnittstellen wie z.B. RS-232. Im Rahmen von *MAP* hat sich EIA auch mit Anwendungen befaßt und dafür RS-511 erarbeitet.

Eigenfehlerrate
residual error rate

Nach der ISO-Definition ist die Eigen- oder Restfehlerrate die verbleibende *Fehlerrate*, die auch dann vorhanden ist, wenn alle Fehlerkorrekturmöglichkeiten, die ein *Protokoll* bietet, ausgeschöpft wurden.

Ein-/Ausgabe-Einheit
input/output unit

Um einen Mikroprozessor mit der Außenwelt verbinden zu können, müssen spezielle Ein-/Ausgabebausteine vorgeschaltet werden, z.B. PIA, PIO, SIO usw. Dadurch werden Tastaturen, Bildschirme und Anzeigen bedienbar und Massenspeicher oder Drucker können angeschlossen werden.

Ein-/Ausgabe-Kanal
input-output channel

Kanal zur Steuerung des Datenflusses zwischen Ein-/Ausgabegeräten und der Zentraleinheit einer *Datenverarbeitungsanlage*, *Steuereinheit*.

Einbettung
implementation

Wird ein System in ein anderes eingebettet bzw. eingebunden, so spielt es dort die Rolle eines Subsystems. An den Stellen, an denen *Daten* übergeben werden (interfaces), sowohl vom Haupt- in das Subsystem als auch vom Subsystem in das Hauptsystem, müssen die Bedingungen einander angepaßt sein.

Einerkomplement
one's complement

Die Umwandlung aller Einsen in Nullen und aller Nullen in Einsen in einer Kette von Bits. Das Einerkomplement (one's complement) spielt neben dem *Zweierkomplement* (two's complement) eine wichtige Rolle in der binären Arithmetik und ermöglicht damit die Subtraktion,

Einfachstromverfahren
neutral current method

Übertragungsverfahren in Basisbandsystemen, bei dem die Entscheidungsschwelle, ob es sich bei dem zu übertragenden Digitalsignal um eine 1 oder eine 0 handelt, auf dem halben Pegelwert (zwischen 0 und 1) eingeregelt wird.

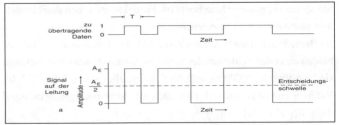

E

Wird ein neues Bauelement in eine optische Übertragungsleitung eingebracht, so entsteht eine *Dämpfung* des Signals, die Einfügungsdämpfung.

Einfügungsdämpfung
insertion loss

Computersysteme mit starker Orientierung auf die schnelle Ein- und Ausgabe auch größerer Datenmengen besitzen oft neben dem Zentralprozessor einen zusätzlichen Prozessor, der die Ein-/Ausgabesteuerung ausführt. Damit kann der Rechner z.B. gleichzeitig *Daten* verarbeiten und weitere *Daten* einziehen.

Eingabe-/ Ausgabe-Prozessor
input/output processor

Mit »Eingang« wird der physische Zugriffspunkt auf einen Computer, ein Übertragungsgerät oder ein *Netzwerk* bezeichnet, an dem Signale zugestellt, entfernt oder beobachtet werden können.

Eingang
port

Winkel zwischen der Ausbreitungsrichtung des einfallenden Lichtes und der optischen Achse des Lichtwellenleiters. Damit das einfallende *Licht* eingekoppelt werden kann, muß dieser Winkel zwischen 0 und einem Maximalwert liegen, der vom Ort auf der Faserstirnfläche bzw. von dessen lokaler Brechzahldifferenz gegenüber dem Mantel abhängt.

Einkopplungswinkel
launch angle

Ein Begriff, der sich auf den Austausch von *Steuerzeichen* und anderen Signalen zur Kontrolle des Datenflusses bezieht; er beschreibt den Signalaustausch zwischen einem Drucker und einem Computer, bevor das erste *Zeichen* gesendet wird.

Einleitungsvorgang
handshaking

Lichtwellenleiter, bei dem bei der Betriebswellenlänge nur ein einziger Modus, der Grundmodus, ausbreitungsfähig ist.

Einmodenfaser
single mode fiber

Datenverarbeitungssystem, das eigenständig und zu einer Zeit nur für einen Benutzer arbeitet, meist im multifunktionalen Einsatz, auch an Kommunikationsdienste anschließbar. Gegensatz: *Mehrplatzsystem*.

Einplatzsystem
single user system

Ein EKT verbindet einen Direktrufanschluß mit mehreren Direktrufanschlüssen niedriger Geschwindigkeit, z.B. einmal 9 600 bit/s auf viermal 2 400 bit/s.
Mit einem Kanalteiler beim Direktrufanschluß 9 600 bit/s lassen sich

EKT
*Envelope
Kanalteiler*

E

so vier Kanäle mit je 2400 bit/s bilden, aber bis zum EKT werden nur die Verkehrsgebühren 9 600 bit/s berechnet (an Stelle der höheren Gebühren für vier Verbindungen mit je 2 400 bit/s). Diese technische Einrichtung kommt nur in *Netzknoten* der DBP Telekom zum Einsatz.

electronic mail Siehe *E-Mail*.

Empfänger
receiver

Sammelbezeichnung für Empfänger aller Art. Nicht nur z.B. Rundfunk- oder Fernsehempfänger, sondern auch die Empfangsbaugruppen bei Telefon, *Telex* usw. Ferner werden die Empfängerbausteine von Terminals, Computer-Schnittstellen und an Busanschlüssen so genannt.

Empfänger, optischer
optical receiver

Baugruppe zum Umwandeln optischer Signale in elektrische Ströme und Spannungen. Sie besteht meist aus einer Photodiode mit Anschlußfaser und *Stecker* sowie aus einem rauscharmen Verstärker und elektronischen Schaltungen zur Signalaufbereitung. Ein anderer geeigneter Lichtempfänger ist die Lawinendiode (Avalanche PIN Diode).

Empfängerempfindlichkeit
receiver sensitivity

Lichtleistung am *Eingang* eines optischen Empfängers, bei der eine Bitfehlerrate von $< 10^{-9}$ erreicht wird.

Empfangsaufruf
addressing

Der Aufruf an eine oder mehrere Datenstationen (oder DEEs), *Daten* zu empfangen.

Empfehlung
recommendation

Siehe *Norm*.

Empty-Slot-Verfahren
empty slot

Verfahren im Ring-Netz für den kollisionsfreien Zugriff auf das Speichermedium. Eine sendewillige Station darf erst senden, wenn ein leeres, auf dem Ring zirkulierendes *Paket* sie erreicht, das mit Informationen gefüllt werden kann.

Emulation
emulation

Verfahren zur Anpassung von Programmen, die auf unterschiedlichen, nicht kompatiblen Anlagen laufen sollen; es handelt sich um die Nachbildung eines Teiles oder einer Einheit (Terminal, Computer etc.) durch eine andere Einheit. Durch das Imitieren akzeptiert die

E

Nachbildung die gleichen *Daten*, führt die gleichen Funktionen aus und wird von anderen Einheiten im *Netzwerk* wie das Original erkannt. Beispiel: die Nachbildung eines IBM- oder DEC-Terminals durch eine 3270- oder VT100-Emulation auf einem *PC*.

Ein *Programm*, durch das sich ein Terminal oder ein Computer wie ein anderes System verhalten kann. So kann mit einem derartigen *Programm* ein Microcomputer eine viel größere Anlage, beispielsweise einen IBM-Mainframe, emulieren bzw. imitieren. Der kleine Computer läßt dann die gleichen Programme ablaufen wie der große und arbeitet mit den gleichen Datentypen. Wenn zwei Computer kommunizieren, müssen sie *kompatibel* sein. Die Emulator-Software ist ein Weg, die nötige *Kompatibilität* herzustellen. Nach *DIN* 44 300 ist ein Emulator eine durch Programmbausteine und Baueinheiten realisierte Funktionseinheit, die die Eigenschaften einer Rechenanlage A auf einer Rechenanlage B derart nachbildet, daß Programme für A auf B laufen können, wobei die *Daten* für A von B akzeptiert und die gleichen Ergebnisse wie auf A erzielt werden. Was hier über Programme ausgesagt ist, gilt sinngemäß auch für die Zusammenarbeit von Hardware-Einrichtungen.

Emulator
emulator

Freigabe eines bis dahin gesperrten (disabled) Gerätes oder Signals.

enable

Wenn im siebenstufigen OSI-Referenzmodell ein *Datenpaket* von der *Anwendungsschicht* zur *Bitübertragungsschicht* durchgereicht wird, bekommt es von jeder der Schichten beim Durchlaufen ein Anfangskennzeichen vorgesetzt, den sogenannten *Header*. Zuerst den application-Header, dann den presentation-Header, dann session-, transport- und network-Header, schließlich den data-link-Header und zuletzt den physical-layer-Header. Als Abschlußzeichen genügt ein einziger "trailer". Diese "Verpackung" wird encapsulation genannt. Am Empfangsort werden vor der Verarbeitung des Datenpakets diese "Kapseln" dann wieder beseitigt, nachdem sie ihren Zweck erfüllt haben, z.B. die CRC-Überprüfung auf Datenübermittlungsfehler in der Schicht 2. Beim Durchlaufen der Netzstrecke kann es vorkommen, daß Netzart und/oder *Topologie* sich ändern. Das führt dann zu einer teilweisen "Entkapselung" und "Wiederverkapselung" entsprechend

encapsulation

363

E

der neuen Netzart, je nachdem, ob der durchlaufene *Netzknoten* eine *Brücke* (bridge) oder ein *Router* ist. Beim *Gateway* wird vollständig entkapselt und neu verkapselt, dagegen bleiben beim *Repeater* die Kapseln unverändert.

encryption Nachrichten mit vertraulichem oder geheimem Inhalt werden verschlüsselt. Diese *Verschlüsselung* heißt encryption. Siehe auch Data Encryption *Standard*, *DES*.

Endgerät Endeinrichtung, die die Funktionen von Nachrichtenquelle und Nach-
data terminal richtensenke ausführen kann und im allgemeinen nur mit einem Telekommunikationsanschluß verbunden ist. *Datenendeinrichtung* (DEE) oder data terminal equipment (*DTE*).

Endgeräte- *Funktionsgruppe*, die von einer *Schnittstelle* am *Bezugspunkt* (z.B.
Anpassung nach V.- oder *X*.-Empfehlungen) auf die Benutzer-Schnittstelle um-
terminal adaptation setzt. Im *ISDN* wird sie benötigt, um Nicht-ISDN-Endeinrichtungen (TE2) an das *ISDN* anzuschließen.

Endgeräte- Die letzte *Ziffer* der *ISDN-Teilnehmer-Rufnummer*, sofern sie dazu
Auswahlziffer verwendet wird, wählt ein einzelnes *Endgerät* oder eine Gruppe von Endgeräten aus.

Endsystem Ein von der *ECMA* (European Computer Manufacturers Association)
end system definierter Begriff. Danach handelt es sich um ein offenes System, das alle sieben Schichten des OSI-Referenzmodells enthält und definiert ist als, daß "ein oder mehrere Computer, zusammen mit ihrer Peripherie, Software, menschlichen Operateuren usw., die in ihrer Gesamtheit zur Informationsverarbeitung beitragen, übertragungsfähig sind."

Endsystem- Als Endsystemverbindung wird eine *Verbindung* der *Transportschicht*
verbindung des sendenden mit der *Transportschicht* des empfangenden Computers (peer-to-peer) bezeichnet. Werden auf dem Weg dahin *Router* eingesetzt, speziell im Rahmen des *X*.25-Protokolls, so werden in diesen Routern die *Header* der ersten drei Schichten entfernt und durch neue ersetzt. Diese Verbindungen, sendender Computer - erster *Router*, letzter *Router* - empfangender Computer sowie die Verbin-

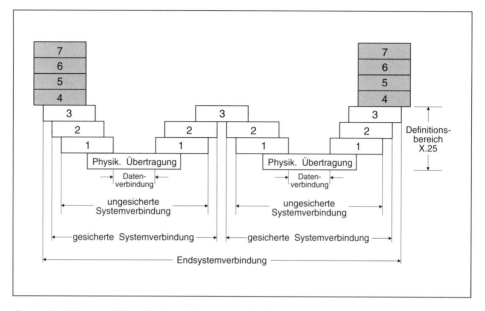

dungen der *Router* auf den einzelnen Streckenabschnitten untereinander werden gesicherte Systemverbindungen genannt. Es sind peer-to-peer-Verbindungen auf der dritten OSI-Schicht, der Netzwerkschicht. peer-to-peer-Verbindungen auf der zweiten OSI-Schicht, der Verbindungssicherungsschicht (logical link layer) gelten als ungesicherte Systemverbindung, während der Verkehr auf dem physikalischen *Medium* unter der physikalischen Schicht (*Bitübertragungsschicht*, physical layer) einfach als *Datenverbindung* bezeichnet wird.

Enterprise Hubs

Enterprise Hubs sind moderne, modular aufgebaute intelligente Vermittlungssysteme. Das Grundkonzept basiert auf internen Bussystemen an die Module angeschlossen werden. Die Module können in das Chassis eingesteckt werden und sind dann mit einem oder mehreren Bussen verbunden. Jeder interne Bus bildet wiederum ein eigenes Netz. Die Module reichen von einfachen Konzentratoren bis hin zu komplexen Workstations, z.B. für das Netzwerk-Management. Der wesentliche Vorzug der Enterprise Hubs ist die Integration von. Außerdem ergeben sich gegebenenfalls erhebliche Kostenvorteile in Hard- und Software. Schließlich können Enterprise Hubs einheitliche Management-Systeme unterstützen, was bei einer Ansammlung ver-

E

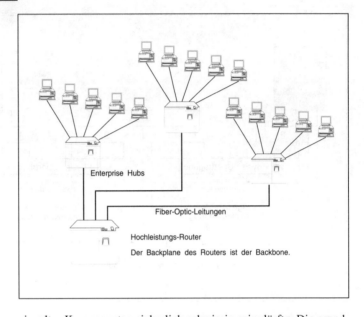

Enterprise Hubs
Fiber-Optic-Leitungen
Hochleistungs-Router
Der Backplane des Routers ist der Backbone.

einzelter Komponenten sicherlich schwierig sein dürfte. Die grundsätzlichen Anforderungen an einen modernen Enterprise *Hub* liegen in der Unterstützung aller wesentlichen Übertragungsmedien und aller standardisierter LANs (*Ethernet*, *Token* Ring und *FDDI*), in der Unterstützung des Netzwerkmanagements mit *SNMP* sowie im *Internetworking*, dem Bridging und Routing. Enterprise Hubs bilden die letzte und stärkste Stufe einer Hub-Hierarchie aus Endgeräte-Hubs, Abteilungs-Hubs und Enterprist Hubs. Voraussetzung für den Einsatz von Hubs ist eine strukturierte Verkabelung mit den unterschiedlichen Versorgungsbereichen gemäß der vom Anwender verfolgten Vernetzungstrategie. Üblicherweise wird man für ein großes Netz mehrere Enterprise Hubs zusammenschalten. Es kristallisiert sich heraus, daß *ATM* wohl die geeignetste Technologie für diesen Zweck ist, da z.B. *FDDI* eine zu geringe Leistung aufweist. Außerdem wird man im Zuge von z.B. Multimedia-Anwendungen mehr Wert auf Synchronität legen als dies bei reinen Datenübertragungen der Fall ist. Durch die Modularität gewährleisten Enterprise Hubs eine hohe Sicherheit gegenüber zukünftigen Änderungswünschen. Der Begriff »Enterprise *Hub*« ist gebietsweise durch einen Hersteller geschützt. Darum findet man in der Literatur auch den Begriff »unternehmensweiter *Hub*«.

E

entity

Eine entity (*Instanz*) stellt ein aktives Element innerhalb einer Schicht dar. Die *Instanz* ist eine einzelne konkrete *Anwendung* innerhalb einer Schicht. Eine Schicht eines Endsystems kann mehrere Instanzen beinhalten. Korrespondierende Instanzen derselben Schicht in verschiedenen End- oder Transitsystemen werden Partnerinstanzen genannt.

Entprellen
debouncing

Alle mechanischen Kontakte neigen dazu, bei Betätigen nach dem Schließen des Kontaktes ihn noch ein- bis mehrmals zu öffnen und wieder zu schließen. Dieser Vorgang wird Prellen (von Abprallen) genannt. Die schädlichen Folgen des Prellens können durch elektronische Bauteile vermieden werden. Bauelemente mit diesen Eigenschaften sind z.B. RS-Flip-Flops (latches). Das Problem des Prellens ist erst mit dem Aufkommen der modernen Digital- und Mikrocomputertechnik virulent geworden, da durch die hohe Verarbeitungsgeschwindigkeit alle Eingangssignale, also auch Störsignale wie das Prellen, von der nachfolgenden Schaltung entsprechend ausgewertet werden.

Entzerrer
regenerative repeater

Filter zur Verminderung des Nebensprechens auf Datenleitungen. Drei Arten von Entzerrern sind in Gebrauch: Bei festgeschalteten Leitungen arbeitet man in der Regel mit manuell eingestellten Entzerrern. Für niedrige Datenübertragungsgeschwindigkeiten bis 2400 bit/s über Telefonleitungen werden sogenannte Kompromiß- entzerrer verwendet, die auf eine durchschnittliche Verbindungs- leitung angepaßt sind. Für höhere Datenübertragungsgeschwindigkeiten auf verbindungsorientierten Strecken, also durch einen Wählvorgang aufgebauten, verwendet man adaptive Entzerrer, die sich automatisch auf die Gegebenheiten der Strecke einstellen.

Envelope

Bitvollgruppe, d.h. Bitgruppe zu übertragender *Daten*, die netzintern durch ein Zustandsbit und Synchronisierbit ergänzt worden ist; im *IDN* allgemein verwendet (8 + 2) und *X*.51 (6 + 2) beschreiben dieses Verfahren, das auch für Multiplexverbindungen im internationalen Bereich verwendet wird. Mit der seinerzeitigen Umstellung aller Datenanschlüsse auf die IDN-Anschlußtechnik (integriertes Fernschreib- und *Datennetz*) der Deutschen Bundespost wurde für die im

E

Basisbandverfahren arbeitenden Datenanschlußgeräte (DAG) netzseitig das Envelope-Verfahren eingeführt. Das bedeutet eine Erweiterung jedes 8-Bit-Zeichens um ein Synchronisierbit und ein Statusbit, man spricht deshalb auch von einer »8 + 2-Struktur«. Dadurch erhöht sich auf der *Verbindung* vom DAG zum *Netzknoten* die Nettodatenrate um 25 %. Für das Synchronisierbit gilt die Vereinbarung, daß sich dessen Polarität bei jedem *Zeichen* ändert, also abwechselnd den logischen Zustand »0« oder »1« haben muß. Damit wird ein Zustandswechsel erzwungen, der eine sichere Synchronisierung auch bei langen Datenrahmen oder Zeichenfolgen ohne Zustandswechsel garantiert. Mit dem Statusbit lassen sich Zusatzeinrichtungen steuern wie z.B. der Synchronknoten SK12, dessen Durchschaltetechnik auf dem Statusbit beruht.

Enveloping — Verfahren, bei dem *Daten* eines Protokollformats (z.B. *HDLC*) durch Hinzufügen eines sogenannten headers und trailers in ein anderes *Format* umgewandelt werden (Einpacken, enveloping), um von einem anderen *Format* (z.B. *TCP/IP*) übertragen werden zu können.

EPBX
electronic private branch exchange

Elektronische programmgesteuerte *Nebenstellenanlage*. EPBX steht für electronic private branch exchange.

EPHOS
european procurement handbook on opensystems

Bei EPHOS handelt es sich um ein europäisches Handbuch, in dem die OSI-Protokollarchitektur für verschiedene Länder festgeschrieben ist. Siehe auch GOSIP UK.

epoch date — Ein Zeitpunkt, von dem ab in TCP/IP-Systemen die Zeit gemessen wird. Beginn der Zeitrechnung für TCP/*IP* ist der 1.Januar 1900, 00.00 Uhr, 0 Sekunden der Universalzeit (universal time), früher "Greenwich Mean Time" genannt. Wenn in der TCP/IP-Welt Datum und/oder Uhrzeit angegeben werden muß, so ist es stets die Anzahl der Sekunden seit diesem epochalen Datum.

EPROM
erasable programmable read only memory

Festwertspeichersiliziumchip, der mittels ultraviolettem *Licht* gelöscht werden kann. Die Abkürzung EPROM steht für erasable programmable read only memory.

E

Ausgleich, der sich meist auf langen Strecken störend bemerkbar machenden, frequenzabhängigen Amplituden- und Phasenveränderungen.

Equalization

Zur Kompensation von frequenzabhängigen in Breitbandnetzen Verlusten werden Equalizer eingesetzt. Sie werden zusammen mit Verstärkern in einem Gehäuse untergebracht. Um über das gesamte Frequenzspektrum einen gleichen Signalpegel zu erreichen, sind zur Kompensation dieser Effekte Equalizer erforderlich, die eine entgegengesetzte Charakteristik in bezug auf das Frequenzverhalten aufweisen. Dadurch wird das *Signal* zwar weiter gedämpft (ein reduzierter Signalpegel am Ausgang des Equalizers ist die Folge), man erhält aber am Ausgang der Equalizer einen über das gesamte Frequenzspektrum konstanten Signalpegel. Mit der Kombination aus Verstärkern und Equalizern ist es möglich, für einen festgelegten Kabelabschnitt alle Verluste auszugleichen.

Equalizer
equalizer

Eine Reihe von Netzwerkmeldungen, die vom director generiert und protokolliert werden. Sie ermöglichen es dem Systemmanager, jederzeit den aktuellen Netzwerkstatus zu erkennen. Als Protokolldrucker kann ein einfacher ASCII-Drucker verwendet werden.

Ereignis-Protokoll
event log

Das maschinenmäßige Aufzeichnen, Formatieren und Ausdrucken eines Programms, welches die in dem Fehlerstatistikdatensatz enthaltenen *Daten* für weitere Analysen verfügbar macht.

EREP
environment recording event program

Maß für die Verkehrsintensität auf verbindungsorientierten Datenübertragungsleitungen. Das Erlang repräsentiert die durchschnittliche Anforderung einer geschalteten *Verbindung* auf einer bestimmten Strecke während einer bestimmten Tageszeit, der sogenannten busy hour, die empirisch ermittelt wird und mit der Hauptverkehrszeit im Staßenverkehr (rush hour) vergleichbar ist. Die Kommunikationsverkehrsmessungen und ihre Quantifizierung in Erlang dienen der Kapazitätsplanung von Datennetzen. Das Erlang ist eine dimensionslose Maßzahl zwischen 0 und 1. Die Belegung einer *Leitung* für 3 Minuten hat einen Verkehrswert von 0,05 Erlang. Dagegen entstehen 0,3 Erlang, wenn eine *Leitung* 18 Minuten lang benutzt wurde.

Erlang
erlang

E

error free seconds	Leistungsmessung für die Qualität einer Verbindungsleitung. Je kleiner diese Maßzahl, desto schlechter die *Leitung*.
Ersatzleitweg *alternate routing*	Zuordnung eines Hilfskanals zum Bestimmungsort, falls der Hauptkanal nicht zur Verfügung steht.
ES-IS-Protokoll	Siehe *Router-Terminologie*.
ESCON *enterprise system connection*	Mit ESCON wird eine von IBM entwickelte Verbindungstechnik für Punkt-zu-Punkt-Verbindungen auf Glasfaserbasis bezeichnet. Da die Kanalarchitekturen mittels vieladriger Kupferkabel aufweisen Längenrestriktionen hatten, die durch *Dämpfung* und Laufzeitunterschiede hervorgerufen werden, hat die IBM 1990 eine Glasfaserlösung vorgestellt. ESCON wird über Gradientenfasern 62,5/125 µ mit Datentransferraten von 10 MByte/s über Entfernungen bis 3 km betrieben. Die Längenbegrenzung kann durch aktive Komponenten auf bis zu 9 km erhöht werden.
Esprit	Ein Forschungs- und Entwicklungsprogramm der EG für Informationstechnologie. Innerhalb von Esprit gibt es einige Titel, die sich speziell der *Bürokommunikation* mittels OSI-Protokollen (*ODA*) oder der Hochgeschwindigkeitsvernetzung widmen. Esprit steht für european strategic program for researchand development information echnology
Estelle *extended state transition language*	Spezielle Sprache zur Beschreibung von Kommunikationsprotokollen. Estelle wurde unter *ISO* 9074 genormt und wird bei verteilten Systemen im Rahmen der open systems interconnection verwendet. Syntax und Semantik sind ähnlich der *Programmiersprache* PASCAL.
Etagenverkabelung	Die Etagenverkabelung soll im Rahmen einer flächendeckenden Planung und Installation für alle Büroräume unter der Berücksichtigung von Reserveanschlüssen erfolgen. An die Etagenverkabelung (Tertiärbereich) werden folgende Anforderungen gestellt: Anbindung von Wanddosen in den Büros oder Arbeitsbereichen an den Etagenverteiler; universelle Dosen- und Steckertechnik, gegebenenfalls aufgeteilt

nach Sprach- und Datenübertragung; Nutzung geeigneter Kabelwegsysteme, wie Doppelboden, Brüstenkanäle, abgehängte Decken, Unterflußsysteme, begehbare Kabelkanäle; netzunabhängige Verkabelung; beliebige Versetzbarkeit von Arbeitsplätzen; Erweiterbarkeit; Flexibilität.

Ethernet

Ethernet ist das zur Zeit am häufigsten installierte Lokale Netz. Die Spezifikationen dieses *Basisband* LANs wurden in den 70er Jahren zusammen von DEC, Intel und Xerox entwickelt (DIX). Zur *Verbindung* der Nodes benutzt Ethernet ein *Koaxialkabel* (yellow cable). Seine *Übertragungsrate* beträgt 10 Mbit/s. Das Zugangsprotokoll ist *CSMA*/CD. An ein Ethernet-Netz sind maximal 1024 Stationen anschließbar. 1983 wurde Ethernet durch *IEEE* 802.3 Type 10 Base-5 standardisiert. Die *ISO* hat die Standardisierung im ISO-Standard 8802/3 übernommen.

Ethernet kann zwischenzeitlich auf allen gängigen Kabeltypen und auf *LwL* betrieben werden. Es gibt allerdings einige technische und erhebliche logische Unterschiede zwischen den genormten Varianten und dem ursprünglichen "Ethernet", weshalb man heute immer von "Ethernet" spricht, wenn die ältere Konstruktion gemeint ist und von "802.3" für die genormten Systeme. "Ethernet"- und "802.3"- Stationen können zwar auf dem gleichen physikalischen Netz koexistieren, ohne Zusatzmaßnahmen aber nicht kommunizieren, alleine deshalb, weil die für 802.3-Systeme verbindliche *LLC* (logical link control) bei "Ethernet"-Systemen völlig fehlt. Es gibt heute noch sehr viele installierte Ethernets, die nicht 802.3 entsprechen.

Ethernet-Architektur
ethernet architecture

Der Zugriff auf das physikalische *Medium* des *Ethernet* erfolgt über einen *Transceiver*. Dieser ist entweder in einem kleinen Gehäuse am *Kabel* befestigt oder er befindet sich direkt auf dem Rechner-Board. Der Tansceiver besitzt Einrichtungen zum Einspeisen eines Bitdatenstroms in das *Kabel*, sowie eine Empfangseinrichtung, die gleichzeitig zum Abhören des Kabels dient. Vom *Transceiver* führt ein sog. *Transceiver-Kabel* zur *Workstation*. In der *Datenstation* (Personal Computer oder *Workstation*) wird die *Aufbereitung* der zu sendenden und die Auswertung der empfangenen *Daten* auf einem in einem Slot des Computers befindlichen Board vorgenommen. Diese Steckkarte

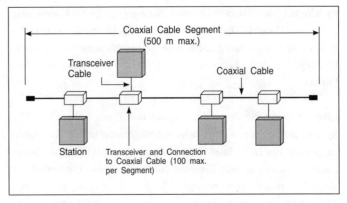

gehört im Grunde noch zum *Datennetz*, befindet sich aber im Computer. Auf ihr werden auch alle zum Betrieb des *Ethernet* notwendigen Steuerungsmaßnahmen verwaltet, z. B. das Einkapseln der *Daten* (Versehen mit headern und trailern), Träger- und *Kollisionserkennung* und der daraus abzuleitenden Maßnahmen.

Neben dem Link-Management ist auf dieser Karte auch das *Interface* zur *Datenstation* untergebracht. Der *Standard IEEE* 802.3 hat weitere Systemvarianten auf unterschiedlichen Übertragungsmedien hervorgebracht. In Abhängigkeit der von diesen implizierten Umgebungen können die funktionalen Elemente der *Hardware* etwas anders verteilt sein; siehe betreffende Varianten.

**Ethernet-Bit-
übertragungsschicht**
*ethernet physical
layer*

Ethernet kann auf Koaxialkabeln betrieben werden, ebenso auch auf verdrillten Leitungen oder auf Lichtwellenleitern. Die beiden Koaxialkabelvarianten, das klassische dicke *Koaxialkabel* (yellow cable) und das dünne *Koaxialkabel* RG 58 A/U, sind in den Standards *IEEE 802.3 10Base-5* und *IEEE 802.3 10Base-2* spezifiziert. Bei den Ausführungen mit verdrillten Leitungspaaren (twisted pair) unterscheidet man zwischen Kabeln mit Schirmung (shielded twisted pair, *STP*) und solchen ohne Schirmung (unshielded twisted pair, *UTP*). Diese Technik wird vorwiegend im Endgerätebereich eingesetzt und ist unter der Variante *IEEE 802.3 10Base-T* standardisiert.

Die Ethernet-Varianten auf Glasfasertechnologie werden unter der Bezeichnung *IEEE 802.3 10Base-F* geführt. Bei sonst gleicher Technik ist der Zugriff auf die Leitungen vom attachment unit interface (*AUI*) unterschiedlich. Die medium access unit (*MAU*) hat hier eine

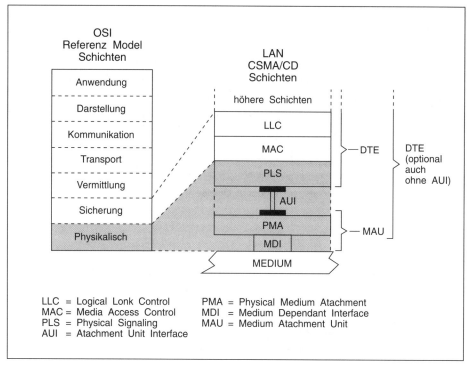

auf das veränderte *Medium* angepaßte PMA (physical medium attachment) und *MDI* (medium dependent interface). Bei den Varianten in twisted pair (*TP*) sind zwei Drahtpaare notwendig, je eines für die Sende- und für die Empfangsrichtung.

Beim *Ethernet* gibt es zwei DIX-Versionen (DIX steht für die Firmen Digital Equipment Corporation, Intel und Xerox) DIX V1.0 und DIX V2.0. Daneben steht die vom Institute of Electrical and Electronic Engineers (*IEEE* 802.3) genormte Version. Wenn man von *Ethernet* spricht meint man in aller Regel die standardisierte IEEE-Version. Alle drei Versionen unterscheiden sich in ihrem *Datenformat*. Ob Präambel, fame dlimiter, Ziel- und Quelladresse, ob Typen- oder *Datenfeld*; es gibt zwischen den unterschiedlichen Versionen kaum Gemeinsames. Während die DIX V2.0-Version ein type field vor den eigentlichen Nutzdaten hat, sind beispielsweise bei *IEEE* 802.3 noch zusätzlich die Dienstzugriffspunkte (service access point, SAP) von

Ethernet-Frame-Formate

E

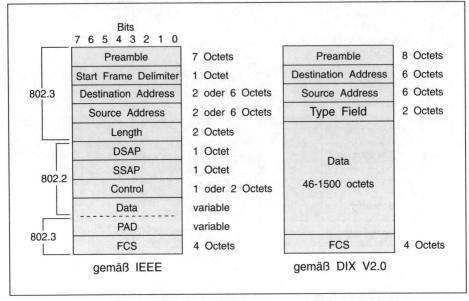

Ziel und *Quelle* angegeben, sowie ein Steuerfeld und eine Protokollidentifikationsnummer. Die Verfahren sind inkompatibel, können aber über das gleiche Netz laufen.

Ethernet- Die maximale Ausdehnung eines *Ethernet* alter Struktur auf Koaxial-
Konfiguration kabelbasis darf 2,5 km nicht überschreiten, wobei die einzelne Seg-
ethernet configuration mentlänge jeweils 500 m sein kann; danach ist ein *Repeater* vorzusehen. Damit ist eine Ethernet-Konfugurtion auf fünf Segmente und vier *Repeater* begrenzt. Bei den Repeatern gibt es neben dem norma-

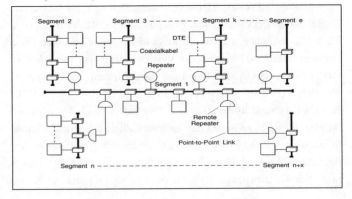

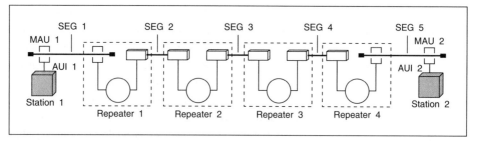

len *Repeater* eine Sonderform, den sogenannten Halbrepeater, auch *Remote Repeater* genannt, der in einer *Punkt-zu-Punkt-Verbindung* 1000 m überbrücken kann. Die minimale Entfernung zwischen zwei Stationen eines *Ethernet* beträgt 2,5 m. Durch den grundsätzlich anderen Aufbau von 10Base-T-Netzen und die Möglichkeit der Verwendung von Glasfasern zwischen den Verteilern können bei dieser Variante größere Entfernungen bewältigt werden.

Zu den Komponenten eines *Ethernet* gehören der Ethernet-Controller, der auf einer Karte in einem Slot des Computers steckt, ein Transceiverkabel, das maximal 50 m lang sein darf und der *Transceiver* selbst, der am *Koaxialkabel* befestigt ist und elektrisch durch Anbohren des Kabels Kontakt macht (vampire tap) oder sich auf dem Board befindet. Der Mindestabstand zwischen zwei Transceivern ist 2,5 m und es dürfen höchstens 100 *Transceiver* pro Segment angeschlossen werden. Die *Koaxialkabel* haben eine *Impedanz* von 50 Ohm und müssen an beiden Enden wellenwiderstandsrichtig abgeschlossen werden.

Ethernet-Standard-Komponenten
ethernet standard components

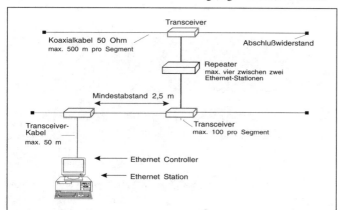

Ethernet-Übertragungsmedien
ethernet transmitting media

Ethernet kann auf verschiedenen Übertragungsmedien implementiert werden: auf Koaxialkabeln, Glasfasern und verdrillten Leitungen.
Um die einzelnen 802.3-Implementationen unterscheiden zu können, werden die Übertragungsmedien hinsichtlich ihrer *Übertragungsrate* und der maximalen Segmentlänge spezifiziert: *Übertragungsrate* in Mbit/s, Übertragungstechnik *Basisband* (BASE), Breitband (BROAD), maximale Segmentlänge (in 100 m-Segmenten). Nach dieser Notation ergibt sich für das *Ethernet* auf dem bekannten yellow cable (RG-8A/U) bei 10 Mbit/s *Übertragungsrate* und 500 m max. Segmentlänge die Spezifikation *IEEE* 802.3 10Base-5.

Das *Cheapernet*, das Standard-Koaxialkabel benutzt (RG-58 A/U), wird wegen der geringeren Segmentlänge (200 m) spezifiziert als: *IEEE 802.3 10Base-2*. Für verdrillte Leitungen, bei denen die *Übertragungsrate* 1 Mbit/s beträgt, mit dem Namen StarLAN, gilt: *IEEE* 802.3 1Base-5. Seit Anfang 1988 gibt es eine *CSMA*/CD-Version für verdrillte Leitungen, die mit 10 Mbit/s arbeitet und in den *Normungsgremien* unter der Notation *IEEE 802.3 10Base-T* geführt wird. T steht für twisted pair. Die Entfernungen sollen bis 100 m Segmentabstand standardisiert werden. Glasfasersegmente, die in aller Regel als Linksegmente eingesetzt werden, können Segmentlängen bis zu 1000 m überbrücken.

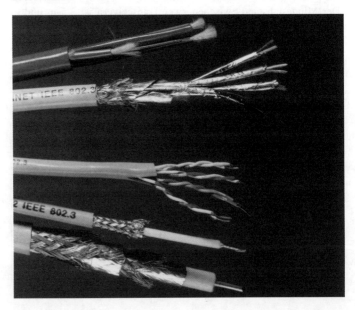

Seit Beginn der 80er Jahre sind in Europa unter der Führung der Europäischen Gemeinschaft Bestrebungen im Gange, europaweit gültige Standards für die *Telekommunikation* zu schaffen. Diese Europastandards werden vom 1988 gegründeten "European Telecommunications Standards Institute" herausgegeben. Die europäischen Standards basieren meist auf den entsprechenden internationalen Empfehlungen, und wandeln diese hinsichtlich der europäischen Bedürfnisse entsprechend ab. So ist beispielsweise die ETS 300 217 der Europäische *Standard* für ein metropolitan area network. Im Bereich von *B-ISDN* existieren lediglich ETS-Standards in Draft-Form. Die zuständige Arbeitsgruppe innerhalb des ETSI ist die NA-5 (network aspects NA).

ETSI
European Telecommunicationsstandards Institute

Mit der Unterzeichnung eines MoU (memorandum of understanding, Absichtserklärung) durch 26 Netzbetreiber aus 20 europäischen Ländern erfolgte die Einigung auf die Einführung eines gemeinsamen europäischen ISDN-Standards. Euro-ISDN umfaßt das folgende Mindestangebot:

Euro-ISDN

- transparenter *Übermittlungsdienst* mit 64 kbit/s,
- 3,1 kHz Audio-Übermittlungsdienst,
- Übermittlung der Rufnummer des Anrufers zum gerufenen Teilnehmer,
- Unterdrückung der Übermittlung der Rufnummer,
- Durchwahl zu Nebenstellen in TK-Anlagen,
- Mehrfachrufnummer,
- Umstecken am passiven Bus des Mehrgeräteanschlusses.

Der offizielle Start erfolgte zeitgleich in diesen 20 Ländern im Dezember 1993 mit der Informationsveranstaltung EURIE '93 in rund 30 Metropolen. Basis sind einheitliche Schnittstellen und das E-DSS1-Protokoll mit gleichartigen Leistungsmerkmalen.

Die DBP Telekom wird den *ISDN-Basisanschluß* bilingual zusammen mit dem nationalen D-Kanal-Protokoll 1TR6 anbieten und dafür insgesamt 24 Leistungsmerkmale bereitstellen. Mit Euro-ISDN wird der Zugang zum Datex-P-Netz sowohl über den B-Kanal als auch den *D-Kanal* ermöglicht.

E

Euromessage
european messaging

Auf weite Teile Europas ausgedehnter *Cityruf*. Beteiligte Länder sind England, Frankreich, Italien und Deutschland. Der Empfang von Euromessage ist mit herkömmlichen Cityrufgeräten möglich, nicht aber das Senden.

Euronet

Euronet ist ein von den europäischen Fernmeldeverwaltungen im Auftrag der Kommission der Europäischen Gemeinschaft 1979 installiertes und betriebenes *Datennetz* mit Datenpaket-Vermittlungstechnik. *Netzknoten* sind in Frankfurt, London, Paris, Rom und Zürich. Sie sind miteinander über 48-kbit/s-Leitungen mit *Paketvermittlung* verbunden. Bei Euronet handelt es sich um einen Zusammenschluß von nationalen Netzen, ausschließlich zur Nutzung des europäischen Informationsdienstes *DIANE*.

Eurosignal

Eurosignal ist eine Simplexfunkverbindung mit reinem Signalcharakter, die vier verschiedene optische oder akustische Signale anbietet, die allerdings zwischen den Benutzern vorher vereinbart sein müssen.

event

Plötzliche Veränderungen der Parameter in einem System, z.B. in einem Datenetz, auf die ein bestimmtes Gerät reagieren muß, wobei der Zeitpunkt des Eintretens des Ereignisses nicht vorherbestimmbar ist. In Mikrocomputersystemen lösen solche events im allgemeinen einen Interrupt aus, wobei das Hauptprogramm erst weiterläuft, wenn die Interrupt-Routine die notwendigen Maßnahmen zur Reaktion auf das Ereignis beendet hat.

EWOS
european workshop in open systems

Als Koordinierungsgruppe und Brennpunkt der europäischen OSI-Aktivitäten wurde kürzlich EWOS ins Leben gerufen. Die Gruppe agiert unter dem Schirm der europäischen Standardisierungsinstitute CEN/CENELEC. Weiter sind vertreten: *SPAG*, *ECMA* (European Computer Manufacturers Association), *OSITOP*, RARE, COSINE und EMUG. EWOS versteht sich u.a. als europäisches Gegenstück zu *NBS* und wird mit *NBS* und ähnlichen Organisationen (z.B. POSI - Promotion for OSI - in Japan) eng zusammenarbeiten.

EWS

Elektronisches Wählsystem. Das Herstellen von Wählverbindungen mit Hilfe von Computern.

E

expedited transfer

Expedited transfer ist eine Router-Option für die bevorzugte Weiterleitung, d.h. Priorisierung von besimmten Nachrichtentypen (Kontrollinfos, Fehlermeldungen etc.).

exterior gateway protocol

Begriff aus der TCP/IP-Welt. Mit RIP und HELLO wurden zwei Protokolle eingeführt, die Routing innerhalb komplexer Netzwerke realisieren. Solche Protokolle werden in Internet-Terminologie *IGP* (interior gateway protocols) genannt.

Das exterior gateway protocol ist für den *Verbund* mehrerer komplexer Netze gedacht, die in sich eine eher abgeschlossene Welt bilden und nur gelgegentlich (im Vergleich zur internen *Kommunikation*) mit anderen Netzen kommunizieren. Ein solches Netz wird in TCP/IP-Terminologie als autonomes System bezeichnet. Es bildet mit anderen autonomen Systemen im *Verbund* ein "Netz von Netzen". In jedem autonomen System des Netzwerkverbundes wird nun mindestens ein "Grenz-Router" als exterior gateway eingerichtet, der das autonome System mit den anderen autonomen Systemen verbindet. Das exterior gateway protocol beruht im wesentlichen auf drei Mechanismen:

– Eine sogenannte Nachbar-Aquisition wird unterstützt, d.h. es gibt einen Mechanismus, durch den ein Grenz-Router andere Grenz-Router "benachbarter" autonomer Systeme kennenlernt (router-router multicast zwischen exterior gateways) und mit ihnen. Routing-Informationen auf der Basis des *EGP* auszutauschen.

– EGP-Nachbarn testen in Intervallen, ob ihr Nachbar immer noch existiert (d.h. auf Anfrage antwortet). Dies verhindert, daß in endloser Folge Pakete über ein autonomes System geleitet werden, das in Wirklichkeit gar nicht mehr erreichbar ist.

– EGP-Nachbarn tauschen in Intervallen Informationen darüber aus, welche Netze sie erreichen können und aktualisieren so ihre Routing-Tabellen entsprechend der gerade aktiven *Topologie*.

Exzentrizität

Ein bei Lichtwellenleitersteckverbindungen vorkommender *Achsenversatz*, der zu unerwünschten Dämpfungen der in der *Glasfaser* geführten Infrarotstrahlung führt und seine Ursache in mangelnder mechanischer Präzision hat.

F

F-PODA Siehe PODA.

fading Langsame Feldstärkeschwankungen auf einer drahtlosen Übertragungsstrecke in Abhängigkeit von deren physikalischer Beschaffenheit. Die Ursache dafür sind in der Regel Interferenzen. Bei niedrigen Frequenzen, also längeren Wellen, können das Interferenzen zwischen Raum- und Bodenwelle sein, bei höheren Frequenzen finden die dann kürzeren Wellen häufig Reflexionsmöglichkeiten, vor allem im Stadtgebiet, so daß es hier zu Interferenzen zwischen der direkten Strahlung und den reflektierten Wellen kommt.

fair queueing Eine geläufige Technik, um Datenstaus in gateways zu begegnen. Sie wird deshalb fair genannt, weil sie jeden *Host* auf einen gleichen Teil der Gateway-Bandbreite einschränkt. Fair queuing ist nicht vollständig zufriedenstellend, weil es keinen Unterschied zwischen kleinen und großen Hosts macht und auch nicht zwischen solchen, die viel, und solchen, die wenig Aktivitäten haben.

Faksimile Ein Verfahren, bei dem in einem Sendegerät von einer Vorlage (meist Papier) die darauf aufgezeichnete Text- und/oder Festbildmitteilung Punkt für Punkt abgetastet, übertragen und in einem Empfangsgerät Punkt für Punkt wieder aufgezeichnet wird. Die Faksimiletechnik wird z.B. im *Telefaxdienst*, d.h. bei Fernkopierern, in Zusammenhang mit einigen Druckern angewandt.

fan in Die Zahl der Eingänge, die man an eine bestimmte logische Schaltung anschließen darf. Bei der TTL-Technik werden fast immer offene Emitteranschlüsse vorgefunden, so daß bei Multiemittertechnik die Anzahl der Eingänge durch die Anzahl der Emitter vorgegeben ist.

fan out Die Zahl der Ausgangsleitungen, die an eine Schaltung oder ein Gerät höchstens angeschlossen werden dürfen. Die Zahl ist deshalb begrenzt, weil die betreffende Schaltung oder das Gerät die notwendige Treiberleistung zur Verfügung stellen muß. Dazu kommt noch, daß im Falle der Überschreitung des maximalen fan out die dann sehr niedrige Ausgangsimpedanz im Zusammenhang mit dem pull-up-Widerstand des Treibers den high-Zustand der logischen Signale nicht mehr erreicht, so daß die nachfolgenden Geräte nicht mehr in der Lage sind, die Signale auszuwerten.

Fan out-Einheiten sind Transceiver-Multiplexer. Sie machen aus einem Transceiver-Anschluß am *Ethernet* bis zu typischerweise acht mögliche Anschlüsse für Stationen. Fan out-Einheiten haben den **fan out-Einheiten** *fan out units*

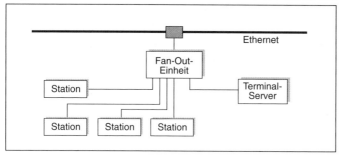

Vorteil, daß das Ethernet-Kabel innerhalb eines Raumes nicht in Schleifen verlegt werden muß, um mehrere *Transceiver* (Abstand jeweils 2,5 m) anschließen zu können. Die fan out-Einheit bildet keinen Engpaß im Netz, da sie die *Übertragungsgeschwindigkeit* für die einzelnen angeschlossenen Geräte in keiner Weise beeinträchtigt.

Es handelt sich hier um ein *Übersprechen*, das sich im gestörten *Kanal* in derselben Richtung ausbreitet, wie das störende *Signal*. Die Empfangsterminals des störenden und des gestörten Kanals sind in der Regel weit voneinander entfernt. **far end crosstalk**

Die schnelle *Paketvermittlung* ist ein grundlegendes Verfahrensprinzip für die Hochgeschwindigkeits-Hochleistungskommunikation. Bei FPS-Netzen ist die data link layer (wie auch bei LANs) unterteilt, und zwar in die fast packet relay/FPR sublayer, die fast packet adaption/ FPA sublayer und die data link control sublayer. Die FPR ist in der Lage, eine Ende-zu-Ende-Verbindung in den Zwischensystemen ohne großartige Routingberechnung in der network-layer zu unterstützen. FPS-Netze führen üblicherweise in den Zwischenknoten keinerlei Fehler- und *Flußkontrolle* im Sinne alter Netze durch. fast packet switching kann sodann unterteilt werden nach *Betriebsverfahren*. Die *Betriebsverfahren* sind *Frame Relay* und *Cell Relay*. **fast packet switching**

F

Frame Relay ist ein *Standard* für ein verbindungsorientiertes *Protokoll* zwischen einer *Datenendeinrichtung* und einer Datenkommunikationseinrichtung und soll auf diese Weise X.25 ablösen. Frame-Relay-Pakete enthalten Adressen der OSI-Schicht 2 und sind von variabler Länge. *Frame* Relay ist geeignet für die Fernkopplung unternehmenseigener LANs im Mbit/s-Bereich und stellt eine Standardarchitektur unter Verwendung offener Vermittlungsdienste dar. *Frame* Relay ist z.B. dazu geeignet, die ISDN-Kanäle D,B und H zu nutzen, aber auch T1- und E1-Leitungen. Es werden auf diesen Systemen festgeschaltete virtuelle Verbindungen (permanent virtual circuits) vorausgesetzt. Die *Frame* Relay-Technik ist durch internationalen *Standard* (*CCITT*/ASNI) festgelegt. *Frame* Relay führt zu einer synchronen Übertragungstechnik.

Cell Relay ist durch einen *Datenblock* fester Länge gekennzeichnet. Dieser *Datenblock* ist der Schicht 1 im *OSI-Modell* zuzuordnen. Vor der *Übertragung* wird eine *Nachricht* in kleine Slots (z.B. 53 *Byte*) zerlegt und am Ziel wieder zusammengesetzt. Die feste Frame-Länge ist ideal für eine Implemntierung in *Hardware* und vermeidet die Probleme, die bei der Mischung unterschiedlich langer Pakete aus

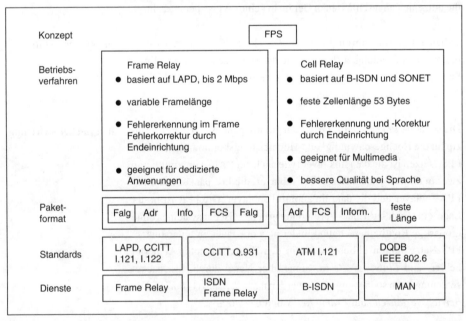

F

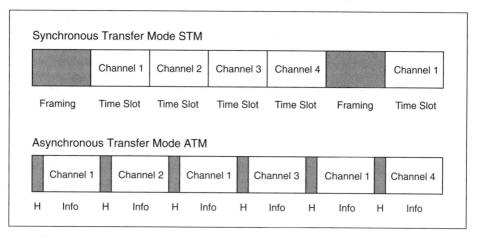

einem *Übertragungsmedium* entstehen. Man kann Standard-Geschwindigkeitsstufen definieren, man denkt über Bereiche bis zu 622 Mbit/s nach. Cell Relay impliziert eine zweiteilige *Implementierung* mit einer Hardwareseite, die die Paketübertragung übernimmt und einer Softwareseite für Auf- und Abbau logischer *Verbindung*, Routing und Kostenberechnung.

Der hauptsächliche architekturelle Unterschied zwischen traditionellen paketvermitelnden Datennetzen und FPS-Netzen liegt in der Tiefe der *Implementierung* einer virtuellen *Verbindung* im Hinblick auf das *OSI-Modell*. Die mit klassischen Paketvermittlungsnetzen erzielbaren, insgesamt geringen Datenraten hängen weniger mit den verwendeten technischen Übertragungsmedien und -systemen zusammen, als vielmehr mit dieser umständlichen Rechnerei in den Zwischenknoten. Das Grundprinuip der schnellen *Paketvermittlung* ist grundsätzlich nicht nur in öffentlichen Fernnetzen, sondern auch in privaten Fern- und Backbonenetzen und in MANs einzusetzen. Schnelle *Paketvermittlung* Fast Packet Switching/FPS soll mittelfristig das wirklich betagte *X.25* ablösen.

Ein schnelles Festplattensicherungsprogramm, bei dem die zu sichernden *Daten* auf Disketten geschrieben werden, so daß ein Streamer entbehrlich wird. Das *Programm* kann so eingerichtet werden, daß nur die Dateien erneut gesichert werden, die sich seit der letzten Sicherung verändert haben (Schnellspeicherung).

Fastback

F

Fax Abkürzung für *Faksimile*, ein System, bei dem Bilder in elektrische Signale verwandelt werden, um an einem entfernten Ort wieder zu einem Bild zusammengesetzt zu werden.

FDDI
fiber distributed data interface

FDDI (fiber distributed data interface) ist mit Ausnahme einer Komponente eine ISO-Norm, vorgeschlagen von *ANSI*, für einen 100 Mbit/s *Token* Ring. Das FDDI-Protokoll ist eines der wenigen Zugriffsmethoden, die speziell für eine hohe *Bandbreite* und für die Verwendung eines Glasfasersystems entworfen wurden. Der FDDI-Ring soll auf einer maximalen Länge von 100 bis 200 km bis zu 500 bis 1000 Stationen, die jeweils bis zu 2 km auseinanderliegen, bedienen können.

Daher kommt er auch als Backbone-Netzwerk in Frage. Aus Zuverlässigkeitsgründen werden in der Hauptsache Glasfaser-Doppelleitungen verwandt, für die 100/400, 62,5/125 und 85/125 mikron-Fasern vorgeschlagen werden. Die *Wellenlänge* ist auf 1300 nm oder 850 nm festgelegt. Auch Monomode-Fasern werden im Hauptring unterstützt. Während für die vom Ring ausgehenden Versorgungsunterbereiche auch verdrillte Leitungen Verwendung finden dürfen. Zur Überbrückung von Leitungsfehlern sieht FDDI vor, daß das *Netzwerk* aus zwei Ringen besteht,

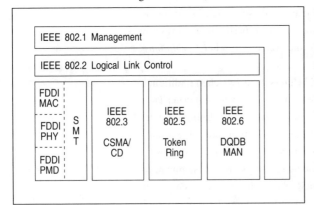

einem Primär- und einem Sekundär-Ring, die beide in entgegengesetzter Richtung laufen. Der Sekundärring wird in der Regel als reiner Backup-Ring betrieben. *ANSI* schließt jedoch eine Verwendung zur Kapazitätssteigerung nicht aus (sog. dual-MAC-option).

Die *Topologie* ist prinzipiell dem *Token* Ring vergleichbar. Es gibt Stationen mit zwei oder vier Anschlüssen für *Lichtwellenleiter*. Die Stationen mit vier Anschlüssen werden direkt an den Doppel-Glasfaser-Ring angeschlossen (class A), für die Stationen mit zwei Anschlüssen (class B) gibt es einen *Konzentrator* (class *C*), der an den Hauptring angeschlossen wird und die Backup-Funktionen in Art eines Ringleitungsverteilers wahrnehmen kann. Class A- und C-Stationen heißen auch double attached station DAS, class B demgemäß SAS (single attached station). Das FDDI-Zugriffsprotokoll entspricht im wesentlichen dem *Token* Ring-Protokoll nach *IEEE* 802.5. Ein grundsätzlicher Unterschied ergibt sich in der Art und Weise der Erzeugung eines Frei-Tokens durch die sendende Station nach Abschluß einer Sendung. Innerhalb des FDDI gibt eine Station das Frei-Token unmittelbar nach Aussendung des letzten Datenpaketes innerhalb der maximalen Sendedauer auf den Ring.

Das Standard-FDDI unterstützt asynchrone und synchrone *Dienste*. Aufgrund der im *Standard* nicht vorgesehenen isochronen *Dienste* ist es nicht möglich Multimedia-Dienste, also Bewegtbilder oder Sprache, zu übertragen. Diese Lücke schließt FDDI-II, dessen Definition 1984 begann.

FDDI II
fiber distributed data interface II

Der *Standard* FDDI-II ist aufwärtskompatibel zu *FDDI* (FDDI-I). Zusätzlich wurde ein circuit switched/CS-Dienst definiert, der die isochrone Datenübertragung ermöglicht. Die Synchronisation des Ringes ist nun nicht mehr verteilt, also jeweils zwischen zwei benachbarten Stationen möglich, sondern macht eine zentrale Station erforderlich, den cycle master. Diese Station, die in einem entsprechenden *Protokoll* ermittelt wird, sendet in 125 µs-Intervallen frames einer festen Länge aus, die jeweils in 16 wideband channels/WBC unterteilt sind. Jeder WBC stellt 96 *Byte Daten* zur Verfügung. Die am isochronen Datenverkehr beteiligten Stationen reservieren Datenbereiche, über die sie miteinander kommunizieren können. Ein WBC kann durchaus auch für den synchronen bzw. asynchronen Datenverkehr reserviert werden, so daß ein virtueller FDDI-Ring entsteht.

Die Strukturierung von FDDI-II sowie *FDDI* entsprechen der OSI-Schichten-Architektur und umfassen die Definition der beiden untersten Schichten, der physikalischen Schicht und der MAC-Teilschicht. Die unterste Teilschicht der physikalischen Schicht, die physical medium dependent/PMD Schicht, wird unverändert übernommen. In der darauf aufsetzenden oberen Teilschicht, der physical layer protocol/PHY, in der unter anderem die 4-aus-5-Zeichen-Codierung (4B/5B) vorgenommen wird, wurden Änderungen vorgenommen. Ein weiteres Symbol wurde zur Erkennung des hybrid ring control/HRC-frames eingeführt. Der startdelimiter wird in FDDI-II durch die Symbole I und L gebildet, die Symbole J und *K* definieren den Beginn des *HRC*/hybrid ring control frame. Diese *Instanz HRC* bildet die wesentliche Neuerung in FDDI-II. *HRC* wird durch die Einheiten hybrid mulitplexer/H-MUX und I-MAC/Isochronous *MAC* gebildet. *HRC* obliegt das Handling des gesamten Mechanismus, der den isochronen Datenverkehr ermöglicht. Dazu identifiziert es die aktuelle Betriebsarten und überwacht ferner die Funktion des HRC-Frames.

FDDI-Stationstypen   Zur Realisierung der *FDDI-Topologie* läßt das station management verschiedene Konfigurationen von FDDI-Stationen zu. Grundsätzlich werden zwei Klassen unterschieden, die sich durch eine Anbindung der Stationen an den Primärring (primary ring) bzw. den Sekundärring (secondary ring) ergeben. Eine weitere Klassifizierung erlaubt die Ausstattung der FDDI-Stationen mit Medienzugangskomponenten (*MAC*), so daß sich folgende Aufteilung ergibt: 1. Stationen mit einer *Verbindung* zu beiden Ringen und einer MAC-Komponente: single *MAC* dual attachment station (SM DAS). 2. Stationen mit einer *Verbindung* zu beiden Ringen und zwei MAC-Komponenten: dual *MAC* dual attachment station (DM DAS). 3. Stationen mit lediglich einer *Verbindung* zum Primärring mit MAC-Komponente: single attachment station (SAS). 4. *Konzentrator* mit einer *Verbindung* zu beiden Ringen (*MAC* optional): dual attachment concentrator/DAC. 5. *Konzentrator* mit lediglich einer *Verbindung* zum Primärring (*MAC* optional): single attachment concentrator/SAC.

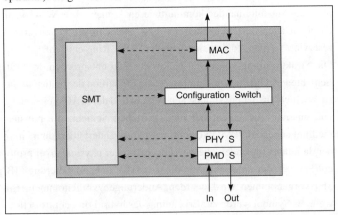

FDDI-Topologie

FDDI spezifiziert eine *Topologie*, die sich aus einem Trunk-Bereich und einem Tree-Bereich zusammensetzt. Im Trunk-Bereich sind die FDDI-Stationen an zwei gegenläufig operierende Ringe angeschlossen, von denen in der Regel nur ein Ring genutzt wird (primary ring). Der zweite Ring (secondary ring) dient als Backup-Medium und ermöglicht die Fortsetzung der *Übertragung* selbst bei einer Kabelunterbrechung im Trunk-Bereich. Im Falle von mehreren Unterbrechungen werden automatisch einzelne Teilringe konfiguriert, die eine Fortführung der *Kommunikation* zwischen noch verbundenen Stationsgruppen ermöglichen.

Die im Trunk-Bereich zusammengeschlossenen FDDI-Stationen werden aufgrund ihrer Anbindung an Primär- und Sekundärring als "dual attached" bezeichnet. Als Strukturierungsmittel definiert der FDDI-Standard sogenannte Konzentratoren. Derartige Komponenten werden eingesetzt, um Stationen anzubinden, die lediglich einen Zugang zum Primärring erhalten sollen (single attached).

Eine *Kaskadierung* von Konzentratoren ist möglich, so daß unter Verwendung von Konzentratoren logische Stern- bzw. Baumtopologien (Tree-Bereiche) konfiguriert werden können. Zur Kostensenkung setzt man im Tree-Bereich auch STP- oder UTP-Kabel ein.

FDDI-Zugriffsmethode

Das FDDI-Zugriffsprotokoll entspricht im wesentlichen dem *Token* Ring-Protokoll nach *IEEE* 802.5. Ein grundsätzlicher Unterschied ergibt sich in der Art und Weise der Erzeugung eines Frei-Tokens durch die sendende Station nach Abschluß einer Sendung. Innerhalb des *FDDI* gibt eine Station das Frei-Token unmittelbar mach Aussendung des letzen Datenpaletes innerhalb der maximalen Sendedauer auf den Ring. Zwei Zähler in jeder Station, der token-rotation-timer und der token-holding-timer, sorgen für einen korrekten Ablauf. Die token-rotation-time/TRT, die von jeder

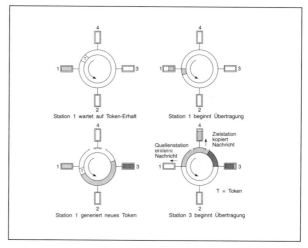

F

Station als die Zeit zwischen zwei Frei-Token-Ankünften gemessen wird, ist ein Maß für die aktuelle Netzbelastung. Die token-holding-time/THT begrenzt die Zeitdauer, innerhalb derer Pakete ausgesendet werden können, wenn man das *Token* besitzt.

FDM
frequency division multiplexing

Übertragungsmethode, bei der der zur *Übertragung* zur Verfügung stehende Frequenzbereich in schmalere Bänder unterteilt wird, die dann jeweils als separate Kanäle dienen, so daß ein Anwender oder eine Anwendergruppe auf einzelne Kanäle zugreifen kann.

FEC

Siehe Fehlerkorrektur, vorwärts gerichtete.

Fehlererkennung
error detection

Mit Fehlererkennung wird ein bestimmtes Codierungssystem bezeichnet, auf dessen Grundlage jedes Datensignal mit den spezifischen Richtlinien übereinstimmt. Strukturelle Ausgangskriterien können damit beim Empfang von Signalen automatisch erkannt werden. Wird ein fehlerhafter *Datenblock* erkannt, wird er entweder aus dem zu sendenden *Datenpaket* gelöscht oder das *Datenpaket* wird unter Hinweis auf einen enthaltenen fehlerhaften *Datenblock* übertragen. Zur Fehlererkennung dienen unterschiedliche Verfahren, z.B. die Verwendung von Paritätsbits und Blocksicherungszeichen.

Fehlerhäufigkeit
error ratio

Unter Fehlerhäufigkeit versteht man das Verhältnis von fehlerhaft empfangenen Symbolen, Wörtern oder Blöcken zur Gesamtzahl der empfangenen Symbole, Wörter oder Blöcke. Es handelt sich hierbei um die Angabe einer relativen Häufigkeit, die innerhalb einer bestimmten endlichen Meßzeit ermittelt wurde.

Fehlerkorrektur, vorwärtsgerichtete

Codiersystem mit zusätzlichen Elementen zur Erkennung und Definition auftretender Fehler und deren Korrektur am Empfangsende. Der englische Terminus ist forward error correction.

Fehlerkorrekturcode
error correcting code

Ein Fehlererkennungscode, bei dem eine Teilmenge der gestörten *Zeichen* aufgrund der Bildungsgesetze korrigiert werden kann. Eine Rückfrage ist hierbei nicht notwendig.

F

Ein System, das eine Fehlerkorrektur verwendet und so ausgelegt ist, daß einige oder alle der als fehlerhaft erkannten Signale bei der empfangenden *Datenstation* korrigiert werden, bevor sie zur *Datensenke* weitergeleitet werden.

Fehlerkorrektursystem
error correcting system

Code, bei dem mehrere Prüfbits den Nutzbits hinzugefügt werden, aus denen dann nach dem Wahrscheinlichkeitsprinzip an der Empfangsstelle das richtige *Zeichen* ermittelt wird.

Fehlerkorrigierender Code
error correcting code

Anzahl der Fehler, die infolge von Störungen auf dem Übertragungsweg aufgetreten sind. Man unterscheidet die Bit-, Schritt-, Zeichen- und *Blockfehlerrate*.

Fehlerrate
error rate

Störungen auf den Übertragungswegen machen sich meist durch *Bitfehler* bemerkbar. *Bitfehler* können durch schlechte Eigenschaften der Übertragungsleitung, Störimpulse, Unterbrechungen sowie Taktschwankungen hervorgerufen werden. Zur Feststellung von Bitfehlern dienen Fehlererkennungsverfahren wie: vertical/longitudinal redundancy checking (VRC/LRC, Quer- und Längsparitätsprüfung); cyclic redundancy check (*CRC*, zyklische Blockprüfung); block check character (*BCC*, *Blockprüfzeichen*) und frame check sequence (FCS, Rahmenprüfzeichenfolge).

Fehlersicherung
error protection

In der DIN-Norm 66219 sind Arten der *Fehlersicherung* als codegebundene und codeungebundene Verfahren definiert. Die codegebundene *Fehlersicherung* erfolgt mit Hilfe von Paritätsbits (vertical redundancy checking, VRC) und *Blockprüfzeichen* (longitudinal redundancy checking, LRC), wobei für die asynchrone *Übertragung* eine gerade *Parität* (even parity) und für die synchrone *Übertragung* eine ungerade *Parität* (odd parity) festgelegt sind. Im Zusammenhang mit der Block- bzw. *Fehlersicherung* werden desweiteren folgende Begriffe und Abkürzungen verwendet: cyclic redundancy checking, *CRC*; *Block* check *character*, *BCC*; frame check sequence, FCS. Die codegebundene *Fehlersicherung* (*CRC*) erfolgt mittels eines geeigneten Generatorpolynoms, z.B. $x^{16} + x^{12} + x^5 + 1$, wobei die Binärzeichen des zu sichernden Datenblocks als Koeffizient des Polynoms verwendet und durch das genannte Polynom Modulo-2

Fehlersicherungsverfahren
error protection method

F

dividiert werden. Der nach der Division verbleibende Rest stellt die *Blockprüfzeichenfolge* dar und wird mit dem zu übertragenden *Datenblock* ausgesendet. In der Empfangsstation werden Übertragungsfehler bei *Anwendung* der obigen Regel mit sehr hoher Wahrscheinlichkeit entdeckt, weil bei der Modulo-2-Division der festgelegten Folge der Binärzeichen durch das Generatorpolynom ein konstanter Rest entstehen sollte, und eine Abweichung durch einen Übertragungsfehler sofort in eine andere Restklasse führt. Die Sicherheit des Verfahrens basiert auf einer möglichst "günstigen" Restklassenzerlegung, welche ihrerseits vom gewählten Generatorpolynom abhängt. Je mehr unterschiedliche Restklassen erzeugt werden, desto geringer ist die Wahrscheinlichkeit, daß eine originale Bitfolge und eine verfälschte Bitfolge nach der *Operation* in die gleiche Restklasse fallen. Die Anzahl der Restklassen wird allerdings auch durch die Anzahl der im *Datenpaket* für die Darstellung des Restes verfügbaren Bits beschränkt. Dieses Prinzip der Blockprüfung ist unter der Bezeichnung *CRC* bekannt. IBM verwendet bei der BSC-Prozedur wahlweise das VRC/LRC oder CRC-Verfahren. Bei den bitorientierten Prozeduren *SDLC* und *HDLC* wird einheitlich das Generatorpolynom CCITT-16, wie in der *DIN Norm* beschrieben, verwendet.

Fehlertolerant
fault tolerant

Eigenschaft von *Hardware* oder Software, auch dann noch zufriedenstellend arbeiten zu können, wenn Teile des Systems ausgefallen sind.

Fehlertolerantes System
fault tolerant system

System, das hauptsächlich dort gebraucht wird, wo höchste Zuverlässigkeit unabdingbar ist, z.B.in Datenkommunikationsnetzen. Ein solches System muß folgende Fehlerbehandlungsmethoden beherrschen: *Fehlererkennung*, Verhinderung der Ausbreitung des Fehlers und Wiederherstellung normaler Verhältnisse nach einem Fehler, einer Störung oder einem Defekt. Das System muß sich selbst rekonfigurieren können, so daß der gesamte Datenfluß rund um die gestörte Stelle wieder in Gang kommt, nachdem festgestellt worden ist, was die Ursache der Störung gewesen ist.

Fehlerwahrscheinlichkeit
error rate

Aussage über die Qualität der *Übertragung*. Zu unterscheiden ist zwischen Bit-, Zeichen- und Blockfehlerwahrscheinlichkeit. Die Anzahl der fehlerhaft übertragenen Einheiten wird in Beziehung gesetzt

F

zu der Gesamtzahl der betrachteten Einheiten. Dargestellt wird die Fehlerwahrscheinlichkeit durch ein Verhältnis: beispielweise bedeutet 5×10^{-6}, daß 5 fehlerhafte Einheiten auf eine Million (10^6) Einheiten entfallen.

Zufälliger oder absichtlicher Schräganschliff eines Glasfaserkabels. Der absichtliche Schrägschliff soll Reflexionen bei Steckverbindungen aus der Faser entfernen.

Fehlwinkel
fault angle

Maß für die Stärke einer elektromagnetischen Welle, gemessen in Volt/Meter: Eine elektromagnetische Welle hat 1 V/m, wenn sie eine Spannung von einem Volt in einer Antenne mit der effektiven Länge von einem Meter erzeugt. Die Antenne ist gewöhnlich ein Schleifendipol. Der Begriff der Feldstärke spielt eine wichtige Rolle beim Mobilfunk.

Feldstärke
field strength

Jedweder abgegrenzte Bereich, ein- oder zweidimensional, zeitlich oder räumlich, innerhalb dessen bestimmte Aktivitäten ablaufen. So wird die Anzahl der übertragenen Datenbits, ohne daß deren Ankunft am Empfangsort explizit bestätigt werden muß, als Fenster bezeichnet. Die Größe des Fensters hängt von der Qualität der Übertragungsleitung ab.
Im Bereich der elektromagnetischen Wellen wird das sichtbare *Licht* als optisches Fenster bezeichnet und schließlich werden abgegrenzte Bereiche auf dem *Bildschirm* moderner Benutzeroberflächen als Fenster bezeichnet, die einzeln aktiviert und zum *Dialog* mit Anwendungsprogrammen benutzt werden können.

Fenster
window

Am Ende von Übertragungsstrecken (frontend) in Datenübertragungsnetzen übernimmt oft ein spezieller Prozessor - der *Kommunikationsrechner* - Anpassungs- und Steuerungsaufgaben. Solch ein FEP kann nicht nur den eigentlichen Computer stark entlasten, er übernimmt vielmehr auch solche Aufgaben wie Anpassung verschiedener Protokolle und Durchschaltung von Leitungen. Siehe auch front end processor.

FEP
front end processor

F

Fernbedienungs-Terminal
remote terminal unit

Häufig steht das Bedienungsterminal direkt neben dem Computer. Da dies oft nicht möglich ist (z.B. gefährdete Bereiche, sehr viele Arbeitsplätze, Rechenzentrum weit entfernt), werden Fernbedienungsterminals (RTU) eingesetzt, wobei manchmal spezielle Anforderungen an die Schnittstellen und an die Leitungen gestellt werden.

Fernladen von Software
remote software loading

Eine nützliche Einrichtung, die es ermöglicht, neue Betriebssoftware mit geringem Aufwand nachzuladen. Dies erfolgt zweckmäßigerweise vom *Netzwerkkontrollzentrum* aus. Des weiteren sollten die Betriebsparameter fernladbar sein, um einerseits eine schnelle Neukonfiguration durchführen zu können und andererseits bei einem Netzwerkzusammenbruch die alte Konfiguration problemlos nachzuladen.

Fernmeldeamt

Im Bereich der Deutschen Bundespost Telekom gibt es 108 Fernmeldeämter. Sie sind für das Bereitstellen von Telekommunikations-Dienstleistungen in ihrem Amtsbereich zuständig. Im allgemeinen sind alle erforderlichen Dienststellen in einem Fernmeldeamt vorhanden, nur in den Großstädten teilen sich mehrere Fernmeldeämter die Arbeit.
Die Technik der Datenübertragung ist in Frankfurt (FA 4) und in Hamburg (FA 6) besonderen Fernmeldeämtern (früher Telegrafenamt genannt) zugeordnet.

Fernmeldedienst
telecommunication service

Gesamtheit der Funktionen, Protokolle und Eigenschaften, die für die Abwicklung einer bestimmten *Kommunikation* (z.B. Sprach-, Bild-, Text-, *Datenkommunikation*) zur Verfügung stehen. Ein *Dienst* wird durch eine Anzahl von Dienstmerkmalen beschrieben. Die Protokolle können entsprechend der hierarchischen Struktur des OSI-Modells organisiert sein. Zu unterscheiden sind Übermittlungsdienste und Teledienste.

Fernmeldewege

Technische Einrichtungen zur Übermittlung von Nachrichten auf Stromwegen oder durch Funk. Die Fernmeldehoheit liegt bei der nationalen Fernmeldebehörde (Deutsche Bundespost Telekom). Fernmeldewege müssen für jedermann durch *Anschluß* entsprechender Fernmeldeanlagen nutzbar sein. Die Nutzungsformen sind insbesondere die öffentlichen Übertragungsdienste.

F

Leitungsgebundene Breitband-Kommunikationssysteme können zur gleichzeitigen *Übertragung* mehrerer bzw. vieler verschiedener Informationen benutzt werden. Das Sortieren (das Umschalten zwischen den einzelnen Kanälen) besorgt ein *Multiplexer*. In großen Netzen (z.B. *ISDN*) kann dies wegen der Störanfälligkeit nicht nur zentral geschehen, sondern auch verteilt (entfernt).

Fernmultiplexer
remote multiplexer unit

Das Fernnetz dient dem Fernsprechverkehr, im Gegensatz zum Ortsnetz, das dem örtlichen *Fernsprechen* dient. Bei der *Datenkommunikation* jede Art von Datenübertragung, die über den Firmenbereich hinausgeht.

Fernnetz
long distance network

Älteste Art der *Datenkommunikation*. Besteht aus einer Schreibmaschine, deren Typenhebel durch Magneten betätigt werden, deren Ansteuersignale über eine Datenleitung, die Fernschreibleitung, hereinkommen. Die Tasten des Fernschreibers tragen elektrische Kontakte, deren Signale an die entfernte Empfangsstation übertragen werden.

Um die Kapazität der Fernschreibleitung besser ausnutzen zu können, werden die Nachrichten meist nicht direkt abgesetzt, sondern in einen Papierstreifen mit bis zu fünf nebeneinanderliegenden Löchern gestanzt und nach dem Ende der *Nachricht* schnell über die Fernschreibleitung gegeben. Wegen ihrer Zuverlässigkeit sind Fernschreiber auch heute noch in Gebrauch, obwohl sie mit 50 bit/s die langsamsten aller Datenverbindungen sind.

Fernschreiber
Telex, TTY

Aufgrund der hohen *Redundanz* der menschlichen Sprache ist für eine gute Satz- und Silbenverständlichkeit ein Frequenzbereich von 300 *Hz* bis 3400 *Hz* ausreichend.
Daraus ergibt sich eine *Bandbreite* von 3100 *Hz*.

Fernsprechbandbreite
telephone bandwidth

Öffentlicher Übertragungsdienst zur Übermittlung sprachlicher Nachrichten (*Fernsprechen*). Technische Grundlage bildet das *Fernsprechnetz* mit weltweiter Verbreitung (auch für die Datenübertragung genutzt). In diesem Fall müssen die analogen Signale des Übertragungswegs in digitale Signale für die angeschlossenen Datenstationen umgewandelt werden (*Modem*).

Fernsprechdienst
telephone service

F

Fernsprechen
telephony

Sprachkommunikation zwischen entfernten Stellen mit Hilfe eines Fernsprechers (Telefon) in hausinternen oder öffentlichen Netzen (*Fernsprechdienst*). Unter Verwendung von Sprachspeichern kann *Sprachkommunikation* auch zeitversetzt erfolgen.

Fernsprechnetz
telephone network

Globales Netz für den Fernsprechverkehr, das auch zur Datenübertragung genutzt werden kann. Es bedarf dabei jedoch besonderer Datenübertragungseinrichtungen (*Modem*). Die *Übertragung* erfolgt synchron/*asynchron* mit Geschwindigkeiten von 300 bit/s bis 9600 bit/s und höher. Seit dem 1. Juli 1990 ist das Endgerätemonopol für den Fernsprechhauptanschluß aufgehoben. Sofern beim Anwender eine TAE-Anschlußdose installiert ist, dürfen daran alle privat beschafften und zugelassenen Endgeräte ohne besondere Anmeldung angeschlossen werden. Für die Datenübertragung eignen sich folgende Endgeräte: *Akustikkoppler*, Modemgeräte im eigenen Gehäuse, Modemmodule (MDM-Bauweise der DBP Telekom), Modembaugruppen (MDB-Bauweise der DBP Telekom) und PC-Modem Einsteckkarten. Die limitierte *Übertragungsbandbreite* von 3,1 kHz bestimmt die mögliche *Übertragungsgeschwindigkeit*. Modems, die nach CCITT-Empfehlungen arbeiten, schaffen bis zu 14,4 kbit/s duplex und nicht standardisierte Geräte erzielen heute bereits 19,2 kbit/s. Die neue CCITT-Empfehlung V.fast sieht eine *Übertragungsrate* von 24 kbit/s duplex vor. Der Zugang zu anderen öffentlichen Netzen wie *Datex-P* ist möglich.

Fernwartung
remote support maintenance

Technische Lösung, um die Wartung eines Computers aus räumlicher Entfernung (typischerweise für Kundendienst) durchzuführen. Die *Verbindung* erfolgt durch Datenübertragung, die unter besonderer Berücksichtigung des Datenschutzes vom Anwender vorübergehend für bestimmte Wartungsebenen (*Hardware*, Software, Datenbestände) freigegeben wird. Moderne Computer haben die Möglichkeit, etwa auftretende Störungen intern aufzuzeichnen und bei Fernwartung einem zentral verfügbaren *Diagnoseprogramm* mitzuteilen und die Störungen analysieren zu lassen.

Fernwirken

Überwachen und Steuern von technischen Einrichtungen unter Einbeziehung von Übertragungsdiensten. Durch Fernwirken können Signale von Meßgeräten, Alarmanlagen u.ä. an zentrale Stellen übermittelt werden und umgekehrt. Angebot als öffentlicher *Dienst*: *Temex*.

Festanschluß

Der Festanschluß verbindet die Endstelle beim Teilnehmer mit einem *Netzknoten* der Post. Zwei Festanschlüsse werden zu einer *Festverbindung* (Standleitung) zusammengeschaltet; nutzbar innerhalb verschiedener Tk-Dienste. Sie haben Anschalteeinrichtungen mit analogen oder digitalen Anschaltepunkten und ermöglichen Festverbindungen der Gruppe 1 und 2. Der Direktrufanschluß bietet im *Datenübermittlungsdienst* ähnliche Betriebsmöglichkeiten.

Festverbindung
permanent circuit connection

Gegen Gebühr überlassener Übertragungsweg, der zwei Festanschlüsse oder Universalanschlüsse miteinander verbindet. Die Festverbindung ist analog mit einer *Bandbreite* von 3,1 kHz oder *digital* mit einer *Übertragungsgeschwindigkeit* von 64 kbit/s. Auf Wunsch wird eine digitale Festverbindung permanent (Gruppe 2) oder semipermanent (Gruppe 3) zur Verfügung gestellt. Im internationalen Bereich haben Festverbindungen Übertragungsgeschwindigkeiten von 1200, 2400, 4800 oder 9600 bit/s und, im Unterschied zu internationalen Mietleitungen, einen besonderen benutzungsrechtlichen Status.

Festverbindung, semipermanente
fixed connection

Festverbindung der Gruppe 3 zwischen zwei Universalanschlüssen, die nach dem Verbindungsaufbau nur noch aktiviert oder deaktiviert werden muß, d.h. auf Anforderung fallweise bereitgestellt wird.

Festverdrahtung
hardwire

Eine permanente physikalische *Verbindung* zwischen zwei Geräten in einem *Netzwerk* im Gegensatz zur *Wählverbindung*. Lokale Verbindungen werden in der Regel mit Koaxialkabeln oder Twisted Pair-Leitungen realisiert.

Festwertspeicher
programmable read only memory

Speicherbaustein, bei dem der Inhalt einmal festgelegt und danach nur noch ausgelesen wird. Man unterscheidet dabei Bauelemente, die bei der Herstellung programmiert werden (ROM), und solche, die der Benutzer programmiert (PROM, programmable read only memory). Ebenso gehören zu den Festwertspeichern die löschbaren, wie *EPROM* (erasable PROM), die mit ultraviolettem *Licht* gelöscht werden können und der elektrisch löschbare EEPROM (electrical erasable PROM).

F

FFOL
FDDI follow on LAN

FFOL ist nach *FDDI* und *FDDI* II der dritte Ansatz innerhalb der FDDI-Normungsaktivitäten. Der Standardisierungsprozeß befindet sich noch in den Anfängen, so daß die Abgrenzung zu anderen Technologien und die Funktion von FFOL noch nicht erschöpfend dargestellt werden können. Entsprechend beschränkt sich diese Darstellung auf wenige Charakteristika.

Die den synchronen und asynchronen Diensten gemeinsame physikalische Schicht wird auf existierenden Verkabelungssystemen wie *LwL* oder *TP* einsetzbar sein. Die verfügbaren Datenraten werden sich an der synchronous data hierarchy, *SDH* orientieren. Ferner werden Funktionen zur Verfügung gestellt, die eine erhöhte Leistung erlauben. Geschwindigkeiten, die bei der Einführung von FFOL unterstützt werden, sind 155 Mbit/s und 622 Mbit/s.

Die isochronen Eigenschaften werden entsprechend *FDDI* II durch wide band chanel, WBC im 8 kHz-Zyklus realisiert. Der asynchrone Datenverkehr wird über ATM-Zellen realisiert. In jedem Fall ist es ein Design-Ziel, kostengünstige LAN-Verbindungen mit FFOL zur Verfügung stellen zu können. FFOL wird dazu *FDDI*, *FDDI* II und *ATM* Datenverkehr transportieren können.

fiber cladding

Ummantelung des Lichtwellenleiterkabels. Damit ist nicht die äußere Plastikschicht gemeint, sondern die transparente Glasschicht um den eigentlichen Kern, den *Lichtwellenleiter* selbst. Die erste lichtundurchlässige Schicht um dieses Gebilde ist dann die Adernhülle.

fiber coupler

Koppler werden in der Lichtleitertechnik zum Aufteilen oder Zusammenführen der die Informationen enthaltenden Infrarotstrahlung gebraucht. Einfache *Koppler* zum Abzweigen oder Einspeisen sind z.B. fused *coupler*, *Biegekoppler*, diffundierte *Koppler* und bikonische Taperkoppler.

Für die Aufteilung oder Zusammenführung einer größeren Anzahl von Glasfasern werden *Sternkoppler* benutzt. Sie bestehen aus einem Glaszylinder mit diffusem Glas, auf dessen einer Seite alle hereinkommenden und abgehenden Leitungen angebracht sind und dessen anderes Ende verspiegelt ist. Die *Dämpfung* eines solchen Kopplers ist allerdings beträchtlich.

F

fiber optics

Siehe *Lichtwellenleiter, Glasfaser*.

Fibernet

Gruppe von Experimentalsystemen der späten 70er Jahre mit Lichtwellenleiter-Übertragung.

fibre channel

Fibre channel ist eine Übertragungstechnik, die für Hochgeschwindigkeitsverbindungen zwischen Computersystemen und deren Peripherieeinheiten (Festplatten, usw.) entwickelt wurde. Die dabei erzielten Datenübertragungsraten bewegen sich in der Größenordnung von 1 Gbit/s. Durch die Entwicklung von Vermittlungssystemen für fibre channel interfaces kann diese Technologie auch im Netzwerkbereich (primär LANs) eingesetzt werden. Ein *Standard* für fibre channel ist derzeit in Vorbereitung (*ANSI* Commitee X3T9.3). Der wesentliche Vorteil von fibre-channel ist, daß die extrem hohen Geschwindigkeiten (133 Mbit/s, 266 Mbit/s, 530 Mbit/s und 1 Gbit/s) bereits mit heute existierenden Technologien realisiert werden können. Ein fibre cannel-Übertragungsrahmen ist 2 KBytes lang. 24 bis 28 Bytes davon nimmt der header ein. Fibre channel ist damit auf die extrem schnelle *Übertragung* von Datenströmen ausgelegt. Nischenbereiche für Hochgeschwindikeitsanwendungen, wie die *Verbindung* von Supercomputern, können damit abgedeckt werden.

FIFO
first in first out

Speicheranordnung, bei der die zuerst eingegebene Dateneinheit auch als erste wieder ausgelesen wird. Eine sehr wichtige Einrichtung für die Eingangs- und Ausgangswarteschlangen (queues) der Netzwerkknoten (nodes, IMPs, Hosts).

File

Siehe *Datei*.

file transfer protocol
FTP

Das file transfer protocol (*FTP*) dient der gemeinsamen Nutzung von Dateien zwischen verschiedenen Systemen und der Vereinfachung der Dateihandhabung auf verschiedenen Systemen. *FTP* basiert auf dem Übertragungsprotokoll TCP und dem interaktiven Terminalprotokoll *telnet*. *FTP* kennt sowohl die *Übertragung* zeichencodierter *Information* als auch von Binärdaten. In beiden Fällen muß der Benutzer eine Möglichkeit besitzen, zu spezifizieren, in welcher Form die *Daten* auf dem jeweiligen Zielsystem abzulegen sind.

F

File-Server Eine Station im Lokalen *Netzwerk*, die für die Verwaltung der Peripherie zuständig ist. Der File-Server wird eingesetzt, um gemeinsame Dateien von Netzwerkbenutzern zu verwalten, die *Kommunikation* zwischen den Stationen zu koordinieren und gemeinsame Ressourcen wie Festplatten und Drucker zu koordinieren.
Auch ein *Mainframe* kann die File-Server-Funktion übernehmen. Dabei unterscheidet sich diese Funktion von der Disk-Server-Funktion in der Art und Weise, wie die *Daten* auf dem *Mainframe* abgespeichert werden. Hier werden die *Daten* im Mainframe-Format abgespeichert und können direkt vom *Mainframe* weiterverarbeitet bzw. erstellt werden.

Filter
filter
Filter dienen der Verarbeitung von Signalen in Abhängigkeit von der *Frequenz*. Es werden Bandpaß-, Bandstop- und Diplex-Filter verwendet.
Die Qualität des Bauteils ist an der Steilheit der *Flanke* abzulesen. Bandpaß-Filter lassen nur Signale, die in einem bestimmten Frequenzbereich liegen, passieren. Das übrige Spektrum wird gedämpft. Bandstop-Filter selektieren bestimmte Frequenzen, die nicht in das Netzsegment gelangen sollen. Sie dämpfen einen bestimmten Frequenzbereich, während die übrigen Bereiche übertragen werden. Damit können innerhalb eines großen Netzes durch den Einsatz mehrerer Head-End-Stationen Frequenzbereiche doppelt belegt werden. Diplex-Filter (Systemfilter) werden in bidirektionellen
Ein-Kabel-Systemen eingesetzt, um Vorwärts- und Rückwärtsrichtung zu trennen. Sie besitzen einen *Eingang* und zwei getrennte Ausgänge, die dem entsprechenden *Frequenzband* zugewiesen sind. Die Trennung von Vorwärts- und Rückwärtsrichtung der Signale erfolgt, bevor die Signale zu den Verstärkern geleitet werden.

Filter-Brücke
filtering bridge
Der Begriff Filter-Brücke kann für eine statische *Brücke* oder "simple bridge", learning bridge, routing bridge/*Brouter* verwendet werden. Alle diese Brücken besitzen Filter-Funktionalität im Sinne einer mehr oder weniger verfeinerten Lasttrennung zwischen Subnetzen. Die Namensgebung hängt von Herstelleraussagen ab. *Remote* und Multiway-Brücken sind in der Regel selbstlernend und realisieren Wegwahl-Funktionen.

F

In den USA werden Normen gewöhnlich vom *ANSI* als American National Standards (ANS) veröffentlicht. Dies entspricht den DIN-Normen in Deutschland. Im Bereich der Informationsverarbeitung sind für US-Regierungsstellen die FIPS, Bundes-Standards für Informationsverarbeitung, verbindlich.

FIPS
federal information processing standard

Meist ein 1-Bit Markierungszeichen, das bestimmte Systemzustände kennzeichnet, z.B. daß ein Betrag null oder negativ ist, daß ein Fehler aufgetreten ist oder ein *interrupt*. Als Blockbegrenzer können flags auch mehrere Bits haben.

flag

Siehe edge.

Flanke
edge

Graphische Darstellung der logischen Schritte eines Problems oder Programmablaufs mit speziellen Symbolen. Logische Entscheidungen werden durch rautenförmige Symbole, Aktionen durch rechteckige Kästen dargestellt. An den rautenförmigen Entscheidungssymbolen gibt es jeweils eine Eingangs- und zwei Ausgangslinien, von denen die eine mit der *Antwort* "ja", die andere mit der *Antwort* "nein" auf eine Frage im rautenförmigen Symbol bezeichnet ist.
Aktionen in Abhängigkeit von Entscheidungen lassen sich daher eindeutig und für jedermann sichtbar darstellen. Es gibt noch eine andere Art der Darstellung, die mehr auf strukturierte Programmiersprachen wie PASCAL oder *C* zugeschnitten ist, das Nassi-Shneiderman-Diagramm.

Flußdiagramm
flow chart

Verfahren zur Regulierung des Flusses von Datenpaketen in einem Netz. Durch die Puffersteuerung in den Netzwerkstationen können mehrere Datenendgeräte mit unterschiedlichen Übertragungsgeschwindigkeiten miteinander kommunizieren. Sind z. B. zwei Datenstationen miteinander verbunden, die nicht mit der gleichen *Übertragungsgeschwindigkeit* arbeiten, wie dies bei *Datex-P* möglich ist, so ist eine Flußsteuerung notwendig, die ein Überlaufen des Empfangsspeichers verhindert. Flußkontrolle kann auch zur Prioritätssteuerung benutzt werden.

Flußkontrolle
flow control

Siehe *Frequenzmodulation*.

FM
frequency modulation

FOIRL
fiber optic inter repeater link

Bei der Darstellung der *Bitübertragungsschicht* werden, als Hilfsmittel zur Topologieausweitung von Basisband-Ethernets über ein Segment hinaus, *Repeater* verwendet. Remote-Repeater bestehen aus zwei Repeater-Einheiten, die über eine *Punkt-zu-Punkt-Verbindung* realisiert sind. Der FOIRL ist eine (als *Norm* festgelegte) herstellerunabhängige Spezifikation.

Der *IEEE Standard* 802.3d spezifiziert zur Zusammenarbeit mit 10Base-2 und 10Base-S-LANs die FOIRL/fiber optic inter repeater

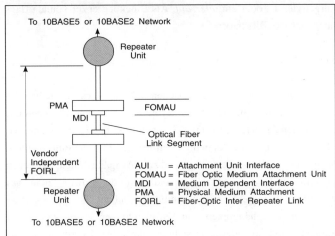

link, wobei die Eigenschaften des optischen Übertragungsmediums und die FOMAU, die fiber optic *MAU*, festgelegt worden sind. Die optischen Sender der FOIRL arbeiten im sogenannten unteren *Fenster* (825 ± 35 nm) und versorgen 62,5/125 µ Multimodefasern. Ein optisches Link-Segment besteht wegen der unidirektionalen Übertragungscharakteristik der fiber optic aus zwei Fasern, je eine pro Richtung.

Durch Ausnutzung des zweiten oder oberen Fensters mit 1350 nm wäre eine FOIRL mit nur einem *Glasfaserkabel* zwischen den beiden Hälften möglich geworden.

Folgesteuerung
secondary

Bei bitorientierten Steuerungsverfahren die Funktion der Fernbetriebseinheit, die, indem sie die Meldungen über die Ausführung von Befehlen sendet, die untergeordnete Steuerung im Übermittlungsabschnitt ausführt.

F

Virtuelles Terminal in einem *Datennetz*. Es hat einen eigenen Prozessor, ist also ein intelligentes Terminal und ist in der Lage, die Bearbeitung von Formularen zu unterstützen, wie sie beispielsweise bei Fluggesellschaften, Reisebüros, Banken etc. vorkommen.
form mode terminal

Anordnung von Dateninformationen auf einem materiellen oder immateriellen Träger. Materielle Träger können entweder magnetische oder optische Medien wie Disketten, Festplatten oder CDs, oder einfach Schreibpapier sein. Immateriell dagegen sind Datensätze in einem Datenkommunikationsnetz, z.B. die Datenpakete (packets) in einem X.25-Netz, aber auch in Lokalen Netzen. Formatgrundelemente sind Anfangs-, Ende- und Zugehörigkeitskennzeichnung. In der *Datenkommunikation* kommen noch Quellen- und Zielangabe sowie Synchronisierung und *Datensicherung* dazu.
Format
format

Eines der sechs Grundelemente bei der elektronischen Post MOTIS/ X.400. Es sind Informationen, die bei der *Übertragung* eines elektronischen Briefes die Anordnung der Schriftzeichen auf dem Empfängermonitor oder -drucker festlegen.
formatting

Ein auf die Anforderungen der Universitäten ausgerichtetes *Datennetz* unter Verwendung der Datexdienste. Als *Dienste* werden angeboten: *MHS*, X.400, file transfer, *RJE*. Es gibt auch internationale Verbindungen zu anderen Netzen wie *BITNET*, *EARN* und *UUCP*. Seit 1990 gibt es für DFN-Mitglieder ein *X*.25-Wissenschaftsnetz für Forschung und Lehre. Trägerverein ist der "Kreis zur Förderung des *DFN*" (DFN-Verein) mit Sitz im Hahn-Meitner-Institut (HMI) in Berlin-Wannsee. Mitglieder sind neben HMI selbst noch die Institute der Technischen Universität (TU) und der Freien Universität (FU) u.a. GMD, *DIN*, CERN und DESY sowie eine Reihe von Industriebetrieben.
Forschungsnetz, deutsches
German research network

Ein Codierungssystem für Hochgeschwindigkeits-Backbonesysteme auf FDDI-Basis. Die bei vielen anderen Verfahren benutzte *Manchester-Codierung* ist bei Hochgeschwindigkeitsnetzen aus wirtschaftlichen Gründen nicht anwendbar, weil sie bei jedem übertragenen Bit zweimal den Status wechselt und damit die doppelte *Bandbreite*
four out of five

401

belegt. Es wurde deshalb ein Codierungs- verfahren (4 out of 5) eingeführt, das jeweils 4 MAC-Zeichen als eine Gruppe von 5 *Zeichen* auf die Übertragungsleitung setzt. Von den insgesamt 32 Bitkombinationen werden 16 für *Daten*, 3 für *delimiter*, 2 für die Steuerung und 3 als Hardwaresignale benutzt. Die restlichen 8 werden nicht verwendet. Ein grober Nachteil dieses Verfahrens ist natürlich der Verlust der selbsttaktenden Eigenschaft der *Manchester-Codierung*, so daß den Datenpaketen lange Präambeln zur Synchronisierung vorangestellt werden müssen. Die Genauigkeit der Taktfrequenz muß $<10^{-5}$ sein.

Fragmentierung In der TCP/IP-Welt kann es vorkommen, daß Datenpakete für die im
link edit stub Netz vorkommenden Gateways zu umfangreich sind. Dann werden sie in Teile zerlegt (fragmentiert) und einzeln über das Netz geschickt. Das Problem ist, Fragmente am Empfangsort wieder zusammenzubekommen, denn die einzelnen Teile werden im selben *Format* übertragen wie Datagramme. Daher gibt es ein Feld im IP-Header, in dem vermerkt ist, ob es sich um ein *Datagramm* oder ein Fragment handelt, und wenn es ein Fragment ist, an welcher Stelle in der Reihenfolge der Einzelfragmente es eingeordnet werden muß.

Frame Siehe *Datenübertragungsblock*.

Frame Relay Frame Relay ist eine relativ neue *Übertragungstechnologie*, die ursprünglich als Datenzubringerdienst für *ISDN* entwickelt wurde. Fra-

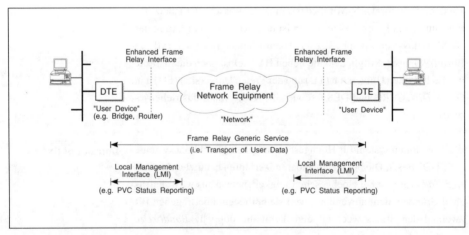

me Relay multiplext wie *X*.25 die Übertragungsrahmen verschiedener Sende- bzw. Empfangsstationen nach statistischen Gesichtspunkten über eine *Leitung*, und unterstützt dabei Geschwindigkeiten zwischen 56 kbit/s und 45 Mbit/s. Eine weitere Gemeinsamkeit mit *X*.25 ist, daß Frame Relay ebenfalls einen verbindungsorientierten Übertragungsmechanismus besitzt. Der Verbindungsaufbau passiert meist innerhalb des Benutzerkanals (in-band-signalling).
Es ist jedoch auch eine Signalisierung über dedizierte Signalisierungskanäle (z.B. ISDN-D-Kanal) im *Standard* festgelegt. Ein wesentlicher Unterschied zwischen Frame Relay und *X*.25 sind die Fehlerkorrekturmechanismen. In Frame Relay ist keine Möglichkeit vorgesehen, verlorene oder fehlerhaft übertragene Datenpakete wiederholt zu übertragen. Die Korrektur von Übertragungsfehlern wird den Anwendungsprotokollen der höheren Schichten überlassen. Lediglich die Gültigkeit der Adressen sowie das Auftreten von Bitfehlern wird überprüft.
Der Aufbau von Frame Relay-Übertragungsrahmen ist sehr einfach: Zwischen dem Beginn- und Ende-Flag des *Frame* Relay-Rahmens befinden sich außer den Benutzerdaten lediglich ein 2 bis 4 Bytes langes Headerfeld - das DLCI-Feld (data link connection identifier) - und am Ende ein Prüfsummenfeld (*CRC* 16), mit dem aufgetretene *Bitfehler* erkannt werden können. Innerhalb des Informationsfeldes können bis zu 8 KByte an Benutzerdaten übertragen werden! Mit dem numerischen DLCI-Wert wird eine bestimmte virtuelle *Verbindung* identifiziert, über die das Frame Relay-Netzwerk Sende- und Empfangsstation eindeutig identifizieren kann. Frame Relay hat sich schnell als *Übertragungstechnologie* speziell für Inter-LAN-Verbindungen etabliert, weil es keine neue Kommunikationsinfrastruktur benötigt. Meist ist lediglich ein Software-Upgrade für bestehende Routersysteme notwendig bzw. geringfügige Software/Hardware-Upgrades für *X*.25-Paketvermittlungssysteme. Frame Relay ist von seinem Aufbau her nicht in der Lage stark wechselnde Verkehrprofile, wie sie in naher Zukunft zu erwarten sind, zu bewältigen. Im Bereich der Inter-LAN-Kommunikation wird Frame Relay auch in den nächsten Jahren eine wichtige Rolle spielen. Für typische Breitbandanwendungen mit unterschiedlichen Verkehrsprofilen ist es jedoch nur beschränkt nutzbar. Siehe auch fast packet switching.

F

frequency division multiplexing Siehe *FDM*.

frequency shift keying Siehe *Frequenzumtastung*.

Frequenz
frequency

Anzahl der kompletten Schwingungen pro Zeiteinheit, in der Regel pro Sekunde. Angegeben in *Hertz* (*Hz*, kHz, MHz, GHz).

Frequenzband
frequency band

Bei einem Frequenzband handelt es sich um den Frequenzbereich zwischen zwei als Grenzfrequenzen (Amplitendenabfall 3 *dB*) angegebenen Werten. Beispiele: Das Frequenzband zwischen ca. 500 kHz und ca. 1600 kHz ist der Mittelwellenrundfunkbereich, der Bereich von 0 *Hz* bis 5 MHz ist das Videofrequenzband, von 300 *Hz* bis 3400 *Hz* ist das Sprachfrequenzband beim Telefon.

Frequenzgang
frequency response

Frequenzabhängiges Übertragungsverhalten von aktiven oder passiven Komponenten (Verstärker, *Kabel* etc.). Die Frequenzgangänderungen werden in *Dezibel* angegeben und bestimmen die Übertragungseigenschaften für bestimmte Frequenzen oder Frequenzbänder.

Frequenzmodulation
frequency modulation

Modulation einer Trägerschwingung durch Veränderung ihrer *Frequenz* im Rhythmus der zu übertragenden primären Zeichenschwingung.

Frequenzmultiplex
frequency division multiplexing

Bei diesem Übertragungsverfahren wird ein breites *Frequenzband* in mehrere schmale Bänder aufgeteilt, über die *Zeichen* oder Signale gleichzeitig und völlig unabhängig voneinander übertragen werden können. Als praktische Beispiele seien hier die Telegrafieverbindungen und die Multiplexoption der CCITT-Empfehlung V.29 genannt.

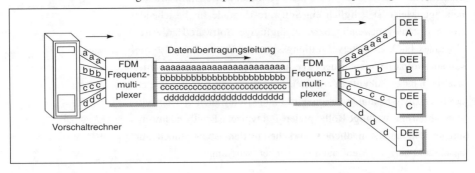

404

F

Beim Frequenzmultiplexer wird die *Bandbreite* des Übertragungskanals in mehrere schmale Frequenzbänder aufgeteilt, wodurch auf einer physikalischen *Leitung* gleichzeitig mehrere langsamere Übertragungskanäle entstehen.

Die bereits in den 30er Jahren entwickelten Frequenzmultiplexer (frequency division multiplexing, *FDM*) wurden damals von den Postverwaltungen zur Konzentration von mehreren Sprachkanälen auf eine Fernleitung mit höherer Geschwindigkeit eingesetzt. Später kamen Anwendungen in der Telegrafentechnik dazu, wobei ein Sprachkanal zur *Übertragung* von bis zu 24 Telegrafenkanälen mit 50 *Baud* benutzt wurde.

Frequenzmultiplexer
frequency multiplexer

Einrichtung, die eine bestimmten Zeichenschwingung von einer zugehörigen *Trägerfrequenz* demoduliert und einer anderen *Trägerfrequenz* aufmoduliert. Derartige Frequenzumsetzer werden z.B. gebraucht, um bei Breitbandnetzen mit *Head-End-Station* die Inhalte der Empfangsleitungen auf die Sendeleitungen umzusetzen, aber auch beim Mobilfunk, um die uplink-Frequenzen der sendenden Fahrzeuge in der Basisstation auf die downlink-Frequenzen der empfangenden umzusetzen.

Frequenzumsetzer
frequency converter

Frequenzmodulation mittels zweier Frequenzen. Eine *Frequenz* repräsentiert die digitale "Eins", die andere *Frequenz* repräsentiert die digitale "Null".

Frequenzumtastung
frequency shift keying

Im Mobilfunk, wie auch im *Betriebsfunk* und im *Bündelfunk*, werden aus Gründen der Frequenzökonomie die gleichen Trägerfrequenzen mehrfach vergeben. Grundbedingung dafür ist, daß dieselbe *Frequenz* erst wieder außerhalb der Reichweite der ersten *Anwendung* eingesetzt wird, wobei noch ein Sicherheitsabstand eingehalten werden muß. Der Versorgungsbereich eines Senders, der von Sendefrequenz, Senderleistung und terrestrischer Topographie abhängig ist, ist zwar angenähert kreisförmig, wird aber bei der Frequenzplanung als sechseckig, ähnlich einer Bienenwabe, angenommen und als "Frequenzwabe" bezeichnet. Bei einem solchen Konstrukt kommt man mit sieben verschiedenen Senderfrequenzen aus, ohne gegenseitige Störungen befürchten zu müssen.

Frequenzwabe

F

Fresnelverluste — Fresnelverluste (sprich: Fränel) ergeben sich in einem *Lichtwellenleiter* durch Reflexionen der Strahlung an Grenzflächen der *Glasfaser* zu anderen Medien mit verschiedener Brechzahl, z.B. Kern/Mantel.

Front End Processor — Relikt aus der IBM-Welt. In der IBM-Philosophie der frühen Jahre war es üblich, die geforderte Rechenleistung der Benutzer über sogenannte " unintelligente" (oder "dumme") Terminals, d.h. Terminals ohne eigenen Prozessor, einzusammeln, über *Cluster Controller* zu bündeln und über einen *Kanalanschluß* einem Großrechner (*Mainframe*) zuzuführen.

Um die Rechenleistung des Großrechners nicht einschränken zu müssen, wurde ihm ein spezieller Computer, der Kommunikationsvorrechner oder Front End-Prozessor, vorgeschaltet, der alle Aufgaben übernahm, die mit dem Transport von und zu den über Leitungen angeschlossenen Terminals zusammenhingen. Die an den Vorrechner physikalisch und logisch angeschlossenen Netzwerkkomponenten wie Konzentratoren, untergeordnete Rechner, *Cluster* und Terminals werden mit Hilfe von festgelegten Übertragungsprozeduren gesteuert.

FSK
frequency shift keying

Siehe *Frequenzumtastung*.

FTAM
file transfer, access and management

Ein *ISO* application-layer-Standard, der einen Filetransfer zwischen Anwendungen oder Anwendungsprogrammen unter Nutzung der durch die Schichten 1 bis 6 bereitgestellten Arbeitseinheiten und Protokolle der Kommunikationsressourcen ermöglicht. FTAM - file transfer access and management - ist ein *Standard* nicht nur zur Dateiübertragung, sondern er erlaubt auch den Zugriff auf Inhalt und Attribute einer *Datei* auf einem über ein Netz erreichbaren offenen System. Das Wesentliche an FTAM ist das Konzept des virtual filestore (VF). Dieses Modell ermöglicht eine einheitliche Sichtweise unterschiedlicher Dateisysteme. Aufgabe der FTAM-Applikation ist es, diese virtuelle Beschreibung von Dateien auf das reale Dateisystem des jeweiligen Systems abzubilden.

Die FTAM-Dienste stehen als Service-Primitive zur Verfügung. Nicht in allen Phasen einer FTAM-Aktivität müssen alle Attribute einer *Datei* verfügbar sein. So muß eine *Datei* z.B. nur für den Zugriff auf ihren Inhalt geöffnet sein, nicht aber für das Lesen ihrer Attribute.

F

FTP
file transfer protocol

Siehe file transfer protocol.

FTZ

Das FTZ in Darmstadt ist eine zentrale Behörde der DBP Telekom und für die quantitative sowie qualitative Verbesserung und Weiterentwicklung der Fernmelde-Infrastruktur in der BRD zuständig. Dem FTZ obliegt die Entwicklung, Planung und technische Gestaltung neuer Telekommunikationsdienste zur Übermittlung von Sprache, *Daten*, *Text* und Bildern.

Das FTZ war vor Gründung des *ZZF*, Zentralamt für Zulassungen im Fernmeldewesen, im Jahre 1982, zuständig für die Erteilung von Zulassungsgenehmigungen (FTZ-Zulassungsnummern) bei Geräten, die als Datenstationen an öffentliche *Fernmeldewege* angeschlossen werden sollen.

Funkschatten

Beim Mobilfunk kann es zur Unterbrechung der Funkverbindung kommen, wenn sich das Fahrzeug in einer Position befindet, bei der sich zwischen ihm und der Basisstation ein höheres Gebäude befindet. Das gilt insbesondere dann, wenn es sich um eine Metallkonstruktion, z.B. einen Stahlskelettbau, handelt. Auch Untertunnelungen oder Brücken in Stahlkonstruktionsbauweise haben denselben Effekt.

Funktionsgruppe
functional group

Eine Zusammenfassung von Funktionen in einer Einheit. Die einzelnen Funktionsgruppen sind voneinander durch Bezugspunkte abgegrenzt. Eine Funktionsgruppe bzw. eine Zusammenfassung von Funktionsgruppen kann in einem Gerät oder einer größeren Einrichtung (z.B. einer *Nebenstellenanlage*) realisiert werden.

Funktionsverbund

Von Funktionsverbund spricht man, wenn verschiedene Rechner für unterschiedliche Anwendungen an ein gemeinsames (Transport)-Netzwerk gekoppelt werden und bei Bedarf Informationen austauschen können. Es findet Eingliederung von Geräten und Systemen zur Realisierung spezieller Funktionen in ein Gesamtsystem derart statt, daß alle authorisierten Benutzer oder Programme diese speziellen Funktionen mitbenutzen können. Gerade im Bereich der kleineren Maschinen ist dieses Ziel von besonderer Bedeutung, insbesondere wenn sie die Möglichkeit haben, durch das Netz auf die Fähigkeiten einer Großrechenanlage zurückzugreifen.

F

fused silica glass   Grundmaterial zur Herstellung von Lichtwellenleitern.

fuzzball   Diese Bezeichnung wird gleich auf zwei Dinge bezogen, einmal den Teil einer Gateway-Software für TCP/*IP* und zum anderen auf den LSI-11-Computer von Digital Equipment Corporation (DEC), auf dem sie läuft. Das NSFNET-Backbone-Netz verwendet fuzzball als Paketvermittlungsstelle.

FVSat   FVSat wird für die *Übertragung* von Texten, *Daten* und Sprache über festgeschaltete digitale Verbindungen benutzt. Die Übertragungsraten betragen 64 kbit/s oder 128 kbit/s. Die Satellitenstationen mit Antennendurchmesser von 1,8 Metern werden beim Kunden aufgestellt und ermöglichen die Realisierung von Festverbindungen, die vollkommen unabhängig von den terrestrischen Leitungen sind.

FYI   Eine Teilmenge der Referenzen, die nicht technische Normen oder Beschreibungen von Protokollen sind. FYI's übermitteln allgemeine Informationen über Themen, die sich auf *TCP/IP* beziehen oder auf das mit ihm aufgebaute *Internet*.
for your information

G

Ein dem *LAP B* sehr ähnliches Datensicherungsprotokoll, das im USENET verwendet wird. Sliding-Window-Verfahren mit Piggyback-Bestätigung. Frame-Aufbau und *Transparenz* durch *character stuffing*.

g protocol

Bedienungsfeld in einer modernen *Benutzeroberfläche* (shell). Es handelt sich hier um einen relativ kleinen, durch Linien zu einem Kasten (Rechteck) abgegrenzten Bereich, innerhalb dessen mit der Maus (und evtl. mit der Tastatur) ein *Dialog* mit Computern und Geräten in den Netzen geführt werden kann.
Dieses "gadget" (lt. engl. Konversationslexikon Cassels: kleine Vorrichtung oder "Dingsda") ist entweder direkt auf dem *Bildschirm* (screen) zu finden, sehr viel häufiger aber in sogenannten Fenstern (windows) oder Requestern, in der irgendeine Netzeinheit oder ein Computer Fragen an den Benutzer stellt.

gadget

Eine bei der *Datenkommunikation* über *Lichtwellenleiter* vor allem über große Entfernungen wichtige Größe. Der Störfaktor innerhalb des Glasfaserkabels ist die *Dispersion*, im wesentlichen die *Modendispersion*, nicht so sehr die Materialdispersion oder die Manteldispersion. Diese wirkt sich in der unterschiedlichen Signallaufzeit und der damit verbundenen Impulsverbreiterung aus. Von einer bestimmten Impulsverbreiterung an verlaufen die Signal- impulse ineinander und sind nicht mehr voneinander zu trennen. Damit geht dann die *Information* verloren. Die Grenze ist erreicht, wenn die Erkennbarkeit der Impulse bei 50 % der *Amplitude* liegt.
Dispersionseffekte werden in ns/km oder in ps/km gemessen, als analoges Maß auch die *Bandbreite* in MHz.km. Die Auswirkung dieser Effekte ist bei sehr langen Lichtwellenleiterstrecken so, daß die *Bandbreite* nichtlinear mit der Entfernung abnimmt. Mit dem Gammafaktor wird dieser Effekt vorausberechenbar.

Gammafaktor
gamma factor

GAN (global area network) ist ein Kommunikationssystem, welches durch die Verwendung von Satelliten keiner praktischen räumlichen Begrenzung unterliegt. Auf den Satellitenstrecken verwendet ein GAN sehr leistungsfähige Funkstrecken mit komfortablen Möglichkeiten für *Fehlererkennung* und -korrektur. Die Ende-zu-Ende-Nach-

GAN
global area network

409

G

richtenverzögerung ist naturgemäß relativ hoch. Dem Benutzer gegenüber tritt das GAN wenn überhaupt als ihm zur Verfügung stehender Raum- oder Zeitkanal in Erscheinung. Die *Übertragungsgeschwindigkeit* auf einem solchen *Kanal* beträgt üblicherweise 2 Mbit/s. GAN arbeiten in der Regel mit regionalen WANs zusammen, können aufgrund ihrer Leistungsfähigkeit jedoch auch LAN-Teile untereinander verbinden. Beispiele: Telcom, satellite buisseness system SBS.

gap   Ein Zwischenraum zwischen einzelnen *Daten*. Dieser Zwischenraum kann örtlich oder zeitlich sein. Örtlich z.B. auf einem magnetischen *Medium*, zeitlich durch Abstände der Dateneinheiten in einem *Datennetz*. Außerdem wird die Abstandshöhe des Festplattenmagnetkopfes über der Platte als gap bezeichnet.

garble   Wird auf Signale in Datennetzen angewendet und betrifft die Beeinträchtigung der Impulse durch physikalische Gegebenheiten auf der Strecke. Diese können materialbedingt sein oder durch Störeinflüsse.

Gateway
gateway   Die Hard- und Software, um verschiedene Netze miteinander zu verbinden oder an andere Netze durch Protokollumsetzung anzuschließen. Ein Gateway hat die Aufgabe, Nachrichten von einem *Rechnernetz* in ein anderes zu übermitteln, wofür vor allem die Übersetzung der Kommunikationsprotokolle notwendig ist. Es wird durch einen speziell dafür eingesetzten Rechner realisiert. Dies bezieht sich auch auf die Verknüpfung von nicht-normkonformen Netzen wie *SNA*, *DECnet* usw. Ein Gateway ist jeweils auf der kleinsten gemeinsamen Schicht der miteinander zu verbindenden Netze angesiedelt; das kann im Extremfall Schicht 7 sein.

Das Gateway »versteht« beide Protokolle vollständig und ist in beiden Welten ein adressierbarer *Netzknoten*. Die vollständige Umwandlung beinhaltet: Umsetzung der Adressen, Umsetzung der Formate, Code-Konvertierung, Zwischenpufferung der Pakete, Paketbestätigung, *Flußkontrolle*/Geschwindigkeitsanpassung. Ein Gateway realisiert aufgrund der vollständigen Bearbeitung aller Kommunikationsschichten für die verbundenen Protokollwelten oft eine höhere Funktionalität hinsichtlich Terminal_*Emulation*, Grafikfähigkeit, Programm-zu-Pro-

G

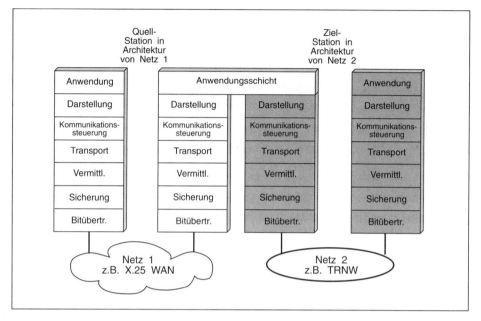

gramm-Kommunikation, Filetransfer und Anzahl *parallel* möglicher Sessions als gemeinsam benutzbare Standardprotokolle. Nachteilig ist die Beschränkung auf zwei verschiedene Protokolle, was bei dem Einsatz von n Protokollen n*(n-1)/2 Gateways erfordert (quadratische Steigerung!) und entsprechenden Betreuungsaufwand und Unübersichtlichkeit der logischen *Netzstruktur* erzeugt.

Als *Gateway* ermöglicht der *Mainframe* dem angeschlossenen *PC* den zentralen Zugang zu Datenbanken und anderen Netzen. Eine Funktion, die immer dann zur *Anwendung* kommt, wenn teure, aber relativ selten benötigte Zugriffe auf *Datenbank* oder andere Netze notwendig sind.

Gateway-Server
gateway server

Eichmaß. Beispiel: *AWG* = american wire gauge, Normung und Klassifizierung von Drähten und Kabeln nach Art, Durchmesser usw..

gauge

Ein blockorientierter algebraischer Fehlerbehebungscode, der es ermöglicht, Fehler zu beseitigen, die durch kurze Spannungsspitzen entstanden sind.

GCR
group code recording

GDS
general data stream

In GDS werden auf systematische Weise Datensätze dargestellt und interpretiert. Darin enthalten sind ein 2-Byte-Längen-Header und ein codierter Beschreiber, der das *Format* der *Daten* beschreibt.

Gebäudeverkabelung

Die Gebäudeverkabelung integriert die Etagennetze und die *Etagenverkabelung* und bindet die einzelnen räumlichen Einheiten an das

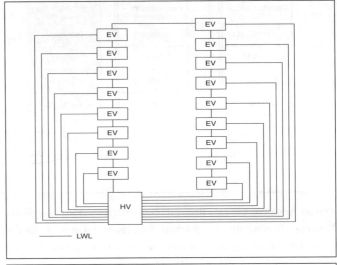

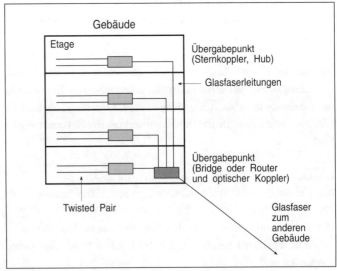

G

Netz. Von der Gebäudeverkabelung wird gefordert: Modularität bei der Verkabelung der Etagen oder Bereiche, Aufbau und Betrieb von begehbaren Gebäude- und Etagenverteilern, wartbares Kabelsystem zur schnellen Fehlersuche, netzwerkunabhängige Verkabelung und Anpaßbarkeit an die vorhandenen Steigbereiche.

All dies führt zu unterschiedlichen Lösungsmöglichkeiten in Abhängigkeit von der Gebäudestruktur und den definierten Anforderungen.

Nachrichtenübertragung in beiden Richtungen, gleichzeitig (duplex) oder ungleichzeitig (halbduplex). **Gegenbetrieb**
duplex transmission

Eine von drei Möglichkeiten, *Lichtwellenleiter* nicht trennbar miteinander zu verbinden. Die anderen beiden Alternativen sind der mechanische Spleiß und der Schmelzspleiß. **Geklebter Spleiß**

Während der mechanische Spleiß relativ teuer ist, aber mit billigen Werkzeugen herstellbar ist, ist es beim Schmelzspleiß genau umgekehrt. Beim geklebten Spleiß gilt in etwa das für den mechanischen Spleiß gesagte, dazu kommt noch, daß diese Spleiße sehr zeitaufwendig herzustellen sind.

Die Geländeverkabelung integriert die in den einzelnen Gebäuden bestehenden Subnetze. **Geländeverkabelung**

An die Geländeverkabelung werden folgende Anforderungen gestellt: Überbrückung großer Entfernungen, Blitzschutz, Einstreusicherheit, Abhörsicherheit, Zukunftsorientierung, Ausfallsicherheit, hohe Verfügbarkeit, Wartbarkeit, sichere und dokumentierte Trassenführung, Potentialtrennung zwischen Gebäudeerdungen, Integration unabhängiger Subnetze beliebiger Technologie, hohe Übertragungskapazität, redundante Auslegung und alternative Trassenverlegung für den Notfall.

All dies kann z.B. im Rahmen einer gut durchdachten Glasfaserverkabelung erreicht werden, da die *Glasfaser* gerade mit den ersten acht bis zehn Anforderungen keinerlei Probleme hat und bei anderen Kabeltypen hierfür besondere Maßnahmen erforderlich werden können. Man muß bei der Geländeverkabelung zudem auf die Ausbaubarkeit der Hauptverteiler für eine problemlose Integration von Neubauten achten.

G

Gemeinschafts-rechenzentrum Von mehreren Unternehmen gemeinsam betriebenes Rechenzentrum; unterscheidet sich vom Dienstleistungsrechenzentrum dadurch, daß feste Nutzungs- und Kostenanteile vereinbart sind. *Datenverarbeitung* außer Haus.

gender changer Ein Anpassungssatz (*Adapter*) für Kabelstecker, z.B. um zwei *Kabel*, die an ihren Enden jeder einen *Stecker* (male - männlich) tragen, durch einen *Adapter* mit Buchsen auf beiden Seiten (2 x female - weiblich) zu verbinden.

general purpose interface bus Siehe *GPIB*.

Gerade Parität
even parity Ein zusätzliches Bit, das den *Daten* hinzugefügt wird, um die Gesamtzahl der Einsen in einer Dateneinheit geradzahlig zu machen. Diese Maßnahme dient der *Fehlererkennung* bei asynchroner *Übertragung*.

GGP
gateway to gateway protocol Der wesentliche Teil des Protokolls pflegt Routing-Informationen auszutauschen, die GGP beinhalten, und die auf eine verteilte Berechnung des kürzesten Pfades zurückzuführen ist. Unter normalen Umständen haben alle GGP-Teilnehmer einen Status, in dem die Routing-Informationen allgemein anerkannt werden. GGP ist allerdings jetzt schon veraltet.

GIF
gradient index fiber Gradientenindexfaser als *Lichtwellenleiter* mit einem *Kerndurchmesser* von 50 bis 100 µm.

Giga Präfix für eine Milliarde = 1 000 000 000 oder 10^9.

Glasfaser
glass fiber medium Modernes *Medium* für die *Datenkommunikation*. Hohe *Bandbreite* (bis 1 GHz), geringe *Dämpfung* und relativ gute Resistenz gegen passive und aktive Angriffe zeichnen das *Medium* aus. Darunter fallen insbesondere die Resistenz gegen elektromagnetische Störeinflüsse (Störfelder von Maschinen, Schaltern, Blitz, Sendern usw.) und Lichteinflüsse. Der mit den Dateninformationen modulierte Infrarotstrahl nimmt seinen Weg durch den *Lichtwellenleiter*, indem der Strahl an der Grenze zwischen Kernglas und Mantelglas total reflektiert wird (Einfallswinkel = Ausfallswinkel) und damit in der Lage ist, auch den

Biegungen des Kabels zu folgen. Die Totalreflexion erfolgt deshalb, weil Kernglas und Mantelglas nicht den gleichen Brechungsindex haben.

Übertragungstechnik, die eine lichtleitende Faser aus Glas verwendet, mit der Eigenschaft, Lichtimpulse mit geringer Streubreite und hoher Folgefrequenz weiterzuleiten. Erlaubt große Reichweiten und hohe Übertragungskapazität bei wenig Platzbedarf. Wesentlich höhere Leistungsfähigkeit als herkömmliche stromführende *Kabel* (*Koaxialkabel*). Bestehende Übertragungsdienste sollen schrittweise auf Glasfaser-Technologie übernommen und langfristig mit neuen Übertragungsdiensten integriert werden.

Glasfaser-Technologie
glass-fiber technology

Für das eigentliche *Übertragungsmedium* gibt es eine Vielzahl von meist unpräzisen Bezeichnungen: *Glasfaser*, Lichtleiter, Lichtleitfaser, *Lichtwellenleiter*. In englischsprachiger Literatur wird der *Lichtwellenleiter* (*LwL*) häufig als optical fiber bezeichnet. Prinzipiell

Glasfaserkabel
optical fiber

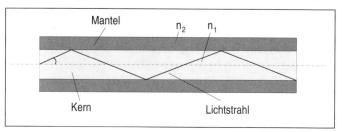

besteht ein *LwL* aus einer dünnen zylindrischen Faser aus *Quarzglas* (SiO2).
Die Weiterleitung der Lichtwellen in einem *LwL* beruht auf dem Prinzip der Totalreflexion an Grenzschichten zwischen Materialien unterschiedlicher optischer Dichte.

Unter *Modem* versteht man die Art der Lichtwellenausbreitung in einer *Glasfaser*. Bei den Glasfaserkabeln unterscheidet man zwischen Monomodefasern (Einmodem-Faser) und Multimodefasern, bei den Multimodefasern wiederum zwischen Stufenindexprofil und Gradientenindexprofil. Auffällig ist, daß das Bandbreiten-/Entfernungsprodukt in MHz*km von der Stufenindexfaser über die Gradientenindex-

Glasfasermoden
fiber glass mode

G

Fasertyp	Mehrmoden-Fasern		Einmoden-Fasern
	Stufenfasern	Gradientenfasern	Stufenfasern
Brechungsindexprofil	n1, n2 (Stufenprofil)	n1, n2 (Gradientenprofil)	n1, n2 (Stufenprofil)
Querschnitt	50 bis 200 µm Kern / 280 µm Mantel	50 µm / 125 µm	2-10 µm / 125 µm
Längsschnitt mit Lichtausbreitung	(Zickzack-Strahlen)	(gekrümmte Strahlen)	(gerader Strahl)
Typische Brechungsindices	$n_1 = 1.527$; $n_2 = 1.517$	$n_1 = 1.562$; $n_2 = 1.54$	$n_1 = 1.471$; $n_2 = 1.457$

faser zur *Monomodefaser* jeweils um ca. eine Zehnerpotenz, also den Faktor 10, steigt.

Gleich-kanalfunknetz — Auch Gleichwellenfunknetz genannt, besteht aus mehreren Basisstationen, die über Telefonstandleitungen miteinander verbunden sind und alle dieselbe *Frequenz* benutzen. Anwendung im Betriebs- und Bündelfunk.

Gleichkanal-störungen
common channel interference — Wenn zwei Sender auf der gleichen *Frequenz* senden, kann es zu Gleichkanalstörungen kommen. Das gilt auch dann, wenn beide mit demselben *Signal* moduliert sind, da die Trägerfrequenzen interferieren. Abhilfe kann nur dadurch geschaffen werden, da die Sender ja ortsfest sind, daß die Reichweite durch Reduzierung der Sendeleistung verkleinert wird.

Gleichlaufsteuerung
clocking — In der binär-synchronen Übertragungssteuerung die Benutzung von Schrittimpulsen, um die Synchronisation der Daten- und *Steuerzeichen* zu steuern.

Gleichtaktunter-drückung
common mode rejection, CMR — Bei der Verkabelung eiens Datennetzes gibt es grundsätzlich zwei Möglichkeiten: die asymmetrische, das ist z. B. das Koaxkabel, und die symmetrische, z. B. twisted pair, also zwei isolierte Kupferleitungen, die miteinander verdrillt sind. Das *Signal*, das sie transportieren,

G

wird am *Eingang* des elektronischen Gerätes (also *Netzknoten*, Computer oder *Peripheriegerät*) meist einem Differenzverstärker oder Operationsverstärker zugeführt. Das Nutzsignal steht an beiden Kupferdrähten an und wird vom Eingangsoperationsverstärker symmetrisch verstärkt. Störspannungen, die unterwegs auf die twisted pair-Leitung treffen, sind auf Masse (Erde) bezogen und erreichen den Geräteeingang im Gleichtakt.

Gemäß den Eigenschaften eines Differenz- bzw. Operationsverstärkers werden diese Störspannungen weitgehend unterdrückt. Das führt zu Verbesserungen, was die Übertragungsentfernung und die *Datenrate* betrifft. Ein anschauliches Beispiel sind die beiden Versionen von RS-449. Das unsymmetrische RS-422-A überbrückt ca. 15 m mit einer *Datenrate* von 20 kbit/s das symmetrische RS-422-A dagegen 60 m mit 2 Mbit/s.

Das Verhältnis der Gleichtaktspannung zu der Spannung, die am Ausgang des ersten Differenzverstärkers oder Operationsverstärkers noch auftritt. Sie wird gemeinhin in *Dezibel* (*dB*) gemessen. Bei niedrigen Frequenzen sind 80 *dB* (1/10 000) ein durchaus üblicher Wert.

Gleichtaktunterdrückungsverhältnis
common mode rejection ratio, CMRR

Die Umsetzung des EG-Ratsbeschlusses aus den 80er Jahren erfolgte in den einzelnen Ländern durch die Erarbeitung einer OSI-Protokollarchitektur unter dem Namen GOSIP. Inzwischen liegt auch ein europäisches Handbuch vor (*EPHOS*). Technisch am weitesten gediehen in der Umsetzung dieses Beschlusses ist Großbritannien, das entsprechende Beschaffungsrichtlinien (GOSIP U.K.) in Form einer Protokollarchitektur bereits spezifiziert hat. GOSIP U.K. sieht z.Z. virtuelles Terminal, *FTAM* und *X.400* auf den anwendungsorientierten Schichten vor, *X.25* und verschiedene LAN-Alternativen auf den unteren Schichten. Interessant dabei ist, daß sowohl verbindungsloser als auch verbindungsorientierter Netzwerkservice spezifiziert ist.

GOSIP U.K.
Government Open Systems Interconnection, United Kingdom

1988 trat für die US-amerikanischen Regierungsstellen ein "Federal *Information* Processing *Standard*" in Kraft, der eine einheitliche OSI-Protokollarchitektur (genannt GOSIP) als Co-Standard für Beschaffungsmaßnahmen einführen soll. Der Geltungsbereich dieser Rege-

GOSIP U.S.
Government Open Systems InterconnectionProfile, United States

G

lung umfaßt auch das amerikanische Verteidigungsministerium DoD. Die GOSIP-US-Architektur ist fast identisch mit den TOP-Spezifikationen. Inzwischen liegt eine erweiterte Fassung GOSIP, Version2, vor.

GPIB
general purpose interface bus

Ein von Hewlett Packard entwickelter *Interface* Bus. Bekannt als *IEEE* 488 *Standard*, aber auch als IEC-625-Bus. Ebenfalls von *ANSI* standardisiert.

GPIB-System
general purpose interface bus system

IEEE 488-System zur *Verbindung* von bis zu 15 Peripheriegeräten mit einem Computer. Häufig zu finden in Laborumgebungen, um Meßergebnisse von Geräten dem Computer zuzuführen (talker), Anordnungen an Laborgeräte zu geben (listener) Arbeitsergebnisse auszuwerten und Versuchsanordnungen zu steuern (controller). Das System hat drei Teilbusse, einen 8-Bit-Datenbus, drei Handshake-Leitungen und fünf Steuerleitungen.

GPS
global positioning system

Amerikanisches *Satellitensystem* für Ortungs- und Navigationsaufgaben zu Lande, zu Wasser und in der Luft. Das System besteht aus 24 Satelliten, die jeden Punkt der Erde erreichen können.

Gradientenfaser
gradient index fiber

Lichtwellenleiter mit einem Gradientenprofil, d.h. mit einem Brechzahlprofil, das sich über der Querschnittsfläche des Lichtwellenleiters stetig ändert. Das Profil von üblichen Gradientenfasern kann durch ein Exponentenprofil angenähert werden. Siehe *Lichtwellenleiter* und *Glasfaser*.

Grenzstrahl

Beim Übergang eines Lichtstrahls (oder Infrarotstrahls) von einem *Medium* ins andere wird der Strahl bei steilem Einfall gebeugt. Macht man den Einfallswinkel flacher, kommt es zur Totalreflexion. Dazwischen gibt es genau einen, vom Verhältnis der Brechzahlen der beiden Medien abhängigen Winkel, bei dem der eingespeiste Strahl genau auf der Grenzlinie der beiden Medien verläuft. Dieser Strahl wird Grenzstrahl genannt.

Grenzwellenlänge
cutoff wavelength

Beim single-mode-Lichtwellenleiter die kürzeste *Wellenlänge*, bei der nur der Grundmodus ausbreitungsfähig ist.

G

Winkel eines in das *Medium* eintretenden Lichtstrahls, der dann um 90° gebrochen wird.	**Grenzwinkel** *critical angle*
In vielen Fällen, vor allem bei der *Programmiersprache C*, ist es nicht gleichgültig, wenn Groß- und Kleinschreibung nicht beachtet werden. Computer, und auch Netze, nehmen alphanumerische *Zeichen* als ASCII-Token auf, und die sind nun mal für Groß- und Kleinbuchstaben verschieden. Aus dem gleichen Grund darf für die Null nicht das große O, und für die 1 nicht das kleine "l" verwendet werden.	**Groß- und Kleinschreibung** *case sensitivity*
Bündelfunkbasisstation mit einer Reichweite von mehr als 50 km.	**Großzelle**
Licht- bzw. Infrarotstrahlung ist niemals monochromatisch, d.h. sie besteht immer aus mehreren verschiedenen Frequenzen, also Wellenlängen. Diese breiten sich mit unterschiedlicher Geschwindigkeit im *Medium* aus und überlagern einander. Diese Überlagerungen führen im Extremfall dazu, daß das *Signal* am Empfangsort nicht mehr ausgewertet werden kann. Daher ist die Gruppengeschwindigkeit ein wichtiges Maß in der Lichtwellenleitertechnologie.	**Gruppengeschwindigkeit** *group velocity*
Steuerzeichen, das *Daten* logisch trennt. Mit group wird die Menge der abgegrenzten Datenpakete bezeichnet.	**Gruppentrennzeichen** *group separator*
Ein Mobilfunk-Standard für die Verwendung in ganz Europa. Der *Standard* wurde 1987 von der Conférence Européenne des Administrations des Postes et Telecommunications (*CEPT*) verabschiedet.	**GSM** *Groupe Spéciale Mobile / Global SystemMobile*
Ein Mobilfunknetz, öffentlich oder privat betrieben, stellt meist eine Betriebseinheit in einem mehr oder minder großen Areal dar, das aufgrund der begrenzten Reichweite der Ultrakurzwellen der Basisstationen in hexagonalförmige Zellen eingeteilt ist, in deren Mitte je eine Basisstation steht. Jeweils eine Anzahl von Basisstationen ist über festgeschaltete Mietleitungen (2 Mbit/s) mit einer Mobilfunkvermittlungsstelle (mobile switching center (MSC)) verbunden. Die Vermittlungsstellen selbst sind untereinander über verbindungsorientierte Leitungen mit anderen Mobilfunkvermittlungsstellen verbunden. Jede der Mobilfunkvermittlungsstellen führt zwei Register: Ein	**GSM-Architektur** *GSM architecture*

G

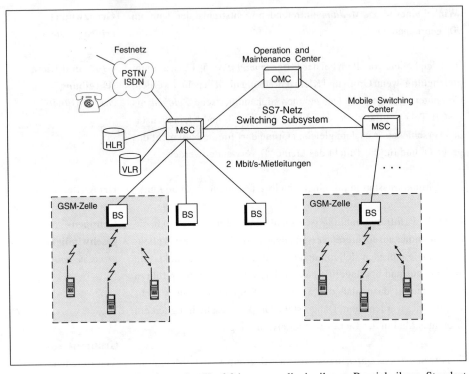

Register der Kraftfahrzeuge, die in ihrem Bereich ihren Standort haben, sogenannte home location register (HLR), und ein temporäres Register über solche Kraftfahrzeuge. die in dieser Gegend zu Besuch sind, also ein Besucherregister (visitor location register, VLR). Diese Register werden automatisch geführt (automatic changeover). Selbstverständlich ist von allen Vermittlungsstellen der Übergang in das öffentliche Netz möglich. Für das gesamte Mobilfunknetz steht ein Betriebs- und Wartungszentrum (operation and maintenance center OMC) zur Verfügung, dessen Aufgabe es ist, einen ungestörten Betrieb aufrecht zu erhalten.

GSM-Frequenzbänder Die Mobilfunkkommunikation findet im 900 MHz-Bereich statt, und zwar auf zwei getrennten, je 25 MHz breiten Bändern. Im Bereich von 890 MHz bis 915 MHz senden die Fahrzeuge auf einem von 124, je 200 kHz breiten Kanälen zur Basisstation (uplink), im Bereich von 935 MHz bis 960 MHz sendet die Basisstation an die Kraftfahrzeuge

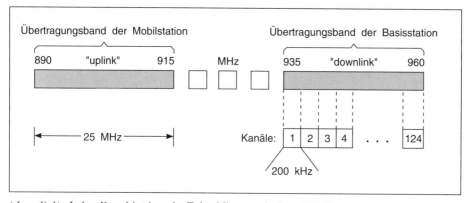

(*downlink*). Jeder *Kanal* ist in acht Zeitschlitze nach dem TDMA-Verfahren (time division multiplex access) aufgeteilt, so daß pro Trägerfrequenzpaar acht Vollduplex-Kanäle zur Verfügung stehen. Die Zeitschlitze wiederholen sich alle 4,615 ms, ein Zeitschlitz ist 0,577 ms lang. Wegen der Einhaltung von Sicherheitsabständen zwischen den Schlitzen (slots) können nur 148 bit/slot übertragen werden. Ein Zeitschlitz ist aufgeteilt in zweimal 57 Datenbits und eine 26 Bit lange Präambel. Zwischen den *Daten* und der Präambel liegen je 1 Bit und an den Grenzen zu den Nachbarslots je 3 Bit.

Neben dem *Kanal* für die Nutzdaten (traffic channel ,TCH) und dem zugeordneten Signalisierungskanal (*dedicated* control channel, DCCH) hat jeder Mobilfunksender noch einen gemeinsamen Steuerkanal (common control channel (CCCH)) und einen Rundfunksteuerkanal (broadcast control channel, BCCH).

GSM-Sender und -Empfänger

Alle vier, der Nutzkanal und die drei Steuerkanäle werden über eine Fehlerkorrektureinrichtung einem TDMA-Multiplexer zugeführt, dessen Ausgang mit der Modulationsstufe verbunden ist. Eine mit einem phase-locked-loop-Synthesizer ausgerüstete Stufe setzt dann das *Signal* auf die Sendefrequenz um, das nach *Verstärkung* auf die notwendige Sendeleistung über die Antenne ausgestrahlt wird. Auf der Empfängerseite geschieht dann alles genau umgekehrt. Das empfangene *Signal* wird selektiert, verstärkt und synchrondemoduliert, in einem TDMA-Demultiplexer wieder in den Nutzkanal und die drei Steuerkanäle zerlegt und steht dann nach Fehlerkorrektur zur Verfügung.

G

GVV
Gewählte virtuelle Verbindung

Verbindungsform bei Wählverbindungen der Gruppe 5 (*Datex-P*). Die gewählte virtuelle *Verbindung* ist eine logische *Verbindung* zwischen zwei Datenendeinrichtungen. Sie hat eine Aufbau-, Transfer- und Abbauphase. Bei der gewählten virtuellen *Verbindung* wird, im Unterschied zur leitungsvermittelten *Verbindung*, nur bei Bedarf Übertragungskapazität benötigt; dies erlaubt Vielfachausnutzung der physischen Leitungen im Netz.

H

H-Kanal

Anschlußkanal im zukünftig geplanten Breitband-ISDN mit einer *Bitrate* von 384 kbit/s. Bisher wurden definiert: H0-Kanal mit 384 kbit/s, H12-Kanal mit 1290 kbit/s.

Halbbyte
half byte

In vielen Fällen ist die Aufteilung der 8 Bits eines Bytes in zwei gleiche Hälften sinnvoll, wenn zwar zusammengehörige, aber nicht sehr informationsintensive *Daten* zusammen verarbeitet werden sollen. Bekanntestes Beispiel dafür ist die gemeinsame Darstellung zweier Hexadezimalzahlen (Sedezimalzahlen). Ein Halbbyte wird allgemein auch "nibble" genannt.

Halbduplex
half duplex

Übertragungseinrichtung bei der Datenübertragung, bei der Datenstationen senden und empfangen können. Das HDx-Verfahren erlaubt die wechselseitige Nutzung einer Übertragungsleitung in beiden Richtungen (Wechselverkehr). An den Schnittstellen kann zu einem Zeitpunkt nur gesendet oder empfangen werden. Die Signalrichtung kehrt sich dabei um. Sie entspricht einer nicht-simultanen Zweiweg-Kommunikation. Ein typisches Beispiel dafür ist das Fernschreibnetz.

half gateway

An der Kompetenzgrenze zweier Betreibergesellschaften oder im internationalen, länderübergreifenden Datenkommunikationsverkehr ergibt sich häufig das Problem, daß die bei Gateways übliche Decodierung bis in die Schicht 7 des OSI-Referenzmodells hinauf und die Wiedercodierung vor dem Weitertransport in das nächste Netz unter verschiedener Verantwortung, bzw. Hoheit steht. Daher werden die *Daten* zwischen den beiden Gateway-Hälften übergeben. Die Modalitäten werden durch das *X.75*-Protokoll geregelt.

Hamming-Code
hamming code

Ein *Code*, bei dem der Unterschied im Bit-Aufbau von *Zeichen* zu *Zeichen* besonders groß ist, damit bei fehlerhafter Datenübertragung die Wahrscheinlichkeit einer vollständigen Korrektur des Zeichens maximiert wird.

Hamming-Distanz
hamming distance

Werden zwei gleichlange Binärwörter, z.B. Bytes miteinander verglichen, dann ist nach *DIN* 44 300 die Anzahl der Bits, in denen sich die beiden unterscheiden, die Hamming-Distanz. Dieses Verfahren wird zur *Fehlererkennung* und evtl. zur Fehlerkorrektur benutzt, indem

H

Dateneinheiten, die über die Übertragungsstrecke hereingekommen sind, mit gültigen *Zeichen* verglichen werden. Eine evtl. Korrektur der *Zeichen* erfolgt nach dem Wahrscheinlichkeitsprinzip.

handover Wenn bei einer *Kommunikation* im fahrenden Fahrzeug der Reichweitenbereich einer Basisstation verlassen und in den Sendebereich der nächsten Basisstation übergewechselt wird, kann die *Kommunikation* unterbrechungsfrei weitergeführt werden, obwohl der Sender der nächsten Basisstation auf einer anderen *Frequenz* sendet. Dieser Vorgang, der vollautomatisch abläuft, wird "hand-over" genannt. Der richtige Zeitpunkt zum Umschalten wird neben der Qualitätsüberwachung der *Modulation* durch die Auswertung eines 4 kHz-Pilottones bestimmt.

Handshake-Betrieb Übertragungsverfahren, bei dem der *Empfänger* dem Sender den Empfang von *Daten* über besondere Leitungen bestätigt und ihm mitteilt, daß er zum Empfang weiterer *Daten* bereit ist. Dieses Übertragungsverfahren gewährleistet die störungsfreie Zusammenarbeit von unterschiedlich schnellen Systemen (z.B. Rechner und Drucker), ohne daß Synchronbetrieb notwendig wird. Handshake-Betrieb gibt es in unterschiedlicher Ausprägung. Obwohl er auch ohne zusätzliche Leitungen möglich ist (*zero-wire-handshake*), werden im allgemeinen eine, zwei oder drei zusätzliche Leitungen verwendet. Einer der ersten "three wire handshakes" wurde bei der bitparallelen Ansteuerung des Centronics-Druckers verwendet. Über eine der Leitungen bekommt er *Daten* zum Drucken avisiert, über eine zweite bestätigt er deren Empfang und über die dritte teilt er dem Computer mit, daß er "busy" ist und vorläufig keine weiteren *Daten* annehmen kann. Handshaking wird grundsätzlich bei der Zusammenarbeit von zeitdifferenten Systemen benutzt, z.B. auch bei Modems.

Hardware Alle physischen Komponenten eines Computer-Systems oder -Netzes wie Peripheriegeräte, *Netzknoten* usw., kurz, alles was man sehen und anfassen kann.

Harmonische
harmonics Die Grundwelle einer Schwingung und ihre Oberwellen werden "Harmonische" genannt. Dabei ist die Grundwelle die 1. Harmonische, die 1.Oberwelle die 2. Harmonische, die 2. Oberwelle die 3. Harmonische und so fort.

H

Hash-Funktion

Public Key-Verfahren (s. *Verschlüsselungsverfahren*) sind sehr rechenintensiv. Die digitale Unterschrift entspricht einem zusätzlichen Verschlüsselungsvorgang.
Um den Aufwand zu verringern, ist es möglich, nicht die gesamte *Nachricht* zu verschlüsseln. Auf die *Nachricht*, die eine variable Länge hat, wird eine Hash-Funktion angewendet, die eine *Prüfsumme* fester Länge erzeugt.
Der Hashwert wird *digital* unterschrieben und an die *Nachricht* angehängt. Der *Empfänger* wendet auf die *Nachricht* dieselbe Hash-Funktion an und vergleicht das Ergebnis mit der entschlüsselten digitalen Unterschrift.

Hauptanschluß

Jeder Hauptanschluß eines Kommunikationssystems ist ein Einzelanschluß oder eine Gruppe von Einzelanschlüssen. Dabei ist die Hauptstelle mit einer *Amtsleitung* unmittelbar an eine *Vermittlungseinrichtung* des öffentlichen Netzes angeschlossen.

Hauptanschluß für Direktruf

Endpunkt einer festen *Datenverbindung* im öffentlichen Direktrufnetz für die *Übertragung* digitaler Nachrichten.
Siehe auch *Datendirektverbindung*.

Hauptgruppen-Trennzeichen
file separator

Ein *Zeichen*, das zur Auffüllung dient, wenn ein DÜ-Block bestimmter Länge erforderlich ist und die *Zeichen* im Kopf und/oder *Text* hierzu nicht ausreichen.

Hazard

Kurzzeitige Spannungsstörspitzen auf Leitungen oder auf Netzen, die die Zerstörung einzelner Bits oder Bitgruppen zur Folge haben, die dann von der *Datensicherungsschicht* wieder restauriert werden müssen.

HDB-Code

Bipolarcode hoher Dichte, aus dem *Pseudoternärverfahren* weiterentwickelt, gehen beide Verfahren, HDB wie Pseudoternär, aus dem einfachen *Bipolarverfahren* hervor.

HDLC
high level data link control

Ein strukturierter Satz von Standards, der die Mittel bestimmt, mit denen ungleiche Geräte über Datennetze miteinander kommunizieren können. Das HDLC-Verfahren ist bitorientiert und damit codeunab-

H

Datenblöcke der HDLC-Prozeduren

FLAG:	Blockbegrenzung (Bitfolge 01111110)
ADDRESS:	Adreßfeld (Inhalt: Adresse der Folgesteuerung)
CONTROL:	Steuerfeld für Befehle udn Meldungen
INFORMATION:	Datenfel
FCS:	Blockprüfzeichenfolge

Steuerblock

FLAG	ADRESS	CONTROL	FCS	FLAG
01111110	8 Bits	8 Bits	16 Bits	01111110

Informationsblock

FLAG	ADRESS	CONTROL	INFORMATION	FCS	FLAG
01111110	8 Bits	8 Bits		16 Bits	01111110

hängig, Duplexbetrieb wird verwendet, und die Quittierung von mehreren Blöcken, in der Regel acht, ist möglich. Diese Zusammenfassung von acht Blöcken zu einer Quittierungseinheit wird *Fenster* (window) genannt. HDLC ist aus dem SDLC-Verfahren hervorgegangen, das IBM in seinen SNA-Netzen verwendet.

Die Datenblöcke eines Fensters sind von 0 bis 7 (000 - 111) durchnummeriert, und werden bei unterschiedlichem Eintreffen am Empfangsort entsprechend wieder richtig zusammengesetzt. Eines der wichtigsten Merkmale von HDLC ist die Datenflußsteuerung (flow control). Jedes *Fenster* wird vom *Empfänger* quittiert, das Ausbleiben einer *Quittung* veranlaßt den Absender vom Versand weiterer Datenpakete zunächst abzusehen, so wird verhindert, daß der Datenempfänger mit Datenpaketen "überschwemmt" wird. Bei HDLC gibt es zwei verschiedene Betriebsarten, die unbalanced normal response (UNR-mode) und die asynchronous balanced mode (ABM-mode).

Bei Letzterer werden drei Typen von Frames eingesetzt: Erstens unnumbered frames für die Funktionen bei Verbindungsauf und -abbau. Diese Rahmen enthalten nicht die bei HDLC implizit durch Sequenznummerierung gegebene acknowledgement-Information. Zweitens die I-frames für den Transport der *Information* und drittens supervisory frames für Fehler- und *Flußkontrolle*. HDLC bringt eine deutliche Verbesserung der *Bitfehlerrate* um etwa $3,5 \cdot 10^4$ und die *Blockfehlerrate* liegt bei etwa 10-9.

Der HDLC-Block, den es als *Steuerblock* oder als *Datenblock* gibt, besteht aus einer Anfangsblockbegrenzung und einer Blockendebegrenzung von je acht Bit (*flag*). Dazwischen liegen das Adressfeld (address field) und das Steuerfeld (control field) mit ebenfalls je acht Bit. Danach folgt beim *Datenblock* das *Datenfeld* mit maximal 132 *Byte*, dieses Feld fehlt beim *Steuerblock*. Vor der Blockend-begrenzung ist das Feld für die Blockprüfsumme (frame check sequence) angeordnet. Es hat 16 Bit.

HDLC-Block

Die HDLC-Prozedur dient zur Steuerung und Sicherung von Datenübertragungen. Sie ist codeunabhängig und erlaubt einen gleichzeitigen Informationsfluß in beide Richtungen. Der *Datenstrom* wird dazu in Blöcke unterteilt, die durch Prüf- und Steuerinformationen ergänzt werden. Verschiedene Hersteller haben ihre eigene HDLC-Version entwickelt. Die bekannteste Version dürfte *SDLC* (synchronous data link control) von IBM sein.

HDLC-Prozedur
high level data link control-procedure

Je nachdem, um welchen Typ von *HDLC-Block* es sich dabei handelt, ist das Steuerfeld unterschiedlich aufgebaut. Wenn es sich um ein Informationsframe handelt, wird das durch eine Null in Bit 1 signalisiert. Die Bits 2 bis 4 und die Bits 6 bis 8 enthalten dann die Rahmennummern für Senden und Empfang. Der supervisory-Typ wird identifiziert durch eine 1 in Bit 1 und eine 0 in Bit 2, enthält nur noch die Empfangsnummer in den Bits 6 bis 8, und die Bits 3 und 4 dienen Steuerzwecken. Beim unnumbered-Typ, der durch Einsen in Bit 1 und 2 kenntlich ist, werden die Bits 3 und 4 und die Bits 6 bis 8 ausschließlich zu Steuerzwecken gebraucht. Das P/F-Bit (Bit 5), das bei allen drei Typen vor-

HDLC-Rahmenformate

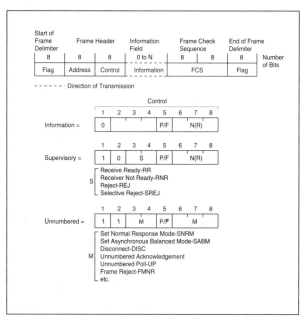

H

kommt, wird im UNR-Modus gebraucht, um im Halbduplexbetrieb die Sendeberechtigung zuzuteilen, bzw. das Ende der *Kommunikation* zu signalisieren.

Head-End-Station Eine Head-End-Station bildet den zentralen Punkt (Netzwerk-Kabelkopf) in einem Breitbandübertragungssystem. In dieser Station werden die Vorwärtssignale frequenzmäßig in den Frequenzbereich für die Rückwärtsrichtung - und umgekehrt - transformiert.
Den Kern einer Head-End-Station bilden die sogenannten Translatoren. Sie leisten die erforderliche Umsetzung der Signale von der Sende- (Rückwärts-) auf die Empfangsfrequenz (Vorwärtsrichtung). Zusätzlich können die Translatoren sogenannte Remodulator-Eigenschaften besitzen. Dabei werden die Signale demoduliert, regeneriert und auf den neuen Träger aufmoduliert. Durch diese Verfahrensweise werden Störungen der Signale aus dem Rückwärtskanal unterdrückt und gelangen nicht in den Vorwärtskanal. Die Trennung zwischen Vorwärts- und Rückwärtsrichtung erfolgt in der Head-End-Station mittels Filtertechniken.

Header Der Header ist das Kopfteil einer zu übertragenden *Nachricht*. Dieser
header Header enthält u.a. Adress- und Kennungsangaben. Beim *Token* Ring z.B. ist das Kennungssignal (token) in einem Kopfteil (header) eines kompletten Nachrichtenelements (message frame) enthalten, wobei dieses Kopfteil noch eine Reihe weiterer Steuersignale umfaßt.
Der Header durchläuft beim *Token* Ring-Verfahren die einzelnen Stationen. Gelangt er an eine Station, die *Daten* übertragen möchte, und wird seine *Kennung* als frei identifiziert, so schaltet der zur Station gehörende *Adapter* die *Kennung* um, fügt Ziel- und Absenderadresse sowie die *Daten* hinzu und erzeugt so das eigentliche Nachrichtenelement, das anschließend die weiteren Stationen durchläuft.

Heartbeat *Kontrollsignal* in Ethernet-Netzen, das der *Controller* zum *Transcei-*
heartbeat *ver* sendet. Damit wird dessen Funktionsfähigkeit überprüft.

Hebdrehwähler Ein von dem Amerikaner Strowger erfundenes elektromechanisches Bauelement für Fernsprechvermittlungsstellen, bei dem ein Schaltarm zunächst um eine bestimmte Anzahl von Stufen angehoben, und dann

H

mit einer weiteren Impulsserie auf einen in einer Kreisbahn angeordneten Kontakt eingeschwenkt wurde. In aller Regel waren diese Wähler dezimal aufgebaut, je zehn Schritte aufwärts (*Hub*) und 10 x 10 Kontakte in den zehn Ebenen, so daß insgesamt 100 Anschlüsse geschaltet werden konnten.

Diese Hebdrehwähler waren viele Dezennien lang das Standardbauelement der Fernsprechvermittlungsstellen, sind es zum Teil heute noch und verschwinden erst allmählich mit der Einführung elektronischer Ämter.

Hello-Protokoll

Das Routing-Protokoll Hello funktioniert ganz ähnlich wie RIP (router information protocol), es setzt nur eine andere Metrik ein: Während RIP als Metrik die Anzahl notwendiger Hops verwendet, ist es beim Hello-Protokoll die Übertragungszeit (*delay*) für einen Verbindungsweg.

Das bedeutet gegenüber RIP einen deutlichen Vorteil: Zwei Verbindungsalternativen von A nach B über jeweils zwei dazwischenliegende *Router* werden in RIP als völlig gleichwertig betrachtet. Tatsächlich sind sie es aber nicht, wenn die eine *Verbindung* über Leitungen mit 9,6 kbit/s läuft, die andere aber über Leitungen mit 64 kbit/s. Die Berücksichtigung der Übertragungszeit stellt hier ein wichtiges Kriterium zur Wegoptimierung dar.

HEMS
high level entity management system

Eine Verallgemeinerung früher Host-Monitor-Protokolle, die für das Internet-Management gebraucht wurden. HEMS wird nicht mehr benutzt.

Hermaphoditische Verbindung
hermaphoditic connectors

Verbindungselemente, die weder *Stecker*, noch Buchse sind, sondern so konstruiert sind, daß sie auf jeden Fall zusammen passen. Da man im Sprachgebrauch Steckern und Buchsen auch Geschlechtern zuordnet (male, männlich bzw. female, weiblich), spricht man bei der herimaphroditischen *Verbindung* auch von sexless.

Hertz
hertz

Einheit der *Frequenz* und bedeutet eine Schwingung pro Sekunde.

heterodyn
heterodyne

Die Vereinigung zweier Frequenzen an einem nichtlinearen Element, um die Summen- und die Differenzfrequenz zu erzeugen.

H

heterogen
heterogeneous

Bestandteile eines Datenkommunikationsnetzes, die vom Konzept her ungleichartig sind und nur mit Hilfsmitteln und Anpassungseinrichtungen zur Zusammenarbeit gebracht werden können.

Hexadezimalsystem
hexadecimal system

Eigentlich Sedezimalsystem (von lat.:sedecem = Sechzehn), ist der Begriff Hexadezimalsystem aus dem amerikanischen so übernommen worden. Dabei handelt es sich um ein Zahlensystem zur Basis 16. Als Zahlensymbole werden die des Dezimalsystems benutzt, also die Ziffern 0 bis 9, ergänzt um die ersten sechs Buchstaben des Alphabets, A bis F.

Sie werden ebenso als Stellenwertsystem notiert wie das Dezimalsystem, so daß die wertniedrigste Stelle 16^0 bedeutet, die Stelle links daneben $16^1 = 16$, die nächste dann $16^2 = 256$, dann $16^3 = 4096$ usw.. Wichtig: Kein Computer arbeitet im Hexadezimalsystem. Es ist lediglich eine Notation, um lange Binärketten, also Einsen und Nullen, besser merken zu können und die Irrtumswahrscheinlichkeit herabzusetzen. Am häufigsten findet man zweistellige Hexadezimalzahlen, da sie die acht Bit eines *Byte* repräsentieren. Die Binärzahl "0011 1101" z.B. würde hexadezimal "3D" = $3 \times 16^1 + 13 \times 16^0 = 48 + 13 = 61$ notiert. Die beiden Hälften des *Byte* werden *Halbbyte* oder nibble genannt.

HfD

Siehe *Hauptanschluß* für Direktruf. Der englische Terminus lautet main station for fixed connection.

hierarchical routing

Routingverfahren, das auf hierarchischen Adress-Schemata beruht. Das meiste TCP/IP-Routing stützt sich auf eine Zwei-Ebenen-Hierarchie, bei der die *IP-Adresse* in einen Netzwerkteil und einen Host-Teil aufgeteilt ist. Die Gateways benutzen nur den Netzwerkteil, bis das *Datagramm* ein *Gateway* erreicht, das das *Datagramm* direkt abliefern kann. Wenn noch in ein Subnetz verzweigt wird, gibt es weitere Ebenen des hierarchical routing.

Hierarchie
hierarchy

Strenge Rangordnung. Der Begriff stammt ursprünglich aus dem kirchlichen Bereich (griechisch: hieros = heilig ; archein = herrschen). Im Bereich der Computer und Datenkommunikationsnetze kommen hierarchische Strukturen häufig vor. Je ein Beispiel soll das verdeut-

H

lichen: Das *Betriebssystem DOS* (diskette operating system) von Microsoft verwendet eine solche Struktur. Datenbestände werden in sachlich zueinander gehörige Teilbestände zergliedert, diese wieder in Untergruppen, wovon nun wieder weitere Unteruntergruppen abgeleitet werden können, und das in beliebiger Tiefe. Graphisch dargestellt ähnelt das einem Baum mit der Krone nach unten.

Die nun oben befindliche *Wurzel* (root) ist jetzt Ausgangspunkt für die Suche nach dem benötigten Datenbestand. Der Wechsel von einer *Datei* zur anderen gleicht mitunter einem abenteuerlichen "Klettern" in dieser *Baumstruktur* auf sogenannten Suchpfaden (pathes) und ist zeitaufwendig, irrtumsträchtig und überhaupt nicht komfortabel. Das Gleiche gilt auch für eine große Datennetzanwendung, das Bildschirmtextsystem (*Btx*). Hier kommt noch hinzu, daß das System aufgrund seiner geringen *Datenübertragungsgeschwindigkeit* außerordentlich langsam ist und eigentlich ab initio schon obsolet war. Der krasse Gegensatz zur Hierarchie ist das *Ethernet*. Hier kann man ohne Einschränkung von Anarchie reden.

Jede strukturierte, problemorientierte *Programmiersprache*, wie z.B. C++, PASCAL, *Ada*, FORTRAN, *BASIC* usw. im Gegensatz zu der maschinenorientierten *Programmiersprache Assembler* oder dem direkten Programmieren im *Binärcode* des jeweiligen Prozessors.

high level language

Da die Breitbandtechnik ohnehin nur noch eine sehr geringe Marktbedeutung hat, spielen die unterschiedlichen Split-Verfahren praktisch keine Rolle mehr. Die Split-Verfahren dienen der frequenzmäßigen Trennung der Vorwärts-und Rückwärtskanäle in Einkabel-Breitbandsystemen. Beim High-split-Verfahren besteht der Frequenzbereich für die Vorwärtsrichtung zwischen 234 MHz und 400 MHz, für die Rückwärtsrichtung zwischen 5 MHz und 174 MHz. Die nutzbare *Bandbreite* ist 335 MHz.

High-split
highsplit

Bestimmte Modems für serielle Datenübertragung sehen einen Hilfskanal in der Gegenrichtung zum Datenkanal vor. Er hat eine wesentlich geringere *Übertragungsgeschwindigkeit* als der Datenkanal (z.B. 75 bit/s) und liegt im allgemeinen auf besonderen Schnittstellenleitungen, so daß Halbduplexbetrieb möglich ist. Falls diese Richtungsum-

Hilfskanal
backward channel

schaltung während der *Übertragung* nicht erforderlich ist, können die zusätzlichen Hilfskanal-Schnittstellenleitungen entfallen; man spricht dann von asymmetrischem Duplexbetrieb.

HIPPI
high performance parallel interface

High performance *parallel* interface entstand im Umfeld von Supercomputern und stellt eine schnelle *Punkt-zu-Punkt-Verbindung* dar mit Datenraten von 800 Mbit/s oder 1600 Mbit/s. Die überbrückbaren Entfernungen liegen bei 25 m auf einem 50- bzw. 100-poligen *Kabel* und können mittels Glasfaser-Extendertechniken auf bis zu 2 km erhöht werden. Der erste Vorschlag für HIPPI ist aus 1987, die Normierung wird von der ANSI-Arbeitsgruppe X3T9.3 vorgenommen.

HMP
host monitor protocol

Ein *Protokoll*, das von Internetzwerk-Betriebszentren benutzt wird, um Computer zu überwachen. Es ist naheliegend, da die Betriebszentren mit den HMP's ohnehin schon die Internet-Gateways kontrollieren.

Hochfrequenz technik
high frequency engineering

Alle für die Verwendung im Bereich von 100 kHz bis 1GHz verwendeten Gerätschaften, Übertragungsverfahren und Techniken. Dazu gehören Sender aller Leistungsklassen, *Empfänger*, Hilfs- und Meßgeräte. Technik und Übertragungsverfahren können analog oder *digital*, drahtgebunden oder drahtlos sein und umfassen alle bekannten Präsentationsformen, wie z.B. Sprache, Musik, bewegte Bilder (Fernsehen) und natürlich *Daten*, die in der Regel mitgeliefert werden, z.B. Videotext, aber auch VPS (video programming system) oder RDS (radio data system)

Hochgeschwindigkeitsnetz
high speed network

Innerhalb einer Klasse von Netzwerken bezeichnet man ein System immer dann als HSN, wenn es bei der *Datenübertragungsgeschwindigkeit* im oberen Bereich der für diese Netzwerkklasse möglichen Bitraten arbeitet. Mittlerweile gibt es Techniken wie *ATM*, die in jeder Systemklasse für Hochgeschwindigkeit sorgen, oftmals sind die Technologien jedoch spezifisch.

In den letzten zehn Jahren hat die Entwicklung der nachrichtentechnischen Komponenten auf der Basis von Glasfasern große Fortschritte gemacht. Gleichzeitig wurden neue Steuer- und Kommunikations-

H

elektroniken auf LSI-Basis entwickelt, die es nunmehr ermöglichen sollten Hochgeschwindigkeitsnetze zu entwickeln, deren Gesamtübertragungsgeschwindigkeit 1000 Mbit/s deutlich übersteigt. Eine erhöhte *Datenübertragungsgeschwindigkeit* verleiht einem Netz eine neue Qualität bezüglich der Integration verschiedener *Dienste*. Der Begriff »Hochgeschwindigkeitsnetz« erscheint zunächst irreführend, bezieht er sich doch nicht auf eine Geschwindigkeit im physikalishcen Sinne, wie etwa die Signalgeschwindigkeit in einem *Übertragungsmedium*, sondern auf die bereitgestellte *Bandbreite* des Netzes. Ein Hochgeschwindigkeitsnetz stellt demnach eine sehr hohe *Datenrate* zur Verfügung mit deren Hilfe in kurzer Zeit große Datenbestände übertragen werden könen.

Die Untergrenze, ab der man geneigt ist, von »sehr hohen Datenraten« zu sprechen, hat sich dabei in den letzen Jahren kontinuierlich nach oben verschoben.

Während noch vor wenigen Jahren den Lokalen Netzwerken mit Datenraten von 1 Mbit/s bis 10 Mbit/s eine »sehr hohe *Datenrate*« attestiert wurde, liegt die Grenze heute deutlich darüber. In der Literatur wird häufig die Auffassung vertreten, daß die Untergrenze für Lokale Hochgeschwindigkeitsnetze (engl. high speed local area network/*HSLAN*) bei 100 Mbit/s anzusetzen sei. Darüber hinaus zeichnet sich bereits ein Trend ab, schon in naher Zukunft Hochgeschwindigkeitsnetzwerke mit Übertragungsraten im Gigabit-pro-Sekunde-Bereich zu assoziieren. Siehe auch *HSLAN, MAN, SCLAN.*

hochohmig
high-impedance

Eine Bezeichnung, die sich meistens auf den Eingangs- oder Ausgangswiderstand einer Schaltung oder eines Gerätes bezieht.

Hochsprache
standard language

Siehe high level language.

Höchstgeschwindigkeitsdaten
very high speed data

Mit VHSD wird ein Satellitendienst (satellite service) bezeichnet, der in der Lage ist, *Daten* mit 1 Mbit/s zu übertragen.

Hohlader
single fiber loose buffer

Ein lose in seiner Umhüllung liegender *Lichtwellenleiter*. Der Zwischenraum zwischen Lichtwellenleiterader und Umhüllung ist leer. Ist der Zwischenraum mit einer Gleitmasse gefüllt, spricht man von einer gefüllten Hohlader.

H

holding time   Der vollständige Zeitabschnitt, in dem eine *Datenverbindung* besteht, oder eine Vermittlungsstelle benutzt wird.

Hop   Siehe *Router-Terminologie*.

hop count   Eine Maßeinheit für die Entfernung zwischen zwei Datenstationen im *Internet*. Z.B. bedeutet ein "hop count" von 5, daß zwischen Quelldatenstation und Zieldatenstation fünf Gateways liegen. Ein Maß, das vorwiegend in der TCP/IP-Welt verwendet wird.

hop count-Wert   Damit Route Discovery Frames nicht endlos im Netz verbreitet werden, wurde die Zahl der zwischen zwei Stationen liegenden Brücken auf 7 begrenzt. Ob die 7 Brücken von einem *Paket* überschritten wurden oder nicht, wird über einen sogenannten hop count-Wert festgestellt, der zu Beginn auf 7 gesetzt wird (oder je nach Konfigurierung auch niedriger) und in jeder *Brücke* um eins verringert wird. Steht der hop count auf 0, wird das *Paket* nicht mehr über die nächste(n) *Brücke*(n) transportiert.

Host   Der Host-Rechner (Wirtrechner) ist in einem Datenverarbeitungssystem die zentrale *Datenverarbeitungsanlage* auf dem die großen Anwendungsprogramme laufen und der die Datenbanken des Unternehmens verwaltet. Ein solches System arbeitet besonders effektiv, wenn der Host-Rechner ausschließlich verarbeitungsorientierte Aufgaben übernimmt und von den übertragungstechnischen Aufgaben durch den Vorrechner entlastet wird.

host connectivity   Siehe *PC-Host-Kopplung*.

hot potatoe   Eine etwas ungewöhnliche Methode der Datenpaketspedition aus der Anfangszeit der Datennetzkommunikation. Der Datenpakettransport arbeitet nach dem store-and-forward-Prinzip. D.h. daß Datenpakete in den *Netzknoten* in sogenannten Warteschlangen (queues) erst einmal zwischengespeichert werden, bevor sie an den nächsten *Netzknoten* weitergegeben werden. Nach dem Prinzip, wie man eine heiße Kartoffel möglichst schnell aus der Hand legen möchte, werden neu eintreffende Datenpakete einfach in die *Warteschlange* eingeordnet, die

H

noch die meisten freien Speicherplätze hat, auch wenn die Zielrichtung überhaupt nicht stimmt. Das *Datenpaket* erreicht dann eben auf einer anderen Route sein Ziel. Dieses Verfahren entlastet zwar temporär den einzelnen *Netzknoten* (interface message processor, *IMP*), führt aber zu unnötig hoher Verkehrsdichte.

Anderer Name für den *GPIB* (general purpose interface bus), auch als IEEE-Bus 488 oder *IEC-Bus* 625 bekannt.

HPIB
Hewlett-Packard interface bus

Horizontaler Blockparitätsprüfungsalgorithmus. Siehe auch horizontal redundancy check.

HRC
horizontal redundancy check

Etwa 100 Mbit/s schnell, einzusetzen in der herkömmlichen Umbebung eines Rechenzentrums als schnelle *Verbindung* zwischen Rechnerkernen und als *Backbone* zwischen langsameren LANs. Als Verkehrsart wird primär Bursty-Verkehr unterstützt, wie er in der reinen *Datenkommunikation* hauptsächlich auftritt. Siehe auch *Hochgeschwindigkeitsnetz*.

HSLAN
high speed local area network

Modulare Einrichtung zur Bildung logischer LANs auf der Basis einer strukturierten, sternförmigen Gebäude-Verkabelung. Es gibt arbeitsgruppenweite (workgroup), abteilungsweite (departemental) und unternehmensweite (enterprise) Hubs, die sich in Größe und Austattung unterscheiden. Ein Workgroup Hub kann nur einige Dutzend Stationen mit einem Nezttyp versorgen, Beispiele wären ein 10-Base-T-Hub für *Ethernet* oder die 8228 für *Token* Ring. Ein abteilungsweiter Hub unterstützt um die 100 anschließbare Stationen, immer noch nur mit einer einzigen Nerzwerktechnologie.
Die IBM 82340 für *Token* Ring oder ein größerer Ethernet-Sternverteiler sind Beispiele hierfür. Ein unternehmensweiter Hub schließlich kann unterschiedliche LAN-Typen realisieren, also z.B. für 250 Benutzer *Token* Ring und für 1137 Benutzer *Ethernet*. Dies richtet sich nach seiner Bestückung mit Modulen. Das Herz des Hubs sind die internen Busse. Die Auswahl eines Hubs sollte primär auf der Art des durch die Busse gebildeten Backplanes, den Typen der angebotenen Module und der Funktionalität der Managementstationen beruhen. Neben der reinen Anzahl von Slots bestimmt vor allem die Busarchi-

Hub

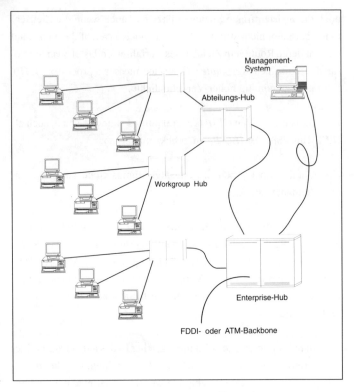

tektur die Leistungsfähigkeit des Hubs. Üblicherweise bieten die Herstelller Hub-Familien mit unterschiedlicher Gehäusegröße (und damit Slotanzahl) an.

Die heutigen Hubs arbeiten praktisch alle mit proprietären Bussen. Diese proprietären Busse sind keine Busse in der Art eines herkömmlichen »System«-Busses wie EISA, Microchannel, VME oder Q-Bus, sondern Busse, bei denen die Kapazitätsordnung (*Arbitration*) durch die Zugriffsmethode bestimmt wird, die auf dem Bus läuft, also *Token*, *CSMA*/CD oder *FDDI*. Der proprietäre Bus eines Hubs transprotiert die Signale von einem *Modul* zum anderen eher in der Art eines klassischen Medium-Kabels zwischen den Modulen als in der Art eines herkömmlichen Busses. Die reine Verwendung von proprietären Bussen führt zu einer Bindung an den Hub-Hersteller, was die Einschubmodule anbetrifft. Man legt sich mit der Wahl eines Gehäuses und dem in ihm befindlichen Bus in erheblicher Weise fest.

H

Es gibt vier grundsätzliche Konstruktionen für den *Backplane* eines unternehmensweiten Hubs:
- der segmentierte proprietäre Bus,
- vielfache proprietäre Busse,
- gemultiplexte proprietäre Busse,
- Systembusse.

Der segmentierte proprietäre Bus ist in bestimmte Bereiche für die Unterstützung von z.B. *Ethernet*, *Token* Ring oder *FDDI* unterteilt. Ein *Modul*, das auf den segmentierten proprietären Bus gesteckt wird, merkt, ob ein Segment frei ist oder nicht. Wenn das Segment frei ist, kann das *Modul* versuchen, auf ein anderes Segment auszuweichen oder dem bereits durch die *Verbindung* andere Module bestehenden Netz beizutreten. Auf diese Weise können Module für unterschiedliche Netztypen den gleichen Bus benutzen.

Vielfache proprietäre Busse unterstützen jeweils einen Netztyp, so daß nur zu diesem *Netzwerk* passende Module eingesteckt werden können und untereinander kommunizieren. Beim gemultiplexten proprietären Bus wird ein physicher Bus in mehrere virtuelle Busse aufgespalten, die dann jeweils zu einem Netztyp gehören. Module müssen sich an dieser Virtualisierung orientieren. Der Systembus schließlich funktioniert so, wie bekannt: Ein *Modul* hat die Kontrolle über den Bus, adressiert ein anderes *Modul* und schickt diesem *Daten* beliebigen Typs zu; unter Umständen kann dann auch die Kontrolle auf ein anderes *Modul* übergehen. Unternehmensweite Hubs lassen sich untereinander zu großen Netzen zusammenschalten. Dabei können proprietäre Techniken *Anwendung* finden oder z.B. *FDDI* oder *ATM*.

Kanalsuchlauf im *Bündelfunk*. Die Suche nach einem Organisationskanal findet durch Abfragen statt. Die *Identifikation* der *Kennung* beendet den Suchlauf.

hunting

Geräte, in denen verschiedene Technologien nebeneinander verwendet werden und die miteinander arbeiten müssen. Beispiele: Baueinheiten, in denen integrierte Schaltungen mit Einzeltransistoren und Dioden zusammenarbeiten; gemeinsame Verwendung von Optokopplern und Relais; Glasfaserlichtwellenleiter in *Verbindung* mit Twisted-Pair Kupferleitungen in einem Datenkommunikationsnetz.

Hybridtechnik
hybrid technique

H

Hyperchannel Das Hyperchannel-Netzwerk der NSC (Network Systems Corporati-
hyperchannel on) realisiert ein CSMA-System mit *Prioritätensteuerung*. Das *Netzwerk* wurde hauptsächlich für Kurzstreckenbetrieb mit höchsten Datenraten entwickelt. Konflikte im *Anschluß* an Übertragungen werden dadurch vermieden, daß alle Benutzer, also auch die nicht am Konflikt beteiligten, paarweise unterschiedliche (feste) Verzögerungszeiten bis zum Beginn der nächsten *Übertragung* einhalten. Bei niedriger Systemlast ist eine fast kollisionsfreie *Übertragung* mit sehr niedrigen Systemzeiten gewährleistet; bei hoher Systemlast (Überlastung) wird fast der maximale Systemdurchsatz, der bei 95% liegt, erreicht. Mit steigender Überlastung wächst nämlich die Wahrscheinlichkeit dafür, daß eine Station ihr Prioritätssignal ausnutzen kann. Dies führt natürlich dazu, daß die Stationen mit niedriger *Priorität* stark benachteiligt werden.

Hz Abkürzung der Einheit für die *Frequenz*. (1 Hz = 1 Schwingung / Sekunde)

I

CCITT-Bezeichnung für den *ISDN-Basisanschluß* (basic rate interface), der aus zwei Nutzkanälen mit je 64 kbit/s und einem Steuerkanal mit 16 kbit/s (2B + D) besteht. Unter der Nummer I.420 ist dieses *Interface* bei *CCITT* definiert worden.	**I.420 interface**

In den Empfehlungen der I-Serie veröffentlicht die *CCITT* die ISDN-Standards. Die Struktur dieser ISDN-Empfehlungen gliedert sich neben den Themen Planung und weitere Aspekte in folgende Hauptgruppen:
- I.100: Allgemeines ISDN-Konzept, Empfehlungen, Definitionen.
- I.200: Dienstaspekte.
- I.300: Netzaspekte.
- I.400: Aspekte der Teilnehmerschnittstellen.
- I.500: Netzinterne Schnittstellen.
- I.600: Unterhaltungsprinzipien.

Die auf diesen Empfehlungen der I-Serie aufbauende weitere Standardisierung von *Euro-ISDN* erfolgt seit 1988 bei *ETSI*.

I-Serie

Internationales *Alphabet* Nummer 2. Ein 5-Bit *Zeichen*/Zwischenraumcode, der für Fernschreibmaschinen (*Telex*) benutzt wird, um alphanumerische *Zeichen*, Ziffern und Interpunktions- und Sonderzeichen zu repräsentieren.

IA 2 alphabet

Internationales *Alphabet* Nummer 5. Ein 7-Bit Computer-Code zur Darstellung alphanumerischer *Zeichen* und *Steuerzeichen*, der vom ASCII-Code abgeleitet ist.

IA 5 alphabet

Eine Gruppe von etwa 12 Leuten, die die Grundsätze, Leitlinien und Standards für TCP/IP und das dazugehörige *Internet* bestimmt haben. Das *IAB* wurde 1989 reorganisiert, wobei das technische Personal auf Ingenieurs- und Forschungsuntergruppen verteilt wurde. Diese Gruppen sind unter den Namen *IETF* (internet engineering task force) und IRTF (internet research task force) bekannt.

IAB
internet activities board

Siehe Breitbandfernmeldenetz.

IBFN

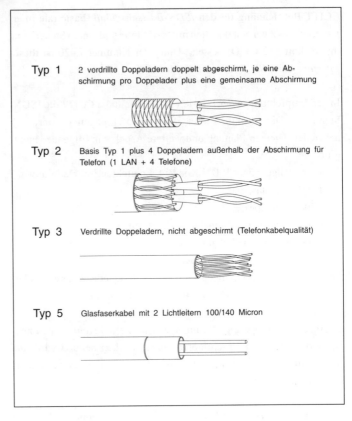

Typ 1	2 vordrillte Doppeladern doppelt abgeschirmt, je eine Abschirmung pro Doppelader plus eine gemeinsame Abschirmung
Typ 2	Basis Typ 1 plus 4 Doppeladern außerhalb der Abschirmung für Telefon (1 LAN + 4 Telefone)
Typ 3	Verdrillte Doppeladern, nicht abgeschirmt (Telefonkabelqualität)
Typ 5	Glasfaserkabel mit 2 Lichtleitern 100/140 Micron

IBM-Kabel Anfang der achtziger Jahre hat die IBM Richtlinien für Art, Aufbau und Ausführung von Verkabelungssystemen erstellt und das darauf basierende System IVS genannt (IVS steht für *IBM-Verkabelungssystem*). Hierbei standen zunächst die für *Token* Ring Netzwerke mit 4 und 16 Mbit/s Datenübertragunggeschwindigekit notwendigen Komponenten im Vordergrund, ein rangierfähiger Universalstecker mit vier Polen, der auch als Buchse genutzt werden kann (IBM IVS Hermaprodith), ein dickes *STP*-Kabel (IBM IVS Typ1) mit zwei Leiterpaaren und eine Menge von Einzelteilen für die Schaffung von Rangierfeldern und die Einbeziehung der bisherigen IBM-Komponenten (*Balun*). Die Spezifikationen wurden in den letzten Jahren laufend erweitert und 1992 hat die IBM offiziell die Unterstützung der *Datenrate* 100 Mbit/s für *FDDI* über *STP* angekündigt, nachdem 1991 der sog. F-coupler angekündigt wurde, der *Breitbandübertragung* im Bereich von 50 bis 500 MHz und Basisbandübertragung für 4 und 16 Mbit/s auf dem STP-Kabel *parallel* erlaubt. Dem Strom des Marktes und entsprechenden Entwicklungen auf dem Ethernet-Bereich folgend, hat die IBM 1985 die sogenannte IVS Typ 3-Spezifikation für

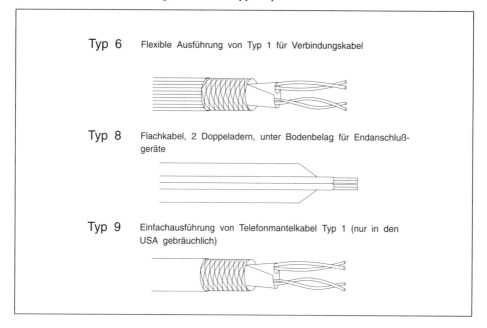

Typ 6 — Flexible Ausführung von Typ 1 für Verbindungskabel

Typ 8 — Flachkabel, 2 Doppeladern, unter Bodenbelag für Endanschlußgeräte

Typ 9 — Einfachausführung von Telefonmantelkabel Typ 1 (nur in den USA gebräuchlich)

"telephone twisted pair", also *UTP*-Kabel amerikanischer Bauart, freigegeben. Das *UTP*-Kabel ist nicht mit dem Sternvierer vergleichbar, auch wenn beide zum Telefonieren benutzt werden. Die IVS Typ-3-5 Spezifikation war die erste Spezifikation, die Aussagen über das Hochfrequenzverhalten eines Niederfrequenzkabels machte. Neben den beiden IBM-Kabeln Typ 1 und Typ 3 gibt es im *IBM-Verkabelungssystem* noch die Typen 2, 5, 6, 8 und 9, die für unterschiedliche Anwendungen in unterschiedlichen Ausführungen konzipiert wurden.

- **Typ 1**: 2 verdrillte Doppeladern, doppelt abgeschirmt, je eine *Abschirmung* pro Doppelader plus eine gemeinsame *Abschirmung*;
- **Typ 2**: wie Typ 1 plus vier einfache Telefondoppeladern außerhalb der *Abschirmung*;

- **Typ 3**: vier verdrillte, nicht abgeschirmte Telefondoppeladern, entsprechend der US-Norm;
- **Typ 5**: *Glasfaserkabel* mit zwei LWL-Leitern (*Multimodefaser* mit 100/140 Mikron) für die Verkabelung zwischen Verteilerräumen;
- **Typ 6**: flexible Ausführung von Typ 1 zum *Anschluß* dr Endgeräte an die Token-Ring-Steckdose (Lobe-Kabel);
- **Typ 8**: Flachkabel zur Anschlußverlängerung und zur Verlegung unter Teppichen etc.; wie Typ 6 nur zum Endgeräteanschluß geeignet;
- **Typ 9**: die Einfachausführung von IBM-Kabel Typ 1. In Europa nicht verbreitet.

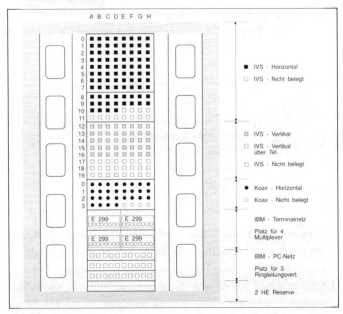

IBM-Verkabelungssystem
IBM cabling system

Die Basis für IBM, um die Anforderungen an ein universelles Verkabelungssystem zu erfüllen, ist das IBM-Verkabelungssystem (IVS). Es besteht aus mehreren Datenkabeltypen und einem einheitlichen *Datenstecker*. Mit Hilfe der neuen IBM-Datenkabeltypen sollen alle bisherigen, zueinander inkompatiblen Verkabelungen, wie die Koaxialverkabelung RG 62 A/U für die IBM 3270-Welt, die Twinax-Verkabelung für die S/36-Welt, verdrillte Leiter (IBM 4700) und mehrfach verdrillte Leiter (IBM 8100), abgelöst werden. Soweit

möglich und sinnvoll benutzt IBM in seiner Verkabelung verdrillte Kupferdoppeladern mit doppelter *Abschirmung*. Die zweite *Abschirmung* trägt zusätzlich das Erdpotential. Dieses symmetrische *Übertragungsmedium* zeichnet sich durch geringe elektromagnetische Beeinflussung, geringes Nebensprechen und eine relativ hohe mögliche Übertragungskapazität von bis zu 125 Mbit/s aus. Zur Überbrückung von größeren Entfernungen oder in Bereichen mit sehr starken elektrischen Störfeldern schlägt IBM den Einsatz von *Glasfaserkabel* vor. Gleichzeitig wird dadurch erreicht, daß die Datensicherheit erheblich erhöht wird, da *Glasfaserkabel* nicht abstrahlen und somit relativ abhörsicher sind. Kern des IVS sind mannshohe Verteilerrahmen mit 19 Zoll Breite oder einem Vielfachen hiervon. Sie enthalten im wesentlichen Lochplatten, die von vorne und hinten mit IVS-Datensteckern bestückt werden können.

Protokoll zur *Übertragung* von *Information* und Fehlermeldungen zwischen IP-Netzknoten auf Schicht 3. Wird von *IP* jedoch wie ein *Protokoll* höherer Schichten behandelt. ICMP ist ein integraler Bestandteil des IP-Protokolls von TCP/*IP*. Besonders Gateways und Hosts benutzen ICMP, um Berichte über Probleme mit Datagrammen zur Originalquelle zurückzuschicken. ICMP bietet außerdem die Möglichkeit einer Echo-Anforderung, um feststellen zu können, ob ein Bestimmungsort erreichbar ist und antwortet.

ICMP
internet control message protocol

I

Icon Piktogramm, d.h. bildliche Darstellung einer *Anwendung* oder einer Netzwerkfunktion auf dem *Bildschirm*, die durch Führen des Mauszeigers auf das icon und anschließendes Drücken der Maustaste ausgewählt werden kann.

ID
identification Abkürzung für *Identifikation*.

IDDD Internationaler Selbstwählferndienst. Englischer Terminus: international direct distance dialling.

idempotent Wenn in einem Computer oder *Netzwerk* Arbeitsgänge, zufällig oder absichtlich, wiederholt werden, ohne daß das nachteilige oder schädliche Folgen für Computer oder *Netzwerk* hat, werden sie als idempotent bezeichnet.

ident Zweiter Teil des zweiteiligen Adressierungscodes beim *Bündelfunk* (13 Bit). Der erste Teil ist ein Präfix mit 7 Bit. Die mit $2^{13} = 8192$ gegebenen Adressierungsmöglichkeiten werden bis 8100 ausgenutzt. Die restlichen 92 dienen besonderen Zwecken (special idents).

Identifikation
identification Verfahren zur Feststellung der Identität einer Gegenstelle zu Beginn, während oder nach der Übermittlung von *Daten*. Die Kennzeichnung zur Identifizierung wird *Kennung* genannt.

Identifikationskarte
identification card Gemeint sind Karten im Scheckkartenformat aus Kunststoff oder kunststofflaminierten Werkstoffen mit Magnetstreifen. Alle Details sind in den Normblättern *DIN* 9785 Teil 1 bzw. *ISO* 3554 festgelegt. Auf dem Magnetstreifen werden digitale Informationen wie auf einem Magnetband gespeichert.

idle state Begriff aus der *X*.25-Datenpaketvermittlung und aus dem *Bündelfunk*. Das deutsche Wort Ruhezustand trifft hier nicht den Kern der Sache. Es ist eher (engl. idle = müßig, untätig, unbenutzt, im Technikbereich auch: leerlaufend) ein Warten müssen auf andere systemimmanente Betriebsteile, auf deren *Dienste* man angewiesen ist, und die zeitweise nicht zur Verfügung stehen, weil sie selbst sich erst konfigurieren müssen, bzw. auf andere Systemteile angewiesen sind. Während beim

I

Bündelfunk der idle state nur bedeutet, daß z.Zt. kein Nutzdatenverkehr stattfindet, wohl aber möglicherweise Organisationsdatenverkehr, ist der idle state bei der *X*.25-Datenpaketvermittlung ein hochkomplexer Bestandteil des Protokolls.

Der Zeitanteil, an dem *Hardware* nicht benutzt wird, sei es, daß Geräte sich auf ihren nächsten Einsatz vorbereiten, sei es, daß es derzeit nichts zu tun gibt.

idle time

Integriertes Text- und *Datennetz*, das die öffentlichen *Dienste* der DBP Telekom (Telex-Netz, *Teletex*, Datex-L-Netz, Datex-P-Netz, Direktruf/*HfD*) umfaßt. Dieses *Datennetz* wird seit 1974 aufgebaut und enthält EDS-Vermittlungsstellen. Die elektromechanische Vermittlungstechnik des Fernschreibnetzes wird durch IDN abgelöst, das zusätzliche Datendienste in ein einheitliches Netz integriert.
Alle Teilnehmer des IDN sind über Einzel- oder Multiplexleitungen mit einer der 23 in der Bundesrepublik Deutschland vorhandenen Datenvermittlungsstellen (*DVST*) verbunden.
Das IDN ist aufgrund der gestiegenen Anforderungen der Text- und *Datenkommunikation* entstanden. Weil das *Fernsprechnetz* für die analoge *Übertragung* konzipiert wurde, entstehen bei dem Versuch der *Übertragung* von digitalen Signalen einige Nachteile.
Es muß eine Signalwandlung mittels *Modem* auf der Teilnehmerseite erfolgen. Aufgrund der begrenzten *Bandbreite* von 3,1 kHz und den Rausch- und Verzerrungseigenschaften bei der *Übertragung* müssen einige Abstriche bei der *Übertragungsgeschwindigkeit* und Qualität der *Übertragung* gemacht werden. Des weiteren ist die Verbindungsaufbauzeit relativ lang, und es bestehen eingeschränkte Steuerungsmöglichkeiten am Teilnehmeranschluß.

IDN
integrated digital network

Eine Dateneinheit mit Kontrollinformationen von (N)*entity* und (N-1) *entity*. In jeder Schicht wird ein IDU zugefügt bzw. vom gesamten Informationspaket ausgenommen.

IDU
interface data unit

Die Internationale Elektrotechnische Kommission (International Electronical Commission ist für die Normung auf dem Gebiet der Elektrotechnik und Elektronik verantwortlich. IEC ist älter als *ISO*

IEC

I

(International Standardisation Organization) und beteiligt sich heute mit über 650 Arbeitsgruppen an der Normierung. Deutscher Vertreter ist die DKE (Deutsche Kommission für Elektrotechnik) im *DIN* und VDE.

IEC-Bus
IEC bus

Genormte Form des von Hewlett Packard (HP) entwickelten GPIB-Busses (general purpose interface bus). Zu Einzelheiten siehe dort. Der Bus ist auch unter dem Namen HPIB-Bus bekannt (Hewlett Packard interface bus).

IEE

Britische Elektroingenieursvereinigung, London. ISDN steht für Institution of Electrical Engineers.

IEEE
Institute of Electrical and Electronical Engineers

Verband amerikanischer Ingenieure, der sich auch Normungsaufgaben widmet und z.B. in der Arbeitsgruppe 802 die Standardisierung von Lokalen Netzen vorantreibt. IEEE kennt nur individuelle Mitglieder aus der Industrie oder Forschung, die jedoch von Zeit zu Zeit durch industrielle Organisationen in ihren Bemühungen um die Standardisierung unterstützt werden.

Bekannt geworden ist IEEE durch das 802-Komitee, welches wertvolle Beiträge zur Normung der *Zugangsverfahren* und Sicherungsprotokolle für Lokale Netzwerke leistete.

IEEE 488

Unter der Bezeichnung *IEEE* 488 wurde der general purpose interface bus (*GPIB*) genormt, den Hewlett Packard entwickelt hat, und der auch unter *HPIB* (Hewlett Packard *Interface* Bus) bekannt ist.

IEEE 802

Die Vielfalt der möglichen LAN-Systeme bei Verkabelung, Übertragungstechnik, *Übertragungsgeschwindigkeit*, Zugriffsverfahren und deren Varianten usw. hat Anfang der 80er Jahre eine straffe Standardisierung notwendig gemacht. Die Arbeitsgruppe 802 des *IEEE* hat einen Standardisierungsvorschlag für Netzwerke mit einer Geschwindigkeit von bis zu 20 Mbit/s vorgelegt, der schnell richtungsweisend war und weitgehend akzeptiert wurde. Sowohl für Hersteller als auch für Anwender und Systemfachleute bietet der die Sicherheit hinsichtlich der nachrichtentechnischen Basis, die notwendig für ein flexibles

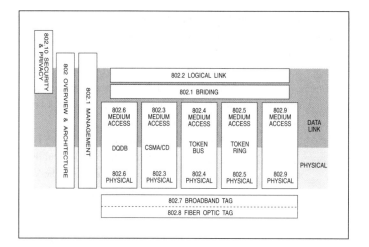

Design ist. In der Hauptsache beschränkt sich der *Standard* auf die unteren zwei Schichten des ISO-Referenzmodells, gibt aber auch Hinweise für eine sinnvolle *Einbettung* der Systeme in einen Gesamtzusammenhang (*Netzwerkmanagement*, *Internetworking*, ISO-interaction). Die im *Standard* vorgenommene Trennung zwischen logical link control und medium access control ist hauptasächlich durch den Wunsch entstanden, die Entwicklungen der DIX-Gruppe (*Ethernet*) und IBMs unter »einen Hut zu bringen«.

Nach wie vor ist es auch heute noch so, daß *Ethernet* und *Token* Ring auch in ihren Versionen nach dem *Standard IEEE* 802 nicht ohne umfangreiche Konversionen zusammenarbeiten können, weil es alleine in den Paketformaten und bei der Wegfindung über verbundene Teilnetze hinweg riesiege Unterschiede gibt. Dennoch hat der *Standard* zur Beruhigung der Anwender beigetragen. Auch heute ist der *Standard IEEE* 802 mit seinen vielen Arbeitsgruppen nicht »fertig«. Vielmehr starten immer wieder neue Aktivitäten für die Abdeckung bisher nicht ausreichend behandelter Themenkreise, z.B. *Netzwerkmanagement*. Die fertigen Elemente der *IEEE* 802-Standardisierungsgruppen wurden üblicherweise als ISO-Standards unter der Sammelnummer *ISO* 8802 übernommen. Der *Standard* für *CSMA*/CSD-Systeme wurde z.B. von *IEEE* 802.3 entwickelt. Er hat folglich die ISO-Nummer 8802.3. Obwohl *IEEE* 802 nur LANs spezifizieren sollte, wurde später auch das *DQDB/MAN*, von *IEEE* 802 entwickelt und ist deshalb heute Bestandteil des Standards. Es wurden ursprünglich vier wesentliche LAN-Techniken spezifiziert: *Token* Ring, Slotted Ring, *Token* Bus und *CSMA*/CD-Bus. Die Slotted-Ring-Technik entfiel Mitte der achtziger Jahre und wurde durch das DQDB-MAN ersetzt. Zur Integration unterschiedlicher Techniken unter eine einheitliche Schnittstellendefinition wurde die Zerlegung der OSI data link layer (*Sicherungsschicht*) in zwei Teilschichten notwendig:

Die media access control sublayer (Mediumzugriffskontroll-Teilschicht) und die logical link control sublayer (logische Verbindungskontroll-Teilschicht). Die logische Verbindungskontroll-Teilschicht (*LLC*/logical link control) bietet nach oben hin für alle Systeme eine einheitliche *Schnittstelle* zum Aufbau logischer Verbindungen.

Die Medium-Zugriffskontoll-Unterebene (*MAC*/medium access control) ist die Residenz der Protokolle wie *Token* Ring, *Token* Bus, *CSMA*/CD oder *DQDB*. Die *Dienste* der LLLC werden durch die *Teilnehmerschnittstelle*, die auch oft als DLC-Manager (data link control manager) bezeichnet wird, beschrieben. Der DLC-Manager ist wichtiger Bestandteil der LAN-Sicherungsschicht (physical layer) erfährt eine Dreiteilung: Physikalische Signalerzeugung (PLS/Physical Layer Signalling), Anschlußeinheiten-Interface (*AUI*/Access Unit *Interface*) und Medium-Anschlußeinheit (*MAU*/*Medium* Access Unit), die es ermöglicht, Codierungsverfahren, drop cables, *Transceiver*, Spannungen, Frequenzen, *Stecker* usw. systematisch zu qualifizieren. PLS ist der in der *Datenendeinrichtung* befindliche Teil der *Bitübertragungsschicht* und wendet sich über *AUI* an *MAU*, den am *Übertragungsmedium* befindlichen Teil der Bitübertragungschicht. Der *Standard* hat folgende Sektionen aus den Arbeitsgruppen (Stand 1991/92):

- **802.1**: Umfeld, Eingrenzung, Überblick und *Architektur*, Beziehung

zum *OSI-Modell*, Management, Fernladen und Kopplung von LANs auf der *MAC* sublayer;
- **802.2**: logical link control/*LLC*;
- **802.3**: *CSMA*/CD-Systeme, Zugriffsmethode und Spezifikationen der physical layer;
- **802.4**: *Token* Bus-Systeme, Zugriffsmethode und Spezifikationen der physical layer;
- **802.5**: *Token* Ring-Systeme, Zugriffsmethode und Spezifikationen der physical layer;
- **802.6**: metropolitan area networks, Zugriffsmethoden und Spezifikationen der physical layer;
- **802.7**: Breitbandübertragungstechnologie, Eigenschaften innerhalb der physical layer und empfohlene Systeme;
- **802.8**: Lichtwellenleiterübertra-gungstechnologie, Eigenschaften innerhab der physical layer und empfohlene Systeme;
- **802.9**: Integrierte Sprach-/Datenzugriffsmethode, Eigenschaften innerhalb der physical layer;
- **802.10**: Zugriffsmethode zur Realisierung von Sicherheit und Geheimhaltung und zugehörige Spezifikationen der physical layer;
- **802.11**: drahtlose LANs, Zugriffsmethode und Spezifikationen der physical layer.

Die Arbeitsgruppen können sich nach Bedarf konstituieren oder auch auflösen, so daß sich diese Liste in der Vergangenheit geändert hat und dies gegebenenfalls auch in der Zukunft tut. Durch unterschiedliche Übertragungsmedien und -systeme erzeugt der *Standard* eine Vielfalt von Netztypen.

IEEE 802.3 1Base-5 ist eine frühe billige Ethernet-Lösung, die als physikalisches *Medium* STP-Kabel benutzt. Die erste *Empfehlung* für das sogenannte StarLAN basierte auf einer *Übertragungsgeschwindigkeit* von 1 Mbit/s.

IEEE 802.3 1Base-5

Die maximal zulässige Entfernung wurde in dieser *Empfehlung* auf 500m festgeschrieben. Jede Station ist sternförmig über ein doppelpaariges *Kabel* mit einem *Hub* verbunden. Hubs können kaskadiert werden, so daß eine Baumtopologie entstehen kann. Innnerhalb einer solchen *Topologie* liegt eine Komponente auf einer höheren Stufe relativ zu einer anderen wenn sie bezüglich der Kaskadierungsnähe an der *Wurzel* des Baumes liegt. Empfängt ein *Hub* Pakete von der *DTE*, so sendet er sie weiter an einen *Hub* höherer Stufe, falls einer existiert; ansonsten sendet der *Hub* die Pakete zurück an alle direkt angeschlossenen DTEs und an die an ihm angeschlossenen Hubs niedrigerer Stufe (broadcast). Ebenfalls versendet ein *Hub* im Broadcastverfahren Pakete, die er von einem *Hub* höherer Stufe empfängt. Es gibt heute keine Produkte mehr dazu. Das StarLAN von NCR/AT&T ist ein 10 Mbit/s-System.

IEEE 802.3 10Base-2   Der *Standard* beschreibt eine Ethernet-Variante mit einem dünnen *Koaxialkabel* des Typs RG 58 A/U. Sie entstand aus dem Wunsch nach einer Alternative zu dem schon immer etwas sperrigen yellow cable der 10Base-5-Version. Man nennt diese Version auch *Cheapernet*. Die *Datenrate* beträgt 10 Mbit/s und die *Topologie* ist wie bei 10Base-5 ein Bus, allerdings nur von der max. Länge 185 m pro Segment ohne *Repeater*. Im Gegensatz zum 10Base-5 befindet sich eine Cheapernet-MAU meistens komplett auf der Adapterkarte, die dann zum *Anschluß* an das Segmentkabel einen T-Konnektor bzw. eine BNC-Buchse besitzen muß. 10Base-2 kennt ebenfalls das Konzept der *Repeater*. Mittels geeigneter Geräte lassen sich 10Base-5- und 10Base-2-Segmente untereinander mischen, wobei ähnliche Randbedingungen gelten wie bei 10Base-5.

Ein reines *Cheapernet* kann somit maximal 925 m lang werden. Allgemein wird aber heute die sternförmige twisted pair Verkabelung des sogenannten 10-Base-T als günstigere Technologie betrachtet.

IEEE 802.3 10Base-5   Das 10Base-5-System entspricht in vielen Teilen dem Basis-Ethernet DIX V.2. Ein Koaxialkabelsegment darf 500 m nicht überschreiten und muß 50 Ohm/1W Terminatoren haben. Höchstens 100 MAUs dürfen an einem Segment angeschlossen werden, wobei ein Minimalabstand von 2,5 m nicht unterschritten werden darf.

Mit einer minimalen Signallaufgeschwindigkeit von 0,77c ergibt sich eine Laufzeitverzögerung von höchstens 2165 ns. Ein AUI-Kabel darf höchstens 50 m lang werden; bei einer minimalen Signalgeschwindigkeit von 0,65c ergibt sich hier eine maximale Laufzeitverzögerung von 257 ns. Zwischen zwei Stationen dürfen höchstens fünf Segmente und vier *Repeater* liegen, die "eigenen" Segmente eingeschlossen;

von den Segmenten dürfen allerdings nur drei Segmente Koaxialsegmente sein. Die anderen Segmente ergeben sich aus den max. 1000 m langen Punkt-zu-Punkt-Verbindungen zwischen den *Remote* Repeatern. So ist also die maximale Entfernung zwischen zwei Stationen 2500 m. 10Base-5-Systeme besitzen eine *LLC*, DIX V.2-Systeme nicht. Außerdem gibt es Unterschiede in der elektrischen Signalisierung. Das führt dazu, daß 10Base-5 und V.2-Stationen zwar am selben *Kabel* koexistieren, sich aber gegenseitig keine Nachrichten zuschikken können.

Im Rahmen von *IEEE* wurde eine Gruppe *IEEE* 802.8 mit Überlegungen und Festlegungen zum Thema fiber optic media beauftragt. Die Untergruppe *IEEE* 802.8a befaßt sich in diesem Rahmen mit *CSMA/CD*-LANs. Grundsätzlich hat man fünf Alternativen diskutiert, nämlich aktive Ringe, passive *Sternkoppler* und aktive *Sternkoppler* mit jeweils synchroner oder asynchroner *Übertragung*. Obwohl interne Abstimmungsergebnisse deutlich den aktiven optischen Sternkopplern (*IEEE* 802.3 10Base-FA) den Vorzug gaben, gibt es auch einen *Standard* für passive optische *Sternkoppler* (*IEEE* 802.3 10Base-FP).

IEEE 802.3 10Base-F

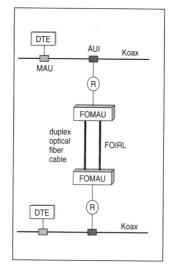

Der passive *Sternkoppler* unterscheidet sich vom aktiven unter anderem dadurch, daß *Medium* und *Sternkoppler* vollständig passiv, keine Abstrahlung und keine Stromversorgung haben. Die Entfernungen zwischen FOMAU/fiber optic medium access unit und *Sternkoppler* können bis zu 500 m betragen; eine Unterstützung von 1024 Ethernet-Knoten in einem *Netzwerk*, ohne Einschränkung für gemischte Netzwerke mit nicht optischen Segmenten ist möglich. *Sternkoppler* sollten zwischen 2 und 33 Ports haben und die Zuverlässigkeit sollte größer oder gleich der von 10Base-5 sein.

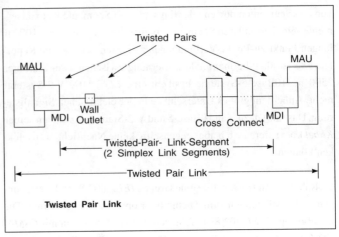

Twisted Pair Link

IEEE 802.3 10Base-T

10Base-T ist der Teil des 802.3-Standards, der den Einsatz einer sternförmigen *Verkabelungsstruktur* auch für Ethernet-artige Systeme erlaubt. 10Base-T spezifiziert ein *CSMA*/CD-Netz mit 10 Mbit/s auf *UTP*. Der "Bus" konzentriert sich in einer repeater unit (*Hub*). Alle Stationen sind mit diesem *Hub* über Vierdraht-UTP verbunden.

Die max. Entfernung zwischen zwei MAUs ohne Zwischenverstärker wurde auf 100 m festgelegt, wobei der HUB ebenfalls eine Ansammlung von MAUs darstellt, die über den internen Bus des HUBs zusammengeschaltet werden. In diesen 100 m sind allerdings Wandsteckdosen und Rangierverteiler sowie die Entfernungen, z.B. zwischen Endgeräten und Steckdosen, inbegriffen.

IEEE 802.3 100Base-VG

Die Erweiterung des Ethernet-Standards selbst stellt eine gewisse Überraschung dar. Ende 1992 stellten HP und AT&T ein LAN-System vor, das mit 100 Mbit/s in Basisbandübertragung auf gewöhnlichen unabgeschirmten Kupferleitungen von relativ niedriger Qualität arbeiten können soll, daher der Name 100Base VG (VG steht für voice grade). Anfang 1993 wurde diese Technik bei *IEEE* eingereicht. 100Base-VG sieht wie 10Base-T oder *Token* Ring eine sternförmige Verkabelung der Endgeräte vor.

Als *Kabel* soll ein voice-grade-Kabel nach *EIA*/TIA Level 3 genügen; dies ist ein UTP-Kabel mit einfachem Gesamtschirm, aber ohne Abschirmnug der einzelnen Adern oder Paare. Dabei sollen die Störstrahlbestimmungen der Klasse B des FCC und sogar die strengeren europäischen Vorschriften eingehalten werden. 100Base-VG sieht die Datenübertragung über vier Paare, also zwei UTP-Kabel, vor. Außerdem hat eine Station zu einem Verteilerpunkt in völligem Gegensatz zu allen anderen LANs nur eine Halbduplexverbindung, die kann entweder empfangen oder senden. Die vier Paare werden also jeweils nur in einer Richtung benutzt. 100Base-VG sieht analog eine 5B/6B-Codierung vor, also fünf Informationsbits in einem 6-Bit-Signalsegment. Die maximale Entfernung zwischen *Endgerät* und *Hub* wird auf 100 m festgelegt. Als Zugriffsverfahren verwendet man bei 100Base-VG zentrales *Polling*. Eine Station darf nur dann senden, wenn sie vom zentralen *Hub* (nach ihrem Wunsch) dazu aufgefordert wurde. Dies bedeutet, daß der *Hub* die einzige Schaltstelle ist, und die bei LANs üblicherweise geforderte Dezentralisierung der Steuerungsalgorithmen nicht mehr gegeben ist. Mit den anderen 802.3-Systemen hat 100Base-VG nur noch das *Paketformat* und die *LLC* gemein.

Im *Standard IEEE* 802.3 10Broad-36 findet ein 75-Ohm-Breitband-Koaxialkabel aus der CATV-Technik Verwendung. Neben Einkabelsystemen mit Midsplit- oder Highsplit-Technik mit einem Frequenz-Offset von 192,25 oder 156,25 MHz werden auch Zweikabelsysteme unterstützt. Die *Topologie* ist ein unregelmäßiger Baum, dessen *Wurzel* die Breitbandkopfstation (head end) ist. Durch die *Verstärkung* in der Kopfstation kann eine maximale Entfernung von 3600 m zwischen zwei Stationen liegen. Der *Standard* läßt die AUI-Schnittstelle unverändert. Im Rahmen der Breitbandtechnik werden ein Hin- und ein Rückkanal benötigt. Eine *IEEE* 802.3 10Broad-36 *MAU* benötigt eine *Bandbreite* von 18 MHz in jeder Richtung, zusammen also 36 MHz. Pro Richtung werden 14 MHz für die *Übertragung* des eigentlichen Signals und 4 MHz für die Signalisierung benutzt.

IEEE 802.3 10Broad-36

Der *Token Bus* (*IEEE* 802.4/*ISO* 8802.4) wurde in *Verbindung* mit *MAP* bekannt, ist aber von geringer Bedeutung. Es handelt sich um ein Breitbandsystem mit AM/PSK-Modulation. Dieses CATV-kompatible System benutzt eine Modulatinsart, bei der der Träger sowohl in der *Amplitude* als auch in der Phase verändert wird, so daß mehr *Information* übertragen werden kann. Durch eine duobinäre Vorcodierung mit fünf Amlitudenleveln ist es möglich, eine *Datenrate* von

IEEE 802.4

I

10 Mbit/s auf 6-MHz-Kanälen zu realisieren. Standardübertragungsraten sind 1,544 Mbit/s auf einem 4- oder einem 6-MHz-Kanal, 5 und 10 Mbit/s auf einem 6-MHz-Kanal und 10 oder 20 Mbit/s auf einem 12-MHz-Kanal.

IEEE 802.5 — *IEEE* definiert den *IEEE* 802.5/*ISO* 8802.5-Standard für *Token Ring* als ein Basisbandübertragungssystem auf *STP* mit Datenraten von 1 und 4 Mbit/s sowie auf *Koaxialkabel* mit 4, 20 und 40 Mbit/s. IBM unterstützt das standardisierte Verfahren mit 4 Mbit/s und eine eigene Variante mit 16 Mbit/s auf einer Mischung von *STP* und fiber optic. Erst eine Ergänzung des IEEE-Standards vom November 1988 hat die 4/16 Mbit/s-Operation, *LLC* Typ 3-Unterstützung, early token release, station management und management *entity* specification erfaßt. Weitere aktuelle Drafts, die jedoch für den Anwender bis zur endgültigen Verabschiedung keinerlei Bedeutung haben, betreffen voice grade media (*UTP*), reconfiguration, mutiple rings, conformance testing und fiber optic.

IEN
internet engineering notes
Eine Reihe von Aufzeichnungen und Anmerkungen, die *parallel* zu RFC (*request* for comment) entwickelt wurden und über das ganze *Internet* vom network information center (NIC) her verfügbar sind. IEN enthält viele frühe Gedanken über TCP/*IP* und das *Internet*.

IESG
internet engineering steering group
Ein Komitee, bestehend aus dem IETF-Vorsitzenden und sechs Bereichsleitern. Das IESG koordiniert Aktivitäten zwischen den einzelnen IETF-Arbeitsgruppen (working groups).

IETF
internet engineering task force
Eine Interessengemeinschaft, die sich mit kurz- und mittelfristigen Problemen des TCP/*IP* und des zugehörigen Internets befassen. Die IETF ist in sechs Bereiche unterteilt, die wiederum in Untergruppen aufgeteilt sind.

IFIP
international federation of information
Internationaler Verband für *Datenverarbeitung*, 1961 gegründet, mit Sitz in Genf. Vorwiegend auf wissenschaftliche Daten- verarbeitung gerichtet. Es gibt ca. 40 nationale Mitglieds- verbände. Ihr gehören u.a. die AFIPS (American Federation of *Information* Processing Societies) und die russische Akademie der Wissenschaften an. IFIP

I

hat, wie andere auch, Technische Kommitees und Arbeitsgruppen und hält Kongresse ab.

Eine Gattungsbezeichnung, die man auf jedes *Protokoll* anwenden kann, das Informationen über *Wegewahl* und Erreichbarkeit in einem autonomen System verbreitet. Obwohl es keinen einzigen *Standard* zu IGP gibt, ist RIP (routing information protocol) das populärste.

IGP
interior gateway protocol

Früherer Name der Paketvermittlungsstellen, die im Arpanet benutzt wurden. Später wurden die IMP's dann als Paketvermittlungsknoten (packet switching nodes) bezeichnet.

IMP
interface message processor

Scheinwiderstand eines elektronischen Vierpols (*Kabel*, *Repeater* usw.) Zu den passiven elektronischen Bauelementen gehören Widerstände, Induktivitäten und Kapazitäten.
Die Impedanz, auch Wellenwiderstand genannt, ist bei einem bestimmten *Kabel* konstruktiv durch die Abmaße vorgegeben, und muß für einen ordnungsgemäßen Betrieb an den Kabelenden mit einem ohmschen Widerstand, der die Größe der Kabelimpedanz hat, abgeschlossen werden.

Impedanz
impedance

Vom lateinischen "implere = erfüllen, ergänzen" abgeleitetes Wort. Es erfüllt dem Sinn nach vollständig das, was in Computernetzen damit gemeint ist, nämlich das Einfügen eines neu entwickelten Systems in ein bestehendes, das dadurch ergänzt wird.
  Mit einbezogen sind auch alle zusätzlichen Arbeitsgänge, die das ordnungsgemäße Funktionieren des zusätzlich eingebrachten mit dem bisher vorhandenen garantieren.

Implementierung
implementation

Begriff aus der Aussagenlogik (Boole'sche Algebra). Auch "wenndann-Funktion" genannt. Anschauliches Beispiel: Die Aussage: Wenn es regnet, wird die Straße naß. D.h. der zweite Teil der Aussage ist in der ersten enthalten.
Zu beachten ist, daß dieser logische Schluß nicht umkehrbar ist, wenn die Straße naß wird, muß es nicht unbedingt Regen sein. Die Implikation wird in der Datennetzkommunikation exorbitant häufig verwendet: Wenn ein *Frame* Check negativ ausfällt, dann muß das betreffen-

Implikation
implication

I

de *Datenpaket* neu angefordert werden; wenn im *Ethernet* eine *Kollision* auftritt, dann muß die Sendung unterbrochen und neu angefangen werden; wenn auf der Routing-Strecke ein Stau auftritt, dann muß ein *Ersatzleitweg* gefunden werden.

Importabilität Die Unmöglichkeit der Übertragbarkeit eines Programms von einem
importability Rechner auf einen anderen.

Das kann einerseits durch unterschiedliche Betriebssysteme auf den einzelnen Rechnern bedingt sein, andererseits auch in der *Architektur* (hardware) oder Speicherkonfiguration begründet sein, oder in sonstwelchen Inkompatibilitäten.

inband range Die Bezeichnung "inband" wird vornehmlich im Telefonbereich auf diejenigen Frequenzen angewendet, die sich im Sprachband befinden, also Frequenzen zwischen 300 *Hz* und 3400 *Hz*.

Indexpaste Um beim Einmessen von Lichtwellenleiterstrecken Fehlmessungen zu vermeiden, die durch einen ungewollten Luftspalt zwischen zwei Glasfaserenden einer Lichtwellenleitersteckverbindung eine nicht vorhandene *Dämpfung* vorgaukeln, wird zwischen die beiden Glasfaserenden eine Paste, die Indexpaste eingebracht, die *transparent* ist und denselben Brechungsindex hat wie die Glasfasern.

Indexprofil Siehe *Glasfasermoden*.

indirect store-and- Teilstreckenblockierung mehrerer *Netzknoten*, die Datenpakete für-
forward lockup einander haben, sie aber nicht loswerden können, weil keiner mehr freie Warteschlangenpufferkapazität hat. Siehe auch "direct store-and-forward lockup".

Inferenz Deduktive Schlußfolgerung. Wenn *Netzknoten* aus der von ihnen
inference überschaubaren Gesamtverkehrslage die adäquaten Aktivitäten einleiten, dann ist das inferentes Verhalten.

Information Informationen bilden im besonderen den Inhalt einer *Nachricht*, sie
information enthalten nicht deren irrelevante oder redundante Teile. Eine von Shannon und Wiener 1948 aufgestellte Theorie, deren Ziel

es war, die *Information* zu quantifizieren, was jedoch nur auf syntaktischer Ebene gelang. Die kleinste Einheit der *Information* ist das Bit, eine zweiwertige binäre Entscheidung.

Der Infrarotbereich erstreckt sich von 780 nm bis etwa 1 μm. Er wird aber nur in der Nähe des optischen Fensters nachrichtentechnisch genutzt. Die *Datenkommunikation* findet im Bereich von 650 nm bis 1600 nm statt. Nicht jede *Wellenlänge* des Infrarotbereichs ist gleich gut für die *Datenkommunikation* geeignet.Ganz allgemein kann man sagen, daß es eine Reihe von Ursachen wie z.B.kristalline Eigenschwingungen, gibt, die die Infrarotstrahlung mehr oder minder stark dämpfen.

Infrarote Strahlung
infrared radiation

Infrarotlicht kann auch ohne materiellen Träger, wie z.B. Glasfaserlichtwellenleiter, benutzt und frei in den Raum abgestrahlt werden. Diese Technik, die seit langem aus dem Heimbereich als Fernbedienungselement für die Unterhaltungselektronik bekannt ist, greift auch in der Datenkommunikationstechnik immer mehr Platz. Begonnen hat es offensichtlich mit den sogenannten schwanzlosen Mäusen, die ihre Informationen an den Computer anstatt über ein *Kabel* über eine immaterielle Infrarotverbindung ablieferten. Es folgte dann eine Infrarotverbindung von mehreren Computern an einen gemeinsamen, zentralen Drucker, beides übrigens Simplex-Verbindungen. Inzwischen gibt es auch schon Lokale Netze auf Infrarotbasis (s. *wireless LAN*), die auf einen Raum und etwa maximal 25 m Übertragungsstrecke begrenzt sind.

Infrarotlicht
infrared light

Kabel, die wegen ihrer Eigenschaften für die Außenverlegung nicht zugelassen sind. Das können z.B. *Kabel* sein, die nicht ausreichend zugfest, nicht feuchtigkeitsbeständig oder nicht gegen Nagetierfraß präpariert sind.

Inhouse-Kabel
inhouse cable

Inhouse-Netz ist der inzwischen veraltete Name für Lokale Netze. Er stammt noch aus der Zeit, als von Standards kaum die Rede war, und firmenspezifische Lösungen die Regel gewesen sind.

Inhouse-Netze
inhouse network

I

Dennoch waren schon damals erste Normungstendenzen erkennbar mit den unter *IEEE* 802.x veröffentlichten Spezifikationen.

Initialisierung
initialization

Die Initialisierung dient zur Steuerung des logischen Verbindungsaufbaus und kann gegebenenfalls auch zur Konfiguration einer Gegenstelle benutzt werden. Damit zwei Datenstationen miteinander kommunizieren können, müssen sich diese nach dem Einschalten gegenseitig anmelden. Dies gilt auch bei der *Kommunikation* zwischen *Endgerät* und Rechner bzw. zwischen *Datenendeinrichtung* (DEE) und Netzwerkanschluß an einem öffentlichen *Netzwerk*. Bei zeichenorientierten Prozeduren dienen dazu die *Steuerzeichen* ENQ und ACK, bei bitorientierten Prozeduren die Steuerrahmen SABM und UA. Mit dieser Prozedur wird neben der rein physikalischen *Verbindung* nun auch eine logische *Verbindung* hergestellt.

initiation agency

Begriff aus dem *JTM* (job transfer and management). Ein Prozeß oder eine Person, der oder die einen Arbeitsauftrag erteilt.

Inkompatibilität
incompatibility

Unverträglichkeit. Als inkompatibel werden Geräte oder Programme bezeichnet, zwischen denen eine Zusammenarbeit nicht möglich ist, weil Struktur, *Architektur* oder Organisation nicht zueinander passen.

Inkonsistenz
inconsistency

Inkonsistenz liegt vor, wenn Datenübertragungseinheiten in sich nicht mehr stimmig sind. Dabei wird unterschieden, ob Datenpakete formal inkonsistent sind, weil ihr Blockaufbau nicht den Vereinbarungen entspricht oder ob sie prozedural inkonsistent sind, weil bei der *Paritätsprüfung* durch die frame check sequence ein Fehler in den Nutzdaten festgestellt worden ist.

Inkrement
increment

Inkrementieren bedeutet jeweils um einen *Schritt* aufwärts zählen. Das Gegenteil ist dekrementieren, jeweils einen *Schritt* abwärts zählen. Bei Datennetzen und Computern werden die Inkremente häufig benutzt. Aus jedem Bereich ein Beispiel: Bei Computerprogrammen werden bei Schleifenkonstrukten die Schleifendurchläufe auf diese Weise gezählt. Beispiel aus der Datenkommunikationstechnik: In einem Paketvermittlungsknoten inkrementieren die in die Warteschlangen (queues) einlaufenden Datenpakete die Warteschlangen-

I

zähler, damit der Paketvermittlungsknoten (switching node) jederzeit weiß, wie voll die Warteschlangen sind, damit er Steuerungs- maßnahmen einleiten kann, um möglichst keine Datenpakete durch Verwurf zu verlieren.

Inmarsat *C* ist das weltweit kleinste mobile Zweiweg-Satelliten-Kommunikationssystem, das die Übermittlung und den Empfang von paketvermitteltem Text- und Datenmaterial zwischen festen und mobilen Netzen überall auf der Welt gestattet. Der *Dienst* ist seit 1991 weltweit verfügbar. Er wendet sich gleichermaßen an die Schiffahrt und den nicht-maritimen Bereich. So nutzen auch Presseagenturen die Möglichkeit, ihre weltweit verstreuten Korrespondenzbüros via Inmarsat mit den jeweiligen Zentralen zu verbinden und Presseberichte schnell abzusetzen. Es bestehen weltweite Verbindungen zu anderen Organisationen. Weitere *Dienste* sind geplant oder in Vorbereitung.

Inmarsat-C-Dienst

Spontan an einem *Eingang* eines Gerätes auftretendes Ereignis, auf das sofort reagiert werden muß, in der Regel mit einem Interupt des Prozessors und der Abarbeitung der zugehörigen Routine.

input event

Siehe *Einfügungsdämpfung*.

insertion loss

Siehe *DLCN*.

insertion ring

Sie umfasst das Überprüfen in angemessenen Zeiträumen, die sachkundige Pflege, das Beseitigen von Störungen, das Instandsetzen und das Überholen. Eine Beseitigung von Störungen von Fall zu Fall reicht zur Instandhaltung nicht aus.

Instandhaltung
maintenance

Siehe *entity*.

Instanz
entity

Natürliche Zahlen, d.h. ganze Zahlen ohne Nachkommastellen.

integer

Zur Integration von IS-IS (intermediate system to intermediate system) und TCP/*IP* OSPF (open short path first) wurde von Digital 1990 der RFC 1195 erarbeitet. Das *Protokoll* ist noch nicht verfügbar, aber es wird die beiden Welten immerhin zusammenbringen (daher der

integrated IS-IS

Name Dual IS-IS). Das IS-IS-Frame wird um einige Informationen erweitert, um IP-Kommunikation durchführen zu können. Die erreichte Integration geht allerdings auf Kosten von Optionsmöglichkeiten in OSPF. OSPF vergrößert zwar die Leistungfähigkeit und Funktionalität von TCP/IP-Netzen gegenüber RIP ganz erheblich, aber es bietet damit noch keine OSI-Kompatibilität und Funktionalität. Die Zielrichtung von Integrated IS-IS ist ganz offensichtlich, TCP/IP nach OSI zu migrieren.

Integriertes Management
integrated management

Heutige Management-Werkzeuge sind meist spezifisch implementiert und haben einen nur eingeschränkten Funtions- und Wirkungsbereich. Man unterscheidet grundsätzliche vier Methoden zur Schaffung eines integrierten Managements:
- eine universelle *Schnittstelle* zu einem standardisierten Manager, unmittelbar von allen Geräten oder Subnetzen aus;
- einen integrierten Manager (General Manager) mit einer einheitlichen *Schnittstelle* zu Elementmanagern, die ihrerseits genormte oder spezifischen Schnittstellen zu den Netzwerkelementen besitzen;
- ein Managementnetzwerk, bei dem die Elementmanager nicht nur mit einem integrierten Manager verbunden sind, sondern mit vielen und auch untereinander verbunden sein können;
- den Plattformansatz bei dem die Netzwerkelemente mittels unterschiedlicher Protokolle auf eine Multivendor-Netzwerkmanagement-Plattform zugreifen, die ihrerseits wiederum ein universelles *API*/Anwendungs-Programm-Interface bereitstellt, auf denen mormierte und herstellerspezifische Netzwerkmanagement-Anwendungen laufen können, gegebenenfalls sogar von Herstellern, die nichts mit den Netzwerkelementen zu tun haben.

Intelligenz, verteilte
distributed intelligence

Während früher Peripheriegeräte, wie Drucker, Diskettenlaufwerke, Plotter u.ä. völlig abhängig vom Computer waren und durch ihn gesteuert wurden, sind diese Geräte heutzutage mit eigenen Mikrocomputersystemen ausgestattet, die alle zum Betrieb notwendigen Arbeitsgänge managen und verwalten.
 Der Computer erzeugt die Übergabemechanismen z.B. bei Druckern das Handshaking. Dadurch wird der Datenverkehr zwischen den Geräten klein gehalten und den recht unterschiedlichen Verarbei-

I

tungsgeschwindigkeiten dieser Geräte Rechnung getragen. Da jedes dieser Geräte durch einen speziellen Computer gesteuert wird, spricht man von "verteilter Intelligenz".

Interaktiv in der *Datenverarbeitung* heißt: zwischen den Teilnehmern kann ein *Dialog* stattfinden und nicht nur ein Austausch von Dateien.

Interaktiv
interactive

Begriff betrifft das OSI-Referenzmodell. Dies ist die *Information* an einem *Dienstzugangspunkt* mit der eine einzige Interaktion übermittelt wird. Die Schnittstellen-Dateneinheiten können sowohl Schnittstellen-Steuerinformation und/oder *Dienst-Dateneinheiten* enthalten.

interface data unit

S. *Schnittstelle*.

Interface

Eine Signalbeeinträchtigung, die durch Wechselwirkungen mit einem unerwünschten, benachbarten *Signal* entsteht. Interferenzen wirken sich besonders bei *FDM* und Mobilfunkübertragungen aus, sie können aber auch beim *Ethernet* verheerende Folgen haben, wenn jemand einen der Abschlußwiderstände entfernt, weil dann das *Signal* mit sich selbst interferiert und weite Teile seiner *Daten* zerstört.

Interferenz
interference

Siehe *IGP*.

interior gateway protocol

Ein intermediate system verknüpft Subnetze unterschiedlicher Technologien auf OSI-Schicht 3. Ein Beispiel ist die Kopplung von *CSMA/CD*-LANs mit einem *X.25*-WAN.
Auf diese Weise können Subnetze verschiedenen Typs, sowohl im LAN- als auch im WAN-Bereich, zu einem einheitlichen globalen Netz verbunden werden. Intermediate sytems umfassen nur die Protokoll-Schichten 1 bis 3 im Unterschied zu Endsystemen, die die volle OSI-Schichtung 1 bis 7 besitzen. Siehe auch *Router*.

intermediate system

I

Intermodulations- Als Intermodulationsstörungen werden solche Signale bezeichnet, die
störungen unerwünscht als Summen- oder Differenzfrequenzen zweier Nutzsi-
intermodulation gnale auftreten, sowie Frequenzen, die sich aus der Grundwelle der
distortion einen mit einer Oberwelle der anderen gebildet haben, sowie auch
Kombinationen aus Oberwellen jeder Ordnung.

Internet Netzverbund von einer Vielzahl von Ethernet-Netzen. Ein im Zusammenhang mit dem transmission control protocol TCP sowie mit dem xerox network system *XNS* vorkommender Begriff, der die Gesamtheit aller Protokolle, in die die Netzwerk- und *Transportschicht* implementiert sind, bezeichnet. Internet bezieht sich auf alle angeschlossenen Lokalen Netze.

Die Spezifikation der Internet-Transportprotokolle trennt die verschiedenen Transport- und Netzwerkfunktionen.

internet control Das *ICMP* (internet control message protocol) ermöglicht Routern,
message protocol Fehler und Fehlerursachen anderen Routern oder Endsystemen mitzuteilen.

Es ist hauptsächlich für eine Fehlerbehandlung zwischen *Router* und Endstation konzipiert, jedoch auch zwischen Routern einsetzbar. *ICMP* ist wie *IP* auf Schicht 3 des OSI-Modells angesiedelt. ICMP-Nachrichten werden genau wie Datenpakete als IP-Pakete, d.h. auf der Basis des Internet-Dienstes (*Datagramm*) befördert, es gibt also keine Kontrolle über die tatsächliche Ankunft einer ICMP-Nachricht.

Internet-Protokoll Die Aufgabe des internet protocols (*IP*, Ebene 3) besteht darin,
internet protocol Datenpakete von einem Sender über mehrere Netze hinweg zu einem *Empfänger* zu transportieren. Die Datenpakete (hier Datagramme genannt) werden vom *IP* als voneinander unabhängige (auch bei identischen Sendern und Empfängern) Datenpakete transportiert. *IP* garantiert weder die Einhaltung einer bestimmten Reihenfolge noch eine Ablieferung beim *Empfänger* (d.h. Datagramme können z.B. wegen Netzüberlastung verloren gehen). Empfangsquittungen gibt es auf IP-Ebene nicht.

Es existieren verschiedene Internet-Protokolle, die jeweils in Zusammenhang mit einer ganzen Protokollfamilie entstanden sind. Die bekanntesten davon sind das Datagramm-orientierte Internet-Protokoll *IP* der TCP/IP-Familie; das IDP (internet datagram protocol) von Xerox aus der XNS-Familie; das von der OSI standardisierte *Protokoll* ISO-IP sowie das IPX (inter packet exchange) von Novell.

Die Internet-Architektur ist in drei aufeinander aufbauenden Blöcken konzipiert: erstens ein *Datagrammdienst* auf Netzwerkebene, zweitens ein sicherer Transportdienst mit entsprechenden Fehlerbehebungsmechanismen und Paketbestätigungen, drittens die Anwendungsdienste (Anwendungsschichten) Filetransfer, Virtuelles Terminal und Mail. Da auf *Transportschicht* mit hochsicherer Funktionalität gearbeitet wird, ist dies auf Netzwerkschicht bewußt unterlassen worden: hier wird ein relativ einfacher *Datagrammdienst* benutzt. *Fragmentierung* und Reassemblierung (Aufteilung von Paketen und die entsprechende Wiederzusammensetzung) werden unterstützt. Die Reassemblierung wird jedoch nicht in jedem *Router*, sondern erst in der Zielstation durchgeführt. Als minimale Paketgröße unterstützt eine Internet-Implementierung 576 *Byte*.

Internet-Architektur
internet architecture

Der Begriff Internetworking bezeichnet den Zusammenschluß von Rechnernetzen. Ein solches *Netzwerk* besteht aus einer Anzahl geographisch verteilter Recheneinheiten, die durch ein *Übertragungsmedium* miteinander verbunden sind und gemeinsam ihren Benutzern einen *Dienst* zur Verfügung stellen. Das vermehrte Zusammenwachsen von LANs mit häufig verschiedenen Protokollwelten erfordert flexible und leistungsstarke Koppelelemente. *Repeater*, Brücken, *Router* und Gateways sind die entscheidenden Komponenten des Internetworking.

Internetworking

Die Fähigkeit eines Gerätes, bei vergleichbarer Systemumgebung in einem Netz mit anderen Geräten des selben Standards sinnvoll kommunizieren zu können. Dabei sollte es keine Rolle spielen, daß die Geräte von verschiedenen Herstellern stammen. Der Begriff repräsentiert das Ziel des *Internetworking* besonders dadurch, daß eine abstrakte, hardwareunabhängige Netzwerkumgebung geschaffen wird. Diese ermöglicht es, Computer über die Netzwerkschicht miteinander zu verbinden, so daß die Zusammenarbeit möglich ist, ohne daß die Beteiligten wissen, welche Technik den benutzten Geräten zugrundeliegt.

Interoperabilität
interoperability

I

Interpak Basierend auf Infonet, an dem die DBP Telekom als Partner beteiligt ist, werden weltweite *Mehrwertdienste* auf der Basis von *X*.25 angeboten.Der Vorteil liegt in der Unterstützung von normierten Protokollen und Industriestandards, sowie dem weltweiten Netzmanagement. Über 100 Länder werden erreicht. Unterstützt werden die Standards: *X*.3, *X*.25, *X*.28, *X*.29, *X*.75, *X*.400, IBM 2780/3780 *BSC*, IBM 3270 *BSC* und IBM *SNA/SDLC*.

interpersonal messaging service Von der *CCITT* initierter *Dienst* für *MHS* (message handling system), auf dem user agent layer (*UAL*) aufsetzend.

Interpreter Softwareprogramm zur Übersetzung von z.B. BASIC-Programmen in die Maschinensprache (object code) des betreffenden Prozessors. Interpreter übersetzen jeden in der *Hochsprache* gegebenen *Befehl* einzeln in den Maschinencode, und lassen ihn unmittelbar danach ausführen,im Gegensatz zu Compilern, die erst das gesamte, in einer *Hochsprache* wie z.B. *C++*, PASCAL, FORTRAN oder *Ada* geschriebene *Programm* zunächst in die Maschinensprache übertragen, bevor es zur Ausführung kommt.
Durch diese Verfahrensweise sind interpretierte Sprachen außerordentlich langsam, es gibt daher nur wenige, die bekannteste ist *BASIC*. Auch ausgesprochene Interpretersprachen wie *BASIC* sind compilierbar, nur wird davon selten Gebrauch gemacht. Einen Vorteil allerdings haben Interpreter: Programme können außerordentlich leicht verändert oder ergänzt werden, der Erfolg ist sofort überprüfbar, sie verführen allerdings auch zu unstrukturiertem Programmieren (Spaghetti-Code), weshalb sie auch aus diesem Grunde für große Programme schlecht geeignet sind.

interrupt Unterbrechung des laufenden Programms eines Prozessors, zugunsten eines dringenderen Progamms. Bei Auftreten eines interupts, der in der Regel zunächst angefordert werden muß, rettet der Prozessor alle für die Weiterarbeit am laufenden *Programm* notwendigen *Daten* in einen speziellen Speicherbereich, den "stack". Nach dem Abarbeiten der Interupt-Routine setzt dann der Prozessor das laufende *Programm* fort. Unterschiedsbetrag einer Laufvariablen bei der Schleifenabarbeitung in einem *Programm*.

I

Intrusion

Jedes Eindringen in fremde Datenbestände, sei es körperlich, indem Räume betreten werden um an die dort aufbewahrten Datenbestände heranzukommen, sei es über Datennetzleitungen, evtl. unter Umgehung des Paßwortschutzes oder anderer Sicherungsmaßnahmen, ist eine Intrusion. Intrusionen, auch versuchte, sind datenschutzrechtlich und strafrechtlich relevant.

IP
internet protocol

Siehe *Internet-Protokoll*.

IP-Adresse
IP address

Die 32-Bit-Adresse, die den Hosts zugewiesen worden ist, die am TCP/IP teilnehmen wollen. IP-Adressen sind die Abstraktion der physikalischen Hardwareadressen, wie ein *Internet* die Abstraktion eines physikalischen Netzwerks ist. So besteht die *Adresse* eines Hosts aus einem Netzwerkteil und einem Hostteil. Die Aufteilung macht das Routing effektiv.

Iridium

Für die kommenden Jahre in Aussicht genommenes Satelliten-Mobilfunknetz. Anstatt den Mobilfunk mit terrestrischen Stationen zu bedienen, plant Motorola ein Satelliten-Netz mit 77 Satelliten in niedrigen Umlaufbahnen. Damit soll die Mobilkommunikation an und zu jedem Punkt der Erde möglich sein. Das dafür vorgesehene *Frequenzband* liegt zwischen 1610 MHz und 1626,5 MHz.

IS-IS-Protokoll

Siehe *Router-Terminologie*.

isarithmic

Eigenschaft von Verfahren zur *Flußkontrolle* in verzweigten Netzen. Das Prinzip beruht darauf, daß nur eine begrenzte Zahl von Datenpaketen unterwegs sein darf. Vor Aussenden eines Paketes ist eine "Genehmigung" einzuholen (permit). Die Anzahl der Genehmigungen ist begrenzt. Hat ein *Paket* sein Ziel erreicht, wird die Genehmigung wieder für ein anderes frei. Ein sehr umständliches, wenig effektives Verfahren.

ISDN
integrated services digital network

Das "diensteintegrierende Digitalnetz" soll aus dem *Fernsprechnetz* hervorgehen. Die *Digitalisierung* der Sprache erlaubt in Zukunft die gleichartige Behandlung von *Text, Daten* und Sprache. Es ist daher naheliegend, alle Fernmeldedienste, die heute noch über unterschiedliche Netze abgewickelt werden, in einem einheitlichen Digitalnetz zusammenzufassen. Mit dem Einsatz digitaler Fernsprechvermittlungen können Teilnehmer einen digitalen Teilnehmeranschluß erhalten. Damit stehen ihnen ein Steuerkanal (*D-Kanal* mit 16 kbit/s) und zwei Basiskanäle (B-Kanäle) mit je 64 kbit/s zur Verfügung.

Die digitale Telefonleitung kann eine Kapazität von 144 kbit/s (2B+D) bereitstellen. Das bedeutet, daß zwei *Dienste* gleichzeitig mit einer *Bitrate* von 64 kbit/s über eine *Leitung* bedient werden können. Neben dem *Basisanschluß* gibt es noch den *Primärmultiplexanschluß*; dieser bsteht aus 30 B-Kanälen und einem *D-Kanal* (64 kbit/s) und stellt eine *Übertragungsgeschwindigkeit* von 1,920 Mbit/s zur Verfügung. Viele europäische Länder verwenden die Variante mit 2,048 Mbit/s, die auch als E1-System bezeichnet wird. In Amerika besteht der *Primärmultiplexanschluß* aus 23 B-Kanälen und einem *D-Kanal*, was einer Nutzdatenrate von 1,544 Mbit/s entspricht. Über die Basiskanäle ist neben *Fernsprechen* auch Text-, Daten- oder Faksimile-Übertragung möglich (Mischkommunikation).

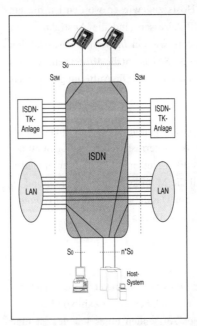

ISDN ist ein leitungsvermitteltes Netz für das CCITT-Empfehlungen vorliegen. Einer der Nachteile von ISDN aus der Sicht der Datenübertragung ist die Beschränkung der Nutzdatenrate auf maximal 1920 kbit/s, sowie die synchrone Struktur der Übertragungskanäle, die keine dynamische Bandbreitenverteilung zuläßt. Daher wird ISDN auch in Zukunft hauptsächlich ein Sprachdienst sein. Einer der Hauptvorteile von ISDN ist andererseits die Tatsache, daß es ein internationaler *Standard* ist, für den es für die Basisschnittstelle weltweit nur eine einzige, und für die Primärmultiplexschnittstelle nur zwei Varianten gibt. Andererseits gibt es für das ISDN-Schicht-3-Protokoll eine Vielzahl von nationalen Varianten, die nicht miteinander *kompatibel* sind. So begann erst 1993 in Europa die Umstellung auf ein einheitliches ISDN-Protokoll, nämlich *Euro-ISDN*, sodaß dann zumindest in Europa das Konzept einer einheitlichen Bitstromschnittstelle realisiert sein wird.

Eine ISDN-Adresse setzt sich aus der internationalen ISDN-Rufnummer und einer optionalen *ISDN-Subadresse* zusammen.

ISDN-Adresse

Funktionsgruppe, die über eine standardisierte *Benutzer-Netzschnittstelle* verfügt und an den *Netzabschluß* angeschlossen werden kann.

ISDN-Endeinrichtung
ISDN local end

Die ISDN-Technik bietet verschiedene Schnittstellen für den Teilnehmer und den Netzbetreiber. Die bekannteste Teilnehmer-Schnittstelle ist die So-Schnittstelle für den *Anschluß* von ISDN-fähigen Endgeräten.

ISDN-Schnittstellen
ISDN interface

Die S_o-*Schnittstelle* stellt jedem *Endgerät* zwei Nutzkanäle, die B-Kanäle, mit jeweils 64 kbit/-Datenrate zur Verfügung. Desweiteren gehört zu der S_o-*Schnittstelle* der Steuerkanal, *D-Kanal*, mit 16 kbit/s. Die S_o-*Schnittstelle* ist eine 4-Draht-Schnittstelle.
Sie verfügt über eine Nettobitrate von 144 kbit/s; diese ergeben sich aus der Addition der Datenraten der B-Kanäle und des D-Kanals (64 + 64 + 16 kbit/s). Zu der Nettobitrate kommen noch Synchronisierinformationen hinzu, so daß sich die gesamte *Übertragungsrate* auf 192 kbit/s erhöht.
Diese *Datenrate* steht an der sog. Uk_o-*Schnittstelle* zur Verfügung. Die Uko-Schnittstelle wird beim Teilnehmer durch den *Netzabschluß* NT (network terminator) abgeschlossen. Für den *Anschluß* von ISDN-Endgeräten ist nach dem NT die Vierdraht-So-Schnittstelle vorgesehen. Neben diesen Schnittstellen gibt es noch die sehr einfach realisierte Ping-Pong-Schnittstelle Upo, die für den Einsatz im Bereich der Nebenstellenanlagen prädestiniert ist, weil dadurch vorhandene hausinterne Telefonverkabelungen für die ISDN-Kommunikation genutzt werden können. Die Upo-Schnittstelle ist zweiadrig, wird vom ZVEI unterstützt und soll auch über *ETSI* europäisch genormt werden.
Neben dem *ISDN-Basisanschluß* bietet die DBP Telekom für umfang-

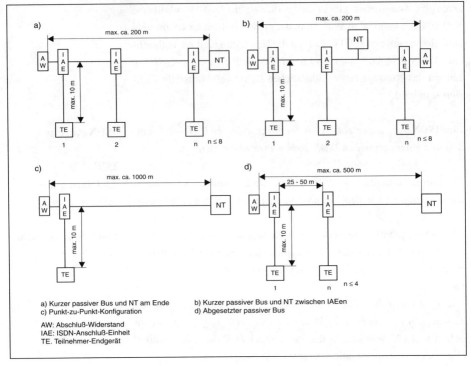

a) Kurzer passiver Bus und NT am Ende
b) Kurzer passiver Bus und NT zwischen IAEen
c) Punkt-zu-Punkt-Konfiguration
d) Abgesetzter passiver Bus

AW: Abschluß-Widerstand
IAE: ISDN-Anschluß-Einheit
TE: Teilnehmer-Endgerät

reichen Datenverkehr den sog. *Primärmultiplexanschluß*. Dieser *Anschluß* hat teilnehmerseitig die *S2M-Schnittstelle*. Die *S2M-Schnittstelle* besteht aus 30 B-Kanälen und einem *D-Kanal* als Steuerkanal. Alle Kanäle haben eine *Übertragungsrate* von 64 kbit/s. Über eine *S2M-Schnittstelle* lassen sich 30 Verbindungen realisieren; andererseits können über diese *Schnittstelle* auch Hochgeschwindigkeitsübertragungen mit bis zu 2 Mbit/s realisiert werden.

Die entsprechende *Schnittstelle* zwischen *Netzabschluß* und ISDN-Knoten wird bei *Primärmultiplexanschluß* mit Uk2M bezeichnet.

ISDN-Subadresse
ISDN subaddress

Optionale Ergänzung der *ISDN-Teilnehmer-Rufnummer* zur Auswahl einzelner Prozesse. Anmerkung: Die Subadresse wird vom Netz unverändert übermittelt.

ISDN-Teilnehmer-Rufnummer

Ziffernfolge zur Kennzeichnung eines ISDN-Teilnehmeranschlusses innerhalb eines Numerierungsbereiches. Wenn vorhanden, sind die

Landes-kennzahl	Nationale Kennzahl (Ortsnetzkennzahl)	ISDN-Teilnehmer Rufnummer	ISDN-Subadresse
	nationale ISDN-Rufnummer		
internationale ISDN-Rufnummer			
ISDN-Adresse			

Endgeräteauswahlziffern, bei Nebenstellen mit Durchwahl die Nebenstellennummern, Bestandteil der ISDN-Teilnehmer-Rufnummer.

Verbindung, deren Endpunkte im *ISDN* liegen. Endpunkte können sein: Benutzer-Netz-Schnittstellen, Schnittstellen zu anderen Netzen, Schnittstellen zu zentralen Einrichtungen im *ISDN*.

ISDN-Verbindung
ISDN connection

ISLAN-Technik verfolgt die Integration von *IEEE* 802 und ISDN-Protokollen. Damit wird die parallele Bearbeitung von *Daten*, Sprache und Video vom *PC* aus möglich.

ISLAN
integfrated services LAN

Diese Funktion sollte ohne eine Veränderung der jetzigen Netz-Infrastruktur möglich werden. Deshalb ist in dieser *Norm* die Benutzung existierender Leitungen (twisted pair) vorgesehen. Die Übertragungsraten sind je nach der zu überbrückenden Entfernung unterschiedlich: 4,096 Mbit/s bis 450 m oder 20,48 Mbit/s bis 135 m.

Es werden, wie das für *Daten*, Sprache und Video notwendig ist, isochrone und asynchrone *Dienste* angeboten. Die Normierung wurde im *IEEE* 802.9 Arbeitskreis im Jahre 1987 begonnen und hat heute mit dem Draft 19 einen stabilen Stand erreicht, so daß erste Implementierungen am Markt erscheinen. Die *Norm* stellt dem Benutzer eine Anzahl von Kanälen zur Verfügung, die er für seine Anwendungen benutzen kann:

- Der P-Kanal (packet-channel) stellt dem Anwender einen MAC-layer-service nach *IEEE* 802 zur Verfügung. Es handelt sich um einen Full-Duplex-Kanal, der optional auch für den Verbindunsgaufbau nach *CCITT* Q.93x gebraucht werden kann. Man spricht in diesem Falle vom PD-Kanal.
- Der *D-Kanal* ist wie im *ISDN* für den Verbindungsaufbau nach den Q.93x Protokollen zuständig. Er hat eine *Übertragungsrate* von 16 oder 64 kbit/s. Die *Übertragung* erfolgt in Full-Duplex-Mode und ist paketorientiert.

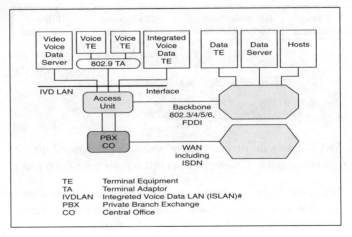

- B-Kanal: Weiterhin werden zwei 64 kbit/s Kanäle für die Verwendung als Sprachkanäle (isochrone Kanäle) angeboten.
- C-Kanal: Es existieren eine Anzahl von C-Kanälen (circuit switched), die jeweils eine *Übertragungsrate* von einem Vielfachen von 64 kbit/s aufweisen können und bis 1,920 Mbit/s reichen. In der ISLAN-Technik werden die Endgeräte über sogenannte access units an die unterschiedlichen Netze gekoppelt. Diese access units haben dafür zu sorgen, daß der jeweilige *Kanal* mit der entsprechenden Dienstqualität bedient wird.

Damit diese Konfigurationen möglich werden, ist in dem Vorschlag *IEEE* 802.9 eine dreiteilige Protokollstruktur vorgeschlagen. Der P-Kanal stellt dabei den direkten Zugang zur *IEEE* 802.1 (logical link control/*LLC*) Schicht dar. Der *D-Kanal* wickelt das link access protocol D/*LAP* D ab, wie man es aus *ISDN* kennt.

ISO
Internatonal Standardization Organization

Internationaler Zusammenschluß aller Normungsausschüsse in der *Datenkommunikation*. Bekannt durch die Entwicklung des OSI-Referenzmodells (open systems interconnect). Das Deutsche Institut für Normung (*DIN*) ist Mitglied der ISO.

ISO/OSI-Referenzmodell

Das OSI-Referenzmodell der Internationalen Standardisierungs-Organisation/*ISO* wurde ab 1977 als Grundlage für die Bildung von Kommunikationsstandards entworfen. Ziel von OSI ist die *Kommunikation* in heterogener Umgebung, d.h. insbesondere auch zwischen

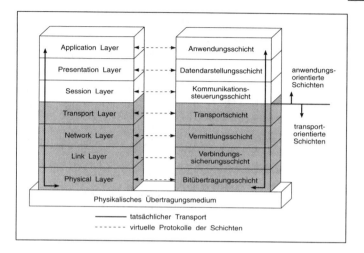

tatsächlicher Transport
------ virtuelle Protokolle der Schichten

verschiedenen Rechnerwelten, auf der Grundlage anwendungsunterstützender Grunddienste. Das bedeutet, daß man Standards schaffen möchte, die eine *Kommunikation* zwischen unterschiedlichen Endgeräten vom *PC* bis zum Superrechenr mittels ziemlich beliebiger Netze ermöglichen, sozusagen eine gemeinsame Sprache zwischen den Rechnern. Die anwendungsorientierten Grunddienste sind z.B. Dateiübertragung, Fernzugriff auf Dateien, Austausch elektronischer Post, Fernbeauftragung von Rechnern usf. Wenn man aber eine *Datei* von einem Rechner zum anbderen übertragen möchte, benötigt man neben den eigenlichen *Daten* strukturelle und prozedurale Zusatzinfomationen. Die *Kommunikation* wird im *ISO*/OSI-Referenzmodell durch eine Menge von Elementen oder Arbeitseinheiten realisiert, die , jede für sich, einen festen Platz und eine feste Aufgabenstellung haben. Die Realisierung dieser Elemente ist unterschiedlicher Natur in *Hardware*, Firmware und Software. Das Modell läßt es durchaus zu, daß zwei Elemente mit vergleichbaren Aufgaben auf verschiedenen Rechnern unterschiedlich implementiert sind, Hauptsache, sie tun nach außen hin dasselbe. Elemente mit vergleichbaren Funktionen auf gegebenenfalls unterschiedlichen Systemen werden in sogenannten Schichten angeordnet.

Jede Schicht beschreibt die Funktionen der Elemente in ihre in Form der an der Oberkante dieser Schicht bereitstehenden Operationen auf den Objekten der Schicht in Form von Wechselwirkungen zwischen

Elementen innerhalb der Schicht. Ein Element, welches Objekte realisert und Operationen auf diesen Objekten bereitstellt, wird als Arbeitseinheit (*entity*) bezeichnet. Im Rahmen der Definition der Referenzstruktur müssen demnach die - Aufteilung der *Architektur* in Schichten, - Aufteilung der Schichten in Arbeitseinheiten, - Kooperation der Arbeitseinheiten innerhalb einer Schicht, - Kooperation der Arbeitseinheiten in benachbarten Schichten und die -Kooperation der Arbeitseinheiten in gleichen Schichten verschiedener Systeme festgelegt werden.

ISO-OSI-Ref.		
Application	Anwendungsunterstützende Dienste Netz-Management	X.400 FTAM ...
Presentation	Umsetzung von Daten in Standardformate Interpretation dieser gemeinsamen Formate	ASN.1
Session	Prozeß-zu-Prozeß-Verbindung Prozeßsynchronisation	ISO 8326/27
Transport	logische Ende-zu-Ende-Verbindungen in Abstraktion der techn. Übertragungssysteme	ISO 8072/73
Network	Wegbestimmung im Netz: Routing Datenflußkontrolle	X.25 WAN
Data Link	logische Verbindungen mit Datenpaketen Elementare Fehlererkennungsmechanismen	X.25 ISO 8802 LAN
Physical	nachrichtentechnische Hilfsmittel für die Übertragung von Bits	X.25 WAN ISO 8802 LAN

Die *Schnittstelle* zwischen zwei Schichten ist von oben nach unten gesehen eine Auftraggeber/Auftragnehmer-Schnittstelle.

Eine Arbeitseinheit innerhalb einer Schicht leistet einen gewissen Service. Dabei kann sie Hilfsmittel benutzen, die ihr lokal zur Verfügung stehen oder die von einer Arbeitseinheit der nächstunteren Schicht wiederum in Form eines Services zur Verfügung gestellt werden.

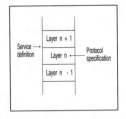

Neben dieser *Schnittstelle* ist außerdem die Einhaltung eines Regelwerkes im Zusammenhang mit gleichgestellten Arbeitseinheiten auf der entsprechenden Schicht an einer anderen physischen Stelle von Bedeutung. Ein solches Regelwerk nennt man *Protokoll*. Man hat für die Kommunikationsarchitektur sieben Schichten definiert.

Diese Schichten stellen jeweils den Rahmen für Standards dar und beschreiben vereinfacht und allgemein Objekte, Operationen, Arbeitseinheiten und Protokolle. Diese Beschreibungen werden dann in einzelnen Kommunikationsstandards für die einzelnen Schichten verfeinert.

Die unterste Schicht der Konstruktion ist die *Bitübertragungsschicht* (physical layer). In ihr werden die nachrichtentechnischen Hilfsmittel für die *Übertragung* definiert.

Die *Sicherungsschicht* (data link layer) abstrahiert bereits von den physikalischen Verbindungen und faßt Folgen von binären Informationen zu Datenpaketen zusammen, bzw. löst größere Einheiten, die von einer höher angeordneten Schicht kommen gegebenenfalls in kleinere Pakete auf, falls dies zweckmäßig erscheint. Die *Sicherungsschicht* betrachtet im wesentlichen Zweipunktverbindungen. Dies ändert sich in der *Vermittlungsschicht* (network layer), deren wichtigste Aufgabe das Routing, d.h. die Bestimmung eines optimalen Weges durch ein evtl. verzweigtes *Netzwerk* ist.
Die Schicht drei realisiert dabei eine Ende-zu-Ende-Verbindung zwischen zwei kommunizierenden Stationen. Sie sorgt dafür, daß ein *Paket* an der richtigen Stelle ankommt, egal, welche Wege es dabei über das verzweigte Netz genommen hat.
Die Protokolle der nächsten Schicht, *Transportschicht* (transport layer), haben Ende-zu-Ende-Charakter, weil sie eine *Verbindung* zwischen einzelnen Prozessen in verschiedenen Endsystemen realisieren. Sie beziehen sich unmittelbar auf logische Quellen und Senken von Informationen. Mit den Funktionen dieser Schicht wird der primär übertragungsorientierte Teil abgeschlossen.
Es wird somit der nächsthöheren Schicht fünf, der *Kommunikationssteuerungsschicht* (session layer), ein universeller Transportservice (Prozeß-zu-Prozeß-Verbindung) zur Verfügung gestellt. Eine *Sitzung* der *Kommunikationssteuerungsschicht* bezeichnet die logische *Verbindung* zwischen zwei Arbeitseinheiten der obersten Schicht. die miteinander kommunizieren. Haufptaufgabe dieser Schicht ist vor allem die Bereitstellung von Hilfsmitteln für die Synchronisation der an der *Kommunikation* beteiligten Prozesse.
Die *Darstellungsschicht* (presentation layer) liegt zwischen der Schicht fünf und der *Anwendungsschicht* und sorgt durch spezielle Services für eine Transformation der *Daten* auf ein vereinbartes Standardformat und für eine einheitliche Interpretation.
Die letzte Schicht ist die *Anwendungsschicht* (application layer) die den verteilt realisierten Anwendungen die logisch-kommunikationstechnische Unterstützung in Form bestimmter Services wie elecronic mail, file tranfer, virtuelles Terminal oder remote job entry anbietet.
Das Systemmanagement ist vertikal über alle Schichten verteilt, da es von jeder Schicht Informationen benötigt und die Möglichkeit haben

I

sollte, in jede Schicht eingreifen zu können. Das OSI/RM definiert Dienstnutzer (service user) und Dienstanbieter (service provider). Jede Schicht n ist Dienstanbieter für den Dienstnutzer der Schicht n+1. In der Terminologie der entities bedeutet dies, daß die Arbeitseinheiten der Schicht n *Dienste* realisieren, die durch Arbeitseinheiten der Schicht n+1 genutzt werden können. Ein *Dienst* wird durch den Zugriff auf Dienstnutzungspunkte (service access points/DAPs) erreicht. Jeder SAP hat seine eigene *Adresse* innerhalb der Grenzen einer Schicht. SAPs für die einzelnen Schichten werden mit einem Präfix gekennzeichnet, so z.B. SSAP/session service access point für eine SAP der *Kommunikationssteuerungsschicht*, TSAP/transport service access point für einen SAP der *Vermittlungsschicht* und LSAP/data link layer service access point für eine SAP der *Sicherungsschicht*.

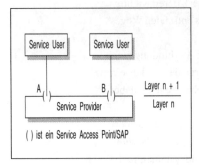

Eine Arbeitseinheit einer Schicht n kann einen oder mehrere SAPs mit Dienstleistung unterstützen. Gleichwohl können auch mehrere Arbeitseinheiten der Schicht n+1 auf einen SAP zugreifen. Die Protokollspezifikation für eine Schicht kann man auch als Mengen von Vereinbarungen zwischen den Arbeitseinheiten in einer Schicht auffassen.

isochrone Übertragung
isochronous transmission

Eine Übertragungsart, bei der immer eine ganze Zahl von Schritten zwischen zwei beliebigen Kennzeitpunkten liegt. Jedem Bit wird ein bestimmtes Zeitquantum zugeordnet, in dem es bei der *Übertragung* präsent ist. Sender und *Empfänger* sind sich über die Länge des Quantums einig.

Isochrones Format
isochronous format

Sonderform des asynchronen Formats. Die *Übertragung* der einzelnen *Zeichen* erfolgt mittels Start- und Stopbits, jedoch findet die *Übertragung* innerhalb eines fest vorgegebenen Zeitrasters statt. *ISO* spricht von einem Übertragungsvorgang, bei dem immer eine ganze Zahl von Schritten zwischen zwei beliebigen Kennzeitpunkten liegt. Hierbei handelt es sich um eine Sonderform des asynchronen Formats. Die *Übertragung* der einzelnen *Zeichen* erfolgt ebenfalls mittels der

Start- und Stopbits, jedoch findet die *Übertragung* innerhalb eines fest vorgegebenen Zeitrasters statt. *ISO* spricht von einem Übertragungsvorgang, bei dem immer eine ganze Zahl von Schritten zwischen zwei beliebigen Kennzeitpunkten liegt.

ISONET ist das Informationsnetz der *ISO*, das die Informationszentren der nationalen Normungsinstitute (in Deutschland das *DIN*) und das ISO-Zentralzentrum in Genf miteinander verbindet. Die Organisation ist dezentral.

ISONET

Die »International Telecommunication Union« wurde am 17.5.1865 in Paris von 20 Staaten gegründet und ist seit dem 15.10.1947 eine Unterorganisation der Vereinten Nationen (UN) mit dem Sitz in Genf. Im August 1993 beträgt die Mitgliederzahl 181. Die ITU ist eine weltweit tätige Organisation, in der Regierungen und der private Telekommunikationssektor den Aufbau und Betrieb von Telekommunikationsnetzen und -diensten koordinieren.

ITU
International Telecommunication Union

Die ITU trägt die Verantwortung für Regulierung, Standardisierung, Koordination und Entwicklung der internationalen *Telekommunikation* sowie für die Harmonisierung der nationalen politischen. Die Arbeiten wurden bisher in den 4 Kommittees BDT (Telecommunications Development Bureau), *CCIR*, *CCITT* und IFRB (International Frequency Registration Board) durchgeführt. Nach einer Strukturreform der ITU im Dezember 1992 tritt am 1.7.1994 einen neue Konstitution in Kraft. Die neue ITU-Struktur besteht aus 3 Sektoren (Büros), die jeweils von einem Direktor geleitet werden: radiocommunication (BR), telecommunication standardization (TSB) und telecommunication development (BDT). ITU/TS (telecommunications standards) werden ab dann die bisherigen CCITT-Empfehlungen ablösen.

In *Verbindung* mit der *Digitalisierung* der Sprachübertragung im Rahmen von *ISDN* haben mehrere Hersteller multifunktionale Sprach/Datenterminals entwickelt, die sich dadurch auszeichnen, daß sie eine Terminaltastatur, ein *Display*, eine Telefonwahl- und eine Sprecheinrichtung haben. Sie sind in der Regel für eine herstellerspezifische *PABX* entwickelt, können allerdings auch PABX-unabhängig sein.

IVDT
integrated voice/data terminal

J

Jam-Signal Wird beim *CSMA*/CD-Zugriffsverfahren eine *Kollision* entdeckt, so wird die *Übertragung* sofort abgebrochen und ein spezielles *Störsignal* (Jam-Signal) auf den *Kanal* geschickt. Nach Aussenden des Jam-Signals wird eine bestimmte Zeit gewartet bevor die *Übertragung* neu versucht wird.

Der sofortige *Abbruch* im Falle einer *Kollision* und das Senden des Jam-Signals verkürzen die verschenkte Zeit auf die Zeit der Kollisionsentdeckung. Dies ist besonders vorteilhaft bei langen Nachrichten. Die erste Station, die eine *Kollision* erkennt, sendet ein 4 bis 6 *Byte* langes Bitmuster (Jam-Signal). Die Länge dieses Störsignals liegt damit deutlich unter der kürzesten zugelassenen Ethernet-Paketlänge von 64 Bytes.

JES
job entry subsystem
Eine spezielle IBM-Software, die im *Host* residiert und Job-Kontrollfunktionen ausführt.

Jitter Mit Jitter bezeichnet man Phasenschwankungen und damit zeitliche Änderungen von Signalfrequenzen. Es handelt sich um Schwankungen von fixierten Zeitpunkten (z.B. der Zeitpunkt des Übergangs von einer Signalamplitude auf eine andere) eines Digitalsignals.

Job
job
Ein Satz von *Daten*, der vollständig eine Arbeitseinheit für einen Computer beschreibt. Normalerweise enthält der Job alle notwendigen Computerprogramme, Verzweigungen, Dateien und Anweisungen für das *Betriebssystem*.

Jobferneingabe
remote job entry
Auftrag für eine entfernte Dienststation (wie Rechner, Drucker). Die Eingabe von Jobs erfolgt über eine Eingabeeinheit, die über einen Übermittlungsabschnitt Zugriff auf einen Computer hat.

Joker
joker
Ersatzzeichen beim Aufruf von Dateien und Programmen, das es ermöglicht, z.B. mehrere Dateien mit ähnlich klingenden Namen gleichzeitig aufzurufen. Wenn es zum Beispiel die Dateien DATACOMA, DATACOMB, DATACOMC,...bis DATACOMZ gibt, lassen sich alle 26 Dateien mit DATACOM? aufrufen. Das Fragezeichen "?" ist also der "Joker". Es gibt noch eine andere Art von Ersatzzeichen, die "wildcard", im allgemeinen durch einen Stern (asterisk) darge-

stellt. Es steht für eine beliebige Zeichenkette. Der *Befehl* »*.*« z.B. ruft sämtliche Dateien eines Datenbestandes auf.

Job transfer and manipulation ist ein OSI-Protokoll der *Anwendungsschicht* und der *Standard* für den Transfer von Dokumenten zur verteilten Verarbeitung; die Verarbeitung selbst ist *transparent*. JTM ist sehr allgemein gefaßt, so daß ein *Dokument* ein beliebiger Autrag, und die Verarbeitungsinstanz alles sein kann, von einer Maschine bis zu einem menschlichen Bearbeiter.

JTM
job transfer and manipulation

Kontaktgabe zwischen zwei Punkten einer elektronischen Schaltung durch Stecken einer Kontaktbrücke. Dadurch können z.B. Speicherbereiche umgeschaltet oder bestimmte Betriebszustände festgelegt werden. Die Jumper sind meist mit einer Plastikschicht überzogen. Sie dient der elektrischen Isolation, um das Einbringen von elektrostatischen Überspannungen zu verhüten.

Jumper

Eine Bezeichnung für unverständliche Signale, speziell solche, die über einen Datenkommunikationskanal hereinkommen.

junk

Genaues Einrichten der Enden eines Lichtwellenleiters vor dem Spleißen. Die nach dem Prinzip des Biegekopplers in das eine Stück der zu verbindenden *Lichtwellenleiter* injizierten Strahlen werden aus dem Ende des anderen Lichtwellenleiters auf dieselbe Art entnommen und die beiden Enden mikrocomputergesteuert motorisch zweidimensional auf maximale Lichtausbeute justiert und damit auf geringste *Dämpfung* eingestellt.

Justierverfahren
alignment technique

K

k   Abkürzung für kilo (= 1000) in Maßeinheiten, z.B. km, kbit/s.

K   K repräsentiert immer einen Wert von 2^10, dies entspricht dem Dezimalwert 1024. Da Zahlenfolgen mit Basis 2 ausschließlich in der *Digitaltechnik* benutzt werden, gibt man Speichergrößen u.ä. im allgemeinen in K-Werten an; z.B. KByte.

Kabel   Ein Kabel ist eine Einrichtung zur *Übertragung* von Signalen über mittlere Entfernungen. Ein Kabel besteht aus einem oder mehreren Leitern, die voneinander isoliert von einer gemeinsamen Schutzhülle umgeben sind. Je nach Anordnung der Leiter unterscheidet man koaxial und symmetrisch aufgebaute Kabel.

Erstere bestehen aus einem Innenleiter, der konzentrisch vom *Dielektrikum* und der Außenabschirmung/en umgeben ist. Eine bekannte Sonderform des Koaxialkabels ist das auf zwei Innenleitern basierende *Twinax-Kabel*, das gerne von IBM verwendet wird. Bei den symmetrischen Kabeln sind mindestens zwei Innenleiter (ein Leitungspaar) vorhanden, die einzeln oder gemeinsam abgeschirmt sind. Bei den symmetrischen Kabeln mit verdrilltem Innenleiter unterscheidet man zwischen geschirmten verdrillten Kabeln (shielded twisted pair, *STP*) und ungeschirmten (unshielded twisted pair, *UTP*). Beide Kabeltypen sind in die Gruppe der Niederfrequenzkabel mit gewissen Entfernungsrestriktionen einzuordnen. Neben den Kabeln mit metallischen Leitern gibt es noch die Gruppe der *Lichtwellenleiter*, die dank ihrer geringen *Dämpfung* für große Entfernungsbereiche eingesetzt werden.

Bei der Lichtwellenleiterkabelherstellung entsteht eine *Glasfaser*, die aus zwei konzentrisch angeordneten Glasarten mit unterschiedlichem Brechungsindex besteht. Das Infrarotnutzsignal wird durch Totalreflexion an der Grenzschicht der beiden Glasarten in dem inneren Glas geführt. Dieses innere Glas ist der Kabelkern, die konzentrisch darum angeordnete Schicht heißt Kabelmantel.

Kabelkern
cable core

Kabelverluste basieren bei metallischen Leitern auf den ohmschen Widerständen der Leiter. Hinzu kommen die frequenzabhängigen Verluste, die mit steigender *Frequenz* zunehmen und kapazitive und

Kabelverlust
cable loss

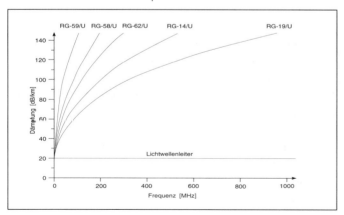

induktive Verluste auf der *Leitung* sowie durch den Skin-Effekt des Leiters selbst und die Verluste des Dielektrikums bedingt sind. Der Übertragungsverlust ist daher abhängig von der *Frequenz*, den Medien und der Kabellänge. Bei metallischen Leitern entstehen generell bei höheren Frequenzen größere Verluste als bei niedrigeren Frequen-

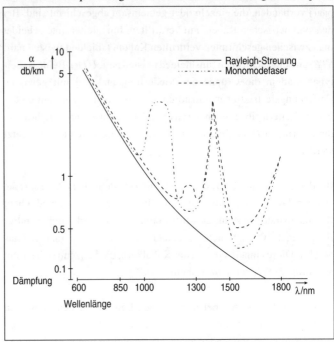

zen. Dies hat zur Folge, daß für Breitbandanwendungen qualitativ hochwertige *Kabel* mit geringeren Verlusten bei hohen Frequenzen benutzt werden. Verluste in metallischen Leitern sind immer proportional zur *Frequenz*; *Lichtwellenleiter* haben andere Verlustursachen, wie z.B. *Modendispersion*, Eigenschwingungen, außerdem gehen Materialeigenschaften und *Wellenlänge* des übertragenen Lichtes auf die Verluste ein.

Kanal Der Kommunikationsweg zwischen zwei Geräten, auf dem der *Daten-*
channel *austausch* stattfindet, auch physikalischer Kanal genannt. Teilbereich einer zur Verfügung stehenden Gesamtübertragungskapazität eines Breitbandübertragungssystems.

K

Kanal, logischer
logical channel

Die Anschlußleitungen von Datenpaket-Vermittlungen werden durch Zeitmultiplexverfahren (s. Multiplexverfahren) mehrfach ausgenutzt. Die Zuordnung zu den Datenquellen erfolgt nicht durch einen festen Zeitschlitz, sondern durch eine im *Datenblock* mitgeführte Adreßinformation. Die Datenblöcke mit gleicher *Adresse* gehören zu einem logischen *Kanal*.

Kanal, symmetrischer
symmetrical channel

Ein Netzparameter, der dazu benutzt wird, anzuzeigen, daß die Sende- wie die Empfangsrichtung der *Übertragung* die gleiche *Übertragungsgeschwindigkeit* haben.

Kanalanschluß
channel-attached

Der direkte *Anschluß* von Geräten an den Ein/Ausgangs-Kanal des Mainframe-Computers. Die Geräte werden in der Regel über ein *Kabel* direkt mit der *Steuereinheit* verbunden.

Kanalraster

Regelmäßige Einteilung eines für z.B. Bündel- oder Mobilfunk genutzten Frequenzbandes in gleich breite (z.B. 12,5 kHz) Kanäle.

Kanalverlängerung
channel extension

Kanalverlängerungen werden eingesetzt, um bei fast voller *Datenübertragungsgeschwindigkeit* Blockmultiplex-Kanäle von Rechnern über größere Entfernungen miteinander zu verbinden. Grundsätzlich kann man drei Einsatzbereiche für Kanalverlängerungen unterscheiden: den Inhouse-Bereich mit Entfernungen bis zu ca. 100 Metern über *Lichtwellenleiter* (*LwL*); den Campusbereich mit Entfernungen zwischen 2 und 7 km über *LwL* ; den überregionalen Bereich über öffentliche Netze.

Karn's algorithm

Ein *Algorithmus*, der es Transportprotokollen erlaubt, zwischen guten und schlechten round-trip-Zeiten zu unterscheiden. Unter einer round-trip-Zeit wird die Zeit verstanden, die ein *Datenpaket* braucht, um von einer *Datenstation* zu einer anderen und wieder zurück zu kommen. Auf diese Weise wird das Abschätzen der Verkehrslage sehr erleichtert. Begriff aus der TCP/IP-Welt.

Kaskadierung
cascading

Aneinanderreihung von Datenverbindungen, z.B. im *Ethernet* das Verbinden zweier Stationen über bis zu vier *Repeater*, aber auch das Verbinden von Stationen über mehrere Netze hinweg (internetworking).

K

Kennung Kennzeichnung eines Anschlusses (*Anschlußkennung*) einer *Daten-*
identification *station* (Stations- oder *Teilnehmerkennung*) oder eines Berechtigten (Berechtigungskennung) zum Zwecke der *Identifikation*. Es wird jeweils eine individuelle Zeichenfolge definiert.

Kennzeichen Deutsches Wort für "*flag*" (Flagge), das sich aber umgangssprachlich
flag nicht durchsetzen konnte. Flags (Kennzeichen) sind fast immer 1-Bit-Daten, die irgendeinen Zustand signalisieren. Es gibt aber auch flags, die aus mehreren Bits bestehen.

Kennzeichen-
umsetzer Siehe *KZU*.

Kermit Ein Kommunikationsprogramm, das die *Kommunikation* zwischen unterschiedlichen Typen von Computern erlaubt. Damit ist auch die Kopplung von *PC*'s, bzw. Workstations mit Großrechnern (mainframes) möglich. Kermit gehört zur public domain software und ist damit für Jedermann kostenlos zugänglich.

Kerndurchmesser Lichtwellenleiterkerndurchmesser. Gebräuchliche Kerndurchmesser
core diameter sind 5 µm, 9 µm, 10 µm, 50 µm, 62,5 µm, 100 µm, 200 µm, 400 µm und 980 µm bei Plastikfasern.

Kevlar Zugentlastungsmaterial bei Lichtwellenleiterkabeln.

Kippwinkel Bei mechanisch nicht präzise angepaßten Lichtwellenleitersteckverbindungen kann es zum "Wackeln" und damit Kippen des Steckers kommen, wodurch zwar die *Kommunikation* nicht unterbrochen wird, wohl aber, bei auch nur geringfügigem Kippen von einigen Winkelgraden, eine *Dämpfung* von bis zu einem halben *Dezibel* auftreten kann.

Kleinzellentechnik Besonderheit im Mobilfunk. Um die begrenzte Anzahl von Mobilfunkfrequenzen besser nutzen zu können, werden, vor allem in den Ballungsgebieten einer Großstadt, die Funkzellen verkleinert. Das geschieht durch Verminderung der Sendeleistung auf unter 10 Watt, so daß der Versorgungsbereich dann nur noch einen Durchmesser von 10 bis 20 km hat. Vorteilhaft ist, daß die gleiche *Frequenz* sehr viel öfter vergeben werden kann, nachteilig der hohe Organisationsaufwand beim hand-over.

Verknüpfungspunkt von Übertragungswegen. Ein Knoten kann ein *Controller*, ein Terminal, ein Drucker, ein Plattenlaufwerk, ein *Minicomputer*, ein *Gateway* oder eine andere Einrichtung sein. Eine andere Bezeichnung für Knoten ist "Station". Ein Knoten ist eine *Quelle* und eine Senke für *Daten*. Meist mit DCE und/oder mit *DTE* realisiert. Der Knoten ist dem DFV-Zugriffsprogramm mit einem symbolischem Namen bekannt. So ist z.B. in der IBM-SNA-Welt ein zentraler Knoten eine *CPU* mit *VTAM* und TCAM und Anwendungsprogrammen, ein local node entspricht einer IBM 3705-II local, ein remote node einer IBM 3705-II entfernt und ein cluster bzw. terminal node kann eine IBM 3790, 3770 oder 3270 sein. Knoten üben eigenständige Steuerfunktionen aus und unterstützen als Vermittlungseinrichtungen die Datenübertragung von unabhängig voneinander arbeitenden Terminals zu einer entfernten *Datenverarbeitungsanlage*.

Knoten
node

Anderes Wort für front end processor, auch Kommunikationsvorrechner genannt. Er entlastet den Großrechner (mainframe) von Routing-Aufgaben zu den Remote-Terminals.

Knotenrechner
communication controller

In SNA-Netzwerken handelt es sich um die Klassifizierung von Netzwerk-Einrichtungen basierend auf den Protokollen und der "Netzwerk-adressierbaren Einheit" (*NAU*), die sie unterstützen. Heute sind folgende physische *Knoten* definiert: PU4 communications controller Node DFÜ-Vorrechner zur Steuerung des Netzes. PU2.0 cluster controller node zur Steuerung des Terminals. PU1 terminal node PU2.1 low entry networking node faßt PU2.0 und PU1-Fähigkeiten zusammen, realisiert meist mit Steuerkomponenten SNCP (system node control point) auf PCs.

Knotentypen
node type

Elektrische *Leitung* zur *Datenübermittlung* in lokalen Netzwerken. Das *Kabel* besteht aus einem Innenleiter, dem Dielektikum, der äußeren metallischen *Abschirmung* und dem Kunststoffaußenmantel. Koaxialkabel ermöglichen Datenübertragungsraten bis hinauf zu einigen Gigabit und besitzen dank der äußeren Schirmung und dem

Koaxialkabel
coaxial cable

K

Außengeflecht eine wirkungsvolle *Abschirmung* gegen Fremdstörungen. Wichtige Kabelparameter sind die *Bandbreite* und die Einstreuung, die durch die Qualität und Mehrlagigkeit der äußeren *Abschirmung* bestimmt wird.

Kode
code

Auch "*Code*". Darstellung der Informationen in einer Form, in der sie vom Sender und vom *Empfänger* verstanden wird. Die Form wird durch eine eindeutige Vorschrift festgelegt.

Kodierer
coder

Ein Codeumsetzer mit mehreren Ein- und Ausgängen, bei dem immer nur einem *Eingang* ein *Signal* zugeführt wird, und bei dem jedes dieser Eingangssignale eine spezifische Kombination von Ausgangssignalen zur Folge hat.

kohärent
coherent

Als kohärent wird eine Licht- oder Infrarotstrahlung bezeichnet, bei der Wellen gleicher *Frequenz* in ein- und derselben Ebene schwingen.

Kohärenzlänge
coherence length

Jeder selbstleuchtende Körper, sei es nun, daß er sichtbares *Licht* aussendet oder Infrarotstrahlung, sendet Bündel von einzelnen Strahlen aus, die jeder für sich über eine gewisse Entfernung zusammenhängend bleiben, d.h. die Schwingungen folgen einander im gleichen Abstand und in der richtigen Phasenlage. Die Entfernung, bis zu der diese Bedingungen eingehalten werden, wird Kohärenzlänge genannt.

Koinzidenz
coincidence

Absolute Gleichzeitigkeit zweier oder mehrerer Ereignisse.

Kollision
collision

Von Kollision spricht man bei Netzen, die mit CSMA-Verfahren arbeiten, wenn zwei oder mehrere Stationen gleichzeitig eine *Übertragung* starten, die dann zwangsläufig aufeinander treffen. Dadurch werden die gesendeten *Daten* unbrauchbar, weil sie sich überlagern. Die Folge ist der *Abbruch* der *Übertragung* mit nachfolgender *Wiederholung*.

Kollisionserkennung
collision detection

Die Fähigkeit gleichzeitig gestartete Übertragungen mehrerer Netzteilnehmer, die an ein mehrfach genutztes *Medium* angeschlossen sind, zu erkennen. Siehe *CSMA*/CD.

K

Kollisionsverfahren
collision mode

Bei einem Kollisionsverfahren dürfen alle Stationen frei und ungeregelt *Daten* zur *Übertragung* starten. Senden zwei Stationen zur gleichen Zeit, kommt es zur Datenkollision. Die Rechner brechen die *Übertragung* ab und versuchen es nach dem Zufallsprinzip noch einmal. Wenn das Netz zu stark belastet ist, kann es zu größeren Verzögerungen kommen. *CSMA*/CD ist ein solches Kollisionsverfahren.

Kollisionsvermutung
collision assumption

Da in einem *Ethernet* auf der *Bitübertragungsschicht* und dem *Übertragungsmedium* keine anderen Fehler als frame-Kollisionen auftreten können, wird ein beim Abhören entdecktes verstümmeltes *Signal* eine Kollisionsvermutung (collision assumption) auslösen, und zu einem späteren Zeitpunkt müssen die betroffenen frames erneut gesendet werden.

Kommunikation
communication

Die Verständigung zwischen Menschen, Mensch und Maschine oder zwischen Maschinen. Die Kommunikation dient dem einseitigen oder wechselseitigen Austausch von Nachrichten in Form von Sprache, *Text*, Bildern oder *Daten*. Voraussetzung der Kommunikation sind Sender, *Empfänger* und eine gemeinsame Verständigungsweise ("Sprache"), bei der indirekten Kommunikation zudem ein Übertragungsweg (*Kanal*).

Kommunikation, asynchrone
asynchronous communication

Die *Kommunikation* ist von einem kontinuierlichen Zeittakt unabhängig. Natürlich geht es ohne Zeittakt zwischen Sender und *Empfänger* nicht ab. Jedoch werden Synchronisiermaßnahmen nach Bedarf vorgenommen, und man verläßt sich darauf, daß der Empfängerzeittakt nur in gewissen Zeitabständen synchronisiert werden muß und dazwischen *Frequenz* und Phasenlage beibehält. Die bekanntesten Synchronisiermethoden sind die Unterbringung der Synchroninformation in einer sogenannten Präambel, wie z.B. beim *Token* Bus, oder eine selbsttaktende *Codierung*, wie z.B. die *Manchester-Codierung*.

Kommunikation, interaktive

Die wechselseitige, aktive *Kommunikation* aller an einem Kommunikationsprozeß aktiv teilhabender Personen.

K

Kommunikation, offene
open systems interconnection

Als offene Kommunikationssysteme bezeichnet man eine Kombination von Netzwerkhardware sowie Netzwerk- und Systemsoftware in einer Menge vernetzter Geräte, die den freizügigen Informationsaustausch zwischen diesen Geräten auf der Basis gemeinsamer Protokollvereinbarungen und Schnittstellen unabhängig von der sonstigen Bauart und Ausstattung dieser Geräte erlaubt. Systeme, die einen Protokollstapel gemäß des *ISO/OSI-Referenzmodell*s implementieren, sind ein Beispiel hierfür.

Kommunikations-Server
communications server

In modernen Rechnersystemen verteilt man Aufgaben nach dem *Client-Server*-Konzept. Ein Kommunikations-Server ist entweder ein eigenständiger Rechner oder eine Sammlung von Hard- und Softwaremodulen innerhalb eines allgemeinen Systems. Er leistet für die angeschlossenen Clients Kommunikationsaufgaben im weitesten Sinne, von der Herstellung einfacher Verbindungen bis hin zur Verwaltung eines elektronischen Postamtes. Kommunikations-Server kommen auch in *Verbindung* mit der *PC-Host-Kopplung* vor. Hier realisieren sie den Übergang von LAN-spezifischen Protokollen zu den Protokollen der Host-Welt.

Kommunikationskanal

Jede physische oder logische *Verbindung* von Geräten in einem *Datennetz* ist ein *Kanal*.. Der englische Terminus lautet: communication channel.

Kommunikationsprozessor
central communication processor

In digitalen Kommunikationssystemen werden die Teilnehmer (Computer Terminals, Fernspracheinrichtungen) häufig nicht direkt, sondern mit Hilfe intelligenter Schnittstellen an das Netz geschaltet. Der CCP in solch einer *Schnittstelle* übernimmt sämtliche, das Kommunikationsnetz betreffende Aufgaben.

Kommunikationsrechner
communication controller

Ein Kommunikationsrechner ist ein front end prozessor (*FEP*) der die Verbindungen zwischen cluster controller und *Host* steuert. Historisch gesehen haben sich der Kommunikationsrechner aus den Hostsystemen entwickelt, indem die Funktionen der Netzwerksteuerung (Adreßverwaltung, Routing, Leitungsprozeduren) in eigene Rechnersysteme ("front ends") ausgelagert wurden. Auf Kommunikationsrechnern laufen normalerweise keine Anwendungsprogramme.

**Kommunikations-
steuerungsschicht**
session layer

Ebene 5 des ISO-Referenzmodells. Eine *Sitzung* der Sitzungsebene bezeichnet die logische *Verbindung* zwischen zwei Arbeitseinheiten der obersten Ebene, die miteinander kommunizieren. Eine *Sitzung* muß dann errichtet werden, wenn ein Anwenderprozeß eines Rechners mit einem Anwenderprozess eines anderen Rechners in *Verbindung* treten will.

Die Sitzungsebene ermittelt dann die *Adresse* der entsprechenden Sitzungs-Arbeitseinheit des Partnerrechners und fordert eine entsprechende *Verbindung* von der Transportebene an. Für die Steuerung der *Kommunikation* werden den Anwendungsprozessen *Dienste* bereitgestellt, die ihnen das Organisieren und Synchronisieren ihres Dialogs ermöglichen. Die *Dienste* sind in Funktionseinheiten zusammengefaßt und werden für den Sitzungsaufbau vereinbart. Von der *ISO* wird eine Zusammenfassung der Funktionseinheiten in drei Klassen vorgeschlagen: BCS (basic combined subset), BSS (basic synchronized subset) und BAS (basic activity subset).

Anwendungsschicht / Application Layer
Darstellungsschicht / Presentation Layer
Kommunikationssteuerungsschicht / Session Layer
Transportschicht / Transport Layer
Vermittlungsschicht / Network Layer
Sicherungsschicht / Link Layer
Bitübertragungsschicht / Physical Layer

Kompaktader
composite buffered fiber

Verbindung aus *Hohlader* und Vollader, wobei zwischen *Lichtwellenleiter* und Umhüllung eine Gleitschicht angeordnet sein kann.

Kompander
compander

Das Wort Kompander ist aus den Wörtern Kompressor und Expander zusammengesetzt und beschreibt eine Einrichtung, mit der Nachrichten vor der *Übertragung* wegen des begrenzten Dynamikbereichs der Übertragungsstrecke, auf der Sendeseite komprimiert und im *Empfänger* wieder zu expandiert werden.

Komparator
comparator

Einrichtung zur Überprüfung zweier Größen darauf, ob sie gleich sind, oder ob die eine kleiner oder größer ist als die andere.

K

kompatibel
compatible

Vereinbar, zusammenpassend, verträglich, widerspruchsfrei, austauschbar.

Kompatibilität
compatibility

Kompatibilität ist die Verträglichkeit, Zusammenschließbarkeit von unterschiedlichen Geräten und Systemen unterschiedlicher Hersteller. Sie ist eine der Hauptaufgaben der nationalen bzw. internationalen Standardisierungsbemühungen.

Kompression
compression

Mit Kompression werden alle die Verfahren bezeichnet, die das Ziel haben die Bitzahl zu reduzieren, die eine bestimmte *Information* repräsentiert. Dies gilt gleichermaßen für die Datenübertragung wie für die Datenspeicherung, wodurch *Bandbreite* und/oder Speicherplatz gespart werden. Bei der *Datenkompression* unterscheidet man Verfahren mit "echter" und "verlustbehafteter" Kompression. Bei dem erstgenannten Verfahren enthalten die dekomprimierten Dateien alle Informationen, die das "Original" auch vorher hatte: Die Dateien entsprechen nach der Dekomprimierung eins-zu-eins dem Original (typ. Progamm *GIF*). Die verlustbehafteten Komprimierungsverfahren nehmen bewußt einen Informationsverlust in Kauf (typ. Programme JPEG und MPEG). Für die Kompression und Dekompression werden mathematisch feststehende Schemata benutzt, die man als Algorithmen bezeichnet.

Konferenzschaltung
conference circuit

In eine von einem Terminal aufgebaute *Verbindung* können ein oder mehrere zusätzliche Terminals *parallel* aufgeschaltet werden. Die weiteren Terminals können dann nur die vom Rechner ankommenden *Daten* empfangen. Bei unterschiedlichen Terminalgeschwindigkeiten bestimmt das Terminal mit der niedrigsten *Datenrate* den Informationsfluß mit Hilfe der *Flußkontrolle*.

Konformitäts-prüfung
conformity test

Prüfung, ob ein Produkt die in den verabschiedeten EG-Normen festgelegten Anforderungen erfüllt oder nicht. Die Prüfung erfolgt entweder durch den Hersteller selbst oder durch ein unabhängiges Institut.

Konkurrenzbetrieb
contention

Siehe *contention*.

K

Ein Zustand, der auftritt, wenn zwei oder mehrere Datenstationen gleichzeitig versuchen, auf einem *Übertragungskanal* zu senden, oder wenn zwei Datenstationen zum gleichen Zeitpunkt versuchen, bei wechselseitiger *Datenübermittlung Daten* zu übertragen. Durch die Leitungssteuerung wird einer Station die *Leitung* zugeteilt.

Konkurrenzsituation
contention

Ein elektrisches *Signal*, das dazu dient, den Bereitschaftszustand eines Datenendgerätes zur Datensendung anzuzeigen. Die Kontrollsignale CTS, DCD, DSR, *DTR* und RTS werden vom *V.24/V.28*-Interface unterstützt.

Kontrollsignal
control signal

In der *Kommunikation* sind es die extra gesendeten *Zeichen*, die die Datenübertragung zwischen Datenendeinrichtungen steuern bzw. die Steuerung erleichtern. Die *Zeichen* haben weder etwas mit den Nachrichten noch mit den Nutzenden zu tun. Diese Extra-Zeichen können in *Verbindung* mit der *Adressierung*, dem *Polling*, der Nachrichtenbegrenzung, der Block- und Rahmenbildung, der Fehlerprüfung, der Synchronisation und anderen Funktionen stehen.

Kontrollzeichen
control character

Eine Einrichtung, welche die Anschlußleitungen vieler Endeinrichtungen auf wenige, an eine Zentraleinheit oder an einem *Netzknoten* angeschlossene, Leitungen konzentriert. Diese Maßnahme ist möglich, weil nicht alle konzentrierten Endeinrichtungen gleichzeitig einen Datenverkehr mit der Zentraleinheit oder dem *Netzknoten* aufnehmen; der Konzentrator verringert die Anzahl der Übertragungsleitungen. Der Konzentrator erhöht die Anschlußkapazität einer Übertragungsleitung und ermöglicht, gegebenenfalls durch Zwischenspeicherung, einen Ausgleich der Verkehrslast. Gegensatz: *Multiplexer*.

Konzentrator
concentrator

Optisches *Verbindungselement* im Glasfasernetz.

Koppler
coupler

Unidirektionaler *Koppler* und *Splitter* dienen der Realisierung einer der Verzweigung innerhalb eines Lichtwellenleiternetzwerkes. Dabei muß die *Übertragung* auf dem *Netzwerk* gewährleistet sein. Ein *Koppler* besitzt Ein-/Ausgänge mit entsprechender Funktionalität. Die wesentlichen Parameter sind: Eingangssignalverlust, Tap-Verlust, Isolation- Richtungswert.

Koppler, unidirektionaler
undirectional coupler

K

Koppler in Verbindungen mit Splittern werden als Multi-Taps bezeichnet. Sie ermöglichen den *Anschluß* einer größeren Anzahl von Kabeln. Sie können 2, 4 oder 8 Ports haben. Durch den Einsatz der *Splitter* wird verhindert, daß Signale, die von einer Station gesendet werden, in den Port eines anderen Gerätes gelangen.

Kreuz-schienenverteiler
cross bar

Alternative zum normalen Strowger-Heb-Drehwähler zum Herstellen einer leitungsvermittelten *Verbindung*.

Kreuzsicherung
cross-checking method

Datensicherungsmethode, bei der sowohl die *Längsparität* als auch die zeichenweise *Parität* angewendet wird.

Krümmungsradius
radius of curvature

Maximaler Biegeradius, mit dem ein Glasfaserlichtwellenleiter beansprucht werden darf, ohne beschädigt zu werden.

Kryptalgorithmus
cryptoalgorithm

Verfahren, einen zu schützenden *Text* so zu verschlüsseln (und auf der Empfangseite wieder zu entschlüsseln), daß Unbefugte keine Kenntnis des Textes erlangen können. Heutige Verschlüsselungsverfahren sind so angelegt, daß eine zeitgerechte und wirtschaftliche Entschlüsselung nicht möglich ist. Dabei kann der Kryptalgorithmus durchaus allgemein bekannt sein, solange die verwendeten Schlüssel nicht bekannt sind, hat ein Angreifer kaum Aussicht auf Erfolg.

Kryptografie
cryptography

Wissenschaft zur Erforschung und Realisierung von Verfahren zur *Verschlüsselung* bzw. Entschlüsselung von *Daten*, bei denen entweder das Schlüsselverfahren oder (bei *Anwendung* einheitlicher Schlüsselverfahren) die verwendeten Schlüsselbegriffe geheim gehalten werden. Durch Ändern, Vertauschen oder Hinzufügen von *Zeichen* nach bestimmten Regeln wird ein Klartext in einen Schlüsseltext verwandelt und umgekehrt; anwendbar bei der Speicherung und *Übertragung* von *Daten*. Wirksamstes Mittel des Datenschutzes, um Informationen, die in falsche Hände gelangt sind, wertlos zu machen.

KZU

Im Telex-Dienst für die *Kommunikation* mit Teletex-Anschlüssen an paketvermittelten Netzen. Englische Bezeichnung: internetworking unit (IWU).

L

Vorgang, bei dem die Software von einer Station oder einem *Datenendgerät* über das *Netzwerk* in eine andere an das *Netzwerk* angeschlossene Station geladen wird.

Laden
down load

Eine Methode der *Datensicherung*. Die Quersumme eines Datenblocks wird durch evtl. Hinzufügen eines Bits wahlweise auf eine gerade oder ungerade Zahl eingestellt. Dem *Empfänger* der *Nachricht* am Ende der Übertragungsstrecke ist bekannt, ob es sich um gerade oder ungerade *Parität* handelt. Er kann zwar nicht erkennen, ob die *Nachricht* unversehrt übertragen wurde, aber er erkennt Fehler, wenn sie ungeradzahlig sind, also 1, 3, 5 oder 7...,eine geradzahlige Anzahl von Fehlern ist mit dieser Methode nicht erkennbar.

Längsparität
horizontal parity

Um ein mechanisches Stützelement in Schichten angeordnete Einzeladern.

Lagenkabel
layer cable

Lokale Netze sind Systeme für den Hochleistungs-Informationstransfer, die es einer Anzahl gleichberechtigter Benutzer ermöglichen, auf einem räumlich begrenzten Gebiet unter *Anwendung* eines schnellen Übertragungsmediums partnerschaftlich orientierten Nachrichtenaustausch hoher Güte durchzuführen. Ein LAN hat eine Ausdehnung von üblicherweise höchstens 10 km, obwohl es auch Netze gibt, die noch deutlich größere Entfernungen überwinden können.

LAN
local area network

Ein LAN ist in den meisten Fällen als *Diffusionsnetz* mit den oben angegebenen Vorzügen ausgeführt und erreicht Übertragungsraten von ca. 4 bis 100 Mbit/s, wobei spezielle Systeme für mehr als 1 Gbit/s. bereits im Feldversuch sind. Die wichtigsten LANs sind heute *Ethernet*, *Token* Ring, *Token* Bus und *FDDI*. Der partnerschaftlich orientierte Nachrichtenaustausch kann als Abgrenzung zu einem hierarchisch organisierten Austausch verstanden werden und ist ein weiteres Charakteristikum, welches die Flexibilität eines LAN verdeutlicht: auf einem gleichberechtigt partnerschaftlichem Nachrichtenaustauschsystem kann man nämlich bei Bedarf auch eine hierarchische oder semihierarchische Struktur aufbauen. Folgende Anforderungen sind an die Konzeption eines Lokalen Netzes zu stellen:
– hohe *Bandbreite* des Übertragungsmediums für raschen Netzzugang und schnelle Nachrichtenübertragung,

L

- geeignete *Topologie* zur Erreichung der angesprochenen Ziele, einschließlich einer hohen Ausfallsicherheit und hoher Modularität,
- geeignete Vereinbarungen über den Kommunikationsablauf (Netzprotokolle),
- geeignete funktionale und prozedurale Hilfsmittel zur optimalen Ausnutzung der durch Übertragungseinrichtungen und Protokolle gegebenen Möglichkeiten von seiten der Benutzer,
- Offene Systemarchitektur zur Forcierung von Modularität, Ausbaufähigkeit, Flexibilität und Akzeptanz.

LAN-Manager
LAN manager

Microsoft, der Entwickler von *DOS* und OS/2 bietet für OS/2- und DOS-Umgebungen (nur *Workstation*) den LAN-Manager an. DOS-Workstations können auf LAN-Manager-Server zugreifen, und die *Server* selbst können unter OS/2 oder *Unix* laufen. Auf den Client-PCs lassen sich dabei die Betriebssysteme MS-DOS, Windows oder OS/2 einsetzen. Der OS/2-LAN-Manager unterstützt die gemeinsame Nutzung der Platten und der Drucker, die am *Server* angeschlossen sind. Ferner nutzt der OS/2-LAN-Manager die Multitasking-Fähigkeit und den erweiterten Speicherbereich, der unter OS/2 zur Verfügung steht. Bis zu 12 Tasks können simultan ausgeführt werden. Der *Server* wird zu einem multifunktionalen System für alle angeschlossenen Systeme. Die Window-Oberfläche des presentation-manager unterstützt in der Bedienung auch ungeübte Anwender.

Eine der größten Vorteile, die der OS/2-LAN-Manager dem Anwender und dem Softwareentwickler anbietet, sind die neuen Möglichkeiten der Benutzerkommunikation und des Informationsaustausches zwischen Prozessen, die »verteilt« im *LAN* ablaufen können. Zwei grundlegende Mechanismen stehen zur Verfügung: Die »named-pipes« und die »mail slots«. Die named-pipes werden vor allem für die Remote-Interprozeß-*Kommunikation* verwendet. Named-pipes ermöglichen Simplex- und Duplex-Kommunikation und erweitern die Funktionen der »normalen« pipes unter OS/2, indem sie sowohl lokal als auch remote gleichermaßen verwendet werden können. Eine unnamed pipe ist auch schon von *DOS* her bekannt, allerdings nur bezogen auf die lokale Umgebung. Named-pipes haben einen im *Netzwerk* gültigen eindeutigen Namen. Ihr Name wird bei ihrer Erzeugung vergeben. Mit der Einführung der named pipe unter OS/2 ist es möglich, über eine Standardschnittstelle auf die Ressourcen eines Rechners zuzugreifen, und zwar unabhängig davon, ob die auf dem Rechner vor Ort, also der *Workstation*, ob sie auf dem *Server* oder ob sie auf beiden Rechnern gleichzeitig verteilt installiert sind. Wird für die Anwendungsentwicklung nun diese *Schnittstelle* benutzt, können die Programme einheitlich entwickelt werden.

Es gibt keinen Unterschied mehr, ob sich das Anwendungsprogramm auf einer *Workstation*, auf den *Server*, oder aber verteilt auf beiden Systemen befindet. Sie sind damit ideal für den Aufbau der bekannten Client-Server-Anwendungen im *LAN* geeignet. Datenbankanwendungen mit dem *Server* als Backend und dem *Client* als Frontend lassen sich leicht realisieren, vor allem, wenn für den Zugriff auf den *Server* eine einheitliche Sprache wie SQL genutzt wird. Der Suchvorgang nach einem bestimmten *Datensatz* (Übergeben der Suchkriterien an den *Server*, Übernehmen des Ergebnisses) kann nun mit Hilfe der named-pipe realisiert werden. Um mehreren Clients den gleichzeitigen Zugriff auf den *Server* zu gestatten werden die »threads« unter OS/2 ausgenutzt. Threads ermöglichen die Parallelisierung von Abläufen innerhalb eines einzigen Prozesses. Dazu werden am *Server* eine vorgegebene Zahl gleichnamiger named-pipes angelegt und bereitgestellt. Andere Möglichkeiten der Interprozeß-Kommunikation bieten *NetBIOS* und die sogenannten mail-slots.

Der Kern des LAN-Managers und seiner Funktionalität ist die Multitasking-Erweiterung für den redirector. Der redirector ist die Komponente eines Netzbetriebssystems, die entscheiden kann, ob eine Betriebssystemfunktion lokal, d.h. mit den Betriebsmitteln des eigenen Systems realisiert werden kann, oder ob andere, über das Netz erreichbare Betriebsmittel hinzugezogen werden müssen.

Ein Redirector in der DOS-Umgebung kann zu einer Zeit nur einer Aufgabe nachgehen. In einer Multitasking-Umgebung ist es erforderlich, daß jede der quasiparallel laufenden Tasks in Abhängigkeit von der *Anwendung*, die sie unterstützt, Zugriff zu einem oder mehreren Servern hat. Der redirector muß also quasiparallelen Zugriff auf mehrere *Server* von mehreren Tasks aus realisieren können. Die konzeptionell wesentlichste Erweiterung ist der remote-procedure-call (*RPC*), ein aus der Großrechner- und Workstation-Welt äußerst mächtiges Konzept zur Unterstützung Verteilter Anwendungen, welches hier - von wenigen Ausnahmen einmal abgesehen - zum ersten Male auf breiter Front für die PC-Umgebung verfügbar gemacht wird. Darüber hinaus gibt es noch eine Menge nützlicher Kleinigkeiten, wie die Möglichkeit, auf jedem *Server* zur Automatisierung von Vorgängen, wie dem *Backup*, eine Zeittabelle einzurichten (ähnlich dem Xenix-»at«-Kommando) und die Möglichkeit, Schnittstellen eines Servers zu einem Ressource-Pool zusammenzuschalten, was ebenfalls bereits aus anderen Netzen bekannt ist.

Zudem verfügt der LAN-Manager über Windows-Unterstützung, Netware-Anbindung, gute Management-Werkzeuge inklusive SNMP-Agent, wide-area-connectivity mittels TCP/*IP* und Services für den Macintosh. Der LAN-Manager unterscheidet sich im wesentlichen zum IBM-LAN-Server in den Kommunikationsschnittstellen zur SAA-Welt der IBM.

LAN NetView *LAN NetView* ist die kleinste Netzwerk-Management Plattform IBMs im Rahmen von SystemView. Es ergänzt die Palette von (*Host*) *NetView* und *NetView*/6000 nach unten und ist für die Steuerung von LAN-Umgebungen neuerer Baurat konstruiert. Es ersetzt die alten Produkte *Token* Ring-Manager bzw. *LAN* Netzwerk-Manager. Insbes. die kleine PC-Datenbank war für größere Umgebungen nicht geeignetLAN *NetView* OS/2 DSM (Distributed Systems Management), wie es länglich heißt, ist eine Management-Plattform für OS/2-Umgebungen. *LAN NetView* kann verteilt realisiert werden, wobei die einzelnen Teile in hoher Korrelation zusammen stehen. *LAN* NteView entspricht dem Multivendor-Management-Plattform-Ansatz, den man schon von *OSF* DCE und HP Open View kennt. Ein DSM *Server* beinhaltet das *Betriebssystem*, die DSM Systemsoftware, APIs, IBM-Management-Anwendungen, Management-Anwendungen von Fremdherstellern und eine graphische *Benutzeroberfläche*. Es kann in einem Netz mehrere DSM-Server geben.

LAN NetView beinhaltet das CM-API aus *OSF* als Anwendungsprogrammschnittstelle sowie DME, *SNMP*, CMOT (*CMIP* over TCP/*IP*) und den IEEE-LAN-Standard *CMOL* (*CMIP* over *IEEE* 802.1B *LLC* Typ 1) als Management-Kommunikationsschnittstellen. Durch die Unterstützung aller dieser Schnittstellen hofft IBM fast alle Clients, *Server*, Bridges, *Router* usf. in den Griff zu bekommen, die man so in einem Netz findet. Außerdem entwickelt IBM eine abgemagerte Version des *LAN NetView*, die dann auf den Client-PCs laufen kann. Man ist bei IBM überzeugt, daß durch das CM-API Fremdhersteller hier interessante Management-Anwendungsprogramme schreiben können.

Die *Server* benutzen untereinander *CMIP*. Sobald sich aber die objektorientierten Komponenten des *OSF* DME endgültig stabilisiert haben, möchte IBM *RPC* oder ähnliche Mechanismen für den Austausch zwischen den Servern nutzen. Clients können die Management-Server über das CUA (Common User Access)-Interface von OS/2 ansprechen. So kann man sich eine verteilte *Client*/Server-Management-Umgebung mit OS/2, *DOS*, *DOS*&WINDOWS und UNIX-Maschinen vorstellen.

LAN NetView unterstützt eine Standard-SQL-Schnittstelle für den Zugriff auf eine relationale *Datenbank*. Diese *Datenbank* ist eigentlich beliebig, IBM empfiehlt natürlich die Benutzung des *Datenbank* Managers der OS/2 Extended Edition.*LAN NetView* DSM kann *Daten* mit *NetView* auf dem *Host* und AIX *NetView*/6000 austauschen, für eine komplette Management-Lösung sind jedoch weder ein *Host* noch ein System/6000 zwingend.Wie es aussieht, sind die Funktionen von *LAN NetView* und AIX *NetView*/6000 vergleichbar, so daß die Wahl zwischen diesen Systemen sich auch danach richtet, ob man auf AIX oder auf OS/2 als *Betriebssystem* setzt.

Die Datenstationen eines Netzwerks können in vielfältiger Weise miteinander verbunden sein, wobei häufig das gewählte Verfahren die Struktur bestimmt (z.B. *Token* Ring, *Ethernet* usw.). Die wichtigsten Topologien sind Ring, Stern, Bus (*Basisband* und Breitband) und neuerdings auch wieder die *Baumstruktur*, die nach dem Starlan schon fast vergessen schien, aber mit dem Einsatz von Hubs wieder auflebt.	**LAN-Netzwerktopologie** *LAN topology*
Das siebenstufige OSI Referenzmodell wird in der *Anwendung* auf *LAN*'s geringfügig variiert. Die Veränderungen betreffen die Schichten 2 und 3. Beide Schichten werden noch einmal unterteilt. Die Schicht 2a heißt medium access control (*MAC*) und regelt den Zugriff auf das jeweilige *Medium*, die Schicht 2b ist die logical link control (*LLC*) und betrifft die *Datensicherung*. Die Schicht 3 ist gleich	**LAN-Schichtenmodell** *LAN reference model*

L

7	Application	Anwendung	
6	Presentation	Darstellung	
5	Session	Komm.-Steuerung	
4	Transport	Transport	
3c	Internet		
3b	Enhancement	Vermittlung	
3a	Subnetwork-Access		
2b	Logical Link	Sicherung	
2a	Medium-Access		
1	Physical	Bitübertragung	

dreifach unterteilt, in die Schicht 3a, den subnetwork-access, die Schicht 3b, das enhancement und die Schicht 3c, internet.

LAN-Standard Der wichtigste LAN-Standard ist *IEEE* 802/*ISO* 8802. Ursprünglich
LAN standard wurden vier wesentliche LAN-Techniken spezifiziert: *Token* Ring, Slotted Ring, *Token* Bus und *CSMA*/CD-Bus. Das eigentliche Verdienst des Standards ist die Integration dieser Techniken unter eine gemeinschaftliche logische Decke, um den Systemen ab Schicht 3 eine einheitliche *Schnittstelle*, unabhängig von der verwendeten Technik, anzubieten.

Die Slotted-Ring-Technik entfiel Mitte der achtziger Jahre und wurde durch das *DQDB*-MAN ersetzt. Zur Integration unterschiedlicher Techniken unter eine einheitliche Schnittstellendefinition wurde die Zerlegung der OSI data link layer (*Sicherungsschicht*) in zwei Teilschichten notwendig: Die media access control sublayer (Mediumzugriffskontroll-Teilschicht) und die logical link control sublayer (logische Verbindungskontroll-Teilschicht). Die logische Verbindungskontroll-Teilschicht (*LLC*/logical link control) bietet nach oben hin für alle Systeme eine einheitliche *Schnittstelle* zum Aufbau logischer Verbindungen.

Die Medium-Zugriffskontroll-Unterebene (*MAC*/medium access control) ist die Residenz der Protokolle wie *Token* Ring, *Token* Bus, *CSMA*/CD oder *DQDB*. Die *Dienste* der *LLC* werden durch die Teilnehmerschnittselle, die auch oft als DLC-Manager (data link

L

control manager) bezeichnet wird, beschrieben. Der DLC-Manager ist wichtiger Bestandteil der LAN-Sicherungsschicht. Die *Bitübertragungsschicht* (physical layer) erfährt eine Dreiteilung: Physikalische Signalerzeugung (PLS/physical layer signalling), Anschlußeinheiten-Interface (*AUI*/access unit interface) und Medium-Anschlußeinheit (*MAU*/medium access unit), die es ermöglicht, Codierungsverfahren, Drop Cables, *Transceiver*, Spannungen, Frequenzen, *Stecker* usf. systematisch zu qualifizieren. PLS ist der in der *Datenendeinrichtung* befindliche Teil der *Bitübertragungsschicht* und wendet sich über *AUI* an *MAU*, den am *Übertragungsmedium* befindlichen Teil der *Bitübertragungsschicht*. Der *Standard* mit seinen Sektionen aus den Arbeitsgruppen (Stand 1991/92) ist unter *IEEE* 802 aufgeführt.

Eine Klassifizierung Lokaler Netze kann über die Steuerungsalgorithmen der *Sicherungsschicht* geschehen, wobei sich die Verfahren *CSMA*/CD (*Wettbewerb* mit Kollisionskontrolle, Bus, Baum), *CSMA*/CA (*Wettbewerb* mit Kollisionsvermeidung, Bus) und *Token* Passing (Weitergabe einer physikalischen (Ring) bzw. logischen Senderechtigung (Bus, Baum) nach Abschluß der eigenen Sendung) durchgesetzt haben.

LAN-Steuerungsverfahren
LAN control procedure

Vom Standpunkt der Sicherheit und Fairneß aus sind bei vielen gleichzeitig sendenden Stationen determinierte Verfahren wie *Token* oder *CSMA*/CA vorzuziehen, da das *CSMA*/CD-Wettbewerbsverfahren bei Hochlast unter ungünstigen Umständen keinen sinnvollen *Durchsatz* mehr erzielen kann.

Bei unregelmäßiger Verteilung der Sendeintensität einzelner Stationen kann *CSMA*/CD die bessere Effizienz beueten. In Zukunft werden die allermeisten Netzwerke mit einer *Übertragungsgeschwindigkeit* von bis zu 20 Mbit/s nach dem Standardisierungsvorschlag der Arbeitsgruppe *IEEE* 802 strukturiert sein. Die ANSI-Empfehlung *FDDI* (fiber distributed data interface) für schnelle LANs bis 100 Mbit/s und der IEEE-Standard *DQDB* (distributed queue double bus) für Metropolitan Area Netze gliedern sich ebenfalls an *IEEE* 802.

Zugangsverfahren der Verbindungsebene, das im *CCITT X*.25-Interface *Standard* spezifiziert ist. Das originale LAP-Verfahren wurde durch *LAPB* (Balanced) und *LAPD* ergänzt.

LAP
link access procedure

497

L

LAP D
link access procedure-D

Zugangsverfahren, das für ISDN-Verbindungen entwickelt wurde und sich von *LAP B* (LAP-balanced) in seiner Framing-Sequenz unterscheidet. Wahrscheinlich wird es als Basis für LAPM benutzt werden, dem vorgeschlagenen CCITT-Standard für die Fehlerkontrolle in Modems.

Laser
light amplification by stimulated emission

Lichtquelle für kohärentes, monochromatisches *Licht*. Laser werden in der *Datenkommunikation* als Signalquelle in *Verbindung* mit Monomode-Fasern eingesetzt.

Lastverbund

Unter Lastverbund versteht man die Verteilung von Aufgaben auf die im Netz angesiedelten einzelnen Datenstationen mit dem Ziel einer gleichmäßigen Auslastung der einzelnen Rechner. Er sorgt für eine gleichmäßige Verteilung der anfallenden Arbeiten, gleicht auftretende Lastspitzen aus und verhindert lokale Engpässe. Einsatz von Ressourcen momentan schwach belasteter Rechner zur Entlastung stärker belasteter Rechner. Durch die Umverteilung von Aufträgen erreicht man Verbesserungen bei den Antwort- und Transaktionszeiten. Man sollte meinen, dieses Ziel sei mit der Verbilligung der Rechner antiquiert. Aber gerade im Großrechnerbereich wird zunehmend auf dieses konstruktive Konzept zugegriffen.

Latenz
latency

Allgemein: Zeitintervall vom Ende eines Ereignisses bis zum Beginn der Reaktion auf dieses Ereignis. Speziell: Dauer für die Umrundung des Ringes durch ein kleines *Datenpaket* bei ansonsten verkehrsfreiem Ring. Die Latenz steigt mit der Anzahl der angeschlossenen Stationen.

Laufzeit
propagation delay

Dabei handelt es sich um die Zeit, die ein *Signal* benötigt, um von einem Punkt eines Übertragungskanals zu einem anderen zu kommen. Je nach *Übertragungsmedium* entspricht die Laufzeit der Lichtgeschwindigkeit (bei *Satellitenübertragung*) oder weniger (bei der *Übertragung* in Kabeln) sie ist unabhängig von der Lichtgeschwindigkeit und im wesentlichen von der Dielektrizitätskonstanten des Mediums bzw. (bei Lichtwellenleitern) von der *Brechung* abhängig.

launch angle

Siehe *Einkopplungswinkel*.

L

Bauelement zur Umwandlung der *Modulation* eines Infrarotstrahles in ein elektrisches *Signal*. In Sperrichtung betriebene Halbleiterdiode, die beim Auftreffen von Infrarotstrahlung auf die Sperrschicht Ladungsträger freisetzt, die ihrerseits wieder weitere Ladungsträger erzeugen. Der so durch Stoßionisation (avalanche effect) in einer Kettenreaktion lawinenartig anwachsende Strom hat eine beträchtliche *Verstärkung* des Signals zur Folge.

Lawinenphotodiode
avalanche photo diode

Ein preiswertes *Modem* für den Inhouse-Bereich, mit dem der Anwender beispielsweise *Daten* über kürzere Entfernungen (z.b. zwischen zwei Gebäuden) übertragen kann.

LDM
limited distance modem

Das in einer Gruppe von zusammengehörigen Bits, z.B. einem *Byte*, geringstwertige, sofern es sich dabei um ein binäres Stellenwertsystem handelt.

least significant bit
LSB

Leckwellen sind Strahlungsanteile, die bei einer Stufenindexfaser nicht im Kern geführt werden, sondern sich über eine gewisse Strecke im Mantel (cladding) ausbreiten, wegen der hohen *Dämpfung* allerdings nicht sehr weit.

Leckwellen
leaky modes

Leckwellenleitungen werden vorwiegend in Bürobauten zur Versorgung von wireless *LAN*'s verwendet. Technisch ist dieses Gebilde einem *Koaxialkabel* ähnlich, dessen Außenleiter an bestimmten Stellen aufgeschlitzt ist. Da Antennen, Schwingkreise und *Koaxialkabel* denselben hochfrequenztechnischen Gesetzen gehorchen, wirkt die Leckwellenleitung wie eine Antenne. Bei einem normalen *Koaxialkabel* ist der Außenleiter nicht nur *Abschirmung*, sondern Teil eines schwingfähigen Gebildes.

Leckwellenleitung
leaky feeder signal transmission

Lichtemittierende Dioden wandeln elektrische Signale in Lichtsignale um. In der *Kommunikation* werden LEDs ebenso wie *Laser* als Lichtquelle für die *Übertragung* in optischen Medien benutzt. Sie werden primär in *Verbindung* mit Multimoden-Fasern eingesetzt.

LED
light emitting diode

Der Leistungsverbund gestattet die gleichzeitige Bearbeitung von Vorgängen durch mehrere Verarbeitungsrechner, die auch räumlich

Leistungsverbund

499

L

voneinander getrennt sein können. Diese Lösung ist vergleichbar mit einem Multiprozessorsystem, allerdings auf Netzwerkbasis. Integration funktionaler Komponenten, die auf verschiedenen evtl. voneinander entfernten Rechnern implementiert sind, in einen systemtechnischen Rahmen, der die gemeinschaftliche Nutzung dieser Ressourcen zur Lösung eines Problems erlaubt.

Hierzu müssen neben datenkommunikationstechnischen Mitteln insbes. neue Betriebssystemkonstrukte herangezogen werden. Die Problemklasse, die sich für eine derart verteilte Bearbeitung eignet, ist jedoch eingeschränkt. Durch Beschränkungen der maximal erreichbaren Parallelität bei der Zerlegung des Problems auf einzelne Berabeitungskerne fällt in den meisten Fällen die Bearbeitungsdauer nicht im gleichen Maße wie die Anzahl der rechenfähigen Komponenten steigt. Auch müssen zusätzliche Verwaltungsleistungen erbracht werden.

Leitsteuerung
primary control

Nach *DIN* handelt es sich um die Funktion der Fernbetriebseinheit, wenn sie die übergeordnete Steuerung im Übermittlungsabschnitt durchführt. Indem sie Befehle zur Organisation des Datenflusses und zur Beseitigung von Ablaufunterbrechungen sendet.

Leitung
line

Hilfsmittel zur Realisierung der *Verbindung* zwischen zwei *Knoten* eines Datennetzes, das gegebenenfalls mit Vermittlungseinrichtungen versehen ist. Der Begriff Leitung wird unterschiedlich verwendet:
- Technisch für einen festgeschalteten Übertragungsweg allgemein oder für die physische Leitung, d.h. zwei oder vier Drähte.
- Benutzungsrechtlich für einen festgeschalteten Übertragungsweg im öffentlichen Tk-Netz, z.B. für eine Anschlußleitung.
- Umgangssprachlich für jeden Übertragungsweg, ob festgeschaltet oder *Wählverbindung*.

Leitung, festgeschaltete
dedicated line

Übertragungsleitung zwischen einer entfernt stehenden *Datenstation* und dem Datenverarbeitungssystem, die nicht durch ein Wählsystem aufgebaut werden muß.

Leitungsvermittlung
connection oriented service

Normale gewählte Leitungsverbindung, die nach der Nutzung wieder abgebaut wird. Zum Aufbau einer *Verbindung* wird ein fester Leitungsweg gesucht (calling). Dieser wird für die gesamte Dauer der

L

Verbindung reserviert (pre-allocation) und ausschließlich für die *Kommunikation* zwischen den beteiligten Partnern genutzt. Beispiele: Telefon- und Telexnetz. Die *Verbindung* kann unbeschadet von Multiplexverfahren sein.

Bestimmung des Weges von der *Datenquelle* zur *Datensenke* nach bestimmten Kriterien. Das Wort Leitweg hat sich im deutschen Sprachgebrauch gegen das Wort Routing bisher nicht durchsetzen können. **Leitweg** *routing*

Die *SNA* LEN-Architektur definiert Funktionen und Protokolle für *PU* 2.1-Knoten, die die Partner-zu-Partner-Kommunikation unterstützen. *SNA* LEN ermöglicht die *Kommunikation* zwischen *PU* 2.1-Knoten, die direkt miteinander verbunden sind. (*PU* 2.0 ist ein Teilsatz von *PU* 2.1). **LEN** *low entry networking*

Sammlung von Routinen, die häufig gebraucht werden und dann aus der Library abgerufen werden können. Man unterscheidet zwischen zwei Arten von Libraries, den residenten, die während des Betriebes jederzeit verfügbar sind und den transienten, die erst von einem Speichermedium geladen werden müssen. **Library**

Host-Computer-Speicher und Management von Botschaften und Dokumenten. **library services**

Normalerweise wird als Licht nur das dem menschlichen Auge sichtbare Licht im Bereich von 380 nm bis 780 nm bezeichnet (optisches *Fenster*). Es hat sich aber eingebürgert, auch Infrarotstrahlung als "Licht" zu bezeichnen, daher der Name "*Lichtwellenleiter*". **Licht** *light*

Inzwischen gibt es eine Unzahl (über 100) von Lichtleitersteckverbindungen, was die *Kompatibilität* nicht gerade fördert. Um nur einige Stecker und Kupplungstypen zu nennen: SMA, FSMA, SMA/PC, LSA, *DIN*, *PC*, PKI, ST, FC, MiniBNC, SC, Biconic, IBM. **Lichtleiter steckverbindungen** *fiber optic connection*

Lichtwellenleiter bestehen aus *Glasfaser* oder Kunststoff und haben eine extrem hohe *Übertragungsrate* (bis zu mehreren Milliarden Bit/s). Sie sind unempfindlich gegen elektromagnetische Störungen **Lichtwellenleiter** *optical fibre*

L

1. I=Innenkabel
    A=Außenkabel
    AT=Außenkabel aufteilbar
2. F=Faser
    V=Vollader
    W=Hohlader
    D=Bündelader
3.   S=metallisches Element in der Kabelseele
        F=Füllung der Verseilhohlräume der Kabelseele mit Petrolat
        H=Außenmantel aus halogenfreiem Material
        Y=PVC-Mantel
        2Y=PE-Mantel
        (L)2Y=Schichtenmantel
        (ZN)2Y=PE-Mantel mit nicht-metallenen Zugentlastungselementen
        (L)(ZN)2Y=Schichtenmantel mit nicht-metallenen Zugentlastungselementen
6.   Y=PVC-Mantel
            H=Außenmantel aus halogenfreiem Material
            B=Bewehrung
            BY=Bewehrung mit PVC-Schutzhülle
            B2Y=Bewehrung mit PE-Schutzhülle
7.   Anzahl der Adern
              oder Anzahl der Bündeladern x Anzahl der Fasern je Bündel
8.   E=Einmodemfaser
                G=Gradientenfaser Glas/Glas
                K=Stufenfaser Kunststoff
9.   Kerndurchmesser in mm
                  bzw. Felddurchmesser in mm bei Einmodenfasern
10.   Manteldurchmesser in mm
11.   Dämpfungskoeffizient in dB/km
12.   Wellenlänge: B=850 nm
                                  F=1300 nm
                                  H=1550 nm
13.   Bandbreite in MHz • km
                        bzw. Dispersions
                        koeffizient in ps/nm/km
                        bei Monomode
14.   Lg=Lagenverseilung

und weitestgehend abhörsicher. Lichtwellenleiter lassen sich anhand der Anzahl der geführten Wellen sowie der Art des Brechungsverlaufs unterscheiden. Im Kern eines Lichtwellenleiters breiten sich Lichtanteile unterschiedlicher Einstrahlungswinkel aus. Die Strahlen, die hierbei durch häufige Reflexion an der Grenzschicht Kern/Mantel einen längeren Weg in der Faser zurücklegen, werden auch als Strahlen hohen Modes bezeichnet, Strahlen, die nahe entlang der Faserachse geführt werden, als Strahlen niedrigen Modes. Tragen bei einem Lichtwellenleiter mehrere *Moden* zur Signalübertragung bei, werden sie auch als Multimodefasern bezeichnet. Lichtwellenleiter, bei denen durch einen sehr kleinen *Kerndurchmesser* (etwa 5 oder 10 µm) lediglich ein Mode, der quasi die Achse des Kerns darstellt, durchgelassen wird, werden als *Monomodefaser* bezeichnet. Bei Multimodefasern kann man noch eine weitere Unterscheidung in Bezug auf die

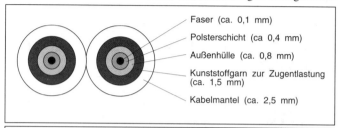

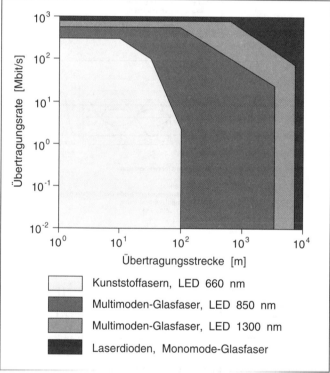

Art des Brechungszahlverlaufes innerhalb der Faser machen. Man unterscheidet Stufenprofil- und Gradientenprofilfasern. Bei Stufenprofilfasern besitzen Kern und Mantel eine feste Brechzahl, die Dichten der jeweiligen Materialien sind jeweils konstant. Die Gradientenprofilfaser weist einen parabolischen Brechzahlverlauf im Kern

L

Profil des Brechungsindex	Geometrischer Aufbau	Wellenausbreitung (Moden)
Stufenindex-Profil Typische Werte: $n_M = 1{,}517$ $n_K = 1{,}527$	Kerndurchmesser: $d_K \begin{cases} 100~\mu m \\ 200~\mu m \\ 400~\mu m \end{cases}$ Manteldurchmesser: $d_M \begin{cases} 200~\mu m \\ 300~\mu m \\ 500~\mu m \end{cases}$	**Multimode-Lichtwellenleiter** Charakteristika: Große Laufzeitunterschiede der Lichtstrahlen → Starke Impulsverbreiterung Bandbreite – Reichweite – Produkt $B \cdot l < 100~\text{MHz} \cdot \text{km}$
Gradientenindex-Profil $n(r) = n_1 \left[1 - \dfrac{n_1 - n_2}{n_1}\left(\dfrac{2r}{d_M}\right)^2\right]$ Typische Werte: $n_2 = 1{,}54$ $n_1 = 1{,}562$	Kerndurchmesser: typ. $d_K = 50~\mu m$ Manteldurchmesser: typ. $d_M = 125~\mu m$	**Multimode-Lichtwellenleiter** Charakteristika: Geringe Laufzeitunterschiede der Lichtstrahlen → Geringe Impulsverbreiterung $B \cdot l \approx 1~\text{GHz} \cdot \text{km}$
Stufenindex-Profil Typische Werte: $n_M = 1{,}457$ $n_K = 1{,}471$	Kerndurchmesser: typ. $d_K = 5~\mu m$ Manteldurchmesser: typ. $d_M = 100~\mu m$	**Monomode-Lichtwellenleiter** Charakteristika: Keine Laufzeitunterschiede, da nur eine Ausbreitungsrichtung → Formtreue Impulsübertragung $B \cdot l > 10~\text{GHz} \cdot \text{km}$

auf. Unterschiedlich laufende Strahlen in einer *Stufenprofilfaser* legen unterschiedlich lange Wege in der Faser zurück. Da bei einer solchen Faser die Phasengeschwindigkeit der Strahlen konstant ist, haben die verschieden transportierten Strahlen auch unterschiedliche Laufzeiten. Bei Stufenindexfasern liegt der Kerndurchmeser im Bereich von ca. 100 bis 400 µm und der Manteldurchmesser etwa zwischen 200 und 500 µm.

Die Auswirkungen der *Dispersion* führen insbesondere bei großen Medienlängen bzw. hohen Datenraten zu einer sehr starken Veränderung des Ausgangssignals bezogen auf das Eingangssignal Um die entstehenden Laufzeitunterschiede zu umgehen, wurde die Gradientenprofilfaser konzipiert. Es handelt sich hierbei um eine Multimode-Faser mit einem parabolischen Brechzahlverlauf im Kern. In diesen Fasern ist die Strahlbahn der *Moden* nicht mehr geradlinig, sondern nahezu sinusförmig. Gängige, zum Teil genormte Fasern (z.B. durch *CCITT*, Deutsche *Norm* VDE 0888) verfügen über einen *Kerndurchmesser* von 50; 62,5; 85 µm bei einem Manteldurchmesser von 125 µm.

Subtiles Verfahren zwei zu spleißende *Lichtwellenleiter* so aufeinander auszurichten, daß die *Dämpfung* minimal wird. Dazu wird nach dem Biegekopplerprinzip *Licht* in die eine Faser eingekoppelt und nach demselben Prinzip aus der anderen Faser wieder entnommen. Eine sinnreiche mechanische Einrichtung bewegt die Spleißenden solange axial gegeneinander bis die maximale Lichtausbeute erreicht ist.

LID
local injection and detection

Protokolle, die versuchen, die Nachteile der Konkurrenzverfahren (*CSMA*/CD) und der kollisionsfreien Verfahren (Token-Verfahren) zu vermeiden, indem sie nur die Vorteile jener Systeme zu nutzen suchen. Konkurrenzverfahren, wie das *Ethernet*, sind günstig wenn die Netzauslastung im mittel bis gering ist, werden aber bei hoher Auslastung wegen der häufigen Kollisionen mit Wiederaufsetzen sehr langsam. Token-Verfahren dagegen sind auch bei hoher Auslastung stabil, aber bei geringer wegen des Verwaltungsoverheads verhältnismäßig langsam. Die Vermeidung beider Nachteile ergäbe das ideale Netzprotokoll.

limited contention protocols

L

line terminating unit   Glasfaserlichtwellenleiter-Endgerät, besteht als optoelektronischer Wandler entweder aus einem LDR (light dependent resistor) oder besser aus einer *APD* (avalanche photo diode) mit nachfolgender Elektronik für *Verstärkung* und Regeneration und anschließender *LED* (light emitting diode) oder LD (laser diode) für die Einkopplung in das nächste Glasfaserlichtwellenleiter-Segment.

link encryption   Auch On-line-Verschlüsselung genannt. Eine einfache aber unflexible Verschlüsselungsmethode, die in der *Bitübertragungsschicht* vorgenommen wird. Die *Verschlüsselung* (und die Entschlüsselung) geschieht durch ein Gerät, das zwischen *Datenstation* und Netz angeordnet ist.

link state algorithm   Beim link state-Algorithmus, einem dynamischen Routing-Verfahren, wird der Tabellenberechnung eine vollständige Topologiebasis zugrundegelegt: Die LSA-Datenbasis enthält sowohl Informationen über Entfernungen zu anderen Routern als auch Zusatzinformationen über die hierarchische Struktur, in der *Router* untereinander verbunden sind. Typischerweise wird nach "Area"-Router (Hierarchieebene 1) und "*Backbone*"-Router (Hierarchieebene 2) unterschieden, es sind also mindestens zwei Hierarchieebenen vorhanden.

Bei Tabellenänderungen werden nur die Änderungen weitergegeben, und diese auch nur an die Nachbarn innerhalb der eigenen Hierarchieebene, nicht an alle Systeme. Zur Berechnung sind verschiedene Metriken möglich, nicht nur die Anzahl Hops zwischen zwei Endsystemen.

Der LSA, auch shortest path first (SPF)-Algorithmus genannt, neigt weniger dazu, Zyklen bei Topologieänderungen zu produzieren und konvergiert schneller, d.h. findet nach Veränderungen im Netzbetrieb die konstante optimale Route schneller. Zudem generiert er weniger *Overhead*: *Router* senden nicht ihre komplette Tabelle, sondern nur die *Information*, welche direkten aktiven Nachbarn sie besitzen. Aus dieser "verteilten *Datenbank*" berechnet sich jeder *Router* die neuen Routen. Im Rahmen der TCP/IP-Protokolle hat sich als Alternative zum RIP (routing information protocol) die SPF-Variante OSPF (open SPF) etabliert.

Die *Hardware* und Software, die es *Knoten* erlaubt, sich einer *Verbindung* anzuschließen, und die bei der *Verbindung* für die Steuerung sorgen.

link station

Linksegmente sind reine Punkt-zu-Punkt-Verbindungen von zwei Repeatern (*Remote*), die nicht zum *Anschluß* von Benutzerstationen zur Verfügung stehen. Linksegmente dienen in der Regel der *Verbindung* zweier, in einer gewissen Entfernung (1000 m im *Ethernet-LAN*) voneinander liegenden Lokalen Netzen. Typischerweise werden *Glasfaserkabel* zur Realisierung von Linksegmenten verwendet. Sie bestehen aus zwei Glasfasern, für jede Senderichtung ist eine Faser vorgesehen. Die maximale *Laufzeit* auf diesem Linksegment (1000 m) darf höchstens 2570 ns betragen.

Linksegment
link segment

Spezielle Technik bei Lichtwellenleitersteckverbindungen durch Verwendung von Linsen an der Übergangsstelle möglichst alle Strahlung beim Übergang in den nächsten Glasfaserabschnitt im Glasfaserkern zu halten.

Linsenkopplung
lense connector

Vom engl. listen (zuhören) abgeleitete Bezeichnung für Geräte, die beim *Datenaustausch* innerhalb eines Netzes gerade *Daten* empfangen. Drucker und Plotter sind z.B. typische Listener, da sie nur Sendungen empfangen, aber nie senden können.

Listener

Im Gegensatz zu big endian ein *Format* für die *Übertragung* oder Speicherung binärer *Daten*, in denen das geringstwertige *Byte* (least significant byte, *LSB*) an erster Stelle kommt.

little endian

Ein *Protokoll*, das von der IEEE-Arbeitsgruppe 802 entwickelt wurde und für alle LAN-Subsysteme im Rahmen des Standards *IEEE 802* gleich ist. Es handelt sich um die Steuerung der *Übertragung* auf der *Sicherungsschicht*, die die obere Teilschicht von Ebene 2 im *OSI Modell* bildet und das MAC-Protokoll ergänzt. *IEEE* 802.2 LLC umfaßt die *Adressierung* der Endsysteme sowie die Fehlerprüfung. Entsprechend ihrer architekturellen *Einbettung* besteht die LLC-Spezifikation aus drei Teilen:
- Die *Teilnehmerschnittstelle* beschreibt die *Dienste*, die die LLC-

LLC
logical link control

Schicht dem LAN-Teilnehmer bereitstellt.
- Die LLC-Protokollspezifikation.
- Die MAC-Schnittstelle beschreibt die *Dienste*, die die LLC-Schicht von der unterhalb liegenden MAC-Teilschicht (medium access control layer) anfordern kann.

7	Application	Anwendung
6	Presentation	Darstellung
5	Session	Komm.-Steuerung
4	Transport	Transport
3c	Internet	
3b	Enhancement	Vermittlung
3a	Subnetwork-Access	
2b	Logical Link	Sicherung
2a	Medium-Access	
1	Physical	Bitübertragung

LLC kennt drei Dienstformen:
- Typ 1 kennzeichnet einen Datagramm-Dienst (unacknowledged connectionless mode service).
- Typ 2 kennzeichnet einen verbindungsorientierten *Dienst* (connectionmode service); es gibt die Trennung der Phasen Verbindungsaufbau, Datentransfer, Verbindungsabbau.
- Typ 3 bezeichnet einen bestätigten Datagramm-Dienst (acknowledged connectionless mode service).

Wird der Typ 1 benutzt, wird eine von der Schicht 3 an LLC übergebene Dateneinheit einfach auf das *Medium* gegeben, unabhängig davon, ob die Empfangsstation empfangsbereit ist oder vorhergehende Pakete akzeptiert hat. Der LLC Typ 1-Dienst vertraut auf das Vorhandensein geeigneter Software höherer Schichten, die Vollständigkeit, Fehlerfreiheit, Reihenfolgerhalt von Paketen u.ä. sicherstellt. Beim LLC Typ 2-Dienst kann ein Teil dieser Aufgaben in der Schicht LLC erledigt werden, da eine logische *Verbindung* explizit aufgebaut wird und ein verbindungsbezogener Status gehalten werden kann. Mit dem Typ 3-Dienst kann ein einfaches *Polling* anderer LAN-Stationen erzielt werden sowie eine Quittierung von Sendungen über das *LAN* hinweg, ohne die Komplexität eines verbindungsorientierten Status zu haben. Mit den drei Diensttypen lassen sich vier Betriebsklassen (classes of LLC operation) festlegen:

Klasse I bietet nur den Typ 1-Dienst; Klasse II bietet den Typ 1- und Typ 2-Dienst; Klasse III bietet den Typ 1- und Typ 3-Dienst; Klasse IV bietet alle *Dienste*. Der *Standard IEEE* 802.2 umfaßt für jedes Dienstprimitiv folgende Festlegungen:
- die Funktion allgemein,
- die Parameterliste,
- die Semantik im Detail,
- den zulässigen Aufrufzeitpunkt,
- die ausgelöste Wirkung beim *Empfänger*,
- gegebenenfalls weitere Bemerkungen.

Als Beispiel eines Dienstprimitivs sei genannt: DL-UNITDATA. *request* (source address, destination address, data, priority). Dabei kennzeichnen die Adressen die Link-Dienstzugangspunkte, d.h. die LSAP (logical link service access points), als Individual- oder Gruppenadressen. Data beschreibt die zu transportierende Dateneinheit, d.h. die LSDU (data link service data unit), und priority gibt eine übertragungspriorität an. Der in anderen Primitiven (confirm, indication) vorkommende Status-Parameter kennzeichnet z.B. Erfolg oder Mißerfolg der Diensterbringung. Der Parameter »amount« gibt bei der Flußsteuerung die veränderbare Anzahl der an der LLC-Schnittstelle erlaubten Datenmenge an.

Das LLC-Protokoll wurde in Anlehnung an das bitorientierte HDLC-Protokoll entwickelt, welches z.B. als Leitungsprozedur bei *X*.25 Level 2 Verwendung findet. Der Aufbau der Steuerinformation des Control-Feldes und die Verwendung der *LLC* Frame-Typen, d.h. der Schicht 2b-Protokollelemente, ist im wesentlichen identisch dem bei *HDLC* mit folgenden Ausnahmen:

LLC-Protokoll

- *LLC* benutzt nur den asynchronous balanced mode, geht also nicht von unsymmetrischen Konfigurationen aus wei beim normal response mode unterstellt; somit kann jede Station Leitstation (primary node) sein.
- *LLC* unterstützt einen Datagram-Dienst durch Nutzung des unnumbered information frame.
- *LLC* erlaubt Multiplexen auf der Ebene 2 dadurch, daß pro Station mehrere LLC-Dienstzugangspunkte zugelassen sind. Dies unterstützt z.B. den *Anschluß* von Terminalservern am *LAN*.

L

- Die Adreßfelder haben zwar die gleiche Länge wie bei *HDLC*, sind aber anders codiert. Das erste Bit im Zieladreßfeld entscheidet, ob es sich um eine Individual- oder Gruppenadresse handelt. Das erste Bit im Quellenadreßfeld gestattet die Unterscheidung von Kommandos und Antworten.
- *LLC* benutzt eine 32 Bit lange zyklische Redundanzprüfsumme. Damit sinkt auch die Restfehlerwahrscheinlichkeit für verfälschte, aber nicht als solche erkannte Bits bei einer *Übertragung* in die Größenordnung von 2^{-32}.
- *LLC* sieht im Addendum 1 zu 802.2 eine Flußsteuerung über eine dynamische Änderung der Fenstergröße vor. Entsprechend den Dienstformen an der LLC-Dienstschnittstelle kennt *LLC* eine Typ 1-Operation (connectionless), eine Typ 2-Operation (connection oriented) und die Typ 3-Operation (connectionless acknowledged).

Lobe Die *Kabel* zum *Anschluß* der Endgeräte an einen Ringleitungsverteiler in einem *Token* Ring-Netzwerk werden allgemein als "Lobe" bezeichnet. Für die Lobes kann der IBM-Kabeltyp 1 verwendet werden. Alternativ können Datenleitungen vom Typ 3 oder Typ 5 eingesetzt werden. Die maximale Ausdehnung eines Rings bei Verwendung von Standardkabeln ist begrenzt und hängt von der Anzahl der Ringleitungsverteiler und der Verteilerräume ab. Generell sollte die Lobe-Kabellänge bei 4 Mbit/s-Token Ring-Installationen 100 m nicht überschreiten. Eine spätere Erweiterung des Rings hat dann keine Auswirkungen auf die Lobe-Länge. Bei 16 Mbit/s-Ringen sollte die Lobe-Länge 50 m nicht überschreiten.

local area network Siehe *LAN*.

logical link control Siehe *LLC*.

logical unit Siehe *LU*.

Logik *logic* Im technischen Sinne bedeutet Logik die Verknüpfung von digitalen Signalen im Sinne der drei logischen Grundformen Konjunktion, Disjunktion und Negation nach den Gesetzen der Boole'schen Algebra. Die logischen Verknüpfungen sind technisch realisiert durch

L

sogenannte digitallogische integrierte Schaltungen (IC's) unterschiedlicher Bauteildichte und damit unterschiedlichem Integrationsgrad.

Ab einer gewissen Ebene erscheint diese *Verbindung* fest etabliert und exklusiv, obwohl die Nachrichten, etwa physikalisch, mit anderen zusammen durch *Multiplex* übertragen werden.

Logische Verbindung
virtual connection

Ein logischer *Kanal* stellt eine lokale Einrichtung zwischen DEE und *Netzknoten* bzw. zwischen *Netzknoten* dar. Nur jeweils eine virtuelle *Verbindung* wird zu ihrer Abwicklung einem logischen *Kanal* zugeordnet. Ein logischer *Kanal* ist immer existent und entweder einer virtuellen *Verbindung* zugeordnet oder frei (ready state).

Logischer Kanal
logical channel

Lokale Brücken verbinden LAN-Segmente direkt, als Subnetzkopplung innerhalb eines Unternehmens- oder Campus-Netzes. Die *Verbindung* wird über die LAN-Eingangsports und -Ausgangsports der *Brücke* hergestellt, d.h. mit Ein- und Ausgangsgeschwindigkeiten der LAN-Bandbreite. Handelt es sich um LANs gleichen Typs, erfolgt die Verbindng relativ problemlos. Handelt es sich um verschiedene MAC-Protokolle an den Ein- und Ausgangsports, muß zur Umsetzung vom "schnelleren" *LAN* zum "langsameren" *LAN* ausreichend Pufferplatz für eine Zwischenspeicherung der Pakete vorhanden sein.

Lokale Brücke
local bridge

Unter Echo versteht man den Vorgang, wenn das ausgesendete Datensignal vom *Empfänger* wieder an den Sender zurückgespiegelt wird, wodurch man die einwandfreie *Übertragung* bestätigt bekommt. Allerdings bedeutet das bei einem öffentlichen Paketvermittlungsnetz auch doppelte Gebühren. Da das Paketvermittlungsnetz ohnehin eine gesicherte Datenübertragungsprozedur bietet, genügt es wenn der *Multiplexer* ein solches Echo erzeugt, eben ein "lokales Echo".

Lokales Echo
local echo

Siehe *Längsparität*.

longitudinal redundancy check

Siehe *Dämpfung*.

loss

Eine von *ISO* (International Standardization Organization) entwickelte formale Spezifikationssprache für die Beschreibung verteilter Systeme.

LOTOS
language of temporal orderingspecification

L

LSB Siehe least significant bit.

LU Im SNA-Netzwerk handelt es sich um einen logischen, virtuellen Port,
logical unit der dem Anwender den Zugriff auf Netzwerk-Dienste eröffnet. Eine logical unit unterstützt mindestens zwei Sessions: mit dem Host-residenten system service control point (*SSCP*) und mit einer anderen LU, die z.B. ein Anwendungsprogramm repräsentiert.

LwL
optical fiber Siehe *Lichtwellenleiter*.

Medienspezifisches Zugangsprotokoll innerhalb der *IEEE* 802-Spezifikationen. Es beinhaltet z.Z. Varianten für den *Token* Ring, den *Token* Bus und *CSMA*/CD. MAC ist der unterste Teilbereich der *Sicherungsschicht* (Schicht2 des OSI-Modells), die durch *LLC* komplettiert wird. Folgende Aufgaben fallen in der MAC-Schicht (medium access control) an:

MAC
medium access control

- Frame-Aufbereitung beim Senden (*encapsulation*),
- Frame-Aufbereitung beim Empfangen (decapsulation),
- Frame-Übergabe an Zugangsmanagement (Senderseite),
- Zugangsmanagement,
- Fehlerkontrolle.

Die Arbeitsweise der MAC-Schicht basiert auf der Kooperation unterschiedlicher Prozesse, z.B. ei *CSMA*/CD folgender fünf: frame transmit, frame receiver, bit transmitter, bit receiver, deference. Das Zusammenspiel dieser Prozesse und die Detaillierung der einzelnen Prozesse können unter Zuhilfenahme der Erklärungen zum *CSMA*/CD-Verfahren und zum Frame-Aufbau abgelesen werden, die dem *Standard IEEE* 802.3 entnommen sind. Bei *Token* Ring werden die Prozesse durch einen abstrakten Automaten, bei *Token* Bus durch eine Beschreibung in der *Programmiersprache* ADA festgelegt, es gibt allerdings auch andere Formen. Die *Dienste*, die die MAC-Schicht der LLC-Schicht anbietet, sind transmit frame und receive frame; die *Dienste* der MAC-Schicht, die an der *Schnittstelle* zu der ihr untergeordneten Schicht des physical layer zur Verfügung stehen, heißen receive bit, transmit bit und wait.

Das MAC-CSMA/CD-Frame-Format gemäß *IEEE* besteht aus:

MAC-Frame

- Präambel: dient dem *Empfänger* zur Erreichung einer Bitsynchronisation und zur Lokalisierung des ersten Frame-Bits.
- Start frame *delimiter*/SFD: das Bitmuster 10101011 kennzeichnet den Frame-Beginn.
- Source address, destination address: es sind 16- oder 48-Bit-Adressen, aber nur einheitliche Längen innerhalb eines *LAN* erlaubt. Das erste Bit unterscheidet zwischen Individualadressen und Gruppenadressen, das zweite Bit zwischen lokalen und globalen Adressen.
- Length: kennzeichnet die Anzahl der Oktetten (Gruppen aus 8 Bits) im LLC-Datenfeld.

- *LLC* data: enthält die *Daten*, die innerhalb der LLC-Schicht erzeugt und an die MAC-Schicht übergeben wurden.
- *PAD*: beliebige Füllbits zur Erreichung der minimalen Frame-Länge, die für ein vernünftiges Arbeiten des *CSMA*/CD-Verfahrens. Die maximale Frame-Länge ist implementierungsabhängig, die minimale ebenfalls.
- Frame check sequence field (FCS): mit Hilfe des Generatorpolynoms wird das cyclic redundancy check-Verfahren auf die Bitsequenz angewendet, beginnend mit den Adreßfeldern bis einschließlich des PAD-Feldes. Ungültige MAC-Frame werden nicht an die LLC-Schicht ausgeliefert.

MAC-Frame Token Ring

Die MAC-sublayer überwacht die *Übertragung* von Informationen zwischen Physical- und LLC-Layer. Ob es sich im Einzelfall um die *Übertragung* eines MAC-frames oder um die eines LLC-frames handelt, wird im zu übertragenden *Frame* in einem dafür vorgesehenen Kontrollfeld festgelegt.
So erkennt jede Protokollschicht, ob der *Frame* durch sie interpretiert werden muß oder nicht. Innerhalb der MAC-Protokollschicht werden Funktionen wie

- *Token* Management,
- timing,
- Adreßkennung,
- *Frame* copying,
- *Frame* Status generieren und überprüfen,
- Routing und
- Prioritäten-Management durchgeführt.

Insgesamt sind sechs *Byte* reserviert für die *Adressierung*. IBM benutzt in allen Anwendungen die Sechs-Byte-Adressierung. Man unterscheidet im *Token* Ring zwischen

- individuellen Adressen und
- Gruppenadressen sowie zwischen
- einheitlich vom Hersteller verwalteten Adressen (entsprechend *IEEE*; weltweit einheitlich) und
- lokal verwalteten Adresssen (4000 .....)

entsprechend eigener Vorstellung und Anpassung an die Firmenstruktur. Zusätzlich zu diesen allgemeinen Adressen gibt es Adressen mit

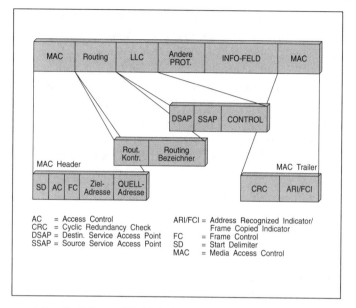

speziellen Funktionen. Die *Zieladresse*, die Absenderadresse und die funktionsabhängigen Adressen unterscheiden sich in ihrem Aufbau. Die *Zieladresse* ist in IBM LANs immer sechs *Zeichen* (*Byte*) lang. Alle »funktionsabhängigen Adressen« müssen lokal vergebene Gruppenadressen sein (im *Byte* 0, Bit 0,1 = B'1'1). Sie richten sich unter Umständen an mehrere Ziele (Gruppe) und entsprechen nicht der durch die Herstellerfirma der Interfacekarte festgelegten *Adresse*. Die Absenderadresse unterscheidet sich nur geringfügig von der *Zieladresse*. Der *Token* besteht aus zwei besonderen Feldern, die den *Token* bzw. auch den *Frame* als solchen für eine Station erkennbar machen, dem starting-delimiter-Feld und dem ending *delimiter* sowie dem eigentlichen Zugriffskontrollfeld.

Die Absenderadresse unterscheidet sich nur geringfügig von der *Zieladresse*. Der *Token* besteht aus zwei besonderen Feldern, die den *Token* bzw. auch den *Frame* als solchen für eine Station erkennbar machen, dem starting-delimiter-Feld und dem ending *delimiter* sowie dem eigentlichen Zugriffskontollfeld. Wie auch der *Token* besitzt der *Frame* den Starting und Ending Delimiter, das Zugriffskontrollfeld (FC) und zusätzliche Kontroll- und Informationsfelder. Das starting- und ending-delimiter-Feld beinhalten die im Differential *Manchester*

M

Code vorgesehenen non-coded-Information-Bits J und *K* (code violation), die nur in diesen beiden Feldern vorkommen und damit eine eindeutige Identifizierung des Tokens bzw. Frames ermöglichen. Das Zugriffskontollfeld kommt sowohl in einem *Token* als auch in einem *Frame* vor. Anhand des Token-Bit kann die jeweilige Station erkennen, ob es sich um ein *Token* (T = B'0') oder um einen *Frame* handelt (T = B '1'). Zusätzlich wird dieses Feld auch vom Monitor im Ring zu Kontrollzwecken benutzt. *Frame* check sequence ist ein 4 *Byte* langes Feld, in dem mit Hilfe des CRC-Verfahrens sichergestellt werden kann, ob die zu übertragende *Nachricht* nicht während der eigentlichen *Übertragung* verändert wurde. Das Verfahren entspricht dem CRC-Verfahren bei *HDLC* bzw. *SDLC*.

Mailbox
mailbox

(Briefkasten) Eine *Datenbank*, in die man (außer *Daten* abzurufen) auch *Daten* senden kann. Eine "richtige" Mailbox gibt dem Benutzer ein Fach, in das Nachrichten, die nur für ihn bestimmt sind, hinterlegt werden. In Deutschland hat sich der Begriff Mailboxen auch für solche Datenbanken eingebürgert, die nur ein "Schwarzes Brett" anbieten. Dort können Nachrichten von jedem gelesen werden.

Mainframe
mainframe

Mainframes sind leistungsfähige Großcomputer, die insbesondere in Rechenzentren installiert sind, wo für die kommerzielle oder organisatorische Massendatenverarbeitung mit großen Datenbeständen eingesetzt werden. Mainframes werden oft mit zahlreichen Ein- und Ausgabegeräten sowie externen Massenspeichern ausgestattet.

MAN
metropolitan area network

MAN (metropolitan area networks) wie der Name schon nahelegt, sind diese, noch in Entwicklung befindlichen, Netze dazu gedacht, den Kommunikationsbedarf innerhalb von Städten und Ballungsgebieten auf elegantere und leistungsfähigere Art und Weise abzudecken, als dies mit *WAN* möglich ist. In Glasfasertechnik werden relativ wenige (ca. 100) höchst leistungsfähige Konzentratorknoten miteinander verbunden.

Eine angepeilte Ausdehnung für ein MAN liegt bei etwa 100 km, die *Übertragungsgeschwindigkeit* bei 100 bis 1.000 Mbit/s. Beispiele für MANs sind Netze mit *DQDB* (distributed *queue* double bus)-Technik. Ein wichtiger MAN-Standard ist *IEEE* 802.6 *DQDB*. Aber auch mit

ATM lassen sich schöne MANs aufbauen. In der Bundesrepublik Deutschland ist jedoch wegen der Stellung der DBP Telekom die Rechtslage für MANs problematisch, siehe auch "Corporate Network".

Codierungsverfahren, bei dem die binären Informationen durch Spannungswechsel innerhalb der Bitzeit dargestellt werden. Dadurch kön-

Manchester-Codierung
manchester encoding

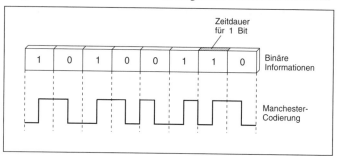

nen Sender und *Empfänger* wesentlich leichter synchronisiert werden, denn der Übergang in der Mitte der Bitzeit gibt einen zuverlässigen Takt. Die erste Hälfte der Bitzeit enthält die Repräsentation des zu übertragenden komplementierten Bitwertes, die zweite Hälfte repräsentiert den Bitwert (spezifizeirt für *IEEE* 802.3 *Ethernet*).

Ein von General Motors 1984 mit einer ersten Testinstallation vorgeführtes und von vielen Herstellern unterstützter LAN-Standardisierungsvorschlag, der im wesentlichen in der Fabrikautomatisierung eingesetzt wird. Die MAP-Spezifikation 2.1 basiert auf dem ISO-Referenzmodell für offene Systeme und den entsprechenden Protokollen.

MAP
manufacturing automation protocol

MAP 2.1 benutzt ein Breitbandsystem mit einer *Übertragungsrate* von 10 Mbit/s in einem 12 MHz Frequenzbereich (75 Ohm *Koaxialkabel*, *Modulation*: multilevel duobinary AM/PSK). Das Breitbandsystem entspricht der *IEEE* 802.4-Norm für den Token-Bus. MAP gestattet den Aufbau komplexer Kommunikationsinfrastrukturen mit Hilfe von Bridges, Gateways und Routern. Breitbandkomponenten wie Abzweigungen, Verstärker und *Equalizer* ermöglichen auf der physikalischen Ebene eine Strukturierung der Netze. Seit 1987 bestehen die MAP 3.0-Spezifikationen. Hier finden eher Netze vom Typ

IEEE 802.3 Verwendung, da sie sich mittlerweile in der Fertigungsumgebung durch verbesserte Ausführungen (besonders SINEC der Firma Siemens) etabliert haben. Europäische MAP-Interessenten haben sich in der "European MAP User Group" (EMUG) organisiert.

MAP/EPA
enhanced performance architecture

Ein Proway-Architektur. Eine *MAP*/EPA-Station ist sowohl voll MAP-kompatibel wie Proway-kompatibel. Eine EPA-only-station ist nur MAP-Proway-kompatibel und hat somit eine limitierte *Kommunikation* außerhalb des eigenen Systems. *MAP*/EPA-Stationen verfügen neben der vollen MAP-Protokollarchitektur über die Möglichkeit, die Ebenen 3 bis 6 zu überspringen und von der RS-511-Schnittstelle direkt auf die Dienstschnittstelle der Schicht zuzugreifen.

Erweiterung auf der Schicht 2b (LCC, logische Verbindungskontrolle) wird ein verbindungsloser Weg vorgesehen, der optional direkte Quittungen oder Rückantwort auf die Sendung einer *Nachricht* zuläßt (LCC-Typ 3, immediate response). Diese Erweiterung ermöglicht effiziente *Nachricht*/Antwortnachrichtzyklen. In *Verbindung* mit der Option die Schichten 3 bis 6 zu überspringen, wird die Einhaltung besonders kurzer Antwortzeiten ermöglicht.

mapped conversations

Kommunikation zwischen APPC-verbundenen Transaktionsprogrammen, die Verben abgebildeter Konversationen verwenden (üblicherweise mit einer high level-Sprache *API*). Gegenteil: Grundkonversation.

Matrixschalter
matrix switch

Ein Matrixschalter kann als elektronisches Patchfeld und Umschaltsystem betrachtet werden, mit dem zusätzliche Monitorfunktionen ausgeführt werden können. Charakteristisch für eine Matrix ist: Aktivitäten werden über eine oder mehrere zentrale Steuereinheiten ohne

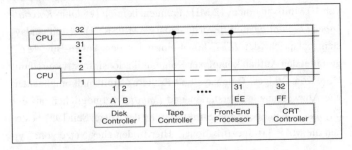

M

Beteiligung des Netzes koordiniert. Steuerung großer Verbundnetze mit mehreren Matrixfunktionen durch eine Zentrale. Durchführung beliebiger Ersatzschaltungen durch digitale und analoge Schnittstellen. *Anschluß* von Analogtestgeräten und Protokolltestern durch mehrfach vorhandene Monitorports auf der digitalen und analogen Seite. Matrixschalter können u.a. eingesetzt werden als Monitor für analoge und digitale Schnittstellen, zur A/B-Umschaltung, zur Gruppenschaltung, als elektronisches Patchfeld und zur Überkreuz- und Kanalzugangsschaltung.

Die MAU ist die Mediumanpaßeinheit, also der Koppelmodul zwischen LAN-DTE und LAN-Medium. In Richtung *DTE* wird die *Schnittstelle AUI* angeboten, in Richtung LAN-Medium die *Schnittstelle MDI*. In LAN-Realisierungen ist normalerweise der größte Teil der AUI- und MAU-Logik auf den DTE-LAN-Adapterkarten untergebracht. Die MAU enthält die Elektronik zum Senden und Empfangen der kodierten physikalischen Signale, die dem LAN-Medium aufgeprägt bzw. von ihm ausgefiltert werden.

MAU
medium attachment unit

Die physikalische (elektrische, optische) und mechanische *Schnittstelle* zwischen einem LAN-Medium und der Mediumanpaßeinheit, *MAU*. Das LAN-Medium wird manchmal auch trunk cable genannt im Unterschied zum branch cable oder drop cable, dem Anschlußkabel der Station.

MDI
medium dependent interface

Technische Einrichtungen zur schnellen und umfangreichen Übermittlung von Nachrichten. Jedes Material oder jeder Stoff, der zur *Übertragung* von Signalen benutzt werden kann. Normalerweise liegen die Signale in Form von modulierten Trägerschwingungen vor sowie als Lichtsignal oder als akustische Schwingung. Das Medium überträgt diese Signale von einem Punkt zu einem anderen. Typische Medien sind *Kabel*, Draht, *Glasfaser*, Wasser, Luft oder der luftleere Raum.

Medium
medium

Als "neue" Medien werden Kommunikationssysteme bezeichnet, die mehrere Nachrichtendienste zusammenfassen und auf dem Wege von Breitband-Kabelnetzen verteilen; sie bieten ein umfangreiches Angebot, das gezielt ausgewählt werden kann.

M

Mehrdomänen-Netzwerk
multidomain network

SNA-Netzwerke, die mehr als zwei Host-basierende "system services control points, *SSCP*" besitzen. Typischerweise ein *Netzwerk* mit mehr als einem Host-Mainframe.

Mehrfachanschluß
multipoint access

Konfiguration, bei der an einem Netzanschluß mehrere ISDN-Endeinheiten angeschlossen werden können. Beispielsweise können in der Konfiguration des passiven Bussystems eine Anzahl von Endeinrichtungen angeschlossen werden, von denen gleichzeitig mehrere senden und empfangen können.

Mehrfunktionsmodem
multifunction mode

Ein *Modem*, der nach mehreren CCITT-Empfehlungen arbeiten kann, z.B. V.21 und V.23. Das Umschalten geschieht entweder im *Modem* oder von der *Datenendeinrichtung* aus (über besondere Schnittstellenleitungen oder über die Sendedatenleitung mit einem entsprechenden *Befehl*). Benutzungsrechtlich ist ein *Modem* eine *Anpassungseinrichtung*.

Mehrplatzsystem
multi-user system

Datenverarbeitungssystem, das den *Anschluß* mehrerer Arbeitsplätze, z.B. Terminals, an die Zentraleinheit einer *Datenverarbeitungsanlage* und deren gleichzeitige (simultane) Nutzung durch mehrere Benutzer ermöglicht. Gegensatz: *Einplatzsystem*.

Mehrpunktverbindung
multipoint connection

Verbindung mit mehr als zwei Benutzer-Schnittstellen bzw. Schnittstellen zu einer zentralen Einrichtung im Netz. Wenn z.B. mehrere Datenstationen über eine Knoteneinrichtung über dieselbe *Leitung* mit einer *Datenverarbeitungsanlage* verbunden sind, so ist dies eine Mehrpunktverbindung (in der TKO als Knotenschaltung bezeichnet).

Mehrwertdienste
value added services

Mehrwertdienste sind spezielle Tk-Dienste, deren Leistungen im technischen Sinn über die Bereitstellung einer Kommunikationsverbindung hinausgehen. Der Telefondienst stellt den Kommunikationspartnern nur eine *Verbindung* zur Verfügung, so daß in diesem Fall eindeutig von einem Basisdienst gesprochen werden kann. Werden jedoch die übertragenen Informationen in irgendeiner Weise gespeichert oder weiterverarbeitet, ist dies nicht mehr der Fall. Wird beim Telefondienst zusätzlich eine Leistung angeboten, die es erlaubt, gesprochene Nachrichten zwischenzuspeichern, wenn der gewünschte *Empfänger* nicht anzutreffen ist, so handelt es sich um einen Mehrwertdienst. Derartige Sprachboxen stehen z.B. in den Funktelefonnetzen D1 und D2 zur Verfügung. Mehrwertdienste greifen in der Regel auf zusätzliche elektronische Möglichkeiten zurück. Der Einsatz von Computern spielt für ihr Leistungsangebot eine entscheidende Rolle. Es handelt sich um komplexe Tk-Dienste, die für anspruchsvolle Anwendungen konzipiert werden. *Telekommunikation* und ihre Infrastruktur, ihre Tk-Netze und Tk-Dienste stehen prinzipiell überall zur Verfügung.

Dennoch ist eine Unterscheidung zwischen dem öffentlichen und dem privaten Einsatzbereich zu sehen. Öffentliche Angebote, d.h. Tk-Netze und Tk-Dienste stehen jedem Interessenten offen und werden mit entsprechender Flächendeckung und Teilnehmerkapazität aufgebaut.

Der private Bereich ist i.a. auf private Grundstücke beschränkt und umfaßt alles, was nur auf diesem begrenzten Raum aufgrund von Initiativen des Eigentümers oder Mieters zur Verfügung steht. Vereinfacht kann von Inhouse-Kommunikation gesprochen werden. Daneben gibt es quasi-öffentlichen Angebote, die zwar überregional, aber nur für geschlossene Benutzergruppen angeboten werden. Im öffentlichen Bereich treten verschiedene Anbieter auf. Es gibt einmal die nationalen Carrier, die in der Bundesrepublik Deutschland durch die DBP Telekom vertreten werden. Neben der Möglichkeit, beliebige Tk-Netze aufzubauen und beliebige Tk-Dienste im In- und Ausland anzubieten, genießen sie i.a. national gebundene Monopolrechte, die sich vor allem auf den Auf- und Ausbau der physikalischen Infrastruktur beziehen.

Im Gegensatz dazu werden alle anderen Betreiber von Tk-Netzen und Anbieter von Tk-Diensten als private Anbieter bezeichnet. Sie stehen mit ihren Angeboten in gegenseitigem *Wettbewerb*. Monopolrechte genießen sie nicht. In der Bundesrepublik Deutschland benötigen private Anbieter zusätzlich Lizenzen, wenn sie in der Mobil- und Satellitenkommunikation tätig werden möchten. Im englischen Sprachraum setzten sich für die höherwertigen Tk-Dienste die Bezeichnungen value added service (VAS) oder value added network service (*VANS*) durch. Daneben existieren heute auch *VAN* (value added network), VADS (value added and data service) und IVANS (international value added network service). Diese Begriffe können weitgehend synonym benutzt werden. In Fachpublikationen werden sie manchmal nebeneinander gestellt, um geringfügige Unterschiede in der Betrachtungsweise des weiten Felds der Mehrwertdienste hervorzuheben.

message switching Die zu übertragende *Nachricht* wird an das Netz übertragen und dort im Store-and-Forward-Prinzip eventuell über verschiedene Zwischenknoten zum *Empfänger* weitergeleitet. In jedem Zwischenknoten wird die *Nachricht* als Ganzes gespeichert. Dafür muß eine ausreichende Anzahl Speicherplätze zur Verfügung stehen. Die *Nachricht* muß mit Angaben über *Quelle*, Ziel und Laufweg versehen werden.

message unit Ein generischer Ausdruck für *Daten*, die von irgendeiner Schicht in *SNA* verarbeitet werden.

MHS
message handling system Mitteilungsübermittlungssysteme auf der Basis der Serie der CCITT-Empfehlungen *X*.400.

MIB Allgemein management information base, *Datenbank*, die alle oder viele für ein Management-System relevanten *Daten* in relationaler oder objektorientierter Form enthält. Heute meist im Zusammenhang mit *SNMP* benutzt. Die SNMP-MIB ist ein einheitlicher, hierarchisch aufgebauter, protokollunabhängiger Raum für Datenobjekte. Die MIB I enthält mehr als 160 Objekte in acht Gruppen:
– system group,
– interface group,
– address translation group
– *IP* group
– *ICMP* group
– TCP group
– *UDP* group
– *EGP* group
und ist damit völlig auf die Bedarfe von Knotenrechnern im *Internet* abgestimmt. *ICMP* und *IGP* sind Protokolle der TCP/IP-Protokollfamilie, die bei größeren oder zusammengeschalteten Netzen benötigt werden. Die Systemgruppe beinhaltet Identifikationsmerkmale des

M

Systems und die Interface-Gruppe Anzahl und Art der Schnittstellen. Alle Objekte in der MIB werden einheitlich in ASN.1, der abstract syntax notation one, die ursprünglich für die Definition abstrakter Transfersyntaxen in der Datendarstellungsschicht des OSI-Modells entworfen wurde, formuliert, wodurch eine Normung der abstrakten Darstellungen gegeben ist.

Objekte in *ASN.1* können später auch von anderen Managementprotokollen benutzt werden. Die MIB I reflektiert, wie bereits angesprochen, Protokolle des *Internet*. Dies ist für die meisten LAN-Anwendungen aber nicht besonders interessant, wenn man z.b. Brücken, *Router* oder *Server* im Netz überwachen möchte. Deshab verfolgt man das Konzept der privaten Erweiterungen. Sowohl ganze MIBs können durch private, z.B. herstellerabhängige Definitionen erstellt bzw. ergänzt werden.

Die MIB-Spezifikationen werden laufend erweitert, so arbeitet man heute neben der MIB II, die wesentlich mehr Elemente enthält, an verschiedenen Bereichen wie Host-MIB, Bridge-MIB, Router-MIB usf. Interessant ist auch die RMON-MIB (remote monitoring), die das Sammeln von Stichproben im Netz erlaubt.

micro-interrupts

Micro-interrupts sind Kurzzeitunterbrechungen, die z.B. durch einen Wackelkontakt ausgelöst werden können. Die Kurzzeitunterbrechungen führen zu einer erhöhten Bitfehlerhäufigkeit. Um die Ursache einer erhöhten Bitfehlerhäufigkeit erkennen zu können, muß ein angeschlossenes Meßgerät auch diese Kurzzeitunterbrechungen erkennen können.

Midsplit
midsplit

Die Midsplit-Technik ist ebenso wie die Subsplit- und Highslit-Technik ein Verfahren zur Frequenztrennung in Breitbandsystemen. Bei Einkabel-Breitbandsystemen teilt man den zur Verfügung stehenden Frequenzbereich in Kanäle, die in Vorwärtsrichtung und solche die in Rückwärtsrichtung übertragen werden um bidirektionale *Übertragung* zu ermöglichen.

Das Midsplit-Verfahren ist von *IEEE* in *Token* Bus-Standard 802.4 empfohlen und hat seinen praktischen Einsatz bei *MAP* (manufacturing automation protocol). Für die *Übertragung* stehen 17 Kanäle zur Verfügung mit 6 MHz, 12 MHz oder auch 18 MHz. Der Frequenzbe-

M

reich für die Rückwärts-Kanäle (Richtung hin zum Head-End) liegt bei 5 MHz bis 108 MHz, der für die Vorwärtsrichtung zwischen 162 MHz und 400 MHz. Die Midsplit-Technik hat eine nutzbare *Bandbreite* von 341 MHz.

Mietleitung
leased line

Gegen Gebühr überlassener Übertragungsweg im internationalen Bereich. Im nationalen Bereich Direktrufverbindung, *Festverbindung* oder Standleitung genannt.

MIF
minimum internetworking functionality

Ein generelles Prinzip zur Reduzierung der Komplexität von Lokalen Netzwerk-Stationen, wenn diese mit Ressourcen außerhalb des Lokalen Netzes verbunden sind.

Mini-MAP
mini MAP

Eine spezielle Version von *MAP*, die nur aus der physikalischen Ebene, der Verbindungs- und Anwendungsebene besteht. Diese Version zeichnet sich dadurch aus, daß sie für die *Anwendung* in der Prozeßsteuerung kostengünstiger und schneller ist. Mini-MAP kann nur in sehr einfachen Geräten realisiert werden, beispielsweise intelligenten Sensoren, da die notwendigen Protokolle fehlen und sie mit einer Adreßwelt arbeiten, die auf die Zelle reduziert ist.

Minicomputer
minicomputer

Computer in Schreibtischformat, die Ende der 60er-Jahre entwickelt wurden. Sie waren immer deutlich preiswerter als Mainframes und werden häufig im kommerziellen und industriellen Bereich für Einzellaufgaben eingesetzt. Minicomputer haben eine Leistungsfähigkeit, die ein bis zwei Größenordnungen höher liegt.
Sie werden für komlee Aufgaben eingesetzt, z.B. als Kern von CAD-Systemen oder als Zentralcomputer für die Gesamtorganisation von Klein- und Mittelbetrieben. In Türmen oder kleinen Schränken sind die Zentraleinheit und meist auch die unabdingbaren peripheren Geräte wie Drucker, magnetische Speicher und Bildschirmgeräte untergebracht.
In der Regel ist eine Gruppe von Nutzern vorhanden, die über Terminals zum Computer zugreifen. In Zeiten leistungsfähiger LAN-Server verwischen sich die Grenzen allerdings immer weiter. MINIs sind heute nur noch für geschlosssene Lösungen interessant.

(sprich: Memphis) Ein von *EIA* entwickelter *Standard* für die Formatierung von Datenpaketen, der De- und Entcodierung von *Daten*. MMFS wird noch in *MAP* 2.1 angewendet und soll durch RS-511, Schicht 7, ersetzt werden.

MMFS
manufacturing message format standard

Mnemonics auch Pseudocodes genannt, sind Kürzel aus alphanumerischen Schriftzeichen, die als Befehle/Anweisungen zur Bedienung einer Endeinrichtung oder eines Systems über die Tastatur oder zur Programmierung von Büromaschinen und Prozeßrechnern in einer problemorientierten *Programmiersprache* verwendet werden.

Mnemonics

MNP arbeitet im ISO-Referenzmodell in den Schichten 1 und 2 und dient zur fehlerfreien *Übertragung* von asynchronen *Daten*. MNP ist ein definiertes *Protokoll* mit Blocksicherung und dient als Vorläufer für die CCITT-Empfehlung V.42. Neben der Fehlerkorrektur ist eine *Datenkompression* vorgesehen, die eine wesentlich höhere *Übertragungsrate* zuläßt.
Die MNP-Protokolle wurden von James M. Dow Anfang der 80er Jahre entwickelt und haben sich als Industriestandard etabliert. Es gibt heute zehn verschiedene Klassen, wobei die höheren Klassen im Normalfall jeweils die Leistung der niedrigeren Klasse einschließen (abwärtskompatibel). Beim Verbindungsaufbau verständigen sich die Modems über die höchste gemeinsame Klasse. Die MNP-Klassen unterscheiden sich in der Übertragungsart (halb-, vollduplex), der Sicherheit, Fehlerkorrektur und der *Datenkompression*.

MNP
microcom networking protocol

Die derzeit betriebene Tele- und *Datenkommunikation* von und zu fahrenden Kraftfahrzeugen geschieht über Basisstationen mit Sendern und Empfängern, wobei die Versorgungsgebiete, d.h. die Reichweite der jeweiligen Basis-Sender, die Größe einer Funkzelle ausmachen. Theoretisch sind diese Zellen sechseckig, praktisch wohl eher kreisförmig mit gewissen Überschneidungen.
Um gegenseitige Störungen auszuschließen, müssen alle Sender der Nachbarzellen auf anderen Frequenzen senden. Bei entsprechender Struktur des zellularen Netzes genügen dazu nur wenige Sendefrequenzen. Weitere *Kennzeichen* des zellularen Netzes sind die automatische Weiterschaltung der *Übertragung* beim Verlassen eines Sende-

Mobilfunksystem
cellular radio

bereiches (hand-over) und das Auffinden eines Teilnehmerkraftfahrzeugs innerhalb des Mobilfunknetzes (roaming), selbst wenn dieses während der Suche gerade keine Gesprächsverbindung hat.

Modacom Modacom ist ein zellulares Funknetz; der gesamte funkversorgungsbereich wird in mehrere Zellen mit einzelnen Funkstationen aufgeteilt. Der Radius einer Zelle beträgt ca. 8 km. Die Zellen weden von Controllern im Datex-P-Netz verwaltet, die untereinander über *Datex-P* verbunden sind.

Modacom arbeitet im Frequenzbereich 410 MHz bis 430 MHz, wobei die mobilen Terminals ständig über Funkverbindungen mit den jeweiligen Funkstationen verbunden sind. Die *Übertragungsrate* ist mit 9,6 kbit/s die derzeit höchste in mobilen Netzen.

Der *Dienst* verfügt über eine gesicherte Datenübertragung und eignet sich im besonderen für Dispositionsanwendungen, Datenbankzugriffe, Service- und Wartungsaufgaben sowie zum *Fernwirken* und Fernmessen.

Modem Mit dem Modem (ein Kunstwort aus den Begriffen Modulator und
modem Demodulator) werden die von den Endgeräten in digitaler Form angelieferten Informationen in entsprechende Analogsignale umgewandelt, um sie so über die Übertragungsleitungen - in der Regel

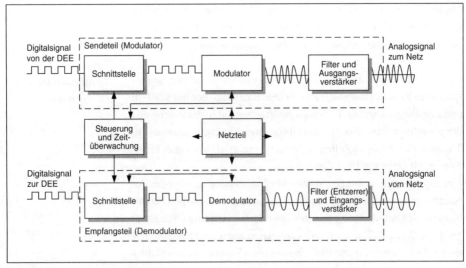

Fernsprechleitungen - in analoger Form transportieren zu können. Für die verschiedenen *Übertragungswege*, die entweder posteigen oder benutzereigen sind, werden eine Reihe unterschiedlicher Modems eingesetzt: CCITT-Modems für die *Übertragung* in öffentlichen Netzen, *Akustikkoppler* für Fernsprechwählleitungen, Basisbandmodems für private Leitungen, Anschlußgeräte für künftige digitale Netze wie *ISDN* in PCM-Technik, optische Modems für *Lichtwellenleiter* und Infrarotverbindungen, HF-Modems für *Koaxialkabel*, Modems für zellulare Mobilfunknetze sowie Funkmodems für Richtfunk- und Satellitenverbindungen. Die vom Modem ausgeführten Hauptaufgaben sind Senden, Empfangen, Schnittstellensteuerung und Leitungsüberwachung.

Die wichtigsten CCITT-Empfehlungen für die Datenübertragung im Sprachkanal von 300 *Hz* bis 3,4 kHz in öffentlichen Wählnetzen sind: V.21-Modem mit 300 bit/s zur asynchronen Datenübertragung im Simplex- oder Duplexverfahren. V.22-Modem mit 1.200 bit/s zur asynchronen und synchronen Datenübertragung im Duplexverfahren. V.23-Modem mit 600/1.200 bit/s zur asynchronen und synchronen Datenübertragung im Halbduplex-Verfahren. V.22bis-Modem mit 2.400 bit/s zur asynchronen und synchronen Datenübertragung im Duplexverfahren. V.32-Modem mit 9.600 bit/s zur asynchronen und synchronen Datenübertragung im Duplexverfahren. V.32bis-Modem mit 14.400 bit/s zur asynchronen und synchronen Datenübertragung im Duplexverfahren. V.fast ist in Vorbereitung: Modem mit 24.000 bit/s zur asynchronen und synchronen Datenübertragung im Duplexverfahren.

Für den privaten Bereich sind sogenannte Sprach-/Datenmodems verfügbar, die eine gleichzeitige Datenübertragung bis zu 19,2 kbit/s über die vorhandenen 2-Draht-Telefonleitungen ermöglichen. Die genannten Übertragungsgeschwindigkeiten sind jeweils Netto-Datenraten, welche durch geeignete Kompressionsverfahren mit NMP-Protokollen nochmals erhöht werden können.

Betreibt man ein Hochgeschwindigkeitsmodem zusätzlich noch mit einem wirkungsvollen Kompressionsverfahren, z.B. nach V.42bis, so lassen sich damit Übertragungsraten bis zum 4fachen Wert erzielen. Das bedeutet Datenraten von bis zu 80 kbit/s duplex im *Fernsprechnetz*.

M

Moden — Diskrete Lichtwellenformen, die sich im *Lichtwellenleiter* ausbreiten können. Sie sind Eigenwertlösungen der Differentialgleichung, die den *Lichtwellenleiter* beschreibt, und werden daher auch Eigenwellen genannt. Während in einer *Monomodefaser* nur ein einziger Modus, der Grundmodus, ausbreitungsfähig ist, sind es in einer *Multimodefaser* viele hundert Moden, die sich u.a. durch Feldverteilung und Ausbreitungsgeschwindigkeit unterscheiden.

Modendispersion
modal dispersion
Impulsverfahren in Lichtwellenleitern. Durch die *Übertragung* von Moden mit verschiedenen Laufzeiten, aber gleicher *Wellenlänge* wird an einem LwL Dispersion hervorgerufen. Licht unterschiedlicher *Moden* breitet sich in einem *Lichtwellenleiter*, der groß genug ist, auch unterschiedlich aus. Es gibt *Licht*, welches entlang der optischen Achse läuft, und solches, welches eher im Zickzack durch den Curl quert (hoher Mode).
Da die Lichtgeschwindigkeit in einem Festkörper bei den üblichen Bedingungen eine Konstante ist, kommt *Licht*, welches im Zickzack läuft, später am anderen Ende des LwL an, als Licht, welches entlang der optischen Achse verläuft. Wenn man nun einen elektrischen Impuls durch eine Lichtmodulation darstellt, kann man keine Aussage darüber treffen, in welcher Weise der LwL den Impuls überträgt und inwiefern der Impuls durch die Laufzeitunterschiede auseinandergezogen wird. Man muß immer bis zum nächsten Impuls warten, bis die Zeit für eine maximale Verzögerung abgelaufen ist. Dies senkt die nutzbare *Datenrate*. Man versucht, der Modendispersion durch konstruktive Maßnahmen Herr zu werden, z.B. Gradientenindexprofilfasern oder Monomodefasern.

Modul — Baugrupupe, die in entsprechend vorbereitete Geräte eingesetzt werden kann, z.B. Datennetzabschlußmodul.

Modulation
modulation
Der Vorgang, bei dem ein oder mehr *Signalparameter* einer Trägerschwingung gemäß der primären Zeichenschwingung verändert werden. Je nach Modulation der Trägerschwingung unterscheidet man die *Amplitudenmodulation* - bei dieser Modulationsart ändert sich die *Amplitude* der Trägerschwingung mit der *Amplitude* und der Frepuenz des Modulationssignals -, der *Frequenzmodulation* - dabei ändert sich

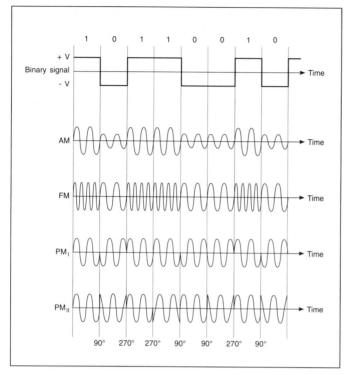

die *Frequenz* der Trägerschwingung - und der *Phasenmodulation*. Bei letzterer ändert sich die Phasenlage der Trägerschwingung in Abhängigkeit von dem Modulationssignal. Neben diesen Grundverfahren gibt es eine Vielzahl von Varianten wie die Einseitenbandmodulation, die Modulation mit unterdrücktem Träger, die Deltamodulation oder die Quadraturmodulation.

Die Monomodefaser ist ein *Lichtwellenleiter* mit Stufenindex-Profil, bei dem durch einen sehr kleinen *Kerndurchmesser*, der bei 5 oder 10 µm liegt, das *Licht* praktisch nur in einer Mode, die quasi *parallel* zur Achse liegt, übertragen wird. Die Monomodefaser zeichnet sich dadurch aus, daß sie keine Laufzeitunterschiede aufweist, da das *Licht* ja nur in einer Ausbreitungsrichtung den *Lichtwellenleiter* durchläuft, das Impulsverhalten dadurch formgetreu ist und daß sie über die geringsten Dämpfungswerte aller *Lichtwellenleiter* verfügt. Dies drückt sich in einer *Dämpfung* von 0,1 *dB*/km (*LED* 1300 nm), einem

Monomodefaser
monomode fiber

M

Bandbreiten-Reichweiten-Produkt von >10 GHzxkm und einem Biratenlängenprodukt von 250 GHzxkm aus. Es können Entfernungen bis zu 50 km ohne *Repeater* überbrückt werden. Der Manteldurchmesser der Monomodefaser liegt typischerweise bei 100 µm.

MTBF
mean time between failures

Bei der mittleren *Ausfallzeit* handelt es sich um die Zeit, die im normalen Betrieb eines Gerätes oder einer Einrichtung vergeht, bevor ein Fehler auftritt.

Multicast

Die Fähigkeit, gleichzeitig Nachrichten an mehrere Teilnehmer oder Teilnehmergruppen zu senden.

Multidrop

Kommunikation zwischen einem Sender und mehreren Empfängern (siehe auch *Mehrpunktverbindung*).

Multileaving

In der *Kommunikation* die *Übertragung* (normalerweise über Bisync-Einrichtungen und Protokolle) von einer variablen Anzahl von Datenströmen zwischen Benutzergeräten und einem Computer.

Multimodefaser

Wie der Name bereits aussagt, tragen bei diesem *Lichtwellenleiter* mehrere *Moden* zur Signalübertragung bei, d.h. die Lichtstrahlen werden an der Grenzschicht zwischen Kern und Mantel häufig und unterschiedlich reflektiert, was unterschiedliche Laufzeiten der Strahlen bedingt. Die Multimodefaser ist entweder eine Stufenindex-Profilfaser mit einem typischen *Kerndurchmesser* von 50 oder 62,5 µm mit einem Bandbreitenreichweitenprodukt von weniger als 1 GHz x km und einer *Dämpfung* von ca. 6 *dB*/km oder eine Gradientenindex-Profilfaser mit einem typischen *Kerndurchmesser* von 50 oder 62,5 µm und einem Manteldurchmesser von 125 µm. Die Dämpfungswerte liegen bei 3 *dB*/km (*LED* 850 nm), wodurch eine repeaterlose *Übertragung* von bis zu 10 km möglich ist. Das Bandbreitenreichweitenprodukt liegt hier wegen der besseren Unterdrückung der Modendispersion teilweise bei > 1 GHzxkm.

Multiplex

Verwendung eines gewöhnlichen Kanals, um zwei oder mehr logische Kanäle herzustellen. Dies geschieht entweder durch Abtrennung des, durch einen gewöhnlichen *Kanal* getragenen, Frequenzbandes in mehrere schmale Bänder, wobei dann jedes der abgetrennten Bänder einen selbständigen *Kanal* darstellt (frequenzgeteiltes Multiplexing), oder durch Unterteilung des Kanals in Bereiche. Der *Kanal* fungiert dann als intermettierender Kanalblock (zeitgeschaltetes Multiplexing).

Durch den Einsatz von Multiplexern können vorhandene Übertragungsleitungen mehrfach genutzt werden, was bei der Benutzung von öffentlichen Leitungen in der Regel zu Kostenreduzierungen führt. Das Produktangebot umfaßt eine Vielzahl von Multiplexern, die heute in der Mehrzahl nach statistischen Verfahren arbeiten. Für den Einsatz in Netzwerken stehen folgende Multiplexertypen zur Verfügung: *Frequenzmultiplexer*, *Zeitmultiplexer* und *statistische Multiple-*

Multiplexer
multiplexer

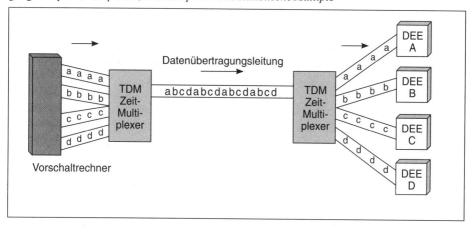

xer. Bislang gibt es noch keine einheitliche Definition für den Multiplexer, für den in der US-Literatur auch die Abkürzungen MUX und MPXER gebräuchlich sind. Das gemeinsame Merkmal der Multiplexer ist, daß sie primär die Funktion haben, mehrere langsame Datenströme von individuellen Datenendeinrichtungen auf einen gemeinsamen Datenübertragungskanal mit hoher Geschwindigkeit zu übertragen. Durch den *Frequenzmultiplexer* (frequency division multiplexing, *FDM*) wird es möglich, in einem Frequenzkanal mehrere schmalbandige Datenkanäle gleichzeitig zu nutzen. Durch die Einengung der *Bandbreite* ist aber nur eine geringe *Übertragungsgeschwindigkeit* zu erzielen und die Zahl der anschließbaren Endgeräte ist limitiert. Durch den *digital* arbeitenden *Zeitmultiplexer* (time divison multiplexing, TDM) wird die verfügbare *Bandbreite* in Zeitschlitze aufgeteilt, d.h. es werden mehrere digitale Eingangssignale zu einem gemeinsamen Ausgangssignal konzentriert. Die *Daten* werden dabei, je nach Art des TDM, bitweise, zeichenweise oder blockweise ineinander verschachtelt. Jeweils eine Gruppe von Bits, *Zeichen* oder Blöcken wird zu einem Rahmen zusammengefaßt, dessen Anfang bzw. Ende besonders gekennzeichnet ist, um die Synchronisierung mit der Gegenstelle zu erleichtern. Häufig verwendet werden die CCITT-Empfehlungen *X*.3, *X*.25, *X*.28 und *X*.29, wodurch der *Anschluß* von asynchronen Endgeräten an *X*.25-fähige Hostrechner sowie an öffentliche Wählverbindungen mit *Paketvermittlung* ermöglicht wird.

Multiplexer, statistischer
statistical time division multiplexing

Der statistische *Multiplexer* ist ein verbesserter Zeitmultiplexer, der heute bereits in seiner dritten Generation im Einsatz ist.
Er übernimmt die *Daten* von den einzelnen Eingangskanälen zunächst in einen dynamisch arbeitenden Speicher, von welchem sie anschließend blockweise über die Übertragungsleitung mit hoher Geschwin-

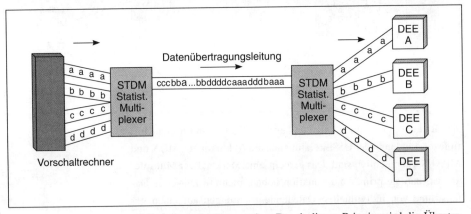

digkeit transportiert werden. Durch dieses Prinzip wird die Übertragungsleitung optimal ausgenutzt, denn für pausierende *Endgerät* wird hier keine Kapazität gebunden. Prüfbits, die an die Blöcke angehängt werden, ermöglichen eine automatische Fehlerkorrektur durch den *Multiplexer*. Für die Verpackung der *Daten* werden meist Standardprotokolle wie *HDLC* und *X*.25 eingesetzt. Die Eingangskanäle (bis zu

240) sind wahlweise *asynchron* oder synchron konfigurierbar mit Datenraten bis zu 19,6 kbit/s. Die zu konfigurierenden Parameter für jeden *Kanal* umfassen Geschwindigkeit (wenn sie nicht automatisch erkannt wird), verschiedene Möglichkeiten der *Flußkontrolle*, unterschiedliche Geschwindigkeiten für Sende- und Empfangsdaten (*Bildschirmtext*), *Zeichensatz* und Codetabelle, Paritätsbits, Prioritätsvergabe, Speicherzuordnung, lokales Echo, Paßwortabfrage usw.

Anschlußverbindung zwischen Zentraleinheit und mehreren Peripherieeinheiten einer *Datenverarbeitungsanlage* mit der Fähigkeit, mehrere Ein- und Ausgabebefehle simultan, aber relativ langsam zu bearbeiten. *Blockmultiplexkanal.*

Multiplexkanal
multiplex channel

Ein Multiport-Repeater erfüllt Repeaterfunktionen und besitzt mehrere Ports. Durch ihn können typischerweise z.B. bis zu acht Cheapernet-Segmente mit einem Ethernet-LAN verbunden werden.

Multiport-Repeater

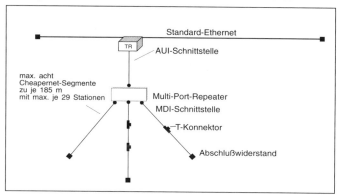

Die gleichzeitige Ausführung einer Haupttask und einer oder mehrerer Subtasks in derselben Partition (Partition bezeichnet im *Betriebssystem* den Bereich des dynamischen Bereiches, der einer Auftragsdurchführung zugewiesen wurde).

Multitasking

Ein virtuelles Speicherprogramm, das jedem Benutzer einen privaten logischen Adreßbereich zur Verfügung stellt. MVS wird bei OS/VS2 Release 2 und nachfolgenden Releases gegeben.

MVS
multiple virtual storage

N-Stecker
N connector

Die Standard-N-Verbindung ist eine schraubbare Koaxialkabelverbindung für das "gelbe" Ethernet-Kabel. Die N-Anschlüsse können gecrimt oder gelötet werden. Der N-Stecker eignet sich für *Koaxialkabel* mit einem Außendurchmesser von 10,29 mm, er hat eine *Impedanz* von 50 Ohm und ist bedingt durch die Schraubverbindung und eine doppelte Schirmung besonders geschützt gegen Fremdstrahlungen und gegen Strahlung nach außen.

Nachricht
message

Eine Folge von *Zeichen* oder kontinuierlichen Funktionen, die, aufgrund von vereinbarten oder vorausgesetzten Abmachungen, Informationen darstellen. Vorrangig ist dabei die vom Sender zum *Empfänger* gerichtete Übermittlung der *Information*, die im Rahmen der Übermittlung als eine Einheit angesehen wird. Sobald eine Nachricht den *Empfänger* erreicht, hat sie ihre Aufgabe erfüllt; ob sie für ihn verwertbare Informationen enthält, ist dabei nicht relevant.

Nachrichten-
vermittlung
message switching

Datenübertragungstechnik, bei der die Nachrichten über eine für die Dauer der *Nachricht* exklusive reale oder virtuelle *Leitung* zwischen den Partnern übertragen werden.

NAU
network
adressable unit

In *SNA*, der IBM-Netzwerkarchitektur, bildet eine NAU, als Host-basierende logical unit (*LU*), als physical unit (*PU*) oder als system services control point (*SSCP*) den Ursprung oder das Ziel der von Arbeitseinheiten des path control layers übertragenen *Information*.

NBS
National Bureau of
Standards

NBS ist eine Agentur innerhalb der US-Handelsabteilung, die von der Regierung unterstützt wird. Auf dem Gebiet der *Kommunikation* arbeitet NBS an Empfehlungen, die es Regierungsstellen ermöglichen sollen, Komponenten für die verteilte *Datenverarbeitung* einzukaufen, die auch dann zusammenspielen sollen, wenn sie von unterschiedlichen Herstellern geliefert wurden. Es besteht eine enge Zusammenarbeit mit *ANSI* und *IEEE*. Die Aufträge für die erforderlichen Standardisierungsarbeiten werden entweder an private Organisationen oder das ICST (Institute for Computer Science and Technology) vergeben.

NCB

Siehe *NetBIOS*. NCB steht für network control block.

N

NCCF
network communications control facility

Ein IBM-Programmpaket für *Host*, mit dem Anwendungsprogramme und andere Programme den Netzwerkbetrieb überwachen und steuern können.

NDMS
NetWare distributed management server

Der Bedarf nach übergreifenden Management-Systemen für homogene und heterogene Netze wächst, Netzwerk-Management-Plattformen sind ein starker Wachstumsmarkt. So ist es ganz natürlich, daß Novell ausgehend von der großen installierten Basis in Netzwerkbetriebssystemen und der bereits gemachten Erfahrung mit einzelnen Management-Modulen und administrativen Werkzeugen einen systematischen Ansatz für das verteilte Management auf Basis einer offenen Plattform entwickelt hat. NDMS hat das Ziel, folgende Aspekte des Managements einer NetWare-Umgebung einheitlich zu integrieren:
– Verwaltung physikalischer Geräte,
– Software-Verteilung,
– Regelung des Lizenzwesens,
– Messung z.B. der Software-Nutzung,
– Analyse des physischen und logischen Netzes - Buchführung und Bestandsverwaltung,
– Speicherverwaltung im weitesten Sinne,
– Benutzer- und Server-Administration,
– integriertes und übergangsloses Management gemischter NetWare- und UnixWare-Umgebungen.

Bisher gab es einerseits die Steuerung von Benutzern und Diensten orientiert an den NetWare-Servern und den darauf hierfür zur Verfügung stehenden Hilfsmitteln (logisches Netz) und davon völlig getrennt die Steuerung und Überwachung des physischen Netzes (Geräte, Medien, Verbindungen). NDMS integriert das Management des logischen und des physischen Netzes.

Dabei geht es von den Möglichkeiten der NetWare-Umgebung aus und ist so in weitem bereich flexibel und skalierbar. Nach Aussagen Novells kann NDMS als Teil einer NetWare-Umgebung interpretiert werden. Andererseits ist es möglich, NDMS in übergreifende Management-Plattformen auf Enterprise-Level zu integrieren oder mit diesen kooperieren zu lassen. NDMS besitzt eine flexible *Architektur*. Basis ist eine gemeinschaftliche, graphische *Schnittstelle*, die überall im Netz aufgerufen werden kann (sofern die betreffenden Rechte

vorhanden sind) und es ermöglicht, unabhängig vom Aufenthaltsort alle Netzwerk-Betriebsmittel von einer zentralen Konsole aus zu verwalten. NDMS arbeitet auf einer gemeinschaftlichen Datenbasis für das physikalische *Netzwerk*, Software-Anwendungen, Netzwerk-Benutzern und Verzeichnissen.Es gibt vier wichtige NDMS-Produkte
- *NetWare* Management System *NMS* 2.0,
- *NetWare* LANalyzer Agent 1.0,
- *NetWare* Navigator 3.0,
- *NetWare* Licensing Service SDK.

Durch seine offene *Architektur* erlaubt NDMS den Herstellern von Multivendor-Management-Plattformen auf Enterprise-Level (wie IBM *NetView*, HP OpenView, DEC PolyCenter und Sun SunNetManager) die Integration von NetWare-Umgebungen in ihre Systeme. Außerdem können Software-Entwickler die *NetWare* Management-Services benutzen und eigene Erweiterungen schreiben und anbieten.NDMS hat folgende wichtige Funktionsbereiche:

- Zentralisierte Beobachtung und Troubleshooting von Hubs, Routern, Servern, Hostverbindungen, Produkten zum Nachrichtenaustausch im weiteren Sinne, *NetWare* und UnixWare-Servern, Desktops und Workstations beliebiger Hersteller sowie deren Verbindungen,
- Fernwirkende Installation von Anwendungen und betriebssystemen für Desktops und *Server,*
- Zentralisierte Verwaltung von Lizenzen,
- Automatische Entdeckung und Aufzeichnung von Netzwerk- und Server-Ressourcen sowie zentralisierte Vergabe von Benutzungsrechten und Verzeichniszugriffsmöglichkeiten,
- Echtzeit-Trendanalysen und Buchführungs-Kontrolldienste,
- Automatisches *Backup* von Servern und Backup-Informationsaustausch zwischen Workstations und Servern,
- System-Management-Dienste: diese residieren eher auf dem *Server* als auf einer Konsole und dienen der besseren Verwaltung großer Netze und der Ereichterung der Installation neuer Netzwerk-Management-Anwendungen.

Alle diese Funktionsbereiche werden von einer einheitlichen Konsole angesprochen, die unterschiedlich realisiert werden kann. Dies wird durch Novells AppWare Technologie erreicht, die letztlich eine freizügige Auswahl einer Systemplatform erlaubt. NDMS hat für alle Funktionsbereiche eine einheitliche *Datenbank*. Hier werden die Informationen über das physische Netz (*Server*, Desktop Systeme, *Router*, Hubs), die Informationen über Software im Netz (einschließlich Versionsnummern, Lizenzen und Natur der Anwendungsprogramme), und die Informationen über die Benutzer (Account, Rechte, Verzeichnisse) bagelegt.

So können sich alle Management-Dienste diese *Information* zunutze machen.Da die Novell-Netzwerkstrategie neben NetWare-Sytemen auch UnixWare *Server*, Clients und angeschlossene UNIX-Systeme umfaßt, kann die Management-Strategie in gleicher Weise auch für UnixWare-Umgebungen *Anwendung* finden. Auch sie sind mit gleichem Funktionsumfang zu steuern und verwalten.

Um dies zu realisieren, wird Novell Verzeichnisdienstfunktionalität auf beiden Plattformen anbieten. Management auf Netzwerk- und Gerätelevel dieser *Server* geschieht mit dem Industriestandardprotokoll *SNMP*. Softwareverteilung und Lizenzmanagement werden auch hier durch den Navigator und die Licensing Services implementiert. Speicherverwaltungsmechanismen werden angeboten, um die Bakkup-Fähigkeiten der UnixWare-Systeme nutzen zu können. Kernprodukt von NDMS ist *NMS*.

Nebenstellenanlage
private branch exchange

Nebenstellenanlagen sind private Vermittlungseinrichtungen, an die eine oder mehrere Teilnehmer-Endeinrichtungen (sogenannte Nebenstellen) über Nebenstellenanschlußleitungen angeschlossen werden, und die durch eine oder mehrere Hauptanschlußleitungen mit dem öffentlichen Fernmeldenetz verbunden sind. Im englischen Sprachgebrauch werden die Nebenstellenanlagen auch als PBX (Private *Branch* Exchange) oder *PABX* (Private Automatic *Branch* Exchange) bezeichnet.

Die Nebenstellenanlagen werden auch heute schon für den gemeinschaftlichen Verkehr von Sprache und *Daten* benutzt. Dies ist z.B. zweckmäßig, wenn man eine Anzahl entfernterer Terminals im Hinblick auf eine zentrale DV-Anlage anbinden will und hier andere Inhouse-Vernetzungen unrentabel erscheinen, oder wenn räumlich abgesetzte Terminals über Amtsleitungen mit den Zentralrechnern verbunden werden müssen. Integrierte Nebenstellenanlagen bezeichnet man wegen ihrer Technik auch als - *CBX* (computerized branch exchange) oder als - CPBX (computerized private exchange). Es ist wichtig, auf die ISDN-Fähigkeit einer *CBX* zu achten. Generell kann man sagen, daß sich durch diese Fähigkeit dr Wert einer solchen Anlage erheblich steigert, da sie so auch z.B. für die *Verbindung* zwischen LAN-Inseln genutzt werden kann. Die wesentlichen Komponenten einer PBX sind die Steuerung und das Koppelfeld. An der Struktur dieser Komponenten lassen sich Generationen dieser Geräte klassifizieren:

In der ersten Generation sind die Steuerung und das Koppelfeld elektromechanisch aufgebaut. In der zweiten Generation werden elektronische Komponenten genutzt. Die Steuerung ist speicherprogrammiert. Die Anlagen arbeiten auf analoger, teilweise aber auch digitaler Basis (im wesentlichen in der Steuerung). Der Übergang zwischen PBX und CPBX vollzieht sich mit der *Digitalisierung* in der dritten Generation. Sie umfaßt volldigitale Anlagen mit speicherprogrammierter Steuerung und von Haus aus integrierter Sprach- und *Datenkommunikation*. Die *Digitalisierung* ist systemweit bis in die Anschlußleitungen ausgeführt.

Es können Endgeräte für die unterschiedlichsten Informationsformen *digital* angeschlossen werden. Die vierte Generation der verteilt realisierten Anlagen basieren intern auf einer LAN-Struktur. Diese Struktur kann auch für die schnelle Datenübertragung benutzt werden. Die CPBX stellen dann Synchronisationsmechanismen für die Benutzung der schnellen *Übertragungswege* bereit. Weiterhin vermitteln sie im Hinblick auf Breitbandhauptanschlüsse. Im Kern hat die Nebenstellenanlage folgende Komponenten:

– Koppelanordnung,
– Steuerwerk,
– Peripherie.

Um den eigentlichen Vermittler gruppieren sich: - Anschlußleitungen zur Nebenstelle und/oder zum Amt - Teilnehmereinrichtungen oder Netzeinrichtungen - Vermittlungsplätze und/oder Systemterminals Die nach außen angebotenen Ports können speziell ausgelegt sein, z.B. nur Sprache oder nur *Daten* (z.B. IEEE-802.3-Anschluß) oder universell (wahlweise) bzw. integriert (ISDN-Port). Die Steuerung einer Anlage der dritten Generation erfolgt durch Programme, die von einem oder mehreren Prozessoren abgearbeitet werden. Die Überwachung und Steuerung von außen geschieht mit Hilfe geeigneter E/A-Geräte und Terminals. Ein Signalisierungskanal unterstützt den Austausch von Steuersignalen. Er wird getrennt von den übrigen Kanälen ausgeführt. In der ISDN-Spezifikation sind für die Signale selbst eine *Bandbreite* von 64 kbit/s pro Richtung und für die Signalisierung zusätzlich 16 kbit/s vorgesehen.

NetBIOS wurde 1984 eingeführt; etwa zur gleichen Zeit wurde von Microsoft die LAN-Software Microsoft Networks, MS-Net, entwickelt, die ebenfalls auf NetBIOS-Interface und -Protokollen basiert. Weitere LAN-Software, sowohl von IBM als auch von Microsoft, wie *LAN* Manager oder LAN-Server, verfügen über NetBIOS-Schnittstellen. NetBIOS beschreibt die *Schnittstelle* zwischen dem *Betriebssystem* PC-DOS und einem beliebigen Transportsystemen und erfüllt die Funktionen der OSI-Schichten 3 bis 5, ohne die Protokolle der Schichten einzeln zu spezifizieren. Letztlich kann man die Funktion im Namen sehen: network basic input *output* system. NetBIOS erweitert die Möglichkeiten des bis dato vorliegenden einfachen BIOS um die Fähigkeit, *Daten* via einer Netzwerk-Adapterkarte ein- und auszugeben, wobei natürlich eine *Verbindung* zu wenigstens einer fremden

NetBIOS
network basic input output system

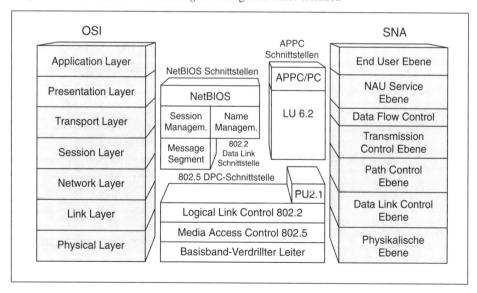

N

Adapterkarte vorliegen muß. Es bietet Anwendungsprogrammen einen *Datagrammdienst*, die Möglichkeit des Aufbaus virtueller Transportverbindungen und die Verwaltung symbolischer Namen für Endadressen. Neben *DOS* bieten auch Windows und OS/2 Treiber für NetBIOS. Kern von netBIOS ist der *NCB* Network Control *Block*.

Netman Ein von der IEFT formulierter Satz von Standards, der dazu dient, die Migration von TCP/*IP* zu OSI zu erleichtern.

NetView NetView ist das zu *NMA* (network management architecture) passende Produkt für das Management von hostorientierten *SNA*/SAA-Umgebungen. Auf dem *Host* installiert, hat es ein relativ vollständiges Wissen bezüglich der Vorgänge im logischen und physischen Netz. Ende 1990 wurde die neue Version 2 von NetView angekündigt. NetView gehört prinzipiell zum System /370 und dessen Nachfolgern, es ist auf seinem Gebiet leistungsfähig, hat jedoch deutliche Grenzen. Es orientiert sich nicht am Bedarf, einer nach *SNA* vernetzten Kleinsystemumgebung ist.
Obwohl Gateways zu Subnetzen mit Kleinsystemen wie System /36 möglich sind, besitzen diese Subnetze keine Management-Fähigkeiten, die unabhängig von einm System /370 wären. NetView ist der heutige Kern der IBM-Produkte zum Netzmanagement. Die Basiskomponente in NetView ist die command facility. Sie ist aus *NCCF*, der network communications control facility, hervorgegangen. *NCCF*

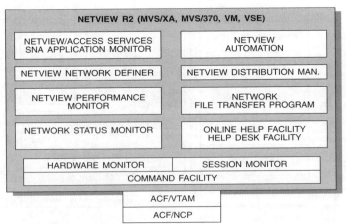

wurde erweitert, um mit anderen, neuen NetView-Komponenten zusammenzuarbeiten und neue Netzprodukte wie IBM 586X/38XX-Modems, 3710 Netz-Controller und *Token* Ring-Netze zu unterstützen.

NetView Version 2 hat gegenüber seinen Vorgängern eine Anzahl vor allem architektureller Verbesserungen aufzuweisen. Die praktischen Effekte dieser Verbesserungen sind eine bessere Nutzung der Betriebsmittel der Systeme, ein unkomplizierterer Austausch von Alarmen mit IBM und nicht-IBM-Geräten und eine effektivere Zusammenarbeit mit Geräten an Lokalen Netzen. Die wichtigste und seit längerer Zeit erwartete architekturelle Erweiterung ist die Möglichkeit der *Kommunikation* mit NetView über die *APPC/LU 6.2 Schnittstelle*. Diese hochwertige transaktionsorientierte *Schnittstelle* kann auf praktisch allen Geräten vom *PC* an aufwärts implementiert werden und ermöglicht die einfache Angliederung von zusätzlichen Prozessen für Management-Anwendungen und fremde Management-Schnittstellen wie *SNMP* oder *CMIP*.

NetView/6000

Eine der wichtigsten fundamentalen Veränderungen in der Informationsverarbeitung ist die Ablösung proprietärer *Hardware*, Protokolle und Software durch Industriestandards. Neben OSI ist hierfür in der Praxis vor allem die TCP/IP-Protokollfamilie als erfolgreicher Industriestandard zu nennen. Diese Protokollfamilie ist mittlerweile auf allen wichtigen IBM-Systemen vom PS/2 mit OS/2 über System /6000 mit AIX bis hin zu den Großrechnern /390 mit VM oder *MVS* verfügbar.

NetView/6000 ist ein Netz-Management-System für die Steuerung von SNMP-Geräten und die Überwachung von TCP/IP-Geräten. Neben Konfigurationsverwaltung, Fehlermanagement und Management-Anwendungen zur Leistungssteigerung bietet es die Möglichkeit zur Speicherung von Management-Daten, Anwendungsentwicklung über Menüs, eine *Schnittstelle* zur automatischen *Ablaufsteuerung* und natürlich eine bidirektionale *Verbindung* zu *NetView* auf den Systemen /370 und /390 um ein zentrales Management von gemischten *SNA* und TCP/IP-Netzen zu ermöglichen. *NetView*/6000 kann sowohl alleine als Basis eines dezentralisierten Managements als auch in *Verbindung* mit dem Host-NetView zur zentralisierten Netzsteuerung eingesetzt werden. Es gibt drei primäre Funktionsbereiche (*configuration*, fault, performance). Die aktuelle Netzwerk-Konfiguration wird in einer *Datenbank* beschrieben, alle verwalteten *Knoten* werden regelmäßig gepollt, um Fehler zu erkennen, Performance-Parameter werden permanent angezeigt. Zusätzlich zu diesen primären Anwendungen gibt es eine Menge von nützlichen Werkzeugen. Ein MIB-loader ermöglicht die Verwendung herstellerspezifischer MIBs für bestimmte Geräte.

Dies ist ein Lösungsansatz für das weitverbreitete Problem der Nichterkennung oder fehlenden Möglichkeit für den Zugriff auf Parameter fremder privater MIB-Erweiterungen. Ein MIB-browser ermöglicht einem Benutzer, MIB-Daten von jedem Gerät zu erhalten, welches *SNMP* unterstützt und diese *Daten* auch zu beeinflussen (SET). AIX *NetView*/6000 benutzt das AIX Netzwerk-Management information tool SMIT für die menüorientierte Installation. Sobald es installiert ist "endeckt" *NetView*/6000 das TCP/IP-Netz und zeigt es im Rahmen der voreingestellten Parameter an. Wenn die Voreinstellungen geändert werden sollen, kann ebenfalls SMIT benutzt werden, um umständliche und fehlerbehaftete Kommandos zu vermeiden.

NetView/PC *NetView/PC* ist eine strategische *NMA* Service-Punkt-Implementierung. Es ist eine Erweiterung der NetView-Services und dazu gedacht, das NetView-Netzmanagement über IBM LANs und ROLM Nebenstellenanlagen sowie über nicht-SNA und nicht-IBM-Kommunikationseinrichtungen hinweg auszudehnen. Bei *Token* Ringen kann *NetView/PC* z.B. ein *LAN* über einen Gateway-PC mit dem *NetView* verbinden. *NetView/PC* wurde frühzeitig veröffentlicht und ist vor allem dazu gedacht, Fremdhersteller in die Lage zu versetzen, auf ihren Produkten Kommunikationsüberwachungsteile zu realisieren, die mit dem Entry-Point, an den sie angeschlossen sind, kommunizieren. *NetView/PC* wird durch base system services definiert, die eine DOS-Erweiterung darstellen. Diese umfassen eine Help-Facility, Initialisierungshilfen, einen Session Manager, einen Dialogmanager und eine remote console facility, die es *NetView*/PC-Stationen ermöglicht, sich gegenseitig zu kontrollieren. Die Kunden haben *NetView/PC* kaum akzeptiert. Für die PC-Umgebung ist heute *LAN/NetView* wichtiger.

NetWare

Novell NetWare war eines der ersten echten Netzwerk-Betriebssysteme am Markt. Es wurde als Fileserver-Betriebssystem entwickelt und kann seit der Markteinführung im Jahre 1983 auf weit über eine Million Benutzer verweisen, die an über 150000 NetWare-Fileserver angebunden sind. Seine Mehrbenutzer- und Multitasking-Architektur befähigt das System, gleichzeitig verschiedene Anforderungen von Arbeitsplatzrechnern zu verarbeiten und mehrere unterschiedliche Betriebssysteme zu unterstützen. Damit steht es in völligem Gegensatz zu mittlerweile vom Markt verschwundenen Netzwerk-Betriebssystemen, die auf dem *Server* praktisch als *Anwendung* unter *DOS* liefen und somit pro Zeiteinheit auch nur eine Anfrage abarbeiten konnten, wie das IBM PC-LAN-Programm oder 3+ von 3Com.

OSI/RM	NetWare	Funktionen
Anwendungsschicht	File/Print-Serv. andere Funktionen mit SAPs u. NLMs	Unterstützung der Anwendungen, z.B. File/Print-Services
Datendarstellung	NetWare Shell	Anpassung von Funktionen und Formaten
Kommunikationssteuerungsschicht	Session durch NetWare-Kernfunktionen	Regelung der Zusammenarbeit von LAN, Server und PC-Betriebssystem
Transportschicht	SPX	Abschluß der Transportfunktionen
Vermittlungsschicht	IPX	Wegwahl bei mehreren Alternativen/Netzen
Sicherungsschicht	Controller auf LAN-Adapterkarte	Steuerung des Zugriffs auf das LAN-Medium Datensicherung
Bitübertragungsschicht	Transceiver auf LAN-Adapterkarte o.ä.	elementares Übertragungsprotokoll elektrische oder optische Sende-/Empfangstechnik
	LAN-Medium	physikalische Bitübertragung

Der heutige Erfolg von Novell beruht darauf, daß Novell die erste Firma war, die *Multitasking* auf den *Server* brachte, lange vor der »Erfindung« von OS/2 und lange bevor *Unix* ernsthaft auf Servern einzusetzen war. Heute bietet Novell von der Einsteigerversion NetWare Lite für 2 bis 25 Benutzer über die Kernversionen Netware 2.2 für um 100 Benutzer pro *Server*, NetWare 3.1 für bis zu 1000 Benutzer pro *Server* und Netware 4.0 mit praktisch unbegrenzter Benutzerzahl und Global naming und logischer Serverkopplung bis hin zu Versionen von NetWare unter anderen Betriebssystemen (*Unix*, VMS ...) ein breites Spektrum an, welches durch eine Vielzahl von Infrastruktur-, Hilfs-, und Koppelprogrammen von der Host-Kopplung bis zum Netzwerk-Management ergänzt wird.

Global naming bedeutet, daß man jedes Betriebsmittel im Netz lediglich durch seinen Namen referenzieren kann, ohne genau wissen zu müssen, auf welchem *Server* das Betriebsmittel implementiert ist. Im NetWare-System verwaltet der Fileserver die gemeinsam benutzten Betriebsmittel und koordiniert die Netzwerkaktivitäten. Je nach Version des Betriebssystems kann der *Server* weiterhin als Arbeitsstation genutzt werden (non *dedicated*) oder allein der Netzwerkkontrolle dienen (*dedicated*).

Der non-dedicated-Server kann aber nur in ganz kleinen Umgebungen empfohlen werden. Alle anderen Arbeitsplätze arbeiten mit ihrem *Betriebssystem*, wie OS/2, Macintosh OS, MS-DOS oder Windows, erweitert um die sogenannte NetWare-Shell (den redirector), die je nach *Betriebssystem* und LAN-Adapter zwischen 50 KByte und 100 KByte Hauptspeicher benötigt. Netware ist als hardware-unabhängiges *Betriebssystem* ausgelegt. Heute unterstützen alle Hersteller von Netzwerk-Hardware das Novell Betriebssystem.

Ein Anwender kann somit aus einer Reihe von Netzen mit unterschiedlichen physikalischen Eigenschaften wählen, mit denen sich die ganze *Bandbreite* verschiedener Geschwindigkeiten, Kabelarten, Entfernungen, Sicherheitsstufen und Ausbaumöglichkeiten abdecken läßt. NetWare unterstützt bisher fünf Schnittstellen für die Netz- und Anwendersoftware. Sie sind auf unterschiedlichen Ebenen im *ISO* 7-Schichten-Modell angesiedelt. Drei davon sind spezielle NetWare-Interfaces: IPX (internetwork packet exchange protocol) liegt auf der Schicht 3 und ermöglicht eine direkte *Adressierung* aus der *Anwendung* heraus.

IPX wird voll unterstützt auf allen LAN-Topologien, die unter Netware V2.0 oder höher laufen. SPX (sequenced packet exchange protocol) liegt auf der Schicht 4 des ISO-Modells. SPX stellt Mechanismen zur Verfügung, die eine fehlerfreie *Kommunikation* überprüfen. Die NetWare-Shell entspricht der Schicht 6 des *ISO*/OSI-Modells und ist eine Erweiterung der z.B. unter *DOS* vorhandenen Funktionen. Natürlich wird auch die LAN-Standard-Schnittstelle *NetBIOS* von Novell unterstützt. Novell bietet einen NetBIOS-Emulator an, der es ermöglicht, die gesamte Soft- und *Hardware*, die für die Netzwerke IBM PC-LAN und Token-Ring entwickelt wurden, unter NetWare anzuwenden.

NetWare unterstützt aber auch TCP/*IP* und NFS (network file system) und ermöglicht sowohl den Zugriff von Workstations am Novell-Netz auf Endsysteme, die TCP/IP-Protokolle zur *Kommunikation* benutzen wie auch umgekehrt den Zugriff von TCP/IP-Workstations auf Novell-Server. Von den neueren Netware Versionen werden auch Apple-Systeme problemlos und komfortabel unterstützt. Die Netware-Versionen 2.x eignen sich für Netzwerke mit realistisch bis zu 100 Arbeitsplätzen pro *Server*. Bis zu 3 GByte Plattenkapazität werden pro *Server* unterstützt.

Ab den Versionen 3.x können nur noch Intel-Prozessoren vom Typ 80386/486 und besser verwendet werden, da das *Betriebssystem* die Eigenschaften dieser Prozessoren zur Performance-Verbesserung voll ausnutzt. Bis zu 250 Benutzer pro *Server*, bis zu 4 GByte Hauptspeicher und bis zu 32 TByte an Plattenkapazität werden in diesen Versionen unterstützt. Mit der Version 4.0 tritt Novells NetWare in die Dimension der unternehmensweiten Vernetzung ein. Endlich können Benutzer mit Hilfe eines globalen namingsystems *transparent* auf *Dienste* zugreifen, und nicht mehr wie bisher, auf einzelne *Server*. Globales naming befördert NetWare von einer Server-basierten *Architektur* in die verteilte Netzwerk-Umgebung mit vielen durch ein Internetz oder *Router* verbundenen Subnetzen, Minis, und Hosts. Globales naming beschleunigt die Arbeit der Netzwerk-Manager alleine dadurch, daß Benutzerprofile sich jetzt nicht mehr auf einzelne Subnetze und deren *Server*, sondern vielmehr auf die gesamte Netzwerk-Umgebung beziehen.

Mit dem globalen Directory von Netware 4.0 definiert der Administrator die Rechte jedes Benutzers einmal für das gesamte Netz. Eine weitere wesentliche Erweiterung von NetWare ist *NMS*, ds NetWare Management System. Seit ein paar Jahren gibt es eine enge Kooperation zwischen Novell und IBM. Ergebnis ist u.a. eine große Sammlung von Möglichkeiten für die PC-LAN-Host-Kopplung, die unter dem

N

Sammelbegriff "NetWare for *SAA*" vermarktet werden. Generell werden die Funktionen in NetWare for *SAA* als NCM (Netware loudable module) implementiert. Sie können also leicht in einen NetWare *Server* ab 3.0 integriert werden und erlauben den Teilnehmern einen geregelten Zugriff auf die Betriebsmittel des Hosts. Im Laufe von 1994 ergeben sich folgende Änderungen:

- NetWare Lite wird überflüssig, da Novell *DOS* 7 peer-to-peer-networking Funktionalität enthält.
- Die NetWare 2.x-Linie wird eingestellt, da niemand mehr 386er als *Server* einsetzt.
- Die NetWare 3.x-Linie wird gestrafft und gegebenenfalls um eine günstige Einstiegsvariante erweitert.
- Die NetWare 4.x-Linie wird ausgebaut.
- Es wird eine Produktstrategie für die Einbindung mobiler Geräte geben.
- Die NetWare- und UnixWare-Welten wachsen weiter zusammen.

network connection Der Verbindungsaufbau erfolgt mittels eines Pakets, dessen *Adresse* die MAC-Adresse des Intermediate Systems (IS) ist. Das Intermediate System trifft die Entscheidung, es zu bearbeiten oder nicht. Basis dafür sind:

- die Routing-Kapazität,
- die zur Verfügung stehende QOS-Kapazität in Relation zu den geforderten QOS-Parametern,
- die zur Verfügung stehenden Management-Informationen.

Danach wird die Entscheidung getroffen, welcher Netzwerkdienst (welche Protokollvariante) für das *Paket* zu benutzen ist.

Der Verbindungsabbau erfolgt wenn entweder alle Pakete übertragen worden sind und die Sendestation einen Abbau-Request schickt, oder wenn eine nicht behebbare Fehlersituation auftritt und die *Übertragung* mit Fehlermeldung abgebrochen werden muß.

Datenpakete, die zu der eingerichteten *Verbindung* gehören, werden *transparent* weitergeleitet. dabei legt das IS je nach Bedarf Pausen ein. Tritt eine behebbare, d.h. vorübergehende Fehlersituation ein und die Reset-Funktion wird unterstützt, wird der Transfer vom Wiederaufsatzpunkt aus von neuem durchgeführt.

N

network directory building block

Die zentrale Funktion eines Directory ist die *Abbildung* von benutzerorientierten Namen für Kommunikations-Komponenten auf die intern zu benutzenden Adressen. Der *Directory-Dienst X.500* stellt diese Funktionalität bei *TOP* zur Verfügung. Allerdings setzt *TOP* wegen Terminproblemen noch auf einer Zwischenversion von *X.500* auf.

network internal layer service

Siehe *Router-Terminologie*.

network management building block

Network management stellt Werkzeuge zur Verfügung, die das Management von TOP-(und MAP-)Endsystemen vom entfernten System aus ermöglichen. *MAP/TOP* network management umfaßt *configuration* management, fault management und performance management. Da die internationale Standardisierung zu OSI network management noch nicht abgeschlossen ist, haben *MAP/TOP* relativ umfangreiche eigene Spezifikationen in diesem Bereich erarbeitet.

Netz, offenes

Netzwerk zur Datenübertragung, an das Datenverarbeitungsanlagen unterschiedlicher Art anschließbar sind. Voraussetzung ist die Einhaltung von Protokollen. Die unterschiedlichen Verständigungsebenen in einem offenen Netz (vom Transport der *Nachricht* bis zum Verstehen der *Information*) sind im OSI-Referenzmodell ausgearbeitet worden.

Netzabschluß
network termination

Funktionsgruppe, die dem Benutzer die Funktionen der Benutzer-Netzschnittstele bereitstellt. Durch ISDN-Netzabschluß 1 werden ausschließlich Funktionen der Schicht 1 des OSI-Modells ausgeführt, d.h. Funktionen, die ausschließlich dem physikalischen und dem elektrischen Abschluß der Teilnehmeranschlußleitung dienen (z.B. Synchronisierung, Codefehlerüberprüfung etc.). Der ISDN-Netzabschluß 2 führt Funktionen der Schichten 1 bis 3 aus (z.B. Verarbeitung von Protokollen der Schichten 2/3, Vermittlung, Verkehrskonzentration. Vermittlungseinrichtungen einer *Nebenstellenanlage*, *LAN* sind Beispiele für einen Netzabschluß 2.

Netzdienste
network services

So werden auch die Teilnehmerdienste der Telekom bezeichnet. Bei diesen Diensten sind in jedem Fall die physikalischen Schnittstellenbedingungen festgelegt sowie ggf. die Protokolle für Schicht 2 und 3 nach dem ISO-Referenzmodell.

Netzknoten	Einrichtung des öffentlichen Telekommunikationsnetzes mit Vermittlungs-, Konzentrator- oder Verteilfunktion für den öffentlichen Telekommunikationsverkehr.
Netzstruktur *topology*	In der Kommunikationstechnik unterscheidet man folgende Netzstrukturen (auch Netz-Topologien genannt): – **Ring-Struktur**: Bei diesem Netz mit dezentraler Vermittlungsintelligenz sind Stationen wie eine Kette hintereinandergeschaltet und zu einem Kreis zusammengeschlossen. Die Informationsübertragung erfolgt in einer vorgegebenen Übertragungsrichtung. Typischerweise erfolgt der Zugriff auf das *Medium* sequentiell von Station zu Station mittels Abrufsystem von der Zentralstation oder durch ein Zugriffs-Token von einer Station zur anderen. Die Schnittstellen der angeschlossenen Rechner sind Teil der ringförmigen Übertragungsleitung. Der Ausfall eines Rechners führt bei diesem System zwangsläufig zum Ausfall des gesamten Netzes, was in praktischen Ausführungen aber durch Konzentratoren mit Bypass-Funktionen für ausgefallene Rechner und meist doppelte Ausführung des Übertragungsmediums zwecks Umwegschaltung vermieden wird. Diese Netzform ist für *Lichtwellenleiter* interessant, da wegen der großen *Bandbreite* die Informationen für alle Teilnehmer auf einer *Leitung* transportiert werden können. Ein typisches standardisiertes Netz in Ringstruktur ist der Token-Ring (*IEEE* 802.5). Im LWL-Bereich ist das FDDI-Netz, das von *ANSI* standardisiert wird, das bekannteste Netz mit Ringstruktur.

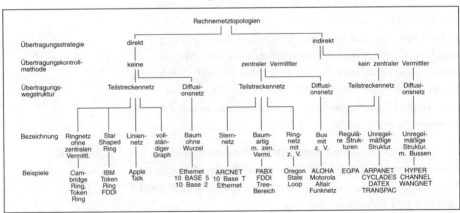

- **Bus-Struktur**: An einem *Medium* werden nebeneinander Stationen angeschlossen, die gleichberechtigt über Schnittstellen Zugriff auf die übertragene *Information* haben, d.h. alle angeschlossenen Geräte können im Prinzip jede übertragene *Information* empfangen. *Daten* können in beiden Richtungen gesendet werden. Die Vermittlungsintelligenz ist üblicherweise dezentral angeordnet. Typische Vertreter der *Bus-Struktur* sind das Ethernet-Netz (*IEEE* 802.3) und der Token-Bus, bei dem die dezentrale Vermittlungssteuerung auf einem gedachten (logischen) Ring basiert.
- **Baum-Struktur**: Von einem Hauptstrang, meistens einem *Breitbandkabel*, gehen Kabel-Äste aus, an Stationen, die wie beim Bus angeschlossen werden. Diese Struktur eignet sich gut für flächendeckende Verkabelung oder für Netze in mehrstöckigen Gebäuden. Baumstrukturen werden bei Breitbandnetzen (*IEEE* 802.4) und bei Metropolitan Area Networks (*MAN IEEE* 802.6) verwendet.
- **Stern-Struktur**: Die Übertragungsstationen sind sternförmig an einen zentralen *Knoten* angeschlossen. Sie können *Daten* nur auf dem Umweg über diesen austauschen. Man unterscheidet zwischen aktiven und passiven Sternsystemen. Bei ersteren ist der Mittel-Knoten ein Rechner, der die Weiterübermittlung der Nachrichten übernimmt. Seine Leistungsfähigkeit bestimmt die *Performance* des Netzes. Beispiel: Nebenstellenanlagen. Passive Sternsysteme haben in der Mitte nur einen *Knoten*, der die Wege zusammenfaßt. Dieser *Knoten* übernimmt keinerlei Vermittlungsaufgaben, sondern dient höchstens der Signalregeneration. Passive Sternsysteme können mit z.B. *TDMA*, *CSMA*/CD oder Token-Verfahren werden. Beispiel: *STARLAN* nach *IEEE* 802.3.
- **Vermaschte Struktur**: Bei einem Maschennetz sind sämtliche Knotenpunkte untereinander verbunden (z.B. oberste Ebene des Fernsprechnetzes). Die Vermittlungsintelligenz ist in den *Netzknoten* angeordnet.

Funktion, die den Übergang zwischen zwei Netzen ermöglicht. Die Netze können sich hinsichtlich der Zeichenvergabeverfahren, der Numerierungspläne und der Übertragungsverfahren unterscheiden.

Netzübergang
internetworking

Eine Gruppe von Computersystemen und Terminals, die über Kommunikationsleitungen miteinander verbunden sind, und die Informa-

Netzwerk
network

tionen und Ressourcen gemeinsam nutzen. Ein Netzwerk, auch als *Computer-Netzwerk* bezeichnet, umfaßt technische Einrichtungen (Leitwege, Vermittlungsstellen und Anschlußstellen)und entsprechende Übertragungs- und Vermittlungsverfahren. Die Terminals oder Netzwerk-Knoten liegen im Lokalen Netzwerk auf engem geographischen Raum oder in Großnetzwerken weit verstreut. Sie sind über *Kabel*, Wähl- oder Standleitungen verbunden. Das Netzwerk ist ein Mehrbenutzer- und Mehrfunktionssystem. Netzwerke können unterschiedlich aufgebaut sein, je nach Aufbauschema bezeichnet man sie z.B. als Bus-, Stern-, Ringnetz (*Netzstruktur*). Vorteile von Netzen sind u.a.: flexibler Austausch von *Daten* und Programmen, die wirtschaftliche Ausnutzung teurer Peripheriegeräte sowie die effektive Informationsbeschaffung und -verteilung. Siehe auch *Computer-Netzwerk*.

Netzwerk, öffentliches
public data network

Ein öffentliches *Netzwerk*, das Wählleitungen und/oder *Paketvermittlung* sowie Telekommunikationsdienste anbietet.

Netzwerk-Endstelle
network termination point

Bezeichnung aus dem Bereich der *Telekommunikation*. Am NTP kann z.B. ein Telefon (Teilnehmerapparat), eine Fernschreibstation, ein Terminal oder ein Vermittlungscomputer angeschlossen sein.

Netzwerk-Outsourcing
network outsourcing

Die Nutzung externer Kommunikationsnetze stellt eine Variante des *Outsourcing* dar. Als Folge der teilweisen Auflösung des Postmonopols und der geplanten Liberalisierung des Telekommunikationsmarktes in Europa traten private Carrier in den Markt ein. Nicht nur als Konkurrenz zur DBP Telekom, sondern ebenso mit dem Ziel, den Betreibern unternehmenseigener Netze Alternativen zu bieten. Neben diesem Netzwerk-Outsourcing gehören zu ihren Angeboten insbesondere VANs (value added network services) und *Mehrwertdienste*. Die Auslagerung von Kommunikationsleistungen ist ähnlich wie bei der *Datenverarbeitung* sehr stark von wirtschaftlichen Überlegungen geprägt. Hinzu kommen Flexibilitätsvorteile bei Bedarfsveränderungen. Gerade der starke Aufschwung in der grenzüberschreitenden *Kommunikation* hat dazu geführt, daß sehr viele ausländische Carrier mit eigenem internationalem Netz unter eigenem Namen oder in Kooperation mit deutschen Dienstleistern in den Markt eingetreten sind.

N

Beim virtuellen Netzwerk-Terminal handelt es sich um ein Kommunikationskonzept mit einer Vielzahl unterschiedlicher DTEs vom Typ Dialog-Endgerät, mit unterschiedlichen Protokollen, Codes und Formaten, die an das gleiche *Netzwerk* angeschlossen sind. Dies erfolgt durch ein Netzwerk-Processing, wobei die *Daten* von jedem Gerät in ein Standardformat konvertiert werden und anschließend wieder in das *Format* des Empfangsgerätes umgewandelt werden.

Netzwerk-Terminal, virtuelles
network virtual terminal

Die Netzwerk-Überwachung dient der Funktionsfähigkeit von Datenübertragungsnetzen. Im wesentlichen können drei verschiedene Konzepte unterschieden werden: Das main- und sidestream-Konzept sowie die Overlaymethode. Das mainstream-Konzept wird in erster Linie von Rechnerherstellern unterstützt. Die Netzmanagementfunktionen sind dabei in den Netzwerkkomponenten integriert. Es können Statistiken und die Erkennung von Problemen in Hard- und Software realisiert werden.

Netzwerk-Überwachung
network control

Das sidestream-Konzept ist hauptsächlich bei den Modemherstellern zu finden. Die *Kommunikation* zwischen den verschiedenen Netzwerkkompononenten erfolgt über einen *Hilfskanal*.
Die Netzwerkmanagementfunktionen konzentrieren sich hier in erster Linie auf die analogen *Übertragungswege* und schließen teilweise die digitale *Schnittstelle* ein. Die Overlaymethode ist herstellerunabhängig. Sie bedient sich verschiedener Komponenten, Zugangsmethoden und "Black-Box-Geräten", die nach Bedarf an den entsprechenden Netzpunkten angeschlossen werden. Im Unterschied zu den beiden anderen Konzepten müssen die zu überwachenden Einrichtungen nicht initialisiert werden.

Die den Netzwerken zu Grunde liegende Philosophie bestand zunächst darin, teure Peripheriegeräte, wie Plotter oder Laserdrucker nicht nur einem, sondern mehreren Benutzern zur Verfügung zu stellen. Später kam die gemeinsame Nutzung von Datenbeständen auf Hochleistungsfestplatten mit großer Kapazität hinzu.
Dies führt zu einer nachhaltigen Kostendämpfung, die dem Unternehmen an anderer Stelle zu Gute kommen kann. Eine besondere Rolle bei der Kosten-/Nutzen-Überlegung spielt daher die Tatsache, daß die Lizenzen für Netzwerksoftware, die an verschiedenen Workstations

Netzwerk-betriebssysteme
network operating system

N

innerhalb eines Netzwerks genutzt wird, preiswerter sind, als die gleiche Anzahl Lizenzen für Einzelplatzsysteme. Per Definition handelt es sich bei Lokalen Netzen um »Informationsübertragungssysteme die in territorial begrenzten Bereichen dem Informationsaustausch zwischen zahlreichen unabhängigen Kommunikationspartnern dienen«. Ein *Netzwerk* besteht grundsätzlich aus mehreren modularen Komponenten, gewissermaßen Bausteinen. Jeder dieser Bausteine hat eine bestimmte Aufgabe im *Netzwerk* zu erfüllen und muß genau auf die anderen Bausteine abgestimmt sein, um dies zu können.

Bei den wesentlichen Bausteinen, die für ein *Netzwerk* benötigt werden, handelt es sich zunächst um den Netzwerk-File-Server, Workstations, Netzwerk-Adapter und *Kabel* sowie MS/PC-DOS als *Betriebssystem* für die Workstations und einem Netzwerkbetriebssystem für den *File-Server*. Der *File-Server* ist der zentrale Baustein des Netzwerks. Dem auf ihm laufenden Netzwerkbetriebssystem obliegt die Aufgabe, die den Netzwerk-Benutzern zur Verfügung gestellten Ressourcen zu verwalten. Dies ist im wesentlichen die Verwaltung des von allen Benutzern gemeinsam genutzten Massenspeichers sowie die Steuerung der Schreib-/Lesezugriffe auf die Datenbestände.

Novell hat dieses Konzept für Netzwerkbetriebssysteme auf PC-Basis erstmals 1983 eingeführt. Daüber hinaus werden Druckaufträge von Netzwerkbenutzern in Warteschlangen eingereiht und nacheinander auf dem gemeinsam genutzten Drucker ausgegeben. Außerdem können bei Novell-Server-Betriebssystemen ab ELS II weitere *Server* eingerichtet werden, die bestimmte Teilaufgaben erfüllen, um den *File-Server* zu entlasten. So kann ein *Server* für die Drucker-Verwaltung eingerichtet werden und ein weiterer, mit einem *Modem* ausgestatteter *Server*, die Online-Kommunikation mit externen Stationen (zum Beispiel Filialen eines Unternehmens) verwalten. Bei den Workstations handelt es sich um die Arbeitsplätze, an denen die auf dem Massenspeicher des File-Servers gespeicherten Programme ausgeführt werden und von denen aus auf den gemeinsamen »Daten-Pool« zugegriffen wird.

Netzwerk-dienstprogramm
network utility

Eine verwaltungsmäßige Signalisierungseinrichtung im *Netzwerk*, die sich im Verbindungssteuerungsverfahren zwischen öffentlichen Wähl-Datennetzen befindet.

Komplexe Datennetze erfordern für den reibungslosen Betrieb eine von den Netzwerkkomponenten möglichst unabhängige Kontrolleinrichtung. Neben einer Optimierung der Netzwerkverfügbarkeit sorgen sie bei Ausfall von Netzwerkkomponenten für eine schnelle Ersatzschaltung bzw. Rekonfiguration des Netzes.
Die Palette der Einrichtungen reicht dabei vom einfachen Schnittstellentester über intelligente Monitorsysteme und Hardwaremonitore bis hin zu komplexen Netzwerkmanagementsystemen, bei welchen die Funktionen Statistik, Überwachung, Alarm und Rekonfiguration integriert sind.

Netzwerk-Kontrollzentrum
network control center

Konzepte für das Netzwerkmanagement sind in zwei Kategorien zu untergliedern:
- Konzepte für das Management lokaler Teilnetze,
- Konzepte für die Integration der Managementumgebungen.

Betrachten wir das Management eines vernetzten Systems global, so gibt es eine Zweiteilung in äußere und innere Funktionen.
Die äußeren Funktionen sind solche, die vom Sytsem selbst nicht vollständig ausgeführt werden können und von natürlichen Personen wie »Administratoren« oder »Repairmen« erledigt werden müssen, wobei das System selbst höchstens unterstützend wirkt. Die inneren Funktionen werden durch das System selbst ausgeführt, um seine Leistungsfähigkeit im Hinblick auf Funktionalität, Reaktionsfähigkeit und Zuverlässigkeit sicherzustellen.
Man spricht in diesem Zusammenhang auch davon, daß es drei kritische Erfolgsfaktoren für das Management von Kommunikationsnetzen gibt: Methoden, Werkzeuge und menschliche Ressourcen. Zu den Aufgaben des Netzwerkmanagements gehören:
- Die Netzsteuerung (operational management), die die Funktionen beschreibt, die im laufenden Betrieb dazu benutzt werden, die Netzwerkbetriebsmittel bereitzustellen und zu verwalten.
- Das Fehlermanagement (maintenance) faßt alle Funktionen zusammen, die zur Fehlerprophylaxe, Fehererkennung und Fehlerbehebung im *Netzwerk* benutzt werden können. - Die Konfigurationsverwaltung (*configuration* management) enthält Hilfsmittel und Funktionen zur Planung, Erweiterung und Änderung der Konfiguration sowie zur Pflege der Konfigurationsinformationen.

Netzwerk-Management
network management

– Das Netztuning (performance management) stellt Hilfsmittel und -werkzeuge zur Messung und Verbesserung des Leistungsverhaltens des Netzwerks bereit.

Die Benutzerverwaltung (user administration) enthält Mittel zur ordnungsgemäßen Abwicklung der Benutzung des Netzwerks wie Zugangsverwaltung, Verbraucherkontrolle und Abrechnungshilfen sowie Informationsdienste.

Zusätzlich zu den grundsätzlichen Aufgaben des Netzmanagements Planung, *Implementierung* und Kontrolle der diversen physischen und logischen Elemente eines Netzes muß man weitere Anforderungen an ein Managementsystem stellen. Dies betrifft vor allem das Zusammenspiel zwischen Informationen aus dem System und den Entscheidungsträgern, den Netzadministratoren. Sie müssen die geeigneten *Daten* geliefert, fomatiert und präsentiert bekommen. Sie brauchen eine Möglichkeit, Informationen untereinander und mit dem Gesamtsystem austauschen zu könnnen. Dabei kann man voraussetzen, daß die Administratoren räumlich voneinander getrennt sind. Die Informationsaufbereitung und -ausbreitung sollte in höchstem Maße verfügbar und schnell sein. Denkt man an die Integration von *PC* LANs und Großrechnerumgebung, MANs, WANs und LANs, Nebenstellenanlagen und Einzelleitungen, Minis, Mikros und aller sonstigen Komponenten, erweitern sich die Aufgaben jedoch schlagartig. Die Funktionen des integrieten Netzwerkmanagements werden heute allgemein in drei Dimensionen unterteilt: Benutzerdimension, Netzwerkdimension und Technologiesicherungsdimension.

Netzwerkdimension:
– Dokumentation des installierten Systems vom *Kabel* bis hin zur Software,
– Installation von Komponenten,
– Konfiguration von Komponenten,
– Statusüberwachung,
– Lastmessung,
– Wartung/Tests,
– Fehlerprophylaxe/Fehlerbehebung.

Benutzerdimension:
– Erstellung einer Sicherheitspolitik,
– Abteilung von Benutzerprofilen/Begriffsrechten,

- Einrichtung neuer *Dienste,*
- Auswertung von Logfiles,
- Konfiguration der *Server,*
- Erstellung eines Organisations- und Betriebskonzeptes.

Technologiesicherungsdimension:
- Know-how-Aufbau,
- Koordination der Standorte,
- Erarbeiten und Setzen von Unternehmensstandards,
- Komponententests,
- Leistungsanalysen und
- Erweiterungsplanung

Ohne Standards keine *Kommunikation*, ohne Standards kein *Netzwerkmanagement*. Im Gegensatz zur Netzwerksteuerung in homogenen Welten, z.B. einem zentralen SNA-Netz, kommen bei größeren LAN-Installationen gegebenenfalls viele Komponenten unterschiedlicher Hersteller zusammen und verbinden Stationen unterschiedlicher Herkunft. Das Management eines solchen heterogenen Systems basiert üblicherweise auf einer Managementplattform. Die wichtigsten Standards sind heute *CMIP/CMIS* aus dem OSI-Managementmodell und *SNMP* aus dem TCP/IP-Umfeld. *CMIP/CMIS* hat, wie alle OSI-Protokolle, eine Reihe von Startschwierigkeiten, die vor allem in der aufwendigen *Implementierung* begründet sind. Deshalb hat *IEEE* 802 für LANs eine vereinfachte Variante mit dem Namen *CMOL* (*CMIP* over *LLC*) vorgeschlagen. *SNMP*, seine Weiterentwicklung *SNMP* II und *CMOL* sind die für LANs wichtigen Managementstandards.

Netzwerk-Management-Standards
network management standards

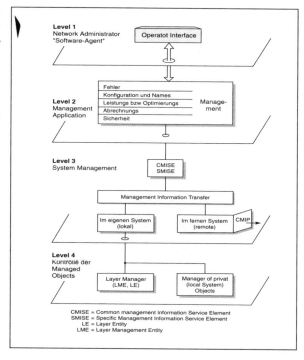

NMA
network management architecture

NMA spezifiziert im Rahmen der heute installierten, eher klassisch zu nennenden SNA-Welt die Management-Services, die dazu gebraucht werden, die Funktionen innerhalb eines SNA-Netzes zu planen, zu organisieren und zu kontrollieren. *NetView* ist das zu NMA passende Produkt. Auf dem *Host* installiert, hat es ein relativ vollständiges Wissen um die Vorgänge im logischen und physischen Netz. Ende 1990 wurde die neue Version 2 von *NetView* angekündigt.

– Das **Problemmanagement** ist der Prozeß der Handhabung von Problemen im Netz von der Entdeckung bis zur Lösung. Im Rahmen der Problembestimmung werden Probleme in Hard-, Soft- und Firmware durch einen automatisierten Prozeß oder "von Hand" entdeckt. Die Diagnose stellt die Ursache des Problems fest. In vielen Fällen wird man die Ursache nicht sofort beseitigen können, sondern muß versuchen, daß Problem zunächst einmal einfach zu umgehen (problem bypass) und nach ggf. durch das Problem entstandenen Fehlern wiederaufzusetzen (problem recovery).

– **Leistungs- und Abrechnungsmanagement** ist der Teil von NMA, der die Nutzung von Netzkomponenten quantifiziert, aufzeichnet, kontrolliert und saldiert. Die Beobachtung von Antwortzeitmessungen erzeugt Problemmeldungen, wenn vorbestimmte Schwellwerte

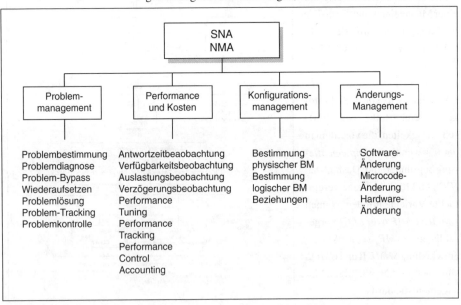

überschritten werden. Auch die Aufzeichnungen über Auslastung und Verfügbarkeit von Netz-Betriebsmitteln und Servern sowie Verzögerungsmessungen über Netzkomponenten kann bei Über- bzw. Unterschreitung vorgegebener Werte entsprechende Alarme erzeugen.

- Das **Konfigurationsmanagement** kontrolliert die *Information*, die dazu benötigt wird, vernetzte Betriebsmittel und deren Abhängigkeiten und Wechselwirkungen jederzeit zu identifizieren. Dies betrifft gleichermaßen physische und logische Netzbetriebsmittel wie Hosts, Kommunikationsvorrechner, *Cluster Controller*, Modems, *Multiplexer* Konzentratoren und *Protokollkonverter* sowie deren Soft- und Firmware. Die Ressource-Identifikation richtet sich dabei nach Leitungstypen, Seriennummern, Inventurnummern, Telefonnummern, Zuordnungen für realen und virtuellen Speicher sowie Programmnummern. Logische Betriebsmittel werden durch Informationen gekennzeichnet, die das *Betriebssystem* erzeugt, wie *SSCP*, Lu oder Pu-Namen, Adressen, Bereichszustände und qualifizierte Zugriffsobjekte (Capabilities).

- **Änderungsmanagement** ist der Prozeß der Planung und Kontrolle von Änderungen (Hinzufügen und Entfernen sowie Modifikation von vernetzter *Hardware*, Microcode und Software). Die Software-Änderungskontrolle achtet auf Softwarebewegungen wie Installation, Entfernung, Modifikationen und Modulen, die nur vorübergehend installiert werden.

NMA unterscheidet konstruktiv zwischen focal point, entry point und service point. Üblicherweise residiert der focal point in einem System /370 Er stellt zentralen Netzwerk-Management Anwendungen vorbereitete und bereinigte Netzwerk-Management-Daten zur Verfügung. Entry points sind Stellen, die Netzwerk-Management-Services für sich selbst und für die an sie angeschlossenen SNA-Betriebsmittel und Geräte zur Verfügung stellen.

Service points liefern Management-Services zur Unterstützung des Zugriffs von nicht-SNA-Einheiten in *SNA*. Sie sind sozusagen Netzwerk-Management-Server: sie sammeln Netzwerk-Management-Daten von nicht-SNA-Einheiten, konvertieren diese *Daten* in SNA-Netz-Management-Service-Daten und leiten die *Information* zu einem focal point weiter. Die *Kommunikation* zwischen den Nicht-SNA-Betriebsmitteln und den Service points werden nicht durch SNA-Protokolle verwaltet. Das Mitte 1986 angekündigte *NetView* Rel. 1 ist die strategische *Implementierung* eines focal points innerhalb *SNA*. Es faßte Elemente der wichtigsten bisherigen IBM-Produkte zum Netz-Management zusammen.

NMP
name management protocol

Zum Verbindungsaufbau benötigt die Sitzungsschicht den Namen des Partners. Dieser ist in der Regel im Namensverzeichnis des lokalen Hosts abgelegt.

NMS
Netware Management Services

Die NMS-Architektur besteht aus zwei Schichten. Die Plattformschicht (eben NMS) unterstützt Management-Anwendungen durch automatische Entdeckung von *Knoten*, *Abbildung* von IPX und IP-Geräten, zentrales Alarm-Management, eine *Datenbank* und eine konsistente graphische Oberfläche. Auf der Plattformschicht laufen Anwendungen wie der *NetWare* Services Manager oder der *Hub* Services Manager, die die *Dienste* der Plattformschicht gemeinsam nutzen. Mit der Verwendung von Btrieve steht dem Benutzer zwar keine objektorientierte Datenbankarchitektur zur Verfügung, aber eine erprobte und weitverbreitete relationale *Datenbank*. Anwendungen laufen üblicherweise auf einem Windows-PC, während die zugrundeliegenden Plattformdienste zwischen der Konsole und den verwalteten Servern verteilt werden.

Alarm-Management z.B. ist noch eine Funktion der Windows-Konsole, während die automatische Entdeckung von Stationen als *NetWare* loadable module implementiert wurde. NMS 2.0 ist im Zusammenhang mit der *NetWare* Distributed management services strategy *NDMS* zu sehen. NMS 2.0 ist eine geschlossene Plattformlösung für die Verwaltung verteilter Multivendornetze mit einem integrierten System. Zum ersten Male können *Dienste* wie Adreßverwaltung, Anwendungen und Netzwerkanalysatoren und Geräte wie Hubs, *Router Server* und Workstations von einer zentralen Konsole aus gesteuert und verwaltet werden.

Durch den Zusammenhang zu *NetWare* ist allerdings gewährleistet, daß die Lösung in weitem Bereich skalierbar ist, vom kleinen Unternehmen aufwärts. NMS 2.0 läuft unter Microsoft Windows, was seiner Leistungsfähigkeit nach oben hin Grenzen setzen dürfte. NMS 2.0

N

besitzt Mechanismen zur Verteilung von Management-Service-Programmen und -Modulen und erleichtert damit die Verwaltung entfernter Betriebsmittel, die Einführung benutzerspezifischer Regeln oder zusätzlicher *Dienste*.

Der Netzwerkadministrator hat es mit einer einzigen, umfassenden Darstellung des Netzes zu tun, die sich auf eine durchgängige *Datenbank* stützt. Die Produktmerkmale umfassen netzweit verteilte Analyse von Interaktionen zwischen an das Netz angeschlossenen Geräten, die Fernüberwachung kritischer *Dienste*, die Verwaltung von IP- und IPX-Adressen und die vollständige Darstellung aller beteiligten Geräte.

Zur korrekten Nutzung der Begriffe "*Standard*/Norm" bzw. "Vorschrift und *Empfehlung* ist es notwendig, einen Blick auf die jeweiligen Definitionen zu werfen, auch wenn sie teilweise nicht eindeutig sind. Unter einer Norm (engl."*Standard*") versteht man eine allseits rechtlich anerkannte und durch ein Normungsverfahren abgesegnete, allgemeingültige sowie veröffentlichte Regel zur Lösung eines Sachverhaltes.

Norm
standard

Bei dem in der Literatur ebenfalls häufig verwendeten Begriff "*Standard*" ist zu unterscheiden zwischen der falschen Verwendung als Synonym für das Wort "Norm" und den Bedeutungen "Industrie-Standard" und "herstellerspezifischer *Standard*". Ersteres bedeutet, daß dieses Regelwerk die Instanzen eines Normungsverfahren - auf nationaler oder internationaler Ebene - durchlaufen hat und anschließend als Vorschrift abgesegnet sowie veröffentlicht wurde. "Industrie-Standard" bedeutet, daß es sich im Laufe der Jahre durch die Praxis vieler Anwender und verschiedener Hersteller als technisch nützlich und richtig erwiesen hat, bei einer gewissen Problemstellung ein bestimmtes pragmatisches Regelwerk einzuhalten, ohne daß ein (inter)nationales Normungsverfahren durchgeführt wurde. Ein "herstellerspezifischer *Standard*" hingegen ist noch schwächer: Eine Vielzahl Anwender hat aufgrund mehrjähriger Erfahrungen die Erkenntnis gewonnen, daß es vorteilhaft ist, den firmenspezifischen Spezifikationen eines Herstellers zu folgen. Weiterhin findet man in der Literatur den Begriff "*Empfehlung*". Dieses ist die schwächste Form der Normung: Anwender und Hersteller sind in keinem Fall verpflichtet, sich danach richten zu müssen.

559

N

Normungsgremien — Organisationen, die Empfehlungen herausgeben, sind auf dem Gebiet des Fernmeldewesens etwa die verschiedenen Posthoheitsträger: weltweit ist es *CCITT* (Comité Consultatif International Télégraphique et Téléphonique), europaweit *CEPT* (Conférence Européenne des Administrations des Postes et Télécommunications) und für Deutschland national die DBP Telekom. Empfehlungen werden aber auch von einer Reihe von Forschungseinrichtungen entwickelt.

Im Bereich der LANs ist hier insbesondere die IEEE-Arbeitsgruppe 802 (Institute of Electrical and Electronics Engineers) zu nennen. Organisationen, die dahingegen rechtsverbindliche Normen publizieren, sind auf weltweiter Ebene *ISO*, auf Europaebene *IEC* und CEN sowie auf nationaler Ebene in Deutschland *DIN* (Deutsches Institut für Normung), in den USA *ANSI* (American National Standards Institute) und in Großbritannien BSI (British Standards Institution).

Eine internationale *Norm* hat immer Vorrang vor einer nationalen Lösung. Ferner besteht zwischen den nationalen und internationalen sowie zwischen den normgebenden und den beratenden und den empfehlenden Mitgliedern der nationalen und internationalen Normungsszene vielschichtige Kooperationen. In all diesen Gremien sind öffentliche Behörden genauso vertreten, wie Anwender und Hersteller.

NPDA
network problem determination application

Ein Host-residentes IBM-Programmpaket, mittels dem der Netzwerkbetreiber interaktiv Netzwerkprobleme von einem zentralen Punkt aus feststellt.

NRZ
non return to zero

Codierverfahren für pulsecodemodulierte *Daten*. Hierbei werden 1-Bit-Signale durch einen hohen Pegel dargestellt, 0-Bit-Signale durch

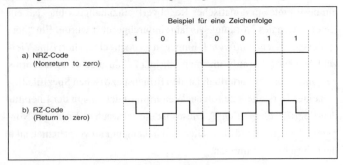

N

ein "low" des Pegels. Bei aufeinanderfolgenden Bits von gleichem logischen Wert bleibt der Signalpegel unverändert. Das Verfahren ist nicht selbsttaktend, d.h. es besitzt keine Synchronisiereigenschaften, erlaubt aber höchste Datenraten. Während jeder Bitperiode bleibt der Signalpegel konstant.

Ein binäres Codierschema, bei dem das *Signal* für die "Eins" einen low-Zustand repräsentiert und das *Signal* für die "Null" einem high-Pegel entspricht. Das Verfahren repräsentiert jeweils die invertierten Werte des NRZ-Verfahrens.

NRZ-I
non return to zero inverted

Ein IBM-Programm, das synchrone oder asynchrone Nicht-SNA-Produkte über eine NCP-getriebene *Steuereinheit* mit SNA-Netzwerken verbindet.

NTO
network terminal option

Kennummer eines Wählanschlusses der Gruppe P. Für Auslandsverbindungen über diesen *Anschluß* ist die internationale NUA der Gegenstelle wichtig. Sie muß durch die vorangestellte Zugangskennziffer für Auslandsverbindungen (0) ergänzt werden.

NUA
network user address

Siehe *Teilnehmerkennung*. NUI steht für *network user identification*.

NUI

Einrichtung, die verschiedene Interface-Leitungen umkehrt, damit zwei DTEs miteinander über Länge eines RS 232-Kabels kommunizieren können, ohne dabei ein *Modem* zu benutzen.

Nullmodem
null modem/ modem eliminator

Steuerzeichen, das, ohne die Bedeutung einer Datensequenz zu verändern, hinzugefügt oder entfernt werden kann. Wird typischerweise in time slots oder unbenutzte Felder eingefügt.

Nullzeichen
null character

Die Zeit, während der eine Direktrufverbindung genutzt wird. Sie ist im allgemeinen auch eine Bemessungsgröße für das Berechnen der Gebühren. Bei internationalen Festverbindungen ist die Verkehrszeit und in allen anderen Fällen die *Verbindungszeit* maßgebend.

Nutzungszeit

O

O/E-Wandler — Optoelektronischer Wandler. Dafür kommen im wesentlichen nur PIN-Dioden und Avalanche-Dioden in Betracht, wobei Avalanche-Dioden dann eingesetzt werden, wenn man es mit sehr kleinen Eingangsleistungen zu tun hat. Für den kurzwelligen Bereich bis 850 nm nahe dem optischen *Fenster* werden Silizium-Dioden verwendet, während bei der vorwiegend verwendeten *Wellenlänge* 1300 nm Indium-Galliumarsenid bevorzugt wird.

OCAL
online cryptanalytic aid language — Hilfssprache zur *Verschlüsselung* auf Ebene 1 des OSI-Referenzmodells.

ODA
office document architecture — Architekturmodell für Dokumente in hierarchischer Form für die logische und physische Struktur von Dokumenten. Mit ODA hat man versucht einer Vielzahl von Anforderungen an eine umfassende Dokumentenarchitektur gerecht zu werden. Dazu gehören u.a.:
- die Definition von Komponenten und deren Eigenschaften,
- die Definition von Mitteln zur Steuerung und Kontrolle von Strukturen,
- die Zukunftsorientierung insbesondere auf Erweiterungsfähigkeit von neuen Dokumentinhalten und
- die optimale Verwendungsmöglichkeit von einfachsten bis hin zu komplexen Editoren.

odd parity
Ungerade Parität — Erforderlichenfalls der Zusatz eines einzelnen Bits zu einer Dateneinheit, um die Gesamtzahl der Bits zu Überprüfungszwecken ungeradzahlig zu machen.

odd-even-check — *Paritätsprüfung*, also Prüfung darauf, ob die Gesamtzahl der Bits einer Dateneinheit geradzahlig oder ungeradzahlig ist.

ODER
or — Digitallogische, meist integrierte, Schaltung zur Bewertung eines von mehreren Eingängen am Ausgang. Diese Schaltung wird auch inklusives ODER genannt, weil auch mehrere vorhandene Eingangssignale zu einem Ausgangssignal führen, im Gegensatz zu dem exklusiven ODER, bei dem beim Vorhandensein mehrerer Eingangssignale der Ausgang wieder auf Null geht; diese Schaltung spielt bei arithmetischen Operationen eine immens wichtige Rolle.

ODIF ist Bestandteil von *ODA* und stellt ein einheitliches *Format* zur Beschreibung von sog. Bürodokumenten zur Verfügung. Dokumente können *Text*, Graphik und (rasterorientierte) Bilder enthalten. Die in *ODA* definierten Strukturen sind von der Funktionalität her nicht aber formal beschrieben. Damit soll den bearbeitenden Prozessen die Freiheit gegeben werden, selbst die effizienteste Abspeicherung zu wählen. Bei externer Abspeicherung oder *Übertragung* verwendet man als einheitliche Syntax ASN.1
ODIF
office document interchange format

Darstellung der Dokumentationsarchitektur durch eine spezielle Sprache. ODL steht für *office document language*
ODL

Projekt der Deutschen Bundespost Telekom unter dem Namen *Modacom*, mit dem über tragbare Terminals Datenbestände aus den Büros über Funk abgefragt werden können.
Öffentlicher Datenfunk

Sammelbegriff für Leitungsnetze, die der Öffentlichkeit zugänglich sind.
Öffentliches Netz
public network

Käufer von Computern und Zubehör, der diese Geräte nicht einzeln benutzt, sondern sie in die Produkte, die er herstellt, einbaut, oder daß sie Teil eines von ihm hergestellten Systems werden.
OEM
original equipment manufacturer

Einrichtung der Deutschen Bundespost Telekom. Dazu gehören alle noch in Betrieb befindlichen Mobilfunknetze, das sind *B-Netz*, *C-Netz* und *D-Netz*.
ömL
Öffentlicher mobiler Landfunk

Standardisierte Offene *Kommunikation* gemäß OSI und Offene Systeme gemäß *X/Open* sollten eigentlich für die Realisierung von Offener Verteilter Verarbeitung ausreichen. *ISO* sieht dies anders und arbeitet an einem Referenzmodell für open distributed processing (RM-ODP). Die ersten Umrisse des RM-ODP zeichnen sich ab. Die Offene *Kommunikation* zwischen heterogenen Systemen wird durch die Aktivitäten im Bereich OSI (open systems interconnection) vorangetrieben. Auf der anderen Seite werden erfolgreich Standards für Offene Systeme unter dem Schlagwort *X/Open* erarbeitet. Im Bereich von OSI wird zunehmend versucht, den ursprünglichen Definitionsbereich,
Offene Verteilte Verarbeitung

nämlich die Definition von Kommunikationsdiensten und die Spezifikation von Kommunikationsprotokollen, auszuweiten auf die verbindliche Festlegung von Programmier-Schnittstellen in den Systemen selbst, den sogenannten APIs (application programming *interface*).

Andererseits ist im Bereich der offenen Systeme, nachdem dort ursprünglich TCP/*IP* einen De-facto-Standard für die *Kommunikation* darstellte, mittlerweile auch die offene *Kommunikation* gemäß OSI im Vormarsch. OSI-Kommunikation ist somit heute Bestandteil der Definition offener Systeme. Darüber hinaus sind Festlegungen zur verteilten Verarbeitung identifizierte Arbeitspunkte für *X*/Open.

Man sollte also annehmen, daß mit dem Zusammenwachsen und sich Ergänzen von offener *Kommunikation* und offenen Systemen die Voraussetzungen und Mittel für die Realisierung einer Offenen Verteilten Verarbeitung, nämlich dem open distributed processing (ODP), gegeben sind. Dies ist in gewissem Umfang auch richtig. Andererseits hat sich gezeigt, daß Offene Verteilte Verarbeitung viel mehr Aspekte berührt, als von den Teilbereichen der offenen *Kommunikation* und der offenen Systeme abgedeckt oder überhaupt nur angesprochen werden.

Das heißt, ODP ist ein eigenständiges Thema, das den Themen offene *Kommunikation* und offene Systeme übergeordnet ist. Verteilte Verarbeitung wird heute bereits in vielen Formen praktiziert. Sie beruht entweder auf Herstellerstandards, die in manchen Fällen den Rang eines De-facto-Standards haben und damit eine gewisse Offenheit bieten (z.B. IBM *SAA*, Novell Netware), oder auf internationalen Standards in Teilbereichen der verteilten Verarbeitung, z.B. Mail und Dokumentenstandards oder *Client/Server*-Konzepte im Bürobereich, MAP-Standards im Produktionsbereich oder Filetransfer- und EDI-Standards in der firmeninternen und firmenübergreifenden *Kommunikation*. Wie in der Einleitung ausgeführt, gibt es wesentliche Aktivitäten zur Standardisierung von Teilaspekten der verteilten Verarbeitung in den Bereichen der offenen *Kommunikation* (OSI) und der offenen Systeme (*X*/Open).

Um zu gewährleisten, daß die Aktivitäten bei den Herstellern und in den Teilbereichen der Standardisierung konvergieren, hat die *ISO* unter dem Titel Open Distributed Processing die Arbeiten zur Standardisierung der verteilten Verarbeitung aufgenommen. Bei der verteilten Verarbeitung im Sinne der *ISO* steht der Aspekt der Informationsspeicherung und -verarbeitung im Vordergrund und nicht der Aspekt der *Kommunikation*. Dies kommt auch bei der Definition der *ISO* für verteilte Verarbeitung zum Ausdruck.

Sie definiert das distributed processing (*DP*) als eine Klasse von Aktivitäten der Informationverarbeitung, an welcher einzelne Komponenten in mehr als einem Ort, unter expliziter Zuhilfenahme von *Kommunikation* beteiligt sind. Open Distributed Processing ist dann das Distributed Processing in einem heterogenen System- und Kommunikationsfeld, das konform mit den noch zu erarbeitenden ODP-Standards ist.

Die Zielsetzung von ODP ist es, *Information* in einer verteilten, heterogenen System- und Kommunikationsumgebung korrekt, geschützt und für den autorisierten Zugriff verfügbar zu haben.

Die Darstellung des realen offenen Systems im ISO-7-Schichtenmodell.

Offene Systeme
open systems

Methode der *Datenfernverarbeitung*, auch indirekte oder unabhängige *Datenfernverarbeitung* genannt. Hierbei ist die *Datenverarbeitungsanlage* nicht mit den zur *Übertragung* von *Daten* benutzten Übertragungswegen verbunden. Die *Daten* werden zunächst auf Datenträgern erfaßt oder umgesetzt, bevor diese der Zentraleinheit übergeben werden. Auf diese Weise kann die schnellere Zentraleinheit unabhängig von den langsameren Peripheriegeräten arbeiten. Offline-Ausdrucke erfolgen beim *Host* und werden dem Benutzer postalisch zugestellt. Häufig können Geräte, die in der beschriebenen Art arbeiten, wahlweise an eine *Datenverarbeitungsanlage* angeschlossen werden (On-line-Betrieb).

Offline

Die mit drei Bit codierbaren acht Kombinationen aus 0 und 1, von 000 bis 111. Diese Darstellungsweise wurde früher in der *Datenverarbeitung* benutzt und ist mittlerweile obsolet. Sie wurde abgelöst durch das *Hexadezimalsystem*, das sechzehn Kombinationen zuläßt, sich in vier Bit darstellt und in Kombination zu je zwei, ein *Byte* ausfüllt und damit bequemer handhabbar ist als eine oktale Darstellung.

Oktal
octal

O

Oktett — Gruppe von acht Bits, die gemeinsam übertragen, vermittelt oder verarbeitet werden (z.B. PCM-Wort, Datenwort).

Online-Betrieb
on-line operation — Eine der möglichen Betriebsarten eines Rechners, bei der die Peripheriegeräte in direkter *Verbindung* mit dem Rechner stehen. Beim Online-Ausdruck wird z.B. ein Zitat sofort auf dem eigenen Terminal ausgedruckt.

OPAL
Optische Anschlußtechnik — Feldversuch, Haushalte über *Glasfaserkabel* anzuschließen (fiber-to-the-home, FTTH).

open shortest path first — OSPF ist das seit 1989 aufkommende Routing-Protokoll, das RIP kurz- bis mittelfristig ablösen wird. Es ist im RFC 1131 spezifiziert. OSPF bietet folgende Qualitäten: -hierarchische Strukturierung, Einsatz eines Link State-Algorithmus, Überbrückung größerer Entfernungen als 14 Zwischensysteme, flexible Metriken.

operating system
Betriebssystem — Siehe *Betriebssystem*.

Operation — Kommando-, Befehls- oder Anweisungsausführung. In Computern können das arithmetische oder logische Operationen sein, in Datennetzen solche, die dem Transfer oder dem Routing dienen.

optical fiber
Lichtwellenleiter — Siehe *Lichtwellenleiter*.

optical time domain reflectometry
OTDR — Verfahren zum Testen der Lichtwellenleiterkabel auf Fehler oder Übertragungsqualität. Bei diesem Verfahren wird ein Lichtimpuls in das *Glasfaserkabel* eingespeist, der an Brüchen, Steckern und Adaptern reflektiert wird. Die *Laufzeit* des reflektierten Lichtimpulses ist ein Maß für den Fehlerort, die *Dämpfung* und Form des Impulses bestimmen die Fehlerart.

Optische Nachrichtentechnik
optical communication — Zur optischen Nachrichtentechnik gehören alle Verfahren, ob materialgebunden oder nicht, bei denen Nachrichteninhalte, analog oder digital, einem Strahl, Infrarot oder sichtbares *Licht*, zum Zwecke des Transfers codiert aufmoduliert und am Ende der Übertragungsstrecke wieder demoduliert und decodiert werden.

Optische *Sternkoppler* gibt es in aktiver Bauart (mit elektrischem Zwischenverstärker) oder in passiver Bauart (ohne). Das Prinzip ist, daß es von allen angeschlossenen Stationen jeweils eine Hin- und eine Rück-Lichtwellenleitung gibt. *Licht*, das auf einer Eingangsleitung ankommt, wird gesammelt und über ein Streuverfahren an alle Rückleiter verteilt. Dabei muß auf einer höheren Schicht eine Synchronisa-

Optische Sternkoppler
optical star coupler

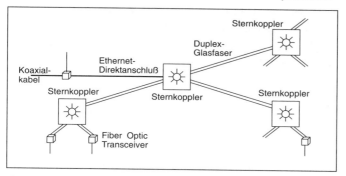

tion der Sender durchgeführt werden, damit zu einer Zeit nur eine Station sendet. Die bei LANs hierfür üblicherweise verwandten Verfahren sind hierzu grundsätzlich geeignet. Jeder optische *Sternkoppler* unterstützt nur eine begrenzte Anzahl von Anschlüssen (z.B. 32), da der Aufbau hier seine technischen Grenzen hat. Aktive *Koppler* sind unter Berücksichtigung einer maximalen *Laufzeit* von einem Ende des Netzwerkes zum anderen beliebig kaskadierbar.

Der optische *Repeater* dient dazu eventuelle Lichtsignaldämpfungen auszugleichen. Obwohl die Reichweite von Glasfaserkabeln als *Lichtwellenleiter*, speziell die der *Monomodefaser*, außerordentlich hoch ist, muß bei sehr langen Strecken das *Signal* in gewissen Abständen von einem optischen *Repeater* verstärkt und auch regeneriert werden. Dazu wird das optische *Signal* verstärkt, die Flankensteilheit der Impulse wiederhergestellt und anschließend wieder in das nächste *Glasfaserkabel* eingespeist.

Optischer Repeater
optical repeater

Ein optisches *Übertragungssystem* umfaßt nicht nur die *Lichtwellenleiter* selbst, sonder auch die Über- gabeeinrichtungen, als da sind Laserdioden und *LED*'s, und die Empfangseinrichtungen, z.B. PIN-Dioden oder Avalanche-Dioden. Außerdem gehören dazu: *Koppler*

Optisches Übertragungssystem
optical transmission system

O

und Steckverbindungen, Spleiße und Regeneratoren, das sind Geräte, die in gewissen Abständen (bei Monomodefasern bis zu 50 km) das optische *Signal* in ein elektrisches verwandeln, regenerieren, und in den nächsten Abschnitt optisch wieder einspeisen.

Optokoppler
optical-coupler

Bauelement zur elektrischen Potentialtrennung. Um die Gefahr der Zerstörung der Halbleiterschaltkreise zu verhüten, werden die zwischen den Schaltkreisen auszutauschenden Informationen über Optokoppler übertragen. Das sind Bauelemente, die aus einer Kombination von *LED* und Photodiode bestehen.

OQPSK
offset quadrature phase shift keying

Sonderform der Quadraturphasenmodulation, bei der zwischen der Bezugsphase und dem Quadraturbitstrom ein Bit Versatz von einem Bit besteht.

OSF
open software foundation

Gründung von internationalen Herstellern für Forschung und Entwicklung von herstellerunabhängigen Schnittstellen.

OSI IS-IS
OSI intermediate system to intermediate system

OSI IS-IS (internmediate system to intermediate system protocol) ist das Router-Protokoll im Rahmen von OSI-Routing. Die *Kommunikation* zwischen Routern und Endsystemen regelt das *ES-IS-Protokoll* (end system to intermediate system). IS-IS arbeitet nach ähnlichen Konzepten wie OSPF (hierarchy und link state algorithm), nur ist es für OSI-Adressierung ausgelegt und insgesamt globaler gehalten als OSPF.

Eines der Lieblingskonzepte im Rahmen von OSI ist ein domain-Konzept, da domain-Konzepte globale, flexible und hierarchische Modellierung erlauben. So auch in OSPF. (Im OSI-Netzwerkmanagement wird z.B. ebenfalls ein domain-Konzept verwendet).

Wichtiges Merkmal einer domain ist, daß sie sich weiter untergliedern läßt, in subdomains, sub-subdomains etc. Im Fall von OSI-Routing sind zwei Hierarchieebenen angedacht, also eine domain (Unternehmensnetz), die in subdomains unterteilt ist. Die Ebenen heißen Level 1 (subdomain) und Level 2 (domain). Der IS-IS-Standard Draft (ISO06) bezieht sich auf das Routing innerhalb einer Domain, sogenanntes intra domain-Routing (Level 2). Ein IDRP, inter domain routing protocol, ist auch schon angedacht (die "Metaebene" zum Level 2

Routing), aber in einem noch "draftigeren" Zustand als IS-IS (ISO08) IDRP, voraussichtlich 1993 als *Standard* zu verabschieden. Der Routing-Algorithmus für IS-IS ist Digitals Phase V (*DECnet*/OSI) entlehnt. Das bisherige OSI-Routing fand als statisches Routing statt. IS-IS ist dagegen ein dynamisches Verfahren. Berücksichtigte Verbindungen sind wie bei OSPF:
- *LAN*,
- Punkt-zu-Punkt,
- *X.25*.

Der *Algorithmus* ist sowohl für kleine als auch für große Netze geeignet (bis zu 10.000 *Router* und bis zu 100.00 Endknoten). Es ist ein dynamischer link state-Algorithmus. Analog zu OSPF gibt es einen gemeinsamen zusammenhängenden *Backbone* (Level 2), der Level 1 areas verbindet und der selbst eine Level 2 area bildet. IS-IS unterstützt vier verschiedener Metriken, davon aber nur die Default-Metrik verpflichtend, die anderen optional:
- Leitungskapazität (default),
- Verarbeitungszeit (transit *delay*, optional),
- Kosten (optional),
- *Fehlerrate* der *Verbindung* (optional).

Ein intermediate system kann eine beliebige Kombination dieser Metriken unterstützen; für jede Metrik berechnet es einen eigenen SPF-Baum und erstellt eine eigenen *Routing-Tabelle*. Der Einsatz verschiedener Metriken macht aufgrund der verschiedenen möglichen Netze (*Ethernet*, *Token* Ring, *FDDI*, *X.25*, Satellit) durchaus Sinn, da in einem Fall die Auslastung, im anderen die Kosten das wichtigere Kriterium sein können. Analog zu OSPF gibt es auf jeder Ebene Autorisierungs-Mechanismen.

OSI-Management
OSI management

Die Perspektive des OSI-Netzmanagements ist die Integration unterschiedlicher Netzwerkmanagement-Instrumente in heterogenen Umgebungen, Das OSI Management Framework ist ein ISO-Standardisierungsdokument (*DIS* 7498-4), das Richtlinien für die Koordination der Weiterentwicklung bestehender OSI-Managementstandards angibt. Es definiert die Terminologie des OSI-Managements und beschreibt seine grundsätzlichen Konzepte. Dazu wird ein abstraktes Modell erstellt, das Ziele und Möglichkeiten des OSI-Netzmanagements aufzeigt. Schließlich beschreibt es die OSI-Managementaktivitäten. Das Konzept für das OSI-Systemmanagement wurde Ende 1988 erheblich erweitert und überarbeitet. Es gibt jetzt zwei wichtige konzeptionelle Gruppen: System-Managementmodelle und System-Managementstandards. Außerdem wurden zum ersten Male conformance-Mindestanforderungen aufgenommen, die ein Produkt erfül-

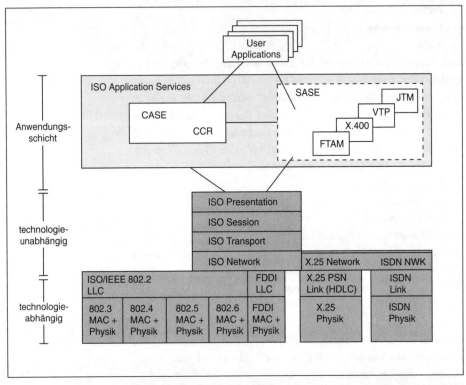

len muß. OSI-Managementmodelle definieren unterschiedliche Aspekte des Systemmanagements. Außerdem legen sie konzeptionelle und terminologische Rahmenbedingungen für folgende Bereiche fest:
- common management information service element/CMISE,
- specific management functional areas/SMFA,
- structure of management information/SMI und
- generic definition of management information/GDMI.

Es gibt drei konzeptionellle Modelle zur Definition des Systemmanagements:

- Funktionalmodell,
- Organisationsmodell,
- Informationsmodell.

Das Funktionsmodell führt das Konzept der spezifischen Management-Funktionsbereiche SMFAs ein. Das Organisationsmodell beschreibt den verteilten Charakter des OSI-Managements durch die Konzepte des verwalteten Open Systems, Manager- und Agent-Prozesse sowie Domänen. Es ist wichtig, um abstrakte OSI-Konzepte in Bezug zur realen Welt zu stellen, wo Managementzentren, Systeme und Personal weit verstreut sind. Es beschreibt auch, inwiefern die Managementaufgaben auf die unterschiedlichen Netzträger, wie Postverwaltungen, verteilt werden können. Heute sind folgende Systemmanagement-Standards wichtig:

- *CMIS/CMIP* (common management information services/common management information protocols) sind *Dienste* und Protokolle für die Dialoge zwischen den Stellen, die Managementfunktionen auslösen und den Stellen, die Managementfunktionen ausüben. - Konfigurations-SMFA als Menge von Funktionen zur *Identifikation*, Überwachung und Kontrolle von managed objects zur Unterstützung der unterbrechungsfreien *Operation* vom Verbindungsservices.
- Fehler-SMFA zur Bearbeitung von Fehlerzuständen. Der ursprüngliche OSI-Vorschlag enthielt auch die Fehlerbeseitigung.
- Leistungs-SMFA als Menge von Funktionen zur Bewertung des Verhaltens von Objekten und der Effektivität der Verbindungsaktivitäten.
- Sicherheits-SMFA ermöglicht die Kontrolle und Verteilung von Informationen im Rahmen der Sicherstellung der Informationsintegrität an verschiedenen offenen Systemen.
- Abrechnungs-SMFA ist eine Menge von Funktionen, die es ermöglicht, Leistungen eines offenen Systems auf der Basis der Benutzungskosten für managed objects abzurechnen.
- SMI/structure of management-information: definiert den logischen Aufbau der OSI-Managementinformation.

Die gemeinsamen Managementdienste *CMIS* und *CMIP* sind das Pendant zu den funktionalen Elementen *CASE* (common application service elements) für das Management. Sie sind die Grundlage aller

Managementfunktionen und unterstützen den Austausch von Informationen und Kommandos für Zwecke des Netzwerkmanagements zwischen zwei gleichberechtigten Anwendungen auf gleicher Ebene, Neben *CMIS* und *CMIP* werden von den funktionalen Standards noch *ACSE*/association control service element *ISO* 8650 und ROSE/remote operation service element *ISO* 9072 der *Anwendungsschicht* benutzt.

OSI Management Framework
Das Framework gilt in der OSI-Managementumgebung. Diese Managementumgebung beinhaltet alle Wekzeuge und *Dienste*, die für die Kontrolle und Überwachung von Verbindungsaktivitäten und »managed objects« gebraucht werden. Die Managementumgebung erlaubt Managern, *Daten* zu sammeln, Kontrolle auszuüben, das Vorhandensein der managed objects zu prüfen und deren Status berichtet zu bekommen.

Die Möglichkeiten des Netzwerkmanagements in der OSI-NM-Umgebung werden in den fünf Funktionskategorien Konfigurationsmanagement, Fehlermanagement, Leistungsmanagement, Sicherheitsmanagement und Abrechnungsmanagement beschrieben. Im Zusammenhang mit der Informationsverarbeitung wird das Management als die Fähigkeit betrachtet, die Ressourcen, die der Benutzer für seine informationstechnischen Bedürfnisse verfügbar hat, zu planen, zu organisieren und zu kontrollieren.

Die Bedarfe der Benutzer werden durch die betreffenden aktiven und passiven Komponenten und Objekte der gegebenenfalls vernetzten Systemumgebung abgedeckt. Eine Inkarnation einer OSI-Ressource ist ein Objekt. Wird es im Rahmen des OSI-Netzmanagements verwaltet, ist es ein »managed object«.

Derartige Inkarnationen werden in den Standardisierungsdokumenten auch als Instanzen bezeichnet. Das Framework definiert die Struktur des OSI-Netzwerkmanagements in drei Grupppen:
- **Systemmanagement** liefert Mechanismen für die Überwachung, Kontrolle und Koordination aller managed objects innerhalb offener Systeme.
- **Schichtenmanagement** liefert Mechanismen für die Überwachung, Kontrolle und Koordination jeder der sieben Schichten des OSI-Referenzmodells und das

- **Protokollmanagement** liefert Mechanismen für die Überwachung, Kontrolle und Koordination einer einzelnen Kommunikations-Transaktion. Das Framework arbeitet nach dem Prinzip der *MIB*/management information base. Die *MIB* repräsentiert die *Information* innerhalb des offenen Systems, die im Rhamen von OSI-Managementprotokollen benutzt, verändert und/oder transferiert wird.

Ein Referenzmodell für Netzwerke, das von der International Standardization Organization (*ISO*) entwickelt wurde. Es definiert die Schnittstellenstandards zwischen Computerherstellern in den entsprechenden Hardware- und Software-Anforderungen. Das ISO-Modell betrachtet die *Kommunikation* losgelöst von jeder speziellen *Implementierung*. In den Ebenen befinden sich Arbeitseinheiten, die umgebungsunabhängig als Programme, Prozesse, Hard- und Firmware oder gemischt realisiert sind und mit den entsprechenden Arbeitseinheiten auf den Systemen, mit denen ein betrachtetes System korrespondiert, kommunizieren. Die Arbeitseinheiten leisten dabei *Dienste* für die Arbeitseinheiten der nächsthöheren Schicht und können sich dabei auf *Dienste* der Arbeitseinheiten der unmittelbar darunterliegenden Schicht

OSI-Modell
open system interconnection

stützen. Nur die unterste Schicht verfügt über entsprechende physikalische Kommunikationseinrichtungen. Die Arbeitseinheiten einer Schicht kommunizieren nur mit gleichgestellten Arbeitseinheiten auf virtuellen Verbindungen. Das Modell unterteilt den Kommunikationsvorgang zwischen Datenstationen in sieben Schichten.

Die unterste Schicht 1 ist die physikalische Schicht, die sog. *Bitübertragungsschicht*. Es folgen in steigender Reihenfolge die *Sicherungsschicht*, die *Vermittlungsschicht*, die *Transportschicht*, die *Kommunikationssteuerungsschicht*, die *Darstellungsschicht* und als oberste Schicht 7 die *Anwendungsschicht*. Zwischen kommunizierenden Rechnern findet innerhalb jeder Schicht Informationsaustausch statt, der jeweils auf der darunterliegenden Schicht basiert. Ziel des von der *ISO* seit 1977 vorangetriebenen Modells ist es, eine offene *Kommunikation* zwischen Computernetzen sicherzustellen. Siehe auch ISO/OSI-Referenzmodell.

OSInet
OSInet
OSInet ist ein Testnetzwerk des National Bureau of Standards (*NBS*) zur Interoperationalitätsprüfung von herstellereigenen OSI-Produkten.

OSITOP
Europäische Anwendervereinigung von *TOP*.

OSNS
Netzwerkunterstützung für offene Systeme

OTDR
Siehe optical time domain reflecometry

OTSS
Unterstützung der Obliegenheiten der OSI-Schichten 4 und 5. OTSS steht für open systems transport/session support.

outage
Eine Betriebsbedingung, in der der Benutzer wegen eines Fehlers im Kommunikationssystem der Dienstleistungen dieses Systems beraubt ist.

outdoor cable
Außenkabel
Kabel, das wegen seiner besonderen Eigenschaften wie Zugfestigkeit, Feuchtigkeitsunempindlichkeit und Beständigkeit gegen Nagetierfraß für die Außenverlegung geeignet ist.

O

Outlet
outlet

Outlets bilden die Anschlußpunkte für die Benutzergeräte an das Netz. Der Anschlußpunkt kann entweder direkt an einer Wand als Steckdose installiert oder als flexibles *Kabel* innerhalb eines Raumes verlegt werden. Um Reflexionen und Einstreuungen auf das *Kabel* zu vermeiden, sollten unbenutzte Outlets stets durch einen Abschlußwiderstand abgeschlossen werden. Komfortablere Outlets werden bei Nichtbenutzung automatisch terminiert.

output

Ausgang, Ausgabe.

Outsourcing

Ausgehend von Auslagerungsstrategien in den USA begann Anfang der 90er Jahre auch in Deutschland eine zunächst sehr kontroverse Diskussion über die Fremdvergabe von DV-Leistungen. Zwar nahmen Anwenderunternehmen auch schon in der Vergangenheit Softwarehäuder, Consulter und andere Dienstleister in Anspruch, mit Outsourcing-Strategien wurden nur jedoch die Auslagerung sehr umfangreicher DV-Funktionen bis hin zur Auflösung des eigenen Rechenzentrums verstanden.

Kritiker dieser Idee führen insbesondere die These der risikoreichen Abhängigkeiten ins Feld, in das sich ein Anwender begebe. Die Befürworter hingegen betonen, Kostenvorteile und den technischen Nutzen durch Abbau der Überkomplexität sowie Steigerung der Innovationsdynamik und des Sicherheitsniveaus.

Gerade wirtschaftliche Überlegungen führten dazu, daß sich eine rasch steigende Zahl Unternehmen der Auslagerung widmeten. Parllel dazu entwickelte sich mit überproportionalen Wachstumsraten der Anbietermarkt, zu deren größten Dienstleistern debis (Stuttgart), EDS (Rüsselsheim) und ORGA (Karlsruhe) gehören. Experten gehen davon aus, daß bis Ende der 90er Jahre mindestens jedes dritte mittelständische und Großunternehmen Outsourcing betreibt.

OVD-Verfahren
outside vapor deposition method

Lichtwellenleiterherstellungsverfahren, bei dem auf der Außenfläche eines sich drehenden Glasstabes eine andere Glassorte mit anderer Brechzahl aus dem heißen, gasförmigen Zustand kondensiert.

oven
Thermostat

Geschlossenes, elektrisch beheiztes Gehäuse mit Temperaturregelung, z.B. für Schwingquarze, um deren *Frequenz*, die ja temperaturabhängig ist, in möglichst engen Grenzen konstant zu halten.

O

Overhead In der *Kommunikation* werden mit Overhead alle Informationen bezeichnet, die zusätzlich zu den Nutzdaten übertragen werden; dazu gehören Routing- und Kontrolldaten, Prüfzeichen usw. Der Overhead enthält auch Informationen über den Netzwerkzustand oder Betriebsanweisungen, Wegwahl-Informationen sowie rückgesandte, fehlerbehaftete Nutzdaten.

Overlay Begriff aus dem *Netzwerkmanagement*. Eine von drei Möglichkeiten der Netzwerküberwachung, mainstream, sidestream und overlay Die Overlay-Methode ist herstellerunabhängig, worin auch schon der größte Vorteil zu sehen ist. Sie bedient sich der verschiedensten Komponenten und Zugangsmethoden.
Die overlay-Technik bietet dem Anwender die größtmögliche Flexibilität, da nur die wirklich benötigten Überwachungseinheiten beschafft werden müssen und das System jederzeit nach Bedarf erweitert werden kann. Nach der Funktion lassen sich die Betriebsarten Monitor, Diagnose und Rekonfiguration unterscheiden, wobei man sich hierfür manueller, automatischer und intelligenter Techniken bedient.

PABX

Siehe *Nebenstellenanlage*. PABX steht für private automatic branch exchange.

PAD
packet assembler/ disassembler

Datenendeinrichtungen, die ihre *Daten* nicht paketorientiert senden bzw. empfangen, müssen über sogenannte PAD-Einrichtungen entweder in der Datenpaketvermittlungsstelle (posteigener PAD) oder durch Anpassungseinrichtungen beim Anwender (teilnehmereigener PAD) an das Datex-P-Netz angepaßt werden. Die DBP Telekom bietet für Neuanschlüsse asynchrone PAD-Anschlußmöglichkeiten an und unterstützt noch die bisherigen Anpassungsdienste für IBM-Endgeräte.

PAD-Zeichen
PAD characters

Zeichen, die primär in der Synchron-Übertragung eingefügt werden, um sicherzustellen, daß das erste und letzte *Zeichen* eines Pakets richtig empfangen wird. Diese *Zeichen* können auch in der Takt-Synchronisation beim Empfang hinzugefügt werden. Sie können auch als Füllzeichen (fill characters) verwendet werden.

Paket
packet

Eine Ansammlung von Bits, die außer den *Daten* auch Steuerinformationen enthalten. Dieser *Datenblock* ist die Grundeinheit der *Übertragung* in einem paketgeschalteten *Netzwerk*. Steuerinformationen sind in einem Paket enthalten, um Funktionen wie *Adressierung*, Sendefolge, Fluß-Kontrolle und Fehlerkontrolle auf allen Protokollebenen zu schaffen. Ein Paket kann eine festgelegte oder variable Länge haben, wobei allerdings meist eine Höchstgrenze spezifiziert ist.

Paket-Overhead
packet overhead

Paßeinheit zur Bestimmung des Verhältnisses von Kontrollangaben und Nachrichten zur Gesamt-Bit-Zahl des Paketes, die meist in Prozent angegeben wird.

Paketfolgeprotokoll
sequenced packet protocol

Die Vorschriften für die Abwicklung von Datenübertragungen werden Protokolle genannt. Die logische Struktur dieser Festlegungen orientiert sich am ISO-Referenzmodell für offene Systeme (OSI). SPP ist ein *Protokoll* für Schicht 4 der Ethernet-Normung. Damit wird der Transport der Datenpakete kontrolliert (flow control) und die gewünschte Zuverlässigkeit gewährleistet.

P

Paketformat Die exakte Reihenfolge und genaue Größe der verschiedenen Kon-
packet format troll- und Nachrichtenfelder eines Pakets.

Paketvermittlung Vermittlungsverfahren, bei dem die *Nachrichtenvermittlung* paket-
packet switching weise geschieht. Zu übertragende Nachrichten werden dabei in mehrere Pakete zerlegt und um eine *Zieladresse* ergänzt. So kann jedes *Datenpaket* einzeln in loser Reihenfolge übertragen und von der empfangenen Station wieder zu einer vollständigen Nachricht zusammengesetzt

Standardisierungs-gremien	CCITT	ISO	DIN
Kennzeichnung	X.25	IS 7776 IS 8208	DIN 66221 DIN 66222

werden. Bei Paketvermittlung steht keine direkte (physikalische) *Verbindung* zwischen den beiden Hauptanschlüssen zur Verfügung. Die *Leitung* wird nur für die tatsächliche Zeit der *Übertragung* benötigt, daher können auf einer *Leitung* gleichzeitig mehrere verschiedene virtuelle Verbindungen bestehen. Die *Übertragung* erfolgt

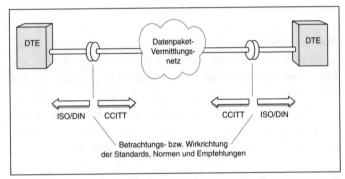

in Teilstrecken, so daß von jeder Vermittlungsstelle Ziel und Inhalt eines Datenpakets überprüft werden kann.

parallel Anordnung von *Daten* elementweise nebeneinander, z.B. mehrerer Bits, die gruppenweise ein *Byte* bilden. Unterscheidungsmerkmal für Verfahren der Datenspeicherung (auf mehreren Spuren) und der Datenübertragung (auf mehreren Kanälen). Gegensatz: hintereinander angeordnet, seriell.

Parallelschnittstelle *Schnittstelle*, bei der die Bits eines Zeichens oder *Byte* gleichzeitig
parallel interface simultan oder *parallel* übertragen werden können. Dies geschieht

P

entweder über separate Kanäle oder in einem *Kanal* auf unterschiedlichen Trägerfrequenzen.

Kommunikation, bei der jeder Sitzungspartner eine einzige *LU* hat, die sich an vielen parallelen Sitzungden mit der anderen *LU* beteiligt.

Parallelsitzungen
parallel sessions

Ein mathematisches Verfahren zur Genauigkeitsprüfung bei der Datenübertragung. Zu diesem Zweck wird jedem *Zeichen* ein zusätzliches Prüfbit beigegeben.

Parität
parity

Ein Kontrollbit, das in einer Funktion zu den Datenbits hinzugefügt wird, die die Bitsumme gerade oder ungerade macht. Ist die Summe beim *Empfänger* nicht korrekt, kann man einen Übertragungsfehler annehmen.

Paritätsbit
parity bit

Dies ist ein Verfahren zur Fehlerüberwachung eines Blocks. Dabei wird die Anzahl der "1"-Bits im *Block* bestimmt. Das *Paritätsbit* ergänzt diese Anzahl auf ei-

```
Gerade
Parität    1 1 0 0 1 1 0
                        └─ Paritätsbit
Ungerade                 ┌
Parität    1 1 0 0 1 1 1
```

Paritätsprüfung
parity check

nen geraden oder ungeraden Wert, je nach Verfahren. Bei Verwendung der Paritätsprüfung wird eine ungerade Zahl von Fehlern in einem *Block* erkannt, damit auch alle einzelnen Fehler. Gerade Fehlerzahlen heben sich gegenseitig in ihrer Wirkung auf das *Paritätsbit* auf und können mit diesem Verfahren nicht entdeckt werden.

Geheimes Kennwort, das Programme vor unerlaubter Verwendung und Dateien vor unerlaubtem Zugriff schützt, ein Hilfsmittel zum Schutz von Betriebsmitteln zu Rechnern und Netzen. Der Zugriff zu den einzelnen Ressourcen gelingt nur, wenn sich der Benutzer oder Prozeß zuvor während des logon über ein oder mehrere Passworte identifiziert hat. Terminologie variiert: Zuweilen steht für password user number, user *ID*, customer number, customer name o.ä.

Passwort
password

Patching nennt man die durch Umstecken gewählte *Wegewahl* für die Datenübertragung. Dieses Umstecken erfolgt durch Module, die in die *Schnittstelle* zwischen DEE und *DÜE* eingeschleift werden. Die beste-

patching

P

hende *Verbindung* zwischen DEE und *DÜE* kann jederzeit durch Einführen eines Patchkabels aufgetrennt und neu konfiguriert werden. Über weitere Anschlußmöglichkeiten können unterbrechungsfrei Datenanalysatoren auf eine bestehende *Verbindung* aufgeschaltet werden. Als Zusatzeinrichtung dienen LEDs zur Anzeige der augenblicklichen Zustände auf den wichtigen Schnittstellenleitungen. Für die analoge *Schnittstelle* zwischen *DÜE* und Übertragungsleitung gibt es entsprechend einfachere Module.

PC
personal computer

Personalcomputer bilden die am weitesten verbreitete Kategorie. Ihr Preis-Leistungs-Verhältnis gestattet den massenweisen Einsatz in Produktionsbetrieben, Verwaltungen, Krankenhäuser, Banken, Schulen usw. Es handelt sich meist um Auf-Tisch-Systeme oder sogar um tragbare, etwa aktentaschengroße Ausführungen (engl.: laptops, d.h. Schoßgeräte) sowie noch kleinere Ausführungen, sogenannte book-PCs.

PC-Host-Kopplung
pc host connectivity

Bei der PC-Host-Kopplung gibt es die Möglichkeit, *Client*/Server- oder peer-to-peer-Strukturen zwischen *LAN* und Großsystemumgebung zu realisieren. Man kann Anwendungsprogramme auf dem *Host* so benutzen, als sei der lokale *PC* ein Terminal und der PC-LAN-Server ein *Cluster Controller* (z.B. mit *NetWare* for *SAA*). Man kann Programme auf dem *Host* mit Programmen auf dem *PC* so kommunizieren lassen, als seien beide gleichberechtigt (z.B. mit IBMs APPC-Schnittstelle (advanced program to program *communication*) oder so tun, als seien alle Rechner gleich, was beim Zusammenwirken vor allem mit Unix-Systemen vorteilhaft sein kann. Schließlich kann man den Großrechner zum "Server-Server" machen, der den angeschlossenen LAN-Servern seinerseits Hintergrundleistung anbietet (z.B. das Dateisystem). Alles, was mit der *Verbindung* zwischen Hostsystemen und PC-LANs zusammenhängt, bezeichnet man auch als Host-Connectivity.

PC-Netz
PC network

Grundsätzlich gibt es zwei Möglichkeiten für die Zusammearbeit von Rechnern im Netz: die gleichberechtigte und die ungleichberechtigte Zusammenarbeit. Gleichberechtigte Zusammenarbeit (peer to peer networking) bedeutet, daß jedes System im Netz anderen Systemen

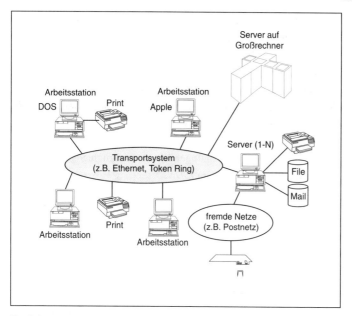

Funktionen und Dienstleistungen anbieten und von anderen Systemen deren angebotene Funktionen und Dienstleistungen nutzen kann. Ungleichberechtigte Zusammenarbeit (client server computing) bedeutet, daß es ein oder mehrere Systeme im Netz gibt, die Funktionen und Dienstleistungen bereitstellen (server) und alle anderen (clients) diese nutzen können. Jede Alternative hat ihre Vorzüge und Nachteile. Grundsätzliche Dienstleistungen im Netz sind vor allem Datei- und Druckdienste (File- und Print-Services).

Ein Datei-Service-Anbieter opfert i.a. einen Teil seiner Speichermedien (meist Platte) dafür, daß Datei-Service-Nutzer beim Anbieter *Daten* ablegen und wieder abholen können. Ein Print-Service Anbieter organisiert vor seinem Drucker eine *Warteschlange*, in die Print-Service-Nutzer aus dem ganzen Netz Druckaufträge ablegen können. Alle anderen *Dienste* in Netzen können auf diese Grunddienste zurückgeführt werden.

Historisch gesehen hat sich zunächst das Client-Server-Modell durchgesetzt, vor allem deshalb, weil man im *Client* nur ein kleines Stück Software benötigt (requester), um die Dienstleistungen eines Servers zu nutzen. Man ist schnell dazu übergegangen, *Server* zu dedizieren,

P

was bedeutet, daß eine Server-Maschine nichts anderes macht, als eben die *Dienste* für das Netz zu realisieren. Das IBM PC-LAN-Programm ist ein Anwendungsprogramm unter *DOS*, der *LAN-Manager* von Microsoft und der LAN-Server von IBM sind Anwendungsprogramme unter OS/2. *NetWare* von Novell hingegen ist ein echtes Netzwerkbetriebssystem, *Vines* von Banyan basiert zwar auf *Unix*, fällt aber auch unter die zweite Gruppe.

PCM
pulse code modulation

Verfahren zum Umsetzen analoger Signale in digitale Signale, Einsatz für die Sprachübertragung im *ISDN*.

PDN
public data network

Ein öffentliches *Netzwerk*, das auf *Paket* oder Vermittlungsbasis basiert und einem großen Anwenderkreis zur Verfügung steht. Da Kommunikationsquellen gemeinsam genutzt werden, ist PDN besonders kostengünstig. Durch integrierte *Redundanz* ist die Zuverlässigkeit besonders hoch.

PDU
protocol data unit

Information, die als Einheit zwischen gleichen Paaren oder Schichten ausgetauscht wird und Protokolldaten enthält.

peer-to-peer-Netze

Peer-to-peer-Netze haben sich erst jüngst etablieren können. Bei kleinen Umgebungen (ca. 15-25 Rechner im Netz) mit relativ leistungsfähigen Arbeitsplatzrechnern (386, 486, 68020-Prozessor) ist die Anschaffung einer Extra-Servermaschine oft unangemessen. Statt dessen könnten sich die Mitarbeiter doch gegenseitig einige Betriebsmittel spendieren. *NetWare* Lite oder Windows for Workgroups WFW sind passende Programme hierfür.

Performance

Maximale Auslastung. Ausmaß, in dem die Leistungsfähigkeit einer *Datenverarbeitungsanlage* (speziell ihrer Zentraleinheit) wirklich genutzt werden kann. Die Leistung wird bestimmt durch Hardware- und Software-bezogene Faktoren: 1. Verfügbarkeit, 2. *Durchsatz*, 3. Antwortzeit.

Peripheriegerät
peripheral device

Nach ISO-Definition ist ein Peripheriegerät ein Gerät, das in Bezug auf eine bestimmte Rechnereinheit mit dieser kommunizieren kann. Es kann *Daten* senden und/oder empfangen.

Zwei oder mehrere Rechner teilen sich nur einmal vorhandene Peripheriegeräte zu, wie z. B. teure Plotter oder Laserdrucker.

Peripherieverbund

Der Teil eines SNA-Netzwerkes, der aus Elementen der Addressierung, des Routens und der Steuerung von Nachrichten zwischen *Knoten* besteht. Er setzt sich zusammen aus Pfadsteuerung, Datenübertragungssteuerung und den physikalischen Schichten von *SNA*.

Pfadsteuerungsnetzwerk
path control network

Besondere Form der Phasenshiftmodulation, bei der die Differenzen der *Phasenverschiebung* maßgeblich ausgewertet werden. Der englische Terminus lautet phase difference modulation.

Phasendifferenzmodulation

Winkelmodulation einer Trägerschwingung, bei der der Phasenwinkel der modulierten Schwingung von dem der Trägerschwingung um einen Betrag abweicht, der proportional zur primären Zeichenschwingung ist.

Phasenmodulation
phase modulation

Modulation speziell für die Datenübertragung, bei der die *Daten* durch Phasenwechsel der Trägerschwingung übertragen werden.

Phasenumtastung
differential phase shift keying

Das Modulationsverfahren differentielle *Phasenumtastung* (DPSK) zeichnet sich dadurch aus, daß nur Differenzen bei Signaländerungen codiert und übertragen werden, was die benötigte *Bandbreite* erheblich reduziert. MDPSK ist die weiterentwickelte Methode mit nur noch halb soviel Bandbreitenbedarf wie DPSK.

Phasenumtastung, differentielle
modified differential phase-shift keying

Eine Phasenverschiebung kennzeichnet den zeitlichen Versatz, den ein verzögertes *Signal* gegenüber einem Referenzsignal aufweist.

Phasenverschiebung
phase shift

Bei einem Pigtail handelt es sich um ein vorkonfektioniertes Glasfaserende, an das bereits im Labor ein *Stecker* montiert wurde. Da die Steckermontage vor Ort problematisch ist, wird das Pigtail an die *Glasfaser* gespleißt.

pigtail

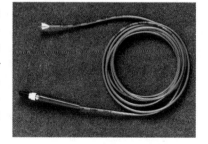

P

Pingpong-Verfahren Das Pingpong-Verfahren - auch Zeitgetrenntlageverfahren genannt - besteht darin, daß Informationsrahmen gebildet und abwechselnd in beide Richtungen gesendet werden.

PNCP
peripheral node control point

Steuerzentrale in einem *PU* 2.1 *Knoten*, die die Sitzungsanforderungen zwischen benachbarten *PU* 2.1 *Knoten* verwaltet; als Teilsatz der Funktionen, für die *SSCP* sorgt. Wird auch "single node control point" (NCP) oder "control point" (CP) genannt.

Polling Beim Polling werden die Stationen über *Adressierung* von der Zentrale angesprochen. Eine angesprochene Station hat die Möglichkeit zu senden oder auf ihr Senderecht zu verzichten. Der Nachteil der Monopolisierbarkeit wird behoben. Die *Adressierung* kann reihum oder nach einem anderen Prioritätenschema geschehen. Das Polling kann im Gegensatz zum daisy chaining ohne Zusatzleitungen oder -kanäle implementiert werden.

Post, elektronische
electronic mail

Kommunikationssystem unter Verwendung eines Netzes, das an zentraler Stelle elektronische Briefkästen (engl.: mail boxes) verwaltet, d.h. für jeden Teilnehmer unter einer bestimmten Nummer Nachrichten entgegennimmt und zur Einsicht bereithält. Vom Absender werden Nachrichten über eine *Datenstation* eingegeben und an einen oder mehrere *Empfänger* adressiert. *Empfänger* können von jeder beliebigen Anschlußstelle (unter Verwendung eines Passwortes) anfragen, ob Nachrichten eingegangen sind, und diese einsehen, einem anderen *Empfänger* weitersenden, ändern, löschen oder weiter speichern lassen. Die elektronische Post bietet außer kürzesten Übertragungszeiten den Vorteil, daß *Empfänger* zum Zeitpunkt der *Übertragung* nicht ansprechbar sein müssen. Leistungsmerkmale der elektronischen Post sind in Telebox und im Mitteilungsdienst von *Bildschirmtext* enthalten. Siehe auch *E-mail*.

**Primär-
multiplexanschluß**
*primary rate
B-channel access*

Der Primärmultiplexanschluß dient dem *Anschluß* von mittleren bis großen Digital-Nebenstellenanlagen. Er gestattet die Anschaltung von Teilnehmereinrichtungen an die ISDN-Ortsvermittlungsstelle, wobei eine maximale Informationskapazität von 30 x 64 kbit/s (d.h. 30 B-Kanäle) zur Verfügung steht. Zusätzlich steht ein *D-Kanal* mit einer

P

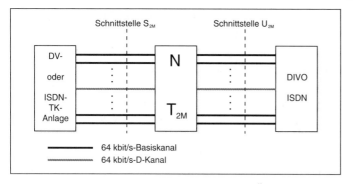

Kapazität von 64 kbit/s (D2) zur Verfügung, der zur *Übertragung* aller erforderlichen Signalisierungsinformationen zwischen dem Teilnehmerbereich und der Ortsvermittlungsstelle dient. Die Nettoübertragungskapazität beträgt 1984 kbit/s. Durch die zusätzlich erforderliche Kapazität für die Synchronisation und evtl. erforderliche Betriebszwecke ergibt sich an der Endgerätgeschnittstelle (S2M) eine Bruttokapazität von 2048 kbit/s. Der *Standard* für die *Schnittstelle* S2M ist in der CCITT-Empfehlung I.431 beschrieben. Das *Protokoll* des D-Kanals ist identisch mit dem Signalisierungsprotokoll beim ISDN-Basisanschluß im Do-Kanal.

Funktionseinheit zur Verwaltung von Druckaufträgen, die von einzelnen Arbeitsstationen gesendet werden. Der *Mainframe* wird zum Print-Server, indem *Daten*, die vom *PC* erzeugt wurden und auf den Speichermedien des PCs liegen bzw. auf den virtuellen Platten im *Mainframe* (Disk- oder File-Server-Funktion), können auf den Druckern des Rechenzentrums ausgegeben werden. Vorteilhaft ist diese Form immer dann, wenn die immer noch relativ teuren Hochleistungsdrucker mitbenutzt werden sollen. Beispiele: Druckausgabe eines großen Textes mit mehreren Kopien; Erstellung von Vorlagen für die Druckerei.

Print-Server
print server

Priorität heißt Vorrang und kennzeichnet die Reihenfolge, in der mehrere anstehende Programme vom Rechner bearbeitet werden.

Priorität
priority

Bereinigung von Konflikten durch Zuordnung von Prioritäten zu Stationen und anschließende geordnete Sendung.

Prioritätensteuerung
priority control

P

Programm
program

In der Daten- und Kommunikationstechnik versteht man darunter eine Folge von Befehlen, die, in den Arbeitsspeicher einer *Datenverarbeitungsanlage*, eines Kommunikationssystems oder eines anderen programmierbaren Geräts oder Systems eingespeichert, derartige Systeme in die Lage versetzen, selbsttätig Aufgaben zu erfüllen. Das Programm wird vom Steuer- und Rechenwerk in modernen Maschinen von einem Mikroprozessor seriell abgearbeitet.

Programmier-sprache
programming language

Programmiersprachen sind künstlich geschaffene Sprachen in der Gestalt von Textkürzeln - sog. *Mnemonics* - von Textwörtern und/oder von Graphikzeichen bzw. -signalen, mit denen unmittelbar über einen Programmgenerator ein *Programm* für eine *Datenverarbeitungsanlage* definiert werden kann. Eine Programmiersprache ist eine zum Abfassen von Programmen geschaffene Sprache; die Programmiersprache betrifft sowohl das im Rechner eingespeicherte *Programm* als auch dessen Bedienung.

Protokoll
protocol

Für den geregelten Informationsaustausch zwischen Rechner und Peripheriegeräten mit Hilfe der *Datenfernübertragung* sind geeignete Protokolle erforderlich. Ein Datenübertragungsprotokoll legt die Regeln in der Form eines Verzeichnisses fest. Darin sind alle Formate, Parameter und Eigenschaften für eine vollständige, fehlerfreie und effektive Datenübertragung enthalten. Dieses Verzeichnis bezeichnet man als Protokollhandbuch. Für die *Kommunikation* zwischen zwei Anwendungsprozessen wird heute allgemein das *ISO*/OSI-Referenzmodell mit seinen 7 Schichten zugrundegelegt. In diesem Modell werden die einzelnen Schichten den zwei Gruppen Transport und *Anwendung* zugeordnet. Für die reinen Transportaufgaben dienen die untersten vier Schichten, während für die *Anwendung* die oberen drei Ebenen benutzt werden.

Protokollkonverter
protocol converter

Als Grundidee für den Protokollkonverter läßt sich folgendes festhalten: die klassische Terminalsteuereinheit (*Cluster Controller*) wird durch eine Einrichtung ersetzt, welche sich dem Rechner gegenüber wie die Originaleinheit verhält, aber auf der anderen Seite den *Anschluß* von preiswerten, »dummen« Terminals gestattet. Von dieser Grundidee lassen sich die beiden Hauptaufgaben eines Protokollkonverters ableiten: Für den Vorschaltrechner erscheint der Protokollkonverter wie eine Original-Terminalsteuereinheit. Für die angeschlossenen Terminals, z.B. Bildschirme und Drucker, muß der Protokollkonverter die entsprechenden Terminalfunktionen ausüben.

Protokollkonverter können Software- oder Hardwareprodukte sein oder auch beliebige Kombinationen von beiden. Protokollkonverter lassen sich ferner nach der ausgeführten Funktion klassifizieren, z.B. nach der Komplexität der Konvertierung bzw. *Emulation* in Schnittstellenkonverter, Sie arbeiten auf der physikalischen Ebene und passen die Standard-V.24-Schnittstelle an andere Ausführungen an wie Stromschnittstellen, V.35, V.36 und X.21; in Codewandler wie *ASCII* auf EBCDIC oder BAUDOT auf *ASCII*. Protokollkonverter mit höherer Komplexität bieten Zwischenspeicherung von Datenströmen zur Umwandlung von asynchronen Zeichenfolgen in synchrone Datenströme; andere dienen der *Blockbildung*, wobei Einzelcharakter zu Datenblöcken mit 128, 256 oder 1024 usw. *Zeichen* zusammengefaßt werden.

Weitere Protokollkonverter-Gruppen dienen der Übertragungsprotokollwandlung, der Terminalemulation, der logischen Steuerung von Sitzungen und dem *Anschluß* an öffentliche Netzwerke.

Proway ist der Sammelbegriff für mehrere serielle Bussysteme für die Automatisierung der industriellen Steuerung und der Prozeßdatenverarbeitung (PDV). Eine deutsche Entwicklung dazu heißt daher auch PDV-Bus (*DIN* 19241).

Proway
process dataway

Siehe *Paritätsprüfung*, *CRC*.

Prüfsumme
checksum

Übertragungsverfahen auf Basisbandsystem, das genauso arbeitet wie das *Bipolarverfahren*, bei dem der logischen "1" alternierend die Sendeamplitude "+A" und "-A" zugeordnet wird. Der Unterschied zum *Bipolarverfahren* besteht darin, daß der Rechteckimpuls kürzer wird als die *Schrittdauer*. Dies hat den Vorteil, daß der Ausschwungvorgang bis zum nächsten Impuls abgeklungen ist.

Pseudoternärverfahren

Eine PTT ist eine, von einer Regierung eingesetzte Institution (in der Bundesrepublik Deutschland die Deutsche Bundespost Telekom), die

PTT
postal, telegraph and telephone

P

normalerweise das öffentliche Telekommunikationsnetz betreibt, Standards ausarbeitet oder in den Gremien mitarbeitet und internationale Vereinbarungen mit anderen Ländern über die Übertragungsverbindungen trifft.

PU
physical unit

Die physical unit hat in SNA-Netzwerken die Aufgabe der Überwachung und des Managen der Knoten-Ressourcen und der angeschlossenen Verbindungen und benachbarten Stationen.

Puffer
buffer

Pufferspeicher werden verwendet, wenn es gilt, *Daten*, die nicht sofort weiter verarbeitet werden können, bis zu ihrem Einsatz zwischenzulagern. Ein besonders anschauliches Beispiel ist der Druckerpuffer. Drucker sind, gemessen an anderen elektronischen Einrichtungen, außerordentlich langsame Geräte. Für sie während der ganzen, zum Drucken erforderlichen Zeit, eine Verbindunsleitung offenzuhalten, wäre unökonomisch. Daher wird ein Teil des zu Druckenden (eine oder mehrere Seiten) in einem Druckerpuffer abgelegt, der nach Abarbeitung dann wieder aufgefüllt wird.

Pulsamplituden-
modulation

Modulationsart, bei der bei *Abtastung* eines kontinuierlichen Signals mit Impulsen deren *Amplitude* gemäß der *Amplitude* der primären Zeichenschwingung verändert wird. Der engl. Terminus lautet: pulse amplitude modulation.

Pulsbreiten-
modulation

Bei der PWM werden die Informationen durch unterschiedlich breite Trägerimpulse moduliert. Diese Modulationsart wird auch als Pulsdauermodulation bezeichnet. Englisch: pulse width modulation

Pulscodemodulation

Modulationsart, bei der zeitdiskrete analoge Signale durch *Quantisierung* in zeit- und wertdiskrete Binärsignale überführt werden. 1968 wurde vom *CCITT* für Europa das *PCM* 30-Grundsystem eingeführt, bei dem 30 digitale Sprachkanäle im *Zeitmultiplex* (*Multiplex*) zusammengefaßt werden. Weitere 2 Kanäle dienen der Übermittlung von Synchronisier-, Alarm- und Vermittlungsinformation. Der englische Terminus lautet: pulse code modulation.

Pulsphasen-
modulation

Modulationsart, bei der bei *Abtastung* eines kontinuierlichen Signals mit Impulsen deren Phase gemäß der *Amplitude* der primären Zeichenschwingung verändert wird. Englisch: pulse phase modulation.

Mehrpunkt-Verbindung, bei der eine der Benutzer-Netzschnittstellen eine Funktion (z.B. Verteilfunktion) hat, die gegenüber der Funktion anderer Benutzer-Netzschnittstellen ausgezeichnet ist. Sie kann auch eine *Schnittstelle* zu einer zentralen Einrichtung im Netz sein.

Punkt-zu-Mehrpunkt-Verbindung
point to multipoint connection

Eine Netzwerkvariante, bei der eine *Verbindung* zwischen exakt zwei Terminals hergestellt wird. An die Stelle einer *Benutzer-Netzschnittstelle* kann auch eine *Schnittstelle* zu einer zentralen Einrichtung im Netz treten. Die *Verbindung* kann festgeschaltet oder über Vermittlungsstellen geführt werden.

Punkt-zu-Punkt-Verbindung
point to point connection

Q

QoS	Siehe *Dienstgüte* und *quality of service*.
QPSK *quadrature phase shift keying*	Eine Form der *Phasenumtastung*, bei der vier diskrete Phasen im 90°-Abstand benutzt werden, um zwei Informationen pro Signalintervall darzustellen.
QPSX	Frühere Bezeichnung für *DQDB*. Abkürzung steht für queued packet and synchronous exchange.
QSAM	Zugriffsmethode, sequentiell verbunden. Abkürzung steht für queued sequential access method.
QTAM	Telekommunikationszugriffsmethode, sequentiell verbunden. Abkürzung steht für queued telecommunication access method.
Quadraturamplitudenmodulation	Modulationsart für hohe Übertragungsdichte, bei der *Phasendifferenzmodulation* und *Amplitudenmodulation* kombiniert werden.
quality of service	Netzwerkprotokolle können teilweise Quality-of-Service-Parameter unterstützen, die eine bestimmte *Dienstgüte* beim Verbindungsaufbau für die Dauer der *Verbindung* festlegen. Solche Parameter sind z.B.: – *Durchsatz* (Sender-Empfänger-Richtung), – *Durchsatz* (Empfänger-Sender-Richtung), – Bearbeitungszeit im IS, – Zugangsschutz (Authentication erforderlich, Festlegung einer fixen *Route*), – Priorität.
Quantisierung *quantization, quantizing*	Bei der digitalen *Übertragung* von analogen Signalen, z.B. Sprache müssen diese zunächst quantisiert werden, bevor sie *digital* übertragen werden können. Dazu werden sie in regelmäßigen Abständen abgetastet (sampling), und zu jedem dieser Abtastzeitpunkte ihr Spannungswert verglichen und in eine von 256 Stufenbereiche eingeordnet. Diesen Stufen ist jeweils eine Bitkombination eines Bytes zugeordnet. Das *Signal* besteht nun nicht mehr aus einer unendlich großen Anzahl von Werten, sondern ist auf 256 Werte beschränkt und damit quantisiert.

Q

Bei der Rückwandlung eines quantisierten Signals, also eines Digitalsignals, in ein Analogsignal ergeben sich Quantisierungsverzerrungen, die abhängig sind von der Anzahl der Bits des Digitalsignals. Das Analogsignal weist durch die Quantisierungsverzerrungen keine Kontinuität auf, sondern ist je nach Bitzahl mehr oder weniger treppenförmig.

Quantisierungsverzerrung
quantization distortion

Siliziumdioxid SiO2 in amorpher, also nichtkristalliner Form. Quarzglas ist das Basismaterial für den Kern der LwL-Faser.

Quarzglas
fused silicon glass

Programm, das in einer höheren *Programmiersprache* erstellt worden ist. Durch Compilierung wird der Quellcode in den object code übergeführt, also in ein Maschinenprogramm.

Quellcode

Herkunft/Ursprung der *Daten*. Häufig wird source auch als Abkürzung für "Sourceanschluß", "Sourceelektrode" oder "Sourcezone" verwendet. Dies sollte aber nur dann geschehen, wenn Mißverständnisse ausgeschlossen sind.

Quelle
source

Die Querprüfung basiert auf einem ungeraden Parity-Check (*Paritätsprüfung*), der bei Empfang auf jedem *Zeichen* eines ASCII-Blocks ausgeführt wird.

Querprüfung
vertical redundancy check

Siehe *Abfrage*.

query

Siehe *Warteschlange*.

queue

Code der die Dezimalziffern 0 bis 9 mit 7 Bit darstellt. Die *Codierung* ist so angordnet, daß nie mehr als zwei Bit auf 1 sind, wobei die beiden Einsen auch nicht benachbart sind. Obwohl dieser *Code* unbestritten seine Vorzüge hat, redundant und fehlersicher, wird er kaum verwendet, weil er mit seinen 7 Bit nicht in das Zweierpotenzschema (8 Bit) paßt.

quibinär
quibinary

Siehe *Handshake-Betrieb*.

Quittierungsbetrieb

Q

Quittung *Zeichen*, das der *Empfänger* einer *Nachricht* als *Bestätigung* an den Sender gibt. Man kann eine fehlerfrei empfangene *Nachricht* bestätigen oder im Fehlerfall eine *Nachricht* erneut anfordern.

Quotierung Betrifft die Zuteilung von Datenverarbeitungsresourcen. Das können
quotation sein: Geräte, Rechnerzeiten, Speicherbereiche etc..

R

Allgemeine Bezeichnung, die sich auf die in der CATV-Industrie und den Breitband-LANs angewandten Technologien bezieht. Die radiofrequenz wird als *Trägerfrequenz* zur *Übertragung* elektromagnetischer Wellen im Megahertzbereich verwendet.

Radiofrequenz
radio frequency

Rangierfelder erfüllen die Funktionen Umstecken, Umschalten und Matrixschaltung und erleichtern dadurch einerseits den *Anschluß* von Überwachungs- und Analysegeräten und andererseits die Rekonfiguration im Fehlerfall. Automatische Umschalteinrichtungen lassen sich von Überwachungssystemen entsprechend steuern, so daß ein kontinuierlicher Netzwerkbetrieb erzielt werden kann.

Rangierfeld
patch field

Siehe *Computer-Netzwerk*.

Rechnernetz

In der Datenübertragung der Teil am Informationsinhalt einer *Nachricht*, der eliminiert werden kann, ohne daß wesentliche Informationen verloren gehen. Auch mit Verdoppelung von Geräten, bei denen im Fehlerfall das zweite Gerät die Funktionen übernimmt, schafft man Redundanz.

Redundanz
redundancy

Eine Prüfung auf ungerade *Parität* wird für jedes *Zeichen* eines übertragenen Blocks von *Daten* im ASCII-Code durchgeführt, so wie der *Block* empfangen wird.

Redundanzprüfung, vertikale
vertical redundancy check

Eine *Wählverbindung*, die es erlaubt, daß *Daten* über weite Strecken - z.B. unter Nutzung des Telefonnetzes oder des Datex-P-Netzes der Telekom - ausgetauscht werden. Es besteht keine feste (hard-wired) *Verbindung* zwischen den Kommunikationspartnern. Gegensatz: ortsgebunden (local).

Remote
remote

Die *Remote Brücke* verbindet Subnetze über Weitverkehrsstrecken, bloße Backbone-Strecken ohne eigene angebundene Endstationen; sie muß zumindest paarweise eingesetzt werden. An beiden Endpunkten einer Weitverkehrsstrecke zwischen zwei LAN-Subnetzen wird jeweils eine *Remote Brücke* installiert, was zu der manchmal verwendeten Bezeichnung "Half Bridge" geführt hat. Eine *Remote Brücke* kann einen oder mehrere LAN-Ports sowie einen oder mehrere *Remote*

Remote Brücke
remote bridge

Ports haben. Da *Remote* Brücken je nach Kapazität der DFV-Leistungen sehr große Kapazitätsunterschiede vom *LAN* zum *Weitverkehrsnetz* ausgleichen müssen, spielten der Pufferplatz und die Pufferorganisation eine große Rolle.

remote job entry Die vor Ort anfallenden *Daten* werden zur zentralen DV-Anlage übertragen, dort verarbeitet und die Ergebnisse anschließend zurückübermittelt. Diese Form der Datenübertragung ist auch unter dem Namen *Stapelverarbeitung* oder remote job entry (*RJE*) bekannt. Siehe *Datenfernverarbeitung*.

Remote-Terminal
remote terminal
Von der Zentraleinheit entfernt installiertes, über eine Datenfern-Übertragungsstrecke mit der *CPU* kommunizierendes Terminal.

Remote Repeater
remote repeater
Ein *Remote Repeater* ist ein *Repeater*, der aus zwei Teilen besteht, - deswegen auch die Bezeichnung Half-Repeater - die untereinander

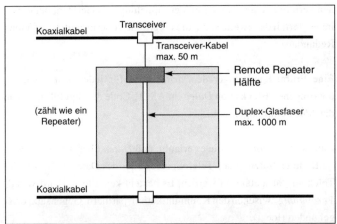

durch eine *Leitung* verbunden sind. Er dient dazu größere Entfernungen (z.B. 2 km) zwischen den Segmenten zu überbrücken.

Repeater
Repeater
Ein Repeater ist eine aktive Komponente, die Regenerierungsfunktionen übernimmt. In Lokalen Netzen dient ein Repeater zur *Verbindung* zweier Kabelsegmente, um die physikalische *Topologie* über die Ausdehnung eines einzelnen Segmentes hinaus zu erweitern. Der Repeater regeneriert den Signalverlauf sowie Pegel und Takt. Die

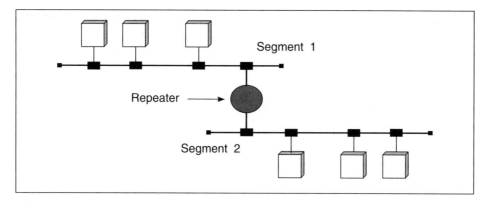

meisten Repeater verfügen über eine Selbsttestfunktion und erkennen auch fehlerhafte Signale auf einem Segment. Diese werden dann nicht auf das andere Segment weitergeleitet. Dadurch erreicht man eine gewisse Lokalisierung von Fehlern. Ein Repeater ist völlig *transparent* und wird zur Überwindung von Längenrestriktionen einzelner Kabelsegmente eingesetzt, wodurch eine Topologieerweiterung des Netzes möglich wird. In Ethernet-LANs werden Repeater in zwei Realisierungen vorgesehen, als local Repeater und als *Remote* Repeater. Multiport Repeater sind solche, die mehrere Ausgänge haben. In LWL-LANs übernimmt der Repeater die gleichen Funktionen, wobei er das Lichtsignal dekodiert, in ein elektrisches *Signal* umformt und es anschließend über eine *LED* oder Laserdiode in den *Lichtwellenleiter* einspeist.

Local *Repeater* verbinden zwei Kabelsegmente direkt miteinander. Überschreitet der Abstand der beiden Segmente eine gewisse Entfernung (bei *Ethernet* 100 m) müssen *Remote Repeater* eingesetzt werden.	**Repeater, local**
Eine Nachrichteneinheit (in *SNA*), die die Vollendung einer bestimmten Handlung oder eines bestimmten Protokolls signalisiert. Z.B. ist "initiate self" eine Forderung nach der Aktivierung einer LU-LU-Sitzung.	**request**
Konfliktfreie *Zugangssteuerungsmethode* bei Bussystemen. Im Gegensatz zum Auswahlverfahren oder zu random access-Methoden	**Reservierungstechnik**

R

werden hier für jede sendewillige Station bestimmte Zeitintervalle exklusiv reserviert. Die Übertragungszeitpunkte können von den sendenden Stationen vorausberechnet werden. Reservierungstechniken können statischer oder dynamischer Natur sein.

resident "Resident" bedeutet: Im Arbeitsspeicher permanent vorhanden. Ein residentes *Programm* muß also nicht erst vom Massenspeicher geladen werden.

Restfehlerhäufigkeit
residual error rate
Verhältnis der Zahl empfangener Bits, Schrittelemente, *Zeichen* oder Blöcke, die fehlerhaft empfangen, aber von der Fehlerschutzeinheit nicht festgestellt oder nicht korrigiert wurden, zur Gesamtzahl der gesendeten Bits, Schrittelemente, *Zeichen* oder Blöcke.

RF-Modem
radio frequency modem
Ein Gerät, das analoge oder digitale Basisbandsignale von und in die zugewiesenene Frequenzbänder eines Breitbandsystems umsetzt.

RFTDCA Der DCA-Standard, der das *Format* bestimmt für die *Übertragung* revidierbarer Texte von einem Bürosystem zum anderen. RFTDCA steht für »revisable form text document content architecture«.

Richtungsbetrieb Nachrichtenübertragung in nur einer Richtung (simplex).

Richtungskoppler
directional coupler
Ein passives Gerät, das unidirektionale Radiofrequenz-Quellen trennt oder zusammenführt.

Rightsizing Dieser Begriff beschreibt Strategien zur Realisierung bedarfsgerechter ("richtiger") Systemverhältnisse, ohne dabei bestimmte Plattformen zu präferieren. Im Gegensatz zu *Downsizing*, das auf eine vollständige Ablösung der Großrechnertechnologie abzielt, werden kooperative Verhältnisse zwischen verschiedenen Rechnerplattformen aufgebaut. Als eine Variante gilt das *Upsizing*.

Ring-In Ring-In ist der Port einer *Brücke*, auf dem sie ein bestimmtes *Paket* empfangen hat (für das sie sich überlegen muß, ob sie es transportieren soll).

Ring-Out

Ring-Out ist der Port einer *Brücke*, auf dem sie ein bestimmtes empfangenes *Paket* weitertransportiert (wenn sie zu der Entscheidung gekommen ist, daß sie es tranportieren will).

Ring-Topologie
ring topology

Eine Netzwerk-Topologie, bei der das *Kabel* einen geschlossenen Ring oder Kreis bildet. Die *Übertragung* erfolgt von Station zu Station, die Zwischenspeicherung reicht dabei von einem Bit bis zu mehreren ganzen Paketen. Da die Paketlänge üblicherweise größer als die Anzahl der auf dem Ring dargestellten Bits ist, entleert eine sendende Station ihren Informationspuffer über den Ring in den eigenen Empfangspuffer. Dadurch kommt die *Nachricht* an allen Stationen seriell vorbei.
Es gibt meist eine ausgezeichnete Station für Steuerungsaufgaben, den Monitor. Ring-Strukturen sind leicht erweiterbar, haben eine geringe Leitungsanzahl, Erweiterungen sind mit geringem Leitungsaufwand möglich, und die Protokollstruktur ist dezentralisierbar. Nachteile entstehen bei Leitungs- oder Stationsausfall sowie bei der Dauer der Nachrichtenübertragung, die proportional zur Anzahl der angeschlossenen Stationen ansteigt. In *IEEE* 802.5 ist ein Token-Ring-Netzwerk mit Token-Zugriff standardisiert.

RJE
remote job entry

Möglichkeit der Dateneingabe zur *Stapelverarbeitung* von einem Terminal aus.

ROLAND

Das Projekt ROLAND (Realisierung offener Kommunikationssysteme auf der Grundlage anerkannter europäischer Normen und der Durchführung harmonisierter Testverfahren) unterstützt die Hersteller bei der Einführung neuer OSI-konformer Produkte. Der Protokollberatungsdienst der DBP Telekom mit einem umfangreichen Seminarangebot ist beim *Fernmeldeamt* in Bad Kreuznach untergebracht. Der Normenkonformitätsprüfdienst *CTS* (conformance testing service) wird vom anerkannten europäischen Testlabor Eurolab in Wiesbaden durchgeführt. Nach einem erfolgreichen Test wird ein Konformitätszertifikat ausgestellt, das von den EG-Mitgliedsländern anerkannt wird.

R

Route In einem klassischen Teilstreckennetz aber auch bei zusammengeschalteten Lokalen Netzen tritt das Problem auf, daß ein Zwischenknoten, also ein Vermittlungsrechner *IMP* im *WAN* bzw. eine *Brücke* oder ein *Router*, der LANs miteinander oder mit einem *WAN* verbindet, "wissen" muß, in welcher Weise Pakete, die an den Eingangsports ankommen, behandelt werden sollen, also insbesondere, ob ein *Paket* überhaupt weitergeleitet werden soll und wenn ja, wohin bzw. über welchen Ausgangsport. Rooting-Verfahren legen i.A. Methoden fest, mittels derer diese Fragestellungen behandelt werden können.

Eine Route-Definition legt einen Weg über unterschiedliche *Knoten* hinweg fest, entweder für ein Teilstück oder für den gesamten Weg von der *Quelle* bis zum Ziel. Die Definition kann statisch sein oder sich über die Zeit ändern (dynamisch). In *SNA* kennt man auch virtuelle Route-Definitionen (Leitwege), die parametrisiert inkarniert werden, wenn man sie benötigt.

route-recording Während des Transfers werden Informationen über die *Route*, die das *Paket* aktuell nimmt, als Kontrollinformation eingetragen.

Router Ein Router verbindet Subnetze gemäß der Schicht 3 des OSI-Referenzmodellls. Dies beinhaltet insbesondere die Wegwahl-Funktionalität (routing) als zentrale Funktion. Da die Schicht 3 für alle aktuell etablierten Industriestandards unterschiedlich ist, ist die Router-Kopplung hinsichtlich der höheren Schichten protokollabhängig, d.h. ein Router muß alle Protokolle »verstehen«, die er bearbeiten soll. Durch die Kopplung auf Schicht 3 können unterschiedliche Schicht-2-Protokolle sehr gut ausgetauscht werden.

Aufgrund der implementierten *Routing-Protokolle* stellt eine Router-Kopplung im Vergleich zur Brückenkopplung komplexere und unter Umständen effizientere Möglichkeiten zur Verfügung, redundante Netzstrukturen hinsichtlich dynamischer Wegwahl und alternativer Routen auszunutzen.

Durch den Einsatz von Netzwerkadressen lassen sich hierarchische Netzstrukturen (Unterteilung in verschiedene Klassen von Subnetzen) realisieren. Im Gegensatz zu Brücken interpretiert ein Router nur die Pakete, die direkt an ihn adressiert sind, defaultmäßig erfolgt kein Pakettransport. Nur wenn das Zielnetz bekannt ist, wird ein *Paket*

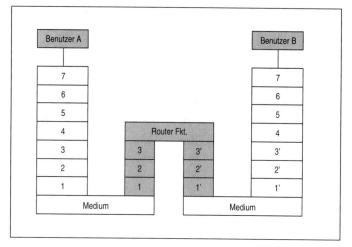

entsprechend weitergeleitet. Broadcasts werden nicht weitergeleitet, sondern bei routfähigen Protokollen vom Router bearbeitet. Aufgrund der komplexeren Wegwahl-Funktionalität und der Unterbindung von Default-Transport eignen sich Router insbesondere zur LAN-interconnection über Weitverkerhrsnetze.

Im Laufe der Zeit erhielten Router verschiedene Namen: interface message processor (*IMP*), intermediate system (IS), network relay, bis hin zu gateway. In letzter Zeit ist auch der Name internetwork nodal processor (INP) zu hören.

Router haben mindestens ein existierendes *Protokoll* oberhalb des LLC-Protokolls (*IEEE* 802.2) implementiert. Bekannte Protokolle sind z.B.

- *ARPA*, TCP/IP-Familie (advanced research projects agency, internet protocol),
- OSPF: open shortest path first der TCP/IP-Familie,
- *DNA*: network services (Digital networks architecture),
- IPX (Novell *NetWare*),
- IS-IS: (*ISO* routing, draft proposal in *ISO* JTC1),
- *XNS*, IDP, RIP, EP (Xerox networks system, internet datagram protocol, routing information protocol, error protocol),
- *ISO* 8473,
- *X*.25: CCITT-Empfehlung für öffentliche Weitverkehrsverbindungen.

router input/ output queue Zusätzlich zu den input und *output* queues jedes LAN-Interfaces hat der *Router* in der Regel eine *queue* je möglichem Routing-Protokoll, das er bearbeiten kann.

Ein *Paket* wird während der Protokollabarbeitung nicht von *queue* zu *queue* umkopiert, sondern einmal im Pufferspeicher abgelegt und über Pointer-Verweise bearbeitet, die von *queue* zu *queue* (input interface *queue* zu protocol *queue* zu *output* interface *queue*) weitergegeben werden. Die ständige Umkopiererei beim Durchlauf der verschiedenen queues würde nur unnötige Bearbeitungszeit verbrauchen.

Routing-Protokolle In der Regel gibt es ein Netzwerkprotokoll (routbares *Protokoll*), das den *Dienst* der Netzwerkschicht zur Verfügung stellt (meistens *Datagramm*), und ein Routing-Protokoll, das die Wegoptimierung leistet. Das Routing-Protokoll oder auch Router-Router-Protokoll dient dem Aufbau von Routing-Tabellen und spezifiziert den zum Tabellenaufbau und zur Tabellenaktualisierung erforderlichen Austausch von Kontrollinformationen unter den Routern.

Das Netzwerkprotokoll bestimmt das *Paketformat* inklusive Adreßstruktur für Datenpakete und Kontrollpakete sowie die Aktionen zwischen Endsystemen und Routern. Netzwerkprotokoll und Routing-Protokoll sind also stets aufeinander abgestimmt.

Router-Terminologie Intermediate system (IS): Ein Gesamtnetz ist unterteilt in Subnetze; der *Dienst*, den der *Router*/das intermediate system erbringt, ist der entsprechende Subnetzdienst für die Endsysteme. Die OSI-Termino-

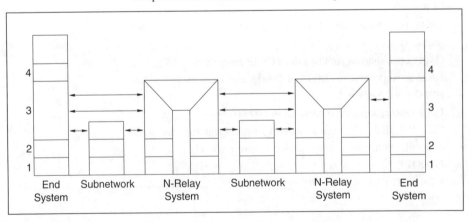

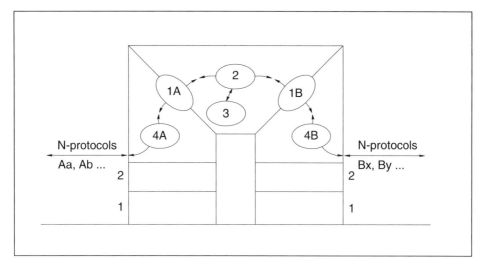

logie unterscheidet weiterhin zwischen interdmediate systems und relay systems. Erstere können beliebige *Router* oder Hosts mit Routing-Intelligenz sein, letztere sind reine »Verbindungselemente«, also nur *Router*.

Eine Routing domain ist eine Menge von Endsystemen, die eine gemeinsame Sprache reden, d.h. dasselbe Routing-Protokoll benutzen. Ein *Hop* ist der Durchlauf eines Paketes durch einen *Router*/ intermediate system auf dem Weg von der Sende- zur Empfangsstation. Eine Entfernung von zwei *Hop* bedeutet, daß auf dem Weg von der *Quelle* bis zum Ziel zwei *Router* (außer dem direkt an das Subnetz der Quellstation angeschlossenen *Router*) durchlaufen werden.

Ein *ES-IS-Protokoll*, wie z.B. *IP* oder *XNS* oder IPX, ist ein *Protokoll*, mit dem sich Endgeräte dem *Router* mitteilen (und umgekehrt). ES-IS-Protokolle können auch als »routbare« Protokolle bezeichnet werden. Ein *IS-IS-Protokoll* ist ein *Protokoll*, das *Router* untereinander benutzen, um Routing-Informationen, Fehlermeldungen etc. auszutauschen. IS-IS-Protokolle können auch als »Router-Protokolle« bezeichnet werden.

Für die Verbindungsfunktion eines Routers gibt es einen sogenannten network internal layer sevice (NILS) als *Interface* zwischen dem protokollgemäßen network service (NS) und den Verbindungs- und Routing-Funktionen (relaying, routing functions).

R

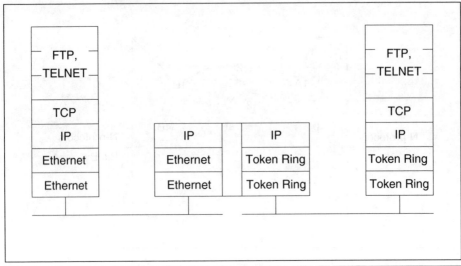

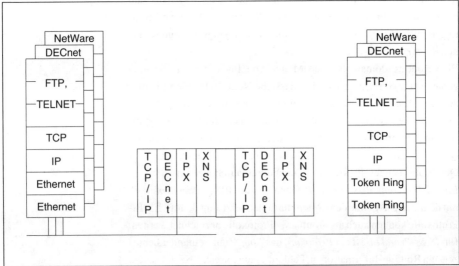

Router-Typen – **Einzelprotokoll-Router (single protocol router):**
Der Einzelprotokoll-Router verbindet LAN-Subnetze auf der Basis eines einzelnen LAN-Protokolls, daher rührt auch sein Name. Die *Verbindung* kann eine LAN-LAN-Verbindung oder eine LAN-

WAN-Verbindung, meistens über *X*.25, teilweise auch *X*.21 sein. Das klassische Beispiel für einen Einzelprotokoll-Router ist ein *X*.25-Vermittlungsknoten, da ja das Routing seinen Ursprung deutlich mehr im Weitverkersbereich als im LAN-Bereich hat.

- **Multiprotokoll-Router (MP-Router: multiple protocol router)** sind in der Lage im Gegensatz zu single protocol Routern, mehrere Protokolle *parallel* zu handhaben. Über verschiedene Protokoll-Stacks (*Implementierung* mehrerer Schicht 3-Protokolle), die in einem Gerät implementiert sind, werden verschiedene logische Netzwerke jeweils untereinander verbunden. Dadurch werden Mehrfach-Backbones (je *Protokoll* ein logischer *Backbone* mit einem eigenen single protocol *Router* Typ) eliminiert - ein einziger Gerätetyp im *Backbone* reicht zur Kopplung aller Protokollwelten aus.
- **Hybride Router (bridging router):**
  Der Bridge/*Router* ist ein erweiterter multiple protocol *Router*. Alle Pakete, die nicht geroutet werden können (weil das entsprechende *Protokoll* nicht im *Router* implementiert ist oder überhaupt nicht routbar ist), werden nach Brückenmanier transportiert - oder auch nicht. Damit arbeitet das Gerät wieder im promiscuous mode, in dem alle Pakete zur Weiterverarbeitung empfangen werden. Erst nach Interpretation der Kontrollinformation wird entschieden, ob das *Paket* geroutet oder gebrückt wird. Mit der Brückenfunktionalität werden in der Regel gleiche LANs verbunden. Vorteil ist die im Entwicklungszyklus »neu« erreichte Protokollunabhängigkeit: können doch jetzt wieder alle Anwendungen »*transparent*« über einen Bridge/*Router* laufen.

Um die geforderte *Verbindung* von Endgeräten in verschiedenen Subnetzen auf Netzwerkebene zu leisten, müssen *Router* eine Reihe von Basiskomponenten realisieren:

- Ein Verfahren für die Stationen, sich dem *Router* gegenüber zu identifizieren und umgekehrt.
- Einen *Algorithmus* für »nichtlokale« Pakete, um den nächsten *Router* auszuwählen, der das *Paket* empfangen soll (der *Algorithmus* nennt sich »Routing« nach der zentralen Funktion eines Routers).
- Einen header für Informationen wie *Zieladresse* der Endstation, life time (Zeitstempel), *Fragmentierung* und Reassemblierung.

R

Routing Header — Ein Routing-Header beinhaltet Informationen wie *Zieladresse* der Endstation, lifetime (Zeitstempel), *Fragmentierung* und Reassemblierung (alle Kontrollinformationen des Netzwerkprotokolls).

routing information protocol — Die Tabellen werden bei statischen Routen manuell angelegt, bei dynamischen Routen "irgendwie" von den Routern gelernt. Die Berechnung und Aktualisierung der Tabellen in jedem *Router* wird durch ein Router-Router-Protokoll ermöglicht, z.B. das routing information protocol (RIP). Es wurde auf der Basis des *XNS* RIP entwickelt und hat sich nicht wegen seiner Güte, sondern der mühelosen Verbreitung als Standardmodul des BSD *Unix* 4.x sehr stark etabliert. Viele Internet-Netze haben es übernommen. Alle *Router* schicken in Intervallen ihre eigenen Routing-Tabellen als *Broadcast* an die anderen *Router*. Die Entfernung zu anderen Netzwerken wird dabei in Relation, d.h. aus der Sichtweise der eigenen *Routing-Tabelle* angegeben. Auf der Basis der empfangenen Tabellen berechnen die *Router* die kürzesten übermittelten Entfernungen zu jedem Zielnetz und nehmen den Nachbar-Router, der diese Entfernung bekanntgegeben hat, als Ziel-Router zur Weiterleitung. Die maximale Entfernung darf 14 Hops betragen, der Wert 15 steht für "nicht erreichbar".

routing information indicator — Der routing information indicator besteht aus einem einzelnen Bit in der MAC-Adresse der Source-Station. Es wird auch source routing bit genannt und ist das erste Bit der Quelladresse (most significant bit/ MSB; dieses Bit geht also dem eigentlichen Adreßumfang verloren). Er zeigt an, ob das *Frame* überhaupt eine Routing-Information (d.h. ein *Routing-Informationsfeld*) enthält. RII = 0 bedeutet, das *Paket* enthält kein *Routing-Informationsfeld*, RII = 1 bedeutet, es ist eins vorhanden und es ist gefälligst zu interpretieren.

Routing-Adressen — Es gibt rufende und gerufene Adressen, source und destination Adressen (von Endsystemen), error-Adressen u.a. Alle diese Adressen sind Netzwerkadressen des jeweils benutzten Protokolls.

Routing-Informationsfeld — Das RI-Feld besteht aus dem 16 Bit langen Routing Control-Feld (RC), das die Kontrollinformationen zur *Route* enthält, und einem oder mehreren *Route* Designatoren (RD-Felder), die die konkrete

Route beschreiben. Das RC-Feld enthält der Reihe nach den Routing-Typ (RT), die Länge des gesamten RI-Feldes (LTH), ein sogenanntes Richtungs-Bit (D, direction), die unterstützte maximale Frame-Größe (LF) und vier weitere Bits, die für höhere Aufgaben reserviert sind, die die Zukunft bringen mag.

Routing-Tabelle

Um eine Ende-zu-Ende-Verbindung zwischen kommunikationswilligen Endgeräten herzustellen, d.h. den Pakettransport vom Sender bis zum *Empfänger* durchzuführen, müssen zwei Endstationen (Sendestation, Empfängerstation) über ihre Netzadressen eindeutig identifizierbar sein.

Dann können die zwischen diesen Endgeräten liegenden *Router* gemäß ihrer Routing-Tabellen das *Paket* von der Sendestation über den ersten *Router* zum zweiten, von dort zum dritten usw. weiterleiten, bis schließlich der "letzte" *Router* auf dem Weg durch verschiedene Subnetze es an die Empfängerstation weiterleitet. Die Routing-Tabellen (in jedem *Router*) beinhalten für den jeweiligen *Router* die *Information*, in welche Richtung ein *Paket* mit dem vorgefundenen Zielnetzwerk weiterzuleiten ist.

RPC, z.B. auf der Kommunikations-Steuerungsschicht (5) des ISO-Modells angesiedelt, gewährleistet einen entfernten Funktionsaufruf. Jeder *Server* im Netz stellt im Rahmen dieses Konzeptes eine Anzahl von Services zur Verfügung, die mit RPC angefordert werden können. Diese Funktionen sind als Prozeduren eines Programmes realisiert und können unter Angabe von Serveradresse, Programmnummer und Prozedurnummer angesprochen werden.

RPC
remote procedure call

Serielle, bidirektionale, *asynchron* arbeitende *Schnittstelle*, zur *Verbindung* von *DTE* und DCE. Der *Standard* beschreibt die Datenübertragung in einer Durchsatzrate von bis zu 20 Kbit/s im Duplex- oder Halbduplex-Modus. RS-232-C definiert 20 spezifische Funktionen. RS-232-C ist funktionell *kompatibel* mit den V.24 CCITT-Empfehlungen.

RS-232-C-Schnittstelle

Standard-Betriebs-Modus in *Verbindung* mit *RS-499*, der die elektrischen Eigenschaften hinsichtlich balancierter Verbindungen (Verbindungen mit eigener Erdung) bezeichnet.

RS-422

RS-499 Ein EIA-Standard zur *DTE*/DCE-Verbindung, der die Anforderungen an die *Schnittstelle* im Hinblick auf erweiterte Übertragungsgeschwindigkeiten (bis zu 2 Mbit/s) sowie größere Kabellängen und 10 weitere Funktionen spezifiziert. Er ist für binäre, serielle, synchrone und asynchrone Kommunikationssysteme gleichermaßen gültig. Halb- und Duplexmodus werden unterstützt. Die *Übertragung* kann über zwei- oder vieradrige *Kabel* erfolgen.

RSA Das bekannteste, bewährteste und am besten untersuchte asymmetrische Verschlüsselungsverfahren, das heute den Rang eines internationalen Quasi-Standards einnimmt, wurde nach seinen Erfindern Ronald Rivest, Adi Shamir und Leonard Adleman benannt. Seine Sicherheit basiert auf der Schwierigkeit, eine große natürliche Zahl zu faktorisieren, d.h. alle Primzahlen zu finden, durch die sich eine Zahl ohne Rest teilen läßt.

Der RSA-Algorithmus wird als das Produkt zweier sehr großer, frei gewählter Primzahlen berechnet: $n = p * q$. Obwohl n als Bestandteil des öffentlichen Schlüssels bekanntgegeben wird, ist es sehr schwierig, die Primzahlen p und q aus n zu ermitteln, besonders wenn an p und q noch besondere Anforderungen gestellt werden.

Die Erfinder dieses Verfahrens schlugen bereits bei der Vorstellung des Verfahrens vor, für p und q hundertstellige Primzahlen zu verwenden. Heute wird meistens für n eine Länge von 512 Bit gewählt, d.h. für p und q ca. 77-stellige Dezimalzahlen, in manchen Anwendungen werden auch bereits 768 Bit als Schlüssellänge vorgezogen.

Eine Realisierung des RSA-Verfahrens ist auch für IBM-Großrechner interessant: eine elektronische Unterschrift mit einer Schlüssellänge von 512 Bit dauert ca. 5 ms. Wird mit dem RSA-Verfahren eine elektronische Unterschrift geleistet, so gehört diese in die Klasse "*digital* signatures giving message recovery", da aus der *Verifikation* die unterschriebene *Nachricht* hervorgeht.

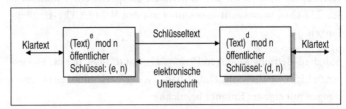

R

Eine Echo-Technik zur Fehlerortung in Übertragungseinrichtungen. Die Fehler werden in analogen Empfangs- und Sendeschaltkreisen isoliert. Beispielsweise könnte ein *Modem* das empfangene Testsignal zurücksenden (Echo), das dann mit dem Originalsignal verglichen wird.

Rückkopplung, analoge
analog loopback

Ein geringer Bruchteil des Lichtes, das durch *Streuung* aus seiner Richtung abgelenkt wurde, gelangt in Rückwärtsrichtung. Es läuft also im *LwL* zum Sender zurück. Durch Beobachtung des zeitlichen Verlaufs des rückgestreuten Lichts mit Hilfe eines Strahlteilers am Sender kann man nicht nur Länge und *Dämpfung* eines installierten Lichtwellenleiters von einem Ende aus messen, sondern auch lokale Unregelmäßigkeiten, z.B. Lichtverluste in Spleißverbindungen.

Rückstreuung
back scattering

Meßmethode in einem *Lichtwellenleiter*. Mit dem backscattering-Verfahren ist es möglich, die Länge eines Glasfaserkabels von einem Ende aus zu messen, sowie den Dämpfungsverlauf innerhalb des Kabels. Außerdem lassen sich Unregelmäßigkeiten, wie schlechte Spleißverbindungen u.ä. aufspüren. Das Verfahren beruht darauf, den zur Lichtquelle hin reflektierten, also zurückgestreuten, Strahlenanteil zu messen.

Rückstreuverfahren
backscattering technique

Richtung des Signalflusses zum Headend in einem Breitband-LAN. Die Übermittlung in dieser Richtung erfolgt in einem niedrigen Frequenzbereich.

Rückwärts-Richtung
reverse direction

Ein Zustand des Verbindungssteuerungsverfahrens, bei dem die DEE anzeigt, daß eine *Datenverbindung* aufgebaut werden soll.

Ruf, abgehender
call request

Ein Zustand innerhalb des Verbindungssteuerungsverfahrens, dem die *DÜE* anzeigt, daß eine *Datenverbindung* aufgebaut oder einer *DÜE* Informationen zugestellt werden soll.

Ruf, ankommender
incoming call

Innerhalb des Verbindungssteuerungsverfahrens die Meldung einer DEE, daß sie den ankommenden Ruf annimmt.

Rufannahme
call accepted

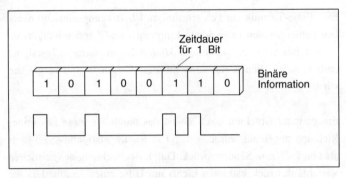

RZ-Code Nachrichtenübertragungscode, bei dem das *Signal* periodisch nach
return to zero code dem Bitintervall wieder auf 0 zurückgeht. Das Übertragungssignal bleibt nie länger als ein Bitintervall auf demselben Wert. Die Taktsynchronisation des Empfängers kann durch das Datenübertragungsintervall selbst erfolgen.

S_0-Schnittstelle

Für alle Kommunikationsformen stellt das *ISDN* eine (Netzzugangs)-*Schnittstelle* S_0 zur Verfügung. Jedem *Endgerät* können über diese *Schnittstelle* zwei Nutzkanäle, sogenannte Basiskanäle (B-Kanäle), mit je 64 kbit/s bereitgestellt werden.

Darüber hinaus gehört zu jedem *Basisanschluß* ein Steuerkanal mit 16 kbit/s. Dieser Steuerkanal wird als *D-Kanal* bezeichnet. Die *Schnittstelle S0* gewährleistet:

- aus Benutzersicht: die einheitliche *Schnittstelle* für alle ISDN-fähigen Kommunikationsendgeräte,
- aus der Netzbetreibersicht: die klare Abgrenzung Netzbetreiber-/benutzer.

Die B-Kanäle dienen zur *Übertragung* aller Informationsarten mit einer maximalen *Bitrate* von 64 kbit/s. Mit dem *D-Kanal* werden die Steuerinformationen zwischen den Endgeräten und dem ISDN-Knoten ausgetauscht.

Die S_0-Schnittstelle ist eine 4-Draht-Schnittstelle, d.h. die Installation eines ISDN-Basisanschlusses in Form eines passiven Busses besteht aus einer *Leitung* mit zwei verdrillten Adernpaaren. Alle drei Kanäle (2 B- und 1 *D-Kanal*) garantieren, daß die zu übertragenden Bitströme im Vollduplexbetrieb ausgetauscht werden können. Weiterhin hat jedes *Endgerät* die Möglichkeit, die beiden B-Kanäle für Misch- oder Mehrfachkommunikation zu nutzen (z.B. Ferngespräch und Datenübertragung). Alle Endgeräte können gleichzeitig auf den *D-Kanal* zugreifen, um eigene Steuerungen vorzunehmen.

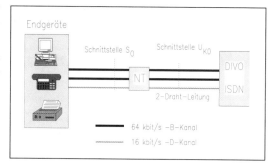

Es ergibt sich also für die *Übertragung* über die So-Schnittstelle eine Nettobitrate von 144 kbit/s (64 + 64 + 16). Zur Steuerung der *Schnittstelle* braucht man zusätzlich die Leitungskapazität von 48 kbit/s. Dies bedeutet, daß ein Bitstrom von 192 kbit/s über die S_0-Schnittstelle übertragen wird. Dafür werden 4000 Rahmen pro Sekunde mit einer Länge von 48 Bit über die *Schnittstelle* synchron ausgetauscht. Die Kapazität von 48 kbit/s wird vor allem dafür verwendet, um die Rahmen zu synchronisieren und den Zugriff der Endgeräte auf den *D-Kanal* zu koordinieren.

S$_{2M}$-Schnittstelle

Eine große DV- oder TK-Anlage kann den Zugang zum *ISDN* entweder über mehrere ISDN-Baisanschlüsse oder über einen »dicken« ISDN-Anschluß, den sogenannten *Primärmultiplexanschluß*/PMxA, haben. Dabei wird die teilnehmerseitige *Schnittstelle* als S$_{2M}$-Schnittstelle bezeichnet. Bei einem PMxA handelt es sich ausschließlich um Punkt-zu-Punkt-Verbindungen, d.h. an einem solchen *Anschluß* kann jeweils nur eine DV-, ISDN-TK-Anlage oder ein *LAN* über ein entsprechendes Kopplungselement angeschlossen werden.

Diese *Schnittstelle* besteht im Gegensatz zur S$_0$-Schnittstelle aus 30 B-Kanälen mit je 64 kbit/s als Nutzkanäle und einem *D-Kanal* mit ebenfalls 64 kbit/s als Steuerkanal. Die Bezeichnung S$_{2M}$ ist die Abkürzung für S 2 Mbit/s, um darauf hinzuweisen, daß der Bitstrom mit der *Bitrate* von ca. 2 Mbit/s über diese *Schnittstelle* übertragen werden kann. Über eine S$_{2M}$-Schnittstelle lassen sich 30 Verbindungen gleichzeitig realisieren. Wird ein *Host* über die S$_{2M}$-Schnittstelle an das *ISDN* angeschlossen, so können 30 Programm-zu-Programm-Verbindungen über das *ISDN* abgewickelt werden. Eine ISDN-TK-Anlage als ein privater ISDN-Knoten ermöglicht gleichzeitig über diese *Schnittstelle* bis zu 30 Verbindungen, wobei diese Verbindungen durch unterschiedliche TK-Dienste belegt sein können.

SAA
systems application architecture

SAA ist eine Sammlung ausgewählter Software-Schnittstellen, Konventionen und Protokolle, die den Rahmen bilden für die Entwicklung konsistenter Anwendungen der wichtigsten IBM-Rechner-Umgebungen. Die System Anwendungs *Architektur* SAA sieht vor allem PS/2-Modelle, Systeme /3X und AS/400 sowie für Großrechner der Reihe /370 eine einheitliche Anwendungs-, Benutzer-, Entwickler- und Kommunikationsunterstützung vor. Der Integrationsaspekt wird hierbei nicht nur auf die technische *Kommunikation* beschränkt, sondern sieht auch einen gemeinschaftlichen Ansatz für eine Datenbankkon-

S

zeption vor. Um dies zu erreichen, war im Rahmen der Kommunikationsunterstützung die Erweiterung der bisher ausschließlich synchron arbeitenden SNA-Architektur notwendig sowie eine Gliederung der obersten SNA-Funktionalschicht 7 mit dem Ziel der Erstellung, *Übertragung* und Verarbeitung eines aus mehreren, unabhängigen Teilen zusammengesetzten, elektronischen Dokumenten an jeden im Netz erreichbaren Partner.

Praktisch alle netzbezogenen Neuentwicklungen IBMs sind SAA-konform, besonders in dem Bereich der Benutzerunterstützung (common user access, CUA). Eine Weiterentwicklung von SAA stellt der networking blueprint dar.

Satellitensystem

Verbundsystem, bei dem an eine zentrale *Datenverarbeitungsanlage* andere, meist kleinere Anlagen ("Satellitenrechner") angeschlossen sind. Dient der Verteilung von Rechnerleistung, z.B. für lokale *Datenverarbeitung*, wobei nur deren Ergebnisse weitergeleitet und zentral verarbeitet werden.

Satellitenübertragung

Kommunikationssystem, bei dem zur *Übertragung* von Nachrichten im Rahmen von Individualkommunikation wie auch Massenkommunikation (*Telekommunikation*) Satelliten eingesetzt werden.
Diese sind geostationär, d.h. an einer festen Position über einer bestimmten Region "aufgehängt", so daß sich Sender und *Empfänger* einer Erdefunkstelle (als Vermittlungsstelle) mit Hilfe von Parabolantennen dauerhaft darauf ausrichten können. Satellitenübertragung eröffnet neue Frequenzbereiche und bietet äußerst große Übertragungskapazität.

SAVE

Unter diesem Begriff sind die Beratungstätigkeiten der DBP Telekom für die internationalen Anwender von Satellitendiensten zusammengefaßt. SAVE bietet drei Anwendungsmöglichkeiten: den reinen Empfangsdienst in Form von Punkt-zu-Mehrpunkt-Verbindungen, den interaktiven *Dienst* in den Variationen Punkt-zu-Mehrpunkt, Punkt-zu-Punkt und Mehrpunkt-zu-Punkt sowie den Sonderdienst des Datensammelns von Mehrpunkt-zu-Punkt.
Durch entsprechende Abkommen mit den Satellitenbetreibern wie EUTELSAT und INTELSAT wird eine kontinuierliche Verfügbarkeit

durch Bereitstellen von Ersatztranspondern zugesichert. Das Angebot umfaßt Übertragungsgeschwindigkeiten von 300 bit/s bis 64 kbit/s.

Schichtenmodell
layer model

Das Schichtenmodell bildet eine funktionale Unterteilung der Kommunikationsaufgaben. Aufgabe einer Schicht ist es, Dienstleistungen für die nächst höhere Schicht bereitzustellen, wobei sie sich der *Dienste* der darunter liegenden Schicht bedient. Die *Dienste* einer Schicht sind in Instanzen angeordnet. Allgemein gilt, daß eine Schicht N auf einem Rechner A nur mit der entsprechenden Schicht N auf

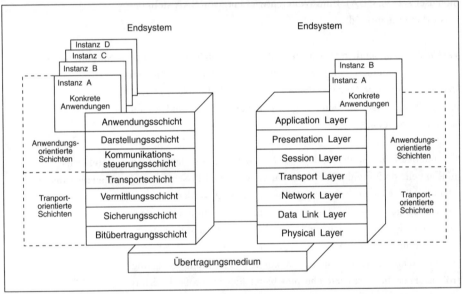

einem Rechner B kommuniziert. Aus diesem Grund spricht man von peer-to-peer-Protokollen (peer, Partner). Die Regeln für die *Kommunikation* sind in den Protokollen für Schicht N festgelegt. Erst auf der untersten Schicht (physikalisch) findet eine physikalische *Kommunikation* statt. Das in der Kommunikationstechnik wichtigste Schichtenmodell ist das OSI-Referenzmodell der *ISO*.

Schleife
loop

Die *Umleitung* des Datenpfades im Dickicht der Ringe, z.B. bei einem Kabeldefekt. In einem aktiven Ring bestehen immer zwei Schleifen, welche normalerweise innerhalb des directors positioniert sind. Wenn jedoch der director eine Ring-Rekonfiguration vornimmt, um einen

fehlerhaften Bereich zu umgehen, dann werden jeweils in den beiden, dem fehlerhaften Bereich am nächsten liegenden TAPs Schleifen positioniert. Um einen Ring zu erweitern oder zu verändern, werden engineering loops benötigt.
Diese werden vom System-Manager über System-Parameter in gewählten TAPs temporär positioniert, um einen bestimmten *TAP* oder einen Teilbereich des Ringes "auszuschleifen".

Eine Methode zur Genauigkeitsprüfung übertragener *Daten*. Die von einer *Datenstation* empfangenen *Daten* werden zurück zur sendenen Station übertragen, um mit den Ursprungsdaten verglichen zu werden.

Schleifenprüfung
loop checking

Bei verzweigten Netzen kann das Problem auftreten, daß die *Router*, Brücken oder IMPs einen *Leitweg* oder mehrere Leitwege so bestimmen, daß Schleifen entstehen. Eine primitive Schleifenerkennung, wie sie in den ersten Implementierungen teilweise vorlag, funktioniert prinzipiell so:
Eine *Brücke* sendet sogenannte HELLO-Pakete; kommt ein HELLO-Pakte wieder zur *Brücke* zurück, so erkennt diese, daß eine *Schleife* existiert. Ein Schleifenunterdrückungs-Algorithmus wird gestartet, der zur Deaktivierung entsprechender Brücken bzw. bestimmter Brückenports führt. Der *Algorithmus* ist prinzipiell beliebig, er muß nur in eine aktive Konfiguration überführen, in der zwischen zwei Brücken auf dem heutigen Stand der Technik schicken jedoch nicht mehr beliebig Pakete an sich selbst, sondern unterdrücken die Schleifen nach einem standardisierten *Algorithmus* »spanning tree« (*Standard IEEE* 802.1D).

Schleifen-
unterdrückung

Bei der Integration von kryptologischen Verfahren in Datennetzen spielt die Schlüsselverwaltung eine besondere Rolle, da die Sicherheit der verschlüsselten *Kommunikation* und der Authentizitätsprüfung von der Geheimhaltung abhängt.
Es wird generell zwischen einer zentralen und einer dezentralen Schlüsselverwaltung unterschieden, wobei bei der zentralen Schlüsselverwaltung eine Schlüsselverwaltungszentrale eingerichtet wird. Bei der dezentralen Schlüsselverwaltung sind die einzelnen Netzteilnehmer für die Verwaltung selbst zuständig.

Schlüsselverwaltung

Schnittstelle
interface

Die definierte Grenze zwischen zwei Hardware-Einrichtungen - Computer, Datenübertragungseinrichtungen oder logischer Softwareeinheiten. Eine Schnittstelle definiert die Gesamtheit der Festlegungen für die physikalischen Eigenschaften der Schnittstellenleitungen sowie die auf den Schnittstellen ausgetauschten Signale und die Bedeutung der ausgetauschten Signale. Durch sie werden technische Funktionen und/oder administrative Zuständigkeiten bei Geräten und Netzen voneinander abgegrenzt. Die Normung, abgefaßt von internationalen und nationalen Gremien, umfaßt die elektrischen Signale auf den Schnittstellenleitungen, die Betriebsweise, d.h. die zeitliche Aufeinanderfolge der Signale, und die Bedeutung.

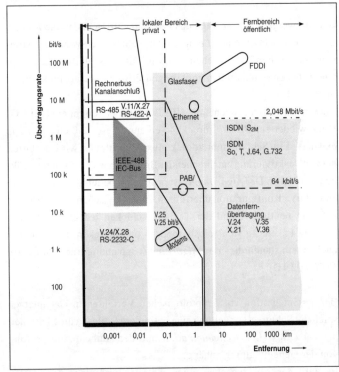

Die bekanntesten Normen stammen in den USA von *EIA* (RS...) und in Europa von *CCITT* (V.- und X.-Serien). Neben diesen digitalen Schnittstellen sind in einem *Datennetz* auch analoge Schnittstellen (Fernsprechleitungen) anzutreffen. Mit neuen Netzwerken wie *ISDN*

kommen weitere Schnittstellen hinzu, u.a. in naher Zukunft auch solche von *SDH* (Synchronous *digital* hierarchy). Die netzinternen Schnittstellen der Telekommunikationsnetze wie z.b. *PCM* fallen in der Bundesrepublik unter die Hoheit der Deutschen Bundespost Telekom und sind im Normalfall für den Anwender nicht zugänglich. In der *Datenverarbeitung*, Datenübertragung und im Mikrocomputerbereich sind eine Vielzahl von unterschiedlichen Schnittstellen angesiedelt, wobei der Rahmen zwischen der zweidrahtigen Linienstromschnittstelle und dem 100-poligen S-100-Bus liegt.

Und ebenso vielfältig sind die elektrischen und physikalischen Ausführungen: *parallel* oder seriell, halbduplex oder duplex, geeignet für Punkt-zu-Punkt- oder Mehrpunktverbindungen, ausgelegt für private oder öffentliche Netzwerke sowie mit oder ohne *Flußkontrolle*. Von der Post wird der Begriff auch im allgemeineren Sinne zur Bezeichnung der Übergabestelle von Verantwortlichkeiten zum Benutzer eines Fernmeldeweges verwendet, z.B. zur Trennung der Verantwortlichkeit bei der Störbeseitigung.

Schnittstelle, parallele

Die Datenbits eines Zeichens - typisch 7 oder 8 Bit - werden gleichzeitig *parallel* übertragen. Für jedes Bit eines Zeichens steht eine *Leitung* bereit. Für die parallele Datenübertragung im *Fernsprechnetz* existiert eine genormte *Schnittstelle* entsprechend CCITT-Empfehlung V.20.

Schnittstelle, serielle

Die Datenbits werden seriell, also nacheinander übertragen. Im Gegensatz zur parallelen *Schnittstelle* stehen nur zwei Datenleitungen (Sendedaten, Empfangsdaten) zur Verfügung. Die anderen Leitungen

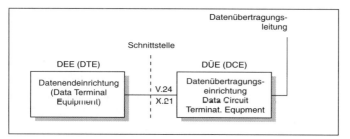

sind Steuer- und Meldeleitungen. Für Geschwindigkeiten bis 20 kbit/s ist diese *Schnittstelle* definiert durch CCITT-Empfehlung V.24. Diese *Norm* ist identisch mit *EIA* RS 232 C.

S

Schnittstellenstruktur
interface structure
Anzahl und Typen der an einer *Benutzer-Netzschnittstelle* maximal zur Verfügung stehender Anschlußkanäle.

Schnittstellenvervielfacher
Einrichtung, die den *Anschluß* mehrerer Datenendeinrichtungen mit der gleichen *Übertragungsgeschwindigkeit* an einen *Anschluß* ermöglicht. Das Datenübermittlungsprotokoll muß die Auswahl der Endeinrichtungen steuern (polling/selecting).

Schritt
interval
Ein *Signal* von definierter Dauer, dem eindeutig ein Wertebereich des Signalparameters unter endlich vielen vereinbarten Wertebereichen zugeordnet ist. Der Sollwert der *Schrittdauer* ist gleich dem vereinbarten kürzesten Abstand zwischen aufeinanderfolgenden Übergängen des Signalparameters von einem in einen anderen Wertebereich.

Schrittakt
Eine Folge von gleich langen Zeitpunkten, wobei der Abstand zweier aufeinanderfolgender Zeitpunkte gleich dem Sollwert der *Schrittdauer* ist.

Schrittdauer
Vereinbarter kürzester Abstand zwischen aufeinanderfolgenden Übergängen des Signalparameters von einem in einen anderen Wertbereich.

Schrittgeschwindigkeit
Kehrwert des Sollwertes der *Schrittdauer*; Maßeinheit: *Baud*. Die Schrittgeschwindigkeit ist im allgemeinen niedriger als die *Übertragungsgeschwindigkeit*.

Schrittpuls
clock
Eine periodische Folge von Impulsen, die in geeigneter Weise den *Schrittakt* kennzeichnet.

SCLAN
super computer local area network
Hier ist die technologische Spitze zu suchen, da eine Geschwindigkeit von ca. 1 Gbit/s angestrebt wird, um die *Supercomputer* angemessen mit *Daten* versorgen zu können. Die räumliche Ausdehnung ist hierbei nicht so wichtig. Ein teurer *Supercomputer* schafft über 100 Mflop/s (million floating point operations/s) Rechendurchsatz und weit über 10 Millionen *Byte* Output/s. Das bedeutet, er braucht eine Nutzdatenrate von über 100 Mbit/s. Ein SCLAN-Produkt ist Hyperchannel-DX z.B. von Network Systems, der hauptsächlich zur Entlastung des

Mainframes beitragen soll. Er ist ein universell konfigurierbarer High-Speed-Datenkommunikationsvorrechner, an den fast alle bekannten in Frage kommenden Netze und Endsysteme direkt angeschlossen werden können. DX selbst hat eine speziell für den Netzverkehr optimierte Technik und bringt es auf einen *Durchsatz* von ca. 400 Mbit/s. Ein schnelleres System ist z.B. Ultranet 1000, das es mit spezialisierten Netzwerkservern in einer Multistartopologie auf ca. 1 Gbit/s bringt.

Die *Server* trennen *Daten* und Kontrollinformationen und bearbeiten beides so *parallel* wie möglich. SCLAN-Qualität haben auch die neuen Super-Router, wie sie im Zusammenhang mit der Collapsed *Backbone* Technik benötigt werden, wie z.B. der RouteXchange von Retix. Mittelfristig wird *ATM* im lokalen Bereich eine eher allgemein genutzte Technik für SCLANs sein.

Die synchronous *digital* hierarchy (SDH) ist ein 1988 vom *CCITT* als weltweiter *Standard* definiertes *Übertragungssystem*, das im Bereich der nationalen und internationalen Weitverkehrsnetze die derzeit bestehende, konzeptionell veraltete Übertragungsinfrastruktur ablösen wird.

SDH
synchron digital hierarchy

Die SDH-Spezifikation beschränkt sich auf die Beschreibung von OSI-Schicht-1-Übertragungsrahmen, ist also vergleichbar mit der Übertragungsrahmendefinition für T1- oder E1-Strecken. SDH kann von Übertragungsdiensten wie *ATM* als physikalisches Transportmedium genutzt werden.

Synchron arbeitendes *Protokoll* für Punkt-zu-Punkt-Verbindungen und andere Verbindungen auf der Schicht zwei von *SNA*. SDLC hat als wichtigstes Unterscheidungsmerkmal zu *BSC* einheitliche Rahmenkonstruktion in der Formatstruktur. Diese Struktur der SDLC-Rahmen führt dazu, daß die Position aller SDLC-Felder durch ihre Lage zu den Blockbegrenzungszeichen (*flag*), die den Anfang und das Ende eines Rahmens kennzeichnen, eindeutig bestimmt sind.

SDLC
synchronous data link control

Der SDLC-Rahmen ist vollkommen *transparent* für die verwendeten Codes und *Daten*. Dies wird durch das geschützte Bitmuster für die Flags 01111110 erreicht, weil innerhalb des Rahmens nach fünf aufeinanderfolgenden »1«-bits automatisch eine 0 eingefügt wird. Sie wird auf der Empfangsseite wieder entfernt (zero insertion and deleting). Das Steuerfeld eines Textblockes (I-Rahmen) kann auch eine *Bestätigung* (Empfangsquittung) enthalten. Alle Rahmen sind durch ein FCS-Feld gegen Übertragungsfehler gesichert. Sämtliche *Zeichen* innerhalb eines SDLC-Rahmens sind durch das FCS-Feld erfaßt. Die Länge des Informationsfeldes kann ein beliebiges Vielfaches von 8 bits betragen. Die Übertragungssteuerung ist unabhängig von den Attributen für die *Daten* und die Formatierung der Nachrichten. Im Gegensatz zu *BSC* mit der Betriebsart halbduplex kann mit SDLC Duplex-Betrieb betrieben werden. SDLC senkt nutzlosen *Overhead* bei der *Übertragung* durch ein sliding window *Protokoll*, bei dem ein Sender eine gewisse Anzahl von Übertragungsblöcken aussenden kann, ohne auf eine *Quittung* warten zu müssen. Sehr eng mit SDLC ist das *Protokoll HDLC* verwandt.

secure SNMP   1992 wurde der IEFT ein Vorschlag für ein sicheres *SNMP* vorgelegt. Kern ist eine sogenannte party *MIB*, die festlegt, welche Komponenten in welcher Weise miteinander SNMP-Nachrichten austauschen können. Die Verwendung des DES-Algorithmus wird zwingend vorgeschrieben. Die wichtigsten Elemente von secure *SNMP* sind aufgegangen in *SNMP* II.

Seitenbänder
side band   Die Frequenzbänder auf beiden Seiten der *Trägerfrequenz*, in welche die beim Modulationsvorgang entstehenden Teilschwingungen fallen, oder die Gesamtheit der Teilschwingungen in diesen Bändern.

Seitenbandcodierung
sub band coding   Bei dieser Technik wird Sprache in zwei oder mehrere Frequenzbänder geteilt und jedes einzeln behandelt. Dieses Verfahren wird normalerweise als Hybrid-Verfahren mit anderen Codier-Techniken benutzt (wie *ADPCM*, APC oder NTT oder ACIT von GTE).

Sendeanforderung
request to send   Die Sendeanforderung ist ein Teil des Modem-Handshaking-Betriebs.

Sendeaufruf
polling   Methode zur Kontrolle der Übertragungssequenzen durch Geräte an einer Mehrpunkt-Leitung. Eine Hauptsteuerung übernimmt die sequentielle *Abfrage* der *Knoten*, ob ein *Paket* zur *Übertragung* bereitsteht. Diese *Abfrage* bezeichnet man als "polling". Steht das *Paket* zur

S

Sendung an, wird die Aufgabe ausgeführt und die *Nachricht* wird von der Steuerung "gehört". Soll vom abgefragten Terminal aus kein *Paket* gesendet werden, wird die Steuerung ebenfalls informiert. Auf diese Weise werden nacheinander die Geräte abgefragt, bis der Prüfprozessor die *Übertragung* freigibt.

Übertragungssteuerung beim *Sendeaufruf*, bei dem die negativen Rückmeldungen der Trabantenstationen die Leitstation nicht unterbrechen.

Sendeaufruf, automatischer
auto-poll

Meist organisiert man PC-Netze in einer zweistufigen Systemhierarchie bestehend aus Dienstanbietern (Servern) und Dienstnutzern (Clients). Die Server realisieren funktionale und infrastrukturelle *Netzdienste*, das heißt, sie bieten nicht nur den Clients Funktionen an, sondern ermöglichen auch die Netzadministration. Server sind üblicherweise die stärksten und am besten ausgebauten Rechner im Netz. Sie besitzen große Festplattenkapazitäten, eine schnelle *CPU* und, wenn möglich, darüber hinaus noch unterschiedliche Coprozessoren. Server wohnen in ausbaufähigen Gehäusen, die auch eine spätere Nachrüstung mit z.B. neuen Speichermedien ermöglichen.

Neben den üblichen Externspeichern auf Diskettenbasis können Server auch Bandlaufwerke, Bernoulli-Boxen, Wechselplatten oder CDE-Laufwerke besitzen, um einer ihrer wichtigsten Funktionen, dem automatischen *Backup*, angemessen nachgehen zu können. Manche Teile der Server können ausfallsicher ausgelgt sein. So unterstützen die *PC* LAN-Betriebssysteme *NetWare* und *LAN* Manager gespiegelte Festplatten oder die doppelte Ausführung der Plattensubsysteme sowie unterbrechungsfreie Stromversorgungen. In letzter Zeit haben sich besonders für kleine Umgebungen *peer-to-peer-Netze* entwickelt, bei denen jeder Arbeitsplatz Leistungen für andere Arbeitsplätze zur Verfügung stellen kann.

Bei einigen Dutzend Plätzen funktioniert das sicher gut, aber bei größeren Umgebungen ist der Erfolg allerdings fraglich, da Leistungsengpässe entstehen können. Das wichtigste *Programm* auf dem Server ist das Netzbetriebssystem. Diese Software erlaubt die gemeinsame, geordnete Benutzung von Betriebsmitteln (mindestens Fileund Print Sharing) und die Installationen von Software für die *Imple-*

Server
server

mentierung zusätzlicher *Dienste*. Je nach Netzbetriebssystem brauchen die Server kein weiteres eigenes *Betriebssystem*. Allerdings sind auch Netzbetriebssysteme bekannt, die im Status eines Anwendungsprogramms unter einem anderen *Betriebssystem* laufen.

Die *Client*/Server-Systemhierarchie ist auch auf andere Rechnertypen übertragbar. So kann ein Großrechner Datei- und Printserver für eine Menge von LAN-Servern werden, die dann in die Rolle von Clients schlüpfen. So können die Vorteile einer Großrechnerumgebung wie z.B. hohe Sicherheit auch für alle LAN-Benutzer bereitgestellt werden.

SFT
simple file transfer

Dateientransfer-Dienst, der es dem Anwender ermöglicht, Dateien zwischen ungleichen Hosts zu übertragen.

shortest path first

Methode im Kontext der *Schleifenunterdrückung*. Jeder *Router* baut sich einen eigenen »spanning tree« hinsichtlich der *Topologie* auf, in dem er selbst die *Wurzel* ist und die Wege des spanning tree die kürzesten Entfernungen (aus Sicht des betreffenden Routers) zu jedem erreichbaren Ziel sind. Diese Methode wird als shortest path first (SPF) bezeichnet, da der jeweils kürzeste Weg (aus Sicht des Routers) als *Route* genommen wird. Gibt es alternative Routen mit gleicher Entfernung, wird die Last gleichverteilt.

Die errechnete *Baumstruktur* ist natürlich für jeden *Router* anders. Für verschiedene Metriken (z.B. *delay*, *hops*, Zuverlässigkeit) konstruiert ein *Router* verschiedene Bäume. Die Metrik wird nach dem angegebenen Typ im TOS-Feld des IP-Frames ausgerichtet. Da dieses Feld drei Bit lang ist, kann es acht verschiedene Werte annehmen (D-, T- und R-Bit können kombiniert werden); folglich sind maximal acht Metriken möglich.

Sicherungsschicht
data link layer

Die Aufgabe der Sicherungsschicht (data link layer) betrifft die fehlerfreie *Übertragung* von frames (Zeichenblöcken, Bitsequenzen) über data links, also über Übertragungsabschnitte, die zwei Stationen ohne Zwischenschaltung von Vermittlungsknoten miteinander verbinden. Ungesicherte Systemverbindungen werden durch diese Schicht zu gesicherten Systemverbindungen modifiziert. Sie abstrahiert von den physikalischen Verbindungswegen. Ihre Aufgabe ist es, die Verbindungen zu verwalten. Dazu gehört auch das Anfordern und Freigeben. Sie faßt Folgen von irgendwie übertragenen (binären) Informationen zu Datenpaketen zusammen bzw. löst (größere) logische Einheiten, die von einer oberen Ebene kommen, zu (kleineren) Paketen auf. Fehler werden im Zusammenhang mit ganzen Paketen betrachtet. Zudem werden hier Fehler, die auf der physikalischen Ebene nicht feststellbar sind, erarbeitet und z.T. korrigiert. Die Sicherungsschicht des OSI-Referenzmodells wurde vom *IEEE* für den Bereich der Lokalen Netze funktionell durch die beiden Unterschichten *LLC* (logical link control) und *MAC* (medium access control) konkretisiert, wobei mehrere MAC-Spezifikationen verabschiedet worden sind.

| Anwendungsschicht
Application Layer |
| Darstellungsschicht
Presentation Layer |
| Kommunikations-
steuerungsschicht
Session Layer |
| Transportschicht
Transport Layer |
| Vermittlungsschicht
Network Layer |
| Sicherungsschicht
Link Layer |
| Bitübertragungsschicht
Physical Layer |

Für die gesicherte Datenübertragung wird bei *ISO* als Übertragungsprotokoll *HDLC* (high data level link control) eingesetzt. Eine Variante von *HDLC* (*LAP B*) wird von *Datex-P* verwendet. Speziell für Lokale Netze hat *IEEE* Standards für die Schicht 2 entwickelt, die von *ISO* übernommen wurden. Neben der *Flußkontrolle* und der *Fehlererkennung* handelt der IEEE-Standard auch den Zugang zum *Übertragungsmedium* in Schicht 2 ab. Die Definition nach *DIN* lautet: »Die Sicherungsschicht verbessert ungesicherte Systemverbindungen zu gesicherten Systemverbindungen«.

Darstellung von Informationen durch den Wert oder Wertverlauf einer physikalischen Größe. Nach *DIN* wird darunter die physikalische Darstellung von Nachrichten oder *Daten* verstanden. In der Datentechnik werden Signale in Digital-Signale umgesetzt und verarbeitet.

Signal
signal

Ein *Signal*, dessen *Signalparameter* eine *Nachricht* darstellt, die nur aus kontinuierlichen Funktionen besteht.

Signal, analog
signal analogue

S

Signal, digital
signal digital

Ein *Signal*, dessen *Signalparameter* eine *Nachricht* darstellt, die nur aus *Zeichen* besteht, wobei jeweils ein *Zeichen* bestimmten Wertbereichen des Signalparameters entspricht.

Signal-Reflexionen

In einer *Verbindung* zwischen der ISDN-DIVO und dem Teilnehmerendgerät können folgende Arten von Echos entstehen:
- Fernecho von der DIVO: Hierbei wird das Sendesignal an der DIVO reflektiert.
- Fernecho von einer Stoßstelle: Hierbei entsteht eine Reflexion an einer Stoßstelle auf der *Leitung* (z.B. an den Kontaktstellen unterschiedlicher Leitungen).
- Nahecho: Hierbei gelangt das Sendesignal über die Gabelschaltung zum eigenen *Empfänger*.

Zur Vermeidung von Reflexionen lassen sich grundsätzlich zwei Verfahren einsetzen:
- Echokompensationsverfahren,
- *Pingpong-Verfahren*.

Wenn beide Verfahren in Frage kommen, stellt sich direkt die Frage, was über die Verfahrensauswahl entscheidet. Die *Antwort* ist einfach: die Teilnehmer-Anschlußlänge (d.h. die Entfernung zwischen der ISDN-Teilnehmerinstallation und der DIVO).

Nach der Untersuchung dieser Länge hat sich herausgestellt, daß man praktisch mit einer Teilnehmer-Anschlußlänge von 8 km rechnen muß.

Das Echokompensationsverfahren hat sich wegen seiner größeren Übertragungsreichweite geeigneter für die Übertragungssteuerung über die *Schnittstelle* UKo erwiesen.

Bei einem Leitungsquerschnitt von 0,6 mm kann eine Entfernung von 8 km überbrückt werden. Damit können praktisch alle heute vorhandenen 2-Draht-Telefonanschlüsse digitalisiert werden, ohne neue Leitungen verlegen zu müssen.

Das *Pingpong-Verfahren* ist technisch einfacher zu implementieren, läßt aber nur die Überbrückung einer Entfernung von max. 4 km zu. Nach diesem Verfahren erfolgt die Übertragungssteuerung über die *Schnittstelle* UPo, die in den TK-Anlagen realisiert wird, um die bestehende hausinterne Telefonverkabelung weiterhin für ISDN-Kommunikation nutzen zu können.

Dropout ist ein zufälliger Signal- oder Synchronisationsausfall, der Fehler verursacht. Dropouts werden definiert als zufällige, unerwartete Regeländerungen, wenn der Signalpegel für mehr als 4 Millisekunden um mindestens 12 *dB* fällt.

Signalausfall
dropouts

Siehe *Zentral-Zeichen-Kanal*.

Signalisierungs-System Nr.7

Darstellungsgröße physikalischer Art für die Wiedergabe eines Signals (*Amplitude*, Phase oder *Frequenz*).

Signalparameter
signal parameter

Übertragungsrichtung bei der Datenübertragung, bei der eine *Datenstation* nur sendet und die andere nur empfängt (*Richtungsbetrieb*). Diese Übertragungsart läßt nur einseitigen Nachrichtenfluß zu.

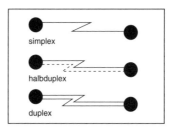

Simplex
simplex

Eine Sitzung ist eine logische *Verbindung* zwischen zwei adressierbaren Einheiten im Netz, um *Daten* auszutauschen. Je nach dem betrachteten Kontext ergeben sich weitere mit einer Sitzung assoziierte Funktionen und Eigenschaften. Die wichtigsten Sitzungsbegriffe kommen aus dem OSI-Referenzmodell, aus *SNA* und aus der TCP/IP-Protokollfamilie, siehe jeweils dort.

Sitzung
session

Zwei oder mehrere gleichzeitige, aktive sessions zwischen zwei gleichen LUs (logical units) in einem SNA-Netzwerk unter Benutzung unterschiedlicher Netzwerkadressen. Jede session kann unterschiedliche Übertragungsparameter haben.

Sitzung, parallele
parallel session

Ein Gerät in einem *Netzwerk* (Computer oder Terminal), das vollständig unter der Kontrolle des Zentralrechners steht.

Slave Computer

Beim Slotted Ring wird die Zeitachse in Zeitscheiben (Slots) von fester Länge eingeteilt. Die Slots entsprechen dann umlaufenden Nachrichtencontainern. Jedem Slot wird ein Statusindikator zugeordnet, der angibt, ob der Slot gerade frei ist oder nicht. Freie Slots können von sendewilligen Stationen mit Nachrichten abgefüllt werden. Ent-

Slotted Ring

weder leert der Sender den Slot bei Rückempfang der eigenen Nachrichten und darf bei dieser Gelegenheit sofort wieder eine neue Abfüllung vornehmen, oder er leert nach Rückempfang, darf dann aber nicht sofort wieder senden, sondern gibt das Senderecht in indirekter Form an seinen Nachfolger weiter.

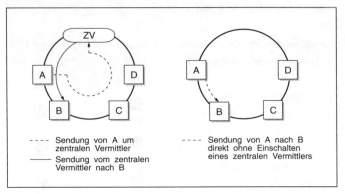

Die erste Version ist nur dann durchführbar, wenn es mehr Slots gibt als Stationen. Eine Station ist nämlich in der Lage, einen Slot für sich zu monopolisieren. Bei weniger Slots als Stationen können so einige Stationen auf Dauer vom Verkehr ausgeschlossen werden.

Die zweite Version entspricht einem indirekten Token-Verfahren und garantiert wie dieses den Zugang zum *Medium* für alle Stationen in fairer Weise. Nachteilig ist, daß in Grenzsituationen bei der zweiten Version nur jeder zweite Slot zur *Übertragung* genutzt werden kann, während bei der ersten Version jeder Slot benutzbar ist. Die Grenzsituation tritt genau dann auf, wenn eine Station alles sendet und die anderen nur *Empfänger* sind.

SMDS
switched multimegabit data service

In den Vreinigten Staaten wurde von Bell Communication Research (Bellcore) der SMDS/switches multimegabit data service entworfen.

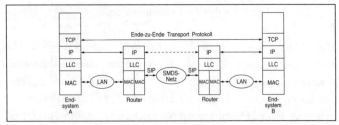

Es ist ein »LAN-LAN-Superhighway« ohne Entfernungsbegrenzung und benutzt Cell Relay mit einer Untermenge des *IEEE* 802.6 DQDB-Verfahrens. SMDS bietet einen verbindungslosen *Datagrammdienst*. Im Rahmen entsprechend ausgerüsteter *Router* kann SMDS zur völlig transparenten LAN-Kopplung eingesetzt werden. Es gibt hierfür auch schon Spezifikationen auf dem TCP/*IP*/SNMP-Bereich, die die Integration weiter vereinfachen werden.

Mittlerweile nutzen fast 30 Prozent aller Netzwerkmanagement-Systeme weltweit *SNMP*, und es werden täglich mehr. Die Problemstellung war, *SNMP* sowohl in der Leistung als auch in der Sicherheit zu verbessern. Die SNMP-Erfinder der *Internet* Engineering Task Forces haben Anfang 1993 eine verbesserte und erweiterte Definition mit dem Namen SMP vorgestellt, die zunächst auf Managementplattformen mit *SNMP* koexistieren soll. Die wesentlichen Unterschiede zwischen *SNMP* und SMP sind folgende:

SMP
simple management protocol

- SMP benutzt nicht nur *UDP/IP*, sondern auch ein ganzes Spektrum von möglichen Tranportprotokollen, darunter Appletalk, IPX und OSI-Protokolle.
- Ein bulk-retrieval-Mechanismus sorgt dafür, daß man tabellenartige Informationen von Agenten mit einem zügigen *Protokoll* erhalten kann.
- In Überarbeitung der Vorschläge des secure *SNMP* werden Sicherheitsfunktionen angeboten, die bei gleicher Sicherheit eine bessere Leistung als in secure *SNMP* haben sollen.

SMP definiert einige neue Datentypen, darunter 64-Bit-Computer für Ereignisse, einen Datentyp für OSI-Adressen, der das SNMP-Management auch auf OSI-Netze erweitern hilft, und erlaubt in Abhängigkeit vom Kontext sogar die Definition von Subtypen. Ein SNMP-Agent weist eine Anfrage insgesamt zurück, wenn er bestimmte MIB-Variablen oder Parameter nicht hat.

In SMP soll es für diesen Fall Ausnahmebedingungen geben. Außerdem gibt es insgesamt mehr error codes als bei *SNMP*. Neue Makros erlauben MIB-Erweiterungen in kompilierbarer Form. Früher konnten Erweiterungen bei Kompilierungen der *MIB* verlorengehen. Mit dem INFORM-Kommando kann eine SMP-Managementstation einer anderen SMP-Managementstation im Rahmen eines verbindungsori-

S

entierten Manager-zu-Manager-Kommunikationsdienstes Informationen zukommen lassen und Empfangsbestätigung anfordern. Dazu gibt es eine neue SMP-MIB, die den Informationsaustauch regelt, insbesondere die Art und Weise, in der Ereignisse aufgearbeitet und an andere Managementstationen verteilt werden. Diese *Kommunikation* ermöglicht den Aufbau hierarchischer Managementstrukturen. Ganz besonders wichtig ist die Loslösung von der TCP/IP-Protokollfamilie. Im Unterschied zu secure *SNMP* macht SMP die Verwendung des DES-Standards zur Option und nicht zwingend.

Dies ist auch dadurch begründet, daß die US-Regierung den Export von DES-verschlüsselten source code verbietet. Ein wichtiges SMP-Ziel ist die Rückwärtskompatibilität zu *SNMP*: Die gesamten SNMP-MIB-Definitionen können in SMP weiter benutzt werden. Schließlich sehen die SMP-Dokumente Migrationsstrategien und die Koexistenz von SMP- und SNMP-Lösungen auf einer *Workstation* vor. SMP ist die Grundlage für *SNMP* II.

SMTP
simple mail transport protocol

SMTP ist der *Internet Standard* zur Verteilung von elektronischer Post. Er ist textorientiert und setzt auf TCP auf. Eine *Nachricht* besteht aus Kopf und Rumpf. Der Kopf enthält u.a. Datum, Bezug, *Empfänger*, Absender, Kopieempfänger; der Benutzer wird für jeden dieser Einträge durch einen »prompt« angesprochen. Der Rumpf besteht typischerweise aus freiem ASCII-Text. Nachrichten mit mehreren Empfängern auf einem Ziel-Host werden nur einmal zum Ziel übertragen und dort verteilt. Im Vergleich zu *X*.400 handelt es sich bei SMTP um ein funktional ärmeres System.

SNA
systems network architecture

SNA ist seiner Bauart nach ein hierarchisch orientiertes Netz zur Steuerung von Terminals und zur Unterstützung des freizügigen Zugriffs von Terminals auf Anwendungen im *Host*. Physikalische Geräte wie Hostsystem, Kommunikations-Vorrechner (Front-End) *Cluster Controller* und Terminals werden in SNA durch sog. PUs, physical units, repräsentiert. Dies sind Programme, die die wesentlichen Eigenschaften der technischen Geräte dem Gesamtsystem gegenüber darstellen und im Extremfall festverdrahtet sein können. Ein SNA-Netzwerk besteht aus einer Reihe von Geräten, die *Knoten* genannt werden und Verbindungen zwischen diesen. Man unterscheidet 4 *Knotentypen*, die sogenannten PU-Typen: *PU* 5 für Hosts, *PU* 4 für Front-Ends, *PU* 2 für *Cluster Controller* und *PU* 1 für Terminals. Zwischen den PUs bestehen dann die physischen Netzwerk-Verbindungen unterschiedlicher Natur, zwischen *PU* 5 und *PU* 4 meistens ein *Kanal*, zwischen *PU* 4 und *PU* 2 eine BSC- oder SDLC-Leitung und zwischen *PU* 2 und *PU* 1 liegen die Terminalanschlußleitungen, meist *Koaxialkabel*. Die zentrale Steuerungsfunktion im *Host* hat der sog. *SSCP* (system services control point). Er stellt die sessions zwischen LUs her, steuert und überwacht das gesamte Netz. *SSCP*, PUs und LUs sind NAUs (network adressable units). Die gesamten im Bereich des *SSCP* befindlichen Komponenten (LUs und PUs) bilden dessen *Domäne*. SNA stammt von 1974 und wurde bis heute stetig erweitert. Wichtige neue Erweiterungen sind die *PU* 2.1/*LU* 6.2-Kombination für die Erfassung autonomer Geräte im SNA, die eigenständig und ohne SSCP-Einwirkung Verbindungen zu gleichartigen Instanzen aufbauen, durchführen und beenden können.

Die *Kommunikation* zwischen diesen Instanzen geschieht mittels *APPC* (advanced program to program communications). SNA ist zentral orientiert, was neuen Konzepten der DV-Gesamtorganisation widerspricht. Das neue Konzept *APPN* (advanced peer-to-peer networking) erlaubt die Verknüpfung autonomer Einheiten und ein freizügiges Routing und letzlich die *Verbindung* alter SNA- und moderner Systemwelten.

Durch die Einführung von Personal Computern als mögliche Endgeräte mußte sich SNA in der Weiterentwicklung den Anforderungen an ein *Netzwerk* mit verteilter Intelligenz stellen. Die Einführung des APPC-Konzeptes stellt eine komfortable *Schnittstelle* für die *Kommunikation* von Transaktionsprogrammen zur Verfügung. Das APPC-Konztept öffnet SNA für die Bedürfnisse der Sektoren *Bürokommunikation*, Lokale Netze, Verteilte Systeme. Schließlich gibt es im Rahmen von SNA auch Empfehlungen für den Aufbau von Dokumenten und deren Austausch (*DCA*/document content architecture, *DIA*/document interchange architecture).

Das Transaktionsprogrammpaket *SNADS*/SNA distributin services stellt die Tools für eine asynchrone *Kommunikation*, aufsetzend auf der APPC-Schnittstelle, zur Verfügung und bietet eine Basis für den Dokumentenaustausch. Die meisten SNA-Netze sind aber heute noch

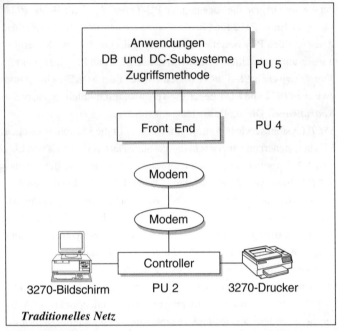

Traditionelles Netz

völlig zentralistisch aufgebaut. Jeder *Knoten* enthält eine oder mehrere netzwerkadressierbare Einheiten (*NAU*). Eine *NAU* ist ein Stück Software, das einem Prozeß die Benutzung des Netzwerkes erlaubt. SNA ist architekturell in Funktionalschichten eingeteilt, die sicher nicht in allen Fällen mit entsprechenden ISO-Schichten korrespondieren.

- **Physikalische Schicht**: Diese unterste Schicht enthält die Instrumente für die *Übertragung* eines Bitstroms, d.h. Beschreibungen und Spezifikationen für Leitungen, physikalische Übertragungsverfahren, Modems, *Adapter*, Koppelfelder, Verteiler usf.
- **Data link-Schicht**: Diese Schicht konstruiert mit Hilfe der Möglichkeit der Bitstromübertragung aus der untersten Schicht eine Paketkommunikationsressource. Sie bildet Rahmen und entdeckt und behebt Übertragungsfehler, ohne die höheren Funktionalschichten damit zu tangieren. Das SDLC-Protokoll dieser Schicht entspricht bis auf wenige Modifikationen dem *HDLC*.
- **Path control-Schicht**: Diese Funktionsschicht überwacht die gemeinsame Benutzung von *Daten*(fern)verarbeitungs-Leitungsres-

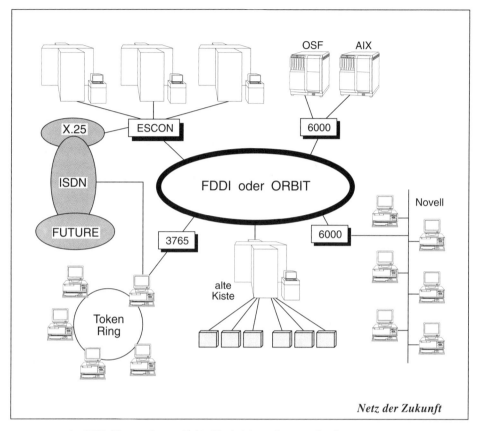

Netz der Zukunft

sourcen des SNA-Netzwerkes und leitet Nachrichtenelemente durch sie. Die Pfadsteuerung leitet Nachrichteneinheiten zwischen NAUs durch das *Netzwerk* und stellt den Transportweg zwischen ihnen zur Verfügung. Die Schicht entspricht global der ISO-Vermittlungsschicht, leistet aber etwas mehr, da sie auch manche Aufgaben einer *Transportschicht* übernimmt.

Transmission control-Schicht: Die nächsthöhere Schicht ist die Transmission-Control-Schicht, deren Aufgabe die Schaffung, das Management und die Auflösung von Transportverbindungen ist, die in SNA sessions heißen. Sie bietet in Abstraktion von den Gegebenheiten der tatsächlichen Transportnetze den höheren Schichten ein einheitliches *Interface* an. Sobald eine session aufgebaut wurde, reguliert sie die Datenflußrate zwischen Prozessen, kontrolliert die

S

SNA-Stack		SAA-Elemente
End User	Semantik/Form/Inhalt v. Dok. Verteilung der Daten/Dokumente Asynchrone Kommunikation	DCA/DIA
Presentation	Transaktionsorientierte Kommunikationsschnittstelle »Verbs«	SNADS
Data Flow	System Node Control Point	APPC-Schnittstelle
Transmission Control		LU 6.2
Path Control	SNA Low Entry Networking	PU 2.1
Data Link	Unterstützende Netzstrukturen	Token Ring Local Area Net
Physical		oder SDLC

Speicherzuordnung, verwaltet die verschiedenen Nachrichtenprioritäten, behandelt das Multiplexen und Demultiplexen von Daten- und Kontrollnachrichten zum Wohle der höheren Schichten und vollzieht *Verschlüsselung* und Decodierung, falls erforderlich. Die Transmission-Control-Schicht hat zwei Komponenten: den Manager für die Punkteverbindung und die Sessionsteuerung.

- **Data-flow-Schicht**: Sie hat nichts mit der Datenflußsteuerung im üblichen Sinne zu tun, sondern steuert die sessions aus der Sicht der LUs. Eine session aus der Sicht einer *LU* heißt auch Halbsession. Die Schicht steuert, ob die Halbsession senden, empfangen, oder gleichzeitig senden und empfangen kann. Sie gruppiert zusammengehörige *request*/response-Nachrichten zu Nachrichtenketten, begrenzt Transaktionen mit einer Klammerprozedur, steuert das Blockieren von *request*/responses in Übereinstimmung mit dem Steuerungsmodus, der bei der Sessionaktivierung spezifiziert wurde, generiert Folgenummern und stellt *request*/response-Nachrichten zueinander in Wechselbeziehung.
- **NAU-services-Schicht**: Sie stellt der End-User-Schicht zwei Klassen von Diensten zur Verfügung: Präsentationsservices wie Textkompression, Codekonvertierung und *Verschlüsselung*, und Session Services für den Aufbau von logischen Verbindungen. Weiterhin gibt es Netzwerkservices, die mit der *Operation* des gesamten Netzwerkes zu tun haben. Die Services werden von den LUs in den entsprechenden Geräten erbracht.

– **End-user-Schicht**: Genau wie beim ISO-Referenzmodell läßt sich diese Schicht nicht genau spezifizieren, da ihre Funktion im wesentlichen von der *Anwendung* abhängt. Andererseits gibt es verschiedene Basismechanismen. Der Hauptanker des Netzwerkmanagements befindet sich ebenfalls auf dieser Schicht - wenn auch das Management eine viel weitergehende Bedeutung in einem SNA-Netzwerk hat.

Eine Anwendungsarchitektur für die asynchrone Verteilung von Informationen zwischen Benutzern, implementiert als Teil von *DISSOS*.

SNADS
SNA distributed service

Das Konzept von SNMP basiert im wesentlichen auf einem Netzwerkmanagement-Programm (SNMP Manager), das z.B. auf einer Netzwerkmanagement-Workstation oder *NMS*/network management station implementiert ist und SNMP-Agenten in den zu überwachenden Geräten.

SNMP
simple network management protocol

Der Agent sitzt in einem network node (z.B. *Router*, Bridge, Terminal *Server*, *Host*) und ist für das Sammeln relevanter Managementdaten des Node zuständig, die in der management information base (*MIB*) abgelegt sind. Beispiele solcher Informationen sind Timer, Zähler, Adressen, Protokollparameter.

Der Agent reagiert auf SNMP-Anfragen des Managers, durch die MIB-Werte abgefragt oder auch gesetzt werden. Letzteres bewirkt das Steuern des Node. Zusätzlich kann der Agent von sich aus aufgrund bestimmter Ereignisse eine sogenannnte trap message (Ereignismeldung) senden.

SMP und secure *SNMP* werden in SNMP II zusammengeführt. Bei den Sicherheitsfunktionen wird durch Authentisierung verhindert, daß *Daten* verfälscht oder Absender von *Daten* imitiert werden.

SNMP II
simple network management protocol

Hier ist zur Zeit der sogenannte *Algorithmus* MD5 im Gespräch. Die *Daten* selbst werden, falls gewünscht, durch *DES* verschlüsselt, wodurch eine sehr hohe Abhörsicherheit gewährleistet ist. Letzlich kommt es durch diese Differenzierungsmöglichkeiten zur Bildung von Sicherheitsklassen bei Managern und Agenten, ein auch in anderen Bereichen bewährtes Modell. Eine stabile und relativ endgültige Definition von SNMP II wird ab 1994 erwartet.

Source Routing

Source Routing-Brücken sind spezifisch für *Token* Ring-Netze (*IEEE* 802.5). Obwohl das Source Routing-Verfahren theoretisch auch in *Token* Bus- und *CSMA*/CD-Netzen einsetzbar wäre, ist es nur für *Token* Ringe implementiert. Das Source Routing-Protokoll ist nicht Bestandteil des *Token* Ring-Standards *IEEE* 802.5, sondern die Spezifizierung eines Routing-Algorithmus auf LLC-Ebene, also oberhalb der MAC-Sublayer. Es stellt ein komplementäres Verfahren zum spanning tree-Algorithmus dar, um redundante Strukturen zu ermöglichen.

Der wesentliche Unterschied zwischen source routing und spanning tree liegt in der Informationsspeicherung, die zum Transport eines Paketes vom Absender zur Zielstation erforderlich ist. Wie der Name schon andeutet, wird die *Route* eines Paketes durch die Source, d.h. seiner Absender spezifiziert. Nicht die *Brücke* hält die Informationen über die *Route* des Paketes, sondern die sendende Station handhabt die Routing-Tabellen über alle offenen (aktiven) Verbindungen. Die Bezeichnung Source Routing ist eigentlich irreführend, da das Verfahren kein »Routing-Protokoll« im OSI-Sinn (auf Ebene 3) darstellt. Eine korrektere Bezeichnung wäre »source bridging« eine erweiterte Brückenfunktionalität realisiert wird. Genauso wie beim spanning tree-Verfahren sind für die *Implementierung* des Source Routing einige Voraussetzungen notwendig. Das Verfahren benötigt:
- einen Routing information indicator im *Frame*,
- ein *Routing-Informationsfeld* im *Frame*,
- einen Suchalgorithmus zur Wegfindung, auch »route discovery-algorithmus« genannt.

SPAG
Standards Promotion and Application Group

In SPAG sind zwölf europäische Hersteller organisiert. Die Gruppe wurde 1984 auf Initiative der Kommission der Europäischen Gemeinschaften gegründet. Seit 1986 existiert SPAG als eigenständiges Unternehmen (SPAG Services) mit den Mitgliedsfirmen als Teilhabern. SPAG ist tätig auf folgenden Gebieten:
- Entwicklung von Protokollprofilen. Diese Profile werden im »guide to the use of standards« (GUS) veröffentlicht. Die SPAG-Profile beeinflussen sehr stark die europäische Standardisierung, welche von den europäischen *Normungsgremien* CEN/CENELEC/*CEPT* durchgeführt wird.

- Dienstleistungen (für SPAG-Mitglieder und andere) auf dem Gebiet Interoperabilitätstest. SPAG ist der europäische Vertreter von *COS*.

Spanning Tree-Algorithmus

Netzwerktechnologisch ermöglicht die *Implementierung* eines Schleifenunterdrückungs-Algorithmus, physikalisch redundante Strukturen auf eine (zyklenfreie) *Baumstruktur* abzubilden, indem redundante Leitungen, die Zyklen bilden, so deaktiviert werden, daß eine Baum-Sturktur aktiver Verbindugnswege »übrigbleibt«.

Die mathematisch gesehen beliebig vermaschte *Netzstruktur* wird auf einen sogenannten »spannenden Baum« reduziert (daher der Name Spanning Tree, SPT).

Das mathematische Wesen eines spannenden Baumes ist so geartet, daß alle vernetzten Punkte durch mindestens einen und genau einen Weg miteinander verbunden sind. Dies impliziert folgende Eigenschaften:
- alle vernetzten Punkte sind von allen anderen vernetzten Punkten aus erreichbar,
- es gibt zwischen zwei beliebigen vernetzten Punkten genau einen definierten Weg,
- es gibt zwischen zwei beliebigen vernetzten Punkten keine Zyklen.

Zur Realisierung eines SPT-Algorithmus sind drei Voraussetzungen zwingend notwendig:
- Es gibt eine Gruppenadresse, die von allen Brücken des Netzes empfangen wird (d.h. Pakete mit dieser *Adresse* als Ziel werden empfangen). Pakete mit dieser *Zieladresse* werden vom Brückenprotokoll-Modul in einer *Brücke* interpretiert.
- Jede *Brücke* hat einen eindeutigen Identifikator (ein Prioritätsfeld und die eigene universelle Ethernet-Adresse).
- Jeder Port einer *Brücke* muß innerhalb der *Brücke* einen eindeutigen Identifikator besitzen. Diese Port *ID* kann unabhängig von anderen Brücken gesetzt werden.

Um aus diesen Voraussetzungen eine funktionierende Kofiguration zu erhalten, sind drei weitere Konfiguraitonsfestlegungen notwendig:
- ein Verfahren, jeder *Brücke* bezüglich aller Brücken im *Netzwerk* eine relative *Priorität* zuzuweisen,
- ein Verfahren, jedem Port einer einzelnen *Brücke* bezüglich aller anderen Ports dieser *Brücke* eine relative *Priorität* zuzuweisen.

S

— ein Verfahren, jedem Port entsprechend der Kapazität seiner angeschlossenen *Leitung* (*LAN* oder *DFV*) Pfadkosten zuzuweisen.

Sperrkennzeichen
blocking signal

Kennzeichen bei der Zeicheneingabe für Sperren.

Spleißtechnik

Die am weitesten verbreitete Methode zur unlösbaren *Verbindung* zweier *Lichtwellenleiter* ist die Lichtbogen-Spleißtechnik, auch Fusionsspleiß oder Schmelzspeiß genannt. Dabei werden die präparierten Faserenden präzise ausgerichtet (alignment technique) und im elektrischen Lichtbogen ohne zusätzliche Hilfsmittel direkt miteinander verschweißt.

Splitter

Ein passives Gerät, das in Breitband-Netzwerken die Verteilerfunktion übernimmt. Es unterteilt die Eingangsfunktion in zwei oder mehrere Ausgänge geringerer Leistung. Wenn zwei oder mehrere Leitungseingänge in einem einzelnen Leitungsausgang zusammengeschlossen werden sollen, kann der Splitter auch als Kombinator verwendet werden.

Spontanbetrieb
asynchronous response mode

Bei bitorientierten Steuerungsverfahren eine Betriebsart, in der die Folgestation unaufgefordert DÜ-Blöcke senden kann. Die Freigabe dieser Betriebsart erteilt die Leitstationen mit einem *Steuerblock*.

SPOOL

Programmsteuersystem für gleichzeitiges Arbeiten der Ein- und Ausgabe während ein anderes, rechenintensives *Programm* läuft.

Sprach-kommunikation

Die Sprachkommunikation ist in Form des Fernsprechens seit Jahren realisiert. Diese gegenseitige akustische Verständigung von Mensch zu Mensch über größere Entfernungen, ist die meist benutzte Telekommunikationsform. Für diese Kommunikationsform gibt es das *Fernsprechnetz*, das in seinem Systemkonzept darauf ausgerichtet ist, Sprachverbindungen zwischen zwei (und mehreren) Partnern zu ermöglichen.

SSCP
system services control point

In SNA-Netzwerken ist der SSCP der Funktion nach ein Host-basierendes *Programm*, das die Netzwerk-Konfiguration managt, Netzwerk-Bediener und Problemlösungen koordiniert, Netzwerk-Adres-

S

sen und Mapping-Tabellen wartet und directory-support bietet. Durch diese *Dienste* können Einrichtungen geschaffen werden, die Übertragungsleitungen und *Knoten* testen und Fehlerinformationen sammeln und aufzeichnen.

Siehe *Norm*.

Standard
standard

Betrieb eines Rechensystems, bei dem eine Aufgabe aus einer Menge von Aufgaben vollständig gestellt sein muß, bevor mit ihrer Abwicklung begonnen werden kann.

Stapelbetrieb
batch mode

Verarbeitungsart, bei der Programme und *Daten* in den Computer eingegeben und von diesem in einem zusammenhängenden "Stapel", also nicht einzeln, der Reihe nach abgearbeitet werden. Meist erfolgt die Verarbeitung der *Daten* in mehreren aufeinanderfolgenden Programmabläufen. Das Gegenteil hierzu ist das Dialogverfahren, bei dem der Benutzer aktiv in den Programmablauf eingreifen kann.

Stapelverarbeitung
batch processing

Ein Datenübertragungssystem, bei dem jeder Zeichengruppe, die einem alphabetischen *Signal* entspricht, ein Startbit vorangeht, das dazu dient, das Empfangsgerät in den Ruhestand zu versetzen, um es für den Empfang des nächsten Zeichens vorzubereiten.

Start-Stop-System

Die kombinierte Station kann in HDLC-Protokollen eine Station sein, die in der Lage ist, die Rolle einer primary station oder einer secondary station anzunehmen.

Station, kombinierte
combined station

Die primary station ist ein Netzwerk-Knoten, der den Informationsfluß auf der *Verbindung* kontrolliert.

Station, primäre
primary station

Begriff aus MDLC/SDLC-Protokollumfeld. Die Station oder der *Knoten*, der ausgewählt ist, die *Übertragung* von der primary station zu empfangen. Die Auswahl der secondary station erfolgt normalerweise temporär und nur für die Dauer der *Sitzung* oder Transaktion.

Station, sekundäre
secondary station

Das *Zeichen* dient zur Anforderung einer *Antwort* von einer fernen *Datenstation*. Die *Antwort* kann diese Stationskennung und/oder den

Stationsaufforderung
enquiry character

Stationszustand einschließen. Ein Vorgang, bei dem die Sendestation eine Empfangsstation auffordert, ihre Identifizierung zu senden und ihre Empfangsbereitschaft zu melden.

Statisches Routing   Statisches Routing basiert, wie der Name schon sagt, auf einer festen Vorgabe des Weges zwischen zwei beliebigen Endsystemen. Diese Vorgabe wird bei der Einrichtung, d.h. Installation des Netzwerkes getroffen und in der Regel als feste Tabelle im *Router* abgespeichert. Die Endgeräte sind jeweils einem *Router* zugeordnet, über den sie erreichbar sind und andere Ziele erreichen können. Die genaue Konfiguration des Netzes, Anzahl und Lage der *Router*, eingesetzte Leitungen und deren Übertragungskapazität muß bei Festlegung der Routen bekannt sein. Dann lassen sich als Konfigurationsparameter berücksichtigen: - Anzahl und Lage der Endsysteme und *Router*, - vorhandene Leitungen und deren Kapazität, - Annahmen über das zu erwartende Lastaufkommen, - Prioritäten unter den Netzteilnehmern. Im Änderungsfall muß eine statische *Route* manuell umkonfiguriert werden (Fehler, Erweiterung, Umzüge etc.), woran der Nachteil des Verfahrens deutlich sichtbar wird.

Statistischer Multiplexer   Siehe *Multiplexer, statistischer.*

Stecker   Siehe Connector und *Datenstecker.*
connector

Sternkoppler   Zentrales Bauelement für sternförmige passive Lichtwellenleiternet-
star coupler   ze. Es verbindet zahlreiche Sender und *Empfänger* und verteilt die Signalleistung, die ein angeschlossener Sender liefert, gleichmäßig auf alle angeschlossenen *Empfänger*.

Sternstruktur   Bei einem Sternsystem laufen
star topology   alle Nachrichten in Richtung eines zentralen Umsetzers. In der Anfangszeit der Sternnetze hat man an vermittelnde Umsetzer wie bei Nebenstellenanlagen gedacht. Dies widerspricht jedoch dem dezentralen Ansatz der

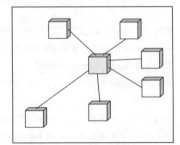

S

LAN-Systeme. Heute benutzt man die Sternstruktur vielmehr im Zusammenhang mit Glasfasernetzen, bei denen von jeder angeschlossenen Station eine *Glasfaser* zum Mittelpunkt des Netzes und wieder zurück führt. Der Mittelpunkt ist dann ein optischer oder elektro/optischer Umsetzer, der aktiv oder passiv sein kann, je nach Größe und Struktur des Netzes. Ein derartiges Sternnetz weist jedoch von der Netzverwaltung her die gleichen Probleme auf wie ein Bus, und wird somit auch mit vergleichbaren Steuerungsverfahren verwaltet.

Ein DÜ-Block, der nur aus *Steuerdaten* besteht.

Steuerblock
control framer

Nach *DIN* sind es bei der *Datenübermittlung Daten*, die einen DÜ-Block oder ein *Datenpaket* so kennzeichnen, daß sie in einem Übertragungsabschnitt oder *Übermittlungsweg* die Weiterleitung von Nutzdaten beeinflussen.

Steuerdaten
control data

Gerät zur Steuerung und Überwachung von Ein-/Ausgabebefehlen auf einem *Kanal* oder auch auf mehreren Kanälen, koordiniert den Datenfluß zwischen Zentraleinheit und Peripheriegeräten einer *Datenverarbeitungsanlage*.

Steuereinheit
control unit

Spezielle *Zeichen* bei der Datenübertragung zur Steuerung von Vorgängen wie zum Beispiel Papiervorschub beim Drucker.

Steuerzeichen
control byte

Hauptsächlich angewandte Technik bei Lichtwellenleitersteckverbindungen.

Stirnflächen-kopplung
butt joint

Signal, das ungewollt durch kapazitive, induktive oder galvanische Kopplung auf den Leitungen als Streusignal auftritt.

Störsignal
noise

Das Signal-Rausch-Verhältnis ist der Quotient aus der *Amplitude* des übertragenen Signals zu der Rauschamplitude des Kanals. Das Signal-Rausch-Verhältnis wird in *Dezibel* (*dB*) gemessen.

Störspannungsabstand
signal to noise ratio

Bei der asynchronen seriellen Datenübertragung wird jedem zu übertragenden n-Bit-Zeichen ein Bit nachgesetzt, das dem *Empfänger* mitteilt, daß die *Übertragung* eines Zeichens beendet ist.

Stopbit
stop bit

S

store and forward mode
Betriebsart eines Datennetzes bei der Datenpakete oder Nachrichten zwischengespeichert werden, bevor sie an den Endadressaten weitergeleitet werden.

STP
shielded twisted pair
Siehe *Übertragungsmedium*.

Streuung
scattering
Hauptsächliche Ursache für die *Dämpfung* eines Lichtwellenleiters. Die Streuung entsteht durch mikroskopische Dichtefluktuation im Glas, die einen Teil des geführten Lichts so weit aus seiner Richtung ablenken, daß er den *Lichtwellenleiter* verläßt. Dieser Vorgang ist durch das Rayleigh-Streuungsgesetz mit guter Nährung zu erklären. Das Gesetz besagt, daß mit zunehmender *Wellenlänge* der Streuverlust mit vierten Potenz abnimmt. Bei den für die optischen Nachrichtenübertragung relevanten Wellenlängen von 850 nm und 1550 nm betragen die Streuverluste bei 1300 nm ca. 18 % und bei 1550 nm nur ca. 90 % des Wertes, der bei 850 nm auftritt.

Stromschleifenschnittstelle
current loop
Diese nach *DIN* 66258 genormte *Schnittstelle* ist nur für den lokalen Bereich vorgesehen und wird für öffentliche Netzwerke nicht angeboten. Anstelle des sonst üblichen Spannungspegels werden die binären Informationen durch Strom oder kein Strom (20, 40 und 60 mA) nachgebildet. Die Kopplung von Rechner zu Peripheriegeräten erfolgt über jeweils eine Sende- und Empfangsschleife, über welche ein konstanter Strom fließt. Mit einem Paar verdrillter Kupferleitungen können Entfernungen bis über 1000 m mit Datenraten bis zu 9.600 bit/s mit hoher Störsicherheit überbrückt werden.

Stufenprofilfaser
step index profile fibre
Bei einem *Lichtwellenleiter* mit Stufenprofil (Stufenfaser) ist die Brechzahl innerhalb des Kerns konstant und durch einen scharfen *Abfall* der Brechzahl an der Grenzfläche von Kern und Mantel gekennzeichnet. Dieser *LwL* ist relativ einfach herzustellen, wird aber heute nur noch selten eingesetzt.

Subsplit
Die Frequenztechnik für die Trennung der Übertragungsrichtung in Einkabel-Breitbandsystemen ist vorwiegend im Kabelfernsehen im Einsatz. Im Gegensatz zu den Midsplit- und Highsplit-Verfahren hat das Subsplit-Verfahren in Vorwärtsrichtung eine hohe nutzbare *Band-*

breite von 346 MHz (zwischen 54 MHz und 400 MHz). In Rückwärtsrichtung (Richtung zum Head-End) liegt die nutzbare *Bandbreite* zwischen 5 MHz und 30 MHz.

Supercomputer sind Giganten unter den Rechnern und auf extrem hohe Verarbeitungsleistungen ausgerichtet. Sie besitzen ein Feld von Prozessoren auf die die Aufgaben verteilt und dann mit hoher Parallelität abgearbeitet werden. Supercomputer benutzt man, wenn umfangreiche und hochparametrige numerische Probleme in kürzester Zeit gelöst werden müssen wie für die kontinentweite Wettervorhersage, bei der Echtzeitauswertung hochstrukturierter bewegter Bilder, als *Zentralrechner* komplexer Verteidigungssysteme usw.

Supercomputer

Eine Übertragungsleitung, die aus zwei Leitern besteht, die in bezug auf Masse (ground) so geschaltet sind, daß die Spannungen auf beiden Leitern gleich groß sind, aber entgegengesetzte Vorzeichen besitzen und die Ströme ebenfalls gleich, aber entgegengesetzt gerichtet sind. Symmetrische Leitungen haben gegenüber unsymmetrischen Leitungen den Vorzug, daß Störspannungen, die auf symmetrische Leitungen eingekoppelt werden, sich in der aktiven Eingangsschaltung (z.B. Operationsverstärker) gegenseitig auslöschen. Davon wird bei den shielded- und unshielded-twisted-pair-Leitungen Gebrauch gemacht, die im Datenendgerätebereich eingesetzt werden.

Symmetrische Leitung
balanced line

Ein Schaltkreis, dessen beide Teile elektrisch gleich und symmetrisch zu einem gemeinsamen Referenzpunkt, in der Regel Masse (ground) sind.

Symmetrische Schaltung
balanced circuit

Übertragungsform der analogen *Schnittstelle* RS-422-A. Ermöglicht gegenüber der unsymmetrischen *Schnittstelle* RS-423-A eine Erhöhung der *Datenübertragungsgeschwindigkeit* auf 2 Mbit/s und Entfernungen bis zu 60 m.

Symmetrische Übertragung
balanced transmission

Bei der synchronen Datenübertragung werden die Informationen blockweise gesendet. Der Beginn eines Blocks oder Rahmens wird durch Synchronisierzeichen gekennzeichnet, die *Übertragung* mittels definierter *Steuerzeichen* oder Steuerrahmen durchgeführt und der

Synchrones Format

639

S

gesamte *Datenblock* mit einem Prüfzeichen oder einer Prüfsequenz abgesichert. Bei den synchronen Übertragungsverfahren unterscheidet man die zeichenorientierte (*Byte* orientierte) und bitorientierte Steuerung.

Synchronisations-Bit
sync bit

Synchronisations-Bits dienen bei synchronen Übertragungen zur Herstellung der Synchronisation zwischen Sender und *Empfänger*.

Synchronisiereinheit
timing generator

Funktionseinheit, die dazu dient, den Synchronismus zwischen zwei miteinander verkehrenden Datenstationen herzustellen und während des Betriebes aufrechtzuerhalten.

Syncpoint

Ein verteiltes Fehlerbeseitigungssystem, das garantiert, daß alle beschädigten Transaktionsquellen überprüft werden und wieder in einen in sich stimmigen Zustand gebracht werden können.

System, code-abhängiges

Ein System, das von dem für die *Übertragung* durch die DEE benutzten *Zeichenvorrat* oder code-abhängig ist, um einwandfrei arbeiten zu können.

Systeme, verteilte
distributed data processing

Unter der Bezeichnung »Verteilte Systeme« versteht man ein *Netzwerk*, das geographisch verteilt ist und logisch über *Knotenrechner* miteinander verbunden ist. Generell ist die Konfiguration so, daß die *Knotenrechner* sich die gemeinsamen Ressourcen wie *File-Server*, *Print-Server*, Host-Anwendungen oder Datenbanken teilen. Die *Kommunikation* zwischen den DDP-Knoten kann sporadisch oder intensiv sein, interaktiv oder im batch. Unter verteilten Systemen versteht man andererseits auch ein *Betriebssystem*, welches alle Komponenten einer verteilten, vernetzten Systemumgebung einheitlich steuert. Das Besondere daran ist, daß ein verteiltes System ein systemweites *Betriebssystem* ist und nicht, wie ein Netzbetriebssystem, auf den Einzel-Betriebssystemen der *Knoten* aufsetzt. Das verteilte System realisiert vor allem *Transparenz* für die Betriebsmittel.

T

TA Teilnehmer-Anschlußeinrichtung. Endeinrichtung zum *Anschluß* von Endgeräten an das *ISDN*.

TAE Eine *Anschalteeinrichtung* (Steckdose) zum Anschließen von Endeinrichtungen, die teilweise die Anschlußdose (ADo) und Steckverbinderdose (SvDo) ablöst.

Taktgeber
master clock

Die Master-Clock ist der Taktgeber für das Zeitsignal, das alle Netzwerkstationen für die Synchronisation benutzen. Moderne LANs können aufgrund selbstsynchronisierender Codierungsverfahren wie dem Manchester *Code* auf einen Taktgeber verzichten.

TAP
terminal access point

Bei Ethernet-Verkabelungen mit yellow cable besteht die Möglichkeit ohne LAN-Betriebsunterbrechung weitere Endgeräte anzuschließen. Zu diesem Zweck gibt es den sog. TAP-Anschluß.
Bei diesem *Anschluß* wird die Isolierung des Kabels, bis hin zum Innenleiter angebohrt, anschließend wird eine Sonde an den Innenleiter des Koaxialkabels gepreßt und gleichzeitig durch eine Klemme Kontakt zum Außenleiter (*Abschirmung*) hergestellt. Sonde und Klemme sind mit dem *Transceiver* verbunden. Diese Technik ist heute wegen Korrosionsgefahr bezogen auf längere Zeiträume umstritten.

Tastung
keying

Die Bildung von Signalen (z.B. von Telegraphiesignalen) durch Schalten eines Gleichstromes oder einer Schwingung.

TCP/IP
transmission control protocol/ internet protocol

TCP/IP sind Kernprotokolle der *DoD-Protokollfamilie* (*ARPA-Dienste*). TCP bildet im DoD-Standard (Department of Defense) die *Transportschicht*, d.h. es gewährleistet eine Kontrolle von Ende-zu-Ende-Verbindungen. *FTP*, *SMTP* und *telnet* benutzen TCP. TCP ist der Schicht 4 des *ISO*/OSI-Schichtenmodells zuzuordnen und setzt direkt auf dem internet protocol auf.
Die wesentlichen Dienstleistungen, die TCP für die Anwendungsprozesse bereitstellt, sind Verbindungsorientierung, Reihenfolgegarantie, Verlustsicherung, Zeitüberwachung einer *Verbindung*, Multiplexing, Flußsteuerung, transparenter Datentransport, gesicherter Verbindungsauf- und -abbau. Dabei stellt TCP ganz bestimmte Anforderungen an das *Protokoll* der darunterliegenden *Vermittlungsschicht*.

Diese muß in der Lage sein, Datagramme über einen *Verbund* von Netzen hinweg zu senden, die Partner eindeutig zu adressieren, Datenpakete nach den jeweiligen Netzkonventionen zu zerlegen und wieder zu reassemblieren sowie Informationen über die Paketreihenfolge und Sicherheitsmerkmale zu übermitteln. Diese Leistungen werden alle vom internet protocol erbracht.

Die TCP/IP-Protokollfamilie wurde schon vor ca. 30 Jahren von DoD entwickelt. Ziel war die Schaffung möglichst Code-kompakter Protokolle für die IMPs des *ARPAnet*. Danach hat sich lange Zeit niemand mehr für TCP/*IP* interessiert, da man hoffte, auf Basis von OSI-Protokollen einen *Verbund* heterogener Systeme realisieren zu können. Diese Hoffnung trügte und die mittlerweile auf dem Unix-Sektor weiterentwickelten Protokolle wurden schnell für die Vernetzung unterschiedlichster Systeme populär.

Wegen des vergleichsweise geringen Implementierungs- und Platzaufwandes wurden sie auch gerne für PCs verwendet. Heute findet man kein professionelles System, welches nicht mit TCP/IP-Protokollen ausgestattet werden kann. Somit ist die *DoD-Protokollfamilie* in vielen gemischten Umgebungen heute die einzige Möglichkeit der *Kommunikation*. Der relativ geringe Aufwand hat natürlich auch seinen Preis: in diesem Falle in der Funktionenvielfalt und in der Leistung z.B. beim *File* Transfer. Ein besonders wichtiges modernes Element der TCP/IP-Familie ist das Management-Protokoll *SNMP*.

TCP/IP-Routing   Im Zusammenhang mit TCP/IP-Routing werden eine Reihe von Protokollen eingesetzt, die der Endsystem-Router- und Router-Router-Kommunikation dienen: *IP* (internet protocol, RFC 791)), RIP (routing information protocol, RFC 1058), HELLO, *ICMP* (internet control message protocol, RFC 792), ARP (adress resolution protocol, RFC 826, 829) und *EGP* (exterior gateway protocol, RFC 890, 827, 901, 911).

TDMA
time division
multiple access
Bei TDMA wird jedem *Knoten* eine feste Anzahl von Slots pro "Umlauf" zugeordnet. Die Slots können nach den Bedürfnissen der einzelnen Stationen ausgerichtet sein. Wenn diese Bedürfnisse bekannt sind, so führt TDMA zu einer hohen Auslastung. Nachteilig ist, wie auch bei den konfliktvermeidenden Schemata, daß alle Stationen

vollständig synchronisiert sein müssen. Bei den getakteten CSMA-Systemen genügte eine teilweise Synchronisation, die mit der Rückgewinung des Taktes aus dem *Code* jederzeit leicht herstellbar ist. Ein weiterer Nachteil ist, daß TDMA bei schwankenden Benutzeranforderungen versagt, da es nicht angemessen reagieren kann.

Einrichtung für Benutzer eines öffentlichen Datenübertragungsnetzes, die es diesen Benutzern ermöglicht, miteinander in *Verbindung* zu treten, die jedoch die *Verbindung* zu Benutzern außerhalb dieser Einrichtung nicht ermöglicht.

Teilnehmer-betriebsklasse
closed user group

Bei Verbindungsübergängen 1/5 (Telefon nach *Datex-P*) und 3/5 (*Datex-L* nach *Datex-P*) muß sich der Benutzer identifizieren, damit ihm die Verbindungsgebühren der Gruppe 5 (*Datex-P*) berechnet werden können; dazu dient die Teilnehmerkennung (TLNKG). Bei Gebührenübernahme durch die Gegenstelle ist keine TLNKG erforderlich. Sie kann auch an Anschlüssen der Gruppe P (Datex-P20H) verwendet werden, dann bezahlt nicht der Anrufende, sondern der Angerufene die Gebühren.

Teilnehmerkennung
network user identifier

Baustein für den *Anschluß* analoger Fernsprechapparate an digitale Vermittlungen.

Teilnehmer-schnittstelle

Seit Mitte 1984 wurde ein Mailboxservice im Probebetrieb angeboten. 1991 wurde Telebox-400 vorgestellt, ein interpersoneller Mitteilungs-Übermittlungsdienst nach *X*.400. Der Zugang zu diesem elektronischen Briefkasten erfolgt wahlweise über das *Fernsprechnetz*, *ISDN* oder *Datex-P*. Über Telebox-400-IPM sind Übergänge zu Telefax, *Teletex*, *ISDN*, *Telex*, *Bildschirmtext*, *Eurosignal* und *Cityruf* nutzbar.

Teleboxdienst

Fernmeldedienst zur Nachrichtenübermittlung, der standardisierten Protokollen für alle Schichten des ISO-OSI-Modells entspricht und damit die *Kommunikation* zwischen den Benutzern ohne Einschränkungen gewährleistet. Die *Kompatibilität* ist daher beim Nachrichtenaustausch gegeben. Ein Teledienst umfaßt auch Funktionen, die in den Endeinrichtungen vorhanden sein müssen. Die Protokolle werden

Teledienst
tele service

T

vornehmlich auf der Basis internationaler Empfehlungen durch die Betreiber der öffentlichen Netze festgelegt.

Telefaxdienst Der Telefaxdienst begann mit Geräten der Gruppe 2 (Übertragungsdauer für eine Seite *DIN* A4 3 Minuten) und wird heute überwiegend mit Geräten der Gruppe 3 (Übertragungsdauer 1 Minute) bestritten. Mit der neuen Generation der Gruppe 4 dauert die *Übertragung* einer *DIN* A4-Seite im *ISDN* weniger als 10 Sekunden.

Telekommunikation Begriff der klassischen Nachrichten- oder Kommunikationstechnik,
telecommunication die sich hauptsächlich mit Sprach- und Bewegtbild-Übertragung auf Basis analoger Elektronik beschäftigt, angefangen vom Telefon bis zum Nachrichtensatelliten. Jede *Übertragung*, Sendung oder der Empfang von *Zeichen*, Signalen, Schriftbildern oder Tönen und Nachrichten gleich welcher Art mittels Leitungen, Radio oder optischen sowie anderen, elektromagnetischen Systemen.

Telekommunikati- Das öffentliche Telekommunikationsnetz wird von der Deutschen
onsnetz, öffentliches Bundespost Telekom für die Nutzung durch jedermann zur Verfügung gestellt. Für alle Teilnehmer gelten dieselben Bedingungen.

Telekommuni- Verordnung über die Bedingungen und Gebühren für die Benutzung
kationsordnung der Einrichtungen des Fernmeldewesens, gültig seit dem 1.1.1988 für alle nationalen Telekommunikationsdienste der Deutschen Bundespost. Die TKO hat die Fernmeldeordnung (FO), die Telegrammordnung (TO) und die Vorschriftensammlung für digitale Netze (SdigN) abgelöst. Für Telekommunikationsdienste mit dem Ausland gilt die TKOAusl.

Telenet Nationales amerikanisches *Datennetz*, das bei der *Verbindung* mit DIALOG (*Host*) automatisch von *Datex-P* zwischengeschaltet wird. Alternative Verbindungsmöglichkeit zu Telenet ist Tymnet.

Telesec Als Mehrwertdienst wird Telesec (telecommunication security) in einigen Pilotprojekten erprobt. Mit einer persönlichen Chipkarte kann der Benutzer seine Dokumente oder Dateien nach dem asymmetrischen *RSA*-Kryptoverfahren elektronisch signieren und mit dem *DES*-

3 Kryptoverfahren verschlüsseln. 1991 wurden die Entwicklungsprojekte Telesec-Fax, für geschützten Fax- Dateitransfer, und Telesec-Voice, für vertrauliches Telefonieren, im *ISDN* eingeführt.

Teledienst der Deutschen Bundespost zum Übermitteln von Texten über das Datex-L-Netz. Teletex stellt die Kombination von elektronischer Schreibmaschine und einem *Fernschreiber* in einem Gerät dar. Texte mit international genormtem *Zeichenvorrat* können erfaßt, gespeichert, übertragen, andere Texte empfangen und gespeichert werden. Die *Übertragungsgeschwindigkeit* im Teletex-Netz beträgt 2400 bit/s. Eine normal beschriebene DIN-A4-Seite kann in ca. 10 Sekunden übertragen werden (Vergleichswert bei *Telex* ca. 3,5 Minuten).
Teletex

Internationale Bezeichnung für Fernsehtext als reines Informationssystem (in Deutschland übliche Bezeichnung: Videotext).
Teletext

International standardisierter *Fernmeldedienst* für das Übertragen von Fernschreibzeichen im internationalen Telegrafenalphabet Nr. 2 und, bei Einhaltung bestimmter Regeln, das Übertragen anders codierter Informationen im 5-Bit-Code. Der *Dienst* verlangt die ununterbrochene *Betriebsbereitschaft* der angeschlossenen Geräte. Zusätzliche Leistungsmerkmale: Kurzwahl, Rundsenden, Hinweisgabe, Teilnehmerbetriebsklassen.
Telex
teleprinter exchange service

Telnet gehört zu den ARPA-Diensten und erfüllt als *Protokoll* die Funktion des virtuellen Terminals. Telnet erlaubt den Terminalbetrieb per *Netzwerk*. Es ermöglicht eine bidirektionale *Kommunikation* und bietet eine Standardmethode, Datenendgeräte mit entsprechenden Prozessen zu verbinden.
Telnet

Ein universeller *Dienst* der DBP Telekom für das Fernmessen, Ferneinstellen, Fernanzeigen und Fernschalten. Der Zugang zur Temex-Zentrale kann über alle vorhandenen Netzwerke erfolgen, die Steuerung des Temex-Netzabschlusses geschieht über Fernsprechleitungen, wobei ein gleichzeitiges Telefonieren über eine bestehende *Verbindung* möglich ist.
Temex
telemetry exchange

T

Terminal, nicht-intelligentes
dumb terminal

Ein Terminal ohne eigene Rechen- oder Textverarbeitungsfunktionen. In distributed processing networks werden diese Terminals oft nur für die *Kommunikation* mit dem *Zentralrechner* eingesetzt.

Terminal-Adapter
terminal adapter

Im *ISDN* ist der Terminal-Adapter das Gerät, das die Konvertierung zwischen einem Nicht-ISDN-Terminal und dem ISDN-Netzwerk-Interface vornimmt.

Terminal-Emulation

Mit der entsprechenden Software kann ein Terminal das Verhalten eines anderen Terminals kopieren (emulieren).

Terminal-Knoten
terminal code

In SNA-Netzwerken handelt es sich um einen peripheren *Knoten* (peripheral node), der vom Anwender nicht programmiert werden kann. Ein Terminal-Knoten besitzt weniger Intelligenz und Verarbeitungsmöglichkeiten als ein Cluster-Controller-Knoten.

Testzentrum
test center

Ein Testzentrum ist eine Einrichtung zur Fehlerdiagnose und *Fehlererkennung* vom Kommunikations-Übertragungseinrichtungen und -geräten, die an diese angeschlossen sind.

Text

In der *Kommunikation* bilden übertragene *Zeichen* den Teil einer *Nachricht*, der die *Information* enthält. In einigen Protokollen liegen die Textdaten zwischen den Zeichenfolgen STX (start of text) und ETX (end of text). Nach ISO-Definition handelt es sich bei Text um Informationen für Menschen, die zum besseren Verständnis in zweidimensionaler Form dargestellt werden.

Textanfang
start of text

Das Übertragungssteuerzeichen leitet eine zusammengehörige Zeichenfolge ein, die an den *Empfänger* übermittelt wird. Eine solche Zeichenfolge wird als *Text* bezeichnet. Das *Zeichen* STX beendet eine Zeichenfolge, die mit SOH beginnt.

Texteinheit
text unit

Eine Texteinheit enthält eine logische Gruppe von Textdaten (die normalerweise einer Datenseite entsprechen) zusammen mit Steuercodes, um die *Daten* auf der Seite zu positionieren. Die Texteinheit ist in der *RFTDCA* enthalten.

T

Textkommunikation
text communication

Ein wichtiger Sonderfall von Nachrichten sind Texte - man denke an Briefe, Memos, Fernschreiben und Bücher -, die heute weitgehend computerunterstützt erstellt, übermittelt und verarbeitet werden. Textautomaten, computergesteuerte Lichtsatzmaschinen, Teletex-Terminals und die Idee des fast papierlosen, elektronischen Büros der Zukunft machen die Übermittlung von Texten zu einer wichtigen Komponente, die eine Sonderstellung in der *Datenkommunikation* einnimmt.

throughput

Siehe *Durchsatz*.

time sharing

Um einer größeren Anzahl von Benutzern Prozessorleistung zur Verfügung stellen zu können, wird die Abarbeitung der Programme der einzelnen Benutzer periodisch unterbrochen und an den nächsten Benutzer weitergegeben. Die Größenordnung der einzelnen Zeitscheiben liegt bei einigen tausendstel Sekunden.
Bei jeder Unterbrechung werden die Zwischenergebnisse abgespeichert und bei der nächsten Zeitscheibe wieder aufgenommen. Dadurch entsteht der Eindruck, der Computer arbeite gleichzeitig an allen Programmen. Ein- und Ausgabeoperationen der einzelnen Benutzer sind zwischenzeitlich jederzeit möglich.

Token

Unter einem Token versteht man ein Bitmuster, das ständig in einer Richtung ein Ring-Netzwerk durchläuft, welches nach dem Token-Ring-Verfahren arbeitet. Die definierte Bitfolge signalisiert die beiden Zustände »belegt« oder »frei«. Diejenige Station, an der sich das Frei-Token befindet, ist sendeberechtigt.
Eine Zuteilung von Prioritäten ist möglich. In einem Token Bus-System wird das Token als Senderecht von einer Station an die physikalisch oder logisch festgelegte Nachfolgestation weitergegeben. Liegt kein Sendebedarf vor, wird es wiederum an die festgelegte Nachfolgestation weitergereicht.

Token Bus
token bus

Das *Token* Bus-LAN ist ein in Bus-Topologie aufgebautes *LAN*, das im Medienzugang nach *IEEE* 802.4 standardisiert ist. Das *Zugangsverfahren* ist deterministisch nach dem Auswahlprinzip, wobei jede Station bei Besitz des *Token* für eine begrenzte Zeit sendeberechtigt ist. Für jede Station ist die maximale Zeit bis zum nächsten Medienzugang bestimmbar. Im *Token* Bus-Protokoll ist ein logischer Ring auf einer physikalischen Bus-Topologie implementiert. Der logische Ring entsteht, indem jede Station die *Adresse* ihrer Nachfolgestation kennt (Adressverkettung).

Das *Token* Bus-Verfahren ist für Basis- und Breitbandtechnologie sowie für die zugehörigen Koaxialmedien genormt. Bei Basisbandübertragungen stehen Übertragungsraten von 1 Mbit/s (*Manchester-Codierung*) bzw. 5 Mbit/s und 10 Mbit/s mit phasenkohärentem *FSK* zur Verfügung. Bei *Breitbandübertragung* (wird bei *MAP* angewandt) stehen bei unterschiedlichen Frequenzbereichen 1 Mbit/s, 5 Mbit/s und 10 Mbit/s zur Verfügung. Das *Protokoll* erlaubt Prioritätsklassenbildung.

Token Passing
Das Token-Steuerungsverfahren für die Realisierung des wechselseitigen Ausschlusses auf einem schnellen Kommunikationsmedium basiert darauf, daß derjenige, der gerade mit einer Sendung fertig geworden ist, das Senderecht an einen (physikalisch oder logisch bestimmten) Nachfolger weitergibt. Dieser darf dann, falls er etwas senden möchte, eine gewisse Zeit senden und muß danach das Senderecht weitergeben. Hat der Token-Empfänger nichts zu senden, so gibt er das *Token* direkt an seinen Nachfolger weiter.

Unter der Annahme, daß die Sendezeit beschränkt ist und daß man keine Station bei der Weitergabe des Tokens übergeht, ist das Verfahren fair, da jeder nach endlicher Wartezeit, deren Maximum vorhersehbar ist, an die Reihe kommt. Das *Token* wird von *Knoten* zu *Knoten* nach fallender *Adresse* geordnet weitergegeben. Nachdem ein *Knoten* einige LLC-Datenrahmen transportiert und eventuell einige Wartungsfunktionen ausgeführt hat, gibt der *Knoten* das *Token* durch Aussendung eines Token-Rahmens an seinen Nachfolger weiter. Danach hört der *Knoten* das *Medium* ab, um sich zu versichern, daß der Nachfolger das *Token* bekommen hat und aktiv ist.

Wenn er dann einen korrekten Rahmen empfängt, kann er annehmen, daß der Nachfolger das *Token* hat und sendet. Empfängt er keinen korrekten Rahmen, so nimmt er an (innerhalb einer slot time), daß der Nachfolger den Token-Rahmen nicht hehört hat und sendet ihn erneut. Reagiert der Nachfolger auch nicht auf das zweite *Token*, so nimmt der

Knoten an, daß der Nachfolger fehlerhaft ist. Der *Knoten* sendet nun einen »Wer folgt?«-Rahmen aus, in dessen *Datenfeld* die *Adresse* des Nachfolgers angegeben ist. Alle *Knoten* vergleichen das *Datenfeld* des "Wer folgt?"-Rahmens mit der *Adresse* ihres Vorgängers.
Der *Knoten*, dessen Vorgänger der Nachfolger des sendenden Knotens ist, antwortet auf den "Wer folgt?"-Rahmen durch Angabe seiner *Adresse*. Der *Knoten*, der das *Token* hat, etabliert nun einen neuen Nachfolger unter Verwendung dieser *Adresse* durch Überbrückung des eigentlichen, fehlerhaften Nachfolgers.

Token Ring

Das IBM *Token* Ring-Netzwerk entspricht den internationalen Standards für *Token* Ring-LANs von *ECMA* und *IEEE* (*IEEE* 802.2 und 802.5). Der *Token* Ring ist ein offenes Netz, das den *Anschluß* von IBM- und »Nicht-IBM«-Geräten erlaubt.
Das IBM *Token* Ring-Netzwerk ist ein »star-shaped ring«, also ein Ringnetzwerk, welches aus Sicherheits-, Fehlertoleranz-und Redundanzgründen aus einer Reihe ringförmig gekoppelter Sterne gebildet wird, sich logisch aber wie ein Ring verhält. Der Zugriff auf den gemeinsam benutzten Ring wird durch das standardisierte Token-Zugriffsverfahren 802.5 gesteuert. Die *Übertragung* der *Daten* im Ring erfolgt unidirektional und wird durch das *Token* Ring-Steuerungsverfahren geregelt.
Bei Verwendung von Lichtwellenleitern mit den entsprechenden Umsetzern besteht physikalisch kaum eine Entfernungsbeschränkung, da die entsprechenden Lichtleiterumsetzer beliebig oft kaskadiert werden können. Bis zu 260/72 Endgeräte (4/16 Mbit/s) (Prozessoren, Steuereinheiten, Peripheriegeräte) können pro Ring angeschlossen werden.
Die *Übertragungsgeschwindigkeit* im Ring von 4 oder 16 Mbit/s ist für die *Bürokommunikation* und ähnliche Zwecke ausreichend. Der *Anschluß* der Endgeräte an den Token-Ring erfolgt über einen Ringleitungsverteiler. Die *Kabel* zum *Anschluß* der Endgeräte an den Ringleitungsverteiler werden allgemein »*Lobe*« genannt.
Ausgehend von einer Grundausstattung mit passiven Ringleitungsverteilern und einer Verkabelung mit IBM *STP* Kabeltyp 1 wurde das *Token* Ring Netzwerke laufend weiterentwickelt. Zunächst kamen Möglichkeiten zur *Verbindung* von Ringen über Brücken mittels des

Tsource routing-Verfahrens und *PC-Host-Kopplung* hinzu. Später wurden aktive Ringleitungsverteiler mit mehr Steuerungsmöglichkeiten angeboten. Desweiteren wurden die Möglichkeiten zur Verkabelung erweitert. Heute hat sich neben IBM-Produkten ein großer Sekundärmarkt geöffnet und *Token* Ring ist Element der *Standard* LANs im Rahmen moderner Vernetzungskonzepte.

Token Ring-Steuerungsverfahren

Das zweifellos bekannteste Steuerungsverfahren für Ringsysteme, der Token-Ring, wurde 1972 entwickelt und wurde in *IEEE* 802.5 standardisiert. Es basiert auf dem Grundprinzip des *Token* Passing Wenn keine Station senden will, zirkuliert ein spezielles Bitmuster, das *Token*, auf dem Ring. Das *Token* hat in diesem Falle die spezielle Form eines "Frei-Token". Eine Station, die senden will, muß auf das Frei-Token warten. Bekommt sie es, muß sie es in eine andere Form bringen, das "Belegt-Token".

Die beiden Token-Formen unterscheiden sich im einfachsten Fall durch ein Bit. An das Belegt-Token wird sodann die paketierte *Nachricht* angehängt. Dieses Gespann wird dann in Kommunikationsrichtung von Ring-Interface zu Ring-Interface weitertransportiert. Der *Empfänger* kann die *Nachricht* abhören, die Adressatenidentifikation hat nach dem Belegt-Token zu erfolgen. Der *Empfänger* nimmt die *Nachricht* nicht vom Ring, sondern fertigt sich eine Kopie an. Die *Nachricht* wandert um den Ring herum bis zum Sender,

der sie wieder vom Ring entfernt. An den Schluß der *Nachricht* hat der Sender ein neues Frei-Token anzuhängen. Das neue Frei-Token verbleibt solange in dieser Form wieder auf dem Ring, bis eine neue Station senden will. Sie wandelt das *Token* wieder in die Belegt-Form um und hängt ihre *Nachricht* an.
Das *Token* Ring-LAN arbeitet mit einer *Übertragungsrate* von 4 Mbit/s. Der physikalische Ring entspricht auch in der logischen *Abfrage* einem Ring. Das *Token* Ring-Medienzugangsverfahren gestattet die Bildung von Prioritäten, wodurch gewährleistet wird, daß Stationen mit höherer *Priorität* einen schnellen Medienzugang erhalten.

Seit der NCC 1984 (National Computer Conference) versucht Boeing die Entwicklung von Lokalen Netzen auf *CSMA*/CD-Basis voranzutreiben. Unter dem Projektnamen TOP wurden in enger Anlehnung an die MAP-Vorgehensweise geeignete Protokollspezifikationen definiert.
Dabei war von vornherein der *Datenaustausch* zwischen *MAP* und TOP Bestandteil dieser Konzeption. 1985 wurde eine überzeugende Präsentation der Realisierbarkeit des TOP-Konzeptes und der *Kommunikation* mit *MAP* über ein *Gateway* vorgeführt. Die TOP-Spezifikation in der Version 1 von Boeing wurde 1985 verabschiedet.

TOP
technical office protocol

Als physische Topologie bezeichnet man die Konfiguration der Netzwerk-Knoten und -Verbindungen. Die möglichen logischen Verbindungen von Netzwerk-Knoten bezeichnet man als logische Topologie. Dabei wird angegeben, welche Knotenpaare miteinander kommunizieren können und ob sie direkt physisch miteinander verbunden sind. Bekannte Netztopologien sind Stern, Baum, Ring und Bus.

Topologie
topology

Siehe *Übertragungsmedium*.

TP
twisted pair

Eine kontinuierliche, unmodulierte Schwingung von gleichbleibender *Frequenz*, die durch ein zweites *Signal*, das *Daten* enthält, modifiziert werden kann, z.B. in Form von Amplituden-, Frequenz- oder *Phasenmodulation*.

Trägerfrequenz
carrier frequency

T

Träger-
frequenzband
carrierband

Einkanaliger Datentransfer, wobei die *Daten* über einen Träger gesendet werden. Als Träger dient ein kontinuierliches Frequenzsignal, das mit *Daten* moduliert wird.

Transceiver

Das Wort Transceiver ist ein Kombinationswort aus Transmitter (Sender) und Receiver (*Empfänger*) und bezeichnet eine Sende/Empfangseinrichtung. Der Transceiver realisiert den Netzzugang einer Station an das *Ethernet* und entspricht damit der medium access unit (*MAU*) des IEEE-Standards. Der Transceiver führt Weiterleitungs-, Überwachungs- (*Kollisionserkennung*), Empfangs- und Störfunktionen (Jabber) aus.

Transceiver-Kabel
transceiver cable

Das Transceiver-Kabel verbindet das Stationsinterface (*Controller*) mit dem *Transceiver* (medium attachment unit, *MAU*) am *Ethernet*. Das Transceiver-Kabel ist auf eine max. Länge von 50 m begrenzt und ist mit einem 15poligen *Stecker*/Buchse technisch abgeschlossen.

Transfer-
geschwindigkeit
data transfer rate

Die durchschnittliche Anzahl von Bits, *Zeichen* oder Datenblöcken, die innerhalb einer Zeiteinheit zwischen korrespondierenden Datenendeinrichtungen übertragen und von diesen als brauchbar akzeptiert werden. Durch das Fehlersicherungssystem werden im Falle der *Fehlererkennung* und der Fehlerkorrektur zusätzliche Bits übertragen, welche die *Übertragungsgeschwindigkeit* auf die Transfergeschwindigkeit herabsetzen.

Translater

Translatoren bilden das Kernstück einer *Head-End-Station*. Sie leisten die erforderliche Umsetzung der Signale von der Sende- auf die Empfangsfrequenz. Sie können zudem sog. Remodulator-Eigenschaften besitzen.

Dabei werden die Signale demoduliert, regeneriert und auf den neuen Träger aufmoduliert. Durch diese Verfahrensweise werden Störungen der Signale aus dem Rückwärtskanal unterdrückt und gelangen nicht in den Vorwärtskanal, wodurch der Signale/Rauschabstand verbessert wird.

Transmit
Tx

Mit diesem Begriff wird die Sendeleitung einer *Schnittstelle* identifiziert.

transparent

In der Computersprache: unsichtbar für den Anwender. Er kann auf seinem *Bildschirm* nicht verfolgen, was im *Programm* passiert. *Transparenz* von Ressourcen bedeutet, daß man auf sie zugreifen kann, ohne sie und den Ort ihrer *Implementierung* zu erkennen. *Transparenz* von Protokollen bedeutet, daß die innere Arbeitsweise des Protokolls verdeckt bleibt und z.B. ein logischer *Kanal* gebildet wird, in den man hineinstecken kann, was man möchte und dies auch wieder herausbekommt.

Transparentmodus
transparent mode

Typischerweise eine binär-synchrone Datenübertragung, in der die Erkennung von *Kontrollzeichen* unterdrückt wird. Der Transparentmodus kennzeichnet den Betrieb einer digitalen Übertragungseinrichtung, während der Benutzer die volle verfügbare *Bandbreite* nutzen kann und nichts von zwischenzeitlich ablaufenden Prozessen merkt.

Transparenz
transparency

Zur *Übertragung* der Inhalte von verschiedenartigen Anwendungen über ein Transportmedium müssen die einzelnen Datenblöcke geeignete Felder zur Verfügung stellen, welche eine völlig transparente *Übertragung* garantieren. Erst damit lassen sich *Daten*, Graphiken, Computerprogramme und künftig auch Video- und Sprachsignale über gemeinsame Wege transportieren. Zeitkritische Anwendungen wie die Kopplung Lokaler Netzwerke und die *Sprachkommunikation*, erfordern neue Übertragungskonzepte, wie z. B. »fast packet switching«.

Transportprotokoll
transport protocol

Konzeptionell kennt die OSI-Transportschicht nur noch Endsysteme im Netz und keine *Knotenrechner* in Transitsystemen, kein Internetting usw.
Die Schicht 4 stellt den Anwendungssystemen (Schichten 5 bis 7) einen einheitlichen Transportdienst bereit, der den Anforderungen hinsichtlich Kosten, *Durchsatz* und Datensicherheit, also den Quality-of-Service-Ansprüchen, genügt.
Der Transportdienst kennt folgende (verhandelbare bzw. konfigurierbare) Quality-of-Service-Parameter:
– Verzug des Verbindungsaufbaus: max. Zeitspanne zwischen T-connect-request und zugehörigen T-connect-confirm.
– Störungswahrscheinlichkeit des Verbindungsaufbaus: Anzahl der

T

vom Transportsystem zu vertretenden Aufbau-Fehlversuche dividiert durch Anzahl aller Aufbauversuche.
- *Durchsatz*: je Übertragungsrichtung die Anzahl erfolgreicher Übertragungen pro Zeit.
- Transitverzug: je Richtung die max. Zeitspanne zwischen T-data-request und korrespondierendem T-data-indication.
- Restfehlerrate.
- Störungswahrscheinlichkeit des Datentransfers.
- Verzug des Verbindungsabbaus und Störungswahrscheinlichkeit
- Schutz der Transportverbindung.
- *Priorität* von Transportverbindungen.

Es ist Aufgabe der *Transportschicht*, das geeignete Netz für die geforderte Dienstqualität auszuwählen und die *Dienstgüte* gegebenenfalls durch das eigene *Protokoll* zu erbringen. Ist dies nicht möglich, wird der Verbindungsaufbau abgelehnt.

Transportschicht
transport layer

Die Aufgabe dieser Schicht besteht darin, zwei miteinander kommunizierenden Anwendungsprozessen eine transparente, lückenlose und gesicherte Ende-zu-Ende-Datenübermittlung bereitzustellen, ohne Rücksicht auf die in den Schichten 1 bis 3 verwendeten Medien. Die folgenden Elemente bzw. Eigenschaften sind charakteristisch: *Transparenz*, Fehlerfreiheit, Netzwerk-Unabhängigkeit, Ende-zu-Ende-Transportservice, Kostenoptimierung und Transportadressierung. Es werden zwei Arten von Transportdiensten unterschieden: verbindungsorientiert und verbindungslos. Zu den verbindungslosen Transportdiensten zählt z. B. der Datagrammservice. Die DIN-Definition lautet:"Die Transportschicht erweitert Endsystemverbindungen, die von *Endsystem* zu *Endsystem* führen, zu Anwenderverbindungen, die von Anwender zu Anwender führen. Unter einem Anwender ist eine Zuordnung zwischen einer Darstellungsinstanz und einer Kommunikationssteuerinstanz zu verstehen".

Die Trellis *Codierung* ist ein Fehlerkorrekturverfahren mit sog. Vorwärts-Korrektur, das in verschiedenen Hochgeschwindigkeits-Modems eingesetzt wird. Jedem Signal-Element wird ein kodierter Binärwert zugeordnet, der die Phase und *Amplitude* des jeweiligen Signal-Elementes repräsentiert. Dadurch kann das Empfangsmodem, basierend auf dem Wert des empfangenden Signal-Elementes, feststellen, ob dieses fehlerhaft empfangen wurde.

Trellis Codierung

Trunk-Kabel sind die Hauptversorgungskabel in Breitbandsystemen. Sie gehen von und zur *Head-End-Station*. Es handelt sich dabei um *Koaxialkabel* mit einem Durchmesser von ein bis zwei Zentimetern. Die äußere Schicht bildet eine feste Kunststoffummantelung, unter der sich eine Aluminiumschicht befindet. Innerhalb dieser Aluminium-Ummantelung kann die Stromversorgung der aktiven Komponenten eingesetzt werden. Damit kann die Anzahl der erforderlichen stabilen Versorgungen auf die Einspeisestellen reduziert werden.

Trunk-Kabel

Teletex-Telex-Umsetzer. *Dienstübergang* für die Nachrichtenübertragung zwischen Teletex- und Telex-Anschlüssen.

TTU

Telexumsetzer für Fernsprech-Nebenstellenanlagen zum *Anschluß* von Teletex-Endgeräten.

TUFA

Mit diesem Kürzel werden Leitungen oder Kanäle bezeichnet, wenn die *Übertragung* auf dem einen *Medium* zur selben Zeit in nur einer Richtung möglich ist. TWA entspricht somit dem Wechselverkehr (auch mit *Halbduplex* bezeichnet).

TWA
two way alternate

Das Twinax-Kabel ist ein symmetrisches *Kabel* mit zwei gegeneinander verdrillten Innenleitern und einer *Abschirmung*. Es handelt sich um ein *IBM-Kabel* speziell für die IBM-Systeme S/36, S/38 und AS/400. Das Twinax-Kabel gibt es in normaler Ausführung und für

Twinax-Kabel
twinaxial cable

T

Außenverlegung. Es ist schwarz, hat eine PVC-Ummantelung mit einem Durchmesser von 8,25 mm und einer *Impedanz* von 105 ohm ± ohm. Die Dämpfungswerte liegen bei 19,5 *dB*/100 m für Frequenzen bis 200 MHz.

Twinax-Stecker   Der Twinax-Stecker zeichnet sich dank seiner Innenabschirmung und der metallischen Schraubverbindung durch gute Dichtigkeit gegenüber Abstrahlungen und Einstrahlungen aus. Er hat zwei Innenleiter, die im Abstand von 6,2 mm in einer Teflonschicht sitzen und für die *Verbindung* sorgen.

TYMNET   Nationales amerikanisches *Datennetz*, das bei der *Verbindung* mit DIALOG (*Host*) automatisch von *Datex-P* zwischengeschaltet wird. Alternative Verbindungsmöglichkeit zu Tymnet ist *Telenet*.

Bestandteil des *X*.400-Protokolls. *Diensterbringer* in einem Nachrichtenübertragungssystem.

UA
user agent

Anwendungsabhängige Teilschicht des message handling systems (*MHS*). Anwendungsempfehlung der *CCITT*: interpersonal messaging service (IPMS).

UAL
user agent layer

Universeller asynchroner Sender/*Empfänger*. Ein universell einsetzbarer Baustein, der Systemeinheiten mit parallelem Übertragungsmodus an serielle *Übertragungswege* anpaßt.

UART
universal asynchronous receiver transmitter

Das UDP wurde definiert, um auch Anwendungsprozessen die direkte Möglichkeit zu geben, Datagramme zu versenden und damit die Anforderungen transaktionsorientierten Verkehrs zu erfüllen.
UDP baut direkt auf dem darunterliegenden *Internet Protokoll* auf. Es garantiert weder die Ablieferung eines Datagrammes beim Zielpartner, noch sind Vorkehrungen gegen eine Duplizierung oder eine Reihenfolgevertauschung getroffen.

UDP
user data protocol

Arbeitstechnik bei Computern aus der Zeit, als Speicherplätze rar und teuer waren, und Anwendungsprogramme mehr Speicherplatz benötigten, als verfügbar war.
Es wurden daher immer nur die unmittelbar benötigten Programmteile und *Daten* im residenten Speicher gehalten, die zur Zeit nicht benötigten in magnetische Medien ausgelagert und im weiteren Verlauf diejenigen Speicherinhalte *resident* nachgeladen, die für die Weiterarbeit erforderlich waren. Insgesamt ein sehr umständliches, mühsames und unübersichtliches Verfahren.

Überlagerung
overlay

Parallelverarbeitung in Computern. Die Verarbeitung von Programmteilen, die nicht unmittelbar aufeinander angewiesen sind, erfolgt teilweise gleichzeitig, was die Arbeitsgeschwindigkeit beträchtlich erhöht.

Überlappung
pipeline

Datenverlust, der dadurch bedingt ist, daß die Empfangsstation keine *Daten* mit der übertragenen *Datenrate* akzeptiert.

Überlauf
overflow

U

Übermittlungsdienst
bearer service

Fernmeldedienst zur Nachrichtenübermittlung zwischen Benutzer-Netzschnittstellen. Der *Dienst* gewährleistet *Kompatibilität* zwischen den beteiligten Benutzer-Netzschnittstellen. Im Gegensatz zum *Teledienst* hat hier der Benutzer für die *Kompatibilität* der Endeinrichtungen Sorge zu tragen.
Ein Übermittlungsdienst ist in der Regel nur in den unteren Schichten des ISO-/OSI-Modells definiert. Bei der *Datenübermittlung* im *ISDN* im B-Kanal ist er für Schicht 1 (Standard-Bitrate von 64 kbit/s) und im *D-Kanal* für die Schichten 1 bis 3 (d.h. die gesamte Zeichengabe) festgelegt.

Übermittlungsvorschrift
link protocol

Die Gesamtheit von Steuerungsverfahren und Betriebsvorschriften, nach denen die *Datenübermittlung* in einem Übermittlungsabschnitt (Steuerstation, *DÜE*, Netz) erfolgt, legt *Code*, Übertragungsart, Übertragungseinrichtung, Übertragungsformat, Verbindungsaufbau und Verbindungsauslösung fest. Beispiel: *X.25*. Protokolle können auf unterschiedlich hohen Ebenen (*ISO*/OSI-Schichten) arbeiten.

Übermittlungsweg
network control

Eine Ebene der Übertragungssteuerung, die dem Übermittlungsabschnitt übergeordnet ist. Ein Übermittlungssystem kann mehrere, schalenartig übereinander angeordnete Übermittlungswege aufweisen. Jedem Übermittlungsweg ist ein bestimmter Teil der gesamten Betriebsvorschrift zugewiesen.

Übersprechen
crosstalk

Unerwünschte *Übertragung* von elektrischen Signalen zwischen zwei Übertragungsmedien auf Grund induktiver oder kapazitiver Kopplung.
Diese *Übertragung* tritt normalerweise zwischen zwei dicht nebeneinanderliegenden Medien auf. Sie ist nicht auf die *Übertragung* von Sprachfrequenzen begrenzt, sondern tritt ebenso bei Datensignalen auf. Vorwiegend bei nicht abgeschirmten verdrillten Leitungen.

Übertragung
transmission

Die Beförderung von Signalen, Nachrichten oder anderen Informationen über Draht, Radio, Telefon, Faksimilie oder andere Einrichtungen (nach *ISO*). Eine Reihe von *Zeichen*, Nachrichten oder Blöcken einschließlich Kontroll-Informationen und Nutzdaten, die über einen *Kommunikationskanal* übertragen werden.

U

Die *Leitung*, die zwei oder mehrere Datensektionen, gegebenenfalls mit Vermittlungseinrichtungen, miteinander verbindet und momentan für die Datenübertragung zur Verfügung steht.

Übertragung, aktive
active line

Die asychrone Übertragungsart arbeitet zeichenweise. Jedem zu übertragenden *Zeichen* wird ein zusätzliches Start- und *Stopbit* hinzugefügt. Die Synchronisation wird durch das Startbit ein- und durch das *Stopbit* ausgeschaltet.
Synchronisation besteht nur für die Dauer eines zu übertragenden Zeichens, wobei jedes *Zeichen* sein eigenes Zeitraster hat. Bis zur *Übertragung* des nächsten Zeichens entsteht ein asynchroner Abstand. Wenn nicht weitergehende Prüfungen vorgenommen werden, bleibt der Verlust eines Zeichens bei diesem Verfahren unentdeckt.

Übertragung, asychnrone
asynchronous transmission

Nachrichtenübertragung mit nur zwei, diskreten, sequent aufeinander folgenden, Zuständen, die in der Regel durch zwei elektrische Spannungspotentiale repräsentiert werden, meist + 5 Volt und 0 Volt. Das Zeitraster entsteht durch Rechteckimpulse, die zwischen diesen Potentialen mit steilen Flanken schnell hin- und herschalten. Den Potentialen werden die logischen Werte 0 und 1 zugeordnet. Die zu übertragende *Nachricht* ist in der Abfolge dieser Nullen und Einsen codiert.

Übertragung, digitale
digital transmission

Eine Übertragungsart, bei der immer eine ganze Zahl von Schritten zwischen zwei beliebigen Kennzeitpunkten liegt. Jedem Bit wird ein bestimmtes Zeitquantum zugeordnet, in dem es bei der *Übertragung* präsent ist. Sender und *Empfänger* sind sich über die Länge des Quantums einig.

Übertragung, isochrone
isochronous transmission

Bei der optischen *Übertragung* wird auf der Senderseite eines Übertragungssystems einer geeigneten Lichtquelle die zu übertragende *Nachricht* aufmoduliert. Eingespeist in einen *Lichtwellenleiter* wird dieses *Signal* zum Empfangsort übertragen, wo es erneut in ein elektrisches *Signal* umgeformt wird.
Bei Lichtwellenleitern gibt es ein ganzes Spektrum verschiedener Typen. Hauptsächlich wird zwischen Stufenprofil-Fasern, Gradientenprofil-Fasern und Monomode-Fasern unterschieden. Seit 1985 werden Übertragungssysteme von 90, 140, 274, 565 Mbit/s eingesetzt.

Übertragung, optische
fiber-optic transmission

U

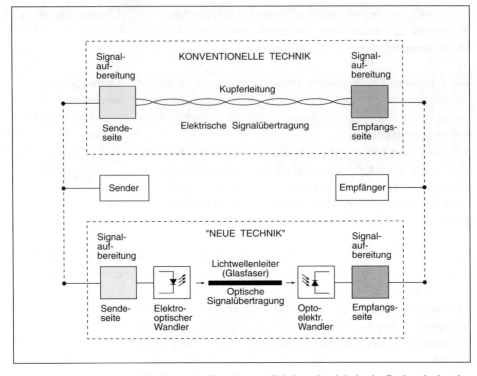

Die Deutsche Bundespost Telekom ist dabei, ein flächendeckendes Glasfasernetz aufzubauen.

Übertragung, parallele
parallel transmission

Die Bits, aus denen ein *Zeichen* gebildet ist, werden über Teilkanäle gleichzeitig übertragen.

Übertragung, synchrone
synchronous transmission

Datenbits werden in exakten Zeitintervallen vom Sender zum *Empfänger* übertragen. Dadurch können Start- und Stop-Bits entfallen. Die Zeitintervalle werden durch die *Übertragung* von Sync-Zeichen vor der eigentlichen Nachrichtenübermittlung eingestellt. Die synchrone *Übertragung* ist schneller und effektiver als die asynchrone *Übertragung*.

Übertragung, unisynchrone
unisynchronous transmission

Übertragungsvorgang, in dem immer eine ganze Zahl von Schritten zwischen zwei Kennzeitpunkten in der gleichen Gruppe liegt. Bei der Datenübertragung ist diese Gruppe ein *Block* oder ein *Zeichen*.

U

Als Übertragungsbandbreite gilt die Differenz der oberen und der unteren *Frequenz*, bei der die Spannung auf den 0,707-fachen Wert (3 dB) abgesunken ist.

Übertragungsbandbreite
transmission bandwidth

Darunter versteht man in der Regel die Anzahl der implementierten oder die vom Anwender selbst zu konfigurierenden Codetabellen für alphanumerische, graphische und steuernde Funktionen, sowie die mögliche Zahl der Bits pro *Zeichen* und die Definition von Paritätsbits.

Übertragungscode
transmission code

In zeichenorientierten Protokollen ist es ein Kontroll-Code und in Bitorientierten Protokollen ein Bit-Feld, das - auf logisch "Eins" gesetzt - dem *Empfänger* anzeigt, daß alle Anwenderdaten gesendet wurden.

Übertragungsende
end of transmission

Maß für die Geschwindigkeit, in der *Daten* über ein *Medium* je Zeiteinheit übertragen werden können. Gemessen und ausgegeben wird die Einheit in bit/s oder bps (bit per second). In einem Multiplexer-System, das von mehreren Anwendern genutzt wird, ist die größte DÜ-Geschwindigkeit diejenige, mit der das System bei Bedienung nur eines Anwenders kommuniziert.

Übertragungsgeschwindigkeit
transmission speed

Übertragungsmedium für die *Übertragung* von Signalen. Nähere Bezeichnungen weisen auf den Verwendungszweck (z.B. Fernsprechkanal), das *Übertragungsmedium* (drahtgebundener *Kanal*) oder physikalische Besonderheiten (Trägerfrequenzkanal) hin.

Übertragungskanal
channel

Die *Leitung*, die zwei oder mehrere Datensektionen, gegebenenfalls mit Vermittlungseinrichtungen, miteinander verbindet und momentan für die Datenübertragung zur Verfügung steht.

Übertragungsleitung, aktive
active line

An Übertragungsmedien stehen für LANs zur Verfügung: verdrillte *Kabel* in verschiedenen Ausführungen, *Koaxialkabel* und *Lichtwellenleiter*. Verdrillte *Kabel* (twisted pair) sind in der einfachsten Ausführung Telefonleitungen, die für die schnelle *Übertragung* von *Daten*, wie sie in einem *LAN* verlangt wird, ungeeignet sind.
Man muß zwischen mindestens drei Grundtypen des »twisted pair« unterscheiden:
- Sternvierer, die normale Telefonverkabelung, bei der vier Adern um

Übertragungsmedium

U

sich selbst gemeinsam verdrillt sind und die üblicherweise nur eine sehr geringe Übertragungskapazität haben - eigentlich sind dies keine »twisted pair«, sondern eher »twisted quartett«-Leitungen.
- Unshielded twisted pair *UTP*, bei dem zwei Adernpaare jeweils verdrillt sind und nicht dem Telefonkabel entsprechen, sondern eine höhere Qualität aufweisen.
- Shielded twisted pair *STP*, welches wie *UTP* aufgebaut ist, jedoch pro Adernpaar geschirmt. Die Ausbreitungsgeschwindigkeit beträgt minsestens 0,59c.

Da diese *Kabel* vornehmlich im Endgerätebereich eingesetzt werden gilt laut *ISO/IEEE* eine Mindestlänge von 100m. In der näheren Zukunft werden twisted pairs vornehmlich im Endgerätebereich eine Rolle spielen. Hier sind besonders die Überlegungen zu einer einheitlichen *Verkabelungsstruktur* wichtig.

Das früher am häufigsten verwendete *Medium* war *Koaxialkabel*. Sein für hohe Frequenzen optimierter Aufbau macht es zu dem Favoriten unter den metallischen Leitern. Eine Übertragungskapazität von mehreren hundert Mbit/s ist durchaus realisierbar. Es eignet sich in seinen vielfältigen Bauformen für fast alle LAN-Konzepte.

Das *Medium* der Zukunft ist der *Lichtwellenleiter*. Auf der Basis von Glasfasern können Übertragungsgeschwindigkeiten in den Gbit/s-Bereich erreicht werden.

Eine weitere Variante des Lichtwellenleiters ist die sog. plastic fiber, die heute Übertragungsgeschwindigkeiten bis zu etwa 5 Mbit/s auf einigen hundert Metern zuläßt.

Die plastic fiber steht am Beginn ihrer Entwicklung und wird sich sicherlich bei größerer Produktreife zu einer ernsthaften Konkurrenz zu twisted pair mausern, da die grundsätzlichen Vorteile der Lichtwellenleitertechnik mit den Kostenvorteilen des Plastik-Mediums vereint werden. Siehe auch Verkabelung.

Übertragungs-prozedur
transmission procedure

Algorithmische Datenübertragungsdefinition. Von den möglichen Formen, der zeichenorientierten und der bitorientierten, hat heute nur letztere noch eine Bedeutung, deren bekannteste Vertreter *HDLC*, *SDLC*; *LAP* B u.a. sind.

Übertragungsrate
transmission rate

Siehe *Übertragungsgeschwindigkeit* und *Datenrate*.

U

Übertragungssysteme bestehen in der Regel aus Nachrichtenquelle, Nachrichtensenke und Übertragungsstrecke mit den Funktionalitäten *Codierung*, *Modulation*, *Übertragung*, *Demodulation* und *Decodierung*.

Übertragungssystem
communication system

Man unterscheidet bei der Übertragungstechnologie zwischen *Basisband* und Breitband. Bei Basisbandübertragungen wird das *Signal* unmoduliert direkt auf das *Medium* gelegt. Es kann nur ein *Signal* während einer Zeit übertragen werden. Eine Koexistenz von Signalen ist ohne gegenseitige Beeinflussung nicht möglich. Die Übertragungsraten liegen z.Z. bei etwa 100 Mbit/s.
Das bekannteste *Basisbandnetz* ist das *Ethernet*, das in *IEEE* 802.3 und *ISO* 8802/3 standardisiert ist. Im Gegensatz zu *Basisband* werden die Signale bei Breitbandübertragungen auf eine *Trägerfrequenz* moduliert und belegen, in einer Vielzahl zur Verfügung stehender Frequenzbänder, ein *Frequenzband*. Die Frequenzbänder können gleichzeitig für die *Übertragung* mehrerer Daten-, Video- und Audio-Kanäle benutzt werden, ohne sich gegenseitig zu beeinflussen.

Übertragungstechnologie

Sammelbegriff für Verbindungen zum Zwecke der *Übertragung* von Sprache und *Daten*.

Übertragungswege
transmission path

Siehe *ISDN-Schnittstellen*.

UK$_o$-Schnittstelle

Gleichmäßige Verteilung der *Moden* im Glasfaserkern, die von einer einwandfreien Einstrahlung durch die Infrarotquelle, *Laser* oder *LED*, abhängt.

UMD
uniform mode distribution

Die maximale Zeit, die ein *Signal* von einer Stelle des Mediums zu anderen Stellen braucht bzw. brauchen darf.

Umlaufverzögerung
round trip delay

Begriff aus dem *Bündelfunk*. Eröffnet die Möglichkeit, den betreffenden Teilnehmer auf dessen Anforderung unter einer anderen Teilnehmernummer zu erreichen, ohne daß der Anrufer das wissen muß (Rufnummerumrechnung).

Umleitung
diversion

663

U

UMTS — Versuch einer Zusammenführung aller Mobilfunkaktivitäten in der europäischen Gemeinschaft durch *ETSI*. UMTS ist die Abkürzung für universal mobile telecommunications system.

Umwegführung
alternate routing — Leitungsführung von Anschlüssen, die auf Antrag des Teilnehmers von der Regelführung im allgemeinen Netz der DBP Telekom abweicht.

Ungerade Parität
odd parity — Ein *Paritätsbit*, das den Nutzdaten dann hinzugefügt wird, wenn die Anzahl der Nutzdatenbits geradzahlig ist, um sie mit Hilfe dieses Paritätsbits ungeradzahlig zu machen. Dieses Verfahren wird bei synchroner *Übertragung* angewandt.

Ungültig
cancel — Dieses *Steuerzeichen* bedeutet, daß die vorangegangenen *Zeichen* Fehler enthalten, oder daß sie ignoriert werden sollen. Es ist besonders zu vereinbaren, welcher Abschnitt zu berichtigen ist.

Universalanschluß — *Anschluß* am *ISDN*, über den eine oder mehrere Telekommunikationsdienstleistungen innerhalb eines oder mehrerer TK-Dienste genutzt werden können. Es besteht die Möglichkeit, während einer *Verbindung* den *Dienst* zu wechseln. Sie werden als Basisanschlüsse oder Primärmultiplexanschlüsse angeboten.

Unix — Ein von den Bell Laboratories entwickeltes *Betriebssystem* für *Minicomputer*, inzwischen für einen weiten Bereich von rechnern vom *PC* bis hin zum großen *Mainframe* verfügbar. Unix erlaubt, verschiedene Programme konkurrent ablaufen zu lassen und enthält viele Hilfen zur Programmentwicklung. Es wird für eines der leistungsfähigsten universellen Betriebssysteme gehalten und ist relativ leicht von einem System auf das andere übertragbar. Die Entwicklung brachte lange Zeit zwei Hauptliniern hervor: das System V von AT&T sowie BSD4.*X* von der Berkley Universität.
Unix galt lange als benutzer-unfreundlich. Moderne fensterorientierte Oberflächen haben diesen Mangel jedoch behoben. Wichtige Impulse für die Entwicklung gaben die Standards von *IEEE* Posix 100x und der Open Sorfware Foundation *OSF*. BSD hat mittlerweile aufgegeben, sodaß System V die wichtigste Referenz ist. IM PC- und Workstation-

U

Bereich sind besonders die Produktreihen um Solaris von SunSoft und UnixWare von Novell wichtig, da sie ganz erhebliche Netzwrekfunktionalitäten auf hohem Niveau enthalten.

Bei bisync-Protokollen sendet die Empfangsstation eine Kontrollzeichen-Sequenz, um im voraus den Abschluß der weiteren *Übertragung* abzufragen.

Unterbrechung, umgekehrte
reverse interrupt

Für kritische Fälle in der Datennetztechnik und/oder der angeschlossenen Datenstationen gibt es Stomversorgungsgeräte, die bei Ausfall der örtlichen Stromversorgung den Betrieb der angeschlossenen Datenkommunikationsgeräte ohne Datenverlust unterbrechungsfrei garantieren.

Unterbrechungsfreie Stromversorgung
uninterruptable power supply

Eine Frequenzverteilung, die aus der Kapazität eines physischen Kanals durch Breitband-LAN-Technologie entsteht. Bänder mit der gleichen *Frequenz* oder unterschiedlichen Frequenzwerten werden für die *Übertragung* von Sprach-, Daten- oder Bild-Signalen unterteilt.
Die eigentlichen *Übertragungswege* entstehen bei der Zuweisung der Bandbereiche in eine bestimmte Anzahl von Unterkanälen. Die *Bandbreite* eines Unterkanals wird nach der zu übertragenden Nachrichten-Form festgelegt.

Unterkanal
subchannel

Diese *Schnittstelle* wurde vom ZVEI festgelegt. Sie ist einfacher in der Realisierung als die *UKo-Schnittstelle* und hat die Reichweite von ca. 2 bis 4 km. Für die UPo-Schnittstelle werden jetzt spezielle Chips gefertigt, wodurch diese *Schnittstelle* besonders kostengünstig wird. Die *Übertragung* über die UPo-Schnittstelle erfolgt nach dem Halbduplex-Verfahren (Ping-Pong-Verfahren).
Dieses Verfahren beruht auf einer zeitlichen Trennung der Sende- und Empfangssignale und deren *Übertragung* in 125 µs-Zeitrahmen. Um sowohl die zwei B-Kanäle mit jeweils 64 kbit/s, einen *D-Kanal* mit 16 kbit/s als auch zusätzliche Synchronisation und Schutzzeitperioden zu garantieren, beträgt die Dauer eines Binärsignals ca. 2 µs. Dies schränkt die Reichweite dieser *Schnittstelle* drastisch ein. Siehe auch *ISDN-Schnittstellen*.

UP_0-Schnittstelle

U

upgrade Quantitative oder qualitative Erweiterung einer bestehenden Anlage, z.B. durch *Anschluß* weiterer Peripheriegeräte oder Umbaumaßnahmen, die ein vorhandenes System z.B. schneller machen.

Uplink Uplink beschreibt in der Satelliten-Kommunikation die Übertragungsrichtung von einer *Bodenstation* zu einem geostationären Satelliten. Entgegengesetzte Richtung: Downlink. Das gleiche gilt für den Mobilfunk. Uplink ist die *Kommunikation* vom Fahrzeug zur Basisstation, *downlink* die von der Basisstation zum Fahrzeug.

upload Datentransfer aus einer *Datenstation* im Netz (z.B. *PC*) in den Speicher eines größeren Computers (z.B. mainframe).

upper layers Die anwendungsbezogenen Schichten des OSI-Referenzmodells: *Kommunikationssteuerungsschicht* (session layer), *Darstellungsschicht* (presentation layer) und *Anwendungsschicht* (application layer).

Upsizing Eine gegenläufige Strategie zum *Downsizing* meint das Upsizing, bei dem etwa ein Übergang von der mittleren Datentechnik in die Großrechnertechnologie vorgenommen wird und eine Form des *Rightsizing* darstellen kann. Solche Migrationen bilden angesichts des immer verbreiteteren Client-Server-Computing heute jedoch eher die Ausnahme.

USART Universell einsetzbarer Baustein für synchrones und asynchrones serielles Senden und Empfangen von *Daten*.. die Abkürzung steht für universal synchronous/asynchronousreceiver/transmitter

USASI Ehemaliger Name für *ANSI*. Die Abkürzung steht für United States of America StandardInstitute .

USAT
ultra small aperture terminal Terminal im Satellitenfunk, das für geringe *Datenrate* (4800 bit/s) eingerichtet ist. Einrichtung im Rahmen des personal access satellite system zur kommunikativen Anbindung von Teilnehmern in entlegenen Gegenden an städtische terrestrische Netze. *Uplink*: im 30 GHz-Bereich, *downlink*: im 20 GHz-Bereich.

U

Daten, die von einer übergeordneten Schicht zum Transport zur korrespondierenden Partnerinstanz übergeben wurden. Es sind *Daten*, die zwischen gleichgestellten Schichten, im Auftrag der übergeordneten Schichten ausgetauscht werden. Benutzerdaten werden nur im Zustand des Datentranfers ausgetauscht, wenn also zwischen den korrespondierenden Schichten eine *Verbindung* besteht.

user data

Benutzerkennung und Name einer virtuellen Maschine.

USERID
user identification

Integrierter Schaltkreis, der die Umwandlung von Parallel-Daten in serielle Datenform übernimmt, um diese über einen synchronen Datenkanal zu übertragen.

USRT
universal synchronous receiver transmitter

Programm, das Hilfsfunktionen bei der Benutzung eines Computers oder Datenkommunikationsnetzes ausführt. Solche Hilfsprogramme können z.B. sein: Umrechnungsprogramme, Sortierprogramme, Druckertreiber, Schritt-für-Schritt-Abarbeitung eines Programms, mathematische Funktionen oder Zeichengenerator (*character* generator) für die Darstellung von alphanumerischen *Zeichen* auf Drucker oder *Bildschirm*.

utility routine

Siehe *Übertragungsmedium*.

UTP
unshielded twisted pair

Möglichkeit im USENET Dateien von einer Unix-Maschine zur anderen zu übertragen.

UUCP
unix to unix copy

Verbindung des europäischen Unix-Netzes mit dem US-Amerikanischen, über eine gemietete *Leitung* zwischen Amsterdam und einer Stadt in North Carolina.

UUNET

V

V-Schnittstellen *CCITT* hat für die Datenübertragung in Fernsprechnetzen Schnittstellendefinitionen herausgegeben, die als V-Schnittstellen bekannt sind. Für die Datenübertragung über *Modem* werden die digitalen Datensignale im *Modem* an der Sendeseite in analoge Signale umgewandelt (*Modulation*). Diese analogen Signale werden an der Empfangsseite mittels eines zweiten Modems zurück in digitale Signale umgewandelt (*Demodulation*). Als *Schnittstelle* DEE/*DÜE* wird in diesem Fall oft die *Schnittstelle* V.24 eingesetzt. Da es bei Modems verschiedene Bitraten gibt, wurden CCITT-Standards - sogenannte V-Standards - definiert, damit Modems unterschiedlicher Hersteller miteinander kommunizieren können. Bei der Datenübertragung über *Modem* müssen beide Seiten denselben Modem-Standard unterstützen.

Um den Datendurchsatz zu erhöhen und damit die Übertragungskosten zu senken, findet in Modems oft Online-Datenkompression statt. Es haben sich zwei Verfahren *MNP* und V.42bis durchgesetzt. *CCITT* definierte V.42bis als einen Datenkompressions-Standard, der eine Steigerung der *Bitrate* bis zu 400 % erlaubt. Aktueller Stand der Modem-Technik stellen Modems nach V.32bis dar. Sie erlauben eine *Bitrate* bis zu 14 400 bit/s. In

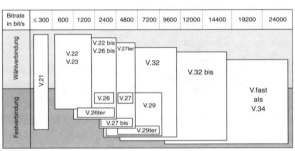

Die Bitrate 7200 bit/s wird nur vom V.29 unterstüzt

Verbindung mit der *Datenkompression* nach V.42bis sind 57 600 bit/s zu erreichen. Die maximale *Bitrate* kann abhängig von der Leitungsqualität sein und muß nicht immer erreicht werden.

Aus diesem Grund beinhalten einige Modems die Funktion: Adaptive Bitraten-Anpassung (adaptive rate system). Modems mit dieser Funktion versuchen beim Verbindungsaufbau und auch während der Datenübertragung die maximale *Bitrate* zu finden. Sie überwachen die Leitungsqualität ständig und sind in der Lage, sich an den aktuellen Leitungszustand anzupassen. Als Hochgeschwindigkeitsmodems sind in der Zukunft Modems nach dem *Standard* V.34 (V.fast) zu erwarten, mit denen die *Bitrate* 28 800 bit/s (ohne *Datenkompression*) zu erreichen ist.

V-Serie

Die Empfehlungen von *CCITT* der V.-Serie betreffen die Datenübertragung in Fernsprechnetzen. Die Normung umfaßt die elektrischen Signale auf den Schnittstellenleitungen, die Betriebsweise, d.h. die zeitliche Aufeinanderfolge der Signale und die Bedeutung der Signale. Fast alle Anschlüsse an Daten- endgeräten richten sich nach den CCITT-Empfehlungen, die allerdings nicht festlegen, welche Schnittstellen in bestimmten Fällen benutzt werden sollen.

V.24

Die *Empfehlung* V.24 der *CCITT* (RS-232-C oder *EIA*) enthält die Definitionen der Schnittstellenleitungen zwischen Datenendeinrichtungen und Datenübertragungseinrichtungen. Sie ist mit Abstand die am meisten verwendete Universalschnittstelle für die *Verbindung* zwischen *Datenendgerät* und *Modem*. Sie ist gleichermaßen für die *Übertragung* von synchronen und asynchronen *Daten* geeignet. Die erforderlichen Funktionen für die Datenübertragung werden durch Daten-, Steuer-, Melde- und Taktleitungen bereitgestellt. Sie sind bipolar, wobei die Polaritätszuordnung unterschiedlich für Daten- und Steuer-/Meldeleitungen festgelegt ist. Die V.24-Spezifikationen werden unterstützt durch die physikalische Schicht (ISO-Ebene 1). Zu unterscheiden sind dabei festgeschaltete und wählbare V.24-Verbindungen.

DEE → aus ein	Stift-Nr.	DIN Bezeichnung		EIA Bezeichnung		CCITT Nr.	DEE ← → aus ein
	1	E1	Schutzerde		Protective Ground	101	
→	2	D1	Sendedaten	TD	Transmit Data	102	→
←	3	D2	Empfangsdaten	RD	Receive Data	104	←
→	4	S2	Sendeteil einschalten	RTS	Request to Send	105	→
←	5	M2	Sendebereitschaft	CTS	Ready for Sending	106	←
←	6	M1	Betriebsbereitschaft	DSR	Data Set Ready	107	←
	7	E2	Betriebserde		Signal Ground	102	
←	8	M5	Empfangssignalpegel	DCD	Data Cheannel Received Line Signal Detector	109	←
	9		Testspannung +		nicht genormt		
	10		Testspannung "		nicht genormt		
→	11	S5	Hohe Sendefrequenzlage einschalten		Select Transmit Frequency	126	→
←	12	HM5	Empfangssignalpegel		Received Line Signal Detector	122	←
←	13	HM2	Sendebereitschaft		Ready	121	←
→	14	HD1	Sendedaten		Transmit Data	118	→
←	16	HD2	Empfangsdaten		Receive Data	119	←
→	19	HS2	Sendeteil einschalten		Transmit Line Signal	120	→
←	15	T2	Sendeschrifttakt von der DÜE	TC	Transm. Sign. Elem. Tim. DCE	114	←
←	17	T4	Empfangsschrifttakt von der DÜE	RC	Receiver Signal Element Timing DCE	115	←
	18	–			nicht genormt		
→	20	S1.2	Endgerät betriebsbereit	DTR	Data Terminal Ready	108.2	→
←	21	M6	Empfangsgüte	SQ	Data Signal Quality Detect	110	←
←	22	M3	Ankommender Ruf	RI	Calling Indicator	125	←
→	23	S4	Hohe Übertr.geschw. einschalt.		Data signalling Rate Selector	111	→
→	24	T1	Sendeschrifttakt zur DÜE		Transm. Sign. Elem. Tim. DTE	113	→
	25	–			nicht genormt		

V

Die mechanischen Eigenschaften sind in der ISO-Norm 2110 beschrieben. Als wichtigstes Merkmal ist die 25polige Steckverbindung (D-Subminiatur) hervorzuheben, wobei der *DÜE* die Buchse und der DEE der *Stecker* zugeordnet sind. Die *Übertragungsrate* ist mit 20 kbit/s festgelegt. Die überbrückbare Entfernung beträgt ca. 15 m.

V.25, V.25bis, V.35 Die Schnittstellen dienen zum automatischen Verbindungsaufbau zwischen zwei Modems, die über das öffentliche *Fernsprechnetz* kommunizieren möchten. V.25 spezifiziert eine automatische Wähleinrichtung, die über zwei 25-polige Steckverbindungen mit der DEE verbunden ist: eine *Schnittstelle* nach V.24/V.28 benutzt die CCITT-Serie 100 für die Datenübertragung, die andere nach V.25/V.28 die Serie 200 für die automatische Wahl. V.25bis kennt einen Kommandomodus, der es ermöglicht, über eine Serie 100-Schnittstelle Informationen für die Verbindungssteuerung und *Daten* ähnlich dem Hayes-Befehlssatz gemeinsam auszutauschen. Für höhere Geschwindigkeiten und analoge Breitbandmodems ist noch eine V.35-Schnittstelle spezifiziert. Sie arbeitet mit einer *Datenrate* von 48 kbit/s und benutzt eine Mischung aus unsymmetrischen V.24/V.28- und symmetrischen V.35-Signalen. Die Entfernung ist deshalb auch auf 15 m beschränkt. Verwendung findet ein 34-poliger Steckverbinder, dessen mechanische Eigenschaften jedoch von Land zu Land variieren.

V.28 Empfehlungen der *CCITT* für die elektrischen Werte der V.24-Schnittstelle.

Validieren Begriff im Rahmen der harmonisierten Protokolltestverfahren der EG. Unter Validieren versteht man ein Prüfprinzip, welches ausschließlich auf die Spezifikation eines Protokolls bezogen ist, und nicht auf dessen Implementation. Hier sind alle Aktivitäten zusammengefaßt, die eine Protokollbeschreibung als logisch richtig darstellen. Validieren kann auch als Nebeneffekt bei der Erstellung einer Referenzmaschine betrachtet werden.

vampir tap *Anzapfung* eines Ethernet-Koaxialkabels zum *Anschluß* eines Transceivers. Grundsätzlich gibt es zwei Möglichkeiten, eine *Datenstation* an ein *Ethernet* anzuschließen. Entweder man trennt das *Kabel* auf und

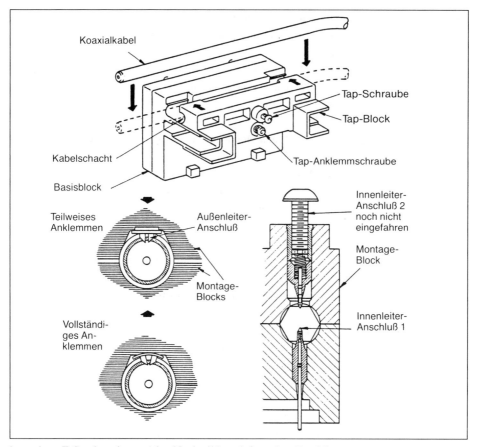

baut einen T-Stecker ein, was den Nachteil hat, daß es ohne Betriebsunterbrechung nicht abgeht. Außerdem tragen T-Verbindungen, wenn sie gehäuft auftreten, die Gefahr in sich, daß die eine oder andere durch unsichere Kontakte die Zuverlässigkeit des Netzes beeinträchtigt. Bei Benutzung der Vampir-Technik bohrt man (während des Betriebes) ein Loch in das *Kabel*, das bis zum Mittelleiter reicht. Danach steckt man einen Spezialstift in das *Kabel* bis er mit dem Mittelleiter Kontakt hat (nach der Art eines Vampirs). Allerdings erfordert dieses Verfahren präzise Werkzeuge und präzise Arbeit.

Als VAN werden die Übertragungsnetze bezeichnet, die mehr als den reinen Informationsaustausch bieten. Diese, über den ursprünglichen

VAN
value added network

V

Zweck hinausgehenden *Dienste* können z.B. Teilnehmerdienste, Protokollanpassungen, Speicherdienste und Prozessordienste sein. Das integrated *digital* network (*IDN*) der Deutschen Bundespost Telekom zeigte einige VAN-Merkmale, z.b. Teilnehmerdienste (Rundsenden, Direktruf) und Code-/Geschwindigkeitsumwandlung bei der Teletex-Telex-Umsetzung.

VAP
value added process

Schnittstelle und Möglichkeit der funktionalen Erweiterung von *NetWare* 2.X-Servern. VAP erlaubt dem Anwender z.b., einen Datenbank-Server im Netz zu installieren, der, ohne den File- *Server* zu belasten, *Daten* direkt bereitstellt. Das VAP-Konzept wurde ab den Versionen 3.X durch das NLM-Konzept abgelöst.

Variabel
variable

Eine Größe, die beliebige Werte eines Zahlensystems, eines Zeichensatzes, einer Bedingung, eines Ereignisses, einer Transaktion annehmen kann, oder aufgrund des Ergebnisses eines Datenverarbeitungsprozesses entsprechend verändert wird.

VAS, VANS

Im englischen Sprachraum setzten sich für die höherwertigen Tk-Dienste die Bezeichnungen value added service (VAS) oder value added network service (VANS) durch. Daneben existieren heute auch *VAN* (value added network), VADS (value added and data service) und IVANS (international value added network service). Diese Begriffe können weitgehend synonym benutzt werden. In Fachartikeln werden sie manchmal nebeneinander gestellt, um geringfügige Unterschiede in der Betrachtungsweise des weiten Feldes der *Mehrwertdienste* hervorzuheben.

VBN

Das am 23. Februar 1989 gestartete Vorläufer-Breitbandnetz wird jetzt als »Vermittelndes Breitbandnetz« bezeichnet. Das weltweit konkurrenzlose VBN stellt 1000 Netzanschlüsse mit 140 Mbit/s in den Industriezentren von München bis Hamburg und in Berlin für die Erprobung breitbandiger Individual-Kommunikationsdienste bereit. Das selbstwählfähige Netz kann für Videokonferenzen, Telemedizin, Telepublishing und den Hochgeschwindigkeits-Rechnerverbund genutzt werden. Das VBN wird demnächst von der DBP Telekom eingestellt.

V

Fahrzeugortungssystem unter Verwendung von *GPS* (global positioning system), das mit 24 Satelliten lückenlos jede geotopographische Position erfassen kann. Die Fahrzeugortung erfolgt vollautomatische, ohne daß der Fahrzeugführer beteiligt ist.

Veloc
vehicle location

Gleichzeitige (simultane) Bearbeitung zweier oder mehrerer Probleme oder Programme durch einen Rechner.

Verarbeitung, parallele
parallel processing

Das Festlegen einer Funktion in einem spezifischen *Format* mit spezifischen Regeln, wird benutzt, um gewünschte Aufgaben auszuführen wie z.B. das "allocate verb", um eine Konversation zu beginnen. Vor allem im Zusammenhang mit *APPC* benutzt.

Verb

Um *Kommunikation* zwischen zwei oder mehreren Punkten (die *Übertragung* von Signalen) zu ermöglichen, ist es erforderlich, Übertragungskanäle, Vermittlungseinrichtungen und andere Funktionseinheiten miteinander zu verbinden.

Verbindung
connection

Verbindungsform bei Wählverbindungen der Gruppe 5 (*Datex-P*). Die feste virtuelle *Verbindung* ist einer Verkehrsbeziehung fest zugeordnet. Sie kennt keine Verbindungsaufbau- und Verbindungsabbauphase und ist identisch mit der Datentransferphase der gewählten virtuellen *Verbindung* (GVV).

Verbindung, feste virtuelle

Ab einer gewissen Ebene erscheint diese *Verbindung* fest etabliert und exklusiv, obwohl die Nachrichten etwa physikalisch, mit anderen zusammen durch *Multiplex* übertragen werden.

Verbindung, logische
logical link

Eine permanent aufgebaute *Verbindung* zwischen zwei oder mehreren Terminals. PVCs werden als Teil der Systemkonfiguration (Datenbasis) gespeichert.

Verbindung, permanente virtuelle
permanent virtual circuit

Ein verbindungsähnlicher *Dienst* im Rahmen der Software-Protokolle eines Netzwerkes, durch das zwei Endpunkte miteinander kommunizieren können. Der zu einer *Datenverbindung* gehörende Weg wird einmalig am Anfang einer *Verbindung* ausgesucht. Alle zu dieser *Verbindung* gehörenden Datenpakete nehmen diesen Weg, so daß sich

Verbindung, virtuelle
virtual circuit

V

das Netz aus Sicht der *Datenendeinrichtung* so verhält, als gäbe es eine feste *Verbindung*. Die Datenpakete erhalten nun nicht mehr eine *Zieladresse* - im Gegensatz zum *Datagramm* -, sondern eine Kennzeichnung zur zugehörigen virtuellen *Verbindung*. Die wesentlichen Vorteile virtueller Verbindungen liegen in der Auflösung von Geschwindigkeitsabweichungen, in der *Wiederholung* von Übertragungen im Falle von Übertragungsfehlern und in der Umwandlung von Nachrichten, die über andere Netzwerk-Verbindungen laufen.

Verbindungen, geschaltete
circuit switching

Bei dieser Schalttechnik werden auf Anfrage Nachrichtenwege, Verbindungen zwischen anrufenden und gerufenen Stationen hergestellt. Die geschaltete *Verbindung* steht ausschließlich den verbundenen Teilnehmern zur Verfügung, bis die *Verbindung* wieder abgebrochen wird.

Verbindungsabschnitt
connection element

Teil einer *ISDN-Verbindung*, z.B. Abschnitt zwischen der *Benutzer-Netzschnittstelle* und der Ortsvermittlungsstelle, nationaler Abschnitt, internationaler Abschnitt.

Verbindungsart
connection type

Man unterscheidet grundsätzlich zwischen fest eingerichtete oder bei Bedarf aufzubauende *Verbindung* zur Datenübertragung. Der Typ einer *Verbindung* wird durch Angabe aller erforderlichen Verbindungsmerkmale beschrieben.

Verbindungsaufspaltung
splitting

Die Funktion einer Schicht wird auf mehrere Verbindungen der untergeordneten Schicht abgestützt (Mehrwegeführung). Es ist nicht vorgeschrieben, daß diese unterschiedlichen Verbindungen über ein einziges Netz laufen müssen; es können unterschiedliche Netze verwendet werden. Die umgekehrte Aktion zur Verbindungsaufspaltung wird Verbindungssammlung (recombining) genannt.

Verbindungsbestätigung
connected

Innerhalb des Verbindungssteuerverfahrens die Meldung, daß eine *Datenverbindung* aufgebaut, die Übertragungsbereitschaft aber noch nicht hergestellt ist.

Verbindungselement
link

Modems und Steuerkarten in Computern, ohne die eine Datenübertragung nicht möglich wäre.

V

Gebühr für eine *Verbindung*, abhängig von der *Verbindungszeit* oder *Nutzungszeit*, der Tageszeit, der Entfernung und (nur bei Wählverbindungen der Gruppe 5) der Datenmenge. — **Verbindungsgebühr**

Das AUI-Kabel (access unit interface), das die *MAU* (medium access unit) mit der PLS-Teilschicht (physical layer signalling) verbindet, wird auch als drop cable bezeichnet. Bei *Ethernet* ist es das Transceiverkabel und bei *Token* Ring das Lobe-Kabel. — **Verbindungskabel** *drop cable*

Damit bezeichnet man Nachrichtenverbindungen (auch in Computernetzen), bei denen zwischen den jeweiligen Teilnehmern keine Extra-Leitung für diese *Übertragung* geschaltet wird. Es werden vielmehr alle anfallenden Übertragungswünsche in Pakete gleicher Länge organisiert (*Paketvermittlung*). Jedes *Paket* sucht unabhängig seinen Weg durch das Netz (sog. Datagram-Service). — **Verbindungslos** *connectionless*

Eine verbindungslose *Kommunikation* ist dadurch gekennzeichnet, daß nur jeweils ein einziger Informationsblock mit vollständiger Quell- und *Zieladresse* von einem Subsystem zu einem anderen übermittelt wird. — **Verbindungsloser Dienst** *connectionless service*

Merkmale, die zur Beschreibung einer *Verbindungsart* einer *ISDN-Verbindung* bzw. eines Teiles davon (Verbindungsabschnittes) dienen. Die Verbindungsmerkmale (z.B. *Bitrate*; Art der Verbindungsherstellung) können verschiedene Werte annehmen. — **Verbindungsmerkmal** *connection attribute*

Damit bezeichnet man Nachrichtenverbindungen (auch in Computernetzen), bei denen für eine bestimmte *Kommunikation* und deren Dauer eine *Leitung* zwischen den Teilnehmern geschaltet wird (z.B. beim Telefon). Ein anderes Verfahren heißt CL (connectionless). — **Verbindungsorientiert** *connectionoriented*

Eine verbindungsorientierte *Kommunikation* besteht dann, wenn Subsysteme eine logische *Verbindung* (*Sitzung*) aufgebaut haben und über längere Zeit über die darunterliegenden Schichten Informationen austauschen. — **Verbindungsorientierter Dienst** *connection oriented service*

675

V

Verbindungsstation, primäre
primary link station

Die Verbindungsstation, die verantwortlich ist für die Steuerung der *Verbindung*. Eine *Verbindung* hat nur eine primäre Verbindungsstation. Jeder Verkehr über die *Verbindung* geht über die primäre und die sekundäre Verbindungsstation.

Verbindungsstation, sekundäre
secondary link station

Eine sekundäre Verbindungsstation kann mit einer primären Verbindungsstation *Daten* austauschen, aber nicht mit anderen sekundären Verbindungsstationen.

Verbindungs-Steuerungsverfahren
call control procedure

Die Festlegung der Vorgänge an der *Schnittstelle* zwischen DEE und *DÜE* zum Aufbau, Halten und Trennen einer *Datenverbindung*. Der Begriff wird in der Praxis synonym zu *Protokoll* verwendet. In jüngster Zeit ist hauptsächlich "*Protokoll*" gebräuchlich, allerdings verwendet die ISO-Literatur "procedure".

Verbindungs-Steuerzeichen
call control character

Ein *Zeichen* eines Alphabets oder ein Teil davon, das zur Steuerung der *Verbindung* verwendet wird.

Verbindungsweiterschaltung

Eine von einem Terminal zum Rechner aufgebaute *Verbindung* kann vom Anwender auf einen anderen *Kanal* umgeleitet werden.

Verbindungszeit
connect time

Die Zeit, während der eine *Verbindung* Bestand hat und zur Datenübertragung benutzt werden kann. Die Verbindungszeit beginnt mit der Entgegennahme des Anrufs bei der gerufenen Endstelle und endet, sobald die *Verbindung* getrennt wird. Bei Festverbindungen der Gruppe 2 beginnt sie mit dem Senden eines Beginnzeichens durch die rufende Endstelle.

Verbund
group

Verknüpfung von individueller, zeitnaher, aber relativ kostenaufwendiger *Datenverarbeitung* im Haus mit vielfältig anwendbarer und kostenanteiliger *Datenverarbeitung* außer Haus. Dabei werden hausintern ermittelte Auswertungsergebnisse zur Weiterverarbeitung mit komplexeren Programmen einem Dienstleistungsrechenzentrum übertragen und dort weiterverarbeitet, z.B. intern ermittelte Fakturierdaten für die externe Kontokorrentbuchführung. Umgekehrt können extern ermittelte Auswertungsergebnisse hausintern weiterverwendet werden, so daß sie nach eigenständigen Gesichtspunkten ausgewertet werden können.

Zusammenschluß selbständiger Datenverarbeitungssysteme, die zur Bearbeitung gemeinsamer Aufgaben ständig oder bei Bedarf miteinander verbunden sind.

Verbundsystem
distributed system

Sicherung von Lichtwellenleiterkabelsteckern gegen Verdrehen, um zu verhindern, daß die Stirnflächen der Lichtleiterkabel aufeinander reiben und dabei zerkratzen. Kratzer erhöhen die *Dämpfung* beträchtlich.

Verdrehschutz

Vereinigen stellt die umgekehrte Funktion des Segmentierens dar. Hierbei werden mehrere *Dienst-Dateneinheiten* (SDU) zu einer Protokoll-Dateneinheit (*PDU*) zusammengefaßt. Diese Aktion findet innerhalb einer Schicht statt.

Vereinigen
reassembling

Der Verfügbarkeitsverbund dient zur Realisierung einer hohen Betriebssicherheit. Mit verschiedenen Bereitstellungstechniken von Ersatzrechnern (cold- oder hot-standby, Ausweichrechenzentrum etc.) läßt sich eine hohe Verfügbarkeit erreichen. Bereitstellung einer Mindestleistung auch im Falle des Ausfalls von einzelnen Komponenten zur Schaffung fehlertolerierender Systeme, wobei dies natürlich auch erhöhte Anforderungen an das Datenkommunikationssystem stellt. Realzeitsysteme in der industriellen Fertigungsumgebung und der Prozeßsteuerung profitieren von dieser Eigenschaft eines Netzwerkes.

Verfügbarkeitsverbund

Überprüfen eines Datenträgers nach einem Schreibvorgang, indem der Inhalt der Aufzeichnung mit dem noch im residenten Speicher befindlichen Inhalt verglichen wird, um sicher zu sein, daß die Aufzeichnung fehlerfrei ist.

Verifikation
verify

Der *EIA*/TIA 568 commercial building wiring standard schlägt vier grundsätzliche Arten von Kabeln vor, die zwischen den Endgeräten verwendet werden können: *Koaxialkabel*, *STP*, *UTP* (unterteilt in fünf Kategorien, davon drei für die Datenübertragung akzeptable Kategorien) und die 62,5/125 Mikron Multimode-Gradientenindexprofilfaser. Der *Standard* sieht vor, daß es grundsätzlich zu jedem Arbeitsplatz zwei Kupfer-basierte Informationswege geben muß: einen für

Verkabelungs-Standard

Telefon, den anderen für Datenübertragung. Jedes Lichtwellenleiterkabel muß in Ergänzung zu diesen beiden Wegen installiert werden, nicht als Substitution. Für Niederfrequenzkabel hat der *Standard* folgende Levels (Kategorien) definiert:
- Level/Kategorie 1 : Billigkabel für analoge Sprachübertragung und *Übertragung* mit Bitraten von wesentlich weniger als 1 Mbit/s. *Kabel* dieser Kategorie werden für Neuinstallationen nicht mehr empfohlen. Die Leistungen eines Kabels dieser Kategorie entsprechen den Leistungen, die man von einem konventionellen Telefonkabel, auch Sternvierer, erwarten kann.
- Level/Kategorie 2: *Kabel* zum Ersatz von Level/Kategorie 1 *Kabel*. Übertragungen von Bitraten bis 4 Mbit/s über mittlere Entfernungen, z.B. für kleine *Token* Ring-Netzwerke und *ISDN*.
- Level/Kategorie 3: *UTP*/STP-Kabel für Übertragungen von Bitraten bis 10 Mbit/s einschließlich Level 1/2-Anwendungen, Leistung z.B. *Ethernet* 10BaseT bis 100 m.
- Level/Kategorie 4: *UTP*/STP-Kabel für Übertragungen von Bitraten bis 20 Mbit/s über größere Entfernungen als Level 3 (10BaseT und *Token* Ring).
- Level/Kategorie 5: extended frequency für *Übertragung* von Bitraten mit mehr als 20 Mbit/s oder Frequenzen bis ca. 100 MHz (z.B. für die *Übertragung* von *FDDI*) über Entfernungen bis 100 m.

Verkabelungsstruktur Der *Standard EIA*/TIA 568 (comercial building wiring standard) geht von einer strukturierten Verkabelung aus, die zwischen unterschied-

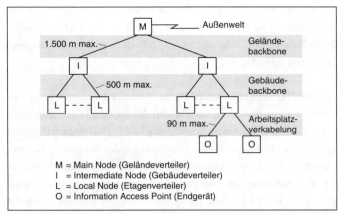

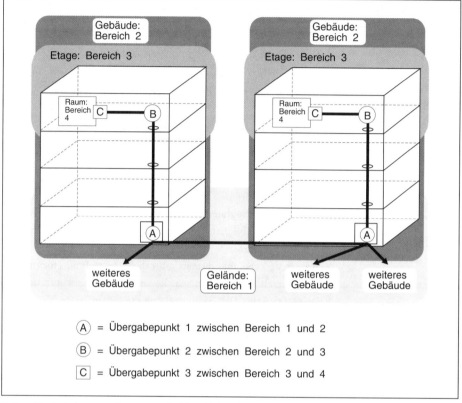

A = Übergabepunkt 1 zwischen Bereich 1 und 2
B = Übergabepunkt 2 zwischen Bereich 2 und 3
C = Übergabepunkt 3 zwischen Bereich 3 und 4

lichen Verkabelungsstufen unterscheidet. Gebäude werden untereinander durch die sog. *Geländeverkabelung* (Primärbereich) verbunden. Innerhalb des Gebäudes gibt es Etagen. Die Etagen werden untereinander durch die sog. Verkabelung im Steigbereich (Sekundärbereich) verbunden. Innerhalb der Etagen gibt es Technikräume, die die gesamten Komponenten der strukturierten Verkabelung enthalten müssen und darüber hinaus für den LAN-Betrieb wichtige Geräte wie Bridges, *Router* oder *Server* enthalten können. Die Technikräume heißen im engl. wiring closet. Untereinander sind die wiring closets üblicherweise mit der Steigbereichstechnik verbunden. Im Etagenbereich (Tertiärbereich) werden die Endgeräteanschlüsse von den Technikräumen aus versorgt. Je nach Verkabelungssystem differieren die Konzepte, die benutzten Übertragungsmedien, die Verteil- und die Anschlußtechnik.

V

Verkabelungs-systeme
cabling systems

Bei den Verkabelungssystemen handelt es sich um strukturelle physikalische Konzepte des Kabelnetzes für die Kommunikationsinfrastruktur. Verkabelungssysteme berücksichtigen den Campusbereich mit der Verkabelung zwischen den Gebäuden (Primärbereich), den Steigbereich innerhalb von Gebäuden (Sekundärbereich) mit dem Bereich der *Etagenverkabelung* (Tertiärbereich) und den Endgeräteanschluß.

Man unterscheidet nach dienstabhängigen Verkabelungssystemen, z.B. die Twinax-Verkabelung für die IBM-Systeme /36, /38, AS/400 oder die Koax-Verkabelung für die IBM-Systeme *3270* und nach dienstneutralen Verkabelungssystemen. In diese Gruppe fallen die bekannten strukturierten Herstellersystem IVS (IBM Verkabelungssystem), ICCS (integrated communications cabling system) von Siemens, PDS (premise distribution system) von AT & T sowie weitere Herstellersysteme.

Ziel eines Verkabelungssystems sollte die Bereitstellung eines neutralen, universell einsetzbaren und kostengünstigen zukunftssicheren Kabelnetzes sein. Die Systeme berücksichtigen in der Regel die *Telekommunikation* ebenso wie die *Datenkommunikation* und bieten neben den empfohlenen Kabeltypen, die Steckverbindersysteme, die Steckdosen und Verteilereinrichtungen.

Verkabelungs-zentrum
wire center

Der strategische Mittelpunkt, an dem die verschiedenen *Kabel* zusammengeführt werden.

Verketten
concatenate

Begriff aus dem OSI-Bereich (open systems interconnection). Hierbei werden mehrere Protokoll-Dateneinheiten (*PDU*) einer übergeordneten Schicht auf einer einzigen Dienst-Dateneinheit (SDU) einer untergeordneten Schicht zusammengefaßt, bzw. abgebildet. Die Umkehrfunktion zu dieser Aktion wird Trennen genannt.

Vermaschtes Netz
meshed net

Datennetzwerk, in dem die *Knoten* auf mehreren Wegen miteinander verbunden sind, jedoch nicht notwendigerweise jeder mit jedem. Diese Struktur, die vorwiegend bei Weitverkehrsnetzen anzutreffen ist, hat immerhin den Vorteil, daß bei Staus oder Leitungsunterbrechungen zwischen einzelnen *Knoten* alternative Wege benutzt werden können.

Endeinrichtung, die für den Telekommunikationsverkehr innerhalb der Endstelle und von der Endstelle über Anschlüsse Vermittlungsfunktionen ausführen kann.	**Vermittlungseinrichtung** *exchange equipment*
Hauptzweck der Vermittlungseinrichtungen. Vermittlungsfunktionen bewirken, daß Telekommunikationsverkehr über eine Richtung, die aus mehreren ausgewählt wurde, dem gewünschten Ziel zugeführt wird. Zu den Vermittlungsfunktionen gehören auch: Das Zwischenspeichern der Nachrichten oder das den Nachrichteninhalt nicht verändernde Bearbeiten der Nachrichten.	**Vermittlungsfunktion**
Die Vermittlungsebene ermöglicht den Verbindungsaufbau zwischen zwei beliebigen Teilnehmern durch geeignete *Adressierung*. Die dafür auszuführenden Funktionen sind: Vermittlung, Verbindungsaufbau- und -abbau, Rücksetzung, Unterbrechung, *Fehlererkennung* sowie transparenter Datentransport zwischen den Netzwerkendpunkten. Die grundlegende Aufgabe der Vermittlungsschicht ist es, *Dienste*	**Vermittlungsschicht** *network layer*

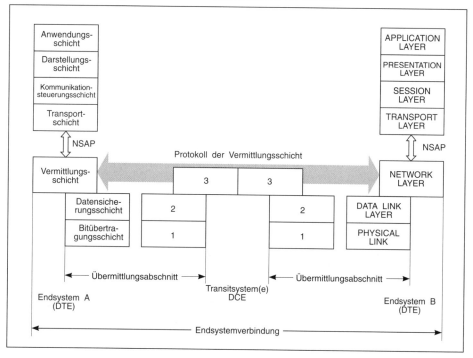

bzw. Funktionen bereitzustellen, die es ermöglichen, die gesicherten Systemverbindungen miteinander zu verknüpfen. Hierbei sind nicht nur homogene Netze bzw. Führungen durch ein einziges Netz zu berücksichtigen, sondern es sind auch Endsystemverbindungen zu ermöglichen, die über mehrere, unterschiedliche Netze geführt werden können. Nach *DIN*:"Die Vermittlungsschicht verknüpft gesicherte Datenverbindungen (von *Endsystem* zu Transitsystem und zwischen Transitsystemen) zu einer *Endsystemverbindung* (von *Endsystem* zu *Endsystem*)".

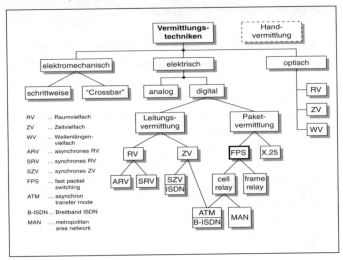

Vermittlungstechniken
switching technology

Die Vermittlungstechniken können eingeteilt werden in elektromechanische, elektronische und optische. Die elektromechanischen, *Hebdrehwähler* und *Kreuzschienenverteiler*, haben, ebenso wie die elektronisch analogen kaum mehr Bedeutung. Die digitalen Vermittlungstechniken können grob eingeteilt werden in *Leitungsvermittlung* und *Paketvermittlung*.

Verschlüsselung
encoding

Für kritische Anwendungen empfiehlt sich der Einsatz eines kryptographischen Verfahrens, welches Unbefugten den Zugang zu den geschützten Informationen verwehrt. Diese Verschlüsselung kann entweder in den höheren Protokollebenen selbst erfolgen oder durch geeignete Zusatzgeräte, die zwischen DEE und *DÜE* geschaltete werden.

V

Bei der Datenverschlüsselung werden grundsätzlich zwei Verfahren verwendet. Zum einen private key- oder symmetrische Verfahren, d.h. Verfahren mit geheimen Schlüsseln. In diesem Fall wird nur ein Schlüssel verwendet, der sowohl für die Ver- als auch für die Entschlüsselung gilt.

Wer im Besitz dieses Schlüssels ist, kann aus Klartext-Informationen den entsprechenden Schlüsseltext produzieren und umgekehrt. Zum anderen gibt es public key- oder asymmetrische Verfahren, d.h. Verfahren mit öffentlichem Schlüssel. Bei diesem Verfahren werden zwei verschiedene Schlüssel verwendet: einer zum Verschlüsseln, der andere zum Entschlüsseln. Die beiden Schlüssel sind nicht voneinander ableitbar. Daher kann ein Schlüssel öffentlich bekannt gegeben werden.

Verbinden der Nutzelemente eines Kabels, wie isolierte Kupferdrähte und/oder *Lichtwellenleiter*, mit Schutz-, Stütz- und/oder Füllelementen, wie Aderhüllen, Plastikkernen schlauchförmige Hüllen, Gleitgel, Aramid-Garn-Netzen u.ä.

Verseilung
stranding

Verhältnis von Ausgangs- zu Eingangsgröße (Strom, Spannung, Leistung) eines Vierpols. Ist das Verhältnis >1, spricht man von Verstärkung, bei Werten <1 von *Dämpfung*. Beide Größen, die Verstärkung ebenso wie die *Dämpfung* werden in *Dezibel (dB)* angegeben. Einem durch die *Dämpfung*, z.B. einer langen Übertragungsleitung stark herabgesetzten Signalpegel wird durch einen Verstärker der ursprüngliche Regelwert wiedergegeben.

Verstärkung
amplification

Gerichtete *Kommunikation* von einer Sendeendstelle an eine oder mehrere Empfangsstellen.

Verteilkommunikation
distribution communication

Zeitdauer, in der eine Station nach einem Konflikt nicht senden darf, bevor sie einen neuen Versuch macht.

Verzögerungsintervall
delay time interval

Darunter ist in der *Kommunikation* die Wartezeit zwischen zwei Ereignissen zu verstehen, z.B. die Zeit zwischen dem Senden und dem Empfangen eines Signals.

Verzögerungszeit
delay

V

Videokonferenz
video teleconferencing
Eine Echtzeit-Video-Übertragung, die gewöhnlich in zwei Richtungen gleichzeitig erfolgt. Bei Videokonferenzen wird das Videosignal digitalisiert und dann zwischen zwei oder mehreren Konferenzräumen gleichzeitig übertragen. Die *Übertragung* erfolgt über Hochgeschwindigkeitsverbindungen und gewöhnlich über Satelliten.

Videotext
Die internationale Bezeichnung für die *Übertragung* von Texten und Graphen unter Benutzung von Farbfernsehempfängern. Man unterscheidet *Übertragungswege* mit Rückkanal - interaktiver Videotext (in BRD Bildschirmtextdienst) - und ohne Rückkanal.

Vierdraht
four wire
Ein Übertragungsweg in Vierdraht erlaubt die physikalische Trennung von Empfangs- und Sendekanälen. Zeitweilig war diese Übertragungsform das einzige Verfahren, das Vollduplex-Übertragungen möglich machte.

Vines
Vines, ein Netzwerkbetriebssystem der Firma Banyan, erlaubt die Koexistenz unterschiedlicher *Hardware*, Topologien, Zugriffsmethoden und Übertragungsmedien im gleichen Netz. Eine beliebige Anzahl von Banyan-Servern unterschiedlicher Bauart kann zu einem virtuellen *Netzwerk* zusammengeschaltet werden. Jeder Benutzer, der mit einem *Server* verbunden ist, kann jeden Netzwerkservice *transparent* benutzen, ohne wissen zu müssen, wo der Service ist und wie die *Verbindung* physisch und logisch zustandekommt. Dabei können schnelle Backbone-LANs genauso genutzt werden wie schnelle asynchrone oder synchrone serielle Verbindungen.

Die wichtigsten Eigenschaften von Vines sind die Integration vielfältiger Kommunikationstechniken. Verbindungen zwischen Minirechnern und Hostverbindungen, transparenter Netzwerkzugriff, der alle Betriebsmittel so erscheinen läßt, als seien sie lokal. Vines hat ein netzweites Namens- und Adressierungssystem, das es den Benutzern erlaubt, Betriebsmittel unabhängig vom Ort ihrer *Implementierung* zu nutzen.

Als Teil seiner Internetzstrategie realisiert Vines ein internes Bridging für die populärsten PC-Netzwerktypen wie *Ethernet*, *Token* Ring, ArcNet und StarLAN. Der Zugriff zu lokalen Mainframes, Minis und sonstigen Hostrechnern wird üblicherweise durch eine unmittelbare serielle *Verbindung* zwischen einem Vines-Server und dem betreffenden System realisiert. Vines liefert eine Anzahl von Netzwerkdiensten wie gemeinsame Benutzung von Dateien, Datenträgern und Druckern, administrative Funktionen wie Systemmanagement und *Backup*/Restore, Netzwerk-Management und Multiuser-Funktionen wie Mail. Die file services verwalten Volumes auf dem Netz und entsprechen nach außen den *PC*/MS-DOS-Filing-Systemspezifikationen.

Eine virtuelle *Verbindung* stellt eine (Ende-zu-Ende-) *Verbindung* zweier DEEs über das Transportnetz dar. Zur Abwicklung können verschiedene logische Kanäle benutzt werden. Eine gewählte virtuelle *Verbindung* existiert nur nach der Verbindungsherstellung bis zur Verbindungsauflösung; eine feste virtuelle *Verbindung* gilt als ständig existierend.

Virtuelle Verbindung
virtual circuit

Das virtual terminal (VT) wird als zeilenorientiertes Terminal angesehen, d.h. Ein- bzw. Ausgabe ist im Normalfall zeilenweise aufgebaut. Es besitzt imaginär einen Drucker und eine Tastatur. Als *Code* wird der ASCII-7-bit-Zeichensatz verwendet, der innerhalb eines 8-bit-Feldes eingebettet wird. Eventuelle Code-Abbildungen sind rein lokaler Natur.

Virtuelles Terminal
virtual terminal

Innerhalb weniger Jahre hat sich das Virus-Problem von einer theoretischen zu einer realen Bedrohung für Computer und Datennetze entwickelt.
Alle Arten von Geräten, Mainframes, Workstations und Netzwerke sind bisher erfolgreich angegriffen und geschädigt worden. Hauptausbreitungsursachen sind Disks und Datennetze. Ein typisches Computervirus ist ein einfaches *Programm*, daß sich selbst reproduziert und in normalen Programmen versteckt.
Wenn infizierte Programme ablaufen, stecken sie auch andere Programme und andere Computer an, mit denen sie in Kontakt kommen.
Wenn ein Computer-Virus einmal ein *Programm* befallen hat, dann kann es Programme zerstören, *Daten* vernichten, Zahlenwerte in einer Tabellenkalkulation verändern, Festplatten neu formatieren und damit ihren gesamten Datenbestand vollständig vernichten oder jeden nur möglichen Schaden anrichten, den der Programmierer des Virus

Virus
virus

V

eingeplant hat. In fast allen Fällen bleibt das Virus unbemerkt, während es sein Zerstörungswerk vollbringt.

VLAN
very local area network
Da die Entwicklung nicht stehenbleibt, gibt es eine neue Klasse infrastrukturell interessanter Netzwerke, die very local area networks, die auf kleinem Raum (einige cm bis einige m) noch schnellere Übertragungssysteme bilden wie LANs. Sie unterstützen die Clusterbildung von Rechenanlagen und in der Zukunft die *Verbindung* von Rechnern, die auf einem Chip zusammengefaßt sind. Sie sind nur schwierig von den sog. Bussen abzugrenzen und gehören zum Bereich Rechnerarchitektur.

Vocoder
vocoder
Zusammensetzung der Wörter "voice" und "coder", also Sprachcodierer. System zur Sprachsignalübertragung mit geringer *Bandbreite* (typisch 500 *Hz*) bzw. einer *Übertragungsgeschwindigkeit* von typisch 3 kbit/s. Es werden Analyseparameter übertragen, nicht das Sprachsignal selbst. Aus den Analyseparametern wird am Empfangsort mit Hilfe eines Synthetisators wieder Sprache erzeugt.

voice grade
Klassifikation für eine Kommunikationsleitung, die im normalen Telefon-Dienst benutzt wird, und die Sprachsignale ohne merkbare Beeinträchtigung, unabhängig von der Länge der *Leitung*, übertragen kann.

voice-mail
Sprachspeicherdienst, der Sprache elektronisch speichert; die *Nachricht* kann von dem *Empfänger* zu einem beliebigen Zeitpunkt abgerufen werden.

volatile
Bezeichnung für Datenbestände, deren Konsistenz von einem nicht unterbrochenen Vorhandensein der Betriebsspannung des betreffenden Gerätes abhängig ist.

Vollduplex
full duplex
Vollduplex-Verbindungen erlauben eine permanente, gleichzeitige *Übertragung* von Informationen in beiden Richtungen ohne gegenseitige Beeinflussung. Vollduplex-Übertragungen sind nur mit dafür geeigneten Übertragungsprotokollen möglich, z.B. mit *HDLC*.

V

Glasstab, aus dem unmittelbar der Glasfaserlichtwellenleiter gezogen wird. Die Struktur, Kernglas und Mantelglas, ist bereits in einem vorhergehenden Arbeitsgang hergestellt worden, und bleibt beim Ziehen zur *Glasfaser* dann maßstäblich erhalten.

Vorform
preform

Dies ist eine besondere Art der *Dienst-Dateneinheiten*. Die Schicht, an welche diese vorrangigen *Dienst-Dateneinheiten* übergeben wurden, stellt sicher, daß diese besonderen *Dienst-Dateneinheiten* nicht nach anderen, nachfolgend übergebenen *Dienst-Dateneinheiten* an die korrespondierende übergeordnete Schicht übergeben werden.

Vorrangige Dienstdateneinheiten
expedited data unit

Ein draft proposal ist ein ISO-Standardisierungsdokument, welches zwar registriert und numeriert ist, aber noch keine endgültige Verbindlichkeit besitzt. Siehe auch *DIS*.

Vorschlagsentwurf
draft proposal

Signalfluß vom Headend in ein Breitband-LAN.

Vorwärts-Richtung
forward direction

Zugriffsmethode bei der Verwendung von virtuellen Speichern im IBM-Umfeld.

VSAM
virtual storage access method

Abkürzung für Vermittlungsstelle.

Vst

Datenfernübertragungszugriff auf virtuelle Speicher im IBM-Umfeld.

VTAM
virtual teleprocessing access method

W

Wabenplan Im Mobilfunk und auch im Betriebs- und *Bündelfunk* werden Sendefrequenzen und -leistungen verwendet, deren Reichweite bei Antennenrundstrahlcharakteristik in einem Gebiet um die Sendeantenne herum gut abschätzbar ist.

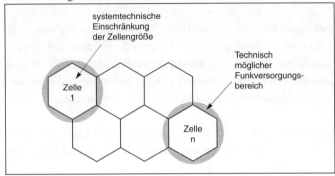

Wegen der begrenzten Anzahl der Sendefrequenzen ist man darauf angewiesen, ein und dieselbe *Frequenz* mehrfach zu vergeben. Das kann wegen möglicher Interferenzen natürlich nicht in zwei aneinander angrenzenden Sendegebieten geschehen. Es wurde daher ein Frequenzplan aufgestellt, der diesen Tatsachen Rechnung trägt und wegen des lückenlosen Übergangs in Hexagone (Sechsecke) eingeteilt ist. Wegen der Ähnlichkeit zu Bienenwaben wird dieser Plan Wabenplan genannt.

Wählen Herstellen einer geschalteten (verbindungsorientierten) *Datenverbindung* durch Erzeugen von Wählimpulsen mittels Nummernschalter (Wählscheibe) oder Tastenwahl, durch die in den Vermittlungsstellen dann die gewünschte *Verbindung* hergestellt wird.
dialling

Wählleitung Eine Kommunikationsverbindung zwischen dem Rechner und einer Station, die durch die Anwahl etabliert wird.
switched line

Wählnetz Kommunikationsmethode zum Aufbau einer *Datenverbindung* zwischen zwei Computern etc. Das Fernsprech-Wählnetz ist ein entsprechendes Beispiel.
switching network

Wählverbindung *Verbindung*, die über eines der öffentlichen Netze durch Anwählen eines Teilnehmers zustandekommt.
switched connection

WAN (wide area network) ist die klassische Form eines Verbindungsnetzwerkes für getrennte Rechenanlagen. Die Grundstruktur ist ein paketvermittelndes Teilstreckennetz, was bedeutet, daß die *Knoten* des Netzwerkes untereinander verbunden sind und die *Daten* in Form von Paketen durch das *Netzwerk* von der *Quelle* zum Ziel weitergereicht werden.

Eine räumliche Beschränkung für diese Netze liegt bei etwa 1000 km, eine typische Nachrichtenübertragungsgeschwindigkeit ist 9600 bit/s, das Maximum durchschnittlicher Anbieter liegt bei 2,048 Mbit/s. WANs werden in Europa meist von Postverwaltungen betrieben, so daß es insbesondere Probleme beim Übergang zwischen zwei Netzwerken gibt.

WAN-Techniken sind z.B. im Datex-P-Netz der Telekom und in der CCITT-Empfehlung *X*.25 für die *Schnittstelle* zwischen DEE (*DTE*) und *DÜE* (DCE) manifestiert. Schnellere WANs hofft man mit Techniken der schnellen *Paketvermittlung* FPS konstruieren zu können.

WAN
wide area network

Eine Wartereihe oder Liste von Elementen/Aufgaben in einem System, die auf Service warten, oder Nachrichten, die in einem Datenübertragungssystem auf ihre Weiterleitung warten. Sie werden temporär sortiert und nacheinander bearbeitet.

Warteschlange
queue

Schleifenkonstrukte in Computerprogrammen, die einzig den Zweck haben, Zeitverzögerungen zu erzeugen, die zum ordnungsgemäßen Ablauf von Programmen und Prozeduren notwendig sind. Beispiel dafür ist die Vielzahl von Zeitüberwachungen (timer) in Datenkommunikationsnetzen, die bei nicht ordnungsgemäßem Verlauf (timeout) Störungsmeldungen oder Fehlerbehebungsmaßnahmen in Gang setzen.

Warteschleife
waiting loop

Wartezustand, in dem die Folgestation Meldungen bei beidseitiger *Datenübermittlung* unaufgefordert oder bei wechselseitiger *Datenübermittlung* nach Feststellung des Ruhezustandes im Übermittlungsabschnitt senden kann.

Wartezustand, unabhängiger
asynchronous disconnected mode

Siehe *Halbduplex*.

Wechselbetrieb

Wegewahl *routing*	Bestimmung eines (optimalen) Weges durch ein Netz, welches mehrere Alternativen zuläßt. Siehe *Router*.
Wegwahl, automatische *automatic route selection*	Die Möglichkeit eines Schalters, normalerweise einer *Nebenstellenanlage*, automatisch die optimale *Wegewahl* zu bestimmen und festzulegen; auch bekannt unter der Bezeichnung least cost routing (LCR, Weg der geringsten Kosten).
Weitverkehrsnetz *wide area network*	Siehe *WAN*.
Wellenlänge *wave length*	Der Abstand zwischen zwei gleichen, aufeinanderfolgenden Schwingungszügen einer periodischen Wellenbewegung. Wellenlänge und *Frequenz* stehen folgendermaßen zueinander in Beziehung: Bildet man den Quotienten aus der Fortpflanzungsgeschwindigkeit des Lichtes und einer der beiden Größen, so erhält man die andere. Z.B.: c/2 m = 150 MHz ; c/1000 MHz = 30 cm.
Wellenlängen-Multiplex *wavelength-division multiplexing*	Eine Technik in der LWL-Übertragung, bei der unterschiedliche Lichtwellenlängen zum parallelen Übertragen mehrerer Signale (bit-parallel, je eine diskrete *Wellenlänge* pro *Signal*) benutzt werden. Bei fester *Übertragungsgeschwindigkeit* (z.B. Lichtgeschwindigkeit c) stimmt WDM mit *FDM* (frequency division multiplexing) überein, weil c = f ist.
Wellenleiterdispersion *waveguide dispersion*	Dispersionen wirken sich durch eine Verschlechterung der Gruppenlaufzeit und also durch eine Verbreiterung der Impulse aus. Die Wellenlängendispersion, oder auch Profildispersion, ist abhängig von der Konsistenz des LWL und der Einstrahlungsquelle. Selbst bei Laserdiodenansteuerung kann bei Monomodefasern und großen Entfernungen die Wellenleiterdispersion zum Problem werden.
Werkzeugverbund	Von Werkzeugverbund spricht man, wenn die in einem Rechner speziell vorhandenen Entwicklungswerkzeuge wie *Compiler* und Programmgeneratoren auch noch anderen Rechnern zugänglich gemacht werden.
Wettbewerb	Siehe *contention*.

Ringsystem, bei dem das Senderecht im *Wettbewerb* erlangt wird. | **Wettbewerbsring**
contention ring

Siehe *WAN*. | **wide area network**

Neubeginn der Aktivitäten eines Computers oder Netzes nach einem Fehler oder einem Systemzusammenbruch (Absturz). Dabei ist es gleichgültig, ob dieses Ereignis spontan passiert ist oder manuell durch einen Reset-Befehl erzwungen worden ist. Nach einem Wiederanlauf ist der Computer oder das Netz wieder betriebsbereit, allerdings sind die volatilen *Daten* (im RAM) i.A. verloren. | **Wiederanlauf**
warm start

Bei Unterbrechungen der Datenübertragung, z.B. bei Ausfall der physikalischen Übertragungsleitung, muß die Herstellung eines definierten Zustandes möglich sein. Dafür sind Wiederaufsetzpunkte vorgesehen, die im Falle einer Leitungsunterbrechung dafür sorgen, daß der Anwender seine begonnene Applikation ohne Verluste fortsetzen kann. | **Wiederherstellungsverfahren**

Die ARQ-Zeichenfolge ermöglicht die automatische Übertragungswiederholung im Fehlerfall. | **Wiederholanforderung, automatische**
automatic repeat request

Ein *Datenpaket*, das beim ersten Übertragungsversuch nicht oder nur fehlerhaft beim *Empfänger* angekommen ist, wird erneut übertragen. Wird bei random access-Verfahren in Bus-LANs eine *Kollision* erkannt, findet ebenfalls eine Wiederholung statt. | **Wiederholung**
retransmit

Bei HDLC-Typ-Prozeduren die Anzahl der bei den Übertragungen jeweils gesicherten (gespeicherten) Nachrichten. Bei graphischen Bildschirmen bezeichnet man einen abgegrenzten Bereich auf dem *Bildschirm* als "window", der eine herausgeschnittene Untermenge der verfügbaren *Daten* enthält. | **Window**
Fenster

Modulation durch Veränderung des Phasenwinkels einer Trägerschwingung. | **Winkelmodulation**
angle modulation

Auch wiring closet genannt, ist eine Einrichtung zur Organisation der Verkabelung. Es handelt sich dabei um einen abgeschlossenen Raum, | **wire center** der sich aufgrund der Steigleitungen zwischen den Stockwerken, meist am Treppenhaus, befindet. Hier laufen alle Leitungen zusammen. Bei Auftreten eines Fehlers kann dieser leicht lokalisiert und behoben werden, oder der schadhafte Teil wird überbrückt. Damit fällt nur ein Gerät aus und nicht das ganze Netz.

wireless LAN Wireless LANs sind Lokale Netze, die ohne Kabelverbindungen arbeiten. Die *Übertragung* wird entweder mit Funkfrequenzen im Mikrowellenbereich oder mit *Infrarotlicht* durchgeführt. Bei Multicast- und Broadcast-Anwendungen existieren in Abhängigkeit von der *Übertragungsgeschwindigkeit* zwei Leistungsklassen: Low & medium-speed mit bis zu 1 Mbit/s und high-speed mit über 1 Mbit/s. Entsprechend der genutzten Übertragungsfrequenz unterscheidet man die drahtlosen Netze in spread-spectrum-Netze (mehrere UHF-Frequenz-Bereiche) und Schmalband-Mikrowellen-Netze. Jede Technik hat ihre spezifischen Vor- und Nachteile.

Spread spectrum ist die am weitesten verbreitete Technologie und liegt im Frequenzbereich von 900 MHz bis 930 MHz. Die Schmalbandmikrowelle liegt bei ca. 19 GHz. Die *Anwendung* beider Technologien unterliegt damit gesetzlichen Bestimmungen.

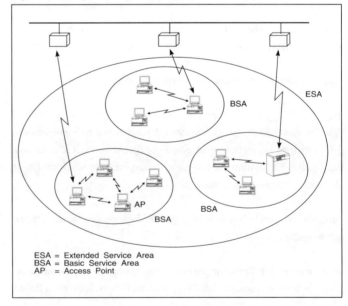

ESA = Extended Service Area
BSA = Basic Service Area
AP = Access Point

Die Radiosysteme mit spread spectrum oder Mikrowelle können zwei unterschiedliche Topologien haben: die Sterntopologie oder die Bustopologie. Bei der Sterntopologie agiert ein zentraler *Hub* als Schaltstelle im *LAN*.

	Spread Spectrum	Mikrowave	Infrarot
Frequenz	902-828 MHz 2.4-2.48 GHz 5.72-5.82 GHz	18.825-19.205 GHz	30000 GHz 870-900 nm
Maximale Ausdehnung	30-250m ca. 50000 qm	10-50 m ca 2000 qm	25 m linear
Sicht nötig	nein	nein	ja
Leistung	< 1 W	25 mW	-

Bei einem Bussystem sendet jede Station unmittelbar an alle anderen. Bei allen drahtlosen Systemen wird die Gesamtleistung maßgeblich von ihrer physikalischen Umgebung bestimmt.

Generell sind bei dem Einsatz von drahtlosen LANs bautechnische und physikalische Gegebenheiten, die die *Übertragung* und die Ausdehnung der LANs beeinträchtigen, zu berücksichtigen. Spread-spectrum-Systeme können Distanzen bis zu 300 m überwinden. Bei den drahtlosen Netzen besteht darüber hinaus noch ein Zusammenhang zwischen dem erreichbaren *Durchsatz* und der maximalen Entfernung zwischen den *Knoten*: je größer die Entfernung, desto kleiner der *Durchsatz*.

wireless PABX

Dieses Gerät, auch cordless *PABX* genannt, ermöglicht die Vermittlung von bis zu 24 Funktelefon-Handapparaten im Rahmen von CT 2

Workgroup Computing

Workgroup Computing bedeutet Informationsverarbeitung innerhalb einer durch Aufgaben und Zielsetzungen bestimmten sozialen Einheit von Personen. Grundlage des Workgroup Computing sind mittels eines LANs vernetzte PCs. Hard- und Softwarestruktur orientieren sich heute meistens am *Client*/Server-Modell. Die Größe einer Workgroup schwankt zwischen einigen wenigen und einigen Dutzend Personen, abhängig vom Umfeld und den Aufgaben. Die Workgroup ist die Keimzelle der Informationsverarbeitung. Als solche steht sie mit anderen Workgroups und ggf. weiteren Infrastrukturen (Rechenzentrum, Fernnetze, *Dienste*) in *Verbindung*.

Die Workgroup benutzt in Zukunft Anwendungssoftware, die von konventioneller *PC* Software abstammt, aber kommunikations- und kooperationsfähig ist sowie natürlichen Multiuser-Betrieb realisiert. Diese Software bezeichnet man i.a. auch als GroupWare. Die struktu-

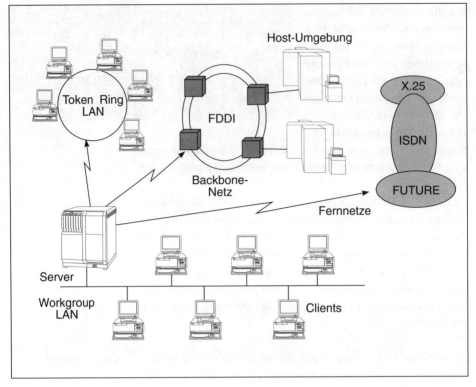

relle Software (Betriebssysteme, Netzwerksoftware) kann sich im Lauf der Lebenszeit eines Workgruop Systems ändern. Heute existieren in einem größeren Unternehmen oder einer größeren Organisation üblicherweise datenverarbeitende Einrichtungen, die aus einem relativ großen zeitlichen Rahmen stammen, *parallel*.

Daraus ergibt sich eine Koexistenz unterschiedlicher Formen der Informationsverarbeitung vom großrechnerbasierten time-sharing-Betrieb am Terminal bis zum hochmodernen CAD-Workstation-Netz. Es ist nicht zu erwarten, daß Workgroup Computing die klassischen Formen der Informationverarbeitung schlagartig ablöst. Vielmehr wird Workgroup Computing mit passender Software die bisherigen Strukturen druchdringen und integrieren, sofern dies möglich und nützlich ist.

Dies bedeutet für die Planung aber auch, daß es in Zukunft eine noch stärkere Unabhängigkeit zwischen technischem Netz, logischem Netz und Anwendungsnetz, sowie den mit diesen Netzen in unmittelbarem Zusammenhang stehenden Geräten, Protokollen und Programmen geben muß als heute, um zu vermeiden, daß Abhängigkeiten Möglichkeiten verbauen.

Datenstation in einem Netz, die sich z.B. von einem *PC* dahingehend unterscheidet, daß Speicherkapazität und Verarbeitungsgeschwindigkeit deutlich über dem Üblichen liegen. Workstations sind häufig mit RISC-Prozessoren ausgestattet und verwenden zur Erhöhung der Arbeitsgeschwindigkeit cache-Speicher.

Workstation

Optisches Speichermedium, das, wie eine CD, mit einem Laserstrahl abgetastet wird, nicht gelöscht, nicht formatiert und nicht neu beschrieben, aber beliebig oft gelesen werden kann.

WORM
write once, read many

Vorsorgemaßnahme, die für einen bestimmten Bereich, z.B. ein *Datennetz*, die schlimmstmögliche Kombination von negativen Ereignissen zu antizipieren versucht und Gegenmaßnahmen bereitstellt.

worst-case design

Die Anzahl der Bits oder *Zeichen* in einem Wort. Dies ist gewöhnlich eine optimale Größe, die durch den Speicher, den Prozessor oder die *Übertragung* gegeben ist. Wortlängen hängen häufig von der Registergröße sowie von der internen Computer-Verarbeitung ab.

Wortlänge
word length

Ausgangspunkt einer hierarchischen *Baumstruktur*.

Wurzel
root

Abkürzung und Schlagwort für einen Umstand, der nicht immer selbstverständlich war, daß nämlich ausgedruckte Grafiken genau der Darstellung auf dem *Bildschirm* entsprechen, also Kreise nicht zu Ellipsen deformiert werden u.ä..

WYSIWYG
what you see is what you get

X Eine *Verbindung* der Systemkomponenten der verschiedenen Hersteller kann sinnvoll nur über genormte Schnittstellen erfolgen. Die bekanntesten Normen für digitale Schnittstellen stammen in Europa von *CCITT* (Comité Consultatif International Telegraphique et Telefonique). Sie sind in den V.- und X.- Empfehlungen festgelegt. Für die USA sind die Normen der *EIA* (RS...) maßgeblich.

X.20 CCITT-Empfehlung für Interfaces zwischen *DTE* und DCE für synchrone *Übertragung* in öffentlichen Netzen.

X.21/RS-422/RS-423 In diesen Schnittstellen-Empfehlungen werden sowohl die Verwendung von unsymmetrischen Signalleitungen nach *X*.26 (V.10, ähnlich der RS-423) als auch von symmetrischen Signalleitungen nach *X*.27 (V.11, ähnlich der *RS-422*) beschrieben.

Im Vergleich zu der V.24-Schnittstelle bietet die *X*.21-Schnittstelle folgende Vorteile an: höhere Datenraten bis zu 10 Mbit/s, größere überbrückbare Entfernungen bis 1200 m, wesentlich geringere Anzahl von Schnittstellenleitungen sowie die mögliche Steuerung von Verbindungsaufbau und -abbau durch die Schnittstellensignale. Die funktionellen Eigenschaften sind in der *Empfehlung X*.24 beschrieben. Neben der physikalischen Schnittstellenfunktion beschreibt die *X*.21-Empfehlung in Form von Zeitdiagrammen und Zustandsdiagrammen Ablaufsteuerungen für Datenverbindungen.

Schnittstelle	X.21				X.21 bis				V-Schnittstellen			
Übertragungsgeschwindigkeit bit/s	2400	4800	9600	48000	2400	4800	9600	48000	2400	4800	9600	48000
Steckerverbindung nach ISO	4903				2110	4902	2593	4902	2110			2593
Stecker Anzahl der Pole	15				25	37	34	37	25			34
Stiftbelegung nach ISO/CCITT	4903				2110	4902	V.35	V.36	V.22 bis V.26 V.26ter	V.27 V.27 bis	V.27 V.32	V.35
Elektrische Charakteristik	X.26/X.27 [1]		X.27		V.28	X.26	V.28	X.26 X.27	V.28			
Elektrische Charakteristik	X.26/X.27				V.28				[1] Der Steckverbinder der DÜE benutzt nur die Elektrische Charakteristik nach X.27. Der DEE-Steckverbinder kann die Charakteristik sowohl nach X.26 als auch nach X.27 aufweisen. Die Anpassung muß vom Lieferanten der X.26 Schnittstelle sichergestellt werden. wird vom DATEX-P-Dienst der DPB nicht unterstützt			
Ausgangsspannung	$U_{AC} < -0{,}3V$ U_{BC}		$U_{AC} < +0{,}3V$ U_{BC}		$U_{AC} < +0{,}3V$		$U_{AC} < +0{,}3V$					
Zustand auf der Datenleitung	1		0		1		0					
Zustand auf der Steuerleitung	AUS		EIN		AUS		EIN					

Schnittstellenvariante für den *Anschluß* von synchron arbeitenden DEEs mit einer V.24-Schnittstelle an öffentliche Netze.	**X.21bis**
Die von der Deutschen Bundespost Telekom angebotene Multiplexschnittstelle *X.22* stellt einen Datex-Hauptanschluß mit 48 kbit/s mit mehreren Kanälen unterschiedlicher Übertragungsgeschwindigkeiten und Protokolle dar.	**X.22 Multiplexer**

Damit können mehrere synchrone Kanäle der Benutzerklassen *Datex-L* 2400, 4800 oder 9600 gleichzeitig über einen physikalischen *Anschluß* betrieben werden. Ein *Hauptanschluß* mit *X.22*-Schnittstelle und einem *Kanal* ist entweder als *Datex-L* oder als Datex-P-Hauptanschluß erhältlich. Weitere Kanäle können für *Datex-L* bzw. Datex-P-Verbindungen zugeschaltet werden.

Für Direktrufverbindungen verhält sich der *Kanal* wie eine bestehende *X.21*-Datex-L-Verbindung.

CCITT-Schnittstellendefinitionen DCE/*DTE* in öffentlichen Netzen.	**X.24**
Die CCITT-Empfehlung beschreibt den synchronen Betrieb einer paketfähigen *Datenendeinrichtung* an einem öffentlichen *Datennetz* und umfaßt sowohl den zeitlichen Ablauf als auch das Übertragungsformat. Die *Empfehlung* orientiert sich an den untersten drei Schicht des OSI-Referenzmodells.	**X.25**

In Schicht 1 erfolgt der physikalische *Anschluß* und die Bitübertragung, in Schicht 2, der Sicherungs- oder HDLC-Ebene die Leitungssteuerung und in Schicht 3 die Vermittlung der Pakete. Für die Schicht 1 werden die physikalischen und elektrischen Eigenschaften, Spannungspegel und Belegung der Verbindungsstecker beschrieben. Diese Eigenschaften sind in der *Empfehlung X.21* zusammengefaßt, die speziell für den Zugang zu öffentlichen Netzen entworfen wurde. Da der Großteil der anzuschließenden Endgeräte jedoch diese *Schnittstelle* nicht implementiert hat, gilt dafür auch die *Empfehlung X.21bis*, welche zu dem weltweit verbreiteten *Standard* V.24/RS-232-C *kompatibel* ist.

Damit werden jedoch nur Übertragungsraten bis 9600 bit/s (19,2 kbit/s) abgedeckt, für höhere Übertragungsgeschwindigkeiten ist die *X.21*-Schnittstelle unbedingt erforderlich.

X

X.28 *Schnittstelle* zwischen *Datenendeinrichtung* und *Datenübertragungseinrichtung* für eine Start-Stop-Datenendeinrichtung die eine Paket-Anordnungs/auflösungseinrichtung (*PAD*) eines öffentlichen Datennetzes mit *Paketvermittlung* im selben Land erreicht.

X.29 Definition des *CCITT* für den Austausch der Steuerinformation (durch das Netz) zwischen einem *PAD* und einer *X*.25-orientierten *DTE* auf der anderen Seite des Netzes.

X.3 Paketierungs-Depaketierungseinrichtung (packet assembly/disassembly facility/*PAD*) in einem öffentlichen *Datennetz*.

X.75 Signalisierung zwischen öffentlichen Datennetzen mit *Paketvermittlung*.

X.121 Internationaler Nummerierungsplan des *CCITT* für öffentliche Datennetze mit *Paketvermittlung*.

X.400 Unter *X*.400 hat die *ISO*, aufbauend auf dem OSI-Schichtenmodell, Mailbox- oder sog. message handling systeme (*MHS*) standardisiert. In Deutschland sind auch die Bezeichnungen elektronisches Mitteilungssystem (EMS) oder elektronisches Mitteilungs-Übermittlungs-

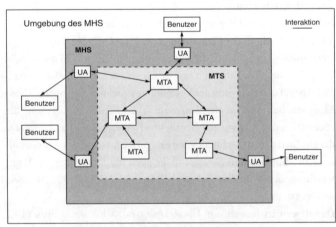

system gebräuchlich. Message handling beinhaltet das Versenden, Verwalten, Weiterleiten und Identifizieren von Mitteilungen und Antworten.

Für die Bearbeitung bieten die unterschiedlichen Systeme unterschiedliche Unterstützungsfunktionen, beispielsweise für das Archivieren, für die Texteditierung, den Aufbau von Kalendarien usw. *X*.400 ist in allen Schichten nach *ISO* spezifiziert. Die Deutsche Bundespost Telekom bietet als Mailbox-Dienst das Mitteilungs-Übermittlungssystem mit dem Namen Telebox an.

X.500

In großen Netzinstallationen mit einer Vielzahl von Endsystemen, Netzkomponenten, Applikationsprozessen und menschlichen Benutzern wird es immer die Notwendigkeit geben, ein Informationssystem zur Verfügung zu stellen, das die Namen, Adressen und sonstigen relevanten Eigenschaften aller an der *Kommunikation* beteiligten Personen und Objekte allgemein zur Verfügung stellt. Ursprünglich kam der Anstoß zur Normierung eines Directory Systems von den Anforderungen der message handling-Systeme her; die entwickelten Konzepte sind aber so flexibel und mächtig, daß ein *X*.500 *directory* system beliebige Objekte mit ihren Eigenschaften speichern und über sie Auskunft geben kann.

Ein *directory* nach *X*.500 besteht aus einer Reihe von Komponenten, welche im folgenden im Überblick dargestellt werden. Ein *directory* stellt sich dem Benutzer dar als eine *Datenbank* , welche Informationen zu Objekten der "realen Welt" speichert und auf Anforderung zur Verfügung stellt. Diese *Datenbank* wird als *directory* information base bezeichnet. Jedes Objekt, das dem *directory* bekannt ist, wird durch einen Eintrag in der *directory* information base repräsentiert. Der Eintrag enthält alle Informationen, auf die ein Benutzer zurückgreifen kann.

Die einzelnen Teilinformationen eines Eintrages sind in Attributen abgelegt. Ein Attribut besteht aus einem Attribut-Typ, der die Klasse der *Information* beschreibt, die in einem Attribut enthalten ist, und einem oder mehreren Attribut-Werten. Diese Anforderungen werden im *X*.500 *Standard* dadurch gelöst, daß die hierarchischen Abhängigkeiten, denen die Objekte der "realen" Welt typischerweise unterliegen, durch die Einführung einer *Baumstruktur*, des *directory* information tree, auf die Einträge übertragen werden. Durch diese *Baumstruktur* wird für jeden Eintrag eine eindeutige Zuordnung zu einem übergeordneten Eintrag festgelegt.

Jeder übergeordnete Eintrag ist die namensgebende *Instanz* für alle unmittelbar untergeordneten Einträge. Ein Attribut wird zur Bildung des Namens herangezogen. Da dieser Teil der abgelegten *Information* nur relativ zum übergeordneten Eintrag eindeutig sein muß, wird er als relative distinguished name (RDN) bezeichnet. Den eindeutigen, vollständigen Namen eines Eintrags erhaält man, wenn man ausgehend von der *Wurzel* des Namensbaumes alle RDNs der übergeordneten Einträge eines Eintrags und den RDN des betrachteten Eintrags konkateniert. Der distinguished name muß nicht der einzige Name eines Eintrags sein. über den ein Zugriff möglich ist. Es können beliebig viele Alias-Namen existieren. Alias-Namen werden durch das Anlegen von Einträgen erzeugt, die nur ein Attribut enthalten. Dessen Wert stellt einen distinguished name dar, der auf einen anderen Eintrag verweist. Durch die Verwendung von Alias-Namen kann die Benutzerfreundlichkeit eines konkreten directory-Dienstes deutlich verbessert werden. Das im *X*.500 Standard enthaltene Konzept für die Datenverteilung sieht vor, daß die information base auf beliebig viele Systeme verteilt sein kann. Auf jedem System steht ein Applikationsprozess, der *directory* system agent (DSA) bereit, der die Zugriffe auf den von ihm verwalteten Teil der *directory* information base durchführt. Jeder DSA weiß, ob er zu einem Objekt mit vorgegebenem Namen Informationen bereitstellen kann oder nicht. Darüberhinaus ist er in der Lage, entweder einen Hinweis zu liefern welcher andere DSA besser geeignet sein könnte, die gewünschte *Information* zu liefern, oder selbst mit diesm DSA *Verbindung* aufzunehmen und die *Information* direkt zu beschaffen.

Das *directory* Modell nach *X*.500 beinhaltet auch Möglichkeiten, die Identität eines Benutzers zu überprüfen. Dies ist eine wichtige Funktion sowohl beim Zugriff auf das *directory* selbst, das ja sensitive *Information* enthalten kann, als auch zur Unterstützung der Zugriffskontrolle bei allgemeinen Kommunikationsdiensten. Es sind zwei Ebenen der Authentifizierung vorgesehen. Einfache Authentifizierung basiert auf einfacher Passwortverifikation, starke Authentifizierung basiert auf public-key Verschlüsselungsverfahren..

X

XDR, auf der *Darstellungsschicht* des ISO-Modells angesiedelt, stellt eine maschinen-, betriebssystem- und netzunabhängige Datenstruktur zur Verfügung. Es wird eine Menge von primitiven Datentypen unterstützt, aus denen die komplexeren Datenstrukturen von XDR zusammengesetzt werden.

XDR
external data representation

Abkürzung für "Sender" (transmitter).

XMTR

Aufbauend auf dem Ethernet-Standard wurden mit XNS weitere Protokolle bis zur *Anwendungsschicht* entwickelt. Durch den frühen Entwicklungszeitpunkt wurde XNS neben TCP/*IP* ein De-Facto-Standard für die Schichten 3 und 4. XNS wurde speziell für Ethernet-LANs entwickelt und wird damit vornehmlich in der *Bürokommunikation* eingesetzt.

XNS
Xerox network systems

Abkürzung für Querverweisliste.

XREF
cross reference table

Y

yellow cable Das klassische Ethernet-Kabel ist das yellow cable, auch thick *Ethernet* genannt, des Typs RG-8A/U. Dieses koaxial aufgebaute *Kabel* besteht (von innen nach außen) aus dem Innenleiter, dem *Dielektrikum*, der Schirmung und dem Kunststoffaußenmantel. Der Innenleiter (Kupfer, Silber) hat einen Durchmesser von 2,17 mm, das *Dielektrikum* mit der oder den Abschirmungen (Geflecht, geschlossene Ummantelung) liegt im Durchmesser zwischen 6,15 bis 8,28 mm und die feuerhemmende Außenmantelung (Teflon, *FEP*, PVC) liegt zwischen 9,525 bis 10,287 mm. Das gelbe *Kabel* hat im Abstand von 2,5 m Markierungen für den TAP-Anschluß. Die *Impedanz* beträgt 50 ±2 Ohm, die Signallaufzeit soll mindestens 0,77c betragen.

YP
yellow pages Die Verwaltung eines großen Netzwerkes ist in der Regel kompliziert und kostenintensiv. Ein Ziel beim Design der NFS-Familie von Sun war, daß die Verwaltung eines Netzes nicht komplizierter sein sollte, als die Verwaltung der Ressourcen eines timesharing-Systems. Mit der zentralen Speicherung von Paßwörtern und Adreß-Informationen in den yellow pages werden die Probleme bei verteilten Zugangsberechtigungen und Identifikationen weitgehend gelöst. Ein Benutzer braucht sich nicht mehr die Vielzahl von Paßwörtern u.ä. zu merken. YP realisiert einen Netzwerk-Service, der dem Benutzer auf einer *Workstation* eine verteilte *Datenbank* zu Verfügung stellt. Diese *Datenbank* beinhaltet ein Verzeichnis aller verfügbaren Ressourcen im Netz, insbesondere Informationen über Paßwörter, Gruppennamen, Netzwerke und Hosts. YP ist wie NFS auf der *Anwendungsschicht* des ISO-Modells angesiedelt und benutzt für die *Kommunikation* ebenfalls *RPC* und *XDR*.

Zahlensysteme
number systems

Zahlensysteme, die für Computer und Datennetze gebraucht werden können, sollten wohl Stellenwertsysteme sein. Ein solches Stellenwertsystem ist zwar auch das Dezimalsystem, es eignet sich dennoch schlecht zur *Anwendung* im digitalen Datenverarbeitungsbereich. In den elektronischen Maschinen gibt es digitaltechnisch nur zwei sinnvolle Zustände: Entweder eine elektrische Spannung ist vorhanden oder nicht, 1 oder 0. Deswegen beruht jede Art von digitallogischer *Datenverarbeitung*, in Computern wie Netzen, auf dem *Binärsystem*. Auch dieses System wird für die meisten Verabeitungsvorgänge als Stellenwertsystem verwendet.

Ganz analog dem Dezimalsystem steht auch im *Binärsystem* die wertniedrigste Stelle ganz rechts und hat den Wert $2^0 = 1$. Die Stellen links daneben haben dann die Wertigkeit $2^1 = 2, 2^2 = 4, 2^3 = 8$ usw. Beispielsweise eine Binärzahl 10010101 hat den Wert. $1 \times 2^7 + 0 \times 2^6 + 0 \times 2^5 + 1 \times 2^4 + 0 \times 2^3 + 1 \times 2^2 + 0 \times 2^1 + 1 \times 2^0$. Das sind $1 \times 128 + 0 \times 64 + 0 \times 32 + 1 \times 16 + 0 \times 8 + 1 \times 4 + 0 \times 2 + 1 \times 1 = 128 + 16 + 4 + 1 = 149$. Mit diesen acht Stellen, also einem *Byte* lassen sich die Zahlen 0 bis 255 darstellen. Wenn trotzdem bei der Mensch-Maschine-Kommunikation mit Dezimalzahlen umgegangen wird, so muß man realisieren, daß eine Dezimalzahl unmittelbar nach der Eingabe in eine Binärzahl umgewandelt wird und nach der Verarbeitung vor der Ausgabe wieder zurück.

Zahlensysteme greifen auf einen Ziffernvorrat zurück. Im 10er-System (n = 10) sind das die Ziffernsymbole von 0 bis n - 1, also 0 bis 9, im 2er-System 0 und 1. Es gibt aber noch andere Zahlensysteme, die in der *Datenverarbeitung* eine Rolle spielen. Es ist das inzwischen veraltete Oktalsystem mit den Ziffern 0 bis 7 und das bis 15 reichende *Hexadezimalsystem* (eigentlich Sedezimalsystem), für das das Dezimalsystem nicht genug Ziffernsymbole bereithält, so daß die ersten sechs Buchstaben des Alphabets A bis F für die Zahlen 9 bis 15 herhalten müssen.

Beide Zahlensysteme, Oktal- wie *Hexadezimalsystem*, sind eingeführt worden, um dem Menschen den Umgang mit Binärzahlen zu erleichtern, die Zahl 255, die binär 11111111 lautet, heißt im Hex-System FF.

Zeichen
character

Zeichen werden üblicherweise durch Schrift (Schriftzeichen) wiedergegeben oder technisch z.B. durch Lochkombinationen, Impulsfolgen

Z

und Strombilder verwirklicht. Beispiele für Zeichen sind die abstrakten Inhalte von Buchstaben des gewöhnlichen Alphabets, Ziffern, Interpunktionszeichen, *Steuerzeichen* und andere Ideogramme. Generell bedeutet ein Zeichen das gleiche wie ein *Byte*.

Zeichen, alphabetische	Vorrat an *Zeichen*, der sich aus den Buchstaben des Alphabets zusammensetzt.
Zeichen, alphanumerische	Vorrat an *Zeichen*, der numerische *Zeichen*, alphabetische *Zeichen* und gegebenenfalls Sonderzeichen (z. B. Interpunktionszeichen) umfaßt. Bei der Verwendung von alphanumerischen *Zeichen* ist zu beachten, daß zunehmende Darstellungsvielfalt aufwendigere Codes erfordert.
Zeichencode *character code*	System zur Darstellung von *Zeichen* als Folge von numerischen 0- oder 1-Werten. In EBCDIC entspricht die Folge 10000001 dem Kleinbuchstaben "a". Im allgemeinen werden ASCII- oder EBCDIC-Zeichencodes verwendet.
Zeichenfehlerrate *character error rate*	Verhältnis der fehlerhaft empfangenen *Zeichen* zur Gesamtzahl der gesendeten *Zeichen*.
Zeichenorientiert *character oriented*	Damit wird ein Kommunikationsprotokoll oder eine *Übertragungsprozedur* beschrieben, bei der kodierte *Steuerzeichen* in Feldern von einem oder mehreren Bytes zusammengefaßt sind.
Zeichenprüfung *character check*	Ein Fehlerüberwachungssystem, das darauf basiert, zu überprüfen, ob bestimmte vorher festgelegte Regeln für die Bildung von *Zeichen* eingehalten worden sind.
Zeichensatz	Der vollständige Vorrat von *Zeichen* und Ziffern oder *Bitrahmen* eines einzelnen Codes. Der Zeichensatz enthält *Bitrahmen* für Buchstaben, Symbole und Anweisungen an den Computer, wie "Ende der *Übertragung*" oder "Unterstreichen".
Zeichenvorrat	Gesamtumfang der in einem System verwendeten *Zeichen* und Symbole. Dazu gehören die *Zeichen* des Alphabets, also Groß- und

Kleinbuchstaben, die Ziffernsymbole der Zahlen, Satzzeichen, Sonderzeichen und *Steuerzeichen*.

Der Ablauf der vorgegebenen Zeitperioden bei denen einige spezifizierte Ereignisse erfolgen. In der *Kommunikation* werden time-outs benutzt, um unerwünschte Verzögerungen zu vermeiden und den Datenfluß zu verbessern. Beispielsweise werden sie benutzt zur Bestimmung der maximalen *Antwortzeit* beim Pollen und Adressieren, bevor eine Prozedur automatisch neu initiiert wird.

Zeitbegrenzung
time out

TCM bezeichnet ein Verfahren zur Datenübertragung über Zweidraht-ISDN-Leitungen. Das auch Ping-Pong-Schema genannte Verfahren arbeitet so, daß z. B. ein 162-kbit/s-Datenstrom mit mindestens der doppelten Rate (also 324 kbit/s) zunächst in die eine Richtung, dann entgegengesetzt übertragen wird. Obwohl es sich also um einen Halbduplex-Betrieb handelt, wirkt dieses Schema auf den Benutzer wie ein Vollduplex-System mit 162 kbit/s.

Zeitkompressionsmodulation
time compressing multiplexing

Form des Multiplexbetriebes mit zeitlicher Verzahnung. Dieses Verfahren wird zur Datenübertragung benutzt, indem man jeder *Verbindung*, bzw. jedem Gerät ein festes Zeitintervall zuordnet in dem sie Zugriff auf die DÜ-Einrichtung haben. Das Gerät kann nur in dem Moment der Verbindungszuordnung mit dem anderen Gerät oder System über die vielfach genutzte Übertragungsverbindung *Daten* oder Signale austauschen.

Zeitmultiplex
time division multiplexing

Beim Zeitmultiplexer erfolgt die Datenübertragung der einzelnen Verbindungen in einem definierten Multiplexrahmen, in welchem für jeden *Übertragungskanal* ein fester Zeitschlitz vorhanden ist. Die Rahmenlänge hängt von der Zahl der anzuschließenden Endgeräte ab bzw. ist für den Einsatz in öffentlichen Netzen in den internationalen Standards für PCM-Übertragungssysteme festgelegt.
Anders als beim *Frequenzmultiplexer* wird beim Zeitmultiplexer die verfügbare *Bandbreite* in definierte Zeitschlitze aufgeteilt. Der Zeitmultiplexer arbeitet ausschließlich *digital*, d.h., es werden mehrere digitale Eingangssignale zu einem gemeinsamen digitalen Ausgangssignal konzentriert. Die Reihenfolge, in welcher die *Daten* der einzel-

Zeitmultiplexer
time division multiplexer

nen Endgeräte übertragen werden, ist ebenfalls festgelegt. Je nach der Art des Zeitmultiplexers werden dabei die *Daten* entweder bitweise, zeichenweise oder blockweise ineinander verschachtelt. Jeweils eine Gruppe von Bits, *Zeichen* oder Blöcken wird zu einem Rahmen zusammengefaßt, wobei Anfang und Ende dieses Rahmens noch besonders gekennzeichnet werden, um die Synchronisierung mit der Gegenstelle zu erleichtern.

Zellularsystem *Mobilfunksystem*, wobei aneinandergrenzende Versorgungsbereiche der Basisstationen mit unterschiedlichen Frequenzen betrieben werden, die nach einem Schutzabstand dann wieder verwendet werden können.

Zentral-Zeichen-Kanal *common channel signalling* Für den Zentral-Zeichen-Kanal hat *CCITT* das Zeichengabesystem Nr. 7 vorgesehen, welches durch seine hohe Leistungsfähigkeit und den großen *Zeichenvorrat* den Einsatz rechnergesteuerter Vermittlungssysteme ermöglicht. Bei der Zentral-Zeichengabe wird die Signalisierung für mehrere Sprechkreise über einen gemeinsamen, aber logisch getrennten Zeichengabekanal abgewickelt. Dieser Zeichenkanal hat 64 kbit/s und arbeitet unabhängig von den Nutzkanälen im Fernsprech- bzw. ISDN-Netz.

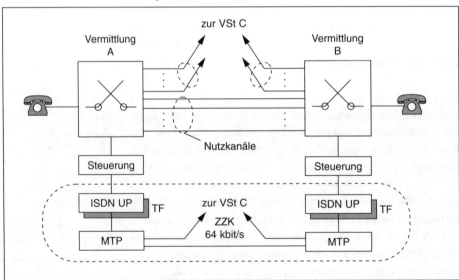

Z

Die zu verschiedenen Verbindungen gehörenden Zeichengabenachrichten werden als Datenpakete nacheinander im zentralen Zeichenkanal transportiert. Mit Hilfe des ZZK-Protokolls tauschen die Vermittlungsrechner direkt miteinander Informationen aus.

Großrechner, der die wichtigsten DV-Aufgaben übernimmt und die Verarbeitung in einem distributed processing system steuert. Der *Host* ist eine übergeordnete *Datenverarbeitungsanlage* in einem *Datennetz*, auf die alle untergeordneten Datenverarbeitungsanlagen und Datenstationen zugreifen können und mit der sie Datenverkehr betreiben können.
Zentralrechner
host

Gerät in einem *Netzwerk* oder Computer, das zu jeder Zeit die Kontrolle darüber ausübt, wann welche Aufgaben ausgeführt werden. Eine zentrale Steuerung in einem *Netzwerk* würde entscheiden, wer Zugriff auf die Kommunikationsleitungen hat, die *Daten* identifizieren und an den Adressaten senden und dann das nächste Gerät anwählen.
Zentralsteuerung

Explizite *Bestätigung* einer Aktion über eine extra dafür vorgesehene Leitung.
zero-wire-handshake

Zentralamt für Mobilfunk der Telekom.
ZfM

In einem *Datennetz* die Kennzeichnung des gerufenen Anschlusses. Sie ist enthalten in der Wählzeichenfolge eines abgehenden Rufes.
Zieladresse
destination address

Zeichen aus einem für das betreffende Zahlensystem bereitgestellten *Zeichenvorrat*. Im Dezimalsystem sind das die Ziffern 0 bis 9, im *Hexadezimalsystem* die Ziffern 0 bis 9 und A, B, C, D, E, F. Im *Binärsystem* nur 0 und 1.
Ziffer

Aus Sicherheitsgründen, sowie aufgrund der Anforderungen der Unternehmensorganisation muß der Zugang zu den Netzwerken und den darüber erreichbaren Anwendungen geregelt werden. Dazu zählen die Vergabe von Paßwörtern, zugeteilte Berechtigungen für bestimmte Anwendungen und eine Richtungsbeschränkung.
Zugangsberechtigung

Z

Zugangsmethode Auch Zugangsprotokoll genannt. Das Verfahren, mit dem ein *Knoten*
access method Zugang zum *Netzwerk* erhält und *Daten* sendet oder empfängt. Hierbei handelt es sich um ein spezielles *Programm*, in dem die Verfahren für den *Datenaustausch*, den Dateiaufbau etc. festgelegt sind.

Zugangssteuerungs- Regelung des Zugangs zum prinzipiell gemeinsam (wechselseitig
methode ausgeschlossen) zu nutzenden *Medium*.

Zugangsverfahren Zugangsverfahren in Lokalen Netzen regeln den Zugang und den Zustand zum *Übertragungsmedium*. Es ist eine Art Absprache zwischen den Stationen, die es diesen ermöglicht, die sendeberechtigte Station zu ermitteln. Da alle Stationen, die an das *Medium* angeschlossen sind, dieses theoretisch gleichzeitig benutzen können, ist eine Zugangsregelung erforderlich.
Die Medienzugangsverfahren sind auf der zweiten Schicht des ISO-Modells angesiedelt, der sogenannten MAC-Teilschicht (*MAC*, medium access control). Schicht 1 bildet für den Medienzugang eine logische Einheit, die bei den meisten Verfahren zu einer Zeit nur einer sendenden Station zugeordnet wird. Bei den Zugangsverfahren unterscheidet man zwischen Auswahl-, Reservierungs- und Zufallsverfahren, sowie einer Kombination aus diesen Methoden. Standardisierte Zugangsverfahren sind das *CSMA*/CD-Verfahren (*carrier* sense multiple access with collision detection), das *Token* Ring-, Slotted Ring- und das *Token* Bus-Verfahren.

Zugriffskonflikt Konflikt zwischen ISDN-Endeinrichtungen am passiven Bus, die zur
access contention gleichen Zeit im *D-Kanal* senden wollen.

Zugriffskontroll- Zentralistische Zugriffskontrollverfahren spielen heutzutage keine
verfahren Rolle mehr. Die dezentralen können eingeteilt werden in deterministische und nicht-deterministische.

Zugriffsmethode, Sogenannte File-Management-Systeme (Organisationsprogramme für
direkte Dateien) werden mit verschiedenen Zugriffsmethoden benutzt. DAM
direct access method erlaubt das Lesen, Schreiben und Löschen von Dateien durch Aufrufen der Dateinummer (laufende Nummer der Aufzeichnung bzw. Abspeicherung).

Z

Zugriffszeit

Die Zeitspanne, die zum Auslösen, Durhführen und Bestätigen eines Befehls für einen Zugriff vergeht. Sie ist je nach Art des angesprochenen Speichers äußerst unterschiedlich. Die Zugriffszeit ist bei internen Speichern gleichbleibend (in der Größenordnung von Nanosekunden), bei externen Speichern unterschiedlich lang. Je nach Lage des Speicherbereiches gegenüber der Ausgangsstellung des Schreib-/Lesekopfes liegt sie zwischen Mikrosekunden und mehreren Minuten.

Zulassung

Die Zulassung ist ein hoheitlicher Akt, der nach erfolgreicher technischer Prüfung durch die jeweilige nationale Behörde ausgeführt wird. In der Bundesrepublik Deutschland werden solche Zulassungen durch das *BZT* (Bundesamt für Zulassungen in der *Telekommunikation*) in Saarbrücken erteilt. Nur zugelassene Endgeräte dürfen an die öffentlichen Telekommunikationsnetzwerke angeschlossen werden.

Zusatzgerät

Endeinrichtung, die an eine andere Endeinrichtung dauernd oder vorübergehend elektrisch angeschaltet ist und die Betriebsmöglichkeiten einer Endeinrichtung erweitert.

Zustandsdiagrammtechnik

Für die Beschreibung von komplexen Protokollabläufen hat man bei *CCITT* in den Empfehlungen Z.101 bis Z.104 die dafür nötigen Voraussetzungen geschaffen. Die sogenannten SDL-Diagramme (system description language) werden durch definierte Symbole erzeugt. Die Diagrammtechnik kann als logische Weiterentwicklung der Methode Ereignis/Aktion gesehen werden und bietet im Gegensatz dazu die Möglichkeit, Programme beliebig zu verzweigen oder sogar SDL-Diagramme direkt umzusetzen.

Zweidraht
two-wire

Bei einer Zweidrahtverbindung werden die *Daten* über die gleichen Drähte gesendet und empfangen. Diese Verbindungen werden in aller Regel zwischen die *Datenendeinrichtung* und die *Nebenstellenanlage* geschaltet. Die Zweidrahtleitung kann in *Richtungsbetrieb*, *Gegenbetrieb* oder im *Wechselbetrieb* verwendet werden.

Zweierkomplement
two's complement

Invertierung einer Bitreihe, mit anschließender Addition einer 1. Das Zweierkomplement ist unbedingt für die mathematische *Operation* der Subtraktion erforderlich. Die Differenz zweier Zahlen ist die Addition des Zweierkomplements des Subtrahenden zum Minuenden.

Z

Zweierpotenz
power of two

Die Zweierpotenzen sind immens wichtig für *Datenverarbeitung* und Datennetztechnik, beruhen doch alle Rechen-, Zähl-, Steuer- und Kontrollvorgänge auf dem binären Stellenwertsytem. Daher begegnen einem Zahlenwerte, die der Ausfluß einer Zweierpotenz sind, auf *Schritt* und Tritt in der Datennetztechnik. Diese Zahlen sind von 2^0 bis 2^{10} die folgenden: 1, 2, 4, 8, 16, 32, 64, 128, 256, 512 und 1024.

Zweifach-UART
dual universal asynchronousreceiver/transmitter

Universelle, programmierbare Empfänger-/Sender-Bausteine für die Erzeugung serieller Schnittstellen. In Mikrocomputer-Systemen gibt es nur asynchrone (*UART*) oder wahlweise synchrone/asynchrone Betriebsart (*USART*). Der Baustein DUART besitzt zwei asynchrone Schnittstellen.

zyklisch
cyclic

Immer wiederkehrende Programmabläufe werden zyklisch genannt.

Zyklische Blockprüfung

Siehe *Paritätsprüfung*.

Zyklus
cycle

In gleichen oder unregelmäßigen Abständen immer wiederkehrende Aktionen

ZZF

Das ZZF, Zentralamt für Zulassungen im Fernmeldewesen, wurde am 10.03.1992 in »Bundesamt für Zulassungen in der *Telekommunikation, BZT*« umbenannt. Die in Saarbrücken ansässige Institution ist nach vor wie zuständig für die offizielle *Zulassung* von Telekommunikationsgeräten.

Datenkommunikation im Brennpunkt

Die DATACOM-Zeitschriftenpalette

Ganz gleich, ob es um innovative Datenkommunikationslösungen in großer Dimension geht, um praxisorientierte Vernetzungskonzepte für PCs oder um Strategien für das gehobene Informationsmanagement: Die Fachzeitschriften aus dem DATACOM-VERLAG liefern umfassende, objektive und wertvolle Informationen.

Lernen Sie unsere Fachzeitschriften kostenlos kennen.

Wir schicken Ihnen gerne kostenlos ein Exemplar Ihrer Wahl.
Bitte kreuzen Sie das gewünschte Heft an.

Ja, mich interessiert Ihre Fachzeitschrift

☐ DATACOM   ☐ PC-NETZE

☐ ONLINE

Schicken Sie mir bitte ein kostenloses Probeheft.

Firma Institut

Name, Vorname

Postf./Straße

PLZ/Ort

Unterschrift

DATACOM

DATACOM-VERLAG · Postf. 1502 · 50105 Bergheim
Telefon (0 22 71) 608-0   Telefax (0 22 71) 608-290

Fachwissen von Markt&Technik

Stephan Körting
Borland Pascal für Profis
Dieses Buch beginnt dort, wo die Original-Handbücher aufhören. Die Kernthemen dieses Buches sind der Umgang mit dem Protected Mode, die Entwicklung universell einsetzbarer Bibliotheken, die Unterstützung natürlicher Sprachen und nationaler Formate, Installationssoftware und kontextsensitive Hilfssysteme. Ausgefeilte Programmmodule liegen auf Diskette bei.
Eine wertvolle Informationsquelle für den fortgeschrittenen Pascal-Programmierer.
400 Seiten, 1 Disk 3,5", ISBN 3-87791-476-4
DM 79,– / sFr 74,– / öS 616,–

Georg Glaeser
Von Pascal zu C/C++
Für Pascal-Programmierer, die auf C/C++ umsteigen und dabei von ihren Pascal-Kenntnissen profitieren möchten. Dabei werden die Gemeinsamkeiten und Unterschiede der beiden Sprachen hervorgehoben. Die Besonderheiten von C++ einschließlich der objektorientierten Programmierung wie Datenkapselung, Vererbung oder virtuelle Funktionen werden ausführlich erklärt. Mit Pascal-Transpiler auf Disk.
301 Seiten, 1 Disk 3,5", ISBN 3-87791-524-8
DM 69,– / sFr 64,– / öS 538,–

Dieter Steinwender / Frederic Friedel
Schach am PC
Die bekannten Namen der Autoren bürgen für die ausgezeichnete Qualität dieses profundesten Werkes, das je über Computer-Schach geschrieben wurde: Die besten Programme werden vorgestellt und in Programmierung und Aufbau bewertet, ein integriertes Lexikon des Computer-Schachs liefert Grundwissen und vieles mehr, ein Kreativteil macht Sie mit der Programmierung von Schachprogrammen vertraut, und last but not least bekommen Sie perfekt recherchiertes Hintergrundwissen zu allen Bereichen Ihres fesselnden Hobbys. Als Extra gibt es dazu eine CD mit Programmen, Demo-Versionen, Teststellungen etc.
Ein unverzichtbares Informations- und Nachschlagewerk.
Lieferbar: August 1994, 400 Seiten, 1 CD
ISBN 3-87791-522-1
DM 69,– / sFr 64,– / öS 538,–

Helmut Gloggengießer
Maple V – Mathematische Anwendungen
Eine unumgängliche Hilfe für alle, die Maple V optimal einsetzen wollen.
Beispiele zu (fast) jedem Befehl. Sachlicher, funktionaler Aufbau nach mathematischen Gesichtspunkten. Obwohl hier die DOS-Version von Maple V besprochen wird, ist das Buch auch für Anwender hilfreich, die das Programm auf anderen Rechnern (z.B. Apple) betreiben.
Das umfassende Buch für alle Maple-V-Anwender.
430 Seiten, ISBN 3-87791-439-X
DM 89,– / sFr 83,– / öS 694,–

CDI (Hrsg.)
**Praxistrainer SAP R/3 –
Grundlagen, Architektur, Anwendung**
Von der Anmeldung bis zur individuellen Anpassung lernen Sie die R/3-Oberfläche kennen und nutzen. Ein Überblick über Architektur und Technologie vermittelt Ihnen das Know-how zu den Einsatzmöglichkeiten, Schnittstellen, Data Dictionary, ABAP, Synpro-Interpreter u.v.m.
Schließlich erarbeiten Sie sich die Beherrschung der einzelnen Module. – Von SAP-Praktikern und erfahrenen Dozenten entwickelt, auch ohne Systemzugang verständlich.
ca. 350 Seiten, ISBN 3-87791-562-0
DM 79,– / sFr 74,– / öS 616,–

CDI (Hrsg.)
Praxistrainer AS/400 – Systembedienung, Systemsteuerung
Nach Funktionsüberblick und Sicherheitskonzept der AS/400 werden Sie in der Jobsteuerung aktiv: Warteschlange, Subsysteme, Batchjobs etc. Das Datenbankkonzept mit Bibliotheken, physischen und logischen Dateien und deren Verwaltung werden Sie ebenso verinnerlichen. Außerdem: Bildschirmentwurfshilfe sowie Abfragen mit Query/400 und SQL Query Manager – maßgeschneidert für die Bedürfnisse Ihres beruflichen Alltags.
ca. 350 Seiten, ISBN 3-87791-563-9
DM 79,– / sFr 74,– / öS 616,–

Markt&Technik-Bücher gibt's überall im Fachhandel und bei Ihrem Buchhändler